Das politische System Polens

Klaus Ziemer

Das politische System Polens

Eine Einführung

Klaus Ziemer
Kardinal-Stefan-Wyszyński-Universität Warschau, Polen

ISBN 978-3-531-13595-3 ISBN 978-3-531-94028-1 (eBook)
DOI 10.1007/978-3-531-94028-1

Die Deutsche Nationalbibliothek verzeichnet diese Publikation in der Deutschen Nationalbibliografie; detaillierte bibliografische Daten sind im Internet über http://dnb.d-nb.de abrufbar.

Springer VS
© Springer Fachmedien Wiesbaden 2013
Das Werk einschließlich aller seiner Teile ist urheberrechtlich geschützt. Jede Verwertung, die nicht ausdrücklich vom Urheberrechtsgesetz zugelassen ist, bedarf der vorherigen Zustimmung des Verlags. Das gilt insbesondere für Vervielfältigungen, Bearbeitungen, Übersetzungen, Mikroverfilmungen und die Einspeicherung und Verarbeitung in elektronischen Systemen.

Die Wiedergabe von Gebrauchsnamen, Handelsnamen, Warenbezeichnungen usw. in diesem Werk berechtigt auch ohne besondere Kennzeichnung nicht zu der Annahme, dass solche Namen im Sinne der Warenzeichen- und Markenschutz-Gesetzgebung als frei zu betrachten wären und daher von jedermann benutzt werden dürften.

Gedruckt auf säurefreiem und chlorfrei gebleichtem Papier

Springer VS ist eine Marke von Springer DE. Springer DE ist Teil der Fachverlagsgruppe Springer Science+Business Media.
www.springer-vs.de

Vorwort

Polen ist das größte östliche Nachbarland des vereinten Deutschland. Es hat seit 1989 einen beispiellosen Wirtschaftsaufschwung erlebt und ist vor allem durch den Beitritt zur Nato 1999 und zur Europäischen Union 2004 institutioneller Teil des politischen Westens geworden. Dennoch ist Polen, wie viele Umfragen zeigen, den meisten Deutschen noch wenig bekannt, ja es ist geradezu *der* unbekannte Nachbar Deutschlands. Dies gilt nicht nur für seine Geschichte, sondern auch für die Kenntnis von Politik und Gesellschaft des heutigen Polen. Gewiss ist das Interesse an Polen in Deutschland gewachsen. Die Berichterstattung über das Land hat in den deutschen Medien in den letzten Jahren erheblich zugenommen, insbesondere seit Polens Beitritt zur EU. Dennoch sind etliche Informationen aus Polen kaum verständlich, ja irritieren bisweilen, wie einige Aspekte der von den Kaczyński-Zwillingen verantworteten Politik der PiS-Regierungen 2005-2007.

Der vorliegende Band möchte einführen in das politische System, das sich in Polen seit 1989 herausgebildet hat. Die früher kommunistisch regierten Staaten des östlichen Europas, die im Westen lange Zeit als relativ homogener „Ostblock" wahrgenommen wurden, haben seit zwei Jahrzehnten Politik, Wirtschaft und Gesellschaft transformiert und ein je eigenes Profil gewonnen, das sie von den Nachbarn abhebt. Polen setzte 1989 mit dem Runden Tisch und dem friedlichen Übergang vom Realsozialismus zu Demokratie und Marktwirtschaft Maßstäbe auch für andere Staaten im bisherigen Hegemonialbereich der Sowjetunion. Das Land weist seit 1989 einerseits eine beachtliche Stabilität des politischen Institutionensystems auf. Andererseits kam es in den Jahren bis zur Verabschiedung der neuen Verfassung von 1997 zu einem Verschleiß an Regierungschefs, der den Vergleich mit Italien nicht zu scheuen brauchte. Das Parteiensystem ist seit Ende der 1990er Jahre fast vollständig umgestaltet worden, ohne dass mit Sicherheit gesagt werden könnte, dass es in seiner heutigen Gestalt Bestand haben wird.

Polen teilt somit viele Probleme beim Aufbau einer stabilen Demokratie mit den anderen Transformationsländern in Mittel- und Osteuropa. Eine nicht zu unterschätzende Rolle für die politischen Grundeinstellungen in der Gesellschaft spielt dabei die Geschichte, das heißt, die Erfahrung einer über Jahrhunderte einflussreichen Regionalmacht, aber mindestens genauso die Erinnerung an die Aufteilung des Landes unter die mächtigen Nachbarn Ende des 18. Jahrhunderts mit dem Verlust der eigenen Staatlichkeit für mehr als 100 Jahre. Prägend für die Erinnerung an das 20. Jahrhundert sind die Wiederherstellung der eigenen Staatlichkeit 1918, besonders aber die Einsamkeit der polnischen Nation beim Überfall der totalitären Nachbarn 1939 und deren brutale Besatzungspolitik. Die Vernichtungspolitik des nationalsozialistischen Deutschland, die die physische Existenz des polnischen Volkes bedrohte, stellt die größte Katastrophe in der polnischen Geschichte dar. Kodiert sind im politischen Bewusstsein jedoch auch die Erfahrungen mit Jahrzehnten kommunistischer Herrschaft bis 1989.

Vor diesem Hintergrund wird im vorliegenden Band das heutige politische System Polens analysiert. Das betrifft zunächst die politischen Institutionen, deren Verhältnis zueinander zum Teil durch die Vereinbarungen des Runden Tisches von 1989 festgelegt wurde und durch die Verfassung von 1997 bekräftigt, modifiziert oder auch neu geregelt worden ist. Im Zentrum stehen die Kerninstitutionen des heutigen Verfassungssystems, d.h. die beiden Kammern des Parlaments, die Regierung und der Staatspräsident sowie deren Zusammenspiel bzw. die Rivalität der wichtigsten institutionellen Akteure unter einander. Zu diesen zählt im heutigen politischen System auch die Justiz, insbesondere der Verfassungsgerichtshof. Zwar besteht in Polen keine vertikale Gewaltenteilung im Sinne eines föderalen Systems. Doch ist mit der Verwaltungsreform von 1999 der Staatsapparat dezentralisiert worden. Entsprechend werden Strukturen und Mechanismen der territorialen Selbstverwaltung und die Wahrnehmung der kommunalen und regionalen Institutionen durch die Bürger untersucht. Ebenso wird ein Blick auf Elemente der direkten Demokratie geworfen, das heißt auf die Rolle von Referenden und der seit 1997 bestehenden Möglichkeit der Volksinitiative. Analysiert werden ferner die wichtigsten Organisationen, die als intermediäre Instanzen für eine Rückkoppelung zwischen Staat und Gesellschaft sorgen, an erster Stelle die politischen Parteien, aber auch die Gewerkschaften, Arbeitgeberverbände, Medien und nicht zuletzt die in Polen einflussreiche Katholische Kirche. Motive und politische Bewusstseinslagen der wichtigsten Akteure und breiterer Gruppen der Gesellschaft werden verständlicher beim Blick auf deren „Befindlichkeiten", die im Kapitel über die politische Kultur untersucht werden. Eine knappe Rückbindung der nach 1989 völlig neu orientierten polnischen Außenpolitik an die wichtigsten innenpolitischen Kräfte rundet den Band ab.

Bestand bis 1989 bei den über Polen zugänglichen Informationen für Ausländer ein für Viele nur schwer überwindbares Hindernis in der Sprachbarriere, so äußert sich die seither vollzogene Hinwendung des Landes nach Westen auch darin, dass immer mehr polnische Wissenschaftlerinnen und Wissenschaftler in westlichen Sprachen publizieren, aber auch darin, dass Informationen von staatlichen Stellen sowie von Seiten politischer Parteien, gesellschaftlicher Organisationen und wissenschaftlicher Einrichtungen in westlichen Sprachen zur Verfügung gestellt werden. Dies gilt insbesondere für die Internetseiten der betreffenden Institutionen und Organisationen, seien es Ministerien, das Hauptamt für Statistik oder sozialwissenschaftliche Institute und Think Tanks wie das Zentrum zur Erforschung der Gesellschaftlichen Meinung (www.cbos.pl) oder das Institut für Öffentliche Angelegenheiten (www.isp.org.pl). Wer des Polnischen mächtig ist, verfügt mit den im Internet zur Verfügung gestellten Daten fast aller relevanten Institutionen des Landes auch im Ausland über eine Fülle von Informationen, die noch vor wenigen Jahren sogar im Lande selbst nur mühsam hätten recherchiert werden können. So ist etwa die Tätigkeit des Parlaments in vielen Details bis hin zu Sitzungsprotokollen des Plenums und von Ausschüssen, Gesetzentwürfen und Abstimmungsergebnissen nicht nur der laufenden Wahlperiode, sondern in der Regel der Zeit ab 1989 dokumentiert. Dasselbe gilt für die Berichte der Staatlichen Wahlkommission, des Verfassungsgerichtshofs, der Obersten Kontrollkammer und anderer Institutionen. Ebenso lässt die Aussagekraft von Internetseiten politischer Parteien oder von gesellschaftlichen Organisationen zumindest teilweise Rückschlüsse auf deren Bedeutung im öffentlichen Leben zu. Eine wichtige Quelle aktueller, thematisch gebündelter Informationen bilden für deutschsprachige Interessenten die „Länder-Analysen Polen", die alle zwei Wochen vom Deutschen Polen-Institut Darmstadt, der Forschungsstelle Osteuropa an der Universität Bremen und der Deutschen Gesellschaft für Osteuropakunde herausgegeben werden (www.laender-analysen.de/polen).

Das Buch ist hervorgegangen aus einer langjährigen Beschäftigung mit Polen, seiner Geschichte, den strukturellen Veränderungen während der Systemtransformation, aus der Behandlung des heutigen politischen Systems im Universitätsunterricht und verschiedenen Publikationen in den letzten Jahren, unter denen die gemeinsam mit Claudia-Yvette Matthes verfassten Beiträge zu Polen in dem von Wolfgang Ismayr herausgegebenen Band „Die politischen Systeme Osteuropas"[1] die Wichtigste bildet. Nicht zuletzt hat mir die von 1998 bis 2008 fast durchgehende und danach recht häufige Anwesenheit in Warschau ermöglicht, die politischen Ereignisse im Lande aus unmittelbarer Nähe zu verfolgen und ihre Bedeutung mit Kolleginnen und Kollegen zu erörtern.

Danken möchte ich dem VS-Verlag für seine Geduld. Die Erstellung des Manuskripts hat sich aufgrund anderweitiger zeitlicher Belastungen viel länger hingezogen, als ich das bei der Übernahme des Angebots, dieses Buch zu schreiben, vermuten konnte. Die bevorstehenden polnischen Parlamentswahlen vom Oktober 2011 waren dann ein weiterer Grund, mit der Veröffentlichung des Bandes abzuwarten, bis die Konsequenzen des Wahlergebnisses einigermaßen absehbar waren. Frau Mirosława Wójcicka-Daab und Frau Agnieszka Łatecka aus der Sejmkanzlei danke ich für hilfreiche Informationen und Statistiken zu den Abgeordneten und ihrer Tätigkeit. Meine Warschauer Mitarbeiterin Dr. Monika Brzezińska hat freundlicherweise Teile des Manuskripts gegengelesen. Meinen Trierer Mitarbeiterinnen danke ich für vielfältige Hilfen, Frau Brigitte Weimann vor allem für das Erstellen mancher Tabellen, Frau Klara Walk für Recherchen und Formatierungen. Die Verantwortung für den Inhalt liegt jedoch allein bei mir.

Trier/Warschau, August 2012   Klaus Ziemer

---

[1] Letzte Ausgabe: Ismayr, Wolfgang (Hrsg.) 2010: Die politischen Systeme Osteuropas, 3., aktualisierte und erweiterte Auflage, Wiesbaden. Der Beitrag zu Polen befindet sich auf den Seiten 209-273.

Redaktionelle Hinweise

Aus Gründen größerer Übersichtlichkeit wurde auf eine Gesamtbibliografie verzichtet. Ein Literaturverzeichnis findet sich am Ende eines jeden Kapitels. Auf die dort gemachten Angaben beziehen sich die in Kurzform („amerikanisch") im Text zitierten Titel. Dabei wurden, soweit möglich, vor allem Publikationen in westlichen Sprachen berücksichtigt. Die in Fußnoten angegebenen (meist polnischsprachigen) Titel werden im Literaturverzeichnis des betreffenden Kapitels nicht aufgeführt.

Bei Nutzung von Quellen aus dem Internet wird in Klammern der Tag des letzten Zugriffs auf die betreffende Seite angegeben. Das Meinungsforschungsinstitut Centrum Badań Opinii Publicznej (CBOS) in Warschau (www.cbos.pl) veröffentlicht pro Monat etwa ein Dutzend Umfrageergebnisse zu unterschiedlichen Problembereichen aus Politik, Gesellschaft und Wirtschaft. Diese Ergebnisse sind für die Zeit ab 1993 lückenlos im Internet abrufbar, auf der englischen Internetseite des Instituts (Zugang ebenfalls über www.cbos.pl) ist eine Reihe von Ergebnissen ab 1996 auch in englischer Sprache zugänglich. Da diese Daten ständig verfügbar sind, wurde im Buch darauf verzichtet, bei den einzelnen Titeln jeweils die exakte Internetadresse und das Datum des letzten Zugriffs anzugeben. Die bibliografischen Angaben im Text ermöglichen aufgrund der übersichtlichen Gliederung der Internetseite von CBOS einen leichten Zugang zu den einzelnen Untersuchungen. Aufgrund der ständigen Verfügbarkeit der Beiträge wird auch bei den „Polen-Analysen" (www.laender-analysen.de/polen) auf die Angabe des letzten Zugriffsdatums verzichtet.

Inhaltsverzeichnis

Vorwort 5

Abkürzungsverzeichnis..13

Tabellenverzeichnis..15

1   Einleitung 17
        1.1   Polen als Volksrepublik 20
        1.2   Der Übergang zur Demokratie: Der Runde Tisch und die Wahlen
              vom Juni 1989 21
        1.3   Die Verfassung von 1997 23
              1.3.1   Der Weg zur neuen Verfassung..23
              1.3.2   Struktur und Grundsätze der Verfassung..................................26
        1.4   Die Transformation von Wirtschaft und Gesellschaft...........................28
        1.5   Literatur..36

2   Das Parlament: Sejm und Senat 37
        2.1   Der Sejm 38
              2.1.1   Interne Organisation 39
                      2.1.1.1   Marschall, Präsidium und Ältestenrat des Sejm 39
                      2.1.1.2   Ausschüsse 42
                      2.1.1.3   Fraktionen 46
                      2.1.1.4   Überparteiliche Zusammenschlüsse....................................52
        2.2   Der Senat..53
        2.3   Die Nationalversammlung 57
        2.4   Status, Ausstattung und Ansehen der Abgeordneten und Senatoren....58
        2.5   Die soziodemografische Zusammensetzung des Parlaments 60
        2.6   Funktionen des Parlaments 65
              2.6.1   Die Mitwirkung bei der Bestellung staatlicher Institutionen ...65
              2.6.2   Kontrollfunktionen des Parlaments 67
                      2.6.2.1   Eigene Kontrollinstrumente des Sejm.................................67
                      2.6.2.2   Hilfsorgane des Sejm bei der Wahrnehmung von
                                    Kontrollfunktionen 72
              2.6.3   Der Gesetzgebungsprozess und kontroverse Gesetzesvorhaben 75
        2.7   Verfassungsänderungen 87
        2.8   Literatur..90

3	Regierung und Verwaltung	93
	3.1 Kompetenzen und Struktur der Regierung	93
	3.2 Bestellung der Regierung	95
	3.3 Die Stärkung der Regierung durch Einführung des konstruktiven Misstrauensvotums	98
	3.4 Organisation und Arbeitsweise	102
	3.5 Schwachpunkt seit Jahrzehnten: Die öffentliche Verwaltung	103
	3.6 Literatur	106

4	Der Staatspräsident	109
	4.1 Schrittweise Beschneidung der Kompetenzen des Präsidenten nach 1989	110
	4.2 Der Nationale Sicherheitsrat	114
	4.3 Ausnahmezustände	116
	4.4 Die Wahl des Staatspräsidenten	117
	4.5 Das Amtsverständnis der einzelnen Präsidenten und ihre Wahrnehmung durch die Gesellschaft	122
	4.6 Literatur	127

5	Gerichte und Gerichtshöfe	129
	5.1 Allgemeine Gerichtsbarkeit – Das Oberste Gericht	130
	5.2 Militärgerichtsbarkeit	133
	5.3 Das Hauptverwaltungsgericht	134
	5.4 Der Verfassungsgerichtshof	136
	5.5 Der Staatsgerichtshof	142
	5.6 Literatur	143

6	Regionale und kommunale Selbstverwaltung	145
	6.1 Reformen der territorialen Selbstverwaltung nach 1989	146
	6.2 Wojewodschaften, Kreise, Gemeinden	148
	6.3 Horizontale Kooperationen der Selbstverwaltung und Grundsätze des Zugangs zu EU-Mitteln	154
	6.4 Literatur	156

7	Elemente direkter Demokratie	159
	7.1 Referenden	159
	7.2 Gesetzgebungsinitiativen von Bürgern	165
	7.3 Literatur	167

8	Politische Parteien	169
	8.1 Die Entwicklung der Parteienlandschaft seit 1989	170
	8.2 Determinanten des Parteiensystems	172
	8.2.1 Institutionelle Regelungen (Verfassung, Parteiengesetz, Wahlgesetzbuch)	172
	8.2.1.1 Allgemeine rechtliche Anforderungen an die Parteien	172

		8.2.1.2	Parteienfinanzierung	175
		8.2.1.3	Wahlsystem	182
	8.2.2	Konfliktlinien		189
8.3	„Parteifamilien" und wichtigste Parteien			192
	8.3.1	Sozialdemokratische und sozialistische Parteien		193
		8.3.1.1	Die Allianz der Demokratischen Linken (SLD)	194
		8.3.1.2	Die Arbeitsunion (UP)	198
	8.3.2	Liberale Parteien		199
		8.3.2.1	Die Freiheitsunion (UW)	199
		8.3.2.2	Die Bürgerplattform (PO)	201
	8.3.3	Konservative Parteien		204
		8.3.3.1	Die Wahlaktion Solidarność (AWS)	204
		8.3.3.2	Recht und Gerechtigkeit (PiS)	205
	8.3.4	Die Polnische Bauernpartei (PSL)		210
	8.3.5	Kurze Blüte einer „nationalen" Partei: die Liga der Polnischen Familien (LPR)		213
	8.3.6	„Unkonventionelle" Parteien		215
		8.3.6.1	Die Selbstverteidigung der Republik Polen (Samoobrona)	215
		8.3.6.2	Die Polnische Partei der Bierfreunde (PPPP)	217
		8.3.6.3	Die Palikot-Bewegung (RP)	217
	8.3.7	Sonstige		218
8.4	Probleme innerparteilicher Demokratie und Genderfragen			220
8.5	Wahlen und Wählerverhalten			226
	8.5.1	Wahlbeteiligung		226
	8.5.2	Parteiidentifikation		229
	8.5.3	Wahlkampfführung und Wählerverhalten		233
	8.5.4	Wahlgeografie		237
8.6	Literatur			242

9 Interessengruppen und Interessenvermittlung ... 245

9.1	Gewerkschaften		245
	9.1.1	Die Rolle der „historischen" Solidarność	246
	9.1.2	Grundprobleme gewerkschaftlicher Tätigkeit in Polen heute	248
	9.1.3	Die wichtigsten Gewerkschaften heute	251
9.2	Arbeitgeberverbände		252
9.3	Die trilaterale Kommission für Wirtschafts- und Sozialfragen		254
9.4	Nicht-Regierungsorganisationen		255
9.5	Literatur		258

10 Massenmedien ... 261

10.1	Die Printmedien	261
10.2	Rundfunk und Fernsehen	265
10.3	Literatur	270

11 Die Katholische Kirche 273
11.1 Die Kirche in der Volksrepublik 273
11.2 Kirche und Staat in der Dritten Republik 275
11.3 Interne Strukturen und Tendenzen innerhalb der Katholischen Kirche 280
11.4 Literatur 288

12 Politische Kultur 291
12.1 Die starke Präsenz der Geschichte 292
12.2 Die Einstellung zur Volksrepublik und zur Lustration 293
12.3 Europäische Integration versus Betonung nationaler Traditionen 299
12.4 Einstellungen zum Systemwechsel und zur Demokratie 301
12.5 Literatur 310

13 Außenpolitik 311
13.1 Der Beginn eines außenpolitischen Paradigmenwechsels 313
    13.1.1 Die Neuordnung des Verhältnisses mit Deutschland 314
    13.1.2 Erste Annäherungen an Westeuropa 316
    13.1.3 Die Anfänge der neuen polnischen Ostpolitik 318
    13.1.4 Das Verhältnis zu den Auslandspolen („Polonia") 320
13.2 Polen „auf dem Weg in den Westen" 322
13.3 Polen auf der Suche nach seinem Platz in Europa 325
13.4 Literatur 334

14 Polens Dritte Republik – gelungene Transformation mit Schönheitsfehlern 337

Abkürzungsverzeichnis

ABW	*Agencja Bezpieczeństwa Wewnętrznego*	Agentur für Innere Sicherheit
AWS	*Akcja Wyborcza Solidarność*	Wahlaktion Solidarität
AWSP	*Akcja Wyborcza Solidarność Prawicy*	Wahlaktion Solidarität der Rechten
BBWR	*Bezpartyjny Blok Wspierania Reform*	Parteiloser Block zur Unterstützung der Reformen
BUL		Belarus, Ukraine, Litauen
CBA	*Centralne Biuro Antykorupcyjne*	Zentrales Antikorruptionsbüro
CBOS	*Centrum Badania Opinii Społecznej*	Zentrum zur Erforschung der Gesellschaftlichen Meinung
Dz. U.	*Dziennik Ustaw*	Gesetzblatt
EG		Europäische Gemeinschaft
EVP		Europäische Volkspartei
FJN	*Front Jedności Narodu*	Einheitsfront der Nation
GO		Geschäftsordnung
KLD	*Kongres Liberalno-Demokratyczny*	Liberal-Demokratischer Kongress
KPEiR	*Krajowa Partia Emerytów i Rencistów*	Landespartei der Rentner und Pensionäre
KPEiR	*Krajowe Porozumienie Emerytów i Rencistów*	Landesallianz der Rentner und Pensionäre
KPN	*Konfederacja Polski Niepodległej*	Konföderation Unabhängiges Polen
KPP	*Komunistyczna Partia Polski*	Kommunistische Partei Polens
KRRiT	*Krajowa Rada Radia i Telewizji*	Landesrat für Rundfunk und Fernsehen
KRS	*Krajowa Rada Sądownictwa*	Landesrat für das Gerichtswesen
LiD	*Lewica i Demokraci*	(Die) Linke und Demokraten
LDPD		Liberaldemokratische Partei Deutschlands
LPR	*Liga Polskich Rodzin*	Liga der Polnischen Familien
MN	*Mniejszość Niemiecka*	Deutsche Minderheit
MP	*Monitor Polski*	Polnisches Amtsblatt
NGO	*Non-Governmental Organisation*	Nicht-Regierungsorganisation
NV		Neue Verfassung
OKP	*Obywatelski Klub Parlamentarny*	Parlamentarischer Bürgerklub
OPZZ	*Ogólnopolskie Porozumienie Związków Zawodowych*	Gesamtpolnische Gewerkschaftsallianz
PC	*Porozumienie Centrum*	Zentrumsallianz

PChD	*Partia Chrześcijańskich Demokratów*	Partei Christlicher Demokraten
PD	*Partia Demokratyczna – demokraci.pl*	Demokratische Partei
PiS	*Prawo i Sprawiedliwość*	Recht und Gerechtigkeit
PJN	*Polska Jest Najważniejsza*	Polen ist am Wichtigsten
PKWN	*Polski Komitet Wyzwolenia Narodowego*	Polnisches Komitee der Nationalen Befreiung
PL	*Polska Lewica*	Polnische Linke
PL	*Porozumienie Ludowe*	Bauernallianz
PL-D	*Partia Ludowo-Demokratyczna*	Demokratische Bauernpartei
PLN		Abk. für die poln. Währung Złoty
PO	*Platforma Obywatelska*	Bürgerplattform
PPG	*Polski Program Gospodarczy*	Polnisches Wirtschaftsprogramm
PPP	*Polska Partia Pracy*	Polnische Partei der Arbeit
PPPP	*Polska Partia Przyjaciół Piwa*	Polnische Partei der Bierfreunde
PPS	*Polska Partia Socjalistyczna*	Polnische Sozialistische Partei
PRON	*Patriotyczny Ruch Odrodzenia Narodowego*	Patriotische Bewegung der Nationalen Wiedergeburt
PSL	*Polskie Stronnictwo Ludowe*	Polnische Bauern-(Volks)partei
PUS	*Polska Unia Socjaldemokratyczna*	Poln. Sozialdemokratische Union
PZU	*Powszechny Zakład Ubezpieczeń*	Allgemeine Versicherungsanstalt
RAŚ	*Ruch Autonomii Śląska*	Bewegung für die Autonomie Schlesiens
RLP	*Ruch Ludzi Pracy*	Bewegung der Werktätigen
ROP	*Ruch Odbudowy Polski*	Bewegung für den Wiederaufbau Polens
RP	*Ruch Palikota*	Palikot-Bewegung
RS AWS	*Ruch Społeczny AWS*	Soziale Bewegung AWS
	Samoobrona	Selbstverteidigung
SD	*Stronnictwo Demokratyczne*	Demokratische Partei
SdPl	*Socjaldemokracja Polska*	Polnische Sozialdemokratie
SdRP	*Socjaldemokracja Rzeczypospolitej Polskiej*	Sozialdemokratie der Republik Polen
SKL	*Stronnictwo Konserwatywno-Ludowe*	Konservative Volkspartei
SLD	*Sojusz Lewicy Demokratycznej*	Allianz der Demokratischen Linken
SP	*Solidarna Polska*	Solidarisches Polen
UD	*Unia Demokratyczna*	Demokratische Union
UP	*Unia Pracy*	Arbeitsunion
UPR	*Unia Polityki Realnej*	Union für Realpolitik
UW	*Unia Wolności*	Freiheitsunion
WRON	*Wojskowa Rada Ocalenia Narodowego*	Militärrat der Nationalen Errettung
ZChN	*Zjednoczenie Chrześcijańsko-Narodowe*	Christlich-Nationale Vereinigung
	Zieloni 2004	Grüne 2004
ZNP	*Związek Nauczycielstwa Polskiego*	Verband der Poln. Lehrerschaft

Tabellenverzeichnis

Tabelle 1: Eckdaten der Wirtschaftsentwicklung 1989–2010 30
Tabelle 2: Urbanisierung und Beschäftigungsstruktur 1950 bis 2010 32
Tabelle 3: Ethnische Zusammensetzung Polens nach den Volkszählungen
2002 und 2011 35
Tabelle 4: Zahl der Sejmausschüsse 1989–2011 43
Tabelle 5: Anzahl der den Fraktionen in den Ausschüssen zustehenden Sitze
(Zahl der Ausschüsse Juli 2012) 44
Tabelle 6: Anzahl der Plenar- und Ausschusssitzungen (ständige und außerordentliche
Ausschüsse) sowie Sitzungen der Nationalversammlung (1989-2012) 48
Tabelle 7: Fraktionswechsel während der Wahlperioden des Sejm (1989-2012) 52
Tabelle 8: Gesetzgebungstätigkeit des Senats 1989-2012 55
Tabelle 9: Neue, in der vorhergehenden Wahlperiode dem Sejm nicht angehörende
Abgeordnete (1989-2011) 61
Tabelle 10: Soziodemografische Struktur des Sejm (1989-2011) 63
Tabelle 11: Senatoren nach Geschlecht (1989-2011) 64
Tabelle 12: Zahl der Amtszeiten, die die Senatoren ihr Mandat ausübten
(1989-2009) 65
Tabelle 13: Plenarbeiträge der Abgeordneten (1989-2012) 68
Tabelle 14: Gesetzgebungstätigkeit des Sejm (1989-2012) 78
Tabelle 15: Aktivitäten registrierter Lobbyisten im Sejm (2006-2011) 84
Tabelle 16: Premierminister und Regierungen in Polen (1989-2011) 99
Tabelle 17: Präsidentschaftswahlen 1990–2010 118
Tabelle 18: Soziodemografische Angaben zu den Präsidentschaftswahlen 2005 121
Tabelle 19: Soziodemografische Angaben zu den Präsidentschaftswahlen 2010,
zweiter Wahlgang 121
Tabelle 20: Angaben zur Tätigkeit des Verfassungsgerichtshofs (1998-2011) 139
Tabelle 21: Stimmenanteil der Parteien bei den Wahlen zur kommunalen und
regionalen Selbstverwaltung vom 7.11.2010 (in v. H.) 152
Tabelle 22: Lokale Referenden zur Abberufung von Amtsinhabern 2002-2010 163
Tabelle 23: Referenden zu Privatisierungsmethoden (1996), Verfassung (1997)
und EU-Beitritt (2003) 164
Tabelle 24: Staatliche Erstattung der Wahlkampfkosten für die Sejm- und
Senatswahlen 2007 (in PLN) 177
Tabelle 25: Höhe der jährlichen staatlichen Zuwendung an politische Parteien 178
Tabelle 26: Staatliche Zuwendungen an die Parteien 2002-2011 (in PLN) 181
Tabelle 27: Prozentzahl der Präferenzstimmen für Kandidaten auf den Parteilisten 187
Tabelle 28: Dank Präferenzstimmen von „Nichtmandatsplätzen" in den Sejm
gelangte Kandidaten in v. H. ihrer Parteien (und absoluten Zahlen) 188

Tabelle 29:	Entwicklung der Parteienkonzentration bei den Sejmwahlen 1991 bis 2011	189
Tabelle 30:	Übersicht über die Relevanz politischer Parteien 1989–2012	193
Tabelle 31:	Prozentanteil an Frauen in Führungsgremien polnischer Parteien (2011)	225
Tabelle 32:	Frauenanteil in den Fraktionsvorständen des Sejm (Frühjahr 2012)	225
Tabelle 33:	Positionierung der Parteien auf einem Rechts-Links-Kontinuum (1997-2007)	229
Tabelle 34:	Übereinstimmung der eigenen Interessen mit den vier im Sejm vertretenen Parteien (2007 und 2010)	230
Tabelle 35:	Zweitpräferenzen der Anhänger der vier im Sejm vertretenen Parteien in v.H. (Mai 2011)	231
Tabelle 36:	Wählerschaft der 2011 in den Sejm gewählten Parteien nach Alter und Geschlecht (in v. H.)	235
Tabelle 37:	Wählerschaft der 2011 in den Sejm gewählten Parteien nach Berufen (in v. H.)	236
Tabelle 38:	Bildungsabschluss der Wählerschaft der 2011 in den Sejm gewählten Parteien (in v. H.)	236
Tabelle 39:	Stammwähler (wie 2007) und Wechselwähler bei den Sejmwahlen 2011 (in v. H.)	237
Tabelle 40:	Ergebnisse der Sejmwahlen vom 27.10.1991, 19.09.1993 und 21.09.1997	239
Tabelle 41:	Ergebnisse der Sejmwahlen vom 23.09.2001, 25.09.2005, 21.10.2007 und 09.10.2011	240
Tabelle 42:	Wahlergebnisse zum Senat 1991-2011	241
Tabelle 43:	Ergebnisse der Wahlen zum Europaparlament 2004 und 2009	241
Tabelle 44:	Auflagenhöhe der größten Tageszeitungen	262
Tabelle 45:	Auflagenhöhe der 15 größten Regionalzeitungen	263
Tabelle 46:	Auflagenhöhe der größten Wochenzeitungen	264
Tabelle 47:	Zuschaueranteil der größten Fernsehstationen	268
Tabelle 48:	Höreranteil der größten Rundfunkstationen	268
Tabelle 49:	Stimmenpräferenzen der Hörer von Radio Maryja bei den Sejmwahlen 2001-2011 (in v.H.)	282
Tabelle 50:	Mittelwerte des Vertrauens zu Politikern unter den Hörern von Radio Maryja und den übrigen Befragten 2008	283
Tabelle 51:	Einstellung zur Mitgliedschaft Polens in der EU 1994-2011	300
Tabelle 52:	Beurteilung der Vor- und Nachteile der Systemtransformation 1994-2009	302
Tabelle 53:	Was hat sich seit 1989 in Polen zum Besseren verändert? (in v. H.)	303
Tabelle 54:	Was hat sich seit 1989 in Polen zum Schlechteren verändert? (in v. H.)	303
Tabelle 55:	Institutionenvertrauen in Polen (1989-2012)	304
Tabelle 56:	Grad der Zufriedenheit mit dem Funktionieren der Demokratie 1993-2011	305
Tabelle 57:	Beurteilung des eigenen Einflusses auf öffentliche Angelegenheiten	306
Tabelle 58:	Bedeutung demokratischer Regierungen für den Einzelnen 1992-2011	309
Tabelle 59:	Zweckmäßigkeit demokratischer Regierungen 2000-2011	309

1 Einleitung

Die Verfassungsgeschichte Polens reicht bis in das Spätmittelalter zurück. Die bis zur dritten Teilung Polens 1795 dauernde Adelsrepublik („Erste Republik") bildete gegen Ende des 15. Jahrhunderts mit dem Sejm (Reichstag) ein Zwei-Kammer-Parlament aus, das sich aus dem Senat als Vertretung der Magnaten, der Bischöfe und königlichen Räte sowie der Landbotenkammer (*Izba poselska*) als Vertretung des niederen Adels (*Szlachta*) zusammensetzte. In der Konstitution *Nihil novi* von 1505 gestand der König dem Parlament zu, dass es neuen Gesetzen, die insbesondere die Besteuerung betrafen, zustimmen musste. Damit wurden in der Adelsrepublik bereits zu Beginn des 16. Jahrhunderts Forderungen der *Glorious Revolution* in Großbritannien 1689 und der Amerikanischen Revolution im 18. Jahrhundert durchgesetzt. 1569 wurde in der Lubliner Union der zuvor eher als eine Personalunion geführte Verbund mit Litauen im Wesentlichen in eine Realunion umgewandelt. Ab 1573 wählte das Parlament den König, der durch Wahlkapitulationen zu weiteren Zugeständnissen gezwungen wurde. Da die *Szlachta* bis zu zehn Prozent der Bevölkerung ausmachte, verfügte Polen-Litauen über eine Zahl aktiv Wahlberechtigter, von der etwa Großbritannien im 18. Jahrhundert deutlich entfernt war.

Zu den negativen Seiten der Rechte des Parlaments zählte das *liberum veto*. Ein einzelner Abgeordneter konnte durch sein Votum nicht nur einen anstehenden Beschluss zu Fall bringen, sondern auch auf dem betreffenden Reichstag gegebenenfalls bereits zuvor getroffene Beschlüsse annullieren, wonach das Parlament aufgelöst wurde. Ausländische Mächte machten sich dieses Instrument zunehmend zunutze. Es trug mit zum Niedergang des Staates im 18. Jahrhundert bei. Krönung der Arbeit der in der zweiten Hälfte des 18. Jahrhunderts wirkenden Reformkräfte war die Verfassung vom 3. Mai 1791, die erste schriftliche Verfassung Europas. Sie sah eine konstitutionelle Monarchie vor und war für ihre Zeit ausgesprochen fortschrittlich. Sie trat aufgrund der Intervention Russlands, Preußens und der Habsburgermonarchie und der dritten Teilung Polens 1795 nie in Kraft, bildete aber das ganze 19. Jahrhundert über einen Bezugspunkt der nationalen Identifikation, da diese Verfassung dem Bürgertum politische Rechte zuerkannte und den Bauern zumindest den Schutz des Staates zusicherte. Wie in der Zwischenkriegszeit wurde der 3. Mai auch nach 1989 wieder zum Nationalfeiertag erklärt.

Nach der Wiederherstellung des polnischen Staates 1918 („Zweite Republik") nahm auch die Verfassung vom 17. März 1921 explizit positiven Bezug auf ihre Vorgängerin vom 3. Mai 1791. Ferner wurde zu Beginn der Präambel die frühere *Invocatio Dei* („Im Namen Gottes, des Allmächtigen") wieder aufgenommen, und der Katholischen Kirche wurde eine privilegierte Stellung zugewiesen. Ein Zwei-Kammer-Parlament wurde etabliert, in dem die Erste Kammer nun „Sejm" hieß, die Zweite „Senat". Dabei besaß der Sejm deutlich mehr Kompetenzen als der Senat. Bei der Gewichtung der Machtverhältnisse zwischen Exekutive und Legislative wurden keine Konsequenzen aus den Erfahrungen mit dem Scheitern der Ersten Republik gezogen. Vielmehr wurden aus Furcht vor zu großer Machtfülle des Staatsgründers General Józef Piłsudski die Kompetenzen der Exekutive und insbesondere des Präsidenten begrenzt. Die Dominanz des Parlaments war aber auch der starken Anlehnung an die Verfassung der Dritten Französischen Republik geschuldet.[2]

Nach Piłsudskis Staatsstreich vom Mai 1926 besaß Polen wie fast alle Staaten der Region ein autoritäres politisches System. Dennoch sind die Leistungen der nur zwei Jahrzehnte dauernden Zweiten Republik beachtlich. Mehr als 100 Jahre hatten die drei Teilungsgebiete unterschiedlichen Rechts-, Wirtschafts- und Kommunikationssystemen angehört und waren als deren jeweilige Peripherie auf das betreffende Zentrum ausgerichtet. In den Jahren von 1918 bis 1939 wurden bei der Vereinheitlichung der einzelnen Subsysteme und beim Aufbau des neuen Staatswesens insgesamt bemerkenswerte Integrations- und Modernisierungsleistungen vollbracht. Zu den problematischen Seiten der Bilanz der Zweiten Republik zählte, dass im neuen Polen in etwa entsprechend der ethnischen Struktur des früheren Polen-Litauen nur rund zwei Drittel der Staatsbürger auch ethnische Polen waren. Die Regierungen versuchten jedoch, einen Nationalstaat im Sinne des 19. Jahrhunderts zu errichten, was zu heftigen Konflikten mit den nationalen Minderheiten führte, insbesondere in den östlichen Landesteilen in den 1930er Jahren mit den Ukrainern führte.

Nach der kurz vor Piłsudskis Tod unter umstrittenen rechtlichen Umständen verabschiedeten Verfassung vom 23. April 1935 verfügte der Präsident ganz im Gegensatz zur Verfassung von 1921 über die „einheitliche und unteilbare Staatsmacht". Diese Verfassung ermöglichte nach dem Überfall Großdeutschlands und der Sowjetunion auf Polen 1939 und der erneuten Teilung des Landes die legale Übertragung der Staatsmacht auf eine Exilregierung zunächst in Frankreich und nach dessen militärischer Niederlage 1940 dann in London. Die Exilregierung leitete in Polen einen Untergrundstaat, dessen bewaffneter Arm die *Armia Krajowa* (AK, „Heimatarmee") war. Die nach dem Angriff Hitlerdeutschlands auf die Sowjetunion wieder aufgenommenen diplomatischen Beziehungen zwischen der polnischen Exilregierung und der Sowjetunion wurden 1943 nach dem Bekanntwerden der Verbrechen von Katyn,[3] zu der die polnische Regierung dringende Fragen an die Regierung der UdSSR richtete, von der sowjetischen Seite erneut abgebrochen.

Nachdem die Rote Armee die von Stalin vorgesehene östliche Nachkriegsgrenze Polens überschritten hatte, verkündete am 22. Juli 1944 in der Nähe von Lublin das tags zuvor in Moskau gebildete Polnische Komitee der Nationalen Befreiung (PKWN) sein von Stalin persönlich abgesegnetes „Manifest" und beanspruchte die Regierungsgewalt in Polen. Die unter sowjetischem Druck 1945 gebildete Provisorische Regierung der Nationalen Einheit, die für Polens Vertretung auf der Potsdamer Konferenz benötigt wurde und in die nur wenige Vertreter der Londoner Regierung aufgenommen wurden, ließ 1946 ein Referendum zu drei Fragen („dreimal Ja!")[4] und Anfang 1947 Wahlen zum Sejm durchführen, die allen

---

2   Zu den Verfassungen von 1921 und 1935 siehe u.a. Bos 2004: 147ff.
3   Im Frühjahr 1940 wurden auf Befehl der sowjetischen Führung rund 22.000 polnische Kriegsgefangene, die zur intellektuellen Elite ihres Landes gehörten, an mehreren Orten der Sowjetunion erschossen und an verschiedenen Orten im Westen der UdSSR begraben. 1943 wurde von der deutschen Besatzung die Entdeckung des Gräberfelds von Katyn bekannt gegeben und propagandistisch ausgeschlachtet. Da die Sowjetunion die Verantwortung für diese Verbrechen jahrzehntelang leugnete und Russland bis heute (2012) die Rehabilitierung der Ermordeten ablehnte, belasteten diese unter dem Begriff „Katyn" bekannten Ereignisse die polnisch-russischen Beziehungen weiter. Erst seit 2011 gibt es Anzeichen dafür, dass die russische Führung nach juristischen Möglichkeiten einer Rehabilitierung sucht.
4   1. Abschaffung des Senats, 2. Durchführung einer Agrarreform und Verstaatlichung der wichtigsten Wirtschaftszweige, aber Beibehaltung gesetzlich garantierter Rechte der Privatwirtschaft, 3. Beibehaltung der Grenze an Oder, Neiße und Ostsee.

rechtsstaatlichen Regeln Hohn sprachen. Die verbliebene antikommunistische Opposition wurde verfolgt und systematisch ausgeschaltet. Die 1942 im polnischen Untergrund als Nachfolgeorganisation der 1938 von Stalin aufgelösten Kommunistischen Partei Polens gegründete Polnische Arbeiterpartei (PPR) und die Polnische Sozialistische Partei (PPS), aus der zuvor zahlreiche Mitglieder ausgeschlossen worden waren, fusionierten Ende 1948 zur Polnischen Vereinigten Arbeiterpartei (PZPR), die nach stalinistischem Muster organisiert wurde. Als der PZPR völlig untergeordnete „Blockparteien" blieben die Vereinigte Bauernpartei (ZSL) und die Demokratische Partei (SD) bestehen, die Angehörige der Intelligenz und Freiberufler vereinte.

Mit der Ermordung von Millionen Menschen und der Vertreibung Hunderttausender während des Zweiten Weltkriegs sowie der als Ergebnis des Krieges vorgenommenen Westverschiebung Polens (Abtretung der polnischen Ostgebiete der Zwischenkriegszeit an die Sowjetunion, Übernahme der bisher deutschen Gebiete östlich von Oder und Lausitzer Neiße mit Ausnahme des nördlichen Ostpreußen, das an die UdSSR fiel) war auch eine grundlegende Veränderung der Bevölkerungsstruktur Nachkriegspolens verbunden. Während des Krieges waren die rund zehn Prozent der Bevölkerung ausmachenden Juden von der deutschen Besatzungsmacht fast vollständig ermordet worden (ebenso wie große Teile der ethnisch polnischen Intelligenz). Hunderttausende Polen aus den ins Reich eingegliederten Gebieten der Zweiten Republik waren aus ihrer Heimat vertrieben worden, damit diese Gebiete durch die Ansiedlung Deutscher germanisiert werden konnten. Nach Kriegsende wurden aufgrund bilateraler (polnisch-sowjetischer) und multilateraler internationaler Vereinbarungen (Potsdamer Abkommen) Millionen Menschen gezwungen ihre angestammten Gebiete zu verlassen, nachdem schon zuvor viele Polen angesichts des Terrors des ukrainischen Untergrunds und Hunderttausende Deutsche vor der näher kommenden Roten Armee jeweils nach Westen geflohen waren.[5] Polen wurde im Ergebnis zu einem ethnisch und konfessionell (über 90 Prozent der Bevölkerung römisch-katholisch) weitgehend homogenen Staat. Nachdem im Rahmen der Familienzusammenführung 1956-1959 rund 260.000 Deutsche Polen verlassen konnten, dürften maximal drei Prozent der Bevölkerung deutscher, ukrainischer, weißrussischer und anderer Herkunft gewesen sein dürften.

Dass Polen für die Übernahme des sowjetsozialistischen Modells denkbar ungeeignet war, äußerte sich u.a. in der Zahl von rund 30.000 Toten, die bürgerkriegsähnliche Auseinandersetzungen zwischen dem Ende der Kampfhandlungen des Zweiten Weltkriegs und 1948 forderten. Diese waren freilich nicht nur Auseinandersetzungen der eine Zeit lang weiter im Untergrund kämpfenden AK mit dem neuen Regime, sondern zu einem großen Teil auch Kämpfen der ukrainischen Unabhängigkeitsbewegung mit Vertretern des neuen polnischen Staates geschuldet.

---

5 Einen konzisen Überblick über die dramatischen Veränderungen der ethnischen Zusammensetzung der Bevölkerung Polens in den früheren und heutigen Grenzen zwischen 1939 und der Nachkriegszeit bietet Troebst, Stefan (Hrsg.) 2009: Atlas Zwangsumsiedlung, Flucht und Vertreibung. Ostmitteleuropa 1939–1959, Warszawa.

1.1 Polen als Volksrepublik

Am 22. Juli 1952, dem achten Jahrestag der Verkündung des Manifests des PKWN, wurde eine Verfassung verabschiedet, die Polen zur Volksrepublik proklamierte und formell den Sejm zum höchsten Machtorgan erklärte (der Senat war bereits 1946 abgeschafft worden), während die in der Verfassungswirklichkeit dominierende PZPR mit keinem Wort erwähnt wurde. Im Sinne Karl Loewensteins war dies somit eine „semantische Verfassung",[6] die in ihren Grundstrukturen dem Muster anderer volksdemokratischer Staaten entsprach. Das Amt des Staatspräsidenten (bisher ausgeübt von PZPR-Chef Bolesław Bierut, dem „polnischen Stalin") wurde abgeschafft und durch den vom Sejm aus seiner Mitte gewählten Staatsrat ersetzt, der während der zahlreichen Unterbrechungen der Sitzungsperioden des Parlaments dessen Tätigkeit wahrnahm. Der Vorsitzende des Staatsrats war zugleich Staatsoberhaupt.

Kein anderes im Machtbereich der Sowjetunion gelegenes Land hat so viele offene politische Systemkrisen erlebt wie die Volksrepublik Polen (die wichtigsten 1956, 1970/71 und 1980/81). Mit der Rückkehr des 1948 kaltgestellten und später internierten Nationalkommunisten Władysław Gomułka an die Macht im Oktober 1956 gewann Polen im Verhältnis zur UdSSR gewisse Freiräume, in Politik und Kultur gab es eine Liberalisierung und der zuvor brutale Kirchenkampf wurde abgebrochen. Das Verhältnis von Partei und Katholischer Kirche blieb zwar weiter von teilweise heftigen Spannungen gekennzeichnet, doch wurde die Autonomie der Kirche nicht mehr grundsätzlich in Frage gestellt. Auch die zwangsweise Kollektivierung der Landwirtschaft wurde abgebrochen, und neben der starken Stellung der Katholischen Kirche zählte die Tatsache, dass rund drei Viertel der landwirtschaftlichen Nutzfläche in privater Hand blieben, bis zum Ende der Volksrepublik zu den Besonderheiten Polens unter den Staaten im sowjetischen Machtbereich.

Wirtschaft und Gesellschaft Polens wurden nach dem Zweiten Weltkrieg völlig verändert. Das zuvor fast ganz agrarisch geprägte Land wurde nach sowjetischem Muster industrialisiert. Die von Parteichef Edward Gierek und Ministerpräsident Piotr Jaroszewicz (beide 1970 bis 1980 im Amt) versuchte Modernisierung des Landes mit westlicher Technologie brachte nur begrenzte Erfolge, führte aufgrund von Misswirtschaft aber zu einer horrenden Verschuldung des Landes im Westen (1980: 23 Milliarden USD). In der zweiten Hälfte der 1970er Jahre entstand eine Oppositionsbewegung (1976: Gründung des Komitees zur Verteidigung der Arbeiter, KOR), die ihre Stärke aus der Zusammenarbeit von Intellektuellen und Arbeitern zog.[7] In der aufgrund der Streiks an der Ostseeküste vom August 1980 von der Regierung mit dem Streikkomitee unterzeichneten Übereinkunft von Danzig räumte die kommunistische Regierung ein, dass die bisherigen Gewerkschaften die Erwartungen der „Werktätigen" nicht erfüllt hätten und dass daher neue, sich selbst verwaltende Gewerkschaften, die echte Repräsentanten der Arbeiterklasse darstellten, für sinnvoll

---

6   Loewenstein, Karl 1957: Verfassungslehre, Tübingen, 156f.
7   Die Intellektuellen waren durch die von der Partei Anfang 1976 forcierte Verfassungsänderung mobilisiert worden, die u.a. (erst jetzt) die Führungsrolle der PZPR in die Verfassung einführte. Arbeiter hatten im Juni 1976 gegen überfallartig bekanntgegebene Preiserhöhungen demonstriert, die daraufhin zurückgenommen wurden. Als Vergeltung wurden auch Unbeteiligte Opfer von Repressionen, die Teile der Arbeiterschaft gegen das Regime aufbrachten. Zur Entstehung der Oppositionsbewegung der 1970er Jahre siehe u.a. Ziemer, Klaus 1987: Polens Weg in die Krise. Eine politische Soziologie der „Ära Gierek", Frankfurt am Main, 368ff.

erachtet würden.[8] Auf der Grundlage dieser Vereinbarung entstand die parteiunabhängige Gewerkschaft *Solidarność*, die angesichts der Legitimationsgrundlagen des kommunistischen Regimes systemsprengenden und die bestehende Herrschaftsordnung zutiefst diskreditierenden Charakter besaß.

Mit der Verhängung des Kriegsrechts am 13. Dezember 1981 (bis zum 22. Juli 1983) konnte der neue Parteichef General Wojciech Jaruzelski zwar die legale Existenz der *Solidarność* beenden, trotz vielfacher, gerade auch im Vergleich zu anderen sowjetsozialistischen Staaten bemerkenswerter Reformversuche aber nicht die schwere Wirtschafts- und Versorgungskrise des Landes beheben. Die Partei konnte ihre frühere Führungsrolle nicht mehr wiedergewinnen. Im November 1987 setzte die politische Führung ein Referendum an, um die Legitimation für – nicht weiter präzisierte – wirtschaftliche und politische Reformen zu erhalten und verfehlte knapp die erforderliche absolute Mehrheit der Abstimmungsberechtigten – unvorstellbar in anderen sowjetsozialistischen Staaten wie der DDR oder der ČSSR. Im Mai und August 1988 kam es in mehreren Großbetrieben zu Streiks, die die politische Führung nicht aus eigener Kraft, sondern nur mit Hilfe der *Solidarność* nahe stehender Persönlichkeiten beilegen konnte. Die Parteiführung erkannte, dass ihre Legitimation in der Gesellschaft zu schwach war, um einschneidende Wirtschaftsreformen durchzuführen und akzeptierte bei heftigem Widerstand der Hardliner innerhalb der PZPR das Angebot gemäßigter Führer der (formal illegalen) Opposition zu Gesprächen an einem Runden Tisch über eine umfassende Lösung der politischen und wirtschaftlichen Krise.

1.2 Der Übergang zur Demokratie: Der Runde Tisch und die Wahlen vom Juni 1989

Damit war der Weg frei zu Verhandlungen zwischen kompromissbereiten Eliten beider Seiten mit dem Ziel, in einer Zeit nicht absehbarer Entwicklungen für eine Übergangsperiode einen gewissen, für beide Seiten verbindlichen rechtlichen Rahmen auszuarbeiten. Dies entsprach zwar in geradezu „klassischer" Weise einem der Szenarien, die aufgrund der empirischen Fälle Südeuropas und Lateinamerikas für den Übergang von autoritären zu demokratischen Systemen in der Literatur herausgearbeitet worden waren.[9] Noch nie zuvor war jedoch eine kommunistische, im sowjetischen Hegemonialbereich verankerte Regierung zu Gesprächen mit der formal illegalen Opposition bereit gewesen.

Von Februar bis April 1989 verhandelten Vertreter der gemäßigten Flügel des bisherigen Systems und der Opposition über grundlegende Reformen in Politik und Wirtschaft. Das Hauptziel bestand darin, eine Regierung zu bilden, die von der Gesellschaft als legitim anerkannt würde und in der Lage wäre, mit harten Einschnitten verbundene Wirtschaftsreformen durchzuführen. Die Quadratur des Kreises bestand darin, die Opposition in das politische System einzubinden und Wahlen durchzuführen, die von der Bevölkerung als legitim anerkannt würden, wobei die PZPR ihre Macht behalten sollte. Dass die Partei in

---

[8] Protokoll der Vereinbarungen von Danzig vom 31.08.1980, abgedruckt in: Volle, Hermann/ Wagner, Wolfgang (Hrsg.) 1982: Krise in Polen. Vom Sommer 80 zum Winter 81; in Beiträgen und Dokumenten aus dem Europa-Archiv, Bonn, 137-146, hier 137.

[9] Vgl. u.a. Przeworski, Adam 1986: Some Problems in the Study of the Transition to Democracy, in: O'Donnell, Guillermo/ Schmitter, Philippe C./ Whitehead, Laurence (Hrsg.): Transitions from Authoritarian Rule: Comparative Perspectives, Baltimore u.a. 47–63, hier 54.

freien Wahlen keine Chance auf einen Sieg hatte, war allen Beteiligten klar. Mit kreativer Phantasie und der Bereitschaft zu Kompromissen wurden Regelungen zur Lösung dieser scheinbar unlösbaren Probleme gefunden.

Ein Ansatzpunkt bestand darin, Kompetenzen von der Partei auf staatliche Institutionen zu übertragen. Ähnlich wie etwa zur gleichen Zeit in der Sowjetunion Michail Gorbatschow seine Kompetenzen als KPdSU-Generalsekretär de facto auf das Amt des Staatspräsidenten übertragen ließ, sollten auch in Polen die Kompetenzen der Partei auf das staatliche Institutionensystem übertragen werden. Schlüsselfigur war dabei General Jaruzelski, der in seiner Person die Loyalität Polens als Bündnispartner innerhalb des Warschauer Vertragssystems garantieren sollte. In Anlehnung an das politische System der Fünften Französischen Republik wurde das Amt eines mit starken Kompetenzen ausgestatteten Präsidenten geschaffen. Er ernannte die Minister für Inneres, Auswärtige Angelegenheiten und Verteidigung.

Um dem künftigen Parlament Legitimität zu verschaffen, wurde der 1946 abgeschaffte Senat wieder eingeführt. Die Wahlen zu den 100 Sitzen (je zwei Mandate in den 49 Wojewodschaften, in den beiden bevölkerungsreichsten Warschau und Kattowitz je drei) wurden nach rechtlichen Bestimmungen durchgeführt, nach denen sie auch nach westlichen Kriterien als „frei" zu bezeichnen waren.[10] Als Gegengewicht zu der zu erwartenden starken Repräsentation der *Solidarność* im Senat wurden dem Sejm a) deutlich stärkere Kompetenzen zuerkannt als dem Senat und b) wurde die parteipolitische Zusammensetzung des 1989 zu wählenden Sejm bereits vor den Wahlen festgelegt. Die PZPR und ihre bisherigen Koalitionspartner ZSL, SD sowie drei kleine christliche Abgeordnetenzirkel erhielten 65 Prozent der Mandate, Parteilosen sollten 35 Prozent der Sitze zur Verfügung stehen. Erst nach den Wahlen sollte sich herausstellen, dass dabei von erheblicher Bedeutung war, dass die PZPR erstmals darauf verzichtete, dass ihr mehr als 50 Prozent der Abgeordneten angehörten.

Die Vereinbarungen führten zu einem hybriden Institutionensystem, in dem die Kompetenzen zwischen Präsident und Regierung etwa im Bereich der Innen-, Außen- und Verteidigungspolitik nicht präzise abgegrenzt waren. Dabei ließen sich nicht nur Anlehnungen an die Verfassung der Fünften Französischen Republik, sondern auch an die polnische Verfassung von 1935 erkennen.[11]

Das Ergebnis der Wahlen vom Juni 1989 – die *Solidarność* gewann 99 der 100 Sitze im Senat und alle Parteilosen zugänglichen 161 Mandate im Sejm – entwickelte eine Dynamik, die niemand am Runden Tisch vorhergesehen hatte. General Jaruzelski wurde von der Nationalversammlung (Sejm und Senat) nur mit hauchdünner Mehrheit zum Staatspräsidenten gewählt und schöpfte in der Folge seine umfassenden Kompetenzen kaum aus. Der von Jaruzelski zum Ministerpräsidenten ernannte und von der Mehrheit des neuen Sejm auch gewählte bisherige Innenminister General Czesław Kiszczak konnte keine Regierung bilden, da die jahrzehntelangen Blockparteien ZSL und SD kein Vertrauen in den Erfolg einer von der PZPR geführten Regierung mehr hatten und fürchteten, bei den nächsten Wahlen von den Wählern ähnlich abgestraft zu werden wie im Juni 1989 (kein Sitz im Senat für PZPR, ZSL oder SD, erheblich weniger abgegebene Stimmzettel für Kandidaten der bisherigen Koalition als für Kandidaten der *Solidarność*).

---

10 Zu den Wahlen von 1989 siehe u.a. Ziemer 1989: 956ff.
11 So Garlicki, Leszek Lech 1992: The Development of the Presidency in Poland: Wrong Institutions or Wrong Persons?, in: Thompson, Kenneth W. (Ed.): Poland in a World in Change. Constitutions, Presidents and Politics, New York u.a. 65-111, hier 90; zitiert nach Bos 2004: 160.

Daher willigte Jaruzelski ein, dass der katholische Publizist Tadeusz Mazowiecki, der bereits im August 1980 zu den Beratern des Streikkomitees in Danzig gehört hatte, Ende August 1989 mit Unterstützung der bisherigen PZPR-Koalitionspartner ZSL und SD die erste nichtkommunistische Regierung im Machtbereich der UdSSR nach der Etablierung „volksdemokratischer" Regierungen nach dem Zweiten Weltkrieg bildete. Damit war der Weg frei vom eigentlich geplanten System*wandel* zum System*wechsel*. Ende 1989 wurden aus der Verfassung die wichtigsten Artikel beseitigt, die im Widerspruch zum neuen demokratischen System standen, etwa die 1976 in die Verfassung eingefügte Führungsrolle der PZPR. Auf der symbolischen Ebene erhielt der Staat den traditionellen Namen *Rzeczpospolita Polska* (Republik Polen) zurück und der weiße Adler im Staatswappen die goldene Königskrone als Zeichen der Souveränität. Der kommunistische Nationalfeiertag (22. Juli) wurde abgeschafft und die beiden Nationalfeiertage der Zwischenkriegszeit (3. Mai und 11. November[12]) wieder eingeführt.

1.3 Die Verfassung von 1997

Vielfach wurde angenommen, dass bis zum 3. Mai 1991, zum 200. Jahrestag der Verabschiedung der Verfassung von 1791, eine neue Verfassung ausgearbeitet würde. Die Arbeiten hieran erwiesen sich jedoch als schwieriger als erwartet. Zum einen wurde die Legitimation des „halbfrei" gewählten Sejm von 1989 bestritten, eine neue Verfassung auszuarbeiten. Zum andern gab es heftige inhaltliche Auseinandersetzungen, etwa ob ein parlamentarisches oder ein präsidentielles System eingeführt werden sollte.

1.3.1 Der Weg zur neuen Verfassung

Bei der Umsetzung der Vereinbarungen des Runden Tisches erwies es sich als positiv, dass bestimmte Regelungen nicht mit letzter Präzision gefasst waren, da dies in schwierigen Situationen eine gewisse Flexibilität ermöglichte. Das setzte freilich auch ein Minimum an Kooperationsbereitschaft der politischen Eliten beider Seiten voraus. Tatsächlich bestimmten akteurspolitische Konstellationen maßgeblich die weitere Entwicklung bei der Ausarbeitung und Verabschiedung der neuen Verfassung. General Jaruzelski, dessen Amtszeit als Staatspräsident bis 1995 lief, erkannte im Laufe des Jahres 1990, dass seine Position im neuen politischen System nicht mehr haltbar war, trat Ende 1990 zurück und machte den Weg frei zur Direktwahl des Staatspräsidenten, die nach einer Verfassungsänderung Ende 1990 abgehalten wurde. Dabei machte die Auseinandersetzung zwischen dem *Solidarność*-Chef Lech Wałęsa, der außerhalb der Regierung geblieben war, und Ministerpräsident Mazowiecki den Zerfall der politischen *Solidarność*-Bewegung deutlich. Wałęsa wurde im zweiten Wahlgang gewählt. Zu seiner Amtseinführung kam der Präsident der Exilregierung in London, Ryszard Kaczorowski, und überbrachte die Insignien der Zweiten Republik. Er erkannte damit auch seitens der Exilregierung, die seit Jahrzehnten ohnehin nur eine sym-

---

12 Am 11. November 1918 proklamierte General Piłsudski die Unabhängigkeit Polens. Dieser Feiertag wurde während des Runden Tisches (noch vom Sejm der Volksrepublik) am 15. Februar 1989 wieder eingeführt, der 3. Mai (Jahrestag der ersten schriftlichen Verfassung Europas 1791) durch Gesetz vom 6. April 1990.

bolische Existenz geführt hatte und ihre Tätigkeit nun einstellte, die Legitimität des neuen politischen Systems an.

Hatte sich die *Solidarność* am Runden Tisch aus Furcht vor einer zu großen Machtfülle General Jaruzelskis bemüht, die Kompetenzen des Präsidenten möglichst gering zu halten, so versuchte Wałęsa als Präsident diese Kompetenzen maximal auszunutzen.

Mit der Verfestigung des neuen politischen Institutionensystems führte die fehlende Präzision der am Runden Tisch vereinbarten Bestimmungen zunehmend zu Reibungsverlusten zwischen einzelnen politischen Institutionen. Dies betraf insbesondere das Verhältnis zwischen Präsident, Regierung und Parlament. Um eine wenigstens teilweise Stabilisierung des politischen Systems zu erreichen, verabschiedete das Parlament am 17. Oktober 1992 das Gesetz über die gegenseitigen Beziehungen zwischen der gesetzgebenden und der exekutiven Gewalt der Republik Polen sowie über die territoriale Selbstverwaltung. Mit dem Inkraftsetzen dieser so genannten „Kleinen Verfassung"[13] wurde auf ein Vorgehen zurückgegriffen, das bereits nach dem Ersten (1919) und dem Zweiten Weltkrieg (1947) vor der Verabschiedung der jeweils „Großen" Verfassung von 1921 und 1952 praktiziert worden war, nämlich zunächst die Einführung einer praktikablen Interimsverfassung. Die Tatsache, dass neben dem „einfachen" Misstrauensvotum gegen eine Regierung alternativ nun auch das konstruktive Misstrauensvotum eingeführt wurde, konnte allerdings die Regierungen nicht stärken. Bereits im Mai 1993 wurde die Regierung Suchocka gestürzt, und auch eine fast Zweidrittelmehrheit für die Koalition aus der postkommunistischen SLD und der Bauernpartei PSL nach den Parlamentswahlen von 1993 konnte nicht verhindern, dass fast jedes Jahr ein neuer Regierungschef gewählt wurde.

Erst mit der „Kleinen Verfassung" wurde indessen der aus der Verfassung von 1952 stammende und bis dahin beibehaltene Grundsatz der Suprematie des Sejm, das heißt, das zumindest auf dem Papier geltende Übergewicht eines Verfassungsorgans über andere, beseitigt, und erst damit wurde tatsächlich das Prinzip der Gewaltenteilung eingeführt.

Nach den am 23. April 1992 verabschiedeten Grundsätzen für die Vorbereitung und Abstimmung über eine neue Verfassung konnten Verfassungsprojekte vom Verfassungsausschuss der Nationalversammlung (Sejm und Senat), einer Gruppe von 56 Mitgliedern der Nationalversammlung (= zehn Prozent ihrer Mitglieder), dem Staatspräsidenten und mindestens 500.000 Bürgern eingebracht werden. Am Ende befasste sich der Verfassungsausschuss mit sieben verschiedenen Entwürfen.[14]

Die Beratungen über die neue Verfassung zogen sich jahrelang hin und gerieten am Schluss in den Vorwahlkampf zu den Parlamentswahlen 1997. Die parlamentarische Rechte, die bei den Wahlen 1993 zersplittert angetreten war und in mehreren Gruppierungen teilweise knapp unterhalb der neuen Fünfprozentklausel geblieben war, war entsprechend im Verfassungsausschuss der Nationalversammlung unterrepräsentiert und bestritt dessen Legitimität, obwohl gerade aufgrund der Unterrepräsentation der Rechten auch Vertreter

---

13 Verfassungsgesetz über die gegenseitigen Beziehungen zwischen der gesetzgebenden und der vollziehenden Gewalt der Republik Polen und über die örtliche Selbstverwaltung vom 17. Oktober 1992, in: Roggemann, Herwig (Hrsg.) 1999: Die Verfassungen Mittel- und Osteuropas, Berlin, verfügbar unter http://www.verfassungen.eu/pl/verf92-i.htm (29.07.2012).

14 Urheber dieser Verfassungsentwürfe waren die Verfassungskommission des Senats, die Parteien PSL, KPN, UW und SLD, ferner Präsident Wałęsa sowie in einem gemeinsamen Entwurf die Gewerkschaft *Solidarność* und Mitte-Rechts-Parteien, die diesen Entwurf als Bürgerinitiative einbrachten und dabei mehr als eine Million Unterschriften sammeln konnten.

des konservativen Lagers in den Verfassungsausschuss und seine Unterausschüsse kooptiert wurden. Drei Punkte standen im Mittelpunkt der Auseinandersetzungen.

Zum einen war dies die Frage nach einem stärker präsidentiellen oder parlamentarischen System. Die Mehrheit der SLD-PSL-Koalition mit dem SLD-Fraktionsvorsitzenden Aleksander Kwaśniewski an der Spitze versuchte aus Furcht vor weiterem Machtzuwachs von Präsident Lech Wałęsa die Kompetenzen des Präsidenten möglichst zu beschneiden. Nach der Wahl Kwaśniewskis zum Staatspräsidenten Ende 1995 änderte sich seine Haltung, aber die Kompetenzen waren im Wesentlichen bereits festgelegt.

Zum andern bildete der Umfang der so genannten sozialen Rechte einen Streitpunkt zwischen Vertretern liberaler Positionen und Verfechtern des Standpunkts, dass dem Staat hier eine entscheidende Rolle zufalle. Diese Kontroverse deckt sich in Polen nur bis zu einem gewissen Grad mit den aus Westeuropa bekannten Rechts-Links-Einteilungen, da weltanschaulich eher „national" ausgerichtete Politiker hier eine starke Interventionstätigkeit des Staates befürworten.

Die wohl heftigsten Auseinandersetzungen wurden um die Rolle der Kirche und Fragen der Gewissens- und Bekenntnisfreiheit einschließlich des Schutzes des ungeborenen Lebens geführt. Nach der Lösung der institutionellen Probleme und der materiellen Fragen spitzte sich der Konflikt 1997 auf die weltanschauliche Grundlegung der neuen Verfassung zu. Im Mittelpunkt stand die Frage, ob der neue polnische Staat weltanschaulich neutral sein oder ob die Verfassung einen Bezug auf Gott enthalten solle. Mehrheitlich angenommen wurde schließlich der vom früheren Ministerpräsidenten Tadeusz Mazowiecki eingebrachte Vorschlag, nach dem die Präambel klarstellte, diese Verfassung gebe sich das polnische Volk, „alle Staatsbürger der Republik, sowohl diejenigen, die an Gott als die Quelle der Wahrheit, Gerechtigkeit, des Guten und Schönen glauben, als auch diejenigen, die diesen Glauben nicht teilen und diese universalen Werte aus anderen Quellen herleiten". Diese 1997 heftig umstrittene Formel ist in Polen inzwischen allgemein akzeptiert.[15]

Bemerkenswert war bei der in feierlicher, gehobener Sprache verfassten Präambel ferner, dass die postkommunistische SLD die Formulierung akzeptierte, Polen habe erst 1989 wieder die Möglichkeit erhalten, souverän und demokratisch über sein Schicksal zu entscheiden. Entsprechend wurde an „die besten Traditionen der Ersten und Zweiten Republik" angeknüpft und mit der neuen Verfassung *expressis verbis* die Dritte Republik ausgerufen, die Zeit der Volksrepublik implizit also ebenso wie die Besatzung während des Zweiten Weltkriegs als Zeit der Unfreiheit gewertet.

Am 2. April 1997 stimmte die 560 Mitglieder zählende Nationalversammlung mit 451 Stimmen bei 31 Gegenstimmen und fünf Enthaltungen für die Annahme der Verfassung. In den Monaten zuvor hatte sich bereits eine Mehrheit aus der postkommunistischen Regierungskoalition SLD und PSL sowie der liberalen Freiheitsunion (UW) und der sozialistischen UP gebildet. Im Verfassungsreferendum, das angesichts der wenige Monate später anstehenden Neuwahl des Parlaments zum Vorwahlkampf geriet, standen sich die Befürworter der Verfassung und ihre Gegner im konservativen Lager hart gegenüber. Trotz hoher emotionaler Mobilisierung erreichte die Beteiligung an der Abstimmung am 25. Mai 1997 nur 42,86 Prozent. Davon stimmten nur 52,7 Prozent für die Annahme, 45,9 Prozent dagegen, 1,4 Prozent der abgegebenen Stimmen waren ungültig. Da das Gesetz über ein Refe-

---

15 Sie wurde (u.a. parteiübergreifend auch von deutschen Politikern) sogar als Kompromiss für die umstrittene *invocatio Dei* in der Präambel des EU-Vertrags vorgeschlagen, traf dort aber auf die prinzipielle Ablehnung der französischen Seite.

rendum vom 29. Juni 1995 für die Verabschiedung einer Verfassung kein Quorum vorsah (für „normale" Referenden dagegen ein Quorum von mindestens 50 Prozent Abstimmungsbeteiligung als Voraussetzung für die Gültigkeit), war die Verfassung auch mit diesem schwachen Abstimmungsergebnis angenommen.

Wurde die Legitimität der Verfassung von ihren Gegnern auch nach ihrer formellen Annahme 1997 heftig bestritten, so hat sie in den Jahren nach ihrem Inkrafttreten die Anerkennung der meisten politischen Kräfte gefunden. Nach den Präsidentschafts- und Parlamentswahlen von 2005 wurde ihre Legitimität von der Partei PiS (Recht und Gerechtigkeit, siehe Kapitel 8.3.3.2) aus anderen Gründen als 1997 in Frage gestellt. Kritisiert wurde, dass der Übergang vom kommunistischen zum demokratischen System vorgenommen worden sei, ohne dass Funktionsträger des bisherigen Systems von der Ausübung politischer Ämter ausgeschlossen worden seien (fehlende Entkommunisierung) und dass Amtsinhaber nicht auf ihre Zusammenarbeit mit den kommunistischen Geheimdiensten hin untersucht worden seien (fehlende „Lustration"). Propagiert wurde eine „Vierte Republik", die diese Versäumnisse beheben und das gesellschaftlich-politische Gleichgewicht in Richtung einer Abrechnung mit dem Kommunismus und eines „starken Staates" verändern sollte, der die – in der Wahrnehmung dieses Lagers – bisherigen politischen Fehlentwicklungen nach 1989 korrigieren sollte. Ferner wurde kritisiert, dass die faktische Koalition bei der Verfassungsgebung aus den postsozialistischen Parteien und der UW mit dem Verfassungsgerichtshof eine Institution etabliert hätten, die es auch veränderten Parlamentsmehrheiten unmöglich mache, grundlegende Veränderungen vorzunehmen. Mit der Wahlniederlage der PiS bei den vorgezogenen Parlamentswahlen vom November 2007 ist die Fundamentalkritik an der gegenwärtigen Verfassungsordnung wieder weitgehend verstummt.[16]

1.3.2 Struktur und Grundsätze der Verfassung

Die Verfassung von 1997 ist sehr umfangreich und nicht gerade systematisch redigiert. Das erste Kapitel mit der Überschrift „Die Republik" bestimmt die grundlegenden Prinzipien der Verfassungsordnung wie Volkssouveränität und den Grundsatz des demokratischen und sozialen Rechtsstaats. Es definiert Polen einerseits als „einheitlichen Staat", postuliert aber andererseits die Dezentralisierung der öffentlichen Gewalt (Art. 15 NV). Eine Reihe von Staatszielen werden definiert wie die Unabhängigkeit und Integrität des Territoriums, die Gewährleistung von Freiheiten sowie Menschen- und Bürgerrechten, der Schutz des nationalen Erbes sowie der Umweltschutz mit der Zielvorgabe nachhaltiger Entwicklung (Art. 5 NV). Der Staat hat den gleichen Zugang zur Kultur zu gewährleisten, die als „die Quelle der Identität des polnischen Volkes" bezeichnet wird, und den im Ausland wohnenden Polen (nicht nur polnischen Staatsbürgern) Hilfe zu leisten, „ihre Verbindung mit dem nationalen kulturellen Erbe aufrecht zu erhalten" (Art. 6 NV). Verpflichtend ist die Tätigkeit der öffentlichen Organe „auf der Grundlage und in den Grenzen des Rechts" (Art. 7 NV), die Verbindlichkeit des Völkerrechts, die Gewaltenteilung, staatsbürgerliche Freiheiten wie Presse-, Versammlungs- und Vereinigungsfreiheit, soziale Marktwirtschaft, Unterstellung der Streitkräfte unter zivile demokratische Kontrolle u.a.

---

16 Die genannten Kritikpunkte tauchten auch wieder im Programm der PiS in der Fassung von 2011 auf. Vgl.: Nowoczesna, solidarna, bezpieczna Polska. Program Prawa i Sprawiedliwości, Warszawa 2011: 79. Zugänglich auch unter http://www.pis.org.pl/dokumenty.php?s=partia&iddoc=157 (11.08.2012). Sie wurden nun aber in der Öffentlichkeit nicht mehr so stark exponiert.

1.3 Die Verfassung von 1997

Das zweite Kapitel bestimmt weitere „Freiheiten, Rechte und Pflichten des Menschen und des Staatsbürgers". Dabei erinnert Artikel 30 („Die Würde des Menschen ist ihm angeboren und unveräußerlich … Sie ist unverletzlich, ihre Achtung und ihr Schutz ist Verpflichtung der öffentlichen Gewalt") deutlich an den ersten Artikel des deutschen Grundgesetzes, das dem polnischen Verfassungsgeber auch an anderen Stellen erkennbar bekannt war.[17] Polnischen Staatsbürgern darf die Staatsbürgerschaft nicht entzogen werden. Sie können jedoch freiwillig auf sie verzichten. Kein polnischer Staatsbürger darf des Landes verwiesen oder ihm die Rückkehr in das Staatsgebiet versagt werden. Mit diesen Bestimmungen wurde zum Teil auf Praktiken zu kommunistischer Zeit reagiert, die im demokratischen Polen damit ausgeschlossen werden.

Im dritten Kapitel, „Rechtsquellen", werden die Verfassung, Gesetze, Verordnungen unterschiedlicher staatlicher Organe u. a. aufgeführt. In diesem Abschnitt wird auch dargelegt, dass die Republik Polen einer internationalen Organisation oder einem internationalen Organ in bestimmten Angelegenheiten die Kompetenz staatlicher Organe übertragen kann. Voraussetzung ist die Zustimmung von Sejm und Senat mit jeweils mindestens zwei Dritteln der Stimmen bei Anwesenheit von mindestens der Hälfte ihrer gesetzlichen Mitglieder oder die Annahme eines entsprechenden Gesetzes durch Referendum. Auf diese Weise ermöglichte die neue Verfassung die Übertragung von Teilen der staatlichen Souveränität auf supranationale Einrichtungen wie etwa Nato (Beitritt auf der Grundlage von Entscheidungen des Parlaments) und EU (Beitritt durch Referendum). Das war für eine Gesellschaft nicht selbstverständlich, die gerade erst ihre Souveränität wiedererlangt hatte. Die auch nach Jahren hohe Zustimmung zur Mitgliedschaft sowohl in der Nato wie in der EU unterstreicht das starke Gefühl der polnischen Gesellschaft, integraler Teil des Westens zu sein.

Vom vierten Kapitel an werden die Organisation, Struktur und Kompetenzen der einzelnen Staatsorgane und ihr Zusammenspiel behandelt: Parlament, Staatspräsident, Regierung („Ministerrat") und Regierungsverwaltung, die örtliche Selbstverwaltung, Gerichte und Gerichtshöfe, Organe der staatlichen Kontrolle und des Rechtsschutzes sowie die Ordnung der öffentlichen Finanzen. Kapitel XI der Verfassung behandelt verschiedene Arten von Ausnahmezustand – ein Problembereich, der nach der umstrittenen Verhängung des Kriegsrechts vom 13. Dezember 1981 ausgesprochen sensibel ist –, Kapitel XII die Modalitäten bei Verfassungsänderungen und Kapitel XIII regelt Übergangs- und Schlussvorschriften.

Der Verfassungsgeber wurde zwar zu Recht wegen mangelnder Redaktion des Gesamttextes kritisiert. So finden sich bestimmte Materien wie Grundsätze des Wahlrechts in mehreren Kapiteln. Seine mit der Verfassung verbundenen Intentionen werden aus dieser Verfassung jedoch auch sehr deutlich: die vorrangige Stellung der Menschen- und Bürgerrechte. Das ihnen gewidmete Kapitel II („Freiheiten, Rechte und Pflichten des Menschen und des Staatsbürgers") ist mit 67 Artikeln, davon nur fünf zu den Pflichten, das umfangreichste der ganzen Verfassung. Erstaunlich ist dabei u.a., dass der Landesrat für Rundfunk und Fernsehen als Organ zur Verteidigung von Rechten und nicht als Verwaltungsorgan aufgeführt ist.[18] Das im internationalen Vergleich ungewöhnliche Kapitel über die Rechtsquellen sollte die hohe Bedeutung der Rechtsstaatlichkeit und des Rechts insgesamt unter-

---

17 So lautet etwa Art. 2: „Die Republik Polen ist ein demokratischer Rechtsstaat, der die Grundsätze gesellschaftlicher Gerechtigkeit verwirklicht".
18 Dass die Tätigkeit des Landesrates für Rundfunk und Fernsehen in der Praxis höchst umstritten ist, steht auf einem anderen Blatt; vgl. hierzu Kapitel 10.2.

streichen, insbesondere die Gültigkeit universell bindender Rechtsnormen.[19] Die Tatsache, dass das Parlament vor der Exekutive aufgeführt wird, kann als Ausdruck der noch aus der Adelsrepublik stammenden sehr hohen Wertschätzung des Parlaments gewertet werden.

Die Verfassung hat sich insgesamt bewährt und ist in den 15 Jahren ihres bisherigen Bestehens nur zweimal in Punkten von eher untergeordneter Bedeutung geändert worden.[20] Gleichwohl hat es in den letzten Jahren eine Reihe von Vorschlägen zu Änderungen der Verfassung gegeben. So befürworteten im Herbst 2009 drei ehemalige Präsidenten des Verfassungsgerichtshofs, die die Verfassung insgesamt positiv beurteilten, eine Präzisierung der Kompetenzverteilung zwischen Staatspräsident und Regierung (im Sinne einer Stärkung der Position der Regierung). Sie wiesen aber auch darauf hin, dass weitere Bereiche einer Diskussion bedürfen: vor allem Probleme, die mit dem europäischen Integrationsprozess und den Konsequenzen des Inkrafttretens des Lissabon-Vertrags verbunden sind, etwa die Teilnahme des Parlaments an Gesetzgebungsprozessen auf Gemeinschaftsebene, die Beziehungen zwischen Gemeinschaftsrecht und innerstaatlichem Recht oder die Festlegung von Grenzen der Übertragung von Souveränitätsrechten zugunsten von Gemeinschaftsorganen.[21] In eine ähnliche Richtung ging Präsident Komorowski mit Vorschlägen zur Verfassungsänderung bereits wenige Wochen nach seinem Amtsantritt im Herbst 2010 (vgl. Kapitel 2.7).

1.4 Die Transformation von Wirtschaft und Gesellschaft

Ausgangspunkt für die Einberufung des Runden Tisches vom Frühjahr 1989 war die politische Legitimationskrise des kommunistischen Systems, die nicht zuletzt in der schweren, seit Ende der 1970er Jahre manifesten Wirtschaftskrise begründet lag. Mehrere kommunistische Regierungen hatten sich als unfähig erwiesen diese Krise zu lösen. Die am Runden Tisch erzielten Vereinbarungen zu Wirtschaftsreformen wurden in dem Augenblick zu Makulatur, als die Regierung Mazowiecki gebildet wurde und Prof. Leszek Balcerowicz als Finanzminister und Vizepremier ein Programm zur radikalen Umgestaltung der Wirtschaft formulierte. Als erstes Land des bisherigen „realen Sozialismus", das in den 1980er Jahren freilich schon die zentralistische Planwirtschaft etwas gelockert hatte, führte Polen ab dem 1. Januar 1990 wieder die Marktwirtschaft ein, wofür es keine Vorbilder gab. Unter den da-

---

19 Kruk, Maria 1999: The systematic order of the constitution of the Republic of Poland of 2nd April 1997, in: Sarnecki, Paweł/ Szmyt, Andrzej/ Witkowski, Zbigniew (eds.): The Principles of Basic Institutions of the System of Government in Poland, Warsaw (Sejm Publishing Office), 29-49, hier 41. Zur Hierarchie der einzelnen Rechtsquellen siehe u.a. Sarnecki, Paweł 2006/07: Das verfassungsrechtliche System der Quellen des allgemein geltenden Rechts, in: Archivum Iuridicum Cracoviense, vol. XXXIX-IV: Polish Law Ten Years after the Constitution's Implementation, 5-21. Ferner: Działocha, Kazimierz 2004: The concept of law and its sources in the new Constitution of the Republic of Poland, in: Essays in honour of Georgios I. Kassimatis, Athens/ Berlin/ Bruxelles, 47-58.

20 Zum einen wurde die Auslieferung polnischer Staatsbürger ins Ausland ermöglicht, wenn hierfür konkret benannte Voraussetzungen vorliegen (Gesetz vom 08.09.2006 zur Änderung der Verfassung, Dz. U. 2006 Nr. 200, Pos. 1471). Zum andern verloren wegen Offizialdelikts rechtskräftig verurteilte Personen das passive Wahlrecht zum Sejm und Senat (Gesetz vom 07.05.2009 zur Änderung der Verfassung, Dz. U. 2009 Nr. 114, Pos. 246).

21 Konwersatorium „Doświadczenie i Przyszłość": Raport nr 4/2009. Projekt zmian Konstytucji Rzeczypospolitej Polskiej (z dnia 2 kwietnia 1997 r.), Warszawa 2009: 7; auch einsehbar unter http://www.dip.org.pl/Raport_8_08-09-2009_nierozkladowki.pdf (29.07.2012).

mals diskutierten Alternativen wählte Balcerowicz bewusst keine gradualistische, mit geringeren sozialen Kosten verbundene, aber mehr Zeit in Anspruch nehmende Strategie, sondern die so genannte „Schocktherapie". Von einem Tag auf den anderen wurden grundlegende ordnungspolitische Veränderungen durchgesetzt. Die meisten staatlichen Regulierungen für die Wirtschaft wurden aufgehoben, grundsätzliche Freiheit für wirtschaftliche Aktivitäten eingeführt, das staatliche Außenhandelsmonopol wurde beseitigt und der Złoty wurde frei konvertierbar. Primäres Ziel war zunächst die Bekämpfung der Inflation, die in einigen Monaten des Jahres 1990 im vierstelligen Bereich lag. Dem diente u.a. die Schaffung einer von der Regierung unabhängigen Zentralbank. Am härtesten trafen die Verbraucher die Freigabe der Preise und die Aufhebung der meisten Subventionen. Die Realeinkommen, die seit 1980 ohnehin fast jedes Jahr gefallen waren, sanken von diesem niedrigen Ausgangsniveau aus noch einmal um fast ein Viertel. Politisch durchsetzbar war dies, wie Balcerowicz später zu verstehen gab, nur, weil ein durch die Begeisterung über den Systemwechsel ermöglichtes *window of opportunity* für wenige Monate offenstand. Das Bruttoinlandsprodukt brach 1990 um 11,6 Prozent ein. Doch war Polen das erste Land der Region, das bereits ab 1992 wieder schwarze Zahlen bei der Entwicklung des Bruttoinlandsprodukts schrieb. Die Realeinkommen sanken allerdings noch weiter und erhöhten sich erst ab 1994, dann aber kontinuierlich. Die Realeinkommen des Jahres 1980 wurden freilich erst 2005 wieder erreicht. Eine wichtige Entlastung bedeutete für Polen der in der ersten Hälfte der 1990er Jahre mit dem „Pariser Klub" (staatliche Kreditgeber) und dem „Londoner Klub" (private Kreditgeber) ausgehandelte erhebliche Erlass der Auslandsschulden, die sich bis 1990 auf über 42 Milliarden USD angehäuft hatten, und die Umstrukturierung der Restschulden (vgl. Tabelle 1).

Deutlich zurückgegangen ist der Staatsanteil an der Wirtschaft, allerdings nicht so drastisch wie in einigen Nachbarländern, etwa der Tschechischen Republik. Einerseits bedingten der hohe Anteil des Privatsektors in der Landwirtschaft – rund drei Viertel der landwirtschaftlichen Nutzfläche blieben bis zum Ende des Realsozialismus in Privatbesitz – und der Aufbau eines Privatsektors vor allem im verarbeitenden Bereich in den 1980er Jahren, dass bereits 1989 der Anteil des Privatsektors am BIP 27,2 Prozent ausmachte. Heftig umstritten ist bis heute die Insider-Privatisierung Ende der 1980er Jahre, während der sich Angehörige der Nomenklatura Staatsbesitz zu Vorzugskonditionen privat aneignen konnten, wobei sich die konkreten Wege kaum nachvollziehen lassen. Andererseits ist die Privatisierung von Staatsunternehmen bis heute noch nicht abgeschlossen. Nachzügler sind vor allem Problembereiche wie der Schiffbau, der Kohlebergbau und die Hüttenindustrie, in denen die *Solidarność* ihre Hochburgen besessen hatte und in denen alle Regierungen vor Privatisierungen wegen der damit verbundenen Gefahr von Massenentlassungen zurückschreckten. Gleichzeitig bietet die Besetzung von Positionen in der Leitung dieser Betriebe sowie parastaatlicher Einrichtungen, die zum Beispiel dem Landwirtschaftsministerium unterstehen, Patronagemöglichkeiten, die Klientelismus und Nepotismus begünstigen.

Sehr rasch und grundlegend verändert hat sich die Struktur des polnischen Außenhandels. Die weitgehende Orientierung auf die Sowjetunion und ihre Verbündeten ist einer Rückkehr zu den Handelsströmen der Vorkriegszeit gewichen, wobei das vereinte Deutschland heute mit Abstand Polens wichtigster Außenhandelspartner ist. Dies betrifft sowohl den Import wie den Export. Russland besitzt weiterhin eine strategisch wichtige Position als Lieferant von Energieträgern wie Öl und Gas, sieht in der jüngsten Zeit aber seine Posi-

Tabelle 1: Eckdaten der Wirtschaftsentwicklung 1989–2010

	1989	1990	1995	2000	2005	2008	2009	2010
BIP (Mrd. PLN, lauf. Preise)	22	124	289	742	965	1246	1343	1415
Wachstum BIP real in %	0,2	–11,6	7,0	4,1	3,6	5,1	1,8	3,3
Arbeitslosigkeit in %[a]	–	0,3	16,1	13,7	19,4	11,5	10,4	12,1
Inflation in %	351,1	685,8	27,8	10,1	2,0	4,0	3,3	2,5
Realeinkommen (in %)	9,0	–24,4	3,0		1,8	5,9	2,0	1,5
FDI[b] (Mio. Euro)			2831	10334	8330	10206	8942	7538[c]
Import (Mio. USD)	10277,4	9527,7	29049,7	48940,2	101538,8	210478,5	149569,8	173650
Wichtigste Partner	UdSSR (18,1%) BRD (15,7%)	Deutschl. (20,1%) UdSSR (19,8%)	Deutschl. (26,6%) Italien (8,5%)	Deutschl. (23,9%) Russland (9,4%)	Deutschl. (24,7%) Russland (8,9%)	Deutschl. (23,9%) Russland (9,7%)	Deutschl. (22,4%) China (9,3%)	Deutschl. (21,7%) Russland (10,5%)
Export (Mio. USD)	13466,1	14321,6	22894,9	31651,3	89378,1	171859,9	136641,3	155717
Wichtigste Partner	UdSSR (20,8%) BRD (14,2%)	Deutschl. (25,2%) UdSSR (15,3%)	Deutschl. (38,3%) Holland (5,6%)	Deutschl. (34,9%) Italien (6,3%)	Deutschl. (28,2%) Frankreich (6,2%)	Deutschl. (25,0%) Frankreich (6,2%)	Deutschl. (26,2%) Frankreich (6,9%)	Deutschl. (26,0%) Frankreich (6,8%)

a Anteil der Arbeitslosen in Prozent der zivilen wirtschaftlich aktiven Bevölkerung jeweils im Januar des Jahres
b Foreign Direct Investment
c Vorläufige Zahl
Quelle: Eigene Zusammenstellung nach Mały Rocznik Statystyczny, verschiedene Jahrgänge; PAIiIZ, Inwestycje zagraniczne w Polsce 1994-2010; Rocznik Statystyczny Handlu Zagranicznego 2010

tion als zweitwichtigstes Importland Polens durch China bedrängt. Der Export geht zu 75 bis 80 Prozent in die Staaten der Europäischen Union und hat sich in seiner Struktur in den letzten 20 Jahren erheblich gewandelt. Vor allem ausländische Direktinvestitionen (vgl. die Zahlen in Tabelle 1) haben in erheblichem Maße dazu beigetragen, dass Polen heute in beachtlichem Umfang Motoren und andere Produkte mit einem hohen Anteil an Hochtechnologie exportiert. Nach dem Beitritt Polens zur Europäischen Union haben die aus verschiedenen Fonds stammenden Direktzahlungen aus Brüssel einen wichtigen Schub für das umfangreichste Modernisierungsprogramm der polnischen Nachkriegsgeschichte gegeben. Allein aus dem EU-Haushalt 2007-2013 hat Polen netto 67 Milliarden Euro erhalten. Sie fließen vor allem in Projekte zur Verbesserung der Infrastruktur (Transport, Telekommunikation, kommunale Versorgungsbetriebe), in denen Polen wie alle postkommunistischen Staaten einen beträchtlichen Nachholbedarf hat.

Die wirtschaftlichen Veränderungsprozesse seit 1989 haben sich auch in einer gewandelten Erwerbsstruktur niedergeschlagen. Rund 20 Prozent der Beschäftigten sind aus Industrie und Landwirtschaft in den Dienstleistungssektor abgewandert. Nicht grundsätzlich geändert hat sich dabei die schon in der Vorkriegszeit zu beobachtende Trennlinie in das links der Weichsel gelegene, stärker industrialisierte und urbanisierte „Polen A" und das rechts der Weichsel gelegene, ländlich geprägte „Polen B". Gerade unter Landwirten bestand im Vorfeld des EU-Beitritts große Unsicherheit über die Zukunft. Allerdings waren diese Sorgen besonders groß im Südosten, im früheren österreichischen Teilungsgebiet, wo aufgrund der Realteilung der Höfe immer kleinere, nicht mehr rentable Betriebsstrukturen entstanden waren, die allenfalls zur Selbstversorgung der sie bewirtschaftenden Familien dienen konnten. Das Thema privater Grundbesitz in der Landwirtschaft war in Polen so sensibel, dass nicht einmal in der Zeit des Realsozialismus eine Flurbereinigung durchgeführt wurde und die teilweise archaischen Besitzstrukturen erhalten blieben. Im Referendum von 2003 über den EU-Beitritt zeigte sich, dass die Ablehnung der EU umso höher war, je weiter entfernt die Abstimmenden von der EU-Grenze lebten. Hinzu kam im Osten und Südosten die Furcht vor den auch ohne den EU-Beitritt drohenden Konsequenzen des Strukturwandels in der Landwirtschaft, zumal bei drohender Arbeitslosigkeit aufgrund mangelnder Industrialisierung keine alternativen Arbeitsplätze zur Verfügung standen. Die ersten Jahre Erfahrung mit der EU-Mitgliedschaft haben zwar die Furcht vor Brüssel gerade bei den Bauern weitgehend genommen. Die Teilung in Polen „A" und „B" ist jedoch geblieben und macht sich etwa in großen Einkommensdisparitäten bemerkbar. So lag im dritten Quartal 2011 der durchschnittliche Bruttolohn in Ermland und Masuren, dem südlichen früheren Ostpreußen, bei 2882 PLN (ca. 720 Euro). In der angrenzenden Wojewodschaft Masowien mit der Hauptstadt Warschau, in der ihrerseits ein noch deutlich höheres Einkommen als im Umland der Wojewodschaft erzielt wird, lag das Durchschnittsgehalt dagegen bei 4400 PLN (ca. 1100 Euro), gefolgt von Oberschlesien mit 3870 PLN (ca. 970 Euro) und Pommern mit der Hauptstadt Danzig mit 3618 PLN (ca. 905 Euro) (vgl. Tabelle 2).[22]

Eher vergrößert haben sich in den letzten 20 Jahren die Unterschiede in den Lebensverhältnissen zwischen Stadt und Land. Dies gilt für die in den Städten erheblich bessere medizinische Versorgung ebenso wie den Zugang zu Bildungseinrichtungen, das Kulturangebot oder die Anbindung an öffentliche Verkehrsmittel. Gleichwohl ist der in den ersten Nachkriegsjahrzehnten vor allem durch die forcierte Industrialisierung bedingte stürmische Urbanisierungsprozess seit 1990 zum Stillstand gekommen und eine leichte Rückwärtsbewegung in Richtung des ländlichen Polen zu erkennen.

Eine einschneidend neue Erfahrung war für die polnische Gesellschaft die mit der Einführung des neuen Wirtschaftssystems verbundene Arbeitslosigkeit. Hatte bis 1989 formell Vollbeschäftigung, ja in einzelnen Bereichen sogar Mangel an Arbeitskräften geherrscht, so änderte sich das in dem Augenblick grundlegend, in dem für die Betriebe Personal zu einem Kostenfaktor wurde. Die Arbeitslosigkeit stieg von 0,3 Prozent im Januar 1990 auf 12,1 Prozent im Januar 1992 und 16,7 Prozent im Januar 1994. Die hiermit verbundenen Konsequenzen waren vielfältig. Zunächst musste der Staat ein Institutionensystem aufbauen, mit dem Arbeitslosigkeit registriert und Arbeitslose in ein System staatlicher Hilfe integriert werden konnten. Das zunächst relativ großzügig konzipierte System überforderte die öffentliche Hand finanziell sehr schnell, so dass die Leistungen der Arbeitslosenunterstützung fast ständig reduziert werden mussten und ein „soziales Netz" zur materiellen Absicherung der von der Massenarbeitslosigkeit Betroffenen kaum vorhanden war. Regionale Brennpunkte gab es, wenn Unternehmen schließen mussten, die in der Planwirtschaft der einzige größere Arbeitgeber weit und breit gewesen waren, oder ganze Branchen zusammenbrachen wie die im Raum Lodz konzentrierte Textilindustrie. Weit überproportional von Arbeitslosigkeit betroffen waren auch die Arbeiter der Landwirtschaftlichen

---

22 Angaben nach dem Statistischen Hauptamt (GUS) in der Grafik in: Gazeta Wyborcza 19.01.2012: 1.

Tabelle 2: Urbanisierung und Beschäftigungsstruktur 1950 bis 2010

Parameter	1950	1960	1970	1980	1985	1990	1995	2000	2005	2008	2009	2010
Bevölkerung insgesamt (in Tsd.)	25.035	29.795	32.658	35.735	37.341	38.183	38.609	38.254	38.157	38.136	38.167	38.187
Stadtbevölk. (in %)	36,0	48,3	52,3	58,8	60,2	61,8	61,8	61,9	61,4	61,1	61,0	60,9
Landbevölk. (in %)	63,2	51,7	47,7	41,2	39,8	38,2	38,2	38,2	38,6	38,9	39,0	39,1
Beschäftigte insgesamt (in Tsd.)	10.186	12.401	15.175	17.325	17.135	16.485	15.486	15.480	14.116	15.800	15.868	15.961
davon in Staatsbetrieben u. öffentl. Dienst (in %)	47,4	58,0	68,0	73,4	71,5	51,1	37,6	27,3		27,5	26,1	23,5
davon privat Beschäftigte (in %)	52,6	42,0	32,0	26,6	28,5	48,9	62,4	72,7		72,5	73,9	76,5
%-Anteil Frauen in Staatsbetrieben	30,6	33,1	39,4	43,5	44,2	46,0	47,7	48,7				
Beschäftigte nach Branchen (in %)												
Industrie	20,7	25,5	29,3	30,3	29,2	28,0	24,9	21,5	22,1	21,8	20,8	21,0
Bauwirtschaft	5,0	6,5	7,1	7,7	7,5	7,5	5,5	5,8	5,1	6,3	6,3	6,5
Land- und Forstwirtschaft	54,5	44,5	35,5	30,6	29,9	27,6	26,9	26,2	16,2	15,2	15,3	15,2
Transport, Verkehr, Kommunikation	4,5	5,6	6,2	6,5	6,2	5,6	5,6	5,4	4,9	5,2	5,1	5,0
Handel	4,8	6,0	6,9	7,5	7,8	8,4	12,7	14,0	16,0	16,3	16,1	15,8
Kommunal- und Wohnungswirtschaft[a]	0,9	2,0	2,6	3,5	3,8	3,8	3,5		1,4	1,4	1,4	1,4
Wissenschaft und Forschung[b]	0,2	0,3	0,5	0,8	0,6	0,6			3,2	3,4	3,4	3,7
Bildung und Erziehung	1,9	3,0	3,9	4,3	5,3	6,7	6,0	6,1	8,1	7,5	7,8	7,8
Kultur und Kunst	0,3	0,5	0,6	0,5	0,5	0,7			1,0	1,0	1,1	1,1
Gesundheitswesen und Sozialfürsorge		2,8	3,5	4,2	5,5	6,7	6,2		5,3	5,2	5,3	5,4
Sport und Touristik		0,2	0,6	0,7	0,7	0,4						
Staatsverwaltung und Justiz	2,9	1,6	1,6	1,3	1,6	1,6	2,6	3,4				
Finanzen und Versicherungen	0,5	0,5	0,9	0,9	0,9	1,1	1,8	1,9	2,3	2,5	2,5	2,4
Gastronomie und Beherbergung									1,7	2,0	2,0	1,9
Information und Kommunikation									1,4	1,7	1,7	1,7
Verwaltungs- und Dienstleistungstätigkeit									2,5	2,7	2,7	3,0
Öffentl. Verwaltung u. Nationale Verteidig.; Pflichtsozialversicherung									6,8	6,5	7,0	7,0
ohne Angaben		2,4		1,9		1,8			2,0	1,4	1,4	1,1

a ab 2005: Immobilienwirtschaft
b ab 2005: Freiberufliche, wissenschaftliche und technische Tätigkeit
Quelle: Eigene Zusammenstellung nach Ziemer, Klaus 2003: Nachbar Polen heute. Bevölkerung, Sozialstruktur, Politik, in: Keim, Wolfgang (Hrsg.): Vom Erinnern zum Verstehen. Pädagogische Perspektiven deutsch-polnischer Verständigung, Berlin, 127-144, sowie Mały Rocznik Statystyczny 2010 und 2011

Staatsgüter, die sich vor allem in den früher deutschen Gebieten im heutigen Nord- und Westpolen befanden. Diese Güter waren personell überbesetzt, und die nach der Privatisierung entlassenen, meist gering qualifizierten Arbeiter besaßen kaum Aussicht auf einen anderen Arbeitsplatz.

Eine Folge dieser Massenarbeitslosigkeit war die Erwerbsmigration von Hunderttausenden ins westliche Ausland, anfangs vor allem in die Bundesrepublik Deutschland und nach Skandinavien, nach der Öffnung der Arbeitsmärkte in den meisten EU-Staaten nach Polens Beitritt zur Europäischen Union 2004 vor allem nach den britischen Inseln. Die mit diesen Massenmigrationen, zu denen sich vor allem auch gut ausgebildete junge Leute entschlossen, verbundenen Erfahrungen waren sehr ambivalent. Die Millionenbeträge in westlicher Währung, die die Polen aus dem Ausland überwiesen bzw. ansparten, stärkten den polnischen Złoty. Das gewonnene Know-how und das mitgebrachte Kapital dienten vielen als Start für eine neue Karriere in der Heimat. Zu den negativen Folgen zählte, dass Familien auseinander gerissen wurden. Kinder wurden in großer Zahl zu so genannten „Euro-Waisen", und die Abwesenheit vieler junger Leute trug mit dazu bei, das seit Ende der 1980er Jahre konstatierte „demografische Tief" zu verstärken. 2011 wurde zum ersten Male seit Polens EU-Beitritt wieder eine Volkszählung durchgeführt. Erste Ergebnisse zeigten, dass statt der erwarteten 38,3 nur 37,2 Millionen Polen im Lande lebten. Zurückgeführt wurde dies darauf, dass viel weniger Polen in das Land zurückkehrten als angenommen. Die meisten Auslandspolen lebten danach in Großbritannien (560.000), Deutschland (455.000) und Irland (125.000) (Rzeczpospolita 23.12.2011).

Die Ergebnisse dieser Volkszählung belegten den demografischen Wandel der letzten Jahre, der sich wie in anderen westlichen Staaten in einer sinkenden Geburtenrate und einem Anwachsen der Bevölkerung im Rentenalter bemerkbar macht. So sank zwischen 2002 und 2011 die Zahl der Personen bis einschließlich 17 Jahre von 8,851 Millionen oder 23,2 Prozent auf 7,318 Millionen oder 19,0 Prozent, während im gleichen Zeitraum die Zahl der Personen im Rentenalter (Frauen über 60 und Männer über 65 Jahre) von 5,749 Millionen oder 15,0 Prozent auf 6,730 oder 15,5 Prozent anstieg. Bezogen auf 100 Personen im erwerbstätigen Alter stieg die Zahl der Rentner von 24 auf 27.[23] Der Anstieg der Zahl der Rentner wurde allerdings auch dadurch begünstigt, dass in den letzten zwei Jahrzehnten zur Entlastung des Arbeitsmarkts eine Reihe von Regelungen zu vorzeitiger Verrentung eingeführt wurde. Das wiederum bewirkte eine starke Belastung des Staatshaushalts und bescherte Polen mit 51 Prozent die niedrigste Beschäftigungsquote in der EU.[24] Dass diese Entwicklung erhebliche Probleme mit sich bringt und politisches Handeln verlangt, liegt auf der Hand. Gegen heftigen Widerstand, insbesondere der Gewerkschaften,[25]

---

23 Vgl. Wyniki Narodowego Spisu Powszechnego Ludności i Mieszkań 2011. Podstawowe informacje o sytuacji demograficzno-społecznej ludności Polski oraz zasobach mieszkaniowych, Warszawa, marzec 2012 rok, 11 f.; http://www.stat.gov.pl/cps/rde/xbcr/gus/PUBL_lu_nps2011_wyniki_nsp2011_22032012.pdf (24.03. 2012).

24 Vgl. Trappmann, Vera 2011: Die Gewerkschaften in Polen. Aktuelle Situation, Organisation, Herausforderungen, in: FES Internationaler Dialog, Dezember 2011, 4; http://library.fes.de/pdf-files/id/08817.pdf (18.05.2012).

25 Nach der entscheidenden Abstimmung im Sejm am 11. Mai 2012 blockierten Hunderte von Mitgliedern der Gewerkschaft Solidarność die Ausgänge des Sejm und ließen in aufgeheizter Atmosphäre stundenlang diejenigen Abgeordneten nicht passieren, die für das Gesetz gestimmt hatten. Die Sejmkanzlei stellte Strafanzeige wegen Freiheitsberaubung.

setzte die Regierung Tusk im Frühjahr 2012 durch, dass das Rentenalter für Männer (bis 2020) wie für Frauen (bis 2040) schrittweise auf 67 Jahre angehoben wird.[26]

Die Volkszählung von 2011 brachte eine große Überraschung, was die ethnische Zugehörigkeit der Bevölkerung betrifft. In der Volksrepublik war ab Mitte der 1950er Jahre von einer ethnisch weitgehend homogenen Bevölkerung ausgegangen worden. Der Anteil der Polen wurde mit 97-98 Prozent angegeben. Die Zahl der in Polen lebenden Deutschen wurde seit dieser Zeit mit 3000 angegeben, die Existenz einer deutschen Minderheit geleugnet. Es bedeutete daher für viele Polen fast einen Schock, als 1989/90 Regierung und Parlament die Existenz nationaler Minderheiten einräumten, der Sejm einen seither bestehenden Ausschuss für Fragen der nationalen Minderheiten einrichtete und eine zufrieden stellende Regelung für die deutsche Minderheit in Polen im Zentrum der deutsch-polnischen Verhandlungen stand, die mit dem Vertrag über gute Nachbarschaft und freundschaftliche Zusammenarbeit vom 17. Juni 1991 erfolgreich abgeschlossen wurden. Ebenso groß war das Erstaunen, als 2002 bei der ersten Volkszählung seit Jahrzehnten, bei der die ethnische Zugehörigkeit angegeben werden konnte, als größte Gruppe die „Schlesier" ermittelt wurden, die bisher in keinen Statistiken aufgetaucht waren, während die Zahl derer, die sich als Deutsche bezeichneten, deutlich niedriger als die bisher von den Behörden geschätzten 300.000 bis 500.000 Personen lag (die Schätzungen der Minderheit selbst lagen bei 600.000 bis 800.000). Allerdings machten 2002 Hunderttausende keine Angaben zu ihrer nationalen Zugehörigkeit.

Die vorläufigen Zahlen der Volkszählung 2011, die im März 2012 bekannt gegeben wurden, zeigten zum Teil erhebliche Veränderungen gegenüber 2002 (vgl. Tabelle 3). Insbesondere frappiert, dass sich die Zahl der Personen, die sich als „Schlesier" bezeichnen, mehr als vervierfacht hat. Den Hintergrund dürfte ein stark angewachsenes Regionalbewusstsein und Protest gegen das mangelnde Verständnis bei den Warschauer Zentralbehörden für die Besonderheiten der Geschichte und der Sprache der Region bilden, die zur regionalen Identität gehören. Die Bewegung für die Autonomie Schlesiens, die seit den Regionalwahlen von 2010 nicht nur im Parlament, sondern auch in der Regierung der Wojewodschaft Oberschlesien (Kattowitz) vertreten ist, fordert unter anderem die Anerkennung des Schlesischen als Regionalsprache im Sinne der Europäischen Charta der Regional- und Minderheitensprachen. Öl ins Feuer goss Oppositionsführer Jarosław Kaczyński (PiS), als er im Vorwahlkampf zu den Parlamentswahlen 2011 bereits im PiS-Bericht zur Lage der Nation von 2011 enthaltene Unterstellungen öffentlich wiederholte, schlesische Autonomieforderungen seien eine verdeckte Option für Deutschland.[27] Die Angabe einer

---

26 Bis 2008 konnten Frauen nach 30 Jahren Arbeit bereits mit 55 Jahren in Rente gehen. 2012 arbeiteten Frauen bereits durchschnittlich 35 Jahre und gingen mit fast 60 Jahren in den Ruhestand. Der Anteil der in der Altersgruppe zwischen 55 und 64 Jahren Berufstätigen erhöhte sich von 2004 knapp 26 Prozent auf 2012 rund 37 Prozent. Bis 2007 dauerte das Arbeitsleben der Männer durchschnittlich 40 Jahre. Nach einem Urteil des Verfassungsgerichtshofs von 2008, das vor 1949 geborenen Männern den Eintritt in die Rente mit 60 Jahren gestattete, fiel die durchschnittliche Lebensarbeitszeit von Männern bis 2012 auf 35 Jahre, was auch durch Privilegien wie die für die Bergleute bedingt ist, die unabhängig vom Lebensalter nach 25 Jahren Arbeit unter Tage in Rente gehen können; vgl. das Interview mit dem Chefökonomen der Invest Bank, Wiktor Wojciechowski: Kiedy Polacy idą na emeryturę? Kobiety coraz później, mężczyźni wcześniej, in: Gazeta Wyborcza 05.05.2012, zugänglich auch unter: http://wyborcza.pl/1,75248,11664330,Kiedy_Polacy_ida_na_emeryture__Kobiety_coraz_pozniej_.html (19.07.2012).
27 „Schlesiertum, das die polnische nationale Zugehörigkeit verwirft, ist einfach eine gewisse Art, sich vom Polentum abzuschneiden, und vermutlich die Übernahme einer einfach verdeckten deutschen Option". Ra-

1.4 Die Transformation von Wirtschaft und Gesellschaft

Tabelle 3: Ethnische Zusammensetzung Polens nach den Volkszählungen 2002 und 2011

	2002	2011		
	Insgesamt	Insgesamt	davon als erste Zugehörigkeit	davon als einzige Zugehörigkeit
In Polen lebende Bevölkerung	38.230.080	38.501.000		
Polen	36.983.720	36.085.000	36.007.000	35.251.000
Schlesier	173.153	809.000	418.000	362.000
Kaschuben	5.062	228.000	17.000	16.000
Deutsche	152.897	109.000	49.000	26.000
Ukrainer	30.957	48.000	36.000	26.000
Weißrussen	48.737	47.000	37.000	31.000
Roma	12.855	16.000	12.000	9.000
Russen	6.103	13.000	8.000	5.000
Amerikaner	1.541	11.000	1.000	1.000
Lemken	5.863	10.000	7.000	5.000
Litauer	5.846			
Slowaken	2.001			
Engländer	800	10.000	2.000	1.000
Nicht festgestellt	774.900	1.862.000	x	x

Quelle: Eigene Zusammenstellung nach: Główny Urząd Statystyczny 2012: Wyniki Narodowego Spisu Powszechnego Ludności i Mieszkań 2002 w zakresie deklarowanej narodowości oraz języka używanego w domu, Tabelle 2; http://www.stat.gov.pl/gus/8185_PLK_HTML.htm. Główny Urząd Statystyczny 2012: Wyniki Narodowego Spisu Powszechnego Ludności i Mieszkań 2011. Podstawowe informacje o sytuacji demograficzno-społecznej ludności Polski oraz zasobach mieszkaniowych, Warszawa, marzec 2012 rok: 18. http://www.stat.gov.pl/cps/rde/xbcr/gus/PUBL_lu_nps 2011_wyniki_nsp2011_22032012.pdf (24.03.2012)

„schlesischen Nationalität" dürfte daher in etlichen Fällen auch eine gewisse Trotzreaktion zum Ausdruck gebracht haben, spiegelte aber ebenso ein gestiegenes Regionalbewusstsein wider wie die stark angewachsene Zahl der Kaschuben, die sich aber ganz überwiegend auch als Polen bezeichnen. Die gesunkene Zahl der Deutschen dürfte darauf zurückzuführen sein, dass etliche derer, die 2002 als nationale Zugehörigkeit „deutsch" angaben, nun „schlesisch" genannt haben. Die Führung der deutschen Minderheit beklagte allerdings auch, dass die Stichproben für die Erhebungen in etlichen Fällen nicht dort durchgeführt worden seien, wo Angehörige der deutschen Minderheit lebten. Auch wenn die Ergebnisse der Volkszählung von 2011 noch im Einzelnen analysiert werden müssen, machen die ersten Zahlen doch deutlich, dass das Regionalbewusstsein in mehreren Gegenden in einem sehr dynamischen Wandel begriffen ist.

Die Entwicklung des politischen Systems der Republik Polen, die Hauptgegenstand dieses Bandes ist, ist vor dem Hintergrund dieser rapiden Wandlungsprozesse von Wirtschaft und Gesellschaft zu sehen, die hier nur mit wenigen Strichen gezeichnet werden können. Polen erlebte nach 1990 eine Bildungsexplosion. Die Zahl der staatlichen Hochschulen hat sich von zehn im Jahre 1990 auf 20 Jahre später 17 erhöht. Dazu kommen 23 spezialisierte Universitäten (für Medizin, Wirtschaftswissenschaften, Landwirtschaft, etc.) sowie zwei von der Katholischen Kirche geleitete Universitäten. Die Zahl der privaten Universitäten (allerdings sehr unterschiedlicher Qualität) ist von 1991/92 zwölf auf 2005/06 315 an-

port o stanie Rzeczypospolitej (Bericht über den Zustand der Republik Polen), beschlossen vom Politischen Rat der PiS, Januar 2011: 34 f.; http://www.pis.org.pl/article.php?id=18568 (24.03.2012).

gestiegen, die Zahl der Studierenden hat sich von 1990 rund 400.000 auf 2005 1.954.000 fast verfünffacht. Rund die Hälfte von ihnen studiert freilich gebührenpflichtig in Abend- und Wochenendkursen. Der Bevölkerungsanteil mit Hochschulabschluss stieg von 2002 9,9 Prozent auf 2011 16,8 Prozent (darunter Männer 14,6 und Frauen 18,8 Prozent). Das demografische Tief macht sich inzwischen allerdings auch in leicht sinkenden Studieren- denzahlen bemerkbar (2010/11: 1.841.300). Prognosen gehen von weiter deutlich abneh- menden Studierendenzahlen aus, die zur Schließung etlicher privater Hochschulen führen werden.

Mit den skizzierten sozioökonomischen Wandlungsprozessen gehen Veränderungen des Bewusstseins einher, die allerdings einzelne Gruppen der Gesellschaft in unterschied- lichem Ausmaß erfassen. Ungleichzeitigkeiten bestehen so neben einander, die ihren Aus- druck auch in divergierenden, teilweise gegensätzlichen politischen Zielsetzungen finden.

1.5 Literatur

Antoszewski, Andrzej 2012: System polityczny RP, Warszawa.
Bachmann, Klaus 2001: Polens Uhren gehen anders, Stuttgart/ Leipzig.
Banaszak, Bogusław 2003: Einführung in das polnische Verfassungsrecht, Wrocław (Wyd.U.Wr.).
Bingen, Dieter/ Ruchniewicz, Krzysztof (Hrsg.) 2009: Länderbericht Polen. Geschichte. Politik. Wirt- schaft. Gesellschaft. Kultur, Bonn.
Borodziej, Włodzimierz 2010: Geschichte Polens im 20. Jahrhundert, München.
Bos, Ellen 2004: Polen: Institutionalisierung der Demokratie im Stop-and-Go-Verfahren, in: dies: Verfassungsgebung und Systemwechsel. Die Institutionalisierung von Demokratie im postsozia- listischen Europa, Wiesbaden, 131-210.
Buras, Piotr/ Tewes, Henning 2005: Polens Weg: von der Wende bis zum EU-Beitritt, Stuttgart u.a.
Chmaj, Marek 1996: Sejm „kontraktowy" w transformacji systemu politycznego Rzeczypospolitej Polskiej, Lublin.
Chwalba, Andrzej 2010: Kurze Geschichte der Dritten Republik Polen 1989 bis 2005, Wiesbaden.
Davies, Norman 2000: Im Herzen Europas. Geschichte Polens, München.
Denkfabrik Polen. Europäisch aus Erfahrung. Themenheft der Zeitschrift „Osteuropa" 61 (5-6), 2011.
Heyde, Jürgen [3]2011: Geschichte Polens, München.
Holzer, Jerzy 2007: Polen und Europa. Land, Geschichte, Identität, Bonn.
Jaworski, Rudolf/ Lübke, Christian/ Müller, Michael G. 2000: Eine kleine Geschichte Polens, Frank- furt a.M.
Krzemiński, Adam [3]2009: Polen im 20. Jahrhundert. Ein historischer Essay, München.
Markert, Werner (Hrsg.) 1959: Osteuropa-Handbuch Polen, Köln/ Graz.
Merli, Franz/ Wagner, Gerhard (Hrsg.) 2006: Das neue Polen in Europa: Politik, Recht, Wirtschaft, Gesellschaft, Innsbruck/ Wien/ Bozen.
Millard, Frances 1999: Polish Politics and Society, London u.a.
Olszewski, Henryk 2008: Der demokratische Rechtsstaat in Polen. Historische und zeitgenössische Überlegungen, in: Kohl, Gerald/ Neschwara, Christian/ Simon, Thomas (Hrsg.): Festschrift für Wilhelm Brauneder zum 65. Geburtstag. Rechtsgeschichte mit internationaler Perspektive, Wien, 443-455.
Prażmowska, Anita 2010: Poland. A Modern History, London.
Sulowski, Stanisław (Hrsg.) 2009: Polen heute. Geschichte. Politik. Gesellschaft, Warschau (Institut für Politikwissenschaft der Universität Warschau).
Vetter, Reinhold 2008: Wohin steuert Polen? Das schwierige Erbe der Kaczynskis, Berlin.
Ziemer, Klaus 1989: Auf dem Weg zum Systemwandel in Polen, Teil I und II, in: Osteuropa 39, 791- 808 und 956-980.

2 Das Parlament: Sejm und Senat

Das Parlament verfügt aufgrund der langen Traditionen der Adelsrepublik über ein hohes Ansehen in der polnischen Gesellschaft, zumindest was seine historische Rolle angeht. Entsprechend der Struktur des Parlaments in der Ersten (bis 1795) und Zweiten Republik (1918-1939) sieht auch die Verfassung von 1997 ein Parlament aus zwei Kammern vor, Sejm und Senat. Der unter kommunistischer Regierung 1946 per (gefälschtem) Referendum abgeschaffte Senat wurde nach den Verhandlungen am Runden Tisch 1989 wieder eingeführt. Die Wahlen zum Sejm, der größere Kompetenzen als der Senat besitzt, waren am Runden Tisch in ihrem politischen Ergebnis (wenn auch nicht in der personellen Zusammensetzung) festgelegt worden, und zwar so, dass die Abgeordneten der PZPR und der mit ihnen verbündeten Gruppierungen eine Mehrheit von 65 Prozent besaßen. Das Parlament war also darauf angelegt dazu beizutragen, dem bisherigen politischen Establishment in einer Übergangszeit eine möglichst große Kontrolle über die anstehenden Reformen zu gewährleisten. Die Funktion der wieder eingeführten Zweiten Kammer bestand 1989 darin, den tatsächlichen Volkswillen zum Ausdruck zu bringen. Denn die Wahl des Senats war im Juni 1989 auch nach westlichen Kriterien frei und sollte der aus den Wahlen hervorgehenden Regierung die notwendige Legitimität verleihen, die Wirtschaftsreformen durchzuführen, an denen die kommunistischen Regierungen der achtziger Jahre gescheitert waren. Die Dynamik, die durch den Erdrutschsieg der *Solidarność* bei den Wahlen vom Juni 1989 ausgelöst wurde, führte nicht nur zum Machtverlust der PZPR. Dem Parlament fiel in der entstandenen Situation eine viel größere politische Gestaltungsmacht zu, als dies am Runden Tisch vorgesehen war.[28]

Diese Dynamik betraf auch das Verhältnis von Parlament und der am Runden Tisch vereinbarten doppelten Exekutive von Staatspräsident und Regierung, das mit dem Wechsel im Amt des Staatspräsidenten von General Jaruzelski zu Lech Wałęsa eine erhebliche Veränderung erfuhr. Mit den Verfassungsänderungen von 1992 (Kleine Verfassung) und 1997 (Neue Verfassung) haben sich die Gewichte im Machtgefüge zwischen der doppelten Exekutive einerseits und dem Parlament andererseits deutlich in Richtung des Parlaments verschoben. Das zunächst präsidentiell-parlamentarische System hat sich zu einem parlamentarisch-präsidentiellen entwickelt, in dem die Machtbeziehungen zwischen Präsident und Regierung in der Praxis davon abhängen, ob Präsident und Regierung demselben politischen Lager angehören oder nicht (vgl. Kapitel 3 und 4). Nicht verändert hat sich hingegen die Kompetenzbalance zwischen beiden Kammern des Parlaments. Politisch ausschlaggebend ist auch nach der Verfassung von 1997 der Sejm. Nachdem seit 1991 auch die Wahlen zum Sejm nach demokratischen Grundsätzen durchgeführt werden, werden Sinn und

---

28 Nach der Typologie von Michael Mezey könnte man sagen, dass der „Sejm der X. Kadenz" als Parlamentstyp geplant war, der dem „System-maintenance-Modell" nahekam. In der Praxis entwickelte er sich jedoch rasch in Richtung des „Policy-making-Modells"; vgl. Mezey, Michael 1979: Comparative Legislatures, Durham.

Berechtigung der Zweiten Kammer immer wieder in Zweifel gezogen. Die neue Verfassung behielt jedoch die bikamerale Struktur des Parlaments bei. Mehrfache Pläne der jeweiligen Opposition, den Senat nach den nächsten Wahlen abzuschaffen, wurden nach ihrem eigenen Wahlsieg regelmäßig aufgegeben.

2.1 Der Sejm

Der Sejm besteht aus 460 Mitgliedern, die in allgemeiner, gleicher, direkter und geheimer Wahl von den volljährigen Bürgerinnen und Bürgern Polens auf vier Jahre gewählt werden. Da der Sejm 1989 nur halbfrei gewählt wurde, wurde für ihn die Zählung der Wahlperioden („Kadenzen") des Parlaments der Volksrepublik beibehalten („Sejm der X. Kadenz"). Die Wahlen zu diesem Sejm lassen sich in der Terminologie der Transitionsforschung als „Vorgründungswahlen" bezeichnen. Erst seit der ersten wirklich freien Sejmwahl 1991, die als seine „Gründungswahl" betrachtet werden kann, beginnt die Zählung wieder bei I. Da die Wahlen zum Senat bereits 1989 frei waren, werden die Wahlperioden für diese Kammer ab 1989 gerechnet, so dass sich die Nummerierungen der Wahlperioden für beide Häuser des Parlaments unterscheiden (seit 2011: VII. Kadenz des Sejm, VIII. Kadenz des Senats).

Der Sejm verfügt über das Recht zur Selbstauflösung mit einer Mehrheit von mindestens zwei Dritteln der gesetzlichen Zahl seiner Mitglieder (d.h. mit mindestens 307 Stimmen). Davon wurde bereits 1991 Gebrauch gemacht, da sich die Legitimität des 1989 „halbfrei" gewählten Sejm erschöpft hatte, spätestens nachdem Lech Wałęsa Ende 1990 in freien Wahlen zum Präsidenten Polens gewählt worden war, ganz zu schweigen von den dramatischen Veränderungen in anderen Ländern Ostmitteleuropas, die Polen von einem Vorreiter zu einem Nachzügler bei der Einführung der Demokratie in der Region hatten werden lassen. Unter der Verfassung von 1997 löste sich der Sejm im September 2007 auf, nachdem die Regierung von Jarosław Kaczyński nach der Entlassung der Minister der *Samoobrona* und der LPR im Sejm die Mehrheit verloren hatte. Die Auflösung des Sejm hat automatisch auch vorgezogene Neuwahlen zum Senat zur Folge. Eine solche Bestimmung hatte in Art. 26 bereits die März-Verfassung von 1921 vorgesehen.[29]

Zentrale Bedeutung für die Effizienz eines Parlaments kommt der Verrechtlichung seiner Arbeitsabläufe zu. Zu Zeiten der Volksrepublik besaß Polen zwar im Vergleich zu den meisten anderen realsozialistischen Staaten relativ ausdifferenzierte parlamentarische Binnenstrukturen, die ebenso wie etliche Verfahrensweisen in einer Geschäftsordnung festgelegt waren. Auch wenn der Sejm in den 1980er Jahren ein wachsendes Selbstbewusstsein gegenüber der Exekutive erkennen ließ, waren seine Strukturen und internen Abläufe doch stark von der Funktionslogik des politischen Systems der Volksrepublik geprägt. Entsprechend änderte der „ausgehandelte" Sejm von 1989 Ende 1989 nicht nur die Verfassung, so dass diese den wichtigsten Kriterien rechtsstaatlicher Staatsorganisation entsprach. Er passte zunächst auch seine Geschäftsordnung von 1986 an die neuen Verhältnisse an. Am 30. Juli 1992 verabschiedete er dann eine neue Geschäftsordnung, die mit zahlreichen, fast jährlichen Änderungen bis heute in Kraft ist. Die vielen Änderungen spiegeln das Bemühen

---

29   Vgl. u.a. Włodek, Tomasz 2009: Instytucja rozwiązania parlamentu w polskim prawie konstytucyjnym, Warszawa. Rączka, Magdalena 2010: Rozwiązanie parlamentu przed upływem kadencji w polskim i włoskim prawie konstytucyjnym, Toruń.

der Abgeordneten um möglichst effiziente Arbeit wider, das auch in einer eigenen Kommission für Geschäftsordnung und Angelegenheiten der Abgeordneten seinen Ausdruck findet. Die ständigen Modifikationen haben aber auch dazu geführt, dass die Geschäftsordnung inzwischen inkonsistent geworden ist und eine völlige Neufassung gefordert wird.[30] Im Laufe der Jahre kamen weitere Rechtsakte hinzu, die Bedeutung für Organisation und Funktionsweise des Sejm sowie für den Status der Abgeordneten besitzen. Hierzu zählen die Richtlinien des Sejmpräsidiums zur Geschäftsordnung sowie der Sejmbeschluss vom 17. Juli 1998 zu den Prinzipien der Abgeordnetenethik, ferner das Gesetz vom 9. Mai 1996 zur Ausübung des Amtes eines Abgeordneten und Senators, das Wahlgesetzbuch vom 5. Januar 2011 einschließlich der Ausführungsvorschriften, das Gesetz vom 27. Juni 1997 über die politischen Parteien, das Gesetz vom 24. Juni 1999 über die Ausübung der Gesetzesinitiative durch die Bürger, das Gesetz vom 21. Januar 1999 über Untersuchungskommissionen, das Gesetz vom 7. Juli 2005 über die Lobbytätigkeit beim Gesetzgebungsprozess sowie das Gesetz vom 30. Juli 2004 über die Ausstattung der in Polen gewählten Abgeordneten des Europäischen Parlaments.[31]

2.1.1 Interne Organisation

Organe des Sejm sind nach Art. 9 seiner Geschäftsordnung (GO) der Sejmmarschall, das Sejmpräsidium, der Ältestenrat und die Ausschüsse.

2.1.1.1 Marschall, Präsidium und Ältestenrat des Sejm

Der Präsident des Sejm trägt ebenso wie der des Senats den traditionellen Namen „Marschall" (*Marszałek Sejmu* bzw. *Marszałek Senatu*). Er vertritt den Sejm nach außen und sorgt für eine optimale Durchführung seiner internen Aufgaben und ihrer Organisation. Dabei wird er unterstützt von der Sejmkanzlei. Symbol der Autorität des Sejm- wie des Senatsmarschalls ist der Marschallstab, den der Marschall zur Eröffnung wie zur Beendigung einer Sitzung dreimal auf den Boden schlägt. Der Sejmmarschall wird in der konstituierenden Sitzung des neu gewählten Parlaments auf Vorschlag von mindestens 15 Abgeordneten in namentlicher Abstimmung mit absoluter Mehrheit gewählt. Den Parlamentspräsidenten stellte in den ersten Wahlperioden nach 1989 nicht die stärkste Fraktion, sondern eine Fraktion, die mit der Regierungsmehrheit verbunden war. Dies war formell bereits in der Volksrepublik so, in der der Sejmmarschall in der Regel der Bauernpartei ZSL angehörte (was zugleich auf die untergeordnete, nicht der formellen verfassungsmäßigen Rolle entsprechende Bedeutung des Parlaments in der Volksrepublik hinwies). Dieser Brauch setzte sich auch in der X. Wahlperiode (1989-91) fort, zu deren Beginn der PZPR-Kandidat Kiszczak noch zum Premierminister gewählt wurde. Sejmmarschall war 1989-91 der ZSL/PSL-Abgeordnete Mikołaj Kozakiewicz. Nach den ersten freien Sejmwahlen von 1991 wurde weder ein Politiker der stärksten (UW) noch der zweitstärksten Fraktion (SLD) zum Sejmmarschall gewählt, sondern der Kandidat der rechten Koalitionsregierung, Wiesław Chrzanowski, dessen Partei ZChN das drittbeste Ergebnis erzielt hatte. Die beiden stärksten

---

30 Vgl. u.a. Zubik, Marek 2009: Zmiany regulaminu Sejmu 2007-2009, in: Przegląd Sejmowy 3 (92), 121-138.
31 Alle genannten Rechtsakte sind auf der Internetseite des Sejm aufgelistet und können dort per Mausklick abgerufen werden; Akty prawne regulujące funkcjonowanie Sejmu, http://www.sejm.gov.pl/Sejm7.nsf/page/akty_prawne (30.07.2012).

Fraktionen erhielten nicht einmal das Amt eines der vier Vizemarschälle. Der Opposition steht nach der Geschäftsordnung des Sejm auch weiterhin kein Vizemarschall zu (Bożyk 2005: 122). Doch hat sich seit 1993 die Praxis herausgebildet, dass die Fraktionen in etwa proportional zu ihrer Stärke bei der Besetzung des Sejmpräsidiums berücksichtigt werden. Nach den Parlamentswahlen von 2005 wurde nach dem überraschenden Wahlsieg der PiS erwartet, dass es zu der vor den Wahlen angekündigten Koalition PiS-PO kommen würde und die PiS das Amt des Ministerpräsidenten, der PO-Kandidat Bronisław Komorowski dagegen den Parlamentsvorsitz erhalten würde. Die unerwartete Wahl des PiS-Kandidaten Marek Jurek mit den Stimmen von *Samoobrona* und LPR kündigte die spätere Koalitionsregierung an, Komorowski wurde zum Vizemarschall gewählt. Nach den vorgezogenen Wahlen von 2007 wurde er dann als Kandidat der stärksten Fraktion Sejmmarschall. Nach den Parlamentswahlen von 2011 wurde mit Ewa Kopacz (PO) erstmals eine Frau in dieses Amt gewählt.

Die Zahl der Vizemarschälle wird laut Geschäftsordnung vom Sejm jeweils durch einen Beschluss festgelegt. Sie schwankte bisher zwischen drei und fünf. Nach den Wahlen von 2007 waren es vier, ein Vizemarschall für jede Fraktion. 2011 ergab sich nach den Parlamentswahlen eine neue Situation. Am Wahlabend war zwar klar, dass mit der Palikot-Bewegung eine fünfte Partei in den Sejm einzog und damit Anspruch auf einen Vizemarschall hatte. Nicht vorherzusehen war zu diesem Zeitpunkt jedoch, dass vor dem ersten Zusammentreten des neu gewählten Sejm aus der PiS Abgeordnete in einem Umfang austreten würden, der die Bildung einer Fraktion erlaubte. Die zahlenmäßige Stärke dieser Fraktion (bei der ersten Sitzung des neuen Sejm: 16) war jedoch klar die geringste aller Fraktionen und ihr Zustandekommen von einer gewissen Unsicherheit gekennzeichnet, so dass nicht einmal eine Diskussion darüber aufkam, ob diesen bisherigen PiS-Mitgliedern eine eigene Vizemarschall-Stelle zustehe. Die Zahl der Vizemarschälle wurde auf fünf festgelegt.

Der Marschall und die Vizemarschälle des Sejm bilden das Sejmpräsidium, das bis 1997 auch Verfassungsrang besaß, jetzt aber nur mehr in der Geschäftsordnung des Sejm erwähnt wird. An den Sitzungen des Sejmpräsidiums nimmt mit beratender Stimme der Chef der Sejmkanzlei teil, der Sejmmarschall kann weitere Personen hinzuziehen. Das Sejmpräsidium legt nach Art. 12 der Geschäftsordnung des Sejm nach Einholung der Meinung des Ältestenrates (*Konwent Seniorów*) den Plan der Arbeiten des Sejm fest, bestimmt mit mindestens dreimonatiger Vorlaufzeit die Sitzungswochen und organisiert und koordiniert die Zusammenarbeit zwischen den einzelnen Sejmausschüssen. Tagesordnung und Sitzungstermin des Präsidiums (und damit de facto die Tagesordnung des Sejm) legt der Sejmmarschall fest. Über diese Bestimmung kann der Sejmmarschall erheblichen Einfluss ausüben, sofern er – was die Regel ist – im Präsidium über die Mehrheit verfügt. Bei Abstimmungen im Sejmpräsidium gibt bei Stimmengleichheit die Stimme des Sejmmarschalls den Ausschlag.

Einzelne Parlamentspräsidenten haben diese Macht in unterschiedlichem Maße genutzt. Dem Sejmmarschall der I. Kadenz, Wiesław Chrzanowski (ZChN), wurde vorgeworfen, er habe weniger inhaltlich drängende Fragen als mit weltanschaulichen Auseinandersetzungen verbundene Probleme auf die Tagesordnung gesetzt. 2007 gab es heftige Konflikte, als die Opposition über die Absetzung des ihrer Meinung nach selbstherrlich agierenden Sejmmarschalls Ludwik Dorn (PiS) abstimmen wollte, dieser sich jedoch konsequent weigerte, den entsprechenden Antrag auf die Tagesordnung zu setzen. Die GO des Sejm sah für den Fall, dass Anträge zur Ergänzung der Tagesordnung vom Sejmmarschall nicht berücksichtigt werden, vor, dass solche Anträge binnen sechs Monaten dem Plenum zur Entscheidung vorgelegt werden müssen. Bestimmungen zur Abwahl eines Sejmmarschalls gab es jedoch nicht. Durch die Selbstauflösung des Sejm wurde diese Angelegenheit gegenstandslos.

Eine legale Methode, missliebige Gesetzentwürfe gar nicht erst in den Gesetzgebungsprozess gelangen zu lassen, fand nach Medienberichten die 2011 gewählte Sejmmarschallin Ewa Kopacz. Sie überwies Gesetzentwürfe, die der Regierung nicht genehm waren (vorwiegend aus dem Bereich der Moral und der Gleichstellung), ohne ihnen eine Drucksachennummer zu geben, an den 30köpfigen Ausschuss für Gesetzgebungsfragen, in dem ein Drittel Nichtjuristen saßen. Dieser Ausschuss hat zu prüfen, ob der vorliegende Entwurf verfassungskonform ist. Da die SLD und die Palikot-Bewegung nur mit je zwei Abgeordneten in dem Ausschuss vertreten waren, konnten leicht Entwürfe zu Themen wie gleichgeschlechtliche Partnerschaften oder Schaffung des Amtes eines/einer Beauftragten zum Kampf gegen Diskriminierung disqualifiziert werden. Ein empörter Pressekommentar hierzu lautete: Früher seien missliebige Entwürfe auf Eis gelegt worden. Unter Frau Kopacz würden sie geschreddert.[32] Ohne eine Drucksachennummer erscheinen solche Entwürfe auch nicht auf der ansonsten recht transparenten Internetseite des Sejm. Die Sejmmarschallin antwortete auf die Vorwürfe, indem sie entgegen dem Urteil des Ausschusses für Gesetzgebungsfragen die beiden (unterschiedlichen) Gesetzentwürfe von SLD und Palikot-Bewegung auf die Tagesordnung der nächsten Sejmsitzung setzte. Sie wurden dann im Plenum verworfen.[33]

Entsprechend ihrer früheren Ankündigung initiierte die PO eine am 19.12.2008 verabschiedete und am 12.01.2009 in Kraft getretene Änderung der GO. Danach kann nun auf Antrag von mindestens 46 Abgeordneten (zehn Prozent) gegenüber dem Sejmmarschall ein konstruktives Misstrauensvotum stattfinden, bei dem gleichzeitig ein Nachfolger gewählt werden muss. Die Abwahl des bisherigen Sejmmarschalls und die Neuwahl seines Nachfolgers erfolgen in einer einzigen Abstimmung. Dabei ist die absolute Mehrheit der Stimmen bei Anwesenheit von mindestens der Hälfte der gesetzlichen Mitgliederzahl der Abgeordneten erforderlich (Art. 10a Abs. 1 und 2 GO). Ein Vizemarschall kann mit „einfachem" Misstrauensvotum auf Antrag von mindestens 15 Abgeordneten bei gleichen Mehrheitserfordernissen abberufen werden. Bereits am 29.11.2001 war der Vorsitzende der *Samoobrona*, Andrzej Lepper, als Vizemarschall des Sejm mit 318 zu 74 Stimmen abberufen worden, nachdem er ohne nähere Beweise im Sejm prominenten Politikern, darunter zwei amtierenden Ministern und einem Sejmvizemarschall, Korruption und Verbindungen zur organisierten Kriminalität vorgeworfen hatte.

Der Ältestenrat soll die Zusammenarbeit der Fraktionen bei der Tätigkeit des Parlaments fördern. Er wird vom Sejmmarschall aus eigener Initiative oder auf Antrag des Sejmpräsidiums, einer im Ältestenrat vertretenen Fraktion oder auf Antrag von mindestens 15 Abgeordneten einberufen. Ihm gehören neben dem Sejmpräsidium die Fraktionsvorsitzenden oder ihre Stellvertreter an, ferner die Vertreter von Abgeordneten-Kreisen (ein „Kreis"

---

32 Vgl. Siedlecka, Ewa 2012: Jak działa niszczarka sejmowa, in: Gazeta Wyborcza 03.07.2012, http://wyborcza.pl/1,86116,12058678,Jak_dziala_niszczarka_sejmowa.html (03.07.2012).
33 Die Begründung lautete, die Anträge seien nicht verfassungskonform, da die Verfassung in Art. 18 „die Ehe als Verbindung von Mann und Frau" definiere sowie die Familie unter besonderen Schutz stelle. Bei dieser Abstimmung wurde deutlich, dass die Fraktion der wichtigsten Regierungspartei (PO) in dieser Frage ganz überwiegend konservativ eingestellt ist.

muss mindestens drei Abgeordnete zählen), die einen gemeinsamen Repräsentanten entsenden, sowie Vertreter von Fraktionen, die mindestens 15 Abgeordnete haben müssen, und von Abgeordneten-Kreisen, die am ersten Sitzungstag der Wahlperiode eine eigene Wählerliste repräsentieren. Diese Bestimmungen besitzen angesichts der relativ hohen personellen Fluktuation zwischen den einzelnen Fraktionen bzw. angesichts der häufigen Abspaltungen Bedeutung. So gab es 2005 am Ende der IV. Wahlperiode neben sieben Fraktionen acht Abgeordneten-Kreise mit zwischen drei und elf Mitgliedern mit zusammen 50 Abgeordneten. Ferner waren 39 Abgeordnete fraktionslos. Von den acht Abgeordneten-Kreisen hatten zu Beginn der Wahlperiode nur zwei (UP mit elf und ROP mit drei Abgeordneten) bestanden. Die übrigen kamen durch Absplitterungen vor allem im rechten Parteienspektrum zustande. Der Zusammenschluss ermöglicht diesen Abgeordneten über eine Teilhabe am Ältestenrat, über die laufenden parlamentarischen Arbeiten zumindest besser informiert zu sein. Dem über die SLD-UP-Liste gewählten früheren Abgeordneten der PSL Roman Jagieliński gelang es in der IV. Wahlperiode zeitweilig sogar, „frei schwebende" (in der Umgangssprache damals als „Plankton" bezeichnete) Abgeordnete in Fraktionsstärke um sich zu sammeln.

In der VI. Wahlperiode (2007-2011) war in dieser Hinsicht eine gewisse Stabilisierung zu beobachten. Die Aufkündigung des Bündnisses Linke und Demokraten (LiD) durch die SLD führte 2008 zur Bildung zweier Abgeordneten-Kreise mit vier bzw. drei Mitgliedern. Die schleichende Erosion der PiS-Fraktion führte Ende 2010 nach dem spektakulären Austritt einer Reihe gemäßigter PiS-Politiker aus der Partei zur Bildung der Gruppierung „Polen ist am Wichtigsten" (PJN), die Anfang 2011 mit 18 Abgeordneten Fraktionsstärke erreichte. Neun Abgeordnete waren unabhängig (darunter als Einziger von Beginn der Wahlperiode an der Abgeordnete Ryszard Galla von der Deutschen Minderheit).[34]

Zu Beginn einer Wahlperiode werden vom Sejm aus seiner Mitte auch 20 Sekretäre gewählt, die nicht zu den Sejmorganen zählen. Sie nehmen eher technische Funktionen wahr, unterstützen den Marschall bei der Leitung der Sitzungen, führen die Rednerliste, zählen bei namentlichen Abstimmungen die Stimmen, etc.

2.1.1.2 Ausschüsse

Ein Großteil der Arbeit des Sejm vollzieht sich in den Ausschüssen („Kommissionen"). Bei der Zuordnung von Parlamenten nach Arbeits- oder Redeparlamenten ist daher der Sejm den Arbeitsparlamenten zuzurechnen. Das war bereits in der Volksrepublik so. In den 1980er Jahren konnte in den Ausschüssen im Gegensatz zum Plenum auch offene Kritik an Regierungsbeschlüssen geübt werden.[35] Die nach Art. 17 GO den Ausschüssen zugewiesene Aufgabe, die „den Gegenstand der Arbeiten des Sejm bildenden Angelegenheiten zu erörtern und vorzubereiten", betrifft in der Praxis die Gesetzgebungs- und die Kontrollfunktion des Sejm ebenso wie seine Wahlfunktion.

Die in ihrer inhaltlichen Ausrichtung meist an entsprechende Ministerien angelehnten Ausschüsse schwanken leicht in ihrer Zahl (bisher zwischen 23 und 29) (vgl. Tabelle 4). In

---

34   Zum Fraktionswechsel während der Wahlperiode siehe auch Kapitel 2.1.1.3, insbesondere Tabelle 7.
35   Olson, David M. et al. 1998: Committees in the Post-Communist Polish Sejm: Structure, Activity and Members, in: Journal of Legislative Studies 4, 101-123, hier 103. Ziemer, Klaus 1984: Der Sejm der VIII. Kadenz – ein Barometer der politischen Konjunktur in Polen, in: Zeitschrift für Parlamentsfragen 15 (1), 72-93.

Tabelle 4: Zahl der Sejmausschüsse 1989–2011

	1989–1991	1991–1993	1993–1997	1997–2001	2001–2005	2005–2007	2007–2011	2011-
Ständige Ausschüsse	24[c]	24	26	28	27[e]	28	26	26[g]
Außerordentliche Ausschüsse[a]	5	4	8	5	4	4	4	
Außerordentliche Ausschüsse[b]	10[d]	7	12	13	6	5	4	
Untersuchungs-Ausschüsse[a]	–	–	–	–	2	0	0	
Untersuchungs-Ausschüsse[b]	–	–	–	–	1	1[f]	4	
Ausschüsse der Nationalvers.	–	1	4	–	–	–	–	

a Ausschüsse bestanden am Ende der Wahlperiode noch
b Ausschussarbeit bis Ende der Wahlperiode beendet
c Der Ausschuss für Territoriale Selbstverwaltung, Raum- und Kommunalwirtschaft stellte seine Tätigkeit am 21.07.1990 ein
d Mehrere dieser Ausschüsse können als Untersuchungsausschüsse qualifiziert werden
e Der Europaausschuss stellte seine Tätigkeit am 1.07.2004 ein
f Der Ausschuss stellte seine Tätigkeit nach dem Urteil des Verfassungsgerichtshofs vom 22.09.2006 ein, nachdem dieser eine Kompetenzüberschreitung des Ausschusses festgestellt hatte
g Zu Beginn der Wahlperiode
Quelle: Eigene Zusammenstellung nach den Angaben der Homepage des Sejm (www.sejm.gov.pl)

der VI. Wahlperiode (2007-2011) gab es zuletzt 26 Ständige Ausschüsse. Diese Zahl behielt der 2011 gewählte Sejm bei. Einige dieser Ausschüsse sind besonderen Aufgaben gewidmet wie der Kontrolle der Geheimdienste, Fragen der Ethik der Abgeordneten oder Fragen der Geschäftsordnung und Angelegenheiten der Abgeordneten. In letzterem Ausschuss werden u. a. Empfehlungen zur Aufhebung der Immunität von Abgeordneten gegeben.

Die inhaltliche Ausrichtung der Ausschüsse und ihre personelle Zusammensetzung werden jeweils zu Beginn einer Wahlperiode vom Sejm auf Vorschlag des Sejmpräsidiums bestimmt, das zuvor die Meinung des Ältestenrates einholt. Die Ausschüsse werden entsprechend der Geschäftsordnung des Sejm in „große" (42 Mitglieder), „mittlere" (28) und „kleine" (20) eingeteilt. In die erste Gruppe fielen im 2011 gewählten Sejm neun Ausschüsse, in die zweite acht und in die dritte sechs. Hinzu kamen drei Ausschüsse nach „eigenen Grundsätzen", die Ausschüsse für die Geheimdienste (ab 2011: neun), Angelegenheiten der EU (45) sowie der Ethik der Abgeordneten (sechs Mitglieder). Alle Ausschüsse werden nach einem Schlüssel besetzt, der dem Proporz der Fraktionen und Abgeordnetenkreise im Sejm entspricht. Nur im Ausschuss für die Ethik der Abgeordneten ist seit 2011 jede der sechs Fraktionen mit einem Mitglied vertreten. Ein Abgeordneter kann maximal zwei Kommissionen angehören. Das bedeutet, dass beispielsweise die Abgeordnetenkreise nicht alle ihnen nach Proporz zustehenden Sitze in den Ausschüssen wahrnehmen können, so dass auch die Mitgliederzahl von Ausschüssen gleicher Kategorie leicht variieren kann. Von den 460 Abgeordneten gehörten im Juli 2012 89 einer, 341 zwei und 30 keiner ständi-

Tabelle 5: Anzahl der den Fraktionen in den Ausschüssen zustehenden Sitze
(Zahl der Ausschüsse Juli 2012)

Fraktion	Großer Ausschuss (9)	Mittlerer Ausschuss (8)	Kleiner Ausschuss (6)	EU-Ausschuss	Ausschuss für Sonderdienste	Ausschuss für Ethik der Abg.
PO	18	12	8	21	4	1
PiS	12	8	5	13	2	1
RP	4	2	2	4	1	1
PSL	2	2	1	3	1	1
SLD	2	2	1	2	1	1
SP	2	1	1	2	0	1

Quelle: Eigene Zusammenstellung nach der Internetseite des Sejm, http://www.sejm.gov.pl/Sejm7.nsf/page/parytety (29.07.2012)

gen Kommission an.[36] Im 2011 gewählten Sejm stießen selbst die kleinen Fraktionen von PSL, SLD und SP fast an ihre personellen Grenzen, das ihnen zustehende Kontingent an Ausschusssitzen voll auszuschöpfen.

Ausgeschlossen von der Tätigkeit in Ausschüssen sind Minister und Staatssekretäre. Diese seit 1995 geltende Regelung soll eine bessere Kontrollmöglichkeit des Parlaments gegenüber der Exekutive gewährleisten.

Große Bedeutung für die Funktionsweise der einzelnen Ausschüsse kommt deren Vorsitzenden bzw. deren Präsidium zu. Nach Art. 20 GO des Sejm beruft jede Kommission ihre(n) Vorsitzende(n) sowie die Stellvertreter (= das Präsidium des Ausschusses) in offener Abstimmung mit einfacher Stimmenmehrheit und kann sie auf demselben Wege auch wieder abberufen. Da in allen Ausschüssen (mit Ausnahme desjenigen für Ethik der Abgeordneten) die Abgeordneten der Regierungsfraktionen in der Mehrheit sind, hängt es von vorhergehenden Absprachen ab, ob und inwieweit auch Vertreter der Opposition im Vorsitz und in den Präsidien der Ausschüsse vertreten sind. Die einzelnen Fraktionen entsenden in die Ausschüsse je nach deren Bedeutung Spitzenpolitiker oder auch Spezialisten für einzelne Berufsgruppen wie z.B. Ärzte in den Ausschuss für das Gesundheitswesen. Der zuvor interfraktionell vereinbarte Schlüssel für die Besetzung der Positionen des Ausschussvorsitzenden und seiner – je nach Größe des Ausschusses – drei bis fünf Stellvertreter wird in der konstituierenden Sitzung des betreffenden Ausschusses in der Regel fast einstimmig akzeptiert. Es kommt jedoch auch vor, dass Kandidaten in einer Art Anhörung inhaltliche Fragen der Ausschussmitglieder beantworten müssen. So fiel nach den Wahlen von 2011 der Vorsitz im Ausschuss für Bildung, Wissenschaft und Jugend der Palikot-Bewegung zu, deren Kandidat keine Hochschulbildung besaß, vor den Wahlen durch die Propagierung der Liberalisierung von Marihuana aufgefallen war und sich im Ausschuss entsprechend kritischen Fragen stellen musste. Nachdem die erste Abstimmung ein Patt ergeben hatte, wurde er erst nach einer erneuten Fragerunde im zweiten Wahlgang mit 19 gegen 14 Stimmen bei einer Enthaltung, also keineswegs einvernehmlich, gewählt.[37] In der Kommission für Verteidigung fiel der PiS-Kandidat für den stellvertretenden Vorsitz, der umstrittene frühere Innenminister Antoni Macierewicz, durch. Der an seiner Stelle von der PiS nominierte ehe-

---

36 Vgl. die Angaben auf der Internetseite des Sejm: http://www.sejm.gov.pl/Sejm7.nsf/page/parytety (29.07.2012).
37 Vgl. das Protokoll der Sitzung der Kommission vom 17.11.2011, http://orka.sejm.gov.pl/zapisy7.nsf/0/ D418F5E45D9C2055C125795600410233/%24File/0000907.pdf (30.07.2012).

malige Chef des Antikorruptionsbüros, Mariusz Kamiński, wurde dagegen einstimmig gewählt.[38]

Im „Sejm der I. Kadenz", in dem auch der Parlamentsvorsitz weder der stärksten noch der zweitstärksten Fraktion zugestanden wurde, erhielt die postkommunistische SLD als zweitstärkste Fraktion keinen einzigen Ausschussvorsitz. Danach bildete sich die Praxis aus, dass in den politisch bedeutsamsten Ausschüssen für Haushalt, Inneres, Außenpolitik und Verteidigung die Regierungsfraktionen den Vorsitz erhielten, die Oppositionsfraktionen dagegen die Führung in anderen.[39] Inzwischen hat sich eingespielt, dass die Fraktionen Ausschussvorsitze etwa entsprechend ihrem Mandatsanteil im Sejm erhalten (VI. Kadenz ab 2007: elf PO, acht PiS, je drei PSL und die Linke, VII. Kadenz ab 2011: dreizehn PO, sieben PiS, je zwei die Palikot-Bewegung und die SLD, je einen die PSL und die PiS-Abspaltung SP). Die politisch insgesamt wichtigsten Ausschüsse gingen an die größte Regierungsfraktion, doch erhielt die Opposition wie auch schon zuvor unter umgekehrten parteipolitischen Vorzeichen den Vorsitz in wichtigen Ausschüssen (2007: Justiz und Verteidigung je an die Linke, 2011: Justiz an die SLD, Wirtschaft an die PiS). Während PO und PiS in allen Ausschusspräsidien vertreten sind[40] und die PO dabei zum Teil 50 Prozent der Vorstandsmitglieder stellt, fanden sich Repräsentanten der kleineren Fraktionen nach den Wahlen von 2011 nur in deutlich weniger als der Hälfte der Ausschussvorstände.

Das Präsidium der Ausschüsse besitzt erhebliche Kompetenzen. Es legt die Termine für die Sitzungen des betreffenden Ausschusses fest, bestimmt nach Art. 150 GO die Tagesordnung und kann Vertreter bestimmter Institutionen und Organisationen um ihre Meinung zu bestimmten Projekten ersuchen, darunter ausdrücklich auch Lobbyisten, die jedoch keinen Zutritt zu Unterausschüssen haben. Der Vorsitzende bzw. das Präsidium eines Ausschusses kann auch Minister und Vertreter anderer staatlicher Einrichtungen vorladen. An den Sitzungen eines Ausschusses können auch andere Sejmabgeordnete und polnische Abgeordnete des Europäischen Parlaments mit Rederecht teilnehmen. Das Präsidium kann auch Journalisten von Presse, Rundfunk und Fernsehen zulassen. Sitzungen können in Teilen oder auch ganz für geschlossen erklärt werden. Ein Ausschuss kann aus seiner Mitte einen Unterausschuss berufen. Soll dieser Unterausschuss ständig bestehen, bedarf das der Zustimmung des Sejmpräsidiums.

Über den Verlauf der Sitzungen wird ein Protokoll angefertigt. Die meisten dieser Protokolle sind über die Internetseite des Sejm einzusehen, die auch Auskunft über das aktuelle Programm der Plenar- und der Ausschusssitzungen, über die angenommenen Gesetzestexte (und deren Wortlaut) sowie eine Fülle weiterer Informationen zur Tätigkeit des Sejm auch in den vergangenen Wahlperioden gibt (www.sejm.gov.pl).

In den Ausschüssen wird, wie erwähnt, ein Großteil der Arbeit des Sejm geleistet, was – oft unsichtbar für die Öffentlichkeit – sehr viel Zeit der Abgeordneten absorbiert. Die Zahlen in Tabelle 6 illustrieren das eindrücklich, auch wenn nicht bei jeder Sitzung eines Ausschusses alle Abgeordneten anwesend sind. Zu berücksichtigen ist dabei auch, dass die Arbeitsbelastung der Mitglieder der einzelnen Ausschüsse sehr unterschiedlich ausfällt. So

---

38 Vgl. Das Protokoll der Sitzung der Kommission vom 17.11.2011, http://orka.sejm.gov.pl/zapisy7.nsf/0/EDECE8426C1CE348C12579500032006A/%24File/0001007.pdf (30.07.2012).
39 Carey, John M./Formanek, Frantisek/Karpowicz, Ewa 1999: Legislative Autonomy in New Regimes: The Czech and the Polish Cases, in: Legislative Studies Quarterly 24 (4), 569-603, hier 588.
40 Eine Ausnahme bildete das Präsidium des Ausschusses für Fragen der Geheimdienste, der aufgrund der kleinen Zahl von nur neun Mitgliedern, darunter zwei PiS-Abgeordneten, einen „Sonderfall" darstellt. Den Vorsitzenden stellte hier die SLD, den einzigen stellvertretenden Vorsitzenden die PO.

haben etwa Mitglieder des Finanzausschusses im Vergleich zu Mitgliedern des Ausschusses für Fragen der Abgeordnetenethik oder des Ausschusses für nationale und ethnische Minderheiten ein Mehrfaches an Sitzungen zu absolvieren.

Die Koordinierung der Ausschussarbeit lässt jedoch angesichts der Fülle an Sitzungen zu wünschen übrig. Zwar gilt die Regel, dass dienstags und mittwochs Plenarsitzungen und donnerstags und freitags Ausschusssitzungen stattfinden, während die Montage der Wahlkreisarbeit der Abgeordneten vorbehalten sind. Mit Genehmigung des Sejmmarschalls kann die Regel getrennter Plenar- und Ausschusssitzungen jedoch durchbrochen werden, was in der Praxis zu häufigen Überschneidungen führt. Da zusätzlich etliche Unterausschüsse tagen, wird bisweilen das Quorum für eine Sitzung nicht erreicht. Um die Abgeordneten zur Teilnahme an den Sitzungen zu disziplinieren, wurde 1996 ein Gesetz verabschiedet, das bestimmt, dass Abgeordnete, die innerhalb von drei Monaten bei mehr als einem Drittel der Sitzungen ohne triftige Begründung fehlen, mit Abzügen von ihren Diäten bestraft werden (Matthes 1999: 150f.).

Bei Bedarf können auch außerordentliche Ausschüsse eingesetzt werden. Bei ihrer Berufung muss der Sejm deren Ziel, Grundsätze und Funktionsweise bestimmen. Ist dieses Ziel erreicht, z.B. die Erarbeitung und Verabschiedung eines Gesetzentwurfs, wird die Tätigkeit der Kommission für beendet erklärt. Die meisten solcher außerordentlichen Ausschüsse wurden in den 1990er Jahren eingerichtet (vgl. Tabelle 4). Dabei fiel ihnen – insbesondere während des „ausgehandelten Sejm" 1989 bis 1991 – zum Teil auch die Rolle von Untersuchungsausschüssen zu, da deren Aufgabe und Vorgehensweise erst durch Gesetz von 1999 bestimmt wurde.[41] Der Sejm der VI. Wahlperiode (2007-2011) setzte knapp ein Jahr vor seinem Ende eine außerordentliche Kommission ein, die die Vorschläge von Staatspräsident Komorowski zur Anpassung der Verfassung an die Erfordernisse der Mitgliedschaft Polens in der EU, aber auch einschlägige Projekte von PO und PiS bearbeitete. Das Projekt erlebte zwar zwei Lesungen im Sejm, und am 30. August 2011 befasste sich die außerordentliche Kommission unter dem Vorsitz des PO-Abgeordneten Jarosław Gowin abschließend damit. Es wurde bis zum Ende der Wahlperiode jedoch nicht mehr auf die Tagesordnung des Sejm gesetzt und scheiterte damit.

2.1.1.3 Fraktionen

Fraktionen zählen zumal in parlamentarischen Regierungssystemen zu den unerlässlichen organisatorischen Grundeinheiten des Parlaments. Sie ziehen eine klare Trennlinie zwischen Regierungslager und Opposition. Die Regierung muss sich bei der Durchsetzung ihrer Gesetzesvorhaben auf die politische Unterstützung ihrer Fraktion(en) verlassen können, die ihrerseits meist in einem engen Informationsaustausch mit der Regierung stehen. Die Dritte Polnische Republik zeichnete sich in ihren Anfangsjahren durch ausgesprochen schwache Fraktionen aus. In dem aus den Vorgründungswahlen von 1989 hervorgegangenen Parlament fehlte zunächst eine ausdrückliche politische Opposition, da die Regierung von den Abgeordneten der *Solidarność* und den früheren „Bündnisparteien" ZSL und SD getragen wurde. Auch die PZPR war jedoch zunächst im Kabinett Mazowiecki mit vier Ministern vertreten, darunter dem Innen- und dem Verteidigungsminister, so dass es keine klaren Trennlinien zwischen Regierung und Opposition gab.

---

41 Zu den Untersuchungsausschüssen siehe Kapitel 2.6.2 zu den Kontrollfunktionen des Parlaments.

2.1 Der Sejm

Die *Solidarność* stellte zwar, zählt man Abgeordnete und Senatoren zusammen, mit 260[42] Parlamentariern die stärkste Fraktion, die sich im Parlamentarischen Bürgerklub (OKP)[43] organisierten. Diese Fraktion war aufgrund des *umbrella*-Charakters der *Solidarność* aber höchst heterogen. Mit dem Zerfall ihres wichtigsten politischen Gegners, der PZPR, Anfang 1990 und dem Spürbarwerden der sozialen Kosten der Wirtschaftsreformen nahmen ab Frühjahr 1990 die internen Spannungen zu. Die mit der ausdrücklichen Billigung Lech Wałęsas von den Brüdern Kaczyński im Mai 1990 vorgenommene Gründung der Zentrumsallianz (PC) markierte den Beginn der Auflösung des OKP, der in eine Reihe meist kurzlebiger Parteien zerfiel. Die gemeinsame Herkunft aus der *Solidarność* reichte noch aus, sowohl der Regierung Mazowiecki als auch seinem Nachfolger Bielecki, der ohnehin nur als Chef einer Übergangsregierung vorgesehen war, ausreichende parlamentarische Unterstützung zu sichern. Dabei gab es bei ständig wechselnden Parteizugehörigkeiten bisheriger OKP-Abgeordneter keine klare Trennung in Parlamentarier der „Regierung" und der „Opposition", der am ehesten die sich als Nachfolgerin der PZPR verstehende SdRP bzw. das von ihr geführte Bündnis SLD entsprach.

Nach den Gründungswahlen Ende 1991 war der Sejm so zersplittert, dass die stärkste Fraktion nur 13,5 Prozent der Abgeordneten zählte. Da die Mehrheitsverhältnisse denkbar knapp und die Regierungen entsprechend schwach waren, eröffneten sich für die Abgeordneten wie schon im vorhergehenden Parlament in dieser Zeit zwar große individuelle Gestaltungsräume. Diese gingen jedoch zu Lasten der Effizienz der Arbeit des Parlaments insgesamt, zumal von den 1989 gewählten Abgeordneten nur 8,3 Prozent parlamentarische Erfahrung besaßen und sich 1991 erneut 72,8 Prozent Neulinge im Parlament befanden (vgl. Tabelle 9). Mit der Verabschiedung einer neuen Geschäftsordnung (GO) am 30. Juli 1992 beschnitt der Sejm zwar die Kompetenzen der einzelnen Abgeordneten, stärkte aber die Fraktionen (Matthes 1999) und damit die Effizienz des Parlaments insgesamt.[44]

Voraussetzung für die Bildung einer Fraktion (*klub parlamentarny*) ist seither eine Mindestzahl von 15 Abgeordneten, d.h. nur knapp drei Prozent der Gesamtzahl der Sejmabgeordneten, was aber angesichts der damaligen Zersplitterung des Sejm eine durchaus verständliche Größe darstellt. Eine Fraktion muss laut Art. 8 GO auf der Basis gemeinsamer politischer Prinzipien zusammenarbeiten und ist im Ältestenrat des Sejm vertreten. Wenigstens drei Abgeordnete können einen „Abgeordnetenkreis" (*koło parlamentarne*) bilden, der jedoch politisch nur im Zusammenwirken mit einer Fraktion Bedeutung erringen kann.

Während kleinere Fraktionen durchaus in voller Besetzung beraten können, haben sich spätestens mit der Ausbildung großer Fraktionen ab 1993 interne Spezialisierungen und Differenzierungen ausgebildet. Dies gilt für alle heute im Sejm vertretenen Fraktionen. Ihre Vorstands- („Präsidiums"-)mitglieder sind ebenso wie die Ausschussvorsitzenden und deren Stellvertreter den politischen Eliten zuzurechnen. Die Fraktionsvorsitzenden besitzen erhebliches politisches Gewicht. Die im März 2011 204 Abgeordnete zählende Fraktion der

---

42 Nach dem Tod des gewählten Senators Grzegorz Białkowski, der Ende Juni 1989 vor der ersten Sitzung des Parlaments verstarb, waren es nur noch 259.
43 Der Name knüpft an die so genannten Bürgerkomitees an, die 1989 das Rückgrat der Wahlorganisation der *Solidarność* gebildet hatten.
44 Zum grundsätzlichen Spannungsverhältnis zwischen den individuellen Kompetenzen der Abgeordneten in postkommunistischen Parlamenten und deren Leistungsfähigkeit siehe u.a. von Steinsdorff 2011.

Tabelle 6: Anzahl der Plenar- und Ausschusssitzungen (ständige und außerordentliche Ausschüsse) sowie Sitzungen der Nationalversammlung (1989-2012)

	X. Sejm (04.06.1989-31.10.1991)	I. Sejm (29.11.1991-31.05.1993)	II. Sejm (14.10.1993-20.10.1997)	III. Sejm (20.10.1997-18.10.2001)	IV. Sejm (19.10.2001-18.10.2005)	V. Sejm (19.10.2005-04.11.2007)	VI. Sejm (05.11.2007-07.11.2011)	VII. Sejm[a]
Plenarsitzungen	79	45	115	119	109	44	100	19
Sitzungstage			297	315	334	146	294	54
Ausschusssitzungen	2432	2283	6522	6379	6244	2927	5679	971
Sitzungen der Nationalversammlung	1		5	2	0	1	1	0
Sitzungen der Verfassungskommission der NV			101	-	-	-	-	-
Sitzungen ständiger Unter- und außerordentl. Kommissionen der Verfassungskommission der NV			92	-	-	-	-	-
Sitzungen von Untersuchungsausschüssen					225	26	461	0

a Vom 08.11.2011 bis zum 07.08.2012
Quelle: Eigene Zusammenstellung nach den Angaben für die einzelnen Wahlperioden auf der Homepage des Sejm: http://www.sejm.gov.pl/archiwum/arch2.html (jeweils: Podstawowe dane statystyczne dotyczące prac Sejmu) (11.08.2012)

PO verfügte über ein 29köpfiges Präsidium mit dem Vorsitzenden Tomasz Tomczykiewicz (Chef der mitgliederstärksten PO-Region Oberschlesien), neun stellvertretenden Vorsitzenden, einer Schatzmeisterin und einem Sekretär. Nach den Wahlen vom Oktober 2011 wählten die nun 207 Sejmabgeordneten ein 32köpfiges Präsidium, dem neben dem neuen Fraktionsvorsitzenden Rafał Grupiński zehn stellvertretende Vorsitzende, eine Schatzmeisterin und ein Sekretär angehörten. Mitglieder dieses Präsidiums wurden auch vier Senatoren, darunter der Vorsitzende der PO-Senatsfraktion Marek Rocki als einer der stellvertretenden Vorsitzenden.

Im März 2011 besaß die Parlamentsfraktion der PiS, der noch 147 Abgeordnete und 37 Senatoren angehörten, ein 31köpfiges Präsidium mit dem Vorsitzenden Mariusz Błaszczak, drei stellvertretenden Vorsitzenden, einem Sekretär und sechs stellvertretenden Sekretären. Zu Beginn der Wahlperiode hatte das PiS-Präsidium etwas „konventioneller" ausgesehen (38köpfiges Präsidium mit einem Vorsitzenden, sieben stellvertretenden Vorsitzenden, einem Schatzmeister, vier Sekretären und einem stellvertretenden Sekretär). Hauptursache für die Verkleinerung war der Austritt führender Politiker aus Partei und Fraktion. Nach den Wahlen vom Oktober 2011, aber bereits nach dem Bruch des bisherigen stellvertretenden PiS-Vorsitzenden Zbigniew Ziobro und seiner Gefolgsleute mit Kaczyński, wählten die zu diesem Zeitpunkt noch 137 Abgeordneten und 30 Senatoren der PiS einen 36köpfigen Vorstand mit sechs stellvertretenden Vorsitzenden. Fraktionschef blieb

Mariusz Błaszczak, Jahrgang 1969, der bereits der Zentrumsallianz (PC) der Brüder Kaczyński angehört hatte.

Die Senatoren der PO haben eine eigene Senatsfraktion mit dem Vorsitzenden Marek Rocki (1999-2005 Rektor der Wirtschaftsuniversität Warschau), zwei Stellvertretern und einem Sekretär gegründet. Bei der PSL stellt das Parteistatut Senatoren frei, eine gemeinsame Fraktion mit den PSL-Abgeordneten zu bilden oder sich als eigene Senatsfraktion zu konstituieren. Hierzu sind jedoch mindestens sieben Senatoren erforderlich. Dieses Quorum konnte die PSL nur 1991 und 1993 erfüllen. Zwischen 2007 und 2011 konnte die PSL sogar nur in einer Nachwahl 2010 nach dem Flugzeugunglück von Smolensk einen Sitz im Senat gewinnen. Eine Besonderheit bildet die PiS-Abspaltung Solidarisches Polen (SP), deren Fraktion nicht nur die (im Sommer 2012) 21 Sejmabgeordneten und zwei Senatoren der Partei, sondern auch die vier SP-Abgeordneten des Europaparlaments angehören. Auf diese Weise sind Parteichef Ziobro und die weiteren SP-Europaabgeordneten zumindest innerparteilich auch in das parlamentarische Leben in Polen eingebunden. Rederecht in Sejmausschüssen besitzen polnische EU-Abgeordnete nach der GO des Sejm ohnehin.

Die Fraktionsvorstände treten üblicherweise nach Sitzungen des Sejmpräsidiums und des Ältestenrates zusammen, das heißt, wenn die Tagesordnung der nächsten Sitzungswoche bekannt ist. Dabei wird der konkrete Verlauf der Sitzungen seitens der Fraktion vorbereitet, ihre Redner bestimmt, Fragen für die aktuelle Fragestunde vorbereitet und über kontroverse inhaltliche Fragen diskutiert. Bei der PO wird die Vorstandssitzung von einem geschäftsführenden Vorstand vorbereitet. Am selben Tage versammelt sich anschließend die Gesamtfraktion, die auch bei außerordentlichen Situationen einberufen wird. Auf den Fraktionssitzungen werden ebenfalls die nächsten Sitzungen vorstrukturiert und ggf. das Abstimmungsverhalten geklärt. Bei Abstimmungen von großem Gewicht wie wichtigen Gesetzentwürfen sind die Abgeordneten zur Fraktionsdisziplin verpflichtet. In Fragen von untergeordneter Bedeutung kann das Abstimmungsverhalten auch freigestellt werden (Walczak 2004: 47ff.).

Das Spannungsverhältnis zwischen Fraktionsdisziplin und dem von der Verfassung garantierten „freien Mandat" ist somit weniger ausgeprägt als in parlamentarischen Regierungssystemen wie Großbritannien. Gleichwohl sehen die meisten Fraktionen für ihre Abgeordneten Disziplinarmaßnahmen vor. Allerdings zieht nichtkonformes Abstimmungsverhalten selten Konsequenzen nach sich. Eine Ausnahme bildete in der III. Wahlperiode notorisch von der Position der eigenen Regierung abweichendes Verhalten von Abgeordneten der AWS-Fraktion, die mit dem Ausschluss aus der Fraktion bestraft wurden. Ein solcher Ausschluss kann auch die Konsequenz von parteischädigendem Verhalten in der Öffentlichkeit wie Trunkenheit, vor allem am Steuer bilden. In der IV. Wahlperiode hatte sich die SLD-Fraktion mit mehreren solcher Fälle auseinanderzusetzen.[45]

Die Willensbildung zu bestimmten Themen wird innerhalb einer Fraktion in der Regel durch einen „Koordinierenden Abgeordneten" (*poseł koordynator*) geprägt. Bei ihm liegt

---

45 Besonders spektakulär war der Fall eines SLD-Abgeordneten, der Berichterstatter beim Antrag auf Abberufung von *Samoobrona*-Chef Andrzej Lepper Ende November 2001 vom Posten des Vizemarschalls des Sejm war. Die *Samoobrona*-Fraktion blockierte minutenlang das Rednerpult des Sejm, um vom Sejmmarschall zu erreichen, dass er die Behandlung dieses Punktes der Tagesordnung auf die günstigste Fernsehzeit legte, was einen beispiellosen Skandal bildete und Ausdruck einer sinkenden Autorität der Staatsorgane war. Als der Tagesordnungspunkt endlich aufgerufen wurde, konnte er nicht behandelt werden, weil der Bericht erstattende Abgeordnete betrunken in seinem Zimmer im Sejmhotel lag. Er wurde aus der SLD-Fraktion ausgeschlossen.

die Koordinierung der Arbeiten zu einem Gesetzentwurf während aller Phasen des Gesetzgebungsprozesses. Wer zu einem solchen Koordinator benannt wird und welche Position dies für den oder die Betreffende innerhalb der Fraktion bedeutet, hängt zum Teil von der Größe der Fraktion ab, doch sind die Regelungen hier in den einzelnen Fraktionen unterschiedlich. Ferner werden für bestimmte Problembereiche Arbeitsgruppen unterschiedlicher Größe und Dauer gebildet. Ständige Fachausschüsse wie im Deutschen Bundestag haben sich in den Sejmfraktionen nicht herausgebildet. Je kleiner die Fraktion, desto größer die Arbeitsbelastung für den einzelnen Abgeordneten (Walczak 2004: 37ff.).

In den neunziger Jahren organisierten sich Abgeordnete in einigen Fraktionen nach politischen Richtungen, was z.B. bei der AWS ab 1997 den Keim von Abspaltungen in sich trug. Solange die SLD formell eine Koalition war, bildeten in ihrer Fraktion die der Gewerkschaft OPZZ angehörenden Abgeordneten eine starke Gruppe mit beachtlichem Einfluss. Entsprechend gering war häufig auch die Fraktionsdisziplin. Dies galt in beachtlichem Umfang für Parteien der Rechten. Das wohl krasseste Beispiel bildete die Fraktion der AWS ab 1997, die sehr heterogen zusammengesetzt war und von ihrem Vorsitzenden Marian Krzaklewski nicht integriert werden konnte, der immerhin die Leistung vollbracht hatte, die AWS zu bilden und zum Wahlsieg zu führen. Trotz einer von Premierminister Buzek bereits im Januar 1998 in einem Schreiben an Inhaber staatlicher Leitungsfunktionen gerichteten Mahnung, in der Öffentlichkeit keine von der Regierung abweichenden Meinungen zu vertreten, stimmten unter den Abgeordneten der AWS selbst Vizeminister und der Regierungsbeauftragte für Familienangelegenheiten gegen Gesetzentwürfe, die ihre eigene Regierung eingebracht hatte (Rydlewski 2000: 52). Im Jahre 2000 war dies der Grund, weshalb der AWS-Koalitionspartner UW die Regierung verließ und in die Opposition ging. Auch in der SLD-Fraktion sorgten Abgeordnete der Gewerkschaft OPZZ und der Minipartei Polnische Sozialistische Partei (PPS) mit abweichendem Stimmverhalten gelegentlich für Ärger. Über das Spannungsverhältnis zwischen dem durch die Verfassung garantierten freien Mandat der Abgeordneten und dem Fraktionszwang wird zwar im Schrifttum diskutiert.[46] In der Praxis wird die Fraktionsdisziplin jedoch, wie dargelegt, eher locker gehandhabt, es sei denn, die Mehrheitsverhältnisse im Sejm sind knapp oder es geht um Fragen, die einen hohen Grad an Aufmerksamkeit in der Öffentlichkeit besitzen.

Die Ausdifferenzierung und Spezialisierung der Fraktionen trug nur begrenzt zu ihrer größeren Stabilität bei. Im 1989 gewählten Sejm, der nur gut zwei Jahre im Amt war, wechselten 30,5 Prozent der Abgeordneten ihre Fraktionszugehörigkeit. Im 1991 gewählten, ebenfalls nur zwei Jahre amtierenden Sejm waren dies immerhin noch 25 Prozent der Abgeordneten. Danach trat, wie Tabelle 7 zeigt, nur eine kurze Stabilisierung ein. Die weiterhin hohe Zahl der Abgeordneten, die ihre Fraktion verlassen, ist Ausdruck des noch immer nicht konsolidierten Parteiensystems.

Während in jeder Wahlperiode eine gewisse Rotation innerhalb der Fraktionen dadurch eintritt, dass Abgeordnete durch Tod oder aus sonstigen Gründen ausscheiden, wurde diese Zahl in der sechsten Wahlperiode des Sejm dadurch drastisch erhöht, dass 2009 17 Sejmabgeordnete in das Europäische Parlament gewählt wurden[47] und weitere 16 Abgeordnete in der Begleitung von Präsident Lech Kaczyński bei dem Flugzeugabsturz vom

---

46 Vgl. u.a. Grajewski, Krzysztof 2006: Status prawny posła i senatora, Warszawa, 17-19; Banaszak, Bogusław 1999: Prawo konstytucyjne, Warszawa, 329 ff.
47 Besonders auffällig war der „Drang nach Brüssel" bei der PSL, von deren 31 Abgeordneten 17 (!) für das EP kandidierten. Ganze Zwei von ihnen wurden gewählt (dazu ein bisheriger EU-Abgeordneter der PSL).

10. April 2010 ums Leben kamen.⁴⁸ Insgesamt rückten in der Wahlperiode 2007 bis 2011 59 Personen als Abgeordnete nach.

Nicht alle Angehörigen einer Fraktion müssen der betreffenden Partei angehören. Sowohl zum Sejm als auch auf anderen Ebenen (etwa zum Europäischen Parlament) können über die Listen einer Partei Abgeordnete gewählt werden, die dieser zumindest zum Zeitpunkt der Wahl nahe stehen, aber durchaus auch Parteimitglieder einer anderen Partei sein können. Am offensten für die Aufnahme von Kandidatinnen und Kandidaten, die nicht der eigenen Partei angehören, ist die SLD. Sie sieht in ihrem Statut ausdrücklich vor, dass der Fraktion auch Personen angehören können, die nicht SLD-Mitglieder sind, behält aber den Fraktionsvorsitz ausschließlich einem Parteimitglied vor. Dies gilt auch für das Europäische Parlament.⁴⁹ Allerdings können sich solche Abgeordnete auch leichter von der Fraktion abwenden. Insbesondere bei Gruppierungen der Rechten ist es fast üblich, dass im Laufe der Wahlperiode Abgeordnete ihre Fraktion verlassen und entweder als Fraktionslose weiter arbeiten oder sich zu Abgeordnetenkreisen zusammenschließen, die besondere Richtungen innerhalb der Rechten zum Ausdruck bringen. Der frühere PiS-Innenminister Ludwik Dorn, der aus seiner Partei ausgeschlossen wurde, sprach nach der Wahl 2011 offen davon, dass er mit der PiS-Führung ein Abkommen geschlossen habe, das ihm die Wiederwahl über die PiS-Listen ermögliche, das ihn aber nicht an die Fraktion binde. Entsprechend trat Dorn bereits zu Beginn der Wahlperiode aus der PiS-Fraktion aus,⁵⁰ wählte den Status eines Fraktionslosen und schloss sich im Dezember 2011 der PiS-Abspaltung Solidarisches Polen an.

Zweimal kam es bereits zwischen der Wahl und dem ersten Zusammentreten des Sejm zu einer Spaltung einer Partei. Gehörte es in dem 1991 gewählten, ohnehin extrem zersplitterten Sejm eher zu den Kuriositäten, dass sich die 16köpfige „Partei der Bierfreunde" in zwei Gruppen teilte (umgangssprachlich: „Großes Bier" und „Kleines Bier"), so bedeutete der Bruch von Abgeordneten, die dem stellvertretenden PiS-Vorsitzenden Zbigniew Ziobro nahe standen, mit der PiS nach deren verheerender Wahlniederlage 2011 einen gravierenden Einschnitt in der Entwicklung der polnischen Rechten. Ziobros Gefolgsleuten gelang es, noch vor der konstituierenden Sejmsitzung 16 Abgeordnete für die sich Solidarisches Polen (*Solidarna Polska*, SP) nennende Gruppierung zu gewinnen, so dass diese von Beginn der Wahlperiode an eine eigene Fraktion bilden konnte. Ende 2011, nur zwei Monate nach den Parlamentswahlen, hatten insgesamt bereits 22 Abgeordnete (von 460) die Fraktion der Partei verlassen, über deren Liste sie in den Sejm gewählt worden waren, bis zum Sommer 2012 waren es 25.⁵¹

Die Professionalisierung der Fraktionen (und Abgeordnetenkreise) wird vom Staat auch finanziell gefördert. Sie erhalten für Mitarbeiter, das Einholen externer Expertisen,

---

48 Unter den Todesopfern war auch der Chef des Amtes für Nationale Sicherheit, Aleksander Szczygło, der 2007 als PiS-Abgeordneter in den Sejm eingezogen war, auf sein Mandat aber nach der Übernahme der Leitung des Büros für Nationale Sicherheit im Januar 2009 verzichtete.
49 Art. 2 SLD-Statut, http://www.sld.org.pl/nowastrona/public/ckfinder/userfiles/files/Statut_2012.pdf (29.07.2012).
50 Vgl. Dorn ujawnia szczegóły swojej umowy z PiS, in: wp.pl, salon24.pl vom 24.10.2011, http://wybory.wp.pl/title,Dorn-ujawnia-szczegoly-swojej-umowy-z-PiS,wid,13924859,wiadomosc.html?ticaid=1da04 (30.07.2012).
51 Vgl. die Übersicht über die aktuellen Fraktionen und Abgeordnetenkreise auf der Internetseite des Sejm, http://www.sejm.gov.pl/Sejm7.nsf/kluby.xsp (30.07.2012).

Tabelle 7: Fraktionswechsel während der Wahlperioden des Sejm (1989-2012)

	1989–1991	1991–1993	1993–1997	1997–2001	2001–2005	2005–2007	2007–2011	2011–2012[a]
Absolut	139	115	52	86	109	26	33	25
in v.H.	30,5	25	11,4	18,7	23,7	5,7	7,2	5,4

a Stand Juli 2012
Quelle: Eigene Zusammenstellung nach den Angaben bei Nalewajko 1992, 82 und den Angaben auf der Internetseite des Sejm zur Zusammensetzung der Fraktionen am Ende der jeweiligen Wahlperiode, http://www.sejm.gov.pl/archiwum/arch2.html, bzw. der VII. Wahlperiode http://www.sejm.gov.pl/Sejm7.nsf/kluby.xsp (20.07.2012)

Büromaterial etc. einen monatlichen Zuschuss, der sich nach der Zahl der Fraktionsmitglieder staffelt. Die genaue Höhe legen die Marschälle von Sejm und Senat durch eine Verordnung fest. 2007 erhielten Fraktionen bis zu 50 Mitgliedern monatlich 1239 PLN (damals ca. 380 Euro) pro Abgeordneten, Fraktionen zwischen 51 und 100 Abgeordneten 1162 PLN und solche über 100 Mitglieder 1089 PLN pro Abgeordneten (Korolewska/Szpringer 2007: 31). Für die 2008 größte Fraktion (PO mit 209 Abgeordneten) ergab das jährlich immerhin einen Betrag von mehr als 2,9 Millionen PLN (damals knapp 900.000 Euro).

2.1.1.4 Überparteiliche Zusammenschlüsse

Neben den Fraktionen bestehen informelle überparteiliche Zusammenschlüsse von Abgeordneten und Senatoren, deren Zahl bis Frühjahr 2011 auf über 60 anstieg und im Sommer 2012 mehr als 80 erreichte.[52] Sie verstehen sich als Lobby für eine bestimmte Region wie die Kaschubei (21 Mitglieder, darunter Donald Tusk) oder Schlesien (63 Mitglieder), machen sich Fragen der in Polen sehr angesehenen Pfadfinderschaft zu eigen oder setzen sich für den Ausbau touristischer Radwege ein. Als erfolgreichste überparteiliche Lobby gelten die Abgeordneten der Wojewodschaften Masowien (mit der Hauptstadt Warschau) und Schlesien. Der 42 Mitglieder zählenden Parlamentarischen Frauengruppe, die sich für gleiche Rechte für Frauen und Männer einsetzt, gehörten in der VI. Wahlperiode auch drei Männer an. In der VII. Wahlperiode zählte die Parlamentarische Frauengruppe 49 ausschließlich weibliche Abgeordnete und drei Senatorinnen, darunter kein einziges Mitglied von PiS oder SP. Von der Fraktionsvorgabe abweichendes Abstimmungsverhalten wird im Falle insbesondere der regionale Interessen vertretenden Abgeordneten je nach Gewicht des Sachverhalts von der Fraktionsspitze zugelassen (Walczak 2004: 22). Einigen solcher Gruppierungen gehören freilich auch nur Abgeordnete und Senatoren einer einzigen Partei an. Die größte von ihnen (157 Mitglieder), am 8. Juli 2010 gegründet, bestand nur aus Abgeordneten und Senatoren der PiS und hatte die genaue Untersuchung des Flugzeugabsturzes von Smolensk zum Ziel, bei dem am 10. April 2010 Präsident Lech Kaczyński und weitere 95 Personen ums Leben kamen. Unter dem Vorsitz des umstrittenen Abgeordneten Antoni Macierewicz konstituierte sich diese Gruppierung auch nach den Wahlen von 2011 wieder, umfasste nun aber „nur" noch 99 Personen, bis auf zwei Mitglieder der PiS-Abspaltung SP und einen Abgeordneten der Palikot-Bewegung durchweg Abgeordnete und Senatoren der PiS.

---

52 Vgl. die Aufstellung auf der Homepage des Sejm: http://orka.sejm.gov.pl/SQL.nsf/listazesp?OpenAgent&6 (18.03.2011) bzw. http://www.sejm.gov.pl/Sejm7.nsf/agent.xsp?symbol=ZESPOLY&NrKadencji=7 (03.07.2012).

Im Schrifttum werden diese überparteilichen Zusammenschlüsse, die von den Geschäftsordnungen von Sejm und Senat ausdrücklich zugelassen sind, teilweise scharf kritisiert, bis hin zur Forderung, sie gesetzlich verbieten zu lassen. Begründet wird diese Forderung mit dem Argument, die Abgeordneten seien Vertreter des ganzen Volkes (so implizit Art. 104 Abs. 1 NV). Die überparteilichen Zusammenschlüsse seien aber ausdrücklich Repräsentanten nur eines bestimmten Teils des Volkes und damit eigentlich nicht mit der Verfassung zu vereinbaren.[53] Auf die Parlamentarier machen solche Überlegungen, wie die ständig wachsende Zahl dieser Zusammenschlüsse zeigt, bisher wenig Eindruck.

2.2 Der Senat

Bis ins Hochmittelalter reicht die Tradition des Senats zurück. Die Tatsache, dass er mit der Wiederherstellung Polens mit der März-Verfassung von 1921 wieder eingeführt wurde und dass die Kommunisten ihn 1946 durch ein gefälschtes Referendum erneut wieder abschaffen ließen, verlieh ihm implizit den Charakter einer Institution, die die Freiheit des polnischen Staates symbolisierte. Durch die Vereinbarungen des Runden Tisches vom Frühjahr 1989 wurde der Senat von neuem eingeführt. Jede der damaligen 49 Wojwodschaften erhielt zwei Mandate, nur die beiden bevölkerungsreichsten Warschau und Kattowitz je drei, so dass die Gesamtzahl der Sitze 100 beträgt. Die Senatoren waren 1989 somit analog dem amerikanischen Senat Repräsentanten ihrer Wojwodschaften, und dieselbe Mitgliederzahl wie in den USA war aufgrund der Ausnahmeregelung für Warschau und Kattowitz offensichtlich beabsichtigt.

1989 waren die Wahlen zum Senat im Gegensatz zum Sejm frei. Als Preis dafür musste sich die damalige Opposition in dem am Runden Tisch getroffenen Abkommen damit abfinden, dass dem Senat geringere Kompetenzen als dem Sejm zugestanden wurden. Diese Ungleichheit der Macht zwischen den beiden Parlamentskammern ist auch bei den Verfassungsänderungen von 1992 und 1997 beibehalten worden, war allerdings bereits in der Verfassung der Zweiten Republik von 1921 angelegt. Der Senat hat keinen Einfluss auf die Regierungsbildung oder die Kontrolle der Regierungstätigkeit und kann auch keine Untersuchungskommission einberufen. Er spielt vor allem eine Rolle bei der Gesetzgebung (vgl. Kapitel 2.6.3).

Seine interne Struktur ist mit Marschall, Senatspräsidium, Ältestenrat und Ausschüssen analog der des Sejm gestaltet. Der Senatsmarschall wird auf Vorschlag von mindestens zehn Senatoren im Gegensatz zum Sejmmarschall in geheimer Abstimmung gewählt. Die Zahl der Vizemarschälle soll nach der Geschäftsordnung des Senats vier nicht übersteigen. In allen Wahlperioden seit 1989 beschränkten sich die Senatoren auf drei Vizemarschälle. Dem Ältestenrat gehören im 2011 gewählten Senat neben dem Senatspräsidium je ein Senator von PO und PiS an. Die Zahl der Senatsausschüsse lag zwischen 14 und 16 (1991-93: 18) und betrug nach den Wahlen von 2007 und 2011 je 16. Unterausschüsse können gebildet werden, wovon jedoch relativ selten Gebrauch gemacht wird. So bildete der Ausschuss für Volkswirtschaft nach den Wahlen von 2007 einen ständigen Unterausschuss „Freundlicher Staat", dessen Tätigkeit die Entbürokratisierung des Staates gegenüber der

---

53 Vgl. Grajewski, Krzysztof 2009: Odpowiedzialność posłów i senatorów na tle zasady mandatu wolnego, Warszawa, 399 f.

Wirtschaft fördern sollte. Bis auf den Senatsmarschall gehört jeder Senator mindestens einem Ausschuss an, die meisten zweien. Fast alle Ausschüsse besitzen eine Entsprechung in den Sejmausschüssen. Dabei führte die Tätigkeit des „Ausschusses für Emigration und die Verbindung zu den Polen im Ausland" in der Vergangenheit bisweilen zu Spannungen mit dem Außenministerium, da etwa die Politik gegenüber der polnischen Minderheit in Litauen, Weißrussland und der Ukraine zwischen dem Ministerium und dem Senat nicht immer abgestimmt war[54] und zum Teil auch die verfassungsmäßige Kompetenz eines Organs der Legislative in Fragen der operativen Außenpolitik bestritten wurde. In den ersten Monaten der Ende 2011 begonnenen Wahlperiode eskalierte der Streit zwischen dem Senat und dem Außenministerium um den Zugriff auf mehr als 65 Millionen der bisher rund 75 Millionen PLN (rund 16 bzw. 18,5 Millionen Euro), die bisher dem Senat für die Polonia zur Verfügung standen. Anfang 2012 setzte Außenminister Sikorski bei Premierminister Tusk durch, dass die 65 Millionen PLN für die Betreuung der Polonia im neuen Haushalt dem Außenministerium übertragen wurden.

Der Senat trägt einen deutlich anderen Charakter als der Sejm. Das Wahlsystem unterstreicht die Bedeutung der individuellen Persönlichkeit. Bei allen bisherigen Wahlen wurden auch parteilose Kandidaten gewählt. Durch die Einführung von 100 Einmann-Wahlkreisen durch das Wahlgesetzbuch vom Januar 2011 wurde diese Bedeutung noch gestärkt. Das Ansehen des Senats ist in Umfragen leicht höher als das des Sejm, doch gilt seine politische Bedeutung allgemein als deutlich geringer als die des Sejm. So setzte der neue SLD-Chef Wojciech Olejniczak nach Bekanntwerden zahlreicher Korruptionsskandale, in die bekannte SLD-Führer verwickelt waren, 2005 parteiintern durch, dass bisherige Spitzenpolitiker der SLD wie die ehemaligen Ministerpräsidenten Józef Oleksy und Leszek Miller nur noch zum Senat, nicht aber mehr zum Sejm kandidieren konnten, wogegen die Betroffenen zum Teil heftig protestierten. Einige Politiker oszillierten auch zwischen der Mitgliedschaft im Sejm und im Senat. Dabei konnte die Nominierung für die Wahl zum Sejm bisweilen als innerparteilicher „Aufstieg" oder auch als „Belohnung" verstanden werden. Andere Politiker, deren Arbeit im Sejm oder in der Regierung kritisiert worden war, erhielten mit einer Nominierung ihrer Partei zum Senat gewissermaßen eine Chance zur „Rehabilitierung" wie der glücklose Verteidigungsminister der Regierung Tusk bis zum Sommer 2011, Bogdan Klich, der im Herbst 2011 in Krakau in den Sejm gewählt wurde.

Der Einzug in den Senat kann die Rückkehr auf die nationale Bühne bedeuten, wenn ein Politiker bei den Sejmwahlen durchgefallen ist. Hier bietet bisweilen die erste Nachwahl zum Senat Gelegenheit zu einem Kampf national bekannter, aber zuletzt gescheiterter Politiker gegeneinander wie im Winter 2008 im Karpatenvorland, in dem sich dennoch ein regionaler PiS-Politiker durchsetzte.[55] Dem früheren Ministerpräsidenten und Außenminister Cimoszewicz, der im Streit mit seiner Partei wenige Wochen vor den Wahlen 2005 als SLD-Präsidentschaftskandidat zurückgetreten war, gelang bei den Parlamentswahlen 2007 in seinem Heimatwahlkreis nahe der weißrussischen Grenze als unabhängigem Kandidaten

---

54 Vgl. Gerhardt, Sebastian 2007: Polska Polityka Wschodnia. Die Außenpolitik der polnischen Regierung von 1989 bis 2004 gegenüber den östlichen Nachbarstaaten Polens (Russland, Litauen, Weißrussland, Ukraine), Marburg, 263f.
55 Siehe dazu auch Kapitel 8.2.1.3 „Das Wahlsystem zum Senat".

Tabelle 8: Gesetzgebungstätigkeit des Senats 1989-2012

	1989–1991	1991–1993	1993–1997	1997–2001	2001–2005	2005–2007	2007–2011	2011[a]–
Vom Senat behandelte Gesetze des Sejm	258	102	484	656	899	386	967	56
Vom Senat ohne Veränderung angenommen	170	48	263	277	398	207	489	29
Gesetze mit Änderungsvorschlägen des Senats	82	47	208	372	495	175	472	11
vom Sejm ganz akzeptiert	18	13	39	106	219	78	266	5
vom Sejm teilweise akzeptiert	48	24	156	238	260	81	181	6
alle Änderungsvorschläge vom Sejm verworfen	11	6	12	26	15	13	25	0
Änderungsvorschläge vom Sejm nicht behandelt	5	4	1	2	1	3	0	0
vom Senat abgelehnte Gesetze	3	7	11	7	6	4	4	0
Ablehnung vom Sejm akzeptiert	3	3	4	3	1	1	1	0
Ablehnung vom Sejm zurückgewiesen	3	4	7	2	5	2	2	0
Ablehnung vom Sejm nicht behandelt	0	0	0	2	0	1	1	0
Gesetzentwürfe des Senats an den Sejm	27	9	19	27	26	19	124	13[b]
vom Sejm angenommen	17	4	7	14	16	3	78	2
vom Sejm abgelehnt	1	0	4	3	1	0	1	0
Beratungen nicht aufgenommen oder abgeschlossen	9	5	8	10	9	16	45	11

a Stand 28.05.2012
b Durchweg Gesetzentwürfe als Reaktion auf Urteile des Verfassungsgerichtshofs zu beanstandeten Gesetzen. Dies ist auch der Grund für das ungewöhnliche Ansteigen der als Gesetzentwürfe des Senats gezählten Initiativen in der Wahlperiode 2007-2011. Offenbar sieht der Senat in solchen Initiativen ein neues, für seine Selbst- wie Außenwahrnehmung wichtiges Betätigungsfeld. Ich danke Herrn Lukas Becht für diesen Hinweis.
Quelle: Eigene Zusammenstellung nach der Internetseite des Senats: http://ww2.senat.pl/k7/pos/data/004.pdf;
http://www.senat.gov.pl/o-senacie/senat-wspolczesny/inicjatywy-ustawodawcze-senatu-i-i-ii-kadencji;
http://www.senat.gov.pl/o-senacie/senat-wspolczesny/inicjatywy-ustawodawcze-senatu-iii-i-iv-kadencji;
http://www.senat.gov.pl/o-senacie/senat-wspolczesny/inicjatywy-ustawodawcze-senatu-v-vi-i-vii-kadencji;
http://www.senat.gov.pl/gfx/senat/userfiles/_public/k8/statystyki/podstawowe_dane_8/info.pdf;
http://www.senat.gov.pl/gfx/senat/userfiles/_public/k8/statystyki/podstawowe_dane_8/podstawowe_statystyki.pdf
(04.06.2012)

die Rückkehr in das politische Warschau. Der frühere Sejmmarschall Marek Borowski, der 2004 aus der SLD ausgetreten war und die SdPl mit gegründet hatte, besitzt hohes Ansehen über seine Partei hinaus und gelangte 2011 mit der Unterstützung von SLD und PO in einem Warschauer Wahlkreis in den Senat.

Nicht durchgesetzt hat sich eine u.a. von dem dynamischen parteilosen Breslauer Stadtpräsidenten Rafał Dutkiewicz forcierte und von mehreren anderen Stadtpräsidenten unterstützte Initiative, den Senat zu einer Kammer der regionalen Interessen zu machen. Bei den Wahlen 2011 konnte lediglich in Breslau selbst ein Kandidat mit einer solchen Programmatik ein Mandat gewinnen.

Die Existenzberechtigung des Senats in seiner gegenwärtigen Form wird – zumal schon nach der Gebietsreform von 1999 bei der Wahl der Senatoren die Verbindung mit der betreffenden Wojewodschaft verloren gegangen war – in Publizistik und Fachliteratur immer wieder in Frage gestellt und zum Teil seine Umwandlung in eine Vertretung der Gebietskörperschaften gefordert. Politische Parteien postulieren zwar bisweilen die Abschaffung des Senats, lassen das Thema aber nach ihrem eigenen Wahlsieg fallen wie die SLD, nachdem sie bei den Wahlen von 2001 75 der 100 Senatssitze erobert hatte. Bei einer repräsentativen Erhebung im Frühjahr 2008 sprachen sich 51 Prozent der Befragten für die Abschaffung des Senats und nur 27 Prozent für seine Beibehaltung aus.[56] Nach den Parlamentswahlen von 2011 forderte Janusz Palikot, dessen Bewegung mit zehn Prozent der Stimmen in den Sejm gelangt war, aber keinen einzigen Kandidaten zum Senat aufgestellt hatte, erneut, den Senat aus Kostengründen abzuschaffen.[57]

Der Senat hat sich jedoch bei seiner Hauptfunktion, der Gesetzgebung, gegenüber dem Sejm sehr kooperativ verhalten, wie Tabelle 8 ausweist. Obwohl im Senat die jeweiligen Regierungsmehrheiten aufgrund des Wahlsystems in der Regel über eine noch stärkere Mehrheit als im Sejm verfügten, hat er zahlreiche vom Sejm verabschiedete Gesetze verändert, die der Sejm dann in dieser Fassung akzeptiert hat. Er trägt damit nach allgemeiner Ansicht zur Verbesserung der Qualität der Gesetzgebung bei. Ein Beispiel hierfür – und zugleich ein krasser Beleg für die bisweilen unglaublich schlampige Redaktion von Gesetzestexten durch den Sejm – war die Verabschiedung des „Wahlgesetzbuchs" im Dezember 2010, durch das die verstreute Gesetzgebung zu Wahlen der verschiedenen Ebenen und zu Referenden vereinheitlicht werden sollte. Das „Gesetzbuch" umfasste 553 Artikel, die vom Sejm am 3. Dezember 2010 mit 430 Stimmen ohne Gegenstimme oder Enthaltung verabschiedet wurden. Der Senat korrigierte in seinem Beschluss vom 17. Dezember 2010 in diesem Gesetzestext nicht weniger als 314 „Wiederholungen, sprachliche, terminologische, logische, inhaltliche und redaktionelle Fehler" und beseitigte Lücken, Widersprüche und zahlreiche unzutreffende Verweise.[58] Die meisten von ihnen übernahm der Sejm auf seiner Sitzung vom 5. Januar 2011, auf der er das „Wahlgesetzbuch" endgültig verabschiedete. Darunter waren nicht nur redaktionelle, sondern auch inhaltlich bedeutsame Veränderungen wie die Einführung von 100 Einmann-Wahlkreisen bei Wahlen zum Senat.[59]

---

56 CBOS 2008: Polacy o proponowanych zmianach w systemie politycznym, BS/56/2008, Warschau, April 2008.
57 Palikot: rozważymy złożenie wniosku ws. powołania komisji konstytucyjnej, in: Gazeta Prawna 9.11.2011, http://www.gazetaprawna.pl/wiadomosci/artykuly/564328,palikot_rozwazymy_zlozenie_wniosku_ws_ powolania_komisji_konstytucyjnej.html (30.07.2012).
58 Vgl. die Analyse von Ireneusz Kreśnicki: Kodeks wyborczy – ustawa super bubel vom 3.01.2011, abrufbar unter http://samorzad.lex.pl/artykul-aktualnosci/468 (30.07.2012).
59 Zu Einzelheiten des Wahlgesetzbuchs siehe Kapitel 8.2.1.

2.3 Die Nationalversammlung

Als Parlamentsorgan, das alle Mitglieder von Sejm und Senat bilden, sah schon die März-Verfassung von 1921 eine Nationalversammlung (*Zgromadzenie Narodowe*) vor. Ihre Hauptfunktion bestand damals in der Wahl des Staatspräsidenten. Auf diese Einrichtung wurde 1989 am Runden Tisch zurückgegriffen, um General Jaruzelski die Wahl zum Staatspräsidenten zu ermöglichen, die er nach verbreiteter Einschätzung in allgemeinen Wahlen nicht hätte erreichen können. Auch nach der Einführung der Direktwahl des Präsidenten 1990 wurde die Institution der Nationalversammlung beibehalten.

Ihr fiel nach dem Verfassungsgesetz vom 23. April 1992 (Dz. U. 1992 Nr. 67, Pos. 336) die Aufgabe zu, die neue Verfassung auszuarbeiten, die dann durch Referendum anzunehmen war. Beide Kammern des Parlaments wählten je zehn Prozent ihrer Mitglieder, zusammen 56 Personen, die den Verfassungsausschuss der Nationalversammlung bildeten. Der vom Verfassungsausschuss mit mindestens Zweidrittelmehrheit bei Anwesenheit von mindestens der Hälfte seiner Mitglieder verabschiedete Verfassungsentwurf wurde dem Plenum der Nationalversammlung vorgelegt, das ihm in drei Lesungen bei Anwesenheit von ebenfalls mindestens der Hälfte seiner Mitglieder wiederum mit Zweidrittelmehrheit zustimmen musste. Die Ausarbeitung der Verfassung zog sich bis zum Frühjahr 1997 hin. Vorsitzende des Verfassungsausschusses waren u.a. Aleksander Kwaśniewski (bis zu seinem Amtsantritt als Staatspräsident im Dezember 1995) und Włodzimierz Cimoszewicz (bis zu seiner Ernennung zum Premierminister im Februar 1996). Erst am 25. Mai 1997 wurde die Verfassung in einem Referendum mit der knappen Mehrheit von 52,7 Prozent bei nur 42,86 Prozent Abstimmungsbeteiligung angenommen.[60]

Nach der Verfassung von 1997 besitzt die Nationalversammlung keine Kompetenzen bei Verfassungsänderungen (siehe Kapitel 2.7). Sie nimmt nur noch Funktionen wahr, die mit dem Amt des Staatspräsidenten verbunden sind. Der neu gewählte Präsident legt vor ihr seinen Amtseid ab. Die Nationalversammlung kann mit Zweidrittelmehrheit feststellen, dass der Präsident aus gesundheitlichen Gründen dauerhaft nicht in der Lage ist, sein Amt auszuüben. Und sie kann auf Antrag von 140 Mitgliedern (d.h. 25 Prozent) den Präsidenten ebenfalls mit Zweidrittelmehrheit wegen Verletzung der Verfassung, eines Gesetzes oder wegen eines Verbrechens vor dem Staatstribunal anklagen (Art. 145 Abs. 2 NV).

Als „Versammlung des Sejm und des Senats" tritt dieses Gremium auch zusammen, um Staatsbesuchen oder anderen Ereignissen einen besonderen Rang zu verleihen, etwa wenn einem ausländischen Staatsoberhaupt die Ehre zuteil wird, vor beiden Kammern des Parlaments zu sprechen, wie 2004 Bundespräsident Johannes Rau oder 2008 Frankreichs Staatspräsident Nicolas Sarkozy. Einen besonderen Platz nimmt in diesem Zusammenhang die Ansprache von Papst Johannes Paul II. vor beiden Kammern des Parlaments während seiner siebten „Pilgerreise" nach Polen am 11. Juni 1999 ein, in der er u.a. auf die enge historische Verbindung Polens mit Europa hinwies und für den Beitritt Polens zur Europäischen Union warb. Drei Tage nach der Flugzeugkatastrophe von Smolensk vom 10. April 2010, bei der neben Staatspräsident Lech Kaczyński u.a. auch 18 Sejmabgeordnete und Senatoren ums Leben gekommen waren, trat die Nationalversammlung zu einer Trauerfeier zusammen, um ihrer verunglückten Kolleginnen und Kollegen zu gedenken.

---

60 Zu den inhaltlichen Auseinandersetzungen bei der Ausarbeitung der Verfassung siehe oben Kapitel 1.3.

2.4 Status, Ausstattung und Ansehen der Abgeordneten und Senatoren

Abgeordnete und Senatoren sind nach der Verfassung Repräsentanten des Volkes und ausdrücklich nicht an Weisungen durch die Wähler gebunden (Art. 104 Abs. 1 NV). Damit wurde das imperative Mandat aus sozialistischer Zeit abgeschafft, das, soweit es die Bindung an den Wählerwillen betraf, in der Praxis ohnehin Fiktion gewesen war. Versuche von Seiten der „Basis", auf das Verhalten einer Parlamentsfraktion Einfluss zu nehmen, hat es vor allem in den ersten Jahren der Dritten Republik gegeben. So sah sich in der I. Wahlperiode 1991-93 die Fraktion der *Solidarność* einem erheblichen Druck der Gewerkschaftsbasis ausgesetzt, etwa bei Haushaltsgesetzen im Sinne von Gewerkschaftsbeschlüssen zu votieren. In der Praxis sorgte das für erhebliche Spannungen innerhalb der Fraktion, die darüber fast zu zerbrechen drohte. Auch in der SLD gab es in den 1990er Jahren mehrfach Versuche von Abgeordneten, die der Gewerkschaft OPZZ angehörten, bei Arbeitnehmer betreffenden Fragen Gewerkschaftsbeschlüssen Vorrang vor der Fraktionsdisziplin einzuräumen.[61]

Für die Parlamentarier bestehen verschiedene durch die Verfassung und einzelne Gesetze geregelte Unvereinbarkeiten zwischen ihrem Mandat und verschiedenen anderen Ämtern. So kann man nicht gleichzeitig Abgeordneter und Senator sein. Ferner besteht Inkompatibilität zwischen beiden Ämtern und einer Reihe von Funktionen wie dem Vorsitz der Nationalbank oder der Obersten Kontrollkammer, dem Amt des Beauftragten für die Bürgerrechte oder des Anwalts der Rechte der Kinder, Mitgliedschaft im Rat für Geldpolitik oder im Landesrat für Rundfunk und Fernsehen. Aber auch Richter, Staatsanwälte, Soldaten im aktiven Dienst, Polizisten oder Funktionäre der Staatsschutzdienste können keine Parlamentarier sein (Art. 102 und 103 NV). Diese Bestimmung gewann nach den Wahlen von 2011 an Bedeutung, als über die PiS-Listen zwei Personen gewählt wurden, die als Staatsanwälte im einstweiligen Ruhestand beachtliche Bezüge erhielten, diese Position aber nicht aufgeben wollten. Der noch amtierende Sejmmarschall der zu Ende gehenden Wahlperiode, Grzegorz Schetyna (PO), erklärte auch den Status eines Staatsanwalts im einstweiligen Ruhestand für nicht mit dem Amt eines Abgeordneten vereinbar und forderte beide Gewählte auf sich zu entscheiden. Obwohl diese erklärten, sie würden auf ihre Diäten als Abgeordnete verzichten und nur ihre bisherigen Bezüge beibehalten, schloss sich das Oberste Gericht der Auffassung des Sejmmarschalls an. Beide hatten der Landesstaatsanwaltschaft angehört, waren nach der Einführung der Generalstaatsanwaltschaft 2009 nicht in diese berufen worden und hatten es abgelehnt, unter Beibehaltung der Bezüge eine Funktion in einer Staatsanwaltschaft einer niedrigeren Ebene wahrzunehmen. Sie gingen lieber mit 75 Prozent der Bezüge (in diesem Falle 14.000 PLN, etwa 3.500 Euro) in den einstweiligen Ruhestand.[62] Diese Bezüge sind lukrativer als die Abgeordnetendiäten von rund 10.000 PLN (ca. 2.500 Euro). Beide Gewählte verzichteten auf ihr Abgeordnetenmandat.

---

61 Zum Spannungsverhältnis zwischen freiem Mandat und Fraktionszwang siehe auch Kapitel 2.1.1.3.
62 Vgl. Czy poseł kłóci się z prokuratorem w stanie spoczynku, in: Gazeta Wyborcza 19.10.2011, http://wyborcza.pl/1,76842,10492971,Czy_posel_kloci_sie_z_prokuratorem_w_stanie_spoczynku.html (30.07.2012).

2.4 Status, Ausstattung und Ansehen der Abgeordneten und Senatoren

Im europäischen Vergleich nehmen polnische Parlamentarier bei ihren Bezügen nach absoluten Kriterien damit zwar keinen Spitzenplatz ein. Setzt man diese jedoch in Relation zu den durchschnittlichen Monatseinkommen im Lande, stellt sich ein polnischer Parlamentarier im Vergleich besser als ein deutscher, denn sein Gehalt beträgt 2,8 Mal soviel wie das Durchschnittseinkommen im Lande. Ein Bundestagsabgeordneter, der seit 2009 7.668 Euro bezieht, erhält nur 2,2 Mal so viel.[63]

Abgeordneten und Senatoren steht parlamentarische Immunität zu. Sie dürfen für ihre Tätigkeit im Zusammenhang mit ihrer Amtsausübung weder während der Dauer ihres Amtes noch danach zur Verantwortung gezogen werden, es sei denn, sie verletzen persönliche Rechte Dritter. Zur Einleitung eines Gerichtsverfahrens ist in diesem Falle die formelle Aufhebung der Immunität durch die Mehrheit von Sejm oder Senat ebenso erforderlich wie zur Einleitung eines Strafverfahrens während der Amtszeit (Art. 105 NV).

Die Berechtigung der parlamentarischen Immunität ist in den letzten Jahren immer wieder in die Diskussion geraten, vor allem wenn Abgeordnete mit Alkohol am Steuer ertappt wurden. Ferner hat sich die Staatsanwaltschaft in erstaunlich vielen Fällen für die vor allem außerparlamentarische Tätigkeit von Abgeordneten, in erster Linie, aber nicht nur der *Samoobrona*, interessiert. In der Presse wurde bereits gefragt, ob das Abgeordnetenmilieu besonders „kriminogen" sei. Meist handelte es sich um Finanzangelegenheiten und Fälle von Korruption. Am spektakulärsten war die 2007 bekannt gewordene „Sexaffäre" in der *Samoobrona*. Kurz vor der Selbstauflösung des Parlaments wurde dem stellvertretenden Parteivorsitzenden Łyżwiński die parlamentarische Immunität entzogen und er wurde umgehend verhaftet. Anfang 2010 erhielt er fünf Jahre Gefängnis, u.a. wegen Vergewaltigung, der Parteivorsitzende Andrzej Lepper wurde zu zwei Jahren und drei Monaten wegen sexueller Nötigung verurteilt. In zweiter Instanz wurde Łyżwińskis Strafe 2011 auf dreieinhalb Jahre reduziert. Der Prozess gegen Lepper sollte wegen Formfehlern wiederholt werden, doch verhinderte dies dessen Selbstmord Anfang August 2011. Nach solchen, in den Medien an prominenter Stelle behandelten Vorkommnissen verwundert es nicht, dass sich 2008 in einer repräsentativen Umfrage 87 Prozent für die Aufhebung der parlamentarischen Immunität aussprachen.[64]

Nach dem Gesetz über die Ausübung des Mandats eines Abgeordneten oder Senators vom 9. Mai 1996 (in der Fassung von 2003, Dz. U. 2003 Nr. 221, Pos. 2199) stehen einem Parlamentarier Bezüge in der Höhe des Gehalts eines Unterstaatssekretärs zu. Diese betrugen in der Wahlperiode 2007-2011 9892,30 PLN (ca. 2473 Euro). Diese Bezüge stehen jedoch denjenigen Abgeordneten nicht zu, die weiter in einem Arbeitsverhältnis bleiben, ohne Urlaub unter Fortfall der Bezüge zu nehmen, oder die wirtschaftlich selbstständig tätig sind oder ihre Rentenbezüge nicht suspendiert haben. Zur Grundausstattung können noch bestimmte Funktionszulagen kommen, z.B. 20 Prozent für die Vorsitzenden von Ausschüssen, 15 Prozent für ihre Stellvertreter und 10 Prozent für die Vorsitzenden ständiger Unterausschüsse. Diese Zulagen dürfen aber 35 Prozent der Grundbezüge nicht überschreiten. Ferner steht den Parlamentariern eine Pauschale für die Wahrnehmung ihrer Tätigkeiten im Lande in Höhe von 25 Prozent (2473,08 PLN) zu, von denen 2280 PLN steuerfrei sind (Korolewska/Szpringer 2007). Hinzu kommt eine Pauschale in Höhe von 2011 11.650 PLN für den Unterhalt von Büros sowie eine Reihe weiterer Sachleistungen wie Büro-

---

63 Rzeczpospolita 01.12.2011.
64 CBOS 2008: Polacy o proponowanych zmianach w systemie politycznym, BS/56/2008, Warschau, April 2008: 11 f.

ausstattung oder kostenlose Reisen im Inland. Seit April 2012 können Abgeordnete und Senatoren, die auf den Rollstuhl angewiesen sind, eine 50% höhere Pauschale beantragen. Anfang 2012 erhielten alle Abgeordneten von der Sejmverwaltung ein Tablet, dessen Benutzung Berge von Akten überflüssig machen soll. Binnen zwei Jahren sollen sich die Ausgaben für die Geräte durch die Einsparung an Papier rechnen.

Die Abgeordneten sind verpflichtet, zu Beginn einer Wahlperiode ihre Vermögensverhältnisse offenzulegen und deren Veränderungen mit der zum 30. April eines jeden Jahres fälligen Steuererklärung zu aktualisieren. Die Medien verfolgen diese Erklärungen mit großem Interesse und notieren (und hinterfragen gegebenenfalls) recht genau, wessen Besitzstand sich im abgelaufenen Berichtsjahr wie verändert hat. Auf diese Weise ist ein Minimum an Kontrolle über die Einkommensverhältnisse der Parlamentarier gesichert.

Die Skandale der letzten Jahre sind freilich nicht ohne Einfluss auf das Ansehen des Parlaments geblieben. Sejm und Senat besitzen als Institutionen ein relativ niedriges Vertrauen (vgl. Tabelle 55). Erheblich gelitten hat jedoch auch das Image der Abgeordneten persönlich. So sank die Zahl derer, die die Tätigkeit eines Abgeordneten für eine „schwere und erschöpfende Arbeit" hielten, von November 1993 56 über November 1999 40 auf November 2007 32 Prozent. Im gleichen Zeitraum erhöhte sich die Zahl derer, die einem Abgeordneten ein „leichtes und bequemes Leben" unterstellten, von 27 über 42 auf 48 Prozent. Als häufigste Motive, Abgeordneter zu werden, wurden im November 2007 genannt: der Wunsch, viel Geld zu haben (42 Prozent), der Wunsch nach Macht (37 Prozent) und der Wunsch, das Programm der eigenen Partei zu verwirklichen (28 Prozent).[65]

2.5 Die soziodemografische Zusammensetzung des Parlaments

Grundlegend geändert hat sich nach den Wahlen von 1989 die personelle Zusammensetzung des Parlaments. In der Fraktion der *Solidarność*, die im Juni 1989 alle ihr möglichen 161 Sitze gewann, verfügten nur fünf Abgeordnete über parlamentarische Erfahrung, im Senat nur dessen Alterspräsident Stanisław Stomma, der sich 1972 als Angehöriger der katholischen *Znak*-Gruppierung als einziger Sejmabgeordneter bei der Verfassungsänderung der Stimme enthalten hatte und danach nicht wieder kandidieren durfte. Den bisherigen Regierungsparteien und ihren Partnern waren am Runden Tisch zwar 65 Prozent der Sitze im Sejm zugebilligt worden. Doch war – mit Ausnahme der 35 Sitze der Landesliste – erstmals eine echte personelle Konkurrenz um alle Sitze möglich. Das hatte zur Folge, dass 91,7 Prozent der Abgeordneten Parlamentsneulinge waren und vor allem die auf der Landesliste durchgefallenen Spitzenpolitiker der PZPR fehlten.[66] Auch bei den folgenden Wah-

---

65 Alle Zahlen nach CBOS 2007: Społeczny wizerunek posła, BS/180/2007, Warschau, Dezember 2007.
66 Den 35 Kandidaten der Landesliste sollte die Konkurrenz in Wahlkreisen erspart bleiben. Sie waren gewählt, wenn weniger als 50 Prozent der Wähler ihren Namen durchstrichen. Nach den Erfahrungen der Sejmwahlen von 1985 (schlechtestes Ergebnis auf der Landesliste: 96%) schien das eine Gewähr für die Wahl in den Sejm. Tatsächlich jedoch strichen die Wähler vielfach die gesamte Landesliste, auf der die *Solidarność* sich geweigert hatte zu kandidieren. So wurden nur zwei Kandidaten der Landesliste (knapp) gewählt. Die übrigen 33 Sitze wurden im zweiten Wahlgang in Wahlkreisen vergeben, wobei die Parteien, denen sie zustanden, jeweils zwei Kandidaten für ein Mandat zu nominieren hatten, was sechs Tage (!) vor dem zweiten Wahlgang geschah. Die auf der Landesliste durchgefallenen Spitzenpolitiker des bisherigen Establishments verzichteten auf eine solche Kandidatur.

2.5 Die soziodemografische Zusammensetzung des Parlaments

Tabelle 9: Neue, in der vorhergehenden Wahlperiode dem Sejm nicht angehörende Abgeordnete (1989-2011)

Wahlperiode	1989–1991	1991–1993	1993–1997	1997–2001	2001–2005	2005–2007	2007–2011	2011-
Neue Abgeordnete (absolut)	422	335	290	225	248	268	158	137
Neue Abgeordnete (in v. H.)	91,7	72,8	63,0	48,9	53,9	58,2	34,4	29,8

Quelle: Eigene Zusammenstellung nach den Angaben auf verschiedenen Internetseiten des Sejm, www.sejm.gov.pl

len war die Austauschrate bei den Abgeordneten relativ hoch. Die mangelnde Erfahrung der Abgeordneten hatte insofern negative Auswirkungen, als die Gesetzgebung, die im Zusammenhang mit der politischen und insbesondere der sozioökonomischen Systemtransformation zu bewältigen war, hohe Anforderungen an die Abgeordneten stellte, die diese aber nur bedingt erfüllen konnten.

Bei den Wahlen von 2001 wäre bei 200 (von insgesamt 460) Abgeordneten der vier Parteien, die erstmals in den Sejm einzogen, eine besonders hohe Austauschrate zu erwarten gewesen. Von diesen Abgeordneten waren jedoch nur diejenigen der *Samoobrona* tatsächlich durchweg Neulinge. Von den (Zahlen jeweils zum Ende der Wahlperiode) 19 Abgeordneten der LPR hatten zwei dem vorhergehenden Sejm angehört, bei der PiS waren dies von 45 Abgeordneten zehn, während zwei in einem früheren Sejm und einer in einem vorhergehenden Senat vertreten waren. Bei der PO waren von 56 Abgeordneten 14 Mitglieder des vorhergehenden Sejm und zwei Mitglieder des Senats der vorhergehenden Wahlperiode. 2005 kam es noch einmal zu einem Anstieg der Austauschquote, während diese 2007 abnahm, obwohl die Abgeordneten von *Samoobrona* und LPR nicht ins Parlament zurückkehrten. Die Tatsache, dass erst zwei Jahre seit der letzten Wahl vergangen waren, dürfte in vielen Fällen die Wiedernominierung durch die betreffenden Parteiinstanzen oder auch den Willen zur erneuten Kandidatur erleichtert haben. 2011 war mit 29,8 Prozent die niedrigste Quote an Parlamentsneulingen zu registrieren. Dies deutet auf eine gewisse personelle Konsolidierung der Zusammensetzung des Sejm hin, was der Qualität der parlamentarischen Arbeit zugutekommen könnte.

Sieht man sich die parteipolitische Zusammensetzung der 70,2 Prozent Abgeordneten an, die bei ihrer Wahl in den Sejm 2011 mindestens eine Wahlperiode Erfahrung mitbrachten, so überrascht kaum, dass die „gewendeten" Parteien SLD und PSL mit je nur fünf von 27 bzw. 28 Abgeordneten (18,5 bzw. 17,9 Prozent) die wenigsten parlamentarischen Novizen aufzuweisen hatten. Dafür waren bei der PSL immerhin vier Abgeordnete (14,3 Prozent) die achte Wahlperiode in Folge seit 1989 im Sejm, darunter auch Vizepremierminister Waldemar Pawlak. Bei der SLD hatte der aus dem Wahlkreis Białystok stammende weißrussische Abgeordnete Eugeniusz Czykwin seine Karriere im Sejm bereits 1985 bis 1993 begonnen und ist seit 2001 erneut ohne Unterbrechung im Parlament. Die zumindest prozentual höchste Zahl an parlamentarischen Neulingen weist die erstmals in den Sejm gelangte Palikot-Bewegung auf. Von ihren 40 Abgeordneten war nur Parteigründer Janusz Palikot 2005 und 2007 für die PO in den Sejm gewählt worden. Die PO zeigte sich 2011 mit 48 erstmals in den Sejm gewählten Abgeordneten (= 23,2 Prozent der 207 PO-Abgeordneten) noch immer bemerkenswert offen für Neueinsteiger, was auch ihre Attraktivität für neue Mitglieder mit erklärt. Angesichts der vorstehenden Angaben ist es wenig erstaunlich, dass bei einem Durchschnittsalter der Abgeordneten von 50 Jahren das der PSL-Fraktion 2011 mit 55 Jahren am höchsten war (SLD 51), das der Palikot-Fraktion mit 42 Jahren am niedrigsten. Jüngster Abgeordneter war Jan Ziobro (PiS) mit 22, ältester der PSL-Abgeordnete und frühere Sejmmarschall Józef Zych (73 Jahre), der dem Sejm ununterbrochen seit 1989 angehört.[67]

Die formale Bildung der Abgeordneten hat sich in den ersten zwei Jahrzehnten der Dritten Republik nur wenig geändert. 80 Prozent und mehr besaßen einen Hochschulabschluss. Die Zahl der Abgeordneten, die nur über einen Berufsschulabschluss verfügten, lag immer unter 20 der 460 Mitglieder des Sejm. Der Rest hatte mindestens einen dem deutschen Abitur vergleichbaren Schulabschluss. Seit 2005 steigt die Zahl der Abgeordneten mit Hochschulabschluss und liegt seit 2007 über 90 Prozent.

Die in Tabelle 10 wiedergegebenen Angaben zu den Berufen sind allenfalls als Annäherungswerte zu verstehen. Sie beruhen auf Selbstangaben der Abgeordneten. Zum einen veränderten sich im Laufe der Wahlperioden gewisse Erhebungskategorien. Zum andern und vor allem aber machten einzelne Abgeordnete im Laufe der Jahre bei gleichbleibenden Bedingungen zu ihrem Beruf unterschiedliche Angaben. So bezeichnete sich etwa Leszek Miller (SLD), der Ministerpräsident der Jahre 2001-2004, der 1977 die Hochschule für Sozialwissenschaften (Parteihochschule) mit dem Magister in Politologie abschloss und danach eine Karriere im Parteiapparat sowie als Spitzenpolitiker der Dritten Republik machte, Anfang der 1990er Jahre durchaus nachvollziehbar als „Politiker", gab aber für die 2011 begonnene Wahlperiode als Beruf „Politologe" an. Der frühere Ministerpräsident Waldemar Pawlak (PSL), der dem Sejm ohne Unterbrechung seit 1989 angehört und seit 2007 Vizepremierminister ist, erklärte 1989, er habe technische Studien mit dem Titel Ingenieur M.A. abgeschlossen. Als Berufsgruppe, unter der „Spezialist für Land- und Forstwirtschaft" angeboten wurde, gab er „eine andere" an. Im 1991 gewählten Sejm nannte er als Beruf „Landwirt", 1993 „Politiker". Seit dem 1997 gewählten Sejm firmiert der Berufspolitiker wieder als „Landwirt", so auch 2011. Janusz Palikot gab bei seinem Debut als Abgeordneter 2005 sowie bei seiner Wiederwahl 2007 als Beruf „Unternehmer" an. Als Chef seiner neu gegründeten Partei bezeichnet er sich im 2011 gewählten Sejm seinem Studienabschluss entsprechend als „Philosoph". Die Beispiele ließen sich fortsetzen, auch bei weniger bekannten Politikern. Betrachtet man die Berufsangaben von Tabelle 10 mit diesen Vorbehalten, fällt eine im internationalen Vergleich relativ geringe Zahl von Juristen (im 2011 gewählten Sejm 7,6 Prozent) sowie ein vergleichsweise hoher Anteil an Personen mit wirtschaftswissenschaftlichem Studium und privaten Unternehmern auf (17,4 Prozent). Der Augenschein spricht dafür, dass eine wachsende Zahl von Abgeordneten Politik zu ihrem Beruf gemacht hat. Knapp die Hälfte der Abgeordneten (45,4 Prozent) wurde 2011 mindestens zum dritten Mal in den Sejm gewählt, knapp ein Fünftel (18 Prozent) mindestens zum vierten Mal.[68] Dies deutet auf eine wachsende Professionalisierung hin, müsste aber noch im Einzelnen untersucht werden.

---

67 Alle Angaben in diesem Abschnitt nach den Übersichten auf der Internetseite des Sejm: http://www.sejm.gov.pl/Sejm7.nsf/page/poslowie_poczatek_kad (30.07.2012).
68 Vgl. die Angaben auf der Internetseite des Sejm http://www.sejm.gov.pl/Sejm7.nsf/page/poslowie_poczatek_kad (29.08.2012).

2.5 Die soziodemografische Zusammensetzung des Parlaments

Tabelle 10: Soziodemografische Struktur des Sejm (1989-2011)[a]

Wahlperiode	1989–1991	1991–1993	1993–1997	1997–2001	2001–2005	2005–2007	2007–2011	2011–
Geschlecht (in v. H.)								
Männlich	86,1	90,4	87,0	87,0	79,8	79,6	79,6	76,1
Weiblich	13,9	9,6	13,0	13,0	20,2	20,4	20,4	23,9
Alter (in v. H.)								
20-29	2,0	7,6	2,2	2,8	2,8	5,4	4,3	2,2
30-39	20,3	29,3	25,4	18,5	13,3	17,4	17,2	18,7
40-49	46,2	39,8	46,3	43,7	41,5	37,2	34,1	29,3
50-59	25,8	15,9	20,0	29,6	37,1	34,1	35,2	34,8
60 und älter	5,7	7,4	6,1	5,5	5,3	5,9	9,1	15,0
Formale Bildung (in v.H.)								
Grund- und Berufsschule	3,3	3,8	2,4	1,5	2,4	0,9	0,0	0,2
Abitur	14,2[b]	19,0	19,1	15,2	17,2	13,7	8,7	8,1
Hochschule	82,3	77,2	78,5	83,3	80,4	85,4	91,3	91,7
Beruf (in v. H.)								
Hochschullehrer/Forscher	10,9	8,3	12,1	13,9	8,0	4,8	10,2	10,9
Lehrer	7,2	4,1	6,5	2,4	6,7	13,9	9,6	10,9
Journalisten/Publizisten	4,6	3,3	3,7	0,6	2,8	1,3	2,1	2,8
Ökonomen/private Unternehmer	4,8	3,5	3,7	9,8	9,8	22,0	17,2	17,4
Politiker	2,4[c]	8,9	5,6	4,6	7,2	4,8	12,6	0,4
Juristische Berufe	6,3	4,8	4,1	16,3	5,9	10,4	9,4	7,6
Technische Berufe	22,8	6,7	6,3	26,5	2,6	10,2	11,5	7,0
Land- und Forstwirtschaft	12,0	11,3	13,4	7,0	11,5	3,9	2,1	1,3
Medizinische Berufe	5,9	5,0	2,8	5,0	4,3	6,1	4,7	4,6
Verwaltungsangestellte	6,5	10,2	4,6	1,5	16,3	21,1	4,9	18,5
Gewerkschafter	[c]	4,1	7,4	8,7	2,0	0,0	0,4	0,4
Politologen	–	–	–	–	0,4	4,8	5,5	3,7
Manager	–	3,5	12,2	5,9	12,2	1,5	1,5	7,4
Andere Berufsgruppen	13,3	9,8	17,4	–	9,8	16,1	8,3	6,3
Ohne Angaben	3,3	16,8	0,2	0,2	0,4	–	–	0,8

a Angaben jeweils zu Beginn der Wahlperiode
b darunter 3,5 Prozent „College"
c einschließlich Gewerkschafter
Quelle: Eigene Zusammenstellung nach Publikationen des Sejm für die einzelnen Wahlperioden, zum Teil zugänglich über die Internetseite des Sejm: www.sejm.gov.pl/Sejm7.nsf/page/archiwum

Der Anteil an Frauen unter den Abgeordneten ist ab 1989 zunächst signifikant zurückgegangen. Zuvor hatte ein „Schlüssel" bei der Nominierung den Frauen eine Repräsentation von etwa 20 Prozent gesichert, weil die für die Bestätigung der Kandidatennominierungen zuständigen Parteiinstanzen darauf achteten, dass ein entsprechender Frauenanteil eingehalten wurde. Bereits bei der „offenen" personellen Konkurrenz 1989 sank der Frauenanteil drastisch auf 13,9 Prozent, fiel bei den ersten völlig freien Sejmwahlen auf den Tiefststand von 9,6 Prozent und stagnierte dann bei 13 Prozent. Für die Wahlen von 2001 beschlossen SLD und UP (sowie die an der Fünfprozenthürde gescheiterte UW), dass Männer und Frauen mit mindestens je 30 Prozent auf den Kandidatenlisten vertreten sein mussten. In der Folge schnellte der Frauenanteil auf über 20 Prozent und stabilisierte sich auf diesem Wert (vgl. Tabelle 10). Nachdem bereits einzelne Parteien wie die SLD für ihre eigenen Kandidatennominierungen den Grundsatz festgeschrieben hatten, dass die Kandidatenlisten auf allen Ebenen je mindestens 35 Prozent Frauen bzw. Männer enthalten mussten und entsprechende Forderungen auch in teils spektakulären, landesweit beachteten Demonstrationen nach Gleichberechtigung erhoben worden waren, führte das Wahlgesetzbuch Anfang 2011 dieses Postulat für alle Wahlen zu staatlichen Vertretungskörperschaften in Polen einschließlich der Wahlen zum Europäischen Parlament ein. Um zur Wahl zugelassen zu werden, müssen die Kandidatenlisten jeder Partei im betreffenden Wahlkreis dieses doppelte 35 Prozent-Erfordernis erfüllen. Da jedoch nicht auch verlangt wurde, dass den Frauen auf den Listen auch Spitzenplätze einzuräumen seien, hat das bloße Nominierungserfordernis bei den ersten Wahlen unter den neuen Regelungen den Anteil der Frauen im Sejm von 20,4 auf 23,9 Prozent leicht angehoben. Diese Quote bedeutet aber immerhin den höchsten Anteil von Frauen in einem Sejm der Dritten Republik, wenngleich sie im internationalen Vergleich noch immer relativ niedrig liegt. Den höchsten Frauenanteil wies 2011 die PO mit 72 von 207 Abgeordneten auf (34,8 Prozent), die somit die 35 Prozent-Marke fast erreichte. Selbst die bunte Palikot-Bewegung kam bei einer Fraktionsstärke von 40 nur auf 12,5 Prozent (fünf weibliche Abgeordnete). Schlusslicht mit dem niedrigsten Frauenanteil war die PSL-Fraktion mit 7,7 Prozent.

Noch höher waren die Hürden für Frauen beim Einzug in den Senat. Hier wirkte erschwerend das Mehrheitswahlsystem, so dass Frauen bestenfalls 13 der 100 Senatoren stellten. Der „Ausreißer" im Jahre 2001 kann mit dem hohen Wahlsieg von SLD und UP erklärt werden, die vor den Wahlen beschlossen hatten, mindestens 30 Prozent Kandidatinnen aufzustellen. Unter den 75 Senatoren von SLD und UP befanden sich allein 17 der 23 weiblichen Senatsmitglieder (vgl. Tabelle 11).[69]

Von den – einschließlich Nachwahlen – bis zum Sommer 2009 536 Senatorinnen und Senatoren konnten 93,7 Prozent maximal zwei Wahlperioden ihr Mandat wahrnehmen. Bei den Frauen lag diese Quote „nur" bei 90,3 Prozent. Rekordhalterin war hier Dorota Simonides, die erstmals 1990 in einer Nachwahl in der Wojewodschaft Oppeln gewählt und immer wiedergewählt wurde, ehe sie 2005 aus Altergründen auf eine erneute Kandidatur verzichtete. Unerreicht sind bisher die sieben Wahlperioden, für die die Solidarność-Legende Zbigniew Romaszewski (zuletzt PiS) in den Senat gewählt wurde. Er unterlag bei den Wahlen von 2011 und wurde vom Sejm gewissermaßen ehrenhalber für diese Wahlperiode zum Mitglied des Staatsgerichtshofs gewählt.

Tabelle 11: Senatoren nach Geschlecht (1989-2011)

Wahlperiode[a]	1989–1991	1991–1993	1993–1997	1997–2001	2001–2005	2005–2007	2007–2011	2011–
Männer	94	92	87	88	77	87	92	87
Frauen	6	8	13	12	23	13	8	13

a   jeweils zu Beginn der Wahlperiode
Quelle: XX-lecie odrodzonego Senatu w liczbach, Warszawa 2010: 7; auch verfügbar unter http://www.senat.gov.pl/prace/senat/wybrane-dane-o-pracy-senatu/wybrane-dane-o-pracy-senatu-i-vii-kadencji (30.07.2012), ferner http://www.senat.gov.pl/sklad/senatorowie (30.07.2012)

---

69   Zu weiteren Fragen der Teilnahme von Frauen am politischen Leben siehe Kapitel 8.4.

Tabelle 12: Zahl der Amtszeiten, die die Senatoren ihr Mandat ausübten[a] (1989-2009)

Zahl der Wahlperioden	Zahl der Mandatsinhaber		
	Insgesamt	davon Frauen	davon Männer
1	400	46	354
2	102	10	92
3	24	4	20
4	5	1	4
5	3	1[b]	2
6	1	0	1
7	1[c]	0	1
zusammen	536	62	474

a   einschließlich Nachwahlen; Stand 03.07.2009
b   Dorota Simonides (UW), die 2005 aus Altersgründen nicht mehr kandidierte
c   Zbigniew Romaszewski, zuletzt PiS, der allerdings 2011 nicht wieder gewählt wurde
Quelle: XX-lecie odrodzonego Senatu w liczbach, Warszawa 2010 (wie Tabelle 11): 8

Die größte Berufsgruppe unter den bis 2009 536 Senatoren bildeten mit 75 Personen Juristen, gefolgt von Hochschullehrern (71), Ärzten (53), Ingenieuren (51), Landwirten (45), Lehrern (36), Ökonomen (25), Journalisten und Managern (je 19).[70]

2.6 Funktionen des Parlaments

Die politisch gewichtigere Kammer des Parlaments, der Sejm, nimmt die in westlichen Demokratien üblichen Funktionen von Parlamenten wahr. Hierzu zählen die Wahlfunktionen bei der Bestellung staatlicher Institutionen, Kontrollfunktionen gegenüber der Exekutive und vor allem die Gesetzgebung. Der Senat spielt eine beachtliche Rolle im Gesetzgebungsprozess, besitzt dagegen nur relativ geringe Wahl- und Kontrollfunktionen.

2.6.1 Die Mitwirkung bei der Bestellung staatlicher Institutionen

Wahlen zu verschiedenen staatlichen Organen nimmt der Sejm teils allein, teils gemeinsam mit dem Senat und teils gemeinsam mit Senat und Staatspräsident wahr. Wichtigste Funktion des Sejm in diesem Kontext ist die Wahl des Premierministers und seiner Regierung. Der erste Kandidatenvorschlag für die Wahl des Premierministers kommt dabei vom Staatspräsidenten. Scheitert dieser Kandidat, wechselt das Vorschlagsrecht zwischen Sejm und Präsident. Wird ein zweiter Vorschlag des Präsidenten notwendig und scheitert auch dieser, löst der Präsident das Parlament auf (Art. 155 Abs. 2 NV). Nur unter Hinweis auf diese Verfassungsbestimmungen konnte 2004 nach dem Rücktritt der Regierung Miller Präsident Kwaśniewski die Minderheitsregierung Belka gegen den Sejm durchsetzen (siehe Kapitel 3.2). Der Sejm kann den Premierminister durch konstruktives Misstrauensvotum auch abberufen, was den Rücktritt der gesamten Regierung zur Folge hat. Ein solcher Fall

---

70   Vgl. die Aufstellung in: XX-lecie odrodzonego Senatu w liczbach, Warszawa 2010: 9f.; auch verfügbar unter http://www.senat.gov.pl/prace/senat/wybrane-dane-o-pracy-senatu/wybrane-dane-o-pracy-senatu-i-vii-kadencji (30.07.2012).

ist bisher noch nicht eingetreten. Der Sejm erteilt seine Zustimmung zur Bildung der Regierung insgesamt, beruft also nicht einzelne Minister. Er kann jedoch jederzeit einzelne Minister abberufen, was bisher aber trotz etlicher Versuche noch nicht gelungen ist (siehe Kapitel 2.6.2.1).

Schon zu Beginn der 1980er Jahre bildete sich die Praxis heraus, dass Kandidaten für Ministerämter sich zunächst der inhaltlich für ihr Ressort zuständigen Sejmkommission zu einer Anhörung stellen mussten. Bereits damals fielen Kandidaten – freilich in machtpolitisch weniger bedeutenden Ressorts wie dem Gesundheitswesen – durch, was aber dennoch die Nomenklaturkompetenz der Partei einschränkte, die beanspruchte, alle Führungspositionen in Staat und Gesellschaft nach ihren Vorstellungen zu besetzen. Im Vorfeld der Bildung der Regierung Mazowiecki wurden die bisherigen kommunistischen Minister für Inneres und Verteidigung, die ihr Amt beibehalten sollten, befragt, ob sie damit einverstanden seien, dass die PZPR die Kontrolle über die Polizei (damals: Bürgermiliz), den Geheimdienst und das Militär verliere. Erst als sie dies bejahten, gaben die betreffenden Ausschüsse ihr Plazet zur Berufung dieser Minister in die Regierung Mazowiecki. Auch unter der neuen Verfassung von 1997 bildet die Anhörung durch den betreffenden Sejmausschuss eine ernst zu nehmende Hürde für künftige Ministerkandidaten.

Der Sejm wählt alle 15 Mitglieder des Verfassungsgerichtshofes (einzeln) für neun Jahre (Art. 194 Abs. 1 NV). Dabei wird jeweils mit einfacher Mehrheit ein neues Mitglied gewählt, wenn ein Richteramt frei wird. Für die laufende Wahlperiode wählt der Sejm zu deren Beginn die Mitglieder des Staatstribunals (Art. 199 Abs. 1 NV), außer dessen Vorsitzenden. Diese Funktion nimmt von Amts wegen der Erste Präsident des Obersten Gerichts wahr. Der Sejm wählt ferner jeweils mit der Zustimmung des Senats für sechs Jahre den Vorsitzenden der Obersten Kontrollkammer und für fünf Jahre den Beauftragten für die Bürgerrechte (Art. 205 Abs. 1 und Art. 209 Abs. 1 NV), ferner auf Antrag des Sejmmarschalls oder von mindestens 35 Abgeordneten jeweils auf fünf Jahre den Generalinspekteur für Datenschutz, den Präsidenten des Amtes für elektronische Kommunikation und den Beauftragten für die Rechte der Kinder sowie ebenfalls auf fünf Jahre den vom Institutsrat vorgeschlagenen Präsidenten des Instituts für Nationales Gedenken (IPN), dessen Wahl sowohl der Sejm als auch der Senat zustimmen müssen.

Von den früher neun Mitgliedern des Landesrates für Rundfunk und Fernsehen wählte der Sejm vier, der Senat zwei und der Staatspräsident bestimmte drei (Art. 214 Abs. 1 NV und Ausführungsgesetz). Seit der Novellierung des Gesetzes über den Landesrat Ende 2005 benennen von dessen nun fünf Mitgliedern der Sejm und der Präsident je zwei Mitglieder, der Senat eines (siehe Kapitel 10.2). Der Sejm wählt auf Vorschlag des Staatspräsidenten auf sechs Jahre den Präsidenten der Nationalbank sowie ebenfalls auf sechs Jahre ein Drittel der Mitglieder des Geldrates. Die beiden anderen Drittel werden vom Senat und vom Staatspräsidenten bestimmt (Art. 227 NV). Schließlich wählen der Sejm vier und der Senat zwei Mitglieder jeweils aus ihrer Mitte für vier Jahre in den Landesrat für Gerichtswesen, dem noch 19 weitere, überwiegend von der Richterschaft gewählte Mitglieder angehören (Art. 187 NV, siehe Kapitel 5.1). Die meisten dieser Wahlen sind politisch kontrovers und werden mit der Stimmenmehrheit der betreffenden Parlamentskammer durchgeführt.

2.6.2 Kontrollfunktionen des Parlaments

Zu den genuinen Aufgaben des Parlaments gehört die Kontrolle der Tätigkeit von Regierung und Staatsverwaltung. Es verfügt hierzu in der Dritten Republik über eine ganze Reihe von Möglichkeiten. Verfassung und Geschäftsordnung des Sejm stellen diesem verschiedene Kontrollinstrumente zur Verfügung – der Senat besitzt nur geringe Kontrollmöglichkeiten, die sich auf das Recht seiner Ausschüsse beschränken, von den Mitgliedern der Regierung Informationen zu verlangen.

2.6.2.1 Eigene Kontrollinstrumente des Sejm

Zunächst zählen zu seinen Instrumenten Interpellationen und Anfragen sowie nach der Änderung der Geschäftsordnung von 2002 auch allgemeine Informationen und Fragen. Interpellationen betreffen grundsätzliche politische Angelegenheiten, Anfragen dagegen spezifische Fragen von nationaler oder internationaler Bedeutung, die schriftlich gestellt werden (vgl. Tabelle 13). Ihre Verfasser sind zu 85 bis 90 Prozent einzelne Abgeordnete, die Adressaten in erster Linie der Premierminister, der Finanzminister sowie weitere Minister. Die Antwort muss binnen 21 Tagen erfolgen. Entspricht die Antwort nicht den Erwartungen des Antragstellers/der Antragstellerin, kann er oder sie einmalig eine erneute Erklärung verlangen, die binnen 30 Tagen nach Eingehen der Antwort zu erfolgen hat. In der Praxis dienen diese Anfragen den Fragestellern weniger dazu, Informationen zu erhalten, als Kritik an der Regierung zu üben. Im Mai 2002 wurde eine Art „aktueller Fragestunde" eingeführt. Eine Anzahl Abgeordneter in mindestens Fraktionsstärke (15 Personen) kann bis 21 Uhr des Tages vor der Sejmsitzung an ein konkret zu benennendes Mitglied der Regierung den Antrag auf Auskunft zu laufenden Angelegenheiten stellen. Die Begründung des Antrags in der Sitzung darf fünf Minuten, die Antwort zehn Minuten nicht überschreiten (Art. 194 Abs. 6 GO Sejm). Mündliche Fragen kann ein einzelner Abgeordneter stellen. Auch in diesem Falle muss bis zum Vorabend um 21 Uhr der Sejmmarschall über die allgemeine Richtung der Frage und den konkreten Adressaten informiert werden. In der Sitzung darf das Stellen der Frage nicht länger als zwei, die Antwort nicht länger als sechs Minuten dauern (Art. 196 Abs. 7 GO Sejm). Die gesamte „aktuelle Fragestunde" soll 90 Minuten nicht überschreiten. Eine Mitteilung über die in die Tagesordnung aufgenommenen „laufenden Informationen" und aktuellen Fragen erhalten die Abgeordneten vor Sitzungsbeginn.

Ohne dass dies in den Geschäftsordnungen seinen Niederschlag gefunden hat, hat sich in den letzten Wahlperioden der Brauch herausgebildet, dass zum Ende einer Sitzung der betreffenden Kammer ein Abgeordneter (oder auch Senator) eine „Stellungnahme" abgeben kann, die einer Interpellation oder Anfrage gleichkommt (Skrzydło 2006: 290). Auf diese Weise hat auch der Senat in bescheidenem Umfang ein gewisses Kontrollrecht gewonnen.

Ein eigenes Kontrollrecht besitzen die Sejmkommissionen. Sie können von den zuständigen Ministerien Auskünfte und Rechenschaftsberichte einfordern und ferner die Anwesenheit der zuständigen Minister und Leiter der obersten Staatsverwaltungen verlangen. Sie können darüber hinaus ein Postulat (*dezyderat*) an Institutionen der Regierung, aber auch an den Vorsitzenden der Obersten Kontrollkammer, den Generalstaatsanwalt und andere Einrichtungen formulieren.

Tabelle 13: Plenarbeiträge der Abgeordneten (1989-2012)

	X. Sejm (04.06.1989-31.10.1991)	I. Sejm (29.11.1991-31.05.1993)	II. Sejm (14.10.1993-20.10.1997)	III. Sejm (20.10.1997-18.10.2001)	IV. Sejm (19.10.2001-02.08.2005)	V. Sejm (19.10.2005-04.11.2007)	VI. Sejm (05.11.2007-07.11.2011)	VII. Sejm (08.11.2011-07.08.2012)
Reden	10612	9585	26241	37993	46556	22955	46182	8192
Interpellationen	619	773	2613	7075	10660	9581	24435	6969
Anfragen	150	508	672	4247	4386	3495	10632	1628
Stellungnahmen	520	506	496	1730	1023	839	2461	684
Information zu lauf. Angeleg.	-	-	-	-	57	41	86	16
Aktuelle Fragen			311	311	710	439	952	186

Quelle: Eigene Zusammenstellung nach Angaben in den gedruckten Tätigkeitsberichten, die von der Sejmkanzlei zu den einzelnen Wahlperioden des Sejm herausgegeben wurden, sowie den Daten auf der Internetseite des Sejm (www.sejm.gov.pl) jeweils unter „Archivum". Für die VII. Wahlperiode: http://www.sejm.gov.pl/Sejm7.nsf/page/prace_sejmu (12.08.2012).

Wie bei anderen nationalen Parlamenten der EU stellt sich mit der Verlagerung von Gesetzgebungskompetenzen an die Union und vor allem an den Europäischen Rat auch für das polnische Parlament die Frage einer parlamentarischen Kontrolle dieser Prozesse. Der Sejm und insbesondere sein EU-Fragen gewidmeter Ausschuss können von der Regierung Informationen – auch über geplante Rechtsakte der EU – erhalten und dazu Stellung nehmen. Die Regierung ist jedoch nicht verpflichtet, sich auf EU-Ebene an diese Äußerungen zu halten. Ferner kann der EU-Ausschuss des Sejm seine Meinung zu Kandidaturen für bestimmte EU-Posten äußern, die die Regierung ihm vorlegt. Mit dem Inkrafttreten des Lissabon-Vertrages wurden diese schwachen Kontrollrechte des Parlaments etwas ausgeweitet (Wójtowicz 2010: 81f.).

Ein Eigengewicht haben seit der vierten Wahlperiode des Sejm (2001-2005) parlamentarische Untersuchungsausschüsse gewonnen, die nur der Sejm berufen kann. Die Tradition parlamentarischer Untersuchungsausschüsse geht in Polen zurück bis auf die März-Verfassung von 1921 (Art. 34). Formell wurde die Möglichkeit von Untersuchungsausschüssen selbst während der Volksrepublik beibehalten.[71] Nach 1989 gab es eine Art Untersuchungsausschuss bereits im „ausgehandelten" Sejm. Aufgabe des nach seinem Vorsitzenden

---

71 Der einzige formelle Untersuchungsausschuss zwischen Ende des Zweiten Weltkriegs und 1989 wurde unter der 1947 verabschiedeten Kleinen Verfassung zur Klärung der Umstände der Flucht des Oppositionsführers Stanisław Mikołajczyk (PSL) in den Westen 1947 eingerichtet (Bagieńska-Masiota 2010: 33). Als während der Systemkrise 1980/81 die Verfassungsorgane ihre Kompetenzen in größerem Umfang als zuvor wahrnehmen konnten und der politischen Führung während des Kriegsrechts daran lag, die Ursachen (und die Schuldigen) für die Krise ausfindig zu machen, berief der Sejm am 26.10.1982 eine Kommission für verfassungsrechtliche Verantwortlichkeit, die durchaus als Untersuchungskommission betrachtet werden kann. Ihr offiziell nicht veröffentlichter Bericht vom 12.07.1983 forderte, vier Spitzenpolitiker der 1970er Jahre zur verfassungsrechtlichen Verantwortung zu ziehen; vgl. Sejm Polskiej Rzeczypospolitej Ludowej, VIII Kadencja, VII Sesja, Druk Nr. 396, 12.07.1983. Zu einem Verfahren gegen die vier Politiker, darunter Ex-Premierminister Piotr Jaroszewicz, kam es freilich nicht.

"Rokita-Ausschuss" (*komisja Rokity*) genannten, bereits im August 1989 gebildeten Außerordentlichen Ausschusses war es, die Hintergründe krimineller Machenschaften von Organen des Innenministeriums während des Kriegsrechts 1981-83 zu klären. Grundlage waren 93 vom Helsinki-Komitee vorgelegte Todesfälle, bei denen der Verdacht bestand, sie hätten einen Zusammenhang mit der Tätigkeit von Beamten des Innenministeriums. Der bis September 1991 tagende Ausschuss erweiterte die Zahl der zu untersuchenden Fälle auf 122 und kam zu dem Schluss, dass mindestens 88 von ihnen eine unmittelbare Verbindung mit der Tätigkeit von Beamten des Innenministeriums aufwiesen. Obwohl die Namen von fast 100 mit diesen Todesfällen in Verbindung stehenden Beamten bekannt waren, wurde keiner von ihnen zur Rechenschaft gezogen. Der Bericht selbst blieb 14 Jahre unter Verschluss und wurde erst 2005 veröffentlicht.[72]

Noch ab 1990 gab es weitere Sejmausschüsse, die sich als Untersuchungsausschüsse qualifizieren ließen, aber auf einer unpräzisen formalrechtlichen Grundlage arbeiteten.[73] Die Verfassung von 1997 erklärte in Art. 111, dass der Sejm zur Klärung eines bestimmten Sachverhaltes einen Untersuchungsausschuss einsetzen könne, und verlangte zur Festlegung von dessen Vorgehensweisen ein Ausführungsgesetz. Einen Anreiz zur Formulierung eines solchen Gesetzes boten die frustrierenden Erfahrungen mit dem Sejmausschuss, der sich mit dem vom scheidenden Innenminister Andrzej Milczanowski Ende 1995 erhobenen Vorwurf gegen den amtierenden Ministerpräsidenten Józef Oleksy (SLD) auseinandersetzte, dieser habe noch in den neunziger Jahren Informationen an den KGB weitergegeben. Dabei stand weniger das Verhalten Oleksys im Mittelpunkt als vielmehr die Frage, ob sich Milczanowski oder der polnische Geheimdienst mit der Veröffentlichung des Dossiers etwas hätten zu Schulden kommen lassen. Zwar verurteilte der Sejm das Vorgehen Milczanowskis im Dezember 1996, doch trat Oleksy bereits im Januar 1996 als Premierminister zurück.

Nach dem Ausführungsgesetz vom 21. Januar 1999 zu Art. 111 Abs. 1 NV wird ein Untersuchungsausschuss durch einen mit absoluter Mehrheit gefassten Beschluss des Sejm einberufen. Das bedeutet, dass in der Regel ein solcher Ausschuss nicht gegen den Willen der aktuellen Regierungsmehrheit gebildet werden kann. Er kann bis zu elf Mitglieder umfassen und soll die politische Zusammensetzung des Parlaments widerspiegeln. Die Ausschussmitglieder werden vom Sejm mit absoluter Stimmenmehrheit berufen und abberufen. Das Gesetz verleiht einem Untersuchungsausschuss staatsanwaltschaftliche Kompetenzen, was es seinen Mitgliedern erlaubt, Zeugen nach den Grundsätzen strafrechtlicher Prozeduren zu vernehmen.[74] Dies hatte zuvor bereits Art. 11 der Kleinen Verfassung von 1992 vorgesehen.

Der wichtigste Untersuchungsausschuss, dessen Tätigkeit die polnische Öffentlichkeit monatelang beschäftigte, befasste sich ab Ende 2002 mit den Hintergründen eines mit einem halben Jahr Verspätung von Adam Michnik bekannt gegebenen Angebots des Medienzaren Lew Rywin, für 17,5 Millionen USD dafür zu sorgen, dass das in Vorbereitung befindliche neue Mediengesetz den Interessen des Verlags Agora entspreche, bei dem auch die Gazeta Wyborcza erscheint, deren Chefredakteur Michnik ist. Die Hintergründe der Affäre konnten nicht bis ins Letzte geklärt werden. Rywin wurde vor Gericht gestellt und

---

72 Rokita, Jan/ Dudek, Antoni 2005: Raport Rokity. Sprawozdanie Komisji Nadzwyczajnej Do Zbadania Działalności MSW, Kraków.
73 Siehe hierzu die einzelnen Beispiele bei Bagieńska-Masiota 2010: 38ff.
74 Gesetz vom 21.01.1999 über einen Untersuchungsausschuss des Sejm, Dz. U. 1999 Nr. 35, Pos. 321.

erhielt zwei Jahre Gefängnis sowie eine Geldstrafe von 100.000 PLN (rund 25.000 Euro) für Hilfe bei bezahlter Protektion seitens einer nicht feststellbaren Personengruppe. Die von Rundfunk und Fernsehen live übertragenen Sitzungen des Untersuchungsausschusses machten indes deutlich, dass Politik, öffentliche Einrichtungen wie der Landesrat für Rundfunk und Fernsehen und Teile der Geschäftswelt bis hin zu deren kriminellen Rändern eng miteinander verflochten waren. Das war das eigentlich bedeutende Ergebnis dieses Ausschusses, der zu einer weiteren Entfremdung großer Teile der Gesellschaft von der Politik beitrug.[75]

Die Grenzen der Kompetenzen von Untersuchungsausschüssen zeigte 2006 der Verfassungsgerichtshof auf. Insbesondere können diese den Gegenstand ihrer Arbeit nicht beliebig definieren. Der Sejm hatte im März 2006 auf Antrag der damaligen Regierungskoalition einen Ausschuss berufen, der „Unregelmäßigkeiten in der Tätigkeit von Staatsorganen beim Umgestaltungsprozess einiger Banken" untersuchen sollte. Zentrales Anliegen der Initiatoren war es dabei, die Tätigkeit der Nationalbank unter ihren ehemaligen Vorsitzenden Hanna Gronkiewicz-Waltz und vor allem Leszek Balcerowicz bei der Privatisierung von Banken unter die Lupe zu nehmen und auf eventuelle unsaubere Verflechtungen mit der Tätigkeit der von Balcerowiczs Ehefrau Ewa geführten CASE-Stiftung zu überprüfen. Gronkiewicz-Waltz wie Balcerowicz bestritten jedoch die Zuständigkeit des Ausschusses und weigerten sich, vor ihm auszusagen. Im September 2006 urteilte der angerufene Verfassungsgerichtshof, nach Art. 95 Abs. 2 NV übe der Sejm die Kontrolle über die Tätigkeit des Ministerrates (der Regierung) in dem „von Verfassungs- und Gesetzesvorschriften bestimmten Umfang" aus. Das heiße zugleich, dass darüber hinausgehende Kontrollfunktionen, die sich der Sejm etwa zueigen machen möchte, nicht mit der Verfassung vereinbar seien. Die Nationalbank unterliege nicht der Kontrolle des Sejm. Soweit der Ausschuss die Tätigkeit der Nationalbank untersuchen wolle, habe er seine Kompetenzen überschritten.[76] Dem Verfassungsgerichtshof ging es vor allem darum, den Grundsatz der Gewaltenteilung zu sichern und eine schleichende Kompetenzausweitung eines Verfassungsorgans, nämlich des Sejm, zu verhindern. Die damalige Regierung freilich kritisierte, der Verfassungsgerichtshof argumentiere politisch, nämlich als gewissermaßen „Dritte Kammer" des Parlaments, die der Opposition zuzurechnen sei. Dieser Position wurde entgegengehalten, ihre Befürworter stünden offenbar noch immer unter dem Einfluss der (in diesem Punkt bis 1992 geltenden) Verfassung der Volksrepublik, nach der das Parlament das oberste Staatsorgan sei, dessen Mehrheit absolut freien politischen Gestaltungsraum besitze.

Der Sejm der VI. Wahlperiode setzte Ende 2007 einen Untersuchungsausschuss ein, der die Umstände klären sollte, unter denen die frühere SLD-Politikerin Barbara Blida im April 2007 Selbstmord beging, als sie verhaftet werden sollte. Die Kommission unter dem Vorsitz des SLD-Abgeordneten Ryszard Kalisz stellte zum Ende der Wahlperiode mit Mehrheit fest, der Premierminister und der Justizminister hätten ihre Kompetenzen überschritten. Daher sollten Jarosław Kaczyński und Zbigniew Ziobro vor den Staatsgerichtshof gestellt werden. Die hierfür notwendigen 115 Unterschriften von Sejmabgeordneten zu sammeln blieb in der auslaufenden Wahlperiode keine Zeit. Ob eine Anklageerhebung in der neuen Wahlperiode zustande kommt, ist fraglich.

Keine so scharfe Konsequenz aus seinen Ergebnissen zog der im Januar 2008 gebildete Untersuchungsausschuss, der sich mit Vorwürfen befasste, die PiS-Regierungen hätten

---

75 Zur Rywin-Affäre siehe u.a. Garsztecki 2003: 79ff. sowie Bagieńska-Masiota 2010: 113ff.
76 Vgl. 109/8/A/2006, Urteil vom 22. September 2006, Sygn. Akt U 4/06.

Druck auf staatliche Einrichtungen wie die Polizei, das Zentrale Antikorruptionsbüro (CBA), die Agentur für Innere Sicherheit (ABW) sowie Staatsanwälte und andere Personen im Justizwesen ausgeübt, um sie für parteipolitische Zwecke zu funktionalisieren. Ein weiterer Ausschuss untersuchte unglaubliche Pannen der Ermittlungsbehörden im Fall eines entführten Unternehmersohnes, der schließlich ermordet wurde.

Relativ zügig zu einem Abschluss gebracht wurde der so genannte „Glücksspielausschuss", der die 2009 an die Öffentlichkeit gebrachte Verwicklung hochrangiger PO-Politiker in Bemühungen der Glücksspielbranche untersuchte, hinter den Kulissen Steuererhöhungen für den Betrieb von Glücksspielautomaten und andere Glücksspiele zu verhindern. Hier war die PO daran interessiert, diese für sie peinliche Angelegenheit möglichst früh vor den Parlamentswahlen vom Herbst 2011 aus den Schlagzeilen zu bringen. Premierminister Tusk nutzte die „Glücksspielaffäre" geschickt zu einem personalpolitischen Revirement, bei dem er seine Position innerhalb der PO stärkte.

Insgesamt ist die Tendenz zu beobachten, dass – ähnlich wie in anderen Demokratien – beim Bekanntwerden von Sachverhalten, die für eine politische Partei kompromittierend erscheinen, der politische Gegner einen Untersuchungsausschuss des Sejm fordert. Dabei geht es nicht immer nur um die Aufklärung von Tatbeständen, die oft nur unzureichend gelingt, weil Sachverhalte einer politischen Beurteilung unterzogen werden, so dass am Ende die Vorlage eines Minderheitenvotums zum Bericht der Mehrheit keine Seltenheit darstellt. Oft geht es primär darum, dieses im polnischen Parlamentarismus rechtlich erst seit 1999 einsetzbare Instrument zu nutzen, um politische Vorteile gegenüber dem parteipolitischen Gegner zu gewinnen. Setzt sich die bisherige Tendenz fort, dürfte die Zahl der Untersuchungsausschüsse weiter zunehmen, das Interesse der Öffentlichkeit an ihnen aber nachlassen.

Schärfstes Kontrollinstrument des Sejm ist das Misstrauensvotum gegen die Regierung. Angesichts der hohen Zahl an Wechseln im Amt des Regierungschefs wurde in der Kleinen Verfassung von 1992 vorgesehen, dass das Misstrauensvotum gegen den Premierminister sowohl „einfach" als auch konstruktiv sein kann. Die Praxis zeigte, dass etliche weitere Premierminister abgelöst wurden, ohne dass dabei ein konstruktives Misstrauensvotum eine Rolle gespielt hätte. Ausdruck institutionellen Lernens war es daher, dass die Verfassung von 1997 als Verfahren für den Sturz eines Regierungschefs nur noch das konstruktive Misstrauensvotum vorsieht. Tatsächlich konnte Premierminister Józef Buzek 1997 bis 2001 die volle Wahlperiode im Amt durchstehen, obwohl er am Schluss mehr als ein Jahr nur mehr Chef einer Minderheitenregierung war. Auch Premierminister Belka konnte sich 2004-2005 über ein Jahr an der Spitze einer Minderheitenregierung halten. Der von der Verfassung nun gegebene institutionelle Rückhalt reicht jedoch nicht aus, einen Regierungschef im Amt zu halten, wenn er innerparteilich unter Druck gerät wie Leszek Miller nach einer Flut von Korruptionsaffären 2004 oder der populäre Regierungschef Kazimierz Marcinkiewicz, der 2006 den Ambitionen seines Parteivorsitzenden Jarosław Kaczyński weichen musste.

Wählt der Sejm einen Regierungschef ab, muss automatisch das gesamte Kabinett zurücktreten. Die institutionelle Stabilisierung der Regierung geht jedoch nicht so weit, dass wie in der Bundesrepublik Deutschland nur der Regierungschef gestürzt werden kann. Der Sejm kann auch einzelne Regierungsmitglieder mit der Mehrheit der Stimmen seiner gesetzlichen Mitglieder (d.h. 231 von 460) abberufen. Ein solcher Versuch, eine Ministerin oder einen Minister zu stürzen, ist etliche Male unternommen worden, aber nie gelungen.

Selbst bei berechtigter Kritik an einem Amtsinhaber stützt ihn die Regierungskoalition solidarisch. Die Opposition erreicht jedoch mit der spektakulären Ankündigung eines Misstrauensvotums, das von mindestens 69 Abgeordneten (d.h. 15 Prozent) gestellt werden muss, einen gewissen Aufmerksamkeitseffekt in der Öffentlichkeit. Die Regierung und insbesondere der Regierungschef müssen sich hinter den angegriffenen Minister stellen, was Zeit absorbiert, die für die Regierungsarbeit an anderer Stelle fehlt. Was in der Theorie wie eine die demokratische Kontrollfunktion des Sejm stärkende Kompetenz aussehen mag, hat sich in der Praxis als wenig effizientes, meist nur vordergründigem parteipolitischem Schlagabtausch dienendes Instrument erwiesen.

2.6.2.2 Hilfsorgane des Sejm bei der Wahrnehmung von Kontrollfunktionen

Der Sejm bestellt ferner die Leiter einer Reihe von Institutionen, die besondere Kontrollfunktionen auszuüben haben. Die umfassendsten Kontrollaufgaben nimmt die Oberste Kontrollkammer (*Najwyższa Izba Kontroli*, NIK) wahr. Sie hat das Finanzgebaren aller staatlichen Einrichtungen auf Legalität, Wirtschaftlichkeit und Zweckmäßigkeit zu überprüfen. Die NIK wurde nach dem Wiedererstehen des polnischen Staates bereits im Februar 1919 in Anlehnung an deutsche Vorbilder eingeführt (Garlicki 1999: 297), bestand mit Unterbrechungen auch in der Zeit der Volksrepublik und galt dort in den achtziger Jahren gegenüber der Partei als relativ eigenständiges Kontrollorgan. Der Vorsitzende der NIK wird vom Sejm mit Zustimmung des Senats auf sechs Jahre gewählt. Eine einmalige Wiederwahl ist möglich (Art. 205 NV). Seine Stellvertreter (nach dem Gesetz über die NIK vom 23.12.1994[77] zwischen zwei und vier), der Generaldirektor der NIK sowie weitere 14 Mitglieder des Kollegiums der NIK werden vom Sejmmarschall auf Antrag des NIK-Vorsitzenden auf drei Jahre berufen. Intern ist die Oberste Kontrollkammer in 14 nach Sachgebieten gebildete „Departements" gegliedert. Ferner verfügt sie über eine Außenstelle in jeder der 16 Wojewodschaften.

Die Oberste Kontrollkammer ist formell ein Hilfsorgan des Sejm und legt diesem jährlich eine Analyse der Durchführung des Staatshaushalts und der Grundlagen der Geldpolitik sowie ein Gutachten zur Entlastung der Regierung bezüglich der Durchführung des Haushalts des Vorjahres („Absolutorium") vor. Die Regierung ihrerseits muss fünf Monate nach Abschluss des Haushaltsjahres dem Sejm einen Rechenschaftsbericht über die Ausführung des Haushaltsgesetzes des Vorjahres sowie über den Stand der Verschuldung des Staates vorlegen. Nach dem Abgleich mit dem Gutachten der NIK muss der Sejm binnen 90 Tagen über die Entlastung abstimmen. Unklar ist, welche rechtlichen Folgen die Verweigerung der Entlastung durch den Sejm besitzt. Die Kleine Verfassung von 1992 hatte in Art. 22 Abs. 3 postuliert, dass eine Regierung, der die Entlastung für den Haushalt verweigert wird, zurücktreten muss. Eine solche Vorschrift fehlt in der neuen Verfassung. Federführend bei der Vorbereitung der Abstimmung über das Absolutorium ist der Haushaltsausschuss des Sejm, während der Senat nicht beteiligt wird, da er keine Kontrollfunktionen besitzt (Kruk 2008: 74f.). Die NIK ihrerseits legt dem Sejmausschuss für Staatskontrolle ihren jährlichen Arbeitsplan sowie ihren jährlichen Tätigkeitsbericht zur Begutachtung vor. Ferner stellt sie dem Sejm die Ergebnisse von Kontrollen zu, die er oder seine Organe, der Staatspräsident oder der Premierminister in Auftrag gegeben haben.

---

[77] Gesetz über die Oberste Kontrollkammer, einschließlich der Novellierung des Gesetzes vom 22.01.2010, Dz. U. 2010 Nr. 227, Pos. 1482.

2.6 Funktionen des Parlaments

Im Rahmen ihrer jährlichen Arbeitspläne untersucht die NIK auch aus eigener Initiative Bereiche wie die Bewirtschaftung der Wohnungen, die in kommunalem Besitz sind; den Zustand der durch Polen führenden Transitleitungen für Gas; die Prozeduren für die Ausschreibung und Durchführung von Investitionen beim Ausbau des Straßen- und Schienennetzes, etc.[78] In einer nach dem Flugzeugunglück von Smolensk, bei dem 2010 Staatspräsident Lech Kaczyński und weitere 95 Personen ums Leben kamen, durchgeführten Untersuchung gelangte die NIK zu dem Ergebnis, dass Reisen der höchsten staatlichen Amtsinhaber, die zwischen 2005 und 2010 mit Militärmaschinen durchgeführt wurden, weder von der militärischen noch von der zivilen Seite mit der notwendigen Sorgfalt vorbereitet worden seien, und listete eine Fülle von Versäumnissen auf.[79] Darüber hinaus berichtet sie dem Parlament über aus unzureichenden gesetzlichen Bestimmungen resultierende Mängel, die sie bei der Überprüfung unterschiedlicher Sachbereiche festgestellt hat, und gibt Empfehlungen für entsprechende gesetzliche Veränderungen. Die von Kontrollen der NIK im Jahre 2010 festgestellten Unregelmäßigkeiten bei der Verwendung öffentlicher Gelder beliefen sich auf eine Summe von 14,5 Milliarden PLN, d.h. fast fünf Prozent des Staatshaushalts.[80] Rügen der NIK werden von den betreffenden Staatsorganen sehr ernst genommen, auch wenn ihre Feststellungen keine unmittelbare Rechtswirkung besitzen. Mit Einzelergebnissen von Untersuchungen der NIK befassen sich auch die zuständigen Parlamentsausschüsse.

Eine weitere Kontrollinstanz bildet die Ombudsperson (*Rzecznik praw obywatelskich*, „Beauftragte[r] für die Bürgerrechte"), deren Amt 1987 per Gesetz eingeführt wurde und seit 1988 in der Praxis besteht. Diese Einrichtung war im damaligen Ostblock einmalig, da sie die Legalität von Akten der Staatsorgane in Frage stellen konnte. Darin kam bereits ein Verständnis von Recht zum Ausdruck, das zwar noch nicht der Rechtsstaatlichkeit im westlichen Sinne entsprach, aber unvereinbar war mit dem Anspruch des Machtmonopols der Kommunistischen Partei wie in Polens Nachbarländern DDR oder Tschechoslowakei. Die erste Amtsinhaberin Ewa Łętowska verschaffte der neuen Institution rasch großes Ansehen. Sie wurde 1989 in die Verfassung aufgenommen. Die Ombudsperson wird vom Sejm mit Zustimmung des Senats auf fünf Jahre berufen (Art. 209 Abs. 1 NV) und darf ebenso wie der Vorsitzende der NIK außer einer Hochschulprofessur kein anderes Amt wahrnehmen. Ihre Aufgabe ist es, auf die Einhaltung der verfassungsmäßigen Rechte und Freiheiten der Menschen und Staatsbürger zu achten. Sie informiert Sejm und Senat jährlich über ihre Tätigkeit und darüber, wie die verfassungsmäßigen Rechte und Freiheiten geachtet werden.

Bereits zu Zeiten der Amtsführung von Ewa Łętowska wurde das Büro der Beauftragten für Bürgerrechte mit Eingaben überschwemmt, was deutlich macht, wie wichtig und gesellschaftlich akzeptiert diese Einrichtung sehr schnell wurde. Alle Amtsinhaberinnen und -inhaber, darunter 2000 bis 2006 der frühere Präsident des Verfassungsgerichtshofs Andrzej Zoll, genossen hohes Ansehen. Präsident Lech Kaczyńskis an Janusz Kochanowski ausgesprochene Einladung, ihn 2010 zum 70. Jahrestag der Ermordung von über 20.000 kriegsgefangenen polnischen Offizieren nach Katyn zu begleiten, brachte die Wertschät-

---

78 Vgl. den Arbeitsplan der NIK für 2012, http://www.nik.gov.pl/plik/id,3457.pdf (26.02.2012).
79 Vgl. die Kurzfassung des Berichts auf der Internetseite der NIK: NIK o wizytach VIP w latach 2005-2010, http://www.nik.gov.pl/aktualnosci/nik-o-wizytach-vip-w-latach-2005-2010.html#informacja (12.08.2012); ebenda auch ein Link zur Langfassung.
80 Vgl. Kontrole NIK, auf der Internetseite der NIK http://www.nik.gov.pl/kontrole/ (26.02.2012).

zung für das Amt wie den Inhaber zum Ausdruck. Kochanowski zählte dann ebenso wie der Staatspräsident zu den Opfern des Flugzeugabsturzes bei Smolensk.

Seine Nachfolgerin Ewa Lipowicz, Juraprofessorin, langjährige hoch engagierte UW-Sejmabgeordnete und ab 2000 u.a. Botschafterin Österreich, ist auch in der Öffentlichkeit sehr präsent. Ihre Tätigkeitsfelder wie die ihrer Vorgängerinnen und Vorgänger erstrecken sich über vielfältige Bereiche. Zwischen dem 1. Januar 1988 und dem 31. Dezember 2011 gingen bei der Ombudsperson 1.158.619 Angelegenheiten ein, davon waren nach Abzug von Rückfragen u.ä. 693.116 neue Anfragen. Die Zahl der „neuen Anfragen" erreichte verständlicherweise im ersten Jahr 1988 aufgrund des „Staus" an Problemen mit rund 45.000 ihre höchste Zahl und stabilisierte sich danach ab 1993 zwischen rund 26.000 und 35.000 neuen Anfragen jährlich. 2011 betrug ihre Zahl 27.491. Von den 2011 behandelten 32.343 behandelten (alten und neuen) Fragen betrafen 35,2 Prozent Strafrecht, 21,1 Prozent Zivilrecht, 17,4 Prozent Verwaltungs- und Wirtschaftsrecht, 15,3 Prozent Arbeitsrecht und Sozialversicherungen, 9,7 Prozent Verfassungsrecht und internationales Recht sowie 1,3 Prozent andere Fragen. Hauptadressaten, an die die Ombudsfrau 2011 ihre Eingaben richtete, waren das Oberste Gericht (88), das Justizministerium (43), der Verfassungsgerichtshof (28), das Innenministerium (23), das Ministerium für Arbeit und Sozialpolitik (22), das Gesundheitsministerium (16) und die Verwaltungsgerichte (14). Angesichts der sehr hohen Zahl von Anfragen wurden zwischen 2004 und 2007 regionale Zweigstellen der Ombudsperson in Breslau, Danzig und Kattowitz geschaffen. Das Ausmaß der Nachfrage nach den Dienstleistungen dieses Amtes wird deutlich, vergegenwärtigt man sich, dass allein 2011 in der Warschauer Zentrale und den drei Außenstellen 6.323 Petenten persönlich empfangen wurden und 22.783 telefonische Anfragen entgegen genommen wurden.[81]

Eine ebenfalls dem Parlament unterstehende Kontrollinstanz ist die 1997 geschaffene Einrichtung eines/einer Datenschutzbeauftragten (*Generalny Inspektor Ochrony Danych Osobistych*/ Generalinspekteur für den Schutz persönlicher Daten).[82] Der Amtsinhaber wird vom Sejm mit Zustimmung des Senats auf vier Jahre gewählt, ist nur einmal wieder wählbar und besitzt Immunität. Er oder sie muss ein Jurastudium abgeschlossen haben, darf keinen weiteren Beruf außer dem eines Hochschullehrers ausüben, keiner Partei oder Gewerkschaft angehören und hat jährlich einen Rechenschaftsbericht vorzulegen. Ende 2010 waren in dem in sechs Departements und fünf weitere Abteilungen gegliederten Amt 127 volle Planstellen ausgewiesen. 196 Kontrollen, die 2010 in verschiedenen Institutionen der öffentlichen Verwaltung, von Banken und anderen Finanzeinrichtungen, dem Gesundheitswesen, der Telekommunikation u.a. durchgeführt wurden, ergaben nicht nur, dass gesetzliche Bestimmungen zum Teil nicht eingehalten wurden. Sie führten auch zu Vorschlägen der Effizienzsteigerung von Informationssystemen.[83] Jährlich nimmt die Zahl der an das Amt gerichteten Anfragen und Mitteilungen zu. So stieg von 2007 bis 2011 die Zahl der jährlichen Bitten um Interpretationen von 1298 auf 3935, der Klagen von 796 auf 1272, der vom Amt getroffenen Entscheidungen von 783 auf 1111, die Zahl der wegen Vergehen ge-

---

81 Alle Zahlen entstammen dem Bericht der Beauftragten für die Bürgerrechte für 2011, Informacja o działalności Rzecznika Praw Obywatelskich w roku 2011 z uwagami o stanie przestrzegania wolności i praw człowieka i obywatela, Biuletyn Rzecznika Praw Obywatelskich 2012, Nr. 1, http://www.rpo.gov.pl/pliki/13396752970.pdf (30.07.2012).
82 Gesetz vom 29.08.1997 zum Schutz persönlicher Daten, Dz. U. 1997 Nr. 133, Pos. 883 mit späteren Änderungen.
83 Vgl. den Rechenschaftsbericht des Datenschutzbeauftragten für 2010, zugänglich unter http://www.giodo.gov.pl/data/filemanager_pl/sprawozdaniaroczne/2010.pdf (27.02.2012).

meldeten Datensätze von 4850 auf 15643 und der deswegen jährlich registrierten Datensätze von 2598 auf 11845.[84] Hinzu kommt eine umfangreiche Informations- und Aufklärungstätigkeit in den verschiedensten Bereichen der Gesellschaft.

In der Verfassung wird unter den Kontrollorganen auch der „Landesrat für Rundfunk und Fernsehen" erwähnt, der „die Freiheit des Wortes, das Informationsrecht sowie das öffentliche Interesse an Rundfunk und Fernsehen" hüten soll (Art. 213 Abs. 1 NV). Der „Landesrat" wird in diesem Buch unter Kapitel 10.2: Rundfunk und Fernsehen behandelt.

2.6.3 Der Gesetzgebungsprozess und kontroverse Gesetzesvorhaben

Wenn auch die Aufgaben moderner Parlamente weit komplexer sind, so bleibt doch eine ihrer Kernaufgaben die Gesetzgebung. Nach Art. 118 NV kann eine Gesetzesinitiative von den Abgeordneten (Art. 32 Abs. 2 GO des Sejm präzisiert: von Sejmausschüssen oder mindestens 15 Abgeordneten, also einer Abgeordnetenzahl in Fraktionsstärke), dem Senat (Art. 76 Abs. 1 GO des Senats präzisiert: von einem Ausschuss oder mindestens zehn Senatoren), der Regierung sowie dem Staatspräsidenten eingebracht werden. Nach der Verfassung von 1997 können Gesetze auch von 100.000 Wahlberechtigten initiiert werden. Davon ausgenommen sind verfassungsändernde Gesetze und Haushaltsgesetze. Anders als bei nicht zu Ende gebrachten anderen Gesetzgebungsprojekten werden durch Volksinitiative eingeleitete, aber noch nicht abgeschlossene Gesetzesvorhaben in die neue Wahlperiode übernommen. Seit der Verabschiedung des Ausführungsgesetzes von 1999 hat es mehrere Dutzend Fälle von Volksinitiativen zur Einleitung von Gesetzgebungsverfahren gegeben, von denen bis zum Ende der sechsten Wahlperiode des Sejm Ende 2011 allerdings nur zehn mit der Verabschiedung eines entsprechenden Gesetzes erfolgreich abgeschlossen wurden, die meisten aber aus unterschiedlichen Gründen gar nicht erst in den Gesetzgebungsprozess gelangten.[85]

In den meisten westlichen Demokratien stammt das Gros der Gesetzentwürfe von der Exekutive, da diese über eine eingespielte Ministerialbürokratie mit Expertenwissen verfügt, die solche Entwürfe auch unter gesetzestechnischen Aspekten in der Regel leichter formulieren kann als einzelne Abgeordnete. Ähnlich wie in anderen Staaten Ostmitteleuropas gewann in den ersten Jahren nach 1989 auch in Polen bei der Ausarbeitung von Gesetzentwürfen aber zunächst das Parlament die Initiative, da politische Grundsatzentscheidungen gefällt werden mussten wie die Verfassungsänderungen Ende 1989, mit denen wenigstens der Rahmen einer rechtsstaatlichen Verfassungsordnung geschaffen wurde. Ferner mussten zu diesem Zeitpunkt die grundlegenden mit dem Systemwechsel verbundenen Reformen in Gang gesetzt werden, wozu eine in großen Teilen aus der realsozialistischen Zeit überkommene Bürokratie kaum in der Lage war. Die „Überpolitisierung" (Attila Ágh) der ostmitteleuropäischen Parlamente, die für die erste Hälfte der 1990er Jahre festgestellt wurde, lässt sich zu einem Teil an dieser Überbelastung des Parlaments festmachen. Wie Tabelle 14 zeigt, haben sich jedoch auch in Polen selbst bei dem 1989 nur „halbfrei" gewählten Sejm die Gewichte bei der Ausarbeitung von Gesetzentwürfen zwischen Exekutive und Legislative in die Richtung eingependelt, die aus den traditionellen westlichen Demokratien

---

84 Vgl. die statistische Aufstellung für die Jahre 2007-2011 unter http://www.giodo.gov.pl/541/id_art/886/j/pl/ (27.02.2012).
85 Zu den Volksinitiativen siehe auch Kapitel 7.2.

geläufig ist. Lediglich in dem 1993 nach dem Misstrauensvotum gegen die Regierung Suchocka vorzeitig aufgelösten Sejm lag die Quote der verabschiedeten Gesetzesvorlagen, die von der Regierung stammten, genau bei 50 Prozent. In den übrigen Wahlperioden lag sie deutlich darüber, 2001 bis 2005 sogar fast bei 75 Prozent.

Die Herkunft der Gesetzentwürfe sagt freilich nur zum Teil etwas aus über die tatsächlichen Beziehungen zwischen Regierung und Parlament im Gesetzgebungsprozess. Eine empirische Untersuchung über das Schicksal von 342 Gesetzentwürfen, die die Regierung während der Koalitionen AWS – UW 1997 bis 2000 und SLD/UP – PSL 2001 bis 2003 eingebracht hat, zu einer Zeit also, in der die Regierungen Buzek und Miller über eine Mehrheit in Sejm und Senat verfügten, hat ergeben, dass nur 65 dieser Entwürfe unverändert vom Parlament verabschiedet wurden, dass aber mehr als 80 Prozent dieser Gesetzesvorlagen einer nicht nur redaktionellen, sondern auch substantiellen inhaltlichen Veränderung unterlagen. Als Gründe hierfür wurden zwei Hauptfaktoren ausgemacht. Erstens die geringe Kohärenz der jeweiligen Hauptregierungspartei, von der nicht alle maßgebenden Politiker in die Regierung eingebunden waren, sowie Friktionen zwischen den Koalitionsparteien, so dass von der eigenen Regierung verabschiedete Vorlagen im Parlament von den Regierungsparteien einer kritischen inhaltlichen Bewertung unterzogen und bisweilen auch abgelehnt wurden (als das zu häufig vorkam, verließ der genervte Koalitionspartner UW im Jahre 2000 die Koalition mit der AWS). Den zweiten wichtigen Faktor bilden Verfahrensfragen im Gesetzgebungsprozess, insbesondere die Handhabung der Geschäftsordnung durch den Sejmmarschall, Ausschussvorsitzende, den Fraktionsvorstand der Regierungsparteien etc. Bei geringer Parteidisziplin und Spannungen unter den Koalitionspartnern können Angehörige der Regierungsfraktionen durchaus das eigene Kabinett herausfordern (Zubek 2008).

Dies gilt allerdings für Koalitionen, die labil waren und deutlich vor dem Ende der Wahlperiode zerfielen. Für die erste Koalition, die eine ganze Wahlperiode Bestand hatte (und sogar wiedergewählt wurde), die Koalition aus PO und PSL unter Donald Tusk (2007-2011) liegen empirische Untersuchungen zur „Erfolgsquote" von Gesetzesentwürfen der Regierung noch nicht vor. Es war jedoch offensichtlich, dass Tusk durch personalpolitische Entscheidungen insbesondere bei der Besetzung der Ämter des Sejmmarschalls und des PO-Fraktionsvorsitzenden darum bemüht war, durch diese Weichenstellungen eine reibungslose Zusammenarbeit zwischen Regierung und Regierungsfraktion und damit die Umsetzung des Regierungsprogramms zu sichern. Spannungen mit dem Koalitionspartner PSL drangen zwar mehr als einmal nach außen, doch lag auch der PSL-Führung an einer Fortsetzung der Koalition. In den ersten Monaten der Neuauflage der PO-PSL-Koalition nach den Parlamentswahlen von 2011 nahm der öffentliche Widerspruch der PSL zu Reformvorhaben der PO (Anhebung des Rentenalters auf 67 Jahre für Männer und Frauen, Neuregelung der Sozialversicherung für Landwirte, u.a.) so zu, dass dieser Widerspruch des kleineren Koalitionspartners in der Öffentlichkeit bisweilen besser sichtbar war als der der Oppositionsparteien.

Die formale Prozedur der Gesetzgebung ist durch die Verfassung (Artt. 118-124 NV) relativ genau normiert und wird durch die Geschäftsordnungen von Sejm und Senat weiter präzisiert. So verlangt die Verfassung die Behandlung eines Gesetzantrags durch den Sejm in drei Lesungen, zur Annahme reicht die einfache Stimmmehrheit bei Anwesenheit von mindestens der Hälfte der gesetzlichen Zahl der Abgeordneten bzw. Senatoren. Ein Gesetzentwurf wird zunächst vom Sejmmarschall daraufhin geprüft, ob er bestimmte Formalien erfüllt. Diese Anforderungen sind im Laufe der neunziger Jahre immer komplexer geworden. Sie umfassen heute: Angaben über den Zweck des Gesetzes; welche Veränderungen es gegenüber dem bisherigen Rechtsstand hervorruft; welches die gesellschaftlichen, wirtschaftlichen, finanziellen und rechtlichen Folgen sein werden. Sollte das Gesetz finanzielle Folgen für den Staatshaushalt oder Organe der territorialen Selbstverwaltung nach sich ziehen, so sind die Quellen zur Finanzierung des Gesetzes darzulegen. Vorgelegt werden müssen Entwürfe für grundlegende Akte der Exekutive, die nach Inkrafttreten des Gesetzes notwendig werden, eine Erklärung über die Vereinbarkeit des Entwurfs mit dem EU-Recht oder dass der Entwurf kein EU-Recht betrifft. Die Begründung sollte auch im Vorfeld durchgeführte Konsultationen darlegen und über mögliche Varianten oder Gutachten informieren. Ferner muss ein Repräsentant benannt werden, der den Initiator des Entwurfs während des Gesetzgebungsprozesses vertritt. Von der Regierung vorgelegte Gesetzentwürfe müssen Entwürfe nachfolgender Exekutivakte enthalten (Art. 34 GO Sejm).

Entspricht der Entwurf nicht den genannten Anforderungen, kann der Sejmmarschall ihn an die Antrag stellende Instanz zurückverweisen. Bestehen Zweifel, etwa bezüglich der Vereinbarkeit mit dem EU-Recht, kann der Marschall den Antrag an den Sejmausschuss für Gesetzgebungsfragen weiterleiten. Dieser kann ihn mit einer Dreifünftelmehrheit für unzulässig erklären.[86]

Es folgen dann die drei Lesungen des Gesetzentwurfs, wobei die erste je nach der Entscheidung des Sejmmarschalls im Plenum oder im zuständigen Ausschuss stattfinden kann, ggf. auch in mehreren Ausschüssen, die dann gemeinsam tagen. Bei Gesetzentwürfen, die eine Verfassungsänderung betreffen oder den Staatshaushalt, Steuergesetzgebung, die Wahl des Staatspräsidenten, des Sejm, des Senats sowie von Organen der territorialen Selbstverwaltung, bei Gesetzentwürfen zur Regelung der öffentlichen Gewalten und bei Gesetzbüchern muss die erste Lesung im Plenum stattfinden. Tabelle 14 macht deutlich, dass in den ersten Wahlperioden eine teilweise klare Mehrheit der Gesetzentwürfe zunächst im Plenum behandelt wurde. Eine Trendwende trat während der III. Wahlperiode ein. Seit der IV. Wahlperiode gelangen nun etwa zwei Drittel der Gesetzentwürfe zunächst in die Ausschüsse. Dies kann als Hinweis auf eine zunehmende Professionalisierung der Gesetzgebungstätigkeit gelten. Betrachtet man ferner das deutliche prozentuale Ansteigen von Gesetzentwürfen, die von der Regierung initiiert werden, so wird hier auch der Wandel des Parlaments vom Typus des „policy-making" aus der Anfangsphase der Transformation hin zum „representation-model" sichtbar, das aus politischen Systemen westlicher Demokratien geläufig ist.[87]

Bei der ersten Lesung muss der Antragsteller seinen Entwurf begründen, woraufhin eine Debatte mit Fragen an den Antragsteller stattfindet, an der auch bei Kommissionssitzungen jeder Abgeordnete teilnehmen kann. Am Ende der ersten Lesung verweist der Sejm die Vorlage an den zuständigen Ausschuss oder verwirft sie ganz (Art. 39 GO Sejm). Findet die Lesung im Ausschuss statt, kann ggf. auch ein Unterausschuss gebildet werden. Der Ausschuss benennt einen Berichterstatter und empfiehlt a) die Annahme des Entwurfs ohne Änderungen, b) die Annahme des Entwurfs mit bestimmten Änderungen oder c) die Ablehnung des Entwurfs.

---

86   Zu Beispielen für die kontroverse Handhabung dieses Instruments durch den Sejmmarschall siehe Kapitel 2.1.1.1.
87   Siehe hierzu allgemein von Steinsdorff 2011: 172 ff.

Tabelle 14: Gesetzgebungstätigkeit des Sejm (1989-2012)

	X. Sejm (04.06.1989-31.10.1991)	I. Sejm (29.11.1991-31.05.1993)	II. Sejm (19.9.1993-20.10.1997)	III. Sejm (20.10.1997-18.10.2001)	IV. Sejm (19.10.2001-18.10.2005)	V. Sejm (19.10.2005-04.11.2007)	VI. Sejm (05.11.2007-07.11.2011)	VII. Sejm (08.11.2011-07.08.2012)
Eingebrachte Gesetzentwürfe	440[a]	335	826	1152	1265	708	1511	233
verabschiedete Gesetze	248[b]	94[c]	473 (584)[e]	753	989	439	1082	78
Durchschnitt pro Monat	9,2	5,2	9,7	15,7	20,6	18,3	22,5	8,7
Entwürfe von								
– Abgeordneten	105	33	195	211	181	121	210	
– Ausschüssen	–	14	58	65	33	3	126	
– Regierung	156	47	308	456	740	294	652	
– Staatspräsident	4	4	16	6	16	17	14	
– Senat	15	4	7	12	15	3	78	
– Volksinitiative	–	–	–	3	4	1	2	
Von der Regierung im Dringlichkeitsverfahren eingebrachte Entwürfe		9[d]	71	68	32	11	32	
Zurückgezogene oder abgelehnte Entwürfe			108	152	79	35	124	
Bis Ende der Wahlperiode nicht abgeschlossen		190	118	223	188	232	288	
Erste Lesung der Gesetzentwürfe								
– im Plenum		53	304	382	316	142	363	
– in den Ausschüssen		41	169	371	674	297	719	
Beratene Entscheidungen des Verfassungsgerichts								
– vom Sejm akzeptiert	9	8	39	16	–	–	–	–
– vom Sejm abgelehnt	1	1	5	3	–	–	–	–

a Eine andere Quelle in den Unterlagen der Sejmkanzlei gibt 443 an.
b Die Zahl der verabschiedeten Gesetze deckt sich nicht genau mit der der Entwürfe, da 26 verabschiedeten Gesetzen 26 Entwürfe der Regierung zugrunde lagen, 32 Entwürfe von Abgeordneten und ein Entwurf des Staatspräsidenten.
c Den 94 Gesetzen lagen 102 Entwürfe zugrunde.
d Sieben der neun im Dringlichkeitsverfahren eingebrachten Gesetzentwürfe der Regierung wurden vom Sejm aufgrund seiner vorzeitigen Auflösung nicht verabschiedet.
e Die Zahl 473 bezieht sich auf die tatsächlich verabschiedeten Gesetze, 584 auf die im Parlament behandelten Entwürfe.
Quelle: Eigene Zusammenstellung nach Angaben der von der Sejmkanzlei für jede Wahlperiode erstellten „Informacja o działalności" des Sejm und der Nationalversammlung. Die Zahlen weichen zum Teil leicht von den Angaben ab, die auf der Internetseite des Sejm unter „Archiv" zu finden sind. Ferner http://www.sejm.gov.pl/Sejm7.nsf/page/prace_sejmu (06.08.2012)

Bei der zweiten Lesung im Plenum wird über den Bericht des Ausschusses und über eventuelle Minderheitenvoten diskutiert und ggf. über Änderungsanträge abgestimmt, die vom Antragsteller, Abgeordneten oder der Regierung gestellt werden können. Der Sejmmarschall kann die Abstimmung über Änderungsvorschläge unterbinden, über die zuvor nicht im Ausschuss abgestimmt wurde. Hierin liegt eine für den Inhalt des betreffenden Entwurfs mitunter entscheidende Kompetenz des Sejmmarschalls. Bis zur zweiten Lesung kann der Antragsteller den Entwurf noch zurückziehen. Der Sejm kann in der zweiten Lesung den Antrag noch einmal an den Ausschuss zurückverweisen. Tut er dies nicht, kann direkt im Anschluss an die zweite die dritte Lesung stattfinden.

Ein vom Sejm angenommenes Gesetz wird vom Sejmmarschall unmittelbar an den Senat überwiesen. Dieser kann den Text binnen 30 Tagen annehmen, ablehnen oder Veränderungen beschließen. Äußert sich der Senat innerhalb von 30 Tagen nicht, gilt das Gesetz als angenommen. Der Senatsmarschall weist das Gesetz dem zuständigen Senatsausschuss zu, der in spätestens 18 Tagen dazu Stellung bezieht. Danach findet eine Debatte und Abstimmung im Plenum statt. Wie die Statistik zeigt (vgl. Tabelle 8), scheitern nur sehr wenige Gesetze am Senat. In rund der Hälfte der Fälle unterbreitet er Änderungsvorschläge, die vom Sejm in ihrer ganz überwiegenden Mehrheit akzeptiert werden. Da es keinen Vermittlungsausschuss gibt, scheitern Gesetzesvorlagen, wenn der Senat sie ablehnt und der Sejm dieses Votum nicht mit absoluter Mehrheit zurückweisen kann.

Gesetzentwürfe, die vom Senat initiiert werden, bedürfen der Unterschrift von mindestens zehn Senatoren oder des Beschlusses eines Senatsausschusses. Sie werden vom Senat in drei Lesungen behandelt, von denen die erste im zuständigen Ausschuss stattfindet. Nach der Annahme eines Entwurfs wird dieser an den Sejmmarschall (und den Regierungschef) geleitet.

Umstritten ist bisweilen, ob Änderungsvorschläge des Senats nur den vom Sejm vorgeschlagenen Gesetzestext leicht modifizieren oder ob sie ihn inhaltlich so stark verändern, dass ein Entwurf vorliegt, der die von der Verfassung vorgesehenen Prozeduren eines vom Senat initiierten Gesetzes verlangt. Mit Urteil vom 19. Juni 2002 erklärte der Verfassungsgerichtshof, der Senat habe bei der Novellierung des Lustrationsgesetzes „in eindeutiger Weise den zulässigen Bereich des ihm nach Art. 121 Abs. 2 NV zustehenden Rechts auf Verbesserungen" überschritten und erklärte aus diesem formalen Grunde die betreffenden Passagen für nicht mit der Verfassung vereinbar.[88]

Peinlich für alle Beteiligten war ein vom Verfassungsgerichtshof im April 2012 aufgehobenes Gesetz, dessen Gesetzgebungsverfahren nach Ansicht des Gerichts aus ähnlichem Grund nicht mit der Verfassung vereinbar war. Die Regierung hatte im Sejm im Dringlichkeitsverfahren ein Gesetz eingebracht, mit dem eine EU-Direktive zur so genannten wiederholten Nutzung von öffentlicher Information umgesetzt werden sollte. Die EU-Kommission hatte Polen bereits vor dem Europäischen Gerichtshof in Luxemburg wegen Verzögerung der Umsetzung verklagt. Die Regierung versah den Entwurf mit einem in der EU-Direktive nicht vorgesehenen Zusatz, der es der Regierung ermöglichen sollte, Dokumente nicht zugänglich zu machen, deren Veröffentlichung der Sicherheit oder wichtigen Wirtschaftsinteressen des Landes schaden würde. Dieser Zusatz wurde im Sejm zu Fall gebracht, kehrte jedoch in nicht identischer, aber inhaltlich ähnlicher Form als Änderungsantrag des Vor-

---

88 Urteil K 11/02 des Verfassungsgerichtshofs vom 19. Juni 2002: 24. Der Senat hatte Veränderungen am Gesetzestext vorgenommen, die der Sejm nicht mit absoluter Mehrheit zurückgewiesen hatte, so dass sie zunächst in Kraft getreten waren.

sitzenden der PO-Senatsfraktion Marek Rocki wieder in das Gesetzgebungsverfahren zurück, wurde vom Senat angenommen und auch vom Sejm gebilligt, obwohl sowohl Senats- wie Sejmkommissionen sich dagegen ausgesprochen hatten und auch die beratenden Gesetzgebungsbüros des Senats wie des Sejm sich negativ geäußert hatten. Präsident Komorowski unterschrieb das Gesetz und überwies es erst zur Prüfung an den Verfassungsgerichtshof, als zahlreiche Nichtregierungs-Organisationen und frühere Führungsfiguren der *Solidarność*-Opposition gegen die Einschränkung der Informationsfreiheit protestierten. Komorowski ließ jedoch nur die Art des Zustandekommens des Gesetzes überprüfen, nicht seinen Inhalt, und der Verfassungsgerichtshof hatte nur die Möglichkeit, das Verfahren der Gesetzgebung, nicht aber den Inhalt des Gesetzes auf seine Verfassungsmäßigkeit zu prüfen, so dass theoretisch ein inhaltlich analoges, aber prozedural korrekt verabschiedetes Gesetz denkbar ist.[89]

Von Sejm und Senat verabschiedete Gesetze werden dem Staatspräsidenten vorgelegt, der sie binnen 21 Tagen unterzeichnet und ihre Verkündung im Gesetzblatt (*Dziennik Ustaw*) anordnet. 14 Tage nach der Veröffentlichung im Gesetzblatt tritt das Gesetz in Kraft. Dabei äußert sich die Verfassung nicht dazu, welcher Zeitraum zwischen der Unterzeichnung und der Anordnung zur Veröffentlichung verstreichen kann.

In der Phase, in der das Parlament ein Gesetz verabschiedet hat, verleiht die Verfassung dem Staatspräsidenten seine stärksten politischen Kompetenzen, die die einzelnen Amtsinhaber in sehr unterschiedlichem Umfang wahrgenommen haben (siehe Kapitel 4). Der Präsident kann zunächst beim Verfassungsgerichtshof prüfen lassen, ob das Gesetz verfassungskonform ist. Bestätigt der Verfassungsgerichtshof das, muss der Präsident das Gesetz unterzeichnen. Werden nur Teile des Gesetzes vom Verfassungsgerichtshof beanstandet, kann der Präsident nach Rücksprache mit dem Sejmmarschall das Gesetz mit Ausnahme der beanstandeten Passagen in Kraft setzen und diese zur Neubehandlung an das Parlament zurückverweisen.

Der Präsident kann gegen ein Gesetz jedoch auch sein Veto einlegen. Dieses kann vom Sejm mit einer Mehrheit von 60 Prozent zurückgewiesen werden. In der am Runden Tisch vereinbarten Verfassung und auch in der Kleinen Verfassung von 1992 hatte das Quorum noch zwei Drittel betragen. Da jedoch nur wenige Regierungen über eine Parlamentsmehrheit von 60 Prozent verfügten, konnte und kann diese Anforderung eine sehr hohe Hürde bilden, an der wichtige Gesetzesprojekte einer Regierung scheitern können. Weist der Sejm das Veto des Präsidenten allerdings zurück, muss dieser das Gesetz unterzeichnen und kann nicht mehr den Verfassungsgerichtshof einschalten.

Angesichts des schwierigen Gesetzgebungsprozesses aufgrund der großen parteipolitischen Zersplitterung während der I. Wahlperiode des Sejm (1991-93) führte die Kleine Verfassung von 1992 die Möglichkeit ein, dass die Regierung Gesetzentwürfe für eilbedürftig erklärt und diese dann einem beschleunigten Verfahren unterliegen. Die Fristen für die Behandlung der von der Regierung eingebrachten, für dringlich erklärten Gesetzentwürfe sind erheblich verkürzt. So kann die erste Lesung beginnen, unmittelbar nachdem die Abgeordneten die Drucksache mit dem Entwurf erhalten haben. Für die zweite Lesung ist die vorherige Behandlung in einer Kommission nicht zwingend, und die dritte Lesung kann stattfinden, sobald die Abgeordneten den schriftlichen Bericht der zuständigen Kommission vorliegen haben. Ob diese Möglichkeiten genutzt werden, liegt freilich im Ermessen der

---

89 Siedlecka, Ewa 2012: Senat i Sejm złamały prawo, in: Gazeta Wyborcza 19.04.2012: 6.

zuständigen Sejmorgane, insbesondere des Sejmmarschalls, der nach Art. 72 Abs. 2 GO Sejm u.a. den Sejmkommissionen für die Vorlage eines Berichts einen Termin bestimmt, der nicht mehr als 30 Tage betragen darf. Erneut zeigt sich hier, wie wichtig für die Regierung die Bereitschaft des Sejmmarschalls zur Zusammenarbeit ist. Verkürzt ist in jedem Falle auf 14 Tage die Frist, innerhalb derer der Senat zum Beschluss des Sejm Stellung nehmen muss, sowie auf sieben Tage der Zeitraum, innerhalb dessen der Präsident das betreffende Gesetz unterzeichnen muss. Diese dringlichen Gesetzesvorhaben, deren Eilbedürftigkeit nach der Verfassung und der Geschäftsordnung der Parlamentskammern nicht einmal begründet werden muss, bilden die wichtigste rechtliche Grundlage für die Regierung, die Tagesordnung des Parlaments mit zu bestimmen, auf die sie sonst keinen Einfluss hat.

Von dieser Regelung machte die Regierung zu Beginn der II. Wahlperiode kräftigen Gebrauch. 1993 wurden 16 Gesetze im Dringlichkeitsverfahren verabschiedet, nur fünf auf dem üblichen Wege. 1994 lautete das Verhältnis immer noch: 31 Gesetze im Dringlichkeitsverfahren zu 56 Gesetzen, die im normalen Verfahren verabschiedet wurden. Durch eine Verfassungsänderung, deren Bestimmungen in der Verfassung von 1997 beibehalten wurden, wurden 1995 vom Dringlichkeitsverfahren diejenigen Materien ausgenommen, die in erster Lesung im Plenum des Sejm behandelt werden müssen (s.o. in diesem Kapitel). Schlagartig ging die Zahl der auf diesem Wege verabschiedeten Gesetze zurück (1995: elf zu 88, 1996: fünf zu 101, 1997: acht zu 152).[90] Seither hat der Anteil der im Dringlichkeitsverfahren verabschiedeten Gesetze deutlich abgenommen (vgl. Tabelle 14).

In drei Fällen sind besondere Vorschriften für das Gesetzgebungsverfahren vorgesehen: bei Verfassungsänderungen (siehe Kapitel 2.7), der Übertragung von Kompetenzen an internationale Einrichtungen sowie bei der Haushaltsgesetzgebung. Bei der Ratifizierung völkerrechtlicher Verträge werden drei Möglichkeiten unterschieden. Bei der „kleinen Ratifizierung" informiert die Regierung den Sejm, dass sie dem Präsidenten einen internationalen Vertrag zur Ratifizierung vorlegen will (Art. 89 Abs. 2 NV). Bei der „großen Ratifizierung", die Materien wie den Beitritt zu einer internationalen Organisation, erhebliche finanzielle Folgekosten u.ä. betrifft, werden völkerrechtliche Verträge vom Parlament wie ein Gesetz verabschiedet. Betrifft ein solcher Vertrag die Übertragung von Kompetenzen an eine internationale Organisation oder ein internationales Organ, müssen Sejm und Senat jeweils mit einer Zweidrittelmehrheit bei Anwesenheit von mindestens der Hälfte der gesetzlichen Mitgliederzahl zustimmen. Die Ratifizierung kann auch in einer Volksabstimmung vorgenommen werden. Welche Variante gewählt wird, entscheidet der Sejm mit absoluter Mehrheit (Art. 90 Abs. 4 NV).[91] Nach diesen Bestimmungen beschloss der Sejm am 17. April 2003 das Referendum durchzuführen, bei dem im Juni 2003 die Stimmberechtigten bei einer Beteiligung von 58,85 Prozent mit 77,45 Prozent für den polnischen Beitritt zur EU stimmten.

Eigene Bestimmungen gibt es auch bei der Haushaltsgesetzgebung. Nur die Regierung ist berechtigt, einen Haushaltsentwurf einzubringen. Sie muss dies bis mindestens drei Monate vor Beginn des Haushaltsjahres tun, das mit dem Kalenderjahr identisch ist. Die Ab-

---

90 Vgl. Sejm Rzeczypospolitej. Zgromadzenie Narodowe. II Kadencja. Informacja o działalności, Warszawa (Kancelaria Sejmu) o.J., 29.
91 Vgl. u.a. Wyrozumska, Anna 2006: Prawo międzynarodowe oraz prawo Unii Europejskiej a konstytucyjny system źródeł prawa, in: Wójtowicz, Krzysztof (Red.): Otwarcie Konstytucji RP na prawo międzynarodowe i procesy legislacyjne, Warszawa, 174 f.

geordneten dürfen die Ausgaben nicht so erhöhen oder die Einnahmen so kürzen, dass ein größeres Defizit als von der Regierung vorgesehen entsteht. Der Senat kann das vom Sejm verabschiedete Haushaltsgesetz nicht ablehnen, sondern binnen 20 Tagen Änderungen daran vornehmen, zu denen sich dann der Sejm zu äußern hat. Ist der Haushalt nicht bis zu Beginn des Haushaltsjahres verabschiedet, führt die Regierung ihre Ausgabenpolitik so, wie sie sie im Haushaltsentwurf vorgesehen hat. Der Präsident unterzeichnet das Haushaltsgesetz innerhalb von sieben Tagen nach dessen Verabschiedung. Er kann kein Veto dagegen einlegen, aber den Verfassungsgerichtshof anrufen, der innerhalb von zwei Monaten zu den Bedenken des Präsidenten Stellung zu nehmen hat. Liegt dem Präsidenten das Haushaltsgesetz nicht spätestens vier Monate nach dem Zeitpunkt vor, zu dem der Entwurf beim Sejm eingegangen war, kann er das Parlament auflösen. Diese Bestimmungen sollen gewährleisten, dass der Haushalt vom Parlament zügig behandelt und verabschiedet wird.

Da seit 1991 Parlamentswahlen immer im Herbst stattgefunden haben, haben neue Regierungen in der Regel denjenigen Haushaltsentwurf durch das Parlament bringen und im Folgejahr ausführen müssen, den ihre Vorgängerregierung konzipiert hatte. Erst im nachfolgenden Jahr konnten sie dann ihre eigenen politischen Vorstellungen auch über den Staatshaushalt umsetzen.

Gesetzen kommt bei der Gestaltung einer Gesellschaft, die eine politische, wirtschaftliche und soziale Systemtransformation durchläuft, eine zentrale Bedeutung zu. Dies betrifft nicht nur ihre Inhalte, sondern auch ihre rechtstechnische Qualität. Diese war bei vielen in der Dritten Republik verabschiedeten Gesetzen problematisch, auch wenn sie von der Regierungsseite bzw. der Ministerialbürokratie vorgelegt wurden. Zwar bestand der Sejmausschuss für Gesetzgebungsfragen weiter, dessen Aufgabe schon zuvor gewesen war, Gesetzentwürfe auf ihre juristische Konsistenz zu überprüfen. Seine Expertise ist gewiss notwendig, wie seine Wiederherstellung in der IV. Wahlperiode zeigte, nachdem er in der III. aufgelöst worden war. Sie ist aber nicht ausreichend. Es besteht ferner seit 1976 ein gut ein Dutzend Juristen umfassender „Beirat für Gesetzgebung" (*Rada legislacyjna*), der vom Premierminister ernannt wird, bei diesem angesiedelt ist und ihn sowie die Mitglieder der Regierung berät und für sie Gutachten zu konkreten Gesetzesvorhaben sowie zum allgemeinen Zustand des Rechts erstellt. Teile seiner Tätigkeit und insbesondere Gutachten zu laufenden Gesetzesvorhaben einzelner Ministerien sind im Internet einsehbar (http://radalegislacyjna.gov.pl). Diese Beratungsgremien haben jedoch nicht verhindern können, dass angesichts der zu regulierenden Flut an Materien die Qualität etlicher Gesetze in Fachzeitschriften und Medien vielfach als „Gesetzgebungsmüll" (*bubel legislacyjny*) kritisiert wurde. Viele Gesetze mussten bereits nach kurzer Zeit nachgebessert werden. Noch schlimmer, in einigen Fällen wurden Gesetze schon unter der Prämisse verabschiedet, „sie wären so schlecht, dass man sie sofort nach ihrem Inkrafttreten verändern müsste". Hinzu kamen eine mangelnde Berücksichtigung des Rechtsschutzes der Bürger bei neuen gesetzlichen Regelungen, eine unzureichende Anpassung neuer Gesetze an Vorschriften höheren Rechts, etc.[92]

Zu diesen negativen rechtstechnisch-qualitativen Seiten der Gesetzgebung kommen politische Probleme des Gesetzgebungsprozesses. Nicht erst die Rywin-Affäre hat deutlich gemacht, dass auf die Gestaltung von Gesetzen auch Kräfte Einfluss zu nehmen versuchen,

---

92 Vgl. die Klagen bei Olszewski, Henryk 2008: Der demokratische Rechtsstaat in Polen. Historische und zeitgenössische Überlegungen, in: Kohl, Gerald/ Neschwara, Christian/ Simon, Thomas (Hrsg.): Festschrift für Wilhelm Brauneder zum 65. Geburtstag. Rechtsgeschichte mit internationaler Perspektive, Wien, 443-455, hier 454. Dort auch das wörtliche Zitat.

deren Tätigkeit den Blicken der Öffentlichkeit entzogen ist. Bereits 1992 soll rund eine halbe Million US-Dollar geflossen sein, damit die Verabschiedung eines Gesetzes über Glücksspiele blockiert wurde, was aber erst 2000 in einem im Auftrag der polnischen Regierung von der Weltbank erstellten Bericht über Korruption in Polen bekannt wurde. Die Geschichte der gesetzlichen Regelung von Glücksspielen gilt geradezu als Inbegriff der Käuflichkeit von Abgeordneten und unsauberen Vorgängen im Gesetzgebungsprozess (Wiszowaty 2010a: 7 f.).

Der Begriff des Lobbyismus ist in Polen ausgesprochen negativ besetzt, wie zahlreiche Umfragen belegen, und weitgehend gleichbedeutend mit Korruption. Zum Lobbyisten in diesem negativen Sinne schlechthin wurde in den Medien Marek Dochnal stilisiert, der 2004 unter dem Vorwurf der Korruption und der Geldwäsche verhaftet wurde. Er soll versucht haben, vom damaligen SLD-Abgeordneten Andrzej Pęczak gegen Schmiergeld und einen Luxus-Mercedes Kontakt zum Schatzminister der Regierung Miller, Zbigniew Kaniewski, zu erhalten. Pęczak seinerseits war der erste Abgeordnete, der aus dem Sejm heraus verhaftet wurde. Um das Lobbying in Polen transparenter zu machen und ihm zugleich den Ruch des Anstößigen zu nehmen, wurde nach zwar jahrelanger Vorbereitung, aber dennoch unter dem Zeitdruck der bevorstehenden Parlamentswahlen 2005 ein Gesetz verabschiedet, das die Lobbytätigkeit im polnischen Parlament regelt.[93] Es trat im März 2006 in Kraft.

Die mit ihm verbundenen Erwartungen hat es bei weitem nicht erfüllt. Kritiker führen das zu allererst auf die unpräzise Definition von Lobbytätigkeit im Gesetz zurück. Diese wurde in Art. 2 als Erwerbstätigkeit zugunsten dritter Personen definiert, deren Ziel darin besteht, dass die Interessen dieser Personen bei der Gesetzgebung berücksichtigt werden. Unter einen so weiten Begriff von Lobbying fällt zum Beispiel auch die Tätigkeit gemeinnütziger Organisationen oder von Nichtregierungsorganisationen generell. Es wurden keine Standards des Kontakts zwischen Berufslobbyisten und Ämtern formuliert, die Vorschriften betrafen nur die Lobbytätigkeit im Parlament und Ministerien, nicht aber etwa beim Staatspräsidenten oder der regionalen und kommunalen Selbstverwaltung.[94]

Beim Ministerium für Inneres und Verwaltung wurde ein Register eingerichtet, in das Personen eingetragen werden, die berufsmäßig Lobbytätigkeit ausüben. Das Register ist öffentlich. Bis Ende 2006 ließen sich 77 physische, in der Mehrzahl aber juristische Personen registrieren. Bis Ende 2011 wuchs die Zahl auf 209 an, von denen in der Zwischenzeit einige auf Antrag der Betroffenen gestrichen wurden. Lobbyisten, die sich im Sejm registrieren lassen, können an den Ausschusssitzungen, die die sie tangierenden Gesetzesvorhaben betreffen, teilnehmen und das Wort ergreifen.

Mehr als fünf Jahre Praxis dieser Bestimmungen haben ein sehr ernüchterndes Bild ergeben. Die Zahl der im Sejm registrierten Lobbyisten variierte, bewegte sich aber immer im deutlich unteren zweistelligen Bereich. Noch niedriger lag die Zahl der im Senat registrierten Lobbyisten. Dabei dominierten zunächst eher die Vertreter von nichtkommerziellen NGOs, die sich registrieren ließen, wenn sie betreffende Gesetzesvorhaben anstanden, und zum Teil auch wieder streichen ließen, wenn die sie interessierenden Themen im Parlament abgehandelt waren. Vertreter eher für das Gemeinwohl arbeitender Organisationen können

---

93 Gesetz vom 7.07.2005 über die Lobbytätigkeit beim Prozess der Gesetzgebung, Dz. U. 2005 Nr. 169, Pos. 1414.
94 Zu diesen und weiteren kritischen Einwänden gegen das Gesetz siehe u.a. Makowski/Zbieranek 2010.

Tabelle 15: Aktivitäten registrierter Lobbyisten im Sejm (2006-2011)

	Anzahl der für Lobbytätigkeit im Sejm registrierten physischen und juristischen Personen	Anzahl dieser Personen bei Kommissionssitzungen	Anzahl der Sitzungen, bei denen diese Personen anwesend waren	Mündliche Stellungnahmen während der Kommissionssitzungen[a]
2006	11	2	4	–
2007	19	2	7	–
2008	17	7	35	–
2009	21	7	48	11
2010	19	5	31	4
2011	24	9	34	4

a   Zum Teil mit Vorlage schriftlicher Vorschläge
Quelle: Eigene Zusammenstellung nach www.sejm.gov.pl/lobbing/informacja_roczna_2011.pdf (bzw. vorhergehende Jahrgänge) (28.02.2012)

wohl kaum als klassische „Lobbyisten" betrachtet werden. Die Leiterin des Programms „Gegen Korruption" des Think Tanks Batory-Stiftung in Warschau, Grażyna Kopińska, die den Gesetzgebungsprozess seit Jahren verfolgt, erklärte im Mai 2008, das Gesetz sei bisher im wesentlichen toter Buchstabe geblieben. Es sei klar, dass es mehr als nur zwölf Lobbyisten im polnischen Parlament gebe.[95] Von der Sejmkanzlei veröffentlichte Statistiken verdeutlichen, dass die gesetzlichen Regelungen kaum zur Transparenz der Lobbytätigkeit beitragen.

Allerdings ist nicht zu übersehen, dass die den Parlamentsakten zu entnehmende Aktivität der Lobbyisten immer mehr zugenommen hat. 2009 betraf das vor allem die Tätigkeit zweier Consultingfirmen, deren Vertreter an 29 bzw. 15 Kommissionssitzungen teilnahmen. Die Sensibilität gegenüber Lobbytätigkeit nahm allgemein zu, als im Sommer 2009 in der so genannten „Glücksspiel-Affäre" der bis dahin angesehene PO-Fraktionsvorsitzende Zbigniew Chlebowski und Sportminister Mirosław Drzewiecki von ihren Ämtern zurücktreten mussten, weil nach publizistisch effektvollen Enthüllungen des der PiS angehörenden Leiters des Antikorruptionsbüros Mariusz Kamiński (der daraufhin entlassen wurde) der Verdacht nahe lag, dass sich beide hinter den Kulissen dafür eingesetzt hatten, dass eine geplante Erhöhung der Steuern für das Betreiben von Glücksspielautomaten unterbunden wurde.

Mit dem Gesetz zur Regelung der Lobbytätigkeit wurde auch die Einrichtung von öffentlichen Anhörungen geschaffen, an denen registrierte Lobbyisten, gesellschaftliche Organisationen, berufliche Selbstverwaltungen, Vereinigungen, Stiftungen und alle interessierten Personen teilnehmen und Stellungnahmen abgeben können. Voraussetzung ist ein Beschluss der betreffenden Sejmkommission, ein solches Hearing durchzuführen. Im Gesetz fehlen hierzu Angaben, welche materiellen Bereiche Gegenstand von Anhörungen sein sollen, und Kriterien für deren Organisation. Kritisiert wird auch, dass solche Anhörungen nur während der ersten Lesung eines Gesetzes stattfinden, während oft entscheidende Veränderungen erst in späteren Phasen des Gesetzgebungsprozesses vorgenommen werden (Makowski/Zbieranek 2010: 4f.). Voraussetzung für die Teilnahme der Interessierten ist nach dem Gesetz und Art. 70 GO Sejm, dass diese sich nach der Veröffentlichung des Be-

---

35   Vgl. die Wiedergabe nach Karol Manys: Lobbyści są ukryci w Sejmie, in: Rzeczpospolita 12.05.2008, http://www.rp.pl/artykul/132974.html?page=1 (28.02.2012).

2.6 Funktionen des Parlaments

schlusses und des betreffenden Gesetzesprojektes bis zehn Tage vor dem Sitzungsbeginn anmelden. Der Transparenz soll dienen, dass die Liste der Personen (und gegebenenfalls der Organisationen, die sie vertreten), die sich für eine Anhörung angemeldet haben, auf der Homepage des Sejm veröffentlicht wird, auch wenn diese Zahl 1000 übersteigt (was allerdings selten vorkommt). Im Archiv der Homepage des Sejm ist dazu seit der V. Wahlperiode eine eigene Rubrik „Öffentliche Anhörung" ausgewiesen.[96] In der V. Wahlperiode (2005-2007) gab es sieben solcher Hearings, 2007-2011 zwölf[97] – nicht eben beeindruckende Zahlen, auch wenn sich natürlich nicht jeder der 26 ständigen Ausschüsse als Forum für öffentliche Anhörungen eignet.

In einem einzigen Gesetz sollte die Lobbytätigkeit geregelt werden, der Lobbyismus „zivilisiert" und die Korruption eingedämmt sowie die Regelung der öffentlichen Anhörungen vorgenommen werden. Diese Absicht hat die Grenzen zwischen beiden Vorhaben aber tendenziell zerfließen lassen. Nach Meinung von Kritikern sollten öffentliche Anhörungen nicht durch Gesetz, sondern durch die Geschäftsordnung des Sejm geregelt werden, da sie Teil eines gesellschaftlichen Dialogs seien. Besonders heftig wird attackiert, dass nach dem Gesetz bereits angesetzte Anhörungen auch unter fadenscheinigen Begründungen wie Raummangel wieder abgesagt werden können. Empörung rief in diesem Zusammenhang die Absage einer Anhörung zur geplanten Neuregelung der wahlgesetzlichen Bestimmungen im Vorfeld der Wahlen zur kommunalen und regionalen Selbstverwaltung 2006 hervor (Makowski/Zbieranek 2010: 6).

Bisher gibt es zur Tätigkeit der Lobbyisten in Polen kaum empirische Untersuchungen. Ihr Fehlen bildet ein ausgesprochenes Desiderat. Umso bemerkenswerter ist die Arbeit eines deutschen Politologen, der das „Einflussnetz" der Katholischen Kirche anhand von 41 Interviews mit Bischöfen, Politikern aller Richtungen und Journalisten untersucht hat. Dominik Hierlemann unterschied dabei bei der Kirche pragmatisch „eine dem Verbandshandeln vergleichbare ‚verbandsmäßig-öffentliche Seite' und eine vom Verbandsdenken unangetastete innere Seite" (Hierlemann 2005: 24) und kam zu dem Ergebnis, dass die Amtskirche kaum mit den ohnehin wenig angesehenen Parteien (auch nicht ihr nahe stehenden) und auch nicht mit dem Parlament als solchem in Kontakt treten wolle. Vielmehr betrachteten die Bischöfe nur Regierungsvertreter als Partner, mit denen sie „auf gleicher Augenhöhe" verhandeln könnten. Kontakte zur politischen Rechten seien noch aus der Zeit der antikommunistischen Opposition sehr eng, so dass sich formelle Beziehungen erübrigten.

Unabhängig von offener oder verdeckter Einflussnahme von außen ließen sich in den einzelnen Wahlperioden unterschiedliche Materien ausmachen, deren Regelung Vorrang hatte. Im „ausgehandelten" Sejm 1989-91 waren dies die Änderung der Verfassung, die zumindest für eine Übergangszeit die Anpassung der Verfassung der Volksrepublik an die Anforderungen an einen Rechtsstaat ermöglichte. Ferner war dies der so genannte „Balcerowicz-Plan" mit dem beispiellosen Sprung von der Planwirtschaft zur Einführung marktwirtschaftlicher Strukturen zum 1. Januar 1990. In etlichen anderen Bereichen wurden Reformen jedoch nur halbherzig angegangen. Über viele Jahre wagte es keine Regierung, die

---

96 Für die V. Kadenz (2005-2007): http://www.sejm.gov.pl/archiwum/lobbing/kadencja5/wys_pub.htm (30.07.2012). Für spätere Wahlperioden lautet die Internetadresse analog.
97 Zu einer deskriptiven Bilanz der Öffentlichen Anhörungen bis 2010 siehe: Kancelaria Senatu. Biuro Analiz i Dokumentacji. Dział analiz i Opracowań Tematycznych 2010: Instytucja wysłuchania publicznego, Warszawa wrzesień 2010, http://ww2.senat.pl/k7/dok/bad/2010/ot-590.pdf (28.02.2012).

Privatisierung hoch subventionierter Bereiche wie des Bergbaus, der Metallindustrie oder des Schiffbaus anzugehen. Dort waren jeweils Zehntausende von Arbeitsplätzen bedroht. Die Betroffenen waren in vielen Fällen Mitglieder der *Solidarność*, die wesentlich zum Sturz des alten Regimes beigetragen hatten. In einigen Materien wurde eine Lösung erst im Vorfeld des EU-Beitritts auf Druck von Brüssel möglich. Bemerkenswert war, dass die Parlamentarier mehrfach den Forderungen meist aus anderen Landesteilen angereister und zum Teil gewalttätig in der Hauptstadt demonstrierender Arbeiter, wie Bergarbeitern aus Oberschlesien 2005, nachgaben und damit Reformen verzögerten.

Angesichts des enormen Reformstaus war der Mut der Regierung Buzek (1997-2001) beachtlich, zum 1. Januar 1999 gleich vier große Reformprojekte in Kraft zu setzen: 1) eine neue staatliche Verwaltungseinteilung, ferner Reformen 2) des Gesundheitswesens, 3) des Bildungswesens sowie 4) der Sozialversicherung. Die Reformen zielten auf die Beseitigung vielfach kritisierter Schwachstellen. Ihre gleichzeitige Einführung überforderte jedoch die Fähigkeit der Staatsverwaltung, sie auch entsprechend umzusetzen. Am tragfähigsten erwies sich die Reform der Verwaltungsstruktur mit der Reduzierung der Zahl der Wojewodschaften von (seit 1975) 49 auf 16, wodurch zugleich EU-kompatible Regionen geschaffen wurden (vgl. Kapitel 6). Gesundheits- und Bildungswesen stellen auch weiterhin Brennpunkte sozialer Auseinandersetzungen dar. Hinzugekommen sind in den letzten Jahren auch aus Westeuropa bekannte Probleme der Sozialversicherung wie die Frage der Anhebung des Mindestalters für den Bezug von Altersrenten auf 67 Jahre sowohl für Männer als auch für Frauen. Für Letztere lag die Altersgrenze jahrzehntelang bei 55 Jahren,[98] in der Praxis aber weit darunter. Premierminister Tusk machte nach den Parlamentswahlen von 2011 deutlich, dass die Heraufsetzung des Rentenalters für ihn eine der Prioritäten der neuen Wahlperiode darstellte, stieß aber bei der Opposition auf erbitterte Ablehnung, selbst bei seinem Koalitionspartner PSL nur auf begrenztes Verständnis und setzte die schrittweise Einführung des Rentenalters ab 67 Jahren für Männer (bis 2020) und Frauen (bis 2040) im Frühjahr 2012 nur gegen heftigen Widerstand durch.

Eine der wichtigsten politischen Konfliktlinien bezieht sich auf die Auseinandersetzung mit der kommunistischen Vergangenheit und die aus ihr zu ziehenden juristischen Konsequenzen. Der Logik des am Runden Tisch erzielten Kompromisses entsprechend beließ der erste nichtkommunistische Regierungschef Tadeusz Mazowiecki noch bis Mitte 1990 in seinem Kabinett nicht nur den bisherigen Verteidigungsminister, sondern auch den kommunistischen Innenminister Kiszczak, der in dieser Zeit Akten des Geheimdienstes vernichten ließ. Mazowiecki verzichtete auf eine Abrechnung mit den kommunistischen Funktionsträgern als solchen und verkündete einen „dicken Strich" unter die Vergangenheit. Nur diejenigen sollten zur Verantwortung gezogen werden, die sich strafrechtlich etwas hätten zuschulden kommen lassen.[99]

Was in den ersten Monaten nach den Wahlen vom Juni 1989 verständlich war, wurde nach der Selbstauflösung der PZPR und erst recht nach dem Zerfall der Sowjetunion zunehmend kritisiert. Bei den ersten freien Sejmwahlen Ende Oktober 1991 war im Wahlkampf die „Dekommunisierung" eines der zentralen Themen des künftigen Ministerpräsidenten Jan Olszewski und der ihn stützenden Zentrumsallianz (PC) der Brüder Kaczyński.

---

98 Bis 2008 konnten Frauen mit 55 Jahren in Rente gehen, wenn sie 30 Jahre Berufstätigkeit nachweisen konnten.
99 Vgl. die Regierungserklärung Mazowieckis in: Blätter für deutsche und internationale Politik 34 (1989), 1388-1400.

Es beherrschte auch die Diskussionen im Sejm im Frühjahr 1992. Die ungeschickte Art, in der Olszewskis Innenminister Antoni Macierewicz Listen angeblicher Mitarbeiter des kommunistischen Geheimdienstes veröffentlichte, diskreditierte das Thema zunächst und trug mit zum Sturz der Regierung Olszewski bei. Es tauchte jedoch regelmäßig wieder auf, verstärkt unter den PiS-Regierungen 2005-2007. Kaum ein anderes Thema hat von 1989 bis heute die polnische Öffentlichkeit stärker polarisiert (siehe hierzu ausführlicher Kapitel 12.2).

Heftig diskutiert wurde in Öffentlichkeit und Parlament über das Verhältnis zwischen Staat und Kirche. Die Ratifizierung des von der Regierung Suchocka 1993 mit dem Vatikan unterzeichneten Konkordats wurde von den SLD-PSL-Regierungen 1993-97 verzögert und erst vom AWS-dominierten Sejm 1998 vorgenommen. Ein Reizthema über die Jahre hinweg war auch die gesetzliche Regelung der Abtreibung. Nach einer Verschärfung der seit 1956 weitestgehend liberalisierten Abtreibungsgesetzgebung Anfang 1993 wurde sie 1996 wieder etwas liberalisiert, was ein Jahr später der Verfassungsgerichtshof in Teilen aufhob. Die Diskussion flammt seither immer wieder auf. Im April 2007 veranlasste das Scheitern eines von Präsident Lech Kaczyński initiierten Gesetzentwurfs zur Verschärfung der Abtreibungsgesetzgebung aufgrund der Begleitumstände der (Nicht-) Diskussion des Antrags in der PiS-Fraktion Sejmmarschall Marek Jurek zu seinem Rücktritt und zum Austritt aus der PiS, was den Zerfall des von Jarosław Kaczyński geführten Kabinetts beschleunigte, der im Herbst 2007 zu Neuwahlen führte.

Teilweise hoch kontrovers wurde in den 1990er Jahren im Parlament die Perspektive eines polnischen Beitritts zur Europäischen Union behandelt. Dezidierter Gegner auch noch nach dem Beitritt war die nationalklerikale LPR, deutlich europaskeptisch auch die *Samoobrona* und in Teilen auch die PSL. Mit der verheerenden Wahlniederlage von *Samoobrona* und LPR 2007 gibt es keine explizit EU-skeptischen Parteien mehr im polnischen Parlament, wenngleich bei PiS bisweilen deutliche Vorbehalte zu beobachten sind. Die wichtigsten EU-skeptischen Kräfte sind heute um Radio Maryja gruppiert. Die Befürwortung der EU-Mitgliedschaft ist in der Gesellschaft in Polen jedoch so hoch wie in kaum einem anderen Staat der EU (vgl. Kapitel 12.3).

2.7 Verfassungsänderungen

Die Verfassung von 1997 hat sich bisher als äußerst stabil erwiesen. Änderungen an ihr können auf mehrere Art und Weise vorgenommen werden. Initiativen dazu können ausgehen von mindestens einem Fünftel der Mitglieder des Sejm (d.h. mindestens 92 Abgeordneten), dem Senat (d.h. der Mehrheit seiner Mitglieder) sowie vom Staatspräsidenten. Die Vorlage wird wie ein Gesetzentwurf behandelt. Zunächst befasst sich der Sejm damit, beginnt jedoch mit der ersten Lesung frühestens 30 Tage nach Eingang des Projekts. Zur Zustimmung erforderlich ist mindestens eine Zweidrittelmehrheit bei Anwesenheit der Mehrheit der gesetzlichen Mitgliederzahl des Sejm. Dem wortgleichen Text muss der Senat binnen 60 Tagen mit absoluter Mehrheit (sic) ebenfalls bei Anwesenheit seiner gesetzlichen Mitgliederzahl zustimmen. Betrifft die Vorlage die Kapitel I („Die Republik", Artt. 1 bis 29 NV, allgemeine Grundsätze), II („Freiheiten, Rechte und Pflichten des Menschen und des Staatsbürgers", Artt. 30 bis 76) und XII (Verfassungsänderung, Art. 235), kann der Sejm darüber nicht früher als am 60. Tage nach der ersten Lesung beschließen. Sind von der Vorlage Artikel aus den genannten Kapiteln betroffen, so können mindestens 92 Abgeordnete, die Mehrheit des Senats oder der Staatspräsident binnen 45 Tagen nach Verabschiedung der Verfassungsänderung durch den Senat beim Sejmmarschall beantragen, dass über sie eine Volksabstimmung abgehalten wird. Diese muss der Sejmmarschall innerhalb von 60 Tagen ansetzen. Wenn die Mehrheit der abgegebenen Stimmen dafür ist, gilt die Vorlage als angenommen (Art. 235 NV). Dabei gibt es kein Quorum zur Höhe der Abstimmungsbeteiligung. Wird die Verfassungsänderung entweder vom Parlament oder durch Referendum angenommen, unterzeichnet der Präsident das betreffende Gesetz binnen 21 Tagen und ordnet seine Verkündung im Gesetzblatt an (Art. 235 Abs. 7 NV).

Nach diesen Vorschriften wurden bisher nur auf parlamentarischem Wege zwei Verfassungsänderungen vorgenommen. 2006 wurde Art. 55 NV dahingehend geändert, dass polnische Staatsbürger auf Ersuchen anderer Staaten oder internationaler Gerichte ausgeliefert werden können, wenn hierfür die Voraussetzung durch einen von Polen ratifizierten internationalen Vertrag oder seine Umsetzung in nationales Recht gegeben ist. Dabei muss die Tat außerhalb des polnischen Staatsgebiets verübt worden und auch nach polnischem Recht strafbar sein.[100] Im Mai 2009 wurde Art. 99 NV ein Absatz 3 hinzugefügt, nach dem eine Person das passive Wahlrecht zum Sejm und Senat verliert, die wegen eines Offizialdelikts rechtskräftig verurteilt worden ist.[101] Mit dieser Bestimmung, die offensichtlich primär auf Andrzej Lepper und andere Politiker der *Samoobrona* zielte, sollte verhindert werden, dass Personen (gegebenenfalls erneut) in das Parlament gelangen, die dessen Ansehen Schaden zufügen.

Neben diesen zwei bisher einzigen abgeschlossenen Verfassungsänderungen gab es eine Reihe weiterer Änderungsvorhaben, die ganz unterschiedliche Bereiche betrafen wie die Einschränkung der Immunität von Abgeordneten, eine Kompetenz für die Organe der Nationalbank Verordnungen zu erlassen oder Bestimmungen zum Schutz des ungeborenen Lebens. Derartige, einzelne Bestimmungen der Verfassung betreffende Projekte gelangten zum Teil nicht einmal bis zur Einbringung beim Sejm, flossen teilweise in den Gesetzgebungsprozess ein, nahmen aber entweder nicht die parlamentarischen Hürden oder waren zu Ende der Wahlperiode noch nicht verabschiedet und fielen damit dem Grundsatz der Diskontinuität von Gesetzesvorlagen zum Opfer. Daneben gab es auch Projekte, die auf eine ganz neue Verfassungsordnung abzielten. Solche Vorlagen, die sich zum Teil ausdrücklich als Gegenentwürfe zur Verfassung der Dritten Republik verstanden, legten 2004 und 2005 die PiS,[102] *Samoobrona* und die LPR vor, einschließlich zumindest zum Teil neuer Präambeln. Diese Entwürfe waren jedoch wenigstens teilweise primär auf den Wahlkampf 2005 zugeschnitten. Auch ein Expertenteam der PO unter der Leitung ihres damaligen Kandidaten für das Amt des Ministerpräsidenten, Jan Rokita, arbeitete 2005 einen Entwurf für freilich deutlich weniger weit reichende Verfassungsänderungen aus.[103]

Zum Ende seiner ersten 100 Tage Amtszeit legte Staatspräsident Bronisław Komorowski im November 2010 Vorschläge zur Änderung der Verfassung vor, mit denen diese flexibler den Anforderungen entsprechen sollte, die sich aus Polens Mitgliedschaft in der

---

100 Gesetz vom 8.09.2006 zur Änderung der Verfassung, Dz. U. 2006 Nr. 200, Pos. 1471.
101 Gesetz vom 7.05.2009 zur Änderung der Verfassung, Dz. U. 2009 Nr. 114, Pos. 946.
102 Der Verfassungsentwurf der PiS in der Fassung vom Januar 2010 ist einsehbar unter http://www.pis.org.pl/dokumenty.php?s=partia&iddoc=149 (17.07.2012).
103 Die zwischen 1997 und 2007 vorgelegten Entwürfe für einzelne Änderungen der Verfassung sowie die Vorlagen ganz neuer Verfassungskonzepte sind wiedergegeben und zum Teil kommentiert bei Chruściak 2009.

EU ergeben. Noch als Sejmmarschall hatte er am 17. Dezember 2009 ein Gremium von Wissenschaftlern aus den Bereichen Verfassungs-, internationales und Europarecht berufen, das am 30. Juni 2010 den Entwurf für eine entsprechende Verfassungsänderung vorlegte.[104] Nach Komorowskis Vorstellungen sollten zum einen die Artikel bezüglich der Polnischen Nationalbank so angepasst werden, dass die Verfassung Regelungen enthält, die mit den Bestimmungen innerhalb der Euro-Zone vereinbar sind und den Beitritt Polens zur Euro-Zone erleichtern. Zum anderen sollte in die Verfassung ein ganzes der EU-Problematik gewidmetes Kapitel 10a eingefügt werden, durch das die Bestimmungen der polnischen Verfassung mit den Anforderungen an die Mitgliedschaft in der EU und insbesondere an die Neuerungen durch den Lissabon-Vertrag harmonisiert werden sollten.

Dies betraf eine ganze Reihe von Fragen. So sollten die Prozeduren präzisiert werden, nach denen Kompetenzen an die EU abgetreten werden können (durch Referendum oder durch qualifizierte Mehrheit im Parlament). Um zu vermeiden, dass Polen Fristen bei der Umsetzung von EU-Recht in polnisches Recht überzieht und Strafgebühren zahlen muss, sollte die Regierung mit der Pflicht belegt werden, dem Parlament rechtzeitig entsprechende Umsetzungsgesetze vorzulegen. Tue sie dies nicht, sollte sie zur verfassungsrechtlichen Verantwortung gezogen werden, d.h. vor dem Staatsgerichtshof angeklagt werden. Die Kompetenzaufteilung zwischen Präsident und Regierung für die polnische Politik in der EU sollte entsprechend dem Urteil des Verfassungsgerichtshofs von 2009 vorgenommen werden. Nichtpolnischen Staatsbürgern der EU sollten auf dem Gebiet der Republik Polen ausdrücklich die EU-Bürgern zustehenden Rechte zugesichert werden. Als Verbeugung in Richtung PiS, ohne deren Zustimmung es zu diesem Zeitpunkt für die Verfassungsänderung keine Mehrheit gab, wurde die Festlegung von Prozeduren verstanden, nach denen Polen aus der EU auch austreten kann (was auf absehbare Zeit niemand beabsichtigt).[105]

Bereits Ende Oktober 2010 hatte der Sejm einen außerordentlichen Ausschuss einberufen, der Vorschläge von PO und PiS zu Verfassungsänderungen prüfen sollte. Die PO wollte u.a. die Zahl der Sejmabgeordneten von 460 auf 300 und die der Senatoren reduzieren.[106] Dafür sollten dem Senat künftig frühere Präsidenten angehören. Die PiS wollte, dass sich der Verfassungsgerichtshof auch zur Übereinstimmung internationaler Verträge mit der Verfassung äußern kann.[107] Dem Ausschuss blieb nur knapp ein Jahr bis zum Ende der Wahlperiode. Immerhin wurde im Juli und August 2011 in dem Ausschuss ein Kompromiss zwischen PO und PiS (sowie dem Vertreter von Präsident Komorowski) u.a. dahingehend erzielt, dass für die Einführung neuer Abtretungen von Kompetenzen an die EU wie bei Verfassungsänderungen eine Zweidrittelmehrheit bei Anwesenheit von mindestens der Hälfte der gesetzlichen Mitglieder erforderlich sei. Doch verhinderte der einsetzende Parlamentswahlkampf, dass die von Komorowski vorgeschlagenen Verfassungsänderungen

---

104 Vgl. die Besprechung dieses Entwurfs durch Jaskiernia, Jerzy 2011: Projekt klauzuli integracyjnej do Konstytucji RP, in: Państwo i Prawo 1 (779), 3-17.
105 Vgl. die Verfassungsvorschläge Komorowskis und ihre Begründungen in seiner Vorlage an den Sejm vom 12.11.2010, Sejmdrucksache Nr. 3598 der VI. Wahlperiode, http://orka.sejm.gov.pl/Druki6ka.nsf/0/0FA39 CE6B812715AC12577E400489FEF/$file/3598.pdf (30.07.2012).
106 Die PO schlug vor, in Wojewodschaften mit bis zu 1 Million Einwohnern einen Senator zu wählen. Für jede angefangene weitere Million wählt die Wojewodschaft einen weiteren Senator. Nach dem damaligen Stand der Einwohner pro Wojewodschaft hätte dies 49 statt 100 Senatoren ergeben.
107 Vgl. die Sejmdrucksachen der VI. Wahlperiode Nr. 2989 vom 19.02.2010 (PO), 3395 und 3399 vom 6.11.2009 (PiS) sowie 3508 vom 19.10.2010 (PO-Antrag zur Einberufung einer außerordentlichen Verfassungskommission zur Begutachtung der eingegangenen Vorschläge zur Verfassungsänderung); http://orka. sejm.gov.pl/Druki6ka.nsf/0/667C5CB99B22D13FC12577C3002FAFFE?OpenDocument (30.07.2012).

noch umgesetzt wurden. Der Präsident ließ offen, ob er nach den Wahlen auf das Projekt der Verfassungsänderungen zurückkommen werde.[108] Verändert wurde nur im Rahmen des im Januar 2011 verabschiedeten Wahlgesetzbuchs (also nicht durch eine Verfassungsänderung) das Wahlsystem zum Senat, dessen unverändert 100 Mitglieder nun in Einmannwahlkreisen nach relativer Mehrheit gewählt werden.

2.8 Literatur

Ágh, Attila 1995: The experience of the first democratic parliaments in East Central Europe, in: Communist and Post-Communist Studies 28 (2), 203-214.
Bagieńska-Masiota, Aleksandra 2010: Sejmowa komisja śledcza w systemie politycznym Rzeczypospolitej Polskiej, Warszawa.
Bainczyk, Magdalena 2009: Das Ratifizierungsverfahren des Vertrages von Lissabon in Polen, in: Europarecht 44 (1), 145-160.
Banaszak, Bogusław 2010: A Sejm Investigative Committee as a Form of the Exercise of Oversight by the Sejm, in: The Sejm Review, Fourth Special Edition, 93-112; auch zugänglich unter http://orka.sejm.gov.pl/przeglad.nsf/xWgRokuAng/2010/$File/ps4_2010_eng.pdf.
Banaszak, Bogusław 2006: Voraussetzungen und Grenzen der Verfassungsänderungen in Polen, in: Osteuropa-Recht 52 (5/6), 320-336.
Banaszak, Bogusław/ Jarosz-Żukowska, Sylwia 2006: Der Bürgerrechtsbeauftragte und besondere Beauftragte in der polnischen Rechtsordnung, in: Merli, Franz/ Wagner, Gerhard (Hrsg.): Das neue Polen in Europa, Innsbruck/ Wien/ Bozen, 225-237.
Bożyk, Stanisław 2005: Opozycja parlamentarna w Sejmie RP, Warszawa.
Chruściak, Ryszard 2009: Prace konstytucyjne w latach 1997-2007, Warszawa.
Franke-Wöller, Corinna 2009: Die Einführung eines Kinderrechtsbeauftragten in Deutschland nach polnischem Vorbild, Berlin.
Garlicki, Leszek 2007: Le Sénat en Pologne. Histoire et perspectives, in : Itinéraire d'un constitutionnaliste 2007, 575-585.
Goetz, Klaus H./ Zubek, Radoslaw 2007: Government, parliament and lawmaking in Poland, in: Journal of Legislative Studies 13 (4), 517-538.
Hierlemann, Dominik 2005: Lobbying der katholischen Kirche. Das Einflussnetz des Klerus in Polen, Wiesbaden.
Jamroz, Adam 2006: Le rôle du Sénat de la République de Pologne dans la procédure législative. Quelques remarques, in : L'État et le droit d'Est en Ouest. Mélanges offerts au professeur Michel Lesage, Paris, 147-159.
Jasiecki, Krzysztof/ Molęda-Zdziech, Małgorzata/ Kurczewska, Urszula [2]2006: Lobbing: sztuka skutecznego wywierania wpływu, Kraków.
Koksanowicz, Grzegorz 2002: The constitutional position of the Marshall of the Sejm under the constitution of April 2, 1997, in: The Sejm Review (Second Special Edition), 97-110.
Korolewska, Monika/ Szpringer, Zofia 2007: Finansowanie działalności poselskiej w Polsce, in: Świadczenia poselskie w różnych krajach. Studia BAS, Warszawa, 23-34; auch zugänglich unter http://orka.sejm.gov.pl/WydBAS.nsf/0/B1D128ED6757462AC12573D7002DA1CA/$file/swiadczenia.pdf (23.07.2012).
Kruk, Maria 2008: Funkcja kontrolna Sejmu RP, Warszawa.

---

108 Vgl.: Komorowski: może po wyborach wrócę do projektu zmian w konstytucji, in: Gazeta Wyborcza 08.09.2011, http://wiadomosci.gazeta.pl/wiadomosci/1,114873,10250273,Komorowski__moze_po_wyborach_wroce_do_projektu_zmian.html (04.08.2012).

Kubuj, Katarzyna 2004: Rola Marszałka Sejmu w postępowaniu ustawodawczym, in: Przegląd Legislacyjny 42, 12-35.
Kudej, Marcin 2002: Postępowanie Ustawodawcze w Sejmie RP, Warszawa.
Makowski, Grzegorz/ Zbieranek, Jarosław 2010: Die Regulierung des Lobbying in Polen, in: Polen-Analysen 66, 02.03.2010, 2-8.
Matthes, Claudia-Yvette 2002: Polen – vom personalisierten zum rationalisierten Parlamentarismus, in: Kraatz, Susanne/ von Steinsdorff, Silvia (Hrsg.): Parlamente und Systemtransformation im postsozialistischen Europa, Opladen, 87-109.
Matthes, Claudia-Yvette 1999: Polen und Ungarn – Parlamente im Systemwechsel. Zur Bedeutung einer politischen Institution für die Konsolidierung neuer Demokratien, Opladen.
Meer Krok-Paszkowska, Anna van der 2000: Shaping the Democratic Order: the Institutionalization of Parliament in Poland, Leuven u.a.
Olson, David M./ Norton, Ph. (Eds.) 2007: Post-communist and post-Soviet Legislatures: beyond transition. Journal of Legislative Studies 13 (1) (special issue).
Pajdała, Henryk 2003: Komisje sejmowe, status i funkjonowanie, Warszawa.
Podgórzańska, Renata 2007: Działalność sejmowej Komisji Spraw Zagranicznych (1989-2005), Warszawa.
Pudlo, Anna 2010: A New role of the Polish Senate's EU Affairs Committee in European integration, in: European public law 16 (2), 223-230.
Skotnicki, Krzysztof 2010: Senat III RP — nieprzemyślany czy niepotrzebny?, in: Zubik, Marek (Red.): Dwadzieścia lat transformacji ustrojowej w Polsce. 51. Ogólnopolski Zjazd Katedr i Zakładów Prawa Konstytucyjnego, Warszawa, 203–227.
Skrydło, Wiesław (Red.) 2006: Polskie prawo konstytucyjne, Lublin.
von Steinsdorff, Silvia 2011: Parlamente: Binnenorganisation im Spannungsfeld von Inklusion und Effizienz, in: Grotz, Florian/ Müller-Rommel, Ferdinand (Hrsg.): Regierungssysteme in Mittel- und Osteuropa. Die neuen EU-Staaten im Vergleich, Wiesbaden, 171-193.
Stębelski, Marcin 2012: Kontrola sejmowa w polskim prawie konstytucyjnym, Warszawa.
Szczeponek, Aldona 2008: Die Umsetzung des Völkerrechts und des europäischen Gemeinschaftsrechts in Polen, Frankfurt am Main u.a.
Walczak, Joanna 2005: Funktionen und Willensbildung des polnischen Sejms unter besonderer Berücksichtigung der Fraktionen, Magisterarbeit TU Dresden.
Wiszowaty, Marcin M. 2010a: Działalność lobbingowa w procesie stanowienia prawa: ustawa z dnia 7 lipca 2005 r. z komentarzem, Warszawa.
Wiszowaty, Marcin Michał 2010b: Lobbying Act and the Law-Making Process, in: The Sejm Review, Fourth Special Edition, 151-182.
Wójtowicz, Krzysztof 2010: The Oversight Function of the Sejm in Relation to European Integration, in: The Sejm Review, Fourth Special Edition, 75-92.
Ziemer, Klaus/ Matthes, Claudia-Yvette [3]2010: Das politische System Polens, in: Ismayr, Wolfgang (Hrsg.): Die politischen Systeme Osteuropas, Wiesbaden, 209-273.
Zubek, Radoslaw 2008: Parties, rules and government legislative control in Central Europe: The case of Poland, in: Communist and Post-Communist Studies 41 (1), 147-161.

Internetadressen

http://www.sejm.gov.pl	Internetseite des Sejm
http://www.senat.gov.pl	Internetseite des Senats
http://radalegislacyjna.gov.pl	Internetseite des Beirats für Gesetzgebung
http://dziennikustaw.gov.pl	Internetseite des Gesetzblattes

3 Regierung und Verwaltung

Im Rahmen der in der Verfassung von 1997 ausdrücklich genannten Gewaltenteilung und der sie wahrnehmenden Institutionen stellt Art. 10 Abs. 2 fest, dass „die vollziehende Gewalt der Präsident der Republik Polen und der Ministerrat" ausüben. Damit wird auch durch die Verfassung festgestellt, dass die Exekutive zweigeteilt ist. In dieser „bicephalen" Exekutive verfügt die Regierung (offizieller Terminus in der Verfassung: Ministerrat, *Rada Ministrów*)[109] über deutlich stärkere Kompetenzen als der Staatspräsident. Ihre Position wurde im Vergleich zu den am Runden Tisch getroffenen Vereinbarungen zunächst in der Kleinen Verfassung von 1992 und dann nochmals in der Neuen Verfassung von 1997 gestärkt.

3.1 Kompetenzen und Struktur der Regierung

Zu Beginn der Dritten Republik war die Position der Regierung aufgrund ihrer aus dem Realsozialismus ererbten Position deutlich schwächer gewesen. Dort hatte das Sekretariat des Zentralkomitees der PZPR eher größere Befugnisse als die Regierung, die dessen Weisungen unterstand. Mit der Bildung der Regierung Mazowiecki, in der rund die Hälfte der Minister der *Solidarność* angehörte, bildete sich ein Kabinett heraus, das – jedenfalls was die Angehörigen der bisherigen Opposition betraf – von großem Zusammenhalt geprägt war und eher einer klassischen Kabinettsregierung glich. Dasselbe traf auch auf die nachfolgende Regierung Bielecki und bei dem zersplitterten Sejm der Wahlperiode 1991-93 auch auf dessen Minderheitsregierungen zu (Zubek 2006:96).

Erst mit den klaren Mehrheitsverhältnissen der SLD-PSL-Regierungen der Jahre 1993-97 waren die Voraussetzungen für eine institutionelle Stärkung der Position des Premierministers gegeben, allerdings gegen den Widerstand der PSL und der bis Ende 1995 in der Regierung amtierenden von Wałęsa berufenen Minister. Gegen Ende der Wahlperiode konnte Premierminister Cimoszewicz im September 1997 eine große Reform der Regierungsorganisation durchsetzen.[110] Waren die Zuständigkeitsbereiche der einzelnen Ministerien zuvor durch Gesetz festgelegt worden, so wurden nun 28 Bereiche der Regierungsverwaltung definiert. Wie die einzelnen Ministerien zugeschnitten werden, liegt im Ermessen des Regierungschefs. Er kann damit Akzentveränderungen vornehmen oder auch auf neue Aufgabenstellungen reagieren. So wurde nach den Parlamentswahlen von 2011 das bisherige Ministerium für innere Angelegenheiten und Verwaltung geteilt in ein Innenministe-

---

109 In Anlehnung an die Terminologie der Zweiten Republik wird die Regierung bisweilen auch als „Kabinett" bezeichnet. Die „Kleine Verfassung" von 1992 sprach synonym von „Ministerrat" und „Regierung", die Neue Verfassung spricht nur von „Ministerrat", doch wird in der Alltagssprache häufig auch weiterhin „Regierung" und (seltener) auch „Kabinett" verwendet.
110 Gesetz vom 4.9.1997, Dz. U. 1997 Nr. 141, Pos. 943, mit Änderungen.

rium und ein Ministerium für Verwaltung und Digitalisierung. Mit solchen Entscheidungen wird auch bestimmt, welcher Minister konkret wie viel Macht erhält. Diese Kompetenz trägt erheblich zur Stärkung der Position des Premierministers bei. Allerdings hat er verfassungsmäßige und gesetzliche Vorgaben insoweit zu berücksichtigen, als er die Positionen von in der Verfassung *expressis verbis* genannten Ministern (Verteidigungs- und Justizminister) besetzen muss und als nach dem genannten Gesetz die Bereiche Haushalt, öffentliche Finanzen und Institutionen des Finanzwesens einer einzigen Person anzuvertrauen sind.

Politisch muss der Regierungschef bei der Kompetenzabgrenzung zwischen den Ressorts freilich auch die jeweils konkreten Machtverhältnisse innerhalb der Regierungskoalition bzw. der führenden Regierungspartei berücksichtigen. Gleichwohl fällt ihm von seiner institutionellen Kompetenzausstattung her eine dominante Rolle zu, die weit über einen *primus inter pares* hinausgeht. In welchem Ausmaß der Premierminister diese verfassungsmäßigen Vorgaben nutzen kann, hängt dennoch in hohem Maße vom politischen Kontext ab. Jerzy Buzek musste 1997 bei seiner Kabinettsbildung starke Rücksicht auf die verschiedenen Lager innerhalb des Wahlbündnisses AWS und auf den Koalitionspartner UW nehmen, Leszek Miller besaß 2001 dagegen einen hohen Grad an Autonomie bei der Auswahl seiner Kabinettsmitglieder (Raciborski 2007). Dasselbe dürfte auch für Donald Tusk zumindest bei der zweiten Kabinettsbildung (2011) zutreffen.

Die Position der Regierung und insbesondere auch des Regierungschefs wurde in der Verfassung von 1997 weiter gestärkt. Dessen dominierende Stellung innerhalb der Regierung bringt die Verfassung in Art. 148 wie folgt zum Ausdruck: „Der Vorsitzende des Ministerrates … vertritt den Ministerrat, … leitet die Arbeit des Ministerrates … gewährleistet die Durchführung der Politik des Ministerrates und bestimmt die Weise ihrer Durchführung, … koordiniert und kontrolliert die Arbeit der Mitglieder des Ministerrates …". Er übt ferner die Aufsicht über die regionale und lokale Selbstverwaltung in den von der Verfassung und Ausführungsgesetzen bestimmten Grenzen und Formen aus (Art. 148 NV)[111]. In rund 150 Gesetzen werden diese Befugnisse des Premierministers weiter spezifiziert. Sie lassen sich in organisatorische Kompetenzen, Ernennungsrechte, Richtlinien und Anweisungen sowie die unmittelbare Kontrolle der Tätigkeit der Regierungsmitglieder gruppieren (Sarnecki 2011).

Wie stark die Stellung des Regierungschefs in der Praxis ist, hängt freilich in hohem Maße auch von situativen Konstellationen ab wie zum Beispiel seiner Stellung innerhalb seiner eigenen Partei oder seiner Durchsetzungsfähigkeit innerhalb des Kabinetts. Gegensätzliche Beispiele bieten hier Józef Buzek und Leszek Miller. Buzek besaß zunächst nur einen schwachen Rückhalt in seiner Wahlkoalition AWS und war im Kabinett wenig entscheidungsfreudig, sondern meist auf Ausgleich und Kompromiss bedacht. Im Laufe der Jahre gewann er jedoch innerhalb des Kabinetts an Profil. Leszek Miller dagegen begann sein Amt als Premierminister als erster Regierungschef, der auch Parteivorsitzender war und verfügte über eine hohe Entscheidungsautonomie. Mit der wachsenden Zahl an Skandalen in seiner Partei und Regierung schwand jedoch auch seine Autorität als Regierungschef in einem solchen Ausmaß, dass er zurücktrat (vgl. u.a. Zubek 2006: 98 f.).

Der Aufgabenbereich der Regierung als oberstem Organ der staatlichen Exekutive wird von der Verfassung sehr breit definiert: „Der Ministerrat leitet die Innen- und Außen-

---

111 Zur regionalen und kommunalen Selbstverwaltung siehe ausführlicher Kapitel 6.

politik der Republik Polen". In seine Zuständigkeit „fallen die Angelegenheiten der Staatspolitik, die nicht anderen staatlichen Organen und der lokalen Selbstverwaltung vorbehalten sind" (Art. 146 Abs. 1 und 2 NV). Er leitet ferner die Regierungsverwaltung, hat die Ausführung der Gesetze zu gewährleisten, Rechtsverordnungen zu erlassen, das Gesetz über den Staatshaushalt vorzulegen, die innere und äußere Sicherheit des Staates zu gewährleisten etc. (Art. 146 Abs. 3 und 4 NV).

Mitglieder der Regierung sind der Premierminister („Vorsitzender des Ministerrats") und die Minister. Daneben können auch die Vorsitzenden von durch Gesetz festgelegten Komitees wie zum Beispiel des Komitees für Europäische Integration in die Regierung aufgenommen werden. Die Verfassung lässt ferner die Möglichkeit zu, stellvertretende Vorsitzende des Ministerrats zu berufen. Hiervon macht der Premierminister regelmäßig Gebrauch, wobei bei Koalitionsregierungen die Vorsitzenden der kleineren Koalitionsparteien zu stellvertretenden Regierungschefs ernannt werden (2006/07 etwa die Vorsitzenden der *Samoobrona* und der LPR, Andrzej Lepper und Roman Giertych, seit 2007 der PSL-Vorsitzende Waldemar Pawlak), aber auch wichtige Politiker der jeweils dominierenden Regierungspartei. Dabei kann eine Nominierung zum stellvertretenden Vorsitzenden des Ministerrats auch dazu beitragen, das Kräfteverhältnis innerhalb der Koalition oder auch innerhalb der dominierenden Regierungspartei auszubalancieren. Die Zahl der Vizepremiers schwankte bis 2007 zwischen drei und fünf. Eine Ausnahme bildete das Kabinett Olszewski 1992, in dem es keinen Vizepremierminister gab. Donald Tusk berief 2007 neben dem Vorsitzenden des Koalitionspartners PSL, Waldemar Pawlak, nur den der PO angehörenden Innenminister Grzegorz Schetyna, seinen innerparteilichen Rivalen, zum stellvertretenden Ministerpräsidenten. Nach den personalpolitischen Rochaden im Anschluss an die so genannte „Glücksspielaffäre" vom Herbst 2009, innerhalb derer Schetyna zum Sejmmarschall „avancierte", blieb nur Pawlak stellvertretender Ministerpräsident. Auch nach den Parlamentswahlen von 2011 beließ es Tusk bei Pawlak als einzigem stellvertretenden Ministerpräsidenten.

3.2 Bestellung der Regierung

Die Initiative zur Bestellung einer neuen Regierung nach Neuwahlen oder dem Rücktritt der bisherigen Regierung geht vom Staatspräsidenten aus. Er hat zunächst herauszufinden, welche Kandidaten die größte Chance auf die Bildung einer neuen Regierung besitzen. Seine persönlichen Präferenzen haben dabei hintan zu stehen. Bisher gelang es dem Staatspräsidenten fast immer, jeweils nach Neuwahlen oder nach dem Rücktritt eines Regierungschefs einen Kandidaten zu benennen, der auf Anhieb eine Mehrheit finden konnte. Für den Konfliktfall wurde jedoch in der Kleinen Verfassung von 1992 ein mehrstufiges Verfahren vorgesehen, das mit der Verfassung von 1997 vereinfacht wurde. Innerhalb von 14 Tagen nach Neuwahlen oder dem Rücktritt der bisherigen Regierung designiert der Staatspräsident einen Premierminister, der dem Präsidenten eine Regierung vorstellt. Premierminister und Regierung werden vom Präsidenten vereidigt. Innerhalb von 14 Tagen nach der Berufung durch den Präsidenten stellt der Premierminister dem Sejm das Programm seiner Regierung vor und stellt die Vertrauensfrage. Das Vertrauen wird vom Sejm mit absoluter Mehrheit bei Anwesenheit von mindestens der Hälfte seiner Mitglieder ausgesprochen.[112] Abstimmungen über die Vertrauensfrage oder auch über ein konstruktives Misstrauensvotum sind offen, was für das Abstimmungsverhalten „unsicherer" Kandidaten entweder für die Regierung oder die eventuelle „konstruktive Oppositionsmehrheit" von erheblicher Bedeutung sein kann.

Erhält der Regierungschef die Mehrheit, ist er bestellt. Benennt der Präsident keinen Kandidaten oder verfehlt dieser die erforderliche Mehrheit, geht das Recht zur Benennung eines neuen Kandidaten auf den Sejm über, der nun seinerseits innerhalb der vorgenannten Fristen einen Regierungschef zu wählen und dessen Regierung das Vertrauen zu erteilen hat. Eine so gewählte Regierung hat der Staatspräsident zu berufen und zu vereidigen (Art. 154 Abs. 3 NV).

Scheitert auch der Sejm bei dem Versuch, eine Regierung zu bestellen, fällt das Recht, einen Kandidaten zu benennen, an den Präsidenten zurück. Ein solcher Fall trat 2004 nach dem Rücktritt von Ministerpräsident Leszek Miller ein. Der von Staatspräsident Kwaśniewski berufene Nachfolger Marek Belka erhielt für sein Kabinett keine Mehrheit im Sejm, doch war dieser auch nicht in der Lage, einen anderen Regierungschef zu wählen. Als Staatspräsident Kwaśniewski Marek Belka erneut die Regierungsbildung anvertraute, erhielt dieser die erforderliche Mehrheit im Sejm. Wäre Belka erneut gescheitert, hätte der Präsident den Sejm auflösen und Neuwahlen ausschreiben müssen (Art. 155 NV). Diese Alternative fürchteten offensichtlich etliche Abgeordnete, so dass sie schließlich doch der neuen Regierung zustimmten.

Nach der Kleinen Verfassung vom 17. Oktober 1992 besaß der Sejm nach dem zweiten Scheitern eines vom Präsidenten benannten Regierungschefs das Recht, binnen 21 Tagen seinerseits eine Regierung zu berufen. Scheiterte auch dieser Versuch, hatte der Präsident die Alternative, den Sejm aufzulösen oder für maximal sechs Monate eine Regierung zu ernennen. Erhielt diese innerhalb der sechs Monate kein Vertrauensvotum des Sejm, hatte der Präsident das Parlament aufzulösen (Art. 62 KV).

Die komplizierten Bestimmungen der Kleinen Verfassung waren durch die Erfahrungen mit den schwiergen Regierungsbildungen 1991 und 1992 geprägt, als ein extrem zersplittertes Parlament größte Schwierigkeiten hatte, eine Regierungsmehrheit zu finden. Nach dem Sturz der Regierung Olszewski wurde im Juni 1992 Waldemar Pawlak (PSL, damals gerade 33 Jahre alt) von Staatspräsident Wałęsa zur allgemeinen Überraschung zum Ministerpräsidenten ernannt und auch vom Sejm gewählt, konnte aber keine Regierung bilden und trat noch im selben Monat zurück.[113] Die danach gebildete Regierung Suchocka wurde im Mai 1993 gestürzt. Seit den darauf folgenden Neuwahlen gab es zu Beginn einer Wahlperiode fast immer eine klare Mehrheit für eine Mitte-rechts- oder Mitte-links-Koalition. Nur nach den Wahlen vom Oktober 2005, als die zuvor erwartete Koalition PiS-PO nicht zustande kam, wurde Kazimierz Marcinkiewicz (PiS) nach faktischem Vorschlag des PiS-Vorsitzenden Jarosław Kaczyński von Staatspräsident Aleksander Kwaśniewski zum Ministerpräsidenten ernannt und seine Regierung von einer informellen Mehrheit aus PiS, *Samoobrona* und LPR bestätigt. Erst mehr als ein halbes Jahr später wurde diese Mehrheit in eine formelle Koalition umgewandelt. Die in den verfassungsrechtlichen Bestimmungen

---

112 Es ist also nicht die Mehrheit der gesetzlichen Mitgliederzahl (231) erforderlich („Kanzlermehrheit"). Im – freilich wenig wahrscheinlichen – Extremfall würden 116 Stimmen zur Wahl zum Regierungschef ausreichen.

113 Ähnlich war im Juli 1989 General Kiszczak zwar zum Ministerpräsidenten gewählt worden, konnte aber ebenfalls kein Kabinett bilden, so dass Tadeusz Mazowiecki mit der Regierungsbildung beauftragt wurde.

3.2 Bestellung der Regierung

vorgesehenen „Anreize" für den Sejm, eine Regierung zu bestellen, dürften angesichts der inzwischen recht übersichtlichen Mehrheitsverhältnisse im Parlament in der Praxis kaum mehr vonnöten sein und bilden eher eine „Stabilitätsreserve" für den auf absehbare Zeit eher wenig wahrscheinlichen Fall, dass die Mehrheitsverhältnisse im Sejm wieder schwankend werden.

Bereits seit Anfang der 1980er Jahre, also noch in der Volksrepublik, mussten sich Kanndidaten für Ministerämter einer Anhörung vor dem betreffenden Sejmausschuss unterziehen, was zumindest in politisch weniger exponierten Positionen wie dem Gesundheitswesen zum Sturz von Kandidaten für diese Ämter führen konnte.[114] Diese Praxis ist bis heute beibehalten. Besondere Bedeutung gewann sie während der Bildung der ersten nichtkommunistischen Regierung unter Premierminister Mazowiecki. Die in die Regierung aufzunehmenden kommunistischen Minister für Verteidigung (Siwicki) und Inneres (Kiszczak) akzeptierten vor den entsprechenden Sejmausschüssen, dass die Partei ihre bisherige Aufsicht über das jeweilige Ressort aufgeben werde (was gleichbedeutend war mit der Abschaffung der Stellen für Politoffiziere innerhalb der Armee und dem Ende der Aufsicht der Partei innerhalb des Geheimdienstes und der Miliz/Polizei). Diese Versprechen wurden „im Prinzip" durchgesetzt, die sehr schwer aufzulösende Dominanz der PZPR in den bisher zentralen Machtinstitutionen wurde beseitigt.

Ausdruck der geringen Konsolidierung der neuen politischen Eliten war der hohe Anteil an Regierungsmitgliedern, die von außerhalb des Parlaments rekrutiert wurden. Er lag am höchsten bei der zweiten nichtkommunistischen Regierung (Bielecki) mit 75 Prozent, bei der ersten (Mazowiecki) und der großenteils aus Fachleuten zusammengesetzten (Minderheits-) Regierung Belka 2004/05 (je 66,7 Prozent).

Studien zu den Regierungseliten der Jahre 1997-2004 haben gezeigt, dass nicht nur der Zugang zur politischen Elite (Abgeordnete und Senatoren), sondern auch zur Mitgliedschaft im Kabinett relativ offen ist. Dabei war im Falle der Regierungen Buzek (1997) und Miller (2001) ein zentrales Kriterium für die Rekrutierung zur Regierung die Herkunft aus der *Solidarność* bzw. aus der PZPR. Weitere wichtige Merkmale waren hohe Funktionen in Partei und Parlament. Einen beachtlichen Anteil an Regierungsmitgliedern machten aber auch Fachleute aus dem akademischen Bereich aus, die den Regierungen den Nimbus von Kompetenz verliehen und angesichts der geringen Popularität von Parteien in der Gesellschaft sehr wohl akzeptiert wurden. Hinsichtlich der Leitungserfahrung in Verwaltung, Wirtschaft und Politik waren die postkommunistischen Eliten deutlich besser auf ihre Regierungsämter vorbereitet als die der *Solidarność* (Raciborski 2006 und 2007).

Mit den 2005, 2006, 2007 und 2011 gebildeten Regierungen ist der Anteil der Kabinettsmitglieder, die ihre Berufung der Position in der Partei und damit der Konzentration ihrer Karriere auf die Politik verdankten, offensichtlich weiter angestiegen.[115] Insofern kann von einer zunehmenden Professionalisierung der ministerialen Eliten gesprochen werden.[116] Auch ein scheinbarer Seiteneinsteiger wie der bei seiner Ernennung 2011 erst 30jährige

---

114 Vgl. Ziemer, Klaus 1984: Der Sejm der VIII. Kadenz – ein Barometer der politischen Konjunktur in Polen, in: Zeitschrift für Parlamentsfragen 15 (1), 72-93.
115 Diese dem ersten Augenschein entsprechenden Feststellungen müssten im Einzelnen noch überprüft werden.
116 Wenn man die Kriterien von Fettelschoß 2009 zugrunde legt.

Arbeitsminister Władysław Kosiniak-Kamysz, ein Arzt, konnte bereits auf eine Parteikarriere verweisen.[117]

3.3 Die Stärkung der Regierung durch Einführung des konstruktiven Misstrauensvotums

Nach der am Runden Tisch vereinbarten Verfassung konnte der Staatspräsident beim Sejm die Entlassung der Regierung beantragen. Dies tat mit Erfolg Lech Wałęsa gegenüber der Regierung Jan Olszewski Ende Mai 1992 (Abberufung durch den Sejm am 5. Juni 1992). In der Kleinen Verfassung vom Oktober 1992 wurde der Versuch unternommen, die verfassungsrechtliche Position der Regierung dadurch zu stärken, dass a) dem Staatspräsidenten das Initiativrecht zum Sturz der Regierung entzogen wurde und b) neben dem „gewöhnlichen" Misstrauensvotum des Parlaments gegen die Regierung auch – aber nur „alternativ" – das konstruktive Misstrauensvotum eingeführt wurde. Ebenfalls der Stärkung der Regierung sollte die Bestimmung dienen, dass der Präsident im Falle eines „einfachen" Misstrauensvotums das Parlament auflösen konnte (aber nicht musste). Diese Regelungen erwiesen sich nur rund ein halbes Jahr später beim Sturz der Regierung Suchocka als politisch wertlos. Staatspräsident Wałęsa ließ die Abgeordneten im Unklaren, wie seine Haltung im Falle eines erfolgreichen Misstrauensvotums aussehen werde und gab offenbar eher Signale, er werde das Parlament nicht auflösen. Als er dies am Tag nach dem mit einer Stimme Mehrheit erfolgreichen Misstrauensvotum dennoch tat, bedeutete das das Ende der politischen Karriere einer ganzen Reihe von Abgeordneten aus Splitterparteien. Sie hätten wahrscheinlich für die Regierung votiert, wären ihnen die Folgen für sie selber bewusst gewesen. Die politische Unerfahrenheit zumindest einiger Abgeordneter wurde deutlich, als nach dem erfolgreichen Misstrauensvotum ein Abgeordneter vorschlug, jetzt könne man zur Abstimmung über ein „konstruktives Misstrauensvotum" übergehen, ein Vorschlag, der vom Sejmmarschall aus einsichtigen Gründen abgelehnt werden musste.

Da auch in der Dritten Wahlperiode des Sejm (ab Herbst 1993) fast jedes Jahr ein neuer Premierminister gewählt wurde, obwohl die Regierungskoalition über eine nahezu Zweidrittelmehrheit im Sejm verfügte, bemühte sich der Verfassungsgeber um eine institutionelle Stärkung der Position der Regierung. Mit der neuen Verfassung von 1997 wurde das konstruktive Misstrauensvotum als einzige Möglichkeit eingeführt, die Regierung zu stürzen. Die Hürden hierfür wurden recht hoch gesteckt. Mindestens zehn Prozent der Abgeordneten (46) müssen einen solchen Antrag stellen, über den erst sieben Tage nach seiner Einbringung abgestimmt werden darf, was Zeit für neue Verhandlungen geben kann. Ein neuer Antrag kann frühestens drei Monate später gestellt werden, sofern er nicht von mindestens 115 Abgeordneten (25 Prozent) eingebracht wird. Zur Annahme des Antrags ist die Zustimmung der „Mehrheit der gesetzlichen Abgeordnetenzahl" erforderlich (Art. 158 Abs. 1 NV), also 231 von 460, unabhängig von der Zahl der anwesenden Abgeordneten, und das bei offener Abstimmung.

---

117 Kosiniak-Kamysz war Mitbegründer des Jugendverbandes der PSL, Mitglied des Stadtrats von Krakau und seit 2008 Sekretär des obersten PSL-Gremiums, des Hauptexekutivkomitees.

Tabelle 16: Premierminister und Regierungen in Polen (1989-2011)

Premierminister	Partei	Amtszeit der Regierung	Regierungsparteien	parl. Mehrheit (in v.H. der Sitze)	Grund der Regierungsbildung	Regierung in Mehrheit/ Minderheit	Zahl der Kabinettsmitglieder[a]		
							Insgesamt	davon Frauen	darunter stellv. Premierminister
Tadeusz Mazowiecki	Solidarność	9/1989-12/1990	Solidarność, ZSL, SD	57,4	Parlamentswahl	Mehrheit	24	1	4
Jan Krzysztof Bielecki	KLD	1/1991-12/1991	KLD, PC, ZChN, UD, SD	[b]	Rücktritt Mazowieckis	[b]	20	0	1
Jan Olszewski	PC	12/1991-6/1992	ZChN, PSL, PC, PL, PSL „S"	36,7	vorgezogene Parlamentswahl	Minderheit	23	0	0
Waldemar Pawlak	PSL	6/1992-7/1992	c		Abwahl Olszewskis durch den Sejm	kein Kabinett erstellt	23	0	0
Hanna Suchocka	UD	7/1992-10/1993[d]	UD, ZChN, KLD, PL, SChL, PPG PChD	40,2	Scheitern Pawlaks bei der Regierungsbildung	Minderheit	26	1	2
Waldemar Pawlak	PSL	10/1993-2/1995	SLD, PSL	64,8	Neuwahlen nach Misstrauensvotum	Mehrheit	21	1	3
Józef Oleksy	SLD	3/1995-2/1996	SLD, PSL	64,8	Abwahl Pawlaks durch den Sejm	Mehrheit	21	1	3
Włodzimierz Cimoszewicz	SLD	2/1996-9/1997	SLD, PSL	64,8	Rücktritt Oleksys	Mehrheit	21	1	3
Jerzy Buzek	AWS	10/1997-6/2000	AWS, UW	56,7	Parlamentswahl	Mehrheit	22	3	2
Jerzy Buzek	AWS	6/2000-10/2001	AWS	40,4[e]	UW verließ Koalition	Minderheit	18	2	2
Leszek Miller	SLD	10/2001-02/2003	SLD, UP, PSL	56,1	Parlamentswahl	Mehrheit	16	2	3
Leszek Miller	SLD	3/2003-05/2004	SLD, UP	46,1	Bruch der Koalition SLD - PSL	Minderheit	14	1	2
Marek Belka	SLD	05/06/2004[f]-10/2005	SLD, UP	46,1	Rücktritt Millers	Minderheit	18	1	2
Kazimierz Marcinkiewicz	PiS	10/2005-05/2006	PiS	33,7	Parlamentswahl	Minderheit	18	2	0
Kazimierz Marcinkiewicz	PiS	05/2006-07/2006	PiS, LPR, Samoobrona	53,1	Koalitionsbildung	Mehrheit	23	5	4
Jarosław Kaczyński	PiS	07/2006-08/2007	PiS, LPR, Samoobrona	53,1	Rücktritt Marcinkiewiczs	Mehrheit	22	3	3
Jarosław Kaczyński	PiS	08/2007-11/2007	PiS	32,5	PiS beendete Koalition mit *Samoobrona* und LPR	Minderheit	23	5	2
Donald Tusk	PO	11/2007-11/2011	PO, PSL	52,2	vorgezogene Parlamentswahl	Mehrheit	19	5	2
D. Tusk	PO	11/2011-	PO, PSL	51,1	Parlamentswahl	Mehrheit	20	4	1

a   Am Tag der Regierungsbildung.
b   Bielecki wurde von Staatspräsident Wałęsa ernannt. Seine Regierung wurde von keiner formellen Koalition unterstützt, wurde aber, außer von der PZPR, von den meisten Sejmfraktionen getragen.
c   Pawlak wurde auf Antrag von Staatspräsident Wałęsa vom Sejm zum Premierminister gewählt. Anschließend gelang es ihm aber nicht, ein Kabinett zu bilden, so dass er den Auftrag zur Regierungsbildung wieder zurückgeben musste. In der Sondierungsphase regierte er mit drei Ausnahmen mit Olszewskis Ministern weiter.
d   Die Regierung Suchocka wurde im Mai 1993 durch ein Misstrauensvotum abgewählt, führte die Amtsgeschäfte aber bis zur Einsetzung der neuen Regierung nach der vorgezogenen Parlamentswahl fort.
e   Einige Abgeordnete waren aus der AWS-Fraktion ausgetreten bzw. ausgeschlossen worden; AWS 1997: 43,7 Prozent der Sitze.
f   Beim ersten Versuch der Regierungsbildung im Mai 2004 versagte der Sejm der Regierung Belka das Vertrauen. Bei nur einer personellen Veränderung stimmte der Sejm im Juni 2004 dem Kabinett Belka zu.
Quelle: Eigene Zusammenstellung in Anlehnung an Ziemer/Matthes 2010: 234; http://www.premier.gov.pl/rzad/sklad_rzadu/ (18.12.2011)

Die positiven Folgen dieser Regelungen für die Stabilität der Regierung wurden bereits in der ersten Wahlperiode der Geltung der neuen Verfassung sichtbar. Jerzy Buzek, 1997 als Ministerpräsident einer Koalition aus AWS und UW gewählt, amtierte nach dem Austritt der UW aus der Regierung im Sommer 2000 mehr als ein Jahr als Chef einer Minderheitsregierung. Seine Regierung sah sich zwar einer gegen sie gerichteten Mehrheit im Parlament gegenüber. Diese war aber nicht in der Lage, eine „konstruktive" Mehrheit zu bilden, so dass die Regierung für entscheidende Abstimmungen wie den Haushalt Unterstützung ad hoc gewinnen und damit bis zum Ende der Wahlperiode amtieren konnte. Ähnlich stand auch Leszek Miller (SLD) nach dem Bruch der Koalition mit der PSL über ein Jahr an der Spitze einer Minderheitsregierung. Nach seinem Rücktritt im Mai 2004 konnte der im zweiten Anlauf gewählte Marek Belka bis zum Ende der Wahlperiode im Oktober 2005 ebenfalls eine Minderheitsregierung leiten.[118] Auch Belkas Nachfolger Kazimierz Marcinkiewicz (PiS) bildete formell ein Minderheitskabinett, das von *Samoobrona* und LPR toleriert wurde, ehe die PiS im Mai 2006 mit beiden Parteien eine förmliche Koalition schloss. Bisher wurde in der Dritten Republik noch kein konstruktives Misstrauensvotum gestellt.

Die verfassungsmäßige Festigung der Position der Regierung bezog sich in erster Linie auf den Premierminister, nicht aber auf die Regierung insgesamt und schon gar nicht auf die einzelnen Minister. Diese können nach der Verfassung von 1997 auch individuell vom Sejm abberufen werden. Dies ist zwar bisher noch in keinem einzigen Fall gelungen, jedoch in jeder Wahlperiode von der Opposition mehrfach versucht worden. Das in so gut wie jedem Falle vorhersehbare Ergebnis war, dass die jeweilige Koalition zusammenstand, um den Angriff auf ihren Minister abzuwehren. Das kostete die Regierung jeweils Zeit, insbesondere auch den Premierminister, der zur Verteidigung des angegriffenen Ministers Stunden seiner Arbeitszeit opfern musste. Insofern ist die rechtliche Kompetenz der Abberufung einzelner Minister zwar ein Ausdruck besonderer Möglichkeiten politischer Kontrolle des Parlaments gegenüber der Regierung. In der Praxis hat sich dieses Recht aber als stumpfe Waffe erwiesen. Gleichwohl greift die Opposition jedweder Herkunft immer wieder auf dieses Instrument zurück.

Veränderungen in der Zusammensetzung der Regierung auch während der Wahlperiode werden durchaus vorgenommen. Die ausschließliche politische Kompetenz hierzu liegt

---

118   Als der Sejm im Mai 2005 Belkas Forderung nach einer Verkürzung der Amtszeit des Parlaments nicht nachkam, bot Belka Kwaśniewski im Mai 2005 seinen Rücktritt an, um den Weg für vorgezogene Neuwahlen doch noch freizumachen. Kwaśniewski nahm das Rücktrittsgesuch jedoch nicht an, so dass die Regierung bis zum Ende der Wahlperiode im Amt blieb.

beim Premierminister. Auf seinen Vorschlag hin ernennt und entlässt der Präsident der Republik die Mitglieder der Regierung. Durch die Entlassung einzelner Minister kann der Regierungschef bei offensichtlichem Versagen sein Missfallen mit den Leistungen eines Ressorts zum Ausdruck bringen und damit versuchen, die Regierungsarbeit insgesamt zu entlasten, wie dies u.a. Ministerpräsident Tusk im Frühjahr 2009 mit der Entlassung von Justizminister Ćwiąkalski nach mehreren Pannen im Justizbereich praktizierte. Im Herbst 2009 wurde in der so genannten „Glücksspielaffäre" offenbar, dass mehrere hochrangige PO-Politiker offenbar als Lobbyisten für die Glücksspielbranche tätig waren. Tusk nutzte die Entlassung von Sportminister Drzewiecki und die Abberufung von Sejmmarschall Chlebowski nicht nur, um die politische Offensive zurückzugewinnen. Mit der „Abschiebung" des mächtigen Innenministers und Vizepremierministers Grzegorz Schetyna auf den Posten des Sejmmarschalls konnte er zugleich einem gefährlichen innerparteilichen Rivalen etwas die Macht beschneiden. Unter Premierminister Buzek (1997-2001) wurden insgesamt 25 Regierungsmitglieder abberufen, einige Ministerien betraf dies sogar zweimal. Auch bei Leszek Miller (2001-2004) wurden 14 Personen aus der Regierung entlassen, dabei die Inhaber von vier Posten mehr als einmal (Garlicki 2011: 287).

Betrachtet man für die Zeit ab 1993, seit der Sejm eine überschaubare Zahl an Fraktionen aufweist, die Kohärenz von Koalitionsregierungen, so lässt sich kein einheitliches Muster ausmachen. Bis zum Jahre 2005 galt, dass Koalitionen entweder unter Nachfolgeparteien der *Solidarność* gebildet wurden oder zwischen den postkommunistischen Parteien SLD und PSL. Diese Regel gilt seither nicht mehr. Bisher haben nur zwei Koalitionen eine ganze Wahlperiode über Bestand gehabt, 1993-97 die – allerdings von drei verschiedenen Ministerpräsidenten geführte – Koalition von SLD und PSL sowie 2007-11 die Koalition aus PO und PSL, die sogar in der darauffolgenden Wahlperiode fortgesetzt wurde. 2000 zerbrach die Koalition aus AWS und UW letztlich an den inneren Spannungen der größten Regierungsfraktion, deren Abstimmungsverhalten nicht kalkulierbar war. 2003 scheiterte die Koalition aus SLD und PSL an wachsenden Konflikten beider Parteien insbesondere in der Wirtschaftspolitik. Die Koalition aus PiS und den eigentlich nicht als regierungsfähig betrachteten Parteien *Samoobrona* und LPR wurde 2007 u.a. deswegen vorzeitig beendet, weil der Chef der *Samoobrona*, Andrzej Lepper, sich auch als Vizepremier nicht der Funktionslogik einer Koalitionsregierung unterordnen wollte und in populistischer Manier ständig seinen Ministerpräsidenten Jarosław Kaczyński herausforderte.

In der Regel wird vor der Bildung einer Koalitionsregierung ein formeller Koalitionsvertrag abgeschlossen. Doch verzichteten PO und PSL beim erneuten Abschluss einer Koalition nach den Wahlen von 2011 ausdrücklich darauf. Premierminister Tusk erklärte, er und sein Vizepremier Pawlak (PSL) seien die Garanten dafür, dass die guten Grundsätze des Koalitionsvertrags von 2007 auch in den kommenden vier Jahren gelten würden. Zwar habe der damalige Vertrag eine andere Wirklichkeit beschrieben. Doch gelte weiterhin eine solidarische, den Partner nicht überrumpelnde Zusammenarbeit.[119] In diesem Vorgehen kommt die hohe Zentralisierung und Personalisierung der Macht zumindest in der PO zum Ausdruck. Durch das Fehlen eines formellen Koalitionsvertrags wird in „kritischen" Situationen jedoch auch das Druckpotential des größeren Partners PO, dem gegebenenfalls auch

---

119 Vgl. den PAP-Bericht über eine Erklärung Tusks auf einer Pressekonferenz vom 17.11.2011: Tusk: nie będzie nowej umowy koalicyjnej PO-PSL, http://wiadomosci.wp.pl/kat,1342,title,Tusk-nie-bedzie-nowej-umowy-koalicyjnej-PO-PSL,wid,13994892,wiadomosc.html?ticaid=1f15a (31.08.2012).

andere Koalitionsmöglichkeiten offenstehen (vgl. Tabelle 35), auf die PSL erhöht, der solche Möglichkeiten angesichts der Stimmenverhältnisse im Sejm versagt sind.

3.4 Organisation und Arbeitsweise

Die Grundprinzipien der Funktionsweise der Regierung werden durch ein eigenes Gesetz und eine Geschäftsordnung geregelt.[120] Die Koordinierung der Regierungsarbeit liegt bei der Kanzlei des Ministerrats, deren Leiter eine Schlüsselrolle bei der Planung und Kontrolle der Tätigkeit der einzelnen Ministerien zukommt. Er wird vom Premierminister ernannt und erhält bisweilen auch selbst Ministerrang, was seine herausgehobene Bedeutung unterstreicht. Einen solchen Ministerrang besitzt auch der nach den Parlamentswahlen von 2011 berufene Vorsitzende des Ständigen Komitees des Ministerrats (s.u.), der wie Donald Tusk aus Danzig stammende Tomasz Arabski (PO). Das in der Kleinen Verfassung von 1992 für die Regierung ausdrücklich genannte Kollegialitätsprinzip wird in der neuen Verfassung nicht mehr erwähnt, was angesichts der dominierenden Stellung des Premierministers nur konsequent ist.

Wichtige Beschlüsse des Ministerrats werden mit Mehrheit gefasst. Weniger bedeutende Angelegenheiten können auf Beschluss des Premierministers im Umlaufverfahren erledigt werden. Sie gelten als entschieden, wenn kein Regierungsmitglied Einspruch erhebt; sonst werden sie ebenfalls in der Kabinettssitzung behandelt. Der Premierminister beruft die Sitzungen ein, legt die Tagesordnung fest und leitet die Sitzungen. In seiner Abwesenheit übernimmt das ein (seit 2009 „der") Vizepremier. Seit der Amtszeit von Premierminister Mazowiecki finden diese Sitzungen dienstags statt, allerdings je nach dem Temperament des jeweiligen Regierungschefs zu unterschiedlichen Uhrzeiten. Außer den Ministern können in die Regierung auch die Vorsitzenden durch Gesetz errichteter Komitees berufen werden.

Nicht zur Regierung gehören die Leiter zahlreicher dem Ministerpräsidenten unterstellter Zentraler Ämter wie der Agentur für Innere Sicherheit, des Statistischen Hauptamtes, des Amtes für Schutz von Konkurrenz und Verbrauchern sowie analoger, einzelnen Ministerien unterstehender Einrichtungen. Daneben gibt es Bevollmächtigte der Regierung für zeitlich befristete Aufgaben. Die Mitte 2012 15 derartigen Bevollmächtigten waren u.a. zuständig für die Vorbereitung der Einführung des Euro, für die polnische Atomenergie und für Angelegenheiten des internationalen Dialogs (Prof. Władysław Bartoszewski).[121]

Ein wichtiges Hilfsorgan des Ministerrats ist sein Ständiges Komitee, dem Staatssekretäre sowie der Leiter der Kanzlei des Premierministers oder eine von diesem beauftragte Person angehören. Anstehende Fragen werden hier ggf. unter Vorsitz des Premierministers interministeriell vorab geklärt. Neben den Ministern können Vorlagen an das Ständige Komitee auch der Leiter der Kanzlei des Premierministers, die Leiter der Zentralen Ämter der Staatsverwaltung, die Bevollmächtigten der Regierung sowie die Wojewoden einbrin-

---

[120] Gesetz über den Ministerrat vom 8.8.1996, Einheitstext Dz. U. 2003 Nr. 24, Pos. 199 mit Änderungen; Beschluss Nr. 49 des Ministerrats vom 19.3.2002: Geschäftsordnung des Ministerrats, Dz. U. 2002 Nr. 13, Pos. 221 mit Änderungen.
[121] Vgl. die Auflistung der 15 Beauftragten: http://bip.kprm.gov.pl/portal/kpr/9/Pelnomocnicy_rzadu_i_ Prezesa_RM.html (30.07.2012).

gen.¹²² Außer dem Ständigen Komitee besteht innerhalb der Regierung eine Reihe weiterer Komitees, die zum Teil den jeweiligen Ressortminister beraten sollen, zum Teil aber auch interministeriellen Charakter tragen. So wurde Anfang 2012 als Hilfsorgan der Regierung und des Premierministers ein Regierungskomitee für Fragen der Digitalisierung eingerichtet, das unter Leitung des Ministers für Verwaltung und Digitalisierung Vizeminister der übrigen Ministerien, die Vorsitzenden des Amtes für Öffentliche Aufträge und des Amtes für elektronische Kommunikation sowie des Statistischen Hauptamtes umfasst. Dieses Komitee soll Projekte der Digitalisierung der öffentlichen Verwaltung, der Entwicklung von Breitbandnetzen, der audiovisuellen Politik etc. initiieren und begutachten und zu allen Projekten Stellung nehmen, die mehr als fünf Millionen PLN (rund 1,25 Millionen Euro) kosten sollen.¹²³

Nach französischem Vorbild kann der Staatspräsident die Regierung unter seinem Vorsitz zu einem Kabinettsrat einberufen, dem jedoch nicht die Kompetenzen des Ministerrats zustehen. Durch die Einberufung des Kabinettsrats kann der Präsident die Bedeutung der Frage unterstreichen, die er zum Gegenstand einer solchen Sitzung macht. Damit kann er eine Signalwirkung nach außen bezwecken – etwa als sich Präsident Kwaśniewski 2003 von der Regierung Miller über den Stand der Beitrittsverhandlungen mit der EU informieren ließ. Er kann damit aber auch – wie Präsident Kaczyński es mehrfach tat – seine Kritik an seiner Meinung nach unzureichenden Maßnahmen der Regierung in gesellschaftlichen Problembereichen wie etwa dem Gesundheitswesen zum Ausdruck bringen. Präsident Komorowski unterstrich im Juni 2011 durch die Einberufung des Kabinettsrates, welch hohe Bedeutung er der polnischen EU-Präsidentschaft im ersten Halbjahr 2011 beimaß.

3.5 Schwachpunkt seit Jahrzehnten: Die öffentliche Verwaltung

Seit Beginn der Dritten Republik steht die öffentliche Verwaltung in der Kritik und seither wird über Reformen diskutiert. Bereits im Juni 1991 erließ das Parlament ein Gesetz, mit dem die Landes(hoch)schule für Öffentliche Verwaltung (*Krajowa Szkoła Administracji Publicznej*, KSAP) ins Leben gerufen wurde. Sie sollte nach dem Vorbild der französischen ENA hoch qualifizierte, parteipolitisch nicht gebundene Staatsbeamte ausbilden, die auch nach einem Regierungswechsel im Amt bleiben sollten. Nur die absoluten Spitzenämter sollten nach politischen Kriterien besetzt werden. Jahrelang wurden mehrere Projekte diskutiert und verworfen, wobei u.a. darum gestritten wurde, welche Ämter nur nach fachlichen und welche nach politischen Kriterien besetzt werden sollten. Erst im Juli 1996 konnte das Gesetz über den Öffentlichen Dienst verabschiedet werden.¹²⁴ Es betraf nur die in denjenigen Behörden Beschäftigten, die der Regierung unterstehen, nicht aber die Beamten der lokalen und regionalen Selbstverwaltung oder die Beamten Zentraler Ämter oder der Verwaltung des Staatspräsidenten. Zwar sah das Gesetz die Entpolitisierung des Öffentlichen Dienstes vor, doch wurden in den letzten Monaten der SLD-PSL-Koalition etliche

---

122 Vgl. die Verordnung Nr. 98 des Vorsitzenden des Ministerrats vom 21.12.2010 zum Ständigen Komitee des Ministerrats mit den Änderungen von 2011, http://bip.kprm.gov.pl/portal/kpr/13/143/Staly_komitet_Rady_Ministrow.html (29.08.2012).
123 Vgl. die Verordnung Nr. 1 des Vorsitzenden des Ministerrats vom 5. Januar 2012 zum Komitee des Ministerrats für Fragen der Digitalisierung, MP Nr.1, Pos. 1 vom 09.01.2012.
124 Gesetz vom 5.07.1996 über den Öffentlichen Dienst (służba cywilna), Dz. U. 1996 Nr. 89, Pos. 402.

Ämter in Rekordzeit unter Umgehung oder nur scheinbarer Beachtung der geltenden Qualifikationsvorschriften besetzt, wie der Bericht einer von der ab Herbst 1997 regierenden AWS-UW-Koalition unter Premierminister Buzek eingesetzten Kommission feststellte.[125]

Im Dezember 1998 wurde ein neues Gesetz über den Öffentlichen Dienst verabschiedet, das zum 1. Juli 1999 in Kraft trat.[126] Der Premierminister ernannte auf fünf Jahre einen Leiter des Öffentlichen Dienstes, in dessen Kompetenz die Personal- und Finanzplanung des Öffentlichen Dienstes lag und der u.a. verantwortlich für die Durchführung der Stellenausschreibungen war. Als den Regierungschef beratendes Organ wurde ein 16köpfiger vom Premierminister ernannter Rat des Öffentlichen Dienstes gebildet, dessen eine Hälfte Parlamentarier aller Fraktionen stellten, die andere ausgewiesene Fachleute.

Die Rekrutierung des Personals sollte öffentlich und nach Wettbewerbskriterien erfolgen. Doch diente die Bestimmung, dass sich bis zum Vorhandensein einer ausreichend großen Zahl qualifizierter Kandidaten fünf Jahre lang auch andere Personen bewerben konnten, als Einfallstor für politischen Klientelismus (Burnetko 2010: 55). In ähnlicher Weise nutzte Buzeks Nachfolger Miller (SLD) ab 2001 das Gesetz. Eine Gesetzesnovellierung vom Dezember 2001, die bis Ende 2002 die Rekrutierung von Spitzenbeamten auch von außerhalb des Öffentlichen Dienstes und ohne Wettbewerbsverfahren als bis zu einem halben Jahr „amtierende" Amtsinhaber vorsah, verwarf der Verfassungsgerichtshof 2002 als verfassungswidrig. Er unterstrich, die Angehörigen des Öffentlichen Dienstes sollten professionell, unparteiisch und politisch neutral sein. Daher sollten sie auf der Basis von Wettbewerben rekrutiert werden.

Eine Studie, die die Ämterpatronage der Regierungsparteien in den Jahren 2001 bis 2006 untersuchte, also der SLD-geführten Regierung ab 2001 und der ab 2005 PiS-geführten Regierung, kam zu dem Ergebnis, dass die in der Literatur bisweilen anzutreffende These, ein größerer Wettbewerb politischer Parteien führe zu stärkerer Kontrolle und damit zu einem geringeren Zugriff der Regierungsparteien auf Ämter in der Zentralregierung, in parastaatlichen Einrichtungen („Quangos"), im Öffentlichen Dienst und in Führungspositionen von Staatsunternehmen, zumindest für Polen nicht zutreffe. Die Minderheitsregierung der PiS habe nicht weniger massiv ihre Gefolgsleute mit Posten bedient, als dies zuvor bei der mit einer starken Parlamentsmehrheit ausgestatteten SLD-PSL-Regierung unter Leszek Miller der Fall gewesen sei. In beiden Fällen habe der Parteichef persönlich die Ernennungen vorgenommen. Von der PiS sei dabei auch eine Politik von „Zuckerbrot und Peitsche" angewandt worden, um die Koalitionspartner *Samoobrona* und LPR gefügig zu machen. Während die SLD die Professionalität und Kompetenz ihres Personals unterstrichen habe, habe die PiS den Staatsapparat mit Personal ausstatten wollen, das nicht aus der Zeit des Kommunismus belastet gewesen sei. Das jeweils propagierte Programm eines „billigeren Staates" (SLD) bzw. eines „billigen Staates" (PiS) habe aber genau zum Gegenteil geführt. Mit den Gefolgsleuten der Vorgängerregierungen besetzte Einrichtungen seien aufgelöst und durch Institutionen ersetzt worden, die Planstellen für die eigenen Anhänger boten (Gwiazda 2008).

Die PiS-geführten Regierungen (2005-07) beschuldigten geradezu die bestehende Verwaltung, Teil eines teilweise aus der kommunistischen Zeit stammenden Netzwerks aus politischen und Business-Eliten zu sein und machten unter dem in der Öffentlichkeit lan-

---

[125] Raport z przeprowadzonej analizy i oceny tworzenia służby cywilnej (sierpień 1996 – wrzesień 1997), www.kochanowski.pl/raport.doc (30.07.2012).
[126] Gesetz vom 18.12.1998 über den Öffentlichen Dienst (służba cywilna), Dz. U. 1999 Nr. 49, Pos. 483.

cierten Schlagwort „Jetzt sind wir dran" keinen Hehl daraus, dass sie andere Rekrutierungsmechanismen einführen wollten und im Grunde das Konzept eines Öffentlichen Dienstes verwarfen (Burnetko 2010: 56f.). Mit Gesetzen vom August 2006[127] wurde für 2000 Stellen ein Personalpool geschaffen, aus dem die Regierung, Spitzen der Ministerialbürokratie und die Leitungen Zentraler Ämter ihr Führungspersonal rekrutieren konnten. Für die Aufnahme in diesen Pool wurde keine politische Neutralität verlangt. Ebenso konnte eine Aufnahmeprüfung durch eine entsprechend lange Zeit im Öffentlichen Dienst oder den Doktorgrad ersetzt werden. Die Stelle des Leiters des Öffentlichen Dienstes wurde gestrichen und der Premierminister (Jarosław Kaczyński) übernahm die direkte Kontrolle über 120.000 Beamte (Burnetko 2010: 57). Diese vollständige Verfügungsgewalt über den Staatsapparat fügte sich ein in das PiS-Konzept, den Staat „von oben" zu steuern und zu kontrollieren.

Nach der Wahlniederlage der PiS 2007 ließ die neue Regierung unter Ministerpräsident Tusk (PO) im Herbst 2008 ein neues Gesetz über den Öffentlichen Dienst verabschieden,[128] das in Art. 1 als Ziel die Schaffung einer „zuverlässigen, unparteiischen und politisch neutralen Berufsbeamtenschaft" formulierte. Der Personalpool für den Öffentlichen Dienst wurde wieder abgeschafft, der Leiter des Öffentlichen Dienstes, der die sachliche, unpolitische Arbeit der Beamtenschaft garantieren soll, wieder eingeführt. Regelmäßige Beurteilungen der Arbeit und individuelle Karriereplanung sollen die Entwicklung eines modernen Öffentlichen Dienstes fördern.

Eine Bilanz nach zwei Jahren Implementierung des Gesetzes fiel freilich ernüchternd aus. Nach Krzysztof Burnetko, einem langjährigen Beobachter der Szene, hat es zwar offenbar keine personalpolitischen Säuberungen oder Racheakte gegeben. Vielmehr scheine der PO-PSL-Koalition eher an einem Wechsel in der Zusammensetzung der Führungsgremien von Unternehmen in Staatsbesitz und von staatlichen Agenturen gelegen zu sein. Auch würden die Modalitäten der Besetzung hochrangiger Ämter von den Medien beobachtet, so dass diese gesetzlichen Bestimmungen im Wesentlichen eingehalten würden. Bei der Vergabe untergeordneter Posten herrsche aber weiter Nepotismus, wobei die PSL ohne Skrupel, die PO dagegen wesentlich „feiner" vorgehe (Burnetko 2010: 59). Auch weiterhin wird häufig die Vorschrift verletzt, dass bei Freiwerden einer Stelle umgehend eine offene Ausschreibung vorzunehmen ist. Stattdessen werden oft willkürlich Personen als „amtierende" Amtsinhaber in die entsprechenden Verwaltungspositionen berufen (Jaroń 2012: 103).

Zwar erklärten bisher alle Regierungen, die Ausgaben für den Öffentlichen Dienst beschränken zu wollen. Die Zahl der Staatsbeamten stieg allen gegenteiligen Absichtserklärungen zum Trotz allein bei den Obersten und Zentralen Behörden von 2000 110.000 über 2005 123.000 auf 2010 133.000.[129]

Angesichts der nach den meisten Wahlen starken Fluktuation großer Teile des Verwaltungspersonals bis auf die unteren Ebenen verwundert es nicht, dass die Leistungsfähigkeit der Staatsverwaltung allgemein als nicht allzu hoch eingeschätzt wird, da das neue Personal zwar der neuen politischen Führung ergeben, aber nicht kompetent war. Das schlug sich auch in einer Beeinträchtigung der wirtschaftlichen Effizienz nieder (vgl. u.a. Płóciennik 2009). Ebenso litt unter diesen Mustern das Ansehen der Verwaltung in der Gesellschaft.

---

127 Gesetz vom 24.08.2006 über den Öffentlichen Dienst, Dz. U. 2006 Nr. 170, Pos. 1218; Gesetz vom 24.08.2006 über den staatlichen Kaderpool und hohe staatliche Posten, Dz. U. 2006 Nr. 170, Pos. 1217.
128 Gesetz vom 21.11.2008 über den Öffentlichen Dienst, Dz. U. 2008 Nr. 227, Pos. 1505.
129 Mały Rocznik Statystyczny 2011: 80.

Auch im Ranking des Bertelsmann Transformationsindex, in dem die Leistungen von Transformationsstaaten weltweit beurteilt werden, schneidet Polen 2012 mit insgesamt 9,05 von maximal 10 Punkten mit einem hervorragenden sechsten Platz ab (im Bereich Demokratie mit 9,2 Punkten), bezeichnenderweise aber am schwächsten in der Kategorie „Management-Index" mit 6,79 Punkten und einem (immerhin) 13. Platz.[130] Es hat die Einschätzung seiner Leistung aber auch im Bereich Management im Vergleich zu den Vorjahren kontinuierlich verbessert.

3.6 Literatur

Bałaban, Andrzej et al. 2002: Rada Ministrów. Organizacja i funkcjonowanie, Kraków.
Banaszak, Bogusław 2006: Egzekutywa w Polsce – stan obecny i uwagi de lege fundamentali ferenda, in: Przegląd Sejmowy 3 (74), 9-27.
Banaszak, Bogusław/ Nowacki, Konrad 2009: The Model of Executive Power in Poland: Outline of Political Evolution, in: European Public Law 15 (2), 171-183.
Banaszak, Bogusław/ Jabłoński, Mariusz 2006: E-Government in Polen. Programmgrundsätze und rechtliche Lösungen; ausgewählte Probleme, in: Osteuropa-Recht 52 (2), 69-83.
Burnetko, Krzysztof 2010: 20 years of public administration in independent Poland, in: Kucharczyk, Jacek/ Zbieranek, Jarosław (Hrsg.): Democracy in Poland 1989-2009. Challenges for the future, Warsaw, 51-62, auch abrufbar unter http://www.isp.org.pl/files/8271284100947554001281523312.pdf (30.07.2012).
Daniel, Krystyna 2007: Kryzys społecznego zaufania do rządów, in: Studia Socjologiczne 2 (185), 61-82.
Dimitrov, Vesselin/ Goetz, Klaus H./ Wollmann, Helmut 2006: Governing after Communism. Institutions and Policy-Making, Lanham u.a.
Durka, Włodzimierz 1999: Reform der öffentlichen Verwaltung in Polen, in: Transodra 19, 18-28.
Fettelschoß, Katja 2009: Politische Eliten und Demokratie. Professionalisierung von Ministern in Mittelosteuropa, Baden-Baden.
Garlicki, Leszek 2011: Polskie prawo konstytucyjne: zarys wykładu. Wydanie 15, Warszawa.
Grzybowski, Marian (Red.) 2006: System rządów Rzeczypospolitej Polskiej. Założenia konstytucyjne a praktyka ustrojowa, Warszawa.
Gwiazda, Anna 2008: Party Patronage in Poland. The Democratic Left Alliance and Law and Justice compared, in: East European Politics and Societies 22 (4), 802-827.
Jaroń, Anna 2012: Administracja publiczna, in: Kobylińska, Aleksandra/ Makowski, Grzegorz/ Solon-Lipiński, Marek (Red.): Mechanizmy przeciwdziałania korupcji w Polsce. Raport z monitoringu, Warszawa, 103-121.
Jednaka, Wiesława 2004: Rządy koalicyjne w III RP, Wrocław.
Mojak, Ryszard 2008: Rządy koalicyjne w dobie Konstytucji RP z 1997 roku, in: Jakubowski, Wojciech/ Słomka, Tomasz (Red.): Porządek konstytucyjny w Polsce. Wybrane problemy, Warszawa – Pułtusk, 85-121.
Mojak, Rsyzard 2007: Parlament a rząd w ustroju Trzeciej Rzeczypospolitej Polskiej, Lublin.
Osiński, Joachim 2010: Administracja publiczna między polityką, prawem i ekonomią, Warszawa.
Patyra, Sławomir 2002: The Constructive Vote of No Confidence as a Formula for the Creation and Dismissal of the Council of Ministers, in: The Sejm Review, Second Special Edition, 125-140; auch zugänglich unter http://orka.sejm.gov.pl/przeglad.nsf/xWgRokuAng/2002/$File/ps2_2002_eng.pdf.

---

130 Vgl. die Gesamtübersicht des BTI für 2012: http://www.bti-project.de/uploads/tx_jpdownloads/BTI2012_Scores_01.xls (31.08.2012).

Piekara, Andrzej 2010: Jakość administracji w Polsce. Zarys współczesnej problematyki, Warszawa.
Płóciennik, Sebastian 2009: Die Qualität der Institutionen in Polen, in: Bingen, Dieter/ Ruchniewicz, Krzysztof (Hrsg.): Länderbericht Polen, Bonn, 333-343.
Raciborski, Jacek 2007: Forming government elites in a new democracy: The case of Poland, in: Communist and Post-Communist Studies 40, 17-40.
Raciborski, Jacek (Red.) 2006: Elity rządowe III RP 1997-2004. Portret socjologiczny, Warszawa.
Rydlewski, Grzegorz 2000: Regierung und Regierungsverwaltung in Polen, in: WeltTrends 27, 41-59.
Sarnecki, Paweł 2011: Kierownicze kompetencje Prezesa Rady Ministrów w strukturze administracji rządowej, in: Przegląd Sejmowy 3 (104), 57-72.
Schäfer, Claudia 2007: Semi-Präsidentialismus à la polonaise. Zum Einfluss des Regimetyps auf die demokratische Konsolidierung der Republik Polen, Würzburg.
Suwaj, Patrycja Joanna (Red.) 2009: Patologie w administracji publicznej, Warszawa.
Szeliga, Zbigniew, 1998: Rada Ministrów a Sejm, 1989-1997, Lublin.
Tabernacka, Magdalena (Red.) 2010: Płaszczyzny konfliktów w administracji publicznej, Warszawa.
Ziemer, Klaus/ Matthes, Claudia-Yvette 32010: Das politische System Polens, in: Ismayr, Wolfgang (Hrsg.): Die politischen Systeme Osteuropas, Wiesbaden, 209-273.
Zubek, Radoslaw 2008: Parties, rules and government legislative control in Central Europe: the case of Poland, in: Communist and Post-Communist Studies 41 (2), 147-161.
Zubek, Radoslaw/Goetz, Klaus H. 2007: Government, parliament and lawmaking in Poland 1997-2001, in: Journal of Legislative Studies 13 (4), 517-538.

Internetadresse

http://www.kprm.gov.pl   Internetseite der Kanzlei des Premierministers

4 Der Staatspräsident

Das Amt des Staatspräsidenten wurde in Polen mit der Verfassung vom 17. März 1921 eingeführt. Auch die als autoritär kritisierte Verfassung von 1935 behielt dieses Amt bei. Ihre Bestimmungen ermöglichen es immerhin, dass der Präsident nach der Niederlage Polens 1939 das Amt legal an einen zunächst in Frankreich, danach ab 1940 an einen in London residierenden Nachfolger übergeben konnte. Die polnische Exilregierung beanspruchte die Kontinuität und Legitimität des Amtes, auch als in Polen ein kommunistisches Regime etabliert wurde. Der letzte Exilpräsident Ryszard Kaczorowski kam erst zur Amtseinführung des demokratisch gewählten Staatspräsidenten Lech Wałęsa Ende 1990 nach Warschau, übergab die Staatsinsignien der Zweiten Republik und erkannte damit die Legitimität des Präsidenten der Dritten Republik an.[131]

Von 1947 bis zur Verabschiedung der Verfassung der Volksrepublik 1952 gab es in Polen einen Staatspräsidenten (PPR- bzw. PZPR-Chef Bolesław Bierut). Danach fungierte der Staatsrat als kollektives Staatsoberhaupt. Vorsitzender des Staatsrats war in der Regel kein absoluter Spitzenpolitiker, was auf die eher repräsentative Funktion des Amtes hinwies. Erst General Jaruzelski, der seine eigentliche Macht aus seiner Position als Parteichef bezog, ließ sich 1985 auch zum Staatsratsvorsitzenden und damit Staatsoberhaupt wählen. In den achtziger Jahren gab es Vorstöße der Blockpartei SD (Demokratische Partei), das Amt des Staatspräsidenten wieder herzustellen. Doch erst am Runden Tisch wurde im Frühjahr 1989 beschlossen, das Amt wieder einzuführen. Bei den Verhandlungen war das Bemühen sowohl der Vertreter des *ancien régime* als auch der Opposition zu erkennen, möglichst viele Kompetenzen, die bisher in der Verfassungswirklichkeit bei Parteiinstanzen gelegen hatten, auf staatliche Institutionen zu übertragen. Aus nahe liegenden Gründen waren die bisherigen Eliten bemüht, dass General Jaruzelski als zu erwartender Staatspräsident möglichst viele Befugnisse beibehielt, die er bisher als Parteichef besessen hatte – während die Vertreter der *Solidarność* das gegenteilige Interesse hatten.

Das Präsidentenamt wurde am Runden Tisch schließlich mit umfangreichen Kompetenzen ausgestattet, wobei deutliche Anleihen bei der Verfassung der Fünften Französischen Republik gemacht wurden. Da klar war, dass Jaruzelski in allgemeinen Wahlen keine Chance hatte gewählt zu werden, griff man auf die Regelung der März-Verfassung von 1921 zurück, nach der Sejm und Senat gemeinsam als Nationalversammlung den Präsidenten wählten. Obwohl nach der politischen Arithmetik des Runden Tisches der bisherigen Regierungsseite mindestens 299 der 560 Mitglieder der Nationalversammlung angehörten, wurde Jaruzelski mit nur einer Stimme mehr gewählt, als er benötigte. Er machte in der Folge von seinen Kompetenzen eher sparsam Gebrauch und blockierte die Reformvorhaben der von der *Solidarność* geführten Regierung nicht, wohl auch, weil er sich seiner mangeln-

---

131 Kaczorowski, Jahrgang 1919, begleitete Staatspräsident Lech Kaczyński zu den Feierlichkeiten zum 70. Jahrestag des Massakers von Katyń und kam wie dieser bei dem Flugzeugabsturz am 10. April 2010 bei Smolensk ums Leben.

den Popularität bei großen Teilen der Bevölkerung aufgrund der Verhängung des Kriegsrechts vom Dezember 1981 sowie seiner auch nach 1989 strafrechtlich verfolgten Rolle bei der Niederschlagung der Demonstrationen von Werftarbeitern an der Küste im Dezember 1970 bewusst war.[132] Obwohl er auf sechs Jahre gewählt worden war, was ihm für die Konstellation nach den für 1993 erwarteten ersten freien Sejmwahlen eine Schlüsselrolle sichern sollte, verzichtete er Ende 1990 auf sein Amt und machte den Weg frei für Neuwahlen, weil er eingesehen hatte, dass seine Zeit abgelaufen war. Zudem war Polen, das 1989 an der Spitze der Demokratisierungsbewegungen in Ostmitteleuropa gelegen hatte, durch die zwischenzeitlichen Entwicklungen in den Nachbarländern von diesen bei der Etablierung vollständig demokratisch legitimierter Institutionen überholt worden.

4.1 Schrittweise Beschneidung der Kompetenzen des Präsidenten nach 1989

Die Kompetenzen zwischen Staatspräsident und Regierung waren in der am Runden Tisch ausgehandelten Verfassung zum Teil bewusst unpräzise formuliert worden. In einer politischen Übergangszeit mit vielen Unbekannten – etwa den Folgen der dramatischen innenpolitischen Veränderungen bei Polens Nachbarn, vor allem aber der unübersichtlichen Situation in der Sowjetunion – hatte eine solche Regelung ihre Vorteile, solange die betreffenden Eliten sich einig waren.

Da Jaruzelskis Nachfolger Wałęsa, der am Runden Tisch noch für ein Präsidentenamt mit geringen Befugnissen plädiert hatte, seine Kompetenzen extensiv auslegte, kam es mehrfach zu Kompetenzstreitigkeiten zwischen Präsident und Regierung, aber auch zwischen Präsident und Parlament. Die „Kleine Verfassung" von 1992 präzisierte zwar die Kompetenzen in einigen Bereichen, konnte aber Konflikte auch in der Zukunft nicht verhindern. In der „Kleinen Verfassung" und noch mehr in der Verfassung von 1997 wurden die Kompetenzen des Präsidenten erheblich beschnitten, so dass das Regierungssystem den Weg von einem tendenziell semipräsidentiellen („präsidentiell-parlamentarischen") zu einem tendenziell parlamentarischen („parlamentarisch-präsidentiellen") System zurückgelegt hat. Die politischen Einflussmöglichkeiten des Präsidenten sind im Vergleich zu anderen Staaten jedoch weiterhin sehr beachtlich, vor allem durch seine Kompetenz, ein Veto gegen verabschiedete Gesetze einzulegen. Ferner besitzt er – im internationalen Vergleich für einen Präsidenten eher ungewöhnlich – das Recht der Gesetzesinitiative.

Das Vetorecht war dem Präsidenten am Runden Tisch eingeräumt worden. Ein Veto konnte vom Sejm nur mit einer Zweidrittelmehrheit überstimmt werden. Dieses Quorum behielt auch die „Kleine Verfassung" bei. Mit der neuen Verfassung wurde es auf 60 Prozent abgesenkt, stellt aber angesichts der in der Regel weniger als 60 Prozent der Sitze betragenden Mehrheit für die Regierungskoalition eine erhebliche Hürde dar. Das Veto kann inhaltlich motiviert sein, wenn der Präsident das Inkrafttreten neuer gesetzlicher Regelungen verhindern will. Es kann aber – vor allem bei einer „Kohabitation", also bei einer Regierung aus einem anderen politischen Lager als dem des Präsidenten – auch als Instrument in der tagespolitischen Auseinandersetzung angewandt werden. General Jaruzelski setzte

---

132 Der Prozess zur strafrechtlichen Verantwortung Jaruzelskis wegen der Ereignisse von 1970 zog sich jahrelang hin. 2012 wurde er wegen Verhandlungsunfähigkeit des 89jährigen Angeklagten eingestellt.

das Veto nur einmal ein, um ein Gesetz über den Verkauf von Grund und Boden an Ausländer zu unterbinden (das dann modifiziert wurde). Lech Wałęsa nutzte das Veto etliche Male, um im Sejm eigene politische Vorstellungen durchzusetzen, unterlag aber z.B. beim Wahlgesetz zum Sejm von 1991. Das vom Parlament gegen Wałęsas Willen angenommene Gesetz führte dann zu einer extremen parteipolitischen Zersplitterung. Aleksander Kwaśniewski ging mit dem Instrument des Vetos sehr behutsam um und nutzte es in zehn Jahren nur dreimal, u.a. 1998 (erfolgreich) gegen die vorgesehene Neueinteilung des Landes in 15 Wojewodschaften (es wurden schließlich 16). Lech Kaczyński dagegen legte nach dem Antritt der PO-geführten Regierung so häufig ein Veto ein, dass drei frühere Präsidenten des Verfassungsgerichtshofs öffentlich kritisierten, die Handhabung dieses Instruments durch den Präsidenten laufe den Intentionen des Verfassungsgebers zuwider. Das Veto sei nur vorgesehen, damit der Sejm eine Entscheidung noch einmal überdenke, nicht aber, um damit Tagespolitik zu machen und systematisch Initiativen der Regierung zu blockieren. Sie schlugen – bisher freilich erfolglos – eine Verfassungsänderung dahingehend vor, dass die Dreifünftelmehrheit für die Zurückweisung des Präsidentenvetos beseitigt wird.[133]

Entsprechend dieser Kompetenzbeschneidung schlug der Gesprächskreis „Erfahrung und Zukunft", der unter den PiS-Regierungen von renommierten Verfassungsrechtlern und Sozialwissenschaftlern den gleichnamigen Gesprächskreis von Ende der 1970er Jahre wiederbelebte, in seinen Überlegungen zur Verfassungsänderung in Variante B eine Änderung des Wahlmodus des Präsidenten vor. Er sollte nicht mehr in direkter Wahl, sondern durch ein Wahlkollegium bestimmt werden, das aus den Mitgliedern der Nationalversammlung und einer ebenso großen Zahl von Elektoren bestehen sollte, die von den Mitgliedern der Wojewodschaftsparlamente gewählt werden sollten.[134] Die Analogie zur deutschen Bundesversammlung und zur Wahl des Bundespräsidenten ist offensichtlich und angesichts der vorgeschlagenen Kompetenzbeschneidungen des Präsidentenamtes verfassungssystematisch durchaus konsequent. Der Vorschlag wurde in der öffentlichen Debatte jedoch nicht aufgegriffen. Alle Präsidenten haben die Kompetenz des Präsidenten auf Gesetzesinitiative wahrgenommen und auch damit politischen Einfluss ausgeübt. In der kurzen Amtszeit von General Jaruzelski war das nur einmal der Fall. Recht aktiv war dagegen in dieser Hinsicht Aleksander Kwaśniewski in seiner zweiten Amtszeit und ganz besonders Lech Kaczyński während der kurzen Wahlperiode des V. Sejm (vgl. Tabelle 14).

Heftig umstritten war auch unter Verfassungsrechtlern, wie weit die Rechte des Präsidenten bei der Regierungsernennung gingen. In der schwierigen internationalen Konstellation des Herbstes 1989 war es verständlich, dass General Jaruzelski nach außen als Garant für die Bündnistreue Polens gegenüber der Sowjetunion auftreten sollte und der Außen-, der Verteidigungs- und der Innenminister (als Chef der Polizei und des Geheimdienstes) ebenfalls das Vertrauen des Generals besitzen mussten. Mit den Generälen Siwicki und Kiszczak blieben bis Anfang Juli 1990 zwei Personen auf den letzten beiden Positionen, die seit Jahren im Amt und der sowjetischen Führung gut bekannt waren. Die Verfassung legte fest, dass der Präsident den Premierminister designierte und danach die Minister ernannte, und zwar auf Antrag des Premierministers „nach Verständigung" (*po porozumieniu*) mit

---

133 Vgl. Projekt: jak osłabić władzę prezydenta, in: Gazeta Wyborcza 24.08.2009, http://wyborcza.pl/1,76842,6957644,Projekt__jak_oslabic_wladze_prezydenta.html (31.07.2012). Siehe auch das Projekt der Verfassungsänderung des „Konwersatorium Doświadczenie i Przyszłość" 2009: http://www.dip.org.pl/Raport_8_08-09-2009_nierozkladowki.pdf (31.07.2012).
134 Vgl. ebenda, Art. 127, Propozycja B.

dem Präsidenten. Diese Formulierung wurde von Wałęsa extensiv interpretiert, was mehrfach zu politischen Krisen führte. Die „Kleine Verfassung" von 1992 bestimmte in Art. 61: „Den Antrag auf Berufung des Außen-, des Innen- und des Verteidigungsministers legt der Vorsitzende des Ministerrats [d.h. der Premierminister] nach Einholung der Meinung des Präsidenten dar". Unter Ministerpräsident Pawlak (PSL) konnte Wałęsa ab Herbst 1993 unter den Bedingungen einer „Kohabitation" gegenüber der SLD-PSL-Koalition seine konservativen Kandidaten für das Amt des Außen-, Innen- und Verteidigungsministers durchsetzen. Gegenüber Premierminister Oleksy (SLD) gelang es ihm 1995 zwar auch, die entsprechenden Ministerposten mit ihm genehmen Personen zu besetzen (Władysław Bartoszewski, Andrzej Milczanowski und Zbigniew Okoński). Doch musste er nun akzeptieren, dass die betreffenden Staatssekretäre von den Koalitionspartnern benannt wurden (Glajcar 2006: 120). Erst mit der neuen Verfassung von 1997 wurde geklärt, dass der Premierminister nach seiner Designierung durch den Präsidenten die Zusammensetzung der Regierung (ohne jede Einschränkung) vorschlägt (Art. 154 Abs. 1 NV). Die Prozeduren bei der Regierungsbildung für den Fall, dass der vom Präsidenten vorgeschlagene Kandidat keine Mehrheit erhält, wurden gestrafft (siehe Kapitel 3: Regierung und Verwaltung). Freilich drängte wie schon der damalige SLD-Chef Kwaśniewski 1993 nach Sejmwahlen nicht jeder Wahlsieger nach dem Amt des Premierministers (so auch Krzaklewski [AWS] 1997, Jarosław Kaczyński [PiS] 2005). Bereits in der „Kleinen Verfassung" wurde das Recht des Präsidenten gestrichen, beim Sejm die Entlassung des Premierministers zu beantragen. Von diesem Recht hatte Wałęsa Ende Mai 1992 nach seiner Rückkehr aus Moskau, wo er sich durch einen von der Regierung in letzter Minute mitgeteilten Einspruch gegen die Unterzeichnung eines Abkommens mit der russischen Regierung brüskiert fühlte, Gebrauch gemacht. Anfang Juni führte dies, zumal nach der ungeschickten Veröffentlichung der Liste angeblicher Mitarbeiter des Geheimdienstes durch Innenminister Macierewicz zum Sturz der Regierung Olszewski.

Weiterhin problematisch ist die Bestimmung der neuen Verfassung, dass Präsident, Premierminister und Außenminister im Bereich der Außenpolitik „zusammenwirken" sollen. Fehlende Abstimmung zwischen den drei Institutionen hatte bereits 1992 zu der Aufsehen erregenden Situation geführt, dass Premierminister Olszewski den in Moskau weilenden Präsidenten Wałęsa anwies, einen bereits paraphierten polnisch-russischen Vertrag nicht zu unterzeichnen. Wałęsa stellte nach der Rückkehr nach Warschau den erwähnten Antrag an den Sejm, Olszewski abzuberufen. Zwischen Präsident Kaczyński, Premierminister Tusk und Außenminister Sikorski gab es 2008 eine ganze Reihe offenkundiger Abstimmungsschwierigkeiten. Meinungsunterschiede zwischen Präsident und Regierung etwa über die Verhandlungen mit den USA über in Polen zu stationierende Raketen für den amerikanischen „Antiraketenschild" wurden in aller Öffentlichkeit ausgetragen, was der polnischen Verhandlungsposition nur schaden konnte. Durch ein nicht geklärtes „Leck" gelangten Auszüge aus einem in einem abhörsicheren Raum geführten Gespräch zwischen Kaczyński und Sikorski in die Presse. Dabei wurde für alle Welt sichtbar, in welch ruppigem Ton Präsident und Außenminister miteinander umgingen.[135] Spannungen zwischen Regierung und Präsident hielten die ganze Zeit der „Kohabitation" von 2007 bis zum Tode Lech Kaczyńskis 2010 an. Erst unter seinem Nachfolger Komorowski, der wie Premier-

---

135 Vgl. Dytyniak, Monika 2008: Sikorski – Kaczyński, dżentelmeńskie rozmowy, in: Dziennik 18.07.2008, http://www.wiadomosci24.pl/artykul/sikorski_kaczynski_dzentelmenskie_rozmowy_71232.html (30.07.2012).

minister Tusk der Bürgerplattform (PO) angehörte, entspannte sich das Verhältnis zwischen Regierung und Präsident wieder. Allerdings machte Komorowski schon in den ersten Monaten seiner Amtszeit deutlich, dass auch er außen- und insbesondere europa- und sicherheitspolitisch durchaus aktiv zu sein gedenkt.

Unumstritten sind die „normalen" Kompetenzen eines Staatspräsidenten. Er repräsentiert das Land nach innen und außen. Die Tatsache, dass er als „Garant der Kontinuität der staatlichen Macht" bezeichnet wird (Art. 126 Abs. 1 NV), ist gerade vor dem Hintergrund der eingangs dieses Kapitels geschilderten historischen Erfahrungen Polens im 20. Jahrhundert zu verstehen. Der Präsident ernennt die polnischen Botschafter im Ausland und akkreditiert die ausländischen Botschafter in Polen. Er ist Oberbefehlshaber der polnischen Streitkräfte, eine Funktion, die er in Friedenszeiten über den Verteidigungsminister wahrnimmt, er übt das Gnadenrecht aus, verleiht die polnische Staatsbürgerschaft (was in der Öffentlichkeit in Fällen beschleunigter Einbürgerung ausländischer Sportler bisweilen einiges Aufsehen erregte), etc.

Mit der am Runden Tisch vereinbarten Verfassung wurde auch die Notwendigkeit der Gegenzeichnung durch den Premierminister oder den zuständigen Minister für Akte des Staatspräsidenten eingeführt, da dieser dem Parlament gegenüber politisch nicht verantwortlich ist. Die Verfassung sah vor, dass die Bereiche, in denen Akte des Präsidenten der Gegenzeichnung bedürfen, durch Gesetz festgelegt werden. Ein solches Gesetz wurde jedoch bis zur Einführung der Kleinen Verfassung nicht erlassen, was mit zu den konfliktträchtigen Unklarheiten der Kompetenzabgrenzung zwischen Präsident und Regierung beitrug. Nach Meinung von Politikern ist die Gegenzeichnung eher ein Instrument, den Präsidenten von der Regierung abhängig zu machen, als dass die Regierung für ihn Verantwortung übernimmt.[136] Erst mit dem Inkrafttreten der Kleinen Verfassung von 1992 gewann die Gegenzeichnung praktische politische Bedeutung. Diese Verfassung enthielt in Art. 47 einen Katalog von 13 Punkten, bei denen der Präsident von der Pflicht zur Gegenzeichnung durch einen Vertreter der Regierung befreit war. Dieser Katalog wurde in der Verfassung von 1997 in Art. 144 auf 30 Punkte ausgeweitet.[137] Darunter befinden sich so wichtige wie ein Veto oder die Einberufung des Kabinettsrats. Dennoch wurde seine Rolle unter der neuen Verfassung dadurch geschwächt, dass andere Verfassungsorgane wie etwa der Ministerpräsident in ihren Kompetenzen aufgewertet wurden (Glajcar 2006: 144).

Zur Stärkung der politischen Position des Präsidenten trägt bei, dass er über eine Kanzlei verfügt, in die er Staatssekretäre berufen kann, die je nach der zwischen Präsident und Regierung bestehenden politischen Konstellation eine Art Gegenkabinett bilden können. Präsident Lech Kaczyński berief acht solcher Staatssekretäre. Zu ihnen zählte auch der Chef der Präsidialkanzlei. Ferner ernannte Kaczyński insgesamt 17 Persönlichkeiten aus verschiedenen Bereichen des öffentlichen Lebens zu seinen offiziellen Beratern. Darüber hinaus bestanden unter seiner Präsidentschaft drei „Räte beim Präsidenten" mit jeweils rund einem Dutzend Mitgliedern (für Bildung und wissenschaftliche Forschung, für Kombattanten sowie für das Dorf und die Landwirtschaft). Komorowski ernannte in den ersten Monaten seiner Amtszeit sechs „etatmäßige" Berater, darunter den früheren Premerminis-

---

136 So Glajcar 2006: 142 unter Berufung auf die Verfassungsrechtlerin Maria Kruk.
137 Zum Vergleich: Anordnungen und Verfügungen des Bundespräsidenten bedürfen nach Art. 58 GG nur in drei Fällen nicht der Gegenzeichnung (Ernennung und Entlassung des Bundeskanzlers, Auflösung des Bundestages nach Art. 63 und Ersuchen an den Bundeskanzler oder einen Bundesminister, die Amtsgeschäfte bis zur Ernennung eines Nachfolgers weiterzuführen).

ter Tadeusz Mazowiecki, sowie 14 „gesellschaftliche" Berater, Experten aus Bereichen wie Wirtschaft, lokale Selbstverwaltung und Gesundheitswesen.[138] Neben dem Leiter der Präsidialkanzlei, Jacek Michałowski, berief Komorowski vier weitere Staatssekretäre, darunter den Chef des Nationalen Sicherheitsrates, Stanisław Koziej, und drei Unterstaatssekretäre.

Politische Akzente setzen kann der Präsident dadurch, dass er vor dem Sejm, dem Senat oder beiden Häusern des Parlaments gemeinsam (Nationalversammlung) eine Ansprache hält, über die anschließend im Parlament nicht diskutiert wird (Art. 140 NV). Präsident Komorowski nutzte diese Möglichkeit, um auf der ersten Sitzung des neu gewählten Sejm im November 2011 die seiner Meinung nach wichtigsten Problemfelder darzulegen, mit denen sich Parlament und Regierung in der beginnenden Wahlperiode auseinanderzusetzen hätten. In Fällen „von besonderem Gewicht" kann der Präsident den Kabinettsrat einberufen, der aus der Regierung unter dem Vorsitz des Präsidenten besteht, aber von der Verfassung ausdrücklich nicht mit den Befugnissen der Regierung ausgestattet ist. Unter Aleksander Kwaśniewski trat der Kabinettsrat zwischen 1998 und 2004 achtmal zusammen, darunter sechsmal zwischen Februar 2002 und März 2004, vor allem um die Positionen Polens im Vorfeld des EU-Beitritts sowie 2003 bezüglich des Irakkriegs abzustimmen. Lech Kaczyński berief den Kabinettsrat mehrfach ein, um seiner Unzufriedenheit mit der Politik der Regierung von Premierminister Tusk zum Ausdruck zu bringen, so etwa Anfang 2008, um zu unterstreichen, wie wichtig ihm die Reform des Gesundheitswesens sei.[139] Bronisław Komorowski hielt im Sommer 2010 noch als amtierender Präsident einen Kabinettsrat ab, um sich über die Bekämpfung des Hochwassers durch die Regierung zu informieren (und gegebenenfalls auch Punkte im laufenden Präsidentschaftswahlkampf zu sammeln). Im Juni 2011 waren die Vorbereitungen zur bevorstehenden polnischen EU-Präsidentschaft Thema eines Kabinettsrates. Komorowski rief dabei alle Staatsorgane zur Zusammenarbeit auf.

4.2 Der Nationale Sicherheitsrat

Blass geblieben ist in der Praxis der ersten drei Präsidenten der von Lech Wałęsa bereits kurz nach seinem Amtsantritt per Verordnung Ende Januar 1991 eingeführte, in Art. 34 der Kleinen Verfassung von 1992 übernommene und in Art. 135 der Verfassung von 1997 beibehaltene Nationale Sicherheitsrat nach US-Vorbild, der laut Verfassung ein den Präsidenten in Fragen der äußeren und inneren Sicherheit beratendes Organ bildet. Mit der Verfassung von 1997 wurde das noch aus der Volksrepublik überkommene Komitee für Landesverteidigung (*Komitet Obrony Kraju*, KOK) abgeschafft, dem neben dem Staatspräsidenten der Premierminister, der Verteidigungs-, Außen-, Innen- und Finanzminister, die Marschälle von Sejm und Senat sowie der Chef des Generalstabs der Streitkräfte und als Sekretär der Chef des Nationalen Sicherheitsbüros angehört hatten. Die Mitglieder des Nationalen Sicherheitsrates werden vom Präsidenten ernannt, der hierzu keine Gegenzeichnung benötigt. Das Nationale Sicherheitsbüro arbeitete von Beginn seines Bestehens an einer für

---

138 Vgl. die Übersicht auf der Homepage des Präsidenten http://www.prezydent.pl/kancelaria/doradcy (31.07.2012).
139 Auszüge aus der nur 48 Minuten dauernden Sitzung, die die vergiftete Atmosphäre zwischen Präsident und Regierung widerspiegelten, veröffentlichte eine Tageszeitung, woraufhin die Regierung den gesamten Text auf ihrer Internetseite veröffentlichte; vgl. „Rada Gabinetowa wyciekł z gabinetów", in: Gazeta Wyborcza 21.01.2008.

4.2 Der Nationale Sicherheitsrat

Polen völlig neuen Sicherheitsdoktrin, die auf die Aufnahme des Landes in die Nato und die EU abzielte.

Der Rat wurde erstmals im Januar 1998 von Präsident Kwaśniewski einberufen. Ihm gehörten der Premierminister und seine Stellvertreter an, die Marschälle von Sejm und Senat, der Außen- und der Verteidigungsminister, die Präsidentin der Nationalbank sowie der Chef des Nationalen Sicherheitsbüros. Dieses bildet auf der Grundlage des allgemein gehaltenen, im Anschluss an die Verfassung der Fünften Französischen Republik formulierten Verfassungsartikels weiterhin ein Hilfsorgan des Präsidenten (Art. 126 Abs. 2 NV: „Der Präsident wacht über die Einhaltung der Verfassung, hütet die Souveränität und die Sicherheit des Staates sowie die Integrität und Unteilbarkeit seines Territoriums") und soll das organisatorische Rückgrat des Nationalen Sicherheitsrates sein. Sein Leiter untersteht dem Staatspräsidenten. Präsident Kwaśniewski berief zum Ende seiner Amtszeit alle damaligen Mitglieder des Nationalen Sicherheitsrates ab, der seit 2001 drei bis vier Mal im Jahr getagt hatte.

Unter Präsident Kaczyński besaß der Rat zunächst eine vergleichbare Struktur, doch tagte er seit März 2007 nicht mehr, weshalb in der Öffentlichkeit bisweilen die Forderung nach seiner Abschaffung erhoben wurde. Sechs Mitglieder des Rates, die sich vor allem mit Jarosław Kaczyński überworfen hatten, wurden 2007 abberufen, der aus der PiS ausgetretene frühere Sejmmarschall Ludwik Dorn Anfang 2008. Im Jahre 2009 gehörten dem Rat Jarosław Kaczyński und dessen frühere Außenministerin Anna Fotyga an, dazu *ex officio* als Sekretär der Chef des Nationalen Sicherheitsbüros, der frühere Verteidigungsminister Aleksander Szczygło.[140]

Nach dem Tod von Lech Kaczyński bei dem Flugzeugabsturz bei Smolensk am 10. April 2010, bei dem auch Aleksander Szczygło ums Leben kam, ordnete der neue Präsident Bronisław Komorowski noch als amtierender Staatspräsident den Nationalen Sicherheitsrat neu und gab ihm am 24. Mai 2010 eine neue Geschäftsordnung. Bereits am 13. April berief er Stanisław Koziej, den ersten polnischen Vertreter bei der Nato für Fragen der Nuklearstrategie und späteren Unterstaatssekretär im Verteidigungsministerium, zum neuen Leiter des Nationalen Sicherheitsbüros. Am 20. Mai 2010 ernannte Komorowski neben Koziej als neue Mitglieder des Sicherheitsrates Premierminister Tusk, Vizepremier Pawlak, die Minister für Verteidigung, Inneres und Äußeres, Senatsmarschall Borusewicz und die Parteichefs der beiden im Sejm vertretenen Oppositionsparteien PiS und SLD, Jarosław Kaczyński und Grzegorz Napieralski. Jarosław Kaczyński verzichtete am 9. November 2010 auf seine Mitgliedschaft in diesem Gremium. Nach den Parlamentswahlen von 2011 wurden neben dem Premierminister und General Koziej die neuen Inhaber der genannten Ministerien, die beiden Parlamentsmarschälle, als Vertreter der PSL Vizepremier Pawlak sowie als Repräsentanten der Oppositionsparteien deren Fraktionsvorsitzende Leszek Miller (SLD) und Janusz Palikot (RP) zu Mitgliedern des Nationalen Sicherheitsrates ernannt. Jarosław Kaczyński (PiS) lehnte als Chef der stärksten Oppositionspartei weiterhin eine Teilnahme am BBN ab.[141] Es ist davon auszugehen, dass der Rat seinen ihm von Komorowski in der Verordnung vom 24. Mai 2010 gestellten Aufgaben nachkommt, nämlich die Prämissen der Außen- und Sicherheitspolitik zu begutachten, die Entwicklung der Streitkräfte zu verfolgen, Stellung zu nehmen zu Problemen der äußeren Sicherheit sowie zu Problemen der in-

---

140 Die Zusammensetzung des Nationalen Sicherheitsbüros zu den jeweiligen Zeitpunkten gibt dessen Internetseite wieder: http://www.bbn.gov.pl/portal/pl/610/18/Rada_Bezpieczenstwa_Narodowego.html (31.07.2012).
141 Zur personellen Zusammensetzung des BBN im Sommer 2012 siehe ebd.

neren Sicherheit und der Mittel ihnen entgegenzuwirken. An den in der Regel nicht öffentlichen Sitzungen des Rates können auf Einladung des Präsidenten auch ehemalige Staats- und Ministerpräsidenten teilnehmen.[142]

Unter Präsident Komorowski ist der Nationale Sicherheitsrat für die Öffentlichkeit deutlich sichtbarer geworden. Sein neuer Vorsitzender Stanisław Koziej ist erkennbar darum bemüht, die Aufgaben des Nationalen Sicherheitsrates auch für eine breitere Öffentlichkeit transparenter zu machen und stellt in weit größerem Umfang als zuvor Informationen über sein Amt und dessen Aufgaben auch ins Internet.[143]

4.3 Ausnahmezustände

Eine Materie von hoher Sensibilität, bei der zumindest in den beiden politisch wichtigsten Fällen dem Staatspräsidenten eine Schlüsselrolle zufällt, sind nach der umstrittenen Verhängung des Kriegsrechts 1981 Ausnahmezustände, die Prozeduren ihrer Einführung und die mit ihnen verbundenen Konsequenzen. Die Verfassung der Volksrepublik kannte 1981 keinen Ausnahmezustand, nur den Kriegszustand, den nach Art. 28 Abs. 2 der Verfassung von 1952 der Staatsrat verhängen konnte. Am 13. Dezember 1981 ließ General Jaruzelski den Staatsrat aber nicht nur das Kriegsrecht einführen, sondern auch drei Dekrete über dessen Konsequenzen verabschieden. Da zur selben Zeit der Sejm Sitzungsperiode hatte, hätte nicht der Staatsrat, sondern der Sejm die gesetzlichen Konsequenzen der Einführung des Kriegsrechts beschließen müssen. Die Dekrete waren somit aufgrund der Art ihres Zustandekommens verfassungswidrig. Mit den im März 1983 durchgeführten Verfassungsänderungen – u.a. die Einführung des Verfassungsgerichtshofs – wurde zusätzlich zum Kriegszustand auch ein Ausnahmezustand vorgesehen und ein entsprechendes Ausführungsgesetz erlassen. Diese Regelungen galten bis zur Verabschiedung der Verfassung von 1997.[144]

Diese Verfassung sieht drei Arten von Ausnahmezustand vor, deren Einzelheiten in drei Ausführungsgesetzen 2002 geregelt wurden. Den Kriegszustand kann[145] der Staatspräsident auf Antrag des Ministerrats (also der gesamten Regierung) einführen, wenn eine äußere Bedrohung des Landes, darunter auch mit terroristischem Hintergrund, besteht; bei einem bewaffneten Angriff auf Polen sowie bei Vorliegen der aus einem völkerrechtlichen Vertrag hervorgehenden Verpflichtung zur gemeinsamen Abwehr eines Angriffs. Die Verhängung des Kriegszustands darf jedoch nicht die Rechte des Parlaments oder die Tätigkeit von Gerichten und Gerichtshöfen einschränken. Der Präsident hat das Dekret über die Einführung des Kriegszustands binnen 48 Stunden dem Sejm vorzulegen, der unverzüglich darüber zu befinden hat – und es mit absoluter Mehrheit bei Anwesenheit von mindestens 50 Prozent seiner gesetzlichen Mitglieder auch aufheben kann, sofern die äußeren Umstände es ihm erlauben zusammenzutreten.

„Im Fall der Bedrohung der verfassungsmäßigen Ordnung des Staates, der Sicherheit der Staatsbürger oder der öffentlichen Ordnung" kann der Präsident, ebenfalls auf Antrag der Regierung, den Ausnahmezustand in Teilen von Polen oder im gesamten Staatsgebiet einführen (Art. 230 Abs. 1 NV). Er darf im Gegensatz zum zeitlich durch die Verfassung

---

142 Vgl. die Verordnung Komorowskis vom 24. Mai 2010, ebenda.
143 www.bbn.pl,, auch mit englischsprachigem Service.
144 Garlicki, Leszek 2011: Polskie prawo konstytucyjne. Zarys wykładu. Wydanie 15, Warszawa, 404.
145 Das heißt, er muss nicht.

nicht beschränkten Kriegszustand nicht länger als 90 Tage dauern und kann nur mit Zustimmung von Sejm und Senat einmal um maximal 60 Tage verlängert werden. Durch das Ausführungsgesetz genau geregelt sind die Möglichkeiten des Präsidenten, nach Erschöpfung anderer Mittel die Streitkräfte zur Wiederherstellung der inneren Ordnung einzusetzen, sowie die Möglichkeiten der Beschränkung politischer und sonstiger Freiheiten.

Die dritte Art von Ausnahmezustand betrifft Situationen wie Naturkatastrophen oder die Folgen von „technischen Unfällen" (Art. 232 NV), wobei der Verfassungsgeber bei Letzteren vermutlich den Reaktorunfall von Tschernobyl vor Augen hatte. Dieser Ausnahmezustand („Katastrophenzustand") besitzt einen deutlich anderen Charakter als die beiden zuvor Genannten. Er wird nicht vom Präsidenten ausgerufen, sondern von der Regierung auf dem Verordnungsweg für Teile oder das ganze Staatsgebiet für maximal 30 Tage eingeführt. Zu seiner ebenfalls klar befristeten Verlängerung bedarf die Regierung jeweils der Zustimmung des Sejm. Die Einschränkung der Rechte des Individuums wie der staatlichen Institutionen ist deutlich geringer als im Falle des Kriegs- oder des Ausnahmezustands. Da innerhalb von 90 Tagen nach Beendigung des Katastrophenzustands auf dem betroffenen Gebiet keine Referenden oder Wahlen durchgeführt werden dürfen, wurde im Mai 2010, als größere Teile Südpolens von Hochwasser betroffen waren, überlegt, dort den Katastrophenzustand auszurufen. Das hätte jedoch bedeutet, dass die für den Juni 2010 anstehenden Präsidentschaftswahlen hätten verschoben werden müssen. Die Regierung verzichtete daher darauf, den Katastrophenzustand zu verkünden.

4.4 Die Wahl des Staatspräsidenten

Entsprechend der politischen Bedeutung des Amtes wurde 1990 die Wahl des Präsidenten durch allgemeine Wahlen eingeführt. Ein Kandidat muss das „volle Wahlrecht" zum Sejm besitzen, mindestens 35 Jahre alt sein und die Unterschriften von mindestens 100.000 Wahlberechtigten vorweisen. Gewählt ist, wer im ersten Wahlgang die absolute Mehrheit der gültigen Stimmen erhält. Erzielt kein Kandidat dieses Ergebnis, findet 14 Tage später eine Stichwahl zwischen den beiden stimmstärksten Bewerbern des ersten Wahlgangs statt. Die Amtszeit beträgt fünf Jahre, einmalige Wiederwahl ist möglich. Ist der Präsident nicht in der Lage, sein Amt auszuüben, oder wird er vor dem Staatsgerichtshof angeklagt, nimmt vorübergehend der Sejmmarschall das Amt des Staatspräsidenten wahr. Ist auch dieser verhindert, übernimmt diese Rolle der Marschall des Senats (Art. 131 NV).

Diese Bestimmungen wurden überraschend aktuell, als Präsident Lech Kaczyński am 10. April 2010 bei einem Flugzeugabsturz bei Smolensk ums Leben kam und Sejmmarschall Bronisław Komorowski, zu diesem Zeitpunkt schon per Abstimmung unter den PO-Mitgliedern designierter Präsidentschaftskandidat für die für Oktober 2010 geplanten Präsidentschaftswahlen, das Amt als amtierender Staatspräsident übernahm. Im Wahlkampf, der angesichts der Trauer über die Opfer der Flugzeugkatastrophe nur schleppend in Gang kam, setzte sich Komorowski im zweiten Wahlgang gegen Kaczyńskis Zwillingsbruder Jarosław durch (vgl. Tabelle 17). Die Verfassungsbestimmungen führten zu einem Kuriosum, als Komorowski am Donnerstag nach seiner Wahl zum Staatspräsidenten sein Abgeordnetenmandat und damit auch das des Sejmmarschalls niederlegte und automatisch der Senatsmarschall Bogdan Borusewicz neues amtierendes Staatsoberhaupt wurde. Da der

Tabelle 17: Präsidentschaftswahlen 1990–2010

	25.11.1990	09.12.1990	05.11.1995	19.11.1995	08.10.2000
Wahlberechtigt	27.535.159	27.535.159	28.136.332	28.062.409	29.122.304
Wahlbeteiligung	16.694.567	14.703.775	18.203.218	19.146.496	17.789.231
Wahlbeteiligung in v.H.	60,6	53,4	64,7	68,2	61,1
Gültige Stimmen	16.442.474	14.305.794	17.872.350	18.762.615	17.598.919
Kandidaten	Stimmen in v.H.				
Lech Wałęsa	39,96	74,25	33,11	48,28	1,43
Stanisław Tymiński	23,10	25,75	–	–	–
Tadeusz Mazowiecki (UD)	18,08	–	–	–	–
Włodzimierz Cimoszewicz[a]	9,21	–	–	–	–
Roman Bartoszcze (PSL)	7,15	–	–	–	–
Leszek Moczulski (KPN)	2,50	–	–	–	–
Aleksander Kwaśniewski (SLD)	–	–	35,11	51,72	53,90
Jacek Kuroń (UW)	–	–	9,21	–	–
Jan Olszewski (RdP)	–	–	6,86	–	–
Waldemar Pawlak (PSL)	–	–	4,31	–	–
Tadeusz Zieliński (UP)	–	–	3,53	–	–
Hanna Gronkiewicz-Waltz	–	–	2,76	–	–
Janusz Korwin-Mikke (UPR)	–	–	2,40	–	1,01
Andrzej Lepper (Samoobrona)	–	–	1,32	–	3,05
Andrzej Olechowski	–	–	–	–	17,30
Marian Krzaklewski (AWS)	–	–	–	–	15,57
Jarosław Kalinowski (PSL)	–	–	–	–	5,95
Piotr Ikonowicz (PPS)	–	–	–	–	0,79
Sonstige	–	–	1,39[d]	–	1,00[e]
Insgesamt	100,00	100,00	100,00	100,00	100,00

	09.10.2005	23.10.2005	20.06.2010	04.07.2010
Wahlberechtigt	30.260.027	30.279.209	30.813.005	30.833.924
Wahlbeteiligung	15.051.157	15.435.020	16.923.832	17.050.417
Wahlbeteiligung in v.H.	49,7	50,99	54,94	55,31
Gültige Stimmen	14.946.689	15.279.787	16.806.170	16.853.021
Kandidaten	Stimmen in v.H.			
Stanisław Tymiński	0,16	–	–	–
Waldemar Pawlak (PSL)	–	–	1,75	–
Janusz Korwin-Mikke (UPR)	1,43	–	2,48	–
Andrzej Lepper (Samoobrona)	15,11	–	1,28	–
Andrzej Olechowski	–	–	1,44	–
Jarosław Kalinowski (PSL)	1,80	–	–	–
Donald Tusk (PO)	36,33	45,96	–	–
Lech Kaczyński (PiS)	33,10	54,04	–	–
Marek Borowski[b]	10,33	–	–	–
Henryka Bochniarz[c]	1,26	–	–	–
Bronisław Komorowski (PO)	–	–	41,51	53,01
Jarosław Kaczyński (PiS)	–	–	36,46	46,99
Grzegorz Napieralski (SLD)	–	–	13,68	–
Marek Jurek	–	–	1,06	–
Sonstige	0,48[f]	–	0,34[g]	–
Insgesamt	100,00	100,00	100,00	100,00

4.4 Die Wahl des Staatspräsidenten

a   Kandidat der postkommunistischen Linken, formell parteilos
b   Nach dem Verzicht des SLD-Kandidaten Cimoszewicz wenige Wochen vor der Wahl erhielt Borowski (SdPl) auch die Unterstützung der SLD
c   Vorsitzende des Arbeitgeberverbandes „Lewiatan", im Wahlkampf unterstützt von der Demokratischen Partei (PD)
d   4 Kandidaten
e   4 Kandidaten
f   4 Kandidaten
g   2 Kandidaten
Quelle: Ziemer 2003: 184; http://www.prezydent2005.pkw.gov.pl/PZT1/PL/WYN/W/index.htm; http://www.pkw.gov.pl/gallery/19/99/34/199934/pkw_obw_pzt.pdf; http://www.pkw.gov.pl/gallery/20/03/76/200376/II_tura.pdf (31.07.2012)

Sejm nur rund zehn Stunden nach Komorowskis Rücktritt Grzegorz Schetyna (PO) zum neuen Sejmmarschall wählte, hatte Polen am 8. Juli 2010 binnen weniger Stunden drei verschiedene amtierende Staatspräsidenten. Das veranlasste SLD-Chef Napieralski zu der Frage, ob man zur Vermeidung einer solchen Situation nicht das Amt eines Vizepräsidenten einführen solle. Derartige Überlegungen dürften jedoch kaum Aussicht auf Erfolg haben.

Präsidentschaftswahlen besitzen einen äußerst hohen politischen Stellenwert und mobilisieren die Wahlberechtigten stärker als Wahlen zum Parlament, was sich an einer durchschnittlich mehr als zehn Prozent höheren Wahlbeteiligung zeigt. Präsidentschaftswahlen haben mehrfach als Katalysator für eine nachfolgende Umstrukturierung des Parteiensystems gewirkt.

Unter besonderen Umständen verliefen Ende 1990 die ersten allgemeinen Präsidentschaftswahlen, als zwei Symbolfiguren der *Solidarność*, Lech Wałęsa und Ministerpräsident Tadeusz Mazowiecki, gegeneinander antraten, was für viele Anhänger der *Solidarność* unverständlich war. Einen ersten Hinweis auf ein beachtliches populistisches Wählerpotential bot der zweite Platz im ersten Wahlgang für den Wochen zuvor absolut unbekannten, im Ausland angeblich erfolgreichen Geschäftsmann Stanisław Tymiński, der völlig überraschend Tadeusz Mazowiecki für den zweiten Wahlgang ausschaltete. Diejenigen Gruppierungen, die Mazowiecki im Wahlkampf unterstützt hatten, bildeten danach die in den neunziger Jahren einflussreiche „Demokratische Union" (UD) bzw. später die „Freiheitsunion" (UW).

In den Präsidentschaftswahlen 1995 spitzte Amtsinhaber Wałęsa, der in den Monaten vor der Wahl teilweise extrem niedrige Umfragewerte erzielt hatte, das Duell mit seinem linken Herausforderer Aleksander Kwaśniewski auf die Frage: neues, demokratisches Polen versus *ancien régime* zu, während Kwaśniewski einen Wahlkampf nach amerikanischem Stil führte und ein modernes, weltoffenes Polen zu repräsentieren versuchte, womit er sich letztlich durchsetzte. Dass es Wałęsa im zweiten Wahlgang gelang, fast alle aus der *Solidarność* hervorgegangenen Gruppierungen hinter sich zu versammeln und auf beachtliche 48,28 Prozent der gültigen Stimmen zu kommen, veranlasste den Chef der Gewerkschaft *Solidarność*, Marian Krzaklewski, 1996 die zersplitterte Rechte in der AWS zu sammeln, die die Sejmwahlen 1997 gewann. Der frühere Ministerpräsident Jan Olszewski nutzte sein Achtungsergebnis (6,9 Prozent) bei den Präsidentschaftswahlen 1995 zur Gründung einer neuen, allerdings wenig erfolgreichen Partei.

Im Jahre 2000 war die Wiederwahl von Amtsinhaber Kwaśniewski unbestritten. Dass AWS-Kandidat Krzaklewski nur auf Platz drei kam, beendete dessen politische Karriere, während der parteilose frühere Außenminister Andrzej Olechowski seinen zweiten Platz (17,3 Prozent) als politisches Gewicht mit in die Gründung der Anfang 2001 aus den zerfallenden Parteien der Regierungskoalition gebildeten „Bürgerplattform" (PO) einbrachte.

Bei den Präsidentschaftswahlen 2005 gab der Kandidat der SLD, der frühere Ministerpräsident Cimoszewicz, der in Umfragen um die 20 Prozent gelegen hatte, vier Wochen vor der Wahl aufgrund innerparteilicher Intrigen gegen ihn auf, so dass es zu einem Zweikampf zwischen Donald Tusk (PO) und Lech Kaczyński (PiS) kam, den im zweiten Wahlgang Kaczyński für sich entschied. Im zweiten Wahlgang wurde dabei besonders deutlich, worin sich die Wählerschaft von PO und PiS unterschied, was sich auch bei späteren Parlamentswahlen zeigen sollte: Die PiS dominierte auf dem Land, die PO in den Städten. Tusks Wähler hatten im Durchschnitt eine höhere Bildung als die von Lech Kaczyński (vgl. Tabelle 18). Das schlechte Abschneiden des (Ersatz-) Kandidaten der Linken, des früheren Sejmmarschalls Marek Borowski (10,33 Prozent), war eine Vorankündigung des für die SLD bis dahin schlechtesten Wahlergebnisses in der Dritten Republik bei den Parlamentswahlen kurz darauf.

Die für Oktober 2010 geplanten Präsidentschaftswahlen mussten unter dramatischen Umständen um vier Monate vorgezogen werden, nachdem der Amtsinhaber Lech Kaczyński am 10. April 2010 bei einem Flugzeugabsturz ums Leben kam. Zusammen mit ihm starben auch der bereits nominierte Präsidentschaftskandidat der SLD, Jerzy Szmajdziński, sowie die beiden profilierten SLD-Sejmabgeordneten Izabela Jaruga-Nowacka und Jolanta Szymanek-Deresz, die als gewissermaßen „gesetzte" Präsidentschaftskandidatinnen nach Szmajdziński galten. Die Nominierung zum SLD-Kandidaten gewann daraufhin der noch sehr junge Parteivorsitzende Grzegorz Napieralski (Jahrgang 1973), der einen überzeugenden Wahlkampf führte und mit 13,68 Prozent der Stimmen im ersten Wahlgang auf ein respektables Ergebnis kam. Lech Kaczyński, dessen Tätigkeit als Staatspräsident im März 2010 nur 31 Prozent der repräsentativ Befragten positiv einschätzten,[146] hatte seine Kandidatur zwar noch nicht offiziell erklärt, doch galt sie als sicher. Jarosław Kaczyński, den der Tod seines Bruders sichtlich gezeichnet hatte, erklärte seine Kandidatur nach gebührendem Abstand von den Trauerfeierlichkeiten. Er führte einen Wahlkampf ganz gegen seine politischen Gewohnheiten, nicht polarisierend, sondern zusammenführend. Er erreichte damit mehr als nur einen Achtungserfolg, kam im ersten Wahlgang auf 36,5 Prozent und in der Stichwahl auf 47,0 Prozent der gültigen Stimmen. Die strukturellen Unterschiede in der Wählerschaft von Jarosław Kaczyński und Bronisław Komorowski 2010 waren sehr ähnlich denen der Wählerschaft von Lech Kaczyński und Donald Tusk 2005 (vgl. die Tabellen 18 und 19). Nimmt man Präsidentschaftswahlen als Vorboten künftiger Entwicklungen, so kündigte das Resultat von 1,28 Prozent das Ende der politischen Karriere von Andrzej Lepper an, dem nach seiner allerdings noch nicht rechtskräftigen Verurteilung zu zwei Jahren und drei Monaten Gefängnis wegen sexueller Nötigung offenbar nur die treuesten Anhänger die Gefolgschaft bewahrten. Das Ende einer Rolle auf der nationalen Ebene dürften die 1,44 Prozent auch für den früheren Außenminister Andrzej Olechowski bedeuten, der 2000 als Parteiloser mit 17,3 Prozent den zweiten Platz hinter Amtsinhaber Aleksander Kwaśniewski belegt hatte, zu den Mitbegründern der PO gehörte, sich aber 2009 von der Partei trennte. Er schloss sich der schon in Vergessenheit geratenen postkommunistischen SD an, die das ehemalige PO-Mitglied, der frühere sehr junge (Jahrgang 1968) Stadtpräsident Warschaus (1999–2001) und 2004 für die PO in das Europaparlament gewählte, aber danach

---

146 Immerhin ein Plus von 5 Prozent gegenüber dem Vormonat. 2009 oszillierten die Zustimmungswerte für Lech Kaczyński zwischen 22 und 27 Prozent; vgl. CBOS 2010: Oceny instytucji publicznych, BS 39/2010, Warszawa, März 2010: 4.

4.4 Die Wahl des Staatspräsidenten

Tabelle 18: Soziodemografische Angaben zu den Präsidentschaftswahlen 2005 (in v.H.)

	18-24 Jahre	25-39 Jahre	40-59 Jahre	>60 Jahre	Männer	Frauen	Grundschul-bildung	Berufs-schule	Abitur	Hochschul-abschluss	Land	Stadt
Erster Wahlgang												
Lech Kaczyński	25,5	29,0	33,3	39,8	32,7	31,5	34,6	35,4	32,7	26,9	34,2	32,8
Donald Tusk	46,5	45,4	36,4	29,7	41,7	36,5	27,0	30,8	40,6	49,6	25,1	41,7
Andrzej Lepper	12,0	11,0	13,6	13,5	9,7	15,6	27,9	23,3	9,3	2,8	28,6	8,5
Marek Borowski	8,0	8,0	11,1	13,5	10,1	10,2	5,6	6,1	11,4	13,4	6,1	12,5
Zweiter Wahlgang												
Lech Kaczyński	43,3	45,8	54,6	58,7	52,7	49,4	66,6	62,2	50,0	36,3	65,0	44,6
Donald Tusk	56,7	54,2	45,4	41,3	47,3	50,6	33,4	37,8	50,0	63,7	35,0	55,4

Quelle: Markowski, Radosław 2006: Wybory 2005 – chaos czy restrukturyzacja systemu partyjnego?, in: Wybory 2005. Partie i ich programy. Pod redakcją Inki Słodkowskiej i Magdaleny Dołbakowskiej, Warszawa, 9-27, hier 24.

Tabelle 19: Soziodemogr. Angaben zu den Präsidentschaftswahlen 2010, zweiter Wahlgang

	Bronisław Komorowski	Jarosław Kaczyński
Größe des Wohnortes (Ergebnis in v.H.)		
bis zu 5.000	41,38	58,62
5.000-10.000	41,95	58,05
10.000-20.000	47,26	52,74
20.000-50.000	54,47	45,53
50.000-100.000	56,10	43,90
100.000-200.000	61,73	38,27
200.000-500.000	61,67	38,33
Über 500.000	64,18	35,82
Bildung		
Grundschule	38,6	61,4
Berufsschule	44,0	56,0
Abitur	56,7	43,3
Hochschulabschluss	66,3	33,7
Berufliche Situation		
Arbeitslos / Arbeitsuchend	47,8	52,2
Arbeitnehmer	58,9	41,1
Arbeit in der Landwirtschaft	28,8	71,2
Arbeit in der eigenen Firma	65,5	34,5
Schüler / Student	57,8	42,2
Nicht berufstätig/ nicht arbeitsuchend	54,1	45,9
Rentner / Pensionär	54,0	46,0
Andere Situation	53,1	46,9

Quelle: Alberski 2011: 16f., nach Angaben der Staatlichen Wahlkommission und Umfrage late poll SMG/KRC (www.tvn24.pl/wybory2010.html; 01.10.2010)

aus der Partei ausgeschlossene Paweł Piskorski „übernommen" hatte, um auf nationaler Ebene wieder in das politische Leben zurückzukehren, freilich ohne Erfolg. Ein verheerendes Ergebnis bedeuteten auch die 1,75 Prozent für den PSL-Vorsitzenden und amtierenden Vizepremier Waldemar Pawlak. Dies tat jedoch ähnlich wie bei früheren sehr schlechten Ergebnissen ihrer Kandidaten bei Präsidentschaftswahlen dem Wiedereinzug der PSL in das Parlament 2011 keinen Abbruch.

4.5 Das Amtsverständnis der einzelnen Präsidenten und ihre Wahrnehmung durch die Gesellschaft

Die einzelnen Präsidenten haben das Amt in sehr unterschiedlicher Weise wahrgenommen. General Jaruzelski trat aus der PZPR aus, um deutlich zu machen, dass er über den Parteien stehen und Präsident aller Polen sein wollte. Er hatte den relativ reibungslosen Systemwechsel in Polen möglich gemacht, eine Leistung, die beim Blick auf das politische Ende anderer regierender kommunistischer Parteichefs wie Honecker und Husák deutlich wird, von Ceaușescu ganz zu schweigen. Jaruzelski war sich aber auch seiner höchst umstrittenen Position in der polnischen Öffentlichkeit bewusst, hielt sich in den innenpolitischen Auseinandersetzungen relativ zurück und machte mit seinem Rücktritt Ende 1990 den Weg frei für ein auch durch allgemeine und freie Wahlen legitimiertes Präsidentenamt.

Lech Wałęsa versuchte dagegen, die Kompetenzen des Präsidenten maximal auszunutzen. Die Interpretationshilfen, die ihm der Staatssekretär in der Präsidialkanzlei, der Juraprofessor Lech Falandysz, dabei gab, gingen zum Teil auch über die verfassungsmäßigen Befugnisse hinaus, was zum umgangssprachlichen Begriff der „Falandisierung des Rechts" führte.[147] Wałęsa begriff innenpolitische Konflikte vor allem in Dimensionen personeller Auseinandersetzungen, weniger in institutionellen Kategorien, was für die Konsolidierung des noch jungen demokratischen Verfassungssystems und die Verankerung seiner Institutionen vor allem im Bewusstsein der breiten Bevölkerung wenig hilfreich war. Er nutzte die knappen Mehrheitsverhältnisse, um seinen persönlichen Einfluss bei Regierungsbildungen und im Gesetzgebungsprozess zu festigen. Ironisch hieß es in der politischen Umgangssprache auf die Frage, was der Präsident die Woche über mache: „Drei Tage stabilisiert er die Regierung, drei Tage destabilisiert er sie, und am siebten Tage ruht er aus". Dies galt erst recht, als Wałęsa ab Herbst 1993 mit einer postkommunistisch geprägten Regierung konfrontiert war, mit der er zusammen in einer *cohabitation à la polonaise* arbeiten musste.

Ähnlich wie sein großes Vorbild Józef Piłsudski nicht frei von autoritären Neigungen, gab Wałęsa immer wieder seine Distanz zu politischen Parteien zu verstehen. Er gehörte formell selbst nie einer Partei an, unterstützte aber 1990 die Gründung der Zentrumsallianz (PC) durch die Brüder Kaczyński aus dem politischen Lager der *Solidarność*. Er war sich offensichtlich bewusst, dass auch ein Präsident eine parteipolitische Unterstützung im Parlament benötigt, und veranlasste 1993 die Gründung einer (im selben Jahr nur knapp in den

---

[147] Der Begriff kam auf, als Wałęsa die beiden vom Präsidenten ernannten Mitglieder des Landesrates für Rundfunk und Fernsehen auch wieder abberief.

4.5 Das Amtsverständnis der einzelnen Präsidenten und ihre Wahrnehmung durch die Gesellschaft

Sejm gelangten und bald danach zerfallenen) Partei, die dasselbe Akronym wie die von Piłsudski gebildete Partei trug (BBWR), allerdings mit einer leicht veränderten Auflösung.[148]

Wałęsa verstand sich offensichtlich ganz im Sinne eines Präsidenten der Fünften Republik de Gaulles als Schiedsrichter über den Parteien, die er nur als notwendiges Übel betrachtete. Außenpolitisch unterstützte er nachhaltig die Integration Polens in das westliche Bündnis und galt im Westen als Symbolfigur des Sieges über den Kommunismus und damit als Sympathieträger für Polen.

Aleksander Kwaśniewski, 1985-87 PZPR-Jugendminister und seit der Gründung der PZPR-Nachfolgeorganisation SdRP bzw. der von dieser geführten Allianz SLD deren Vorsitzender, trat sein Amt unter für ihn wenig erfreulichen Umständen an. Während des Wahlkampfes musste er zugeben, dass er unzutreffende Angaben über seinen Studienabschluss gemacht hatte und dass die Angaben über den Vermögensstand seiner Frau unvollständig waren, was jeweils heftige Kontroversen in der Öffentlichkeit hervorrief. Von dem mit Wałęsa aus dem Amt scheidenden Innenminister Andrzej Milczanowski gegen Premierminister Józef Oleksy (SLD) erhobene Vorwürfe einer Zusammenarbeit mit dem sowjetischen und russischen Geheimdienst führten zu dessen Rücktritt, den Kwaśniewski zwar nicht zu verantworten hatte, der aber den Beginn seiner Amtszeit belastete.

Sehr rasch gelang es Kwaśniewski jedoch, durch einen ausgesprochen kommunikativen Stil im Umgang mit der Öffentlichkeit, durch die Unterstützung weiterer wirtschaftlicher Reformen und einen betont prowestlichen Kurs in der Außenpolitik Anerkennung in großen Teilen der polnischen Bevölkerung wie auch auf internationaler Ebene zu gewinnen. Auch während der „Kohabitation" mit der AWS-UW-Regierung ab 1997 gab Kwaśniewski von Anfang an zu verstehen, dass ihm nicht an einer Konfrontation, sondern im Rahmen des Möglichen an einer Zusammenarbeit gelegen war. Seine Wiederwahl im Jahre 2000 verlief daher ohne größere Probleme. Danach schaltete er sich deutlich stärker als zuvor in die Politikgestaltung im Inneren ein (s.o.) und begleitete aktiv den Prozess des polnischen Beitritts zur EU. Schatten fielen auf sein Auftreten während der Amtszeit (und auch danach), als er in der Öffentlichkeit in erkennbar nicht ganz nüchternem Zustand auftrat.[149] Kwaśniewski trat vor seinem Amtsantritt aus der SLD aus, verstand sich als Präsident aller Polen, handelte auch in diesem Sinne und bewegte sich im Laufe der Jahre immer mehr zur politischen Mitte hin.

Lech Kaczyński, der als Justizminister der Regierung Buzek 2000-2001 mit Law-and-Order-Parolen große Zustimmung gefunden hatte und sich als Stadtpräsident von Warschau 2004 mit dem zum 60. Jahrestag eingeweihten Museum des Warschauer Aufstands ein Denkmal setzte, besaß ein sichtlich anderes Amtsverständnis. Seine Absicht war es offensichtlich nicht, die ganze Nation zu repräsentieren, sondern die Politik seines Bruders und Vorsitzenden der PiS zu unterstützen. Umgeben von wenig kompetenten und untereinander zerstrittenen Beratern,[150] verlor Kaczyński nach kurzer Zeit seine frühere Popularität und

---

148 Bei Piłsudski: Parteiloser Block zur Zusammenarbeit mit der Regierung, bei Wałęsa: Parteiloser Block zur Unterstützung der Reformen.
149 Das betraf vor allem sein Auftreten im September 1999 auf dem Friedhof der polnischen Offiziere in Katyń, die 1940 als Kriegsgefangene auf Befehl Stalins, der von den Spitzen der sowjetischen Führung per Unterschrift bestätigt wurde, von Angehörigen des KGB ermordet wurden.
150 Vgl. „Straszny dwór Lecha Kaczyńskiego (Der schreckliche Hof Lech Kaczyńskis)", in: Dziennik 17.05.2008. „Straszny Dwór" ist eine der bekanntesten polnischen Nationalopern. Einen politischen Skandal löste im Juli 2009 das Interview des Chefs der Präsidialkanzlei Piotr Kownacki aus, der gegenüber einer Tageszeitung erklärte, im Präsidentenpalais herrsche Chaos und Nervosität, Lech Kaczyński habe keinen Plan,

konnte auch auf internationaler Ebene wenig überzeugen. Eine Ausnahme bildeten die Beziehungen zu Litauen, die sich unter seiner Ägide insbesondere in häufigen Begegnungen mit dem litauischen Präsidenten Adamkus sehr eng gestalteten, ohne dass dadurch freilich die Probleme der polnischen Minderheit in Litauen (Schreibweise polnischer Namen entsprechend der üblichen polnischen Praxis und nicht nach litauischen diakritischen Zeichen, Ausbau des polnischen Schulwesens, u.a.) einer Lösung näher gekommen wären, die sich nach Kaczyńskis Tod 2010 geradezu zu einer Belastung der polnisch-litauischen Beziehungen entwickelten.

Bronisław Komorowski pflegt ein erkennbar anderes Amtsverständnis als seine Vorgänger. Er erklärte ausdrücklich, Präsident aller Polen sein zu wollen. Auffällig war, dass er sich schon in den ersten Monaten seiner Amtszeit mit mehr Vertretern von NGOs traf als seine Vorgänger und dass selbst seine Frau, Anna Komorowska, im März 2011 Vertreterinnen streikender Krankenschwestern zu Gesprächen empfing. Komorowski strebt an, einen breiten gesellschaftlichen Dialog zu initiieren, der zur Modernisierung Polens beitragen soll. Er soll sieben thematische Felder umfassen, von der „solidarischen Gesellschaft", die den Familien Sicherheit gibt, über die Zivilgesellschaft, die Sozialkapital schafft, bis zu einem effizienten und Dienst leistenden Staat. Jeder der sieben Themenbereiche wird von Präsidentenberatern geleitet. Die Ergebnisse der Diskussionen sollen über Internet verbreitet werden.[151] Bis zum Sommer 2012 fanden mehr als 40 solcher Debatten statt.[152]

In der Wahrnehmung der polnischen Gesellschaft hob sich das Amt des Präsidenten über die vergangenen rund 20 Jahre relativ vorteilhaft von dem anderer politischer Institutionen ab (vgl. Kapitel 12, Tabelle 55). Dies war, wie ein genauerer Blick zeigt, vor allem das Verdienst von Aleksander Kwaśniewski, dessen Art der Amtsausübung eine breite Mehrheit der polnischen Bevölkerung überzeugte. Bei seiner Wiederwahl 2000 war daher nur die Höhe des Wahlsieges offen. Erst gegen Ende seiner Amtszeit hielten sich Zustimmung und Kritik in etwa die Waage. Lech Wałęsa startete mit einem relativ hohen Bonus an Zustimmung, enttäuschte dann mit seiner Amtsführung immer breitere Kreise der Gesellschaft und wies zu Ende seiner Amtszeit so niedrige Zustimmungswerte auf, dass das Ergebnis des ersten und erst recht des zweiten Wahlgangs 1995 eher eine positive Überraschung für seinen Anhang darstellten. Nach seinem katastrophalen Abschneiden bei den Präsidentschaftswahlen 2000 zog Wałęsa sich aus der aktiven Politik zurück. Die mit Abstand schlechteste Bewertung der bisherigen Präsidenten wies in Umfragen Lech Kaczyński auf. Bronisław Komorowski konnte dagegen bereits wenige Monate nach seinem Amtsantritt von 2010 fast zu den positiven Bewertungen von Aleksander Kwaśniewski aufschließen.

Eine repräsentative Erhebung vom Sommer 2008 zur Beurteilung der bis dahin amtierenden drei Präsidenten seit 1990 ergab, dass die Einschätzung Lech Wałęsas mit dem zeitlichen Abstand milder ausfiel als gegen Ende seiner Amtszeit, während Aleksander Kwaśniewski etwas weniger positiv gesehen wurde als in den meisten Jahren seiner Amtszeit. An Wałęsa schätzten 53 Prozent die Art, wie er Polen in der Welt repräsentierte, 49 Prozent die

---

er sollte sich einen Arbeitsplan machen und daran halten. Ferner verabscheue er Begegnungen mit Botschaftern und andere offizielle Termine. Kaczyński sei einerseits zu gradlinig, andererseits unberechenbar gegenüber seinen Mitarbeitern („Dziennik", 18.07.2009). Kownacki wurde zunächst beurlaubt und dann entlassen.

151 Vgl. hierzu die Internetseite des Präsidenten mit den einzelnen Themenbereichen und den Namen der für sie Verantwortlichen, http://www.prezydent.pl/dialog/fdp/o-forum/ (30.07.2012).
152 PAP 2012: Dwa lata prezydenta Komorowskiego, http://www.wnp.pl/wiadomosci/dwa-lata-prezydenta-komorowskiego,175914_1_0_0_0_4.html (06.08.2012).

Tatsache, dass er innenpolitisch aktiv war und 38 Prozent seine Fähigkeit, mit der Gesellschaft zu kommunizieren. Als sein größter Mangel wurde fehlende Kompetenz wahrgenommen (42 Prozent), gefolgt von unzureichender Effizienz, fehlender Sorge um das Schicksal einfacher Bürger und mangelnder persönlicher Ehrlichkeit (jeweils 32 Prozent). Aber immerhin bescheinigten ihm 33 Prozent doch soziale Sensibilität und 35 Prozent persönliche Aufrichtigkeit. Die besten Werte wies auch drei Jahre nach dem Ausscheiden aus dem Amt Aleksander Kwaśniewski auf. 64 Prozent schätzten die Art, wie er das Land nach außen repräsentierte, 58 Prozent seine Kommunikationsformen mit der Gesellschaft, 55 Prozent seine innenpolitische Aktivität, 51 Prozent seine Effizienz. Die schlechteste Beurteilung erhielt er in den Punkten persönliche Aufrichtigkeit (43 Prozent negativ, 23 Prozent positiv) und soziale Sensibilität (39 Prozent negativ, 27 Prozent positiv). Geradezu verheerend fiel die Beurteilung Lech Kaczyńskis aus. Seinen besten Wert erzielte er beim Stichwort persönliche Aufrichtigkeit (32 Prozent), die ihm aber 45 Prozent absprachen, und Kompetenz (25 Prozent, gegenteiliger Meinung: 48 Prozent). Am negativsten wurde sein Kommunikationsstil gegenüber der Gesellschaft beurteilt (67 Prozent), gefolgt von der Art, wie er Polen in der Welt repräsentiere (60 Prozent), fehlender sozialer Sensibilität (59 Prozent) und Effizienz (57 Prozent).[153]

Die auf Ausgleich, Kontakt und Dialog mit der Gesellschaft bedachte Art der Amtsführung von Bronisław Komorowski, der dabei in seiner zurückhaltenden Art einen sympathischen, fast an die altpolnische Szlachta erinnernden Habitus erkennen lässt, hat in der Bevölkerung zunehmend Anerkennung gefunden. Lag die Zahl derer, die seine Tätigkeit positiv einschätzten, im September 2010 bei 47 Prozent, so ist sie in der zweiten Jahreshälfte 2011 fast von Monat zu Monat auf bis Januar 2012 71 Prozent angestiegen, während in derselben Zeit die Zahl der Unentschiedenen von 36 auf elf Prozent zurück ging, die der seine Amtsführung negativ Einschätzenden aber fast gleich blieb (von 17 zu 16 Prozent). Selbst unter den PiS-Anhängern fanden sich im November 2011 mehr positive (45 Prozent) als negative (39 Prozent) Einschätzungen (16 Prozent: „schwer zu sagen").[154] Damit hob sich Komorowski in der öffentlichen Wahrnehmung ebenso wie zuvor Aleksander Kwaśniewski nicht nur persönlich positiv ab von der Wahrnehmung der Inhaber anderer staatlicher Ämter. Auch das Amt des Staatspräsidenten erfuhr nach Jahren wieder eine deutlich bessere Beurteilung als andere staatliche Institutionen (vgl. Tabelle 55).

Unterschiedlich war das Verhalten der Präsidenten in Zeiten, in denen der Premierminister einem anderen politischen Lager angehörte. Wałęsa setzte unter der Kleinen Verfassung nach den Wahlen von 1993 in einer SLD-PSL-Regierung seine Kandidaten für das Amt des Außen-, Innen- und Verteidigungsministers durch und nutzte konsequent seine verfassungsmäßigen Möglichkeiten, behielt aber auch das Gesamtwohl des Staates im Auge. Kwaśniewski pflegte gegenüber der Regierung Buzek einen kooperativen Stil, war aber innenpolitisch durchaus aktiv. Gegen Ende der Regierung Miller (2001-2004), der aus Kwaśniewskis früherer Partei stammte, wurden Differenzen zwischen Präsident und Premier immer häufiger sichtbar, doch bemühte sich der Präsident gerade im Prozess des EU-Beitritts um eine gute Abstimmung mit der Regierung. Die bisher größten Probleme bei einer Kohabitation gab es zwischen Präsident Lech Kaczyński auf der einen und Premier-

---

[153] CBOS 2008: Polacy o swoich prezydentach: Lechu Wałęsie, Aleksandrze Kwaśniewskim i Lechu Kaczyńskim, BS/98/2008, Warschau, Juni 2008: 6.

[154] CBOS 2011: Oceny działalności prezydenta, BS/143/2011, Warschau, November 2011, sowie CBOS 2012: Zaufanie do polityków w styczniu, BS/13/2012, Warschau, Januar 2012.

minister Tusk (sowie Außenminister Sikorski) auf der anderen Seite nach der Bildung der PO-PSL-Regierung ab Ende 2007. Mehrfach kam es zur offenen Konfrontation. Bisweilen erklärte die Regierung sogar in der Öffentlichkeit, eine Maßnahme des Präsidenten sei nicht mit ihr abgesprochen.[155]

Die Spannungen nahmen teilweise skurrile Formen an. So war die Berechtigung des Präsidenten umstritten, an EU-Gipfeln teilzunehmen, was im Oktober 2008 u.a. zu irritierenden Auseinandersetzungen führte, wer das zu diesem Zeitpunkt einzig verfügbare Regierungsflugzeug für den Flug nach Brüssel nutzen dürfe. Ministerpräsident Tusk richtete daher ein Schreiben an den Verfassungsgerichtshof, in dem er um eine Klarlegung bat, wer Polen auf Sitzungen des Europäischen Rates vertrete und wer letztendlich über die personelle Zusammensetzung der polnischen Delegation bestimme. In seiner Entscheidung vom 20. Mai 2009 traf der Verfassungsgerichtshof keine Entscheidung, die die Kompetenzen von Präsident oder Premierminister neu bestimmt hätte. Vielmehr wurden Beide zunächst auf den verfassungsmäßigen Auftrag zur Zusammenarbeit verwiesen. Dann stellte das Gericht klar, dass der Präsident an den EU-Gipfeln im Rahmen seiner Kompetenzen nach Art. 126 Abs. 2 NV[156] teilnehmen kann, das heißt dann, wenn grundlegende Fragen der Sicherheitspolitik und der Souveränität des Landes angesprochen sind. Im Übrigen ist für die Gestaltung der laufenden Politik auf europäischer Ebene die Regierung zuständig, die diese auch in Brüssel vorzutragen hat.[157]

Präsident Komorowski ist gerade um europapolitische Akzente seiner Politik bemüht. Er setzt diese durchaus eigenständig, jedoch in Abstimmung mit Premierminister Tusk. Allerdings war Komorowski über den Inhalt der auch international beachteten „Berliner Rede" von Außenminister Sikorski vom 28. November 2011, in der dieser eine weiter gehende europäische Integration und eine Stärkung der europäischen Institutionen forderte, erkennbar nicht vorab informiert. Es ist jedoch davon auszugehen, dass zwischen Komorowski und der Regierung Tusk die Zusammenarbeit überwiegt. Die grundlegenden, in der Konstruktion der Verfassung angelegten Konflikte bleiben gleichwohl bestehen und können unter einer anderen parteipolitischen Konstellation zwischen Präsident und Regierung erneut hervorbrechen. Spannungen zwischen Komorowski und Tusk könnten auch aufbrechen, wenn Tusk Komorowskis erkennbare Bemühungen um ein eigenständiges Profil als Schwächung seiner eigenen Position in der PO wahrnimmt, der Komorowski als Präsident zwar formell nicht angehört, als deren Kandidat er jedoch zum Präsidenten gewählt wurde und in der er bei der gegenwärtigen parteipolitischen Konstellation Polens am ehesten seine politische Verankerung sehen dürfte.

---

155 So z.B., als Präsident Kaczyński seine außenpolitische Beraterin (und frühere Außenministerin) Fotyga Ende Juni 2008 zu Sondierungsgesprächen über die Verhandlungen zum Raketenabwehrschild in die USA entsandte oder nach Kaczyńskis antirussischer Rede in Tiflis am 12. August 2008.
156 „Der Präsident der Republik Polen wacht über die Einhaltung der Verfassung, hütet die Souveränität und die Sicherheit des Staates sowie die Integrität und Unteilbarkeit seines Staatsgebiets".
157 Vgl. den Beschluss des Verfassungsgerichtshofs 78/5/A/2009 vom 20.05.2009, Sygn. Akt Kpt 2/08.

4.6 Literatur

Alberski, Robert 2011: Polityczne funkcje wyborów prezydenckich w Polsce w 2010 roku, in: Okrzesik/ Wojtasik, 7-20.
Ajnenkiel, Andrzej (Red.) 1991: Prezydenci Polski, Warszawa.
Chorążewska, Anna 2008: Model prezydentury w praktyce politycznej po wejściu w życie Konstytucji RP z 1997r., Warszawa.
Ciapała, Jerzy 2007: The issue of the legal responsibility of the President of the Republic of Poland, in: The Sejm Review. Third Special Edition, 61-82; auch zugänglich unter http://orka.sejm.gov.pl/przeglad.nsf/xWgRokuAng/2007/$File/ps3_2007_eng.pdf.
Ciapała, Jerzy 1999: Prezydent w systemie ustrojowym Polski (1989-1997), Warszawa.
Dudek, Dariusz 2010: Prezydent a rząd – rozdział zadań i kompetencji ustrojowych, in: Zubik, Marek (Red.): Dwadzieścia lat transformacji ustrojowej w Polsce, Warszawa, 263-285.
Frankiewcz, Anna 2004: Kontrasygnata aktów urzędowych Prezydenta RP, Kraków.
Gerhardt, Sebastian 1999: Die Stellung des polnischen Präsidenten in Verfassungsrecht und -praxis seit 1989, in: Osteuropa-Recht 45 (3), 217-237.
Glajcar, Rafał 2006: Relacje Prezydenta z Radą Ministrów, in: Glajcar/ Migalski, 104-145.
Glajcar, Rafał/ Migalski, Marek (Red.) 2006: Prezydent w Polsce po 1989 r. Studium politologiczne, Warszawa.
Jaskiernia, Jerzy 2010: Współdziałanie Prezydenta i Rady Ministrów w sferze polityki zagranicznej, in: Państwo i Prawo 6 (772), 3-18.
Konwersatorium „Doświadczenie i Przyszłość": Raport nr 4/2009. Projekt zmian Konstytucji Rzeczypospolitej Polskiej (z dnia 2 kwietnia 1997 r.), Warszawa 2009; auch zugänglich unter www.dip.org.pl/Raport_8_08-09-2009_nierozkladowki.pdf (31.07.2012).
Muszyński, Jerzy 2002: Prezydentura w Polsce, Wrocław.
Okrzesik, Janusz/ Wojtasik, Waldemar (Red.) 2011: Wybory prezydenckie 2010, Katowice.
Sarnecki, Paweł 2000: Prezydent Rzeczypospolitej Polskiej. Komentarz do przepisów, Kraków.
Słomka, Tomasz 2005: Prezydent Rzeczypospolitej Polskiej po 1989 roku. Ujęcie porównawcze, Warszawa.
Słomka, Tomasz 2008: Prezydent Rzeczypospolitej Polskiej – moderator systemu konstytucyjnego państwa, in: Jakubowski, Wojciech/ Słomka, Tomasz (Red.): Porządek konstytucyjny w Polsce, Warszawa/ Pułtusk, 123-136.
Więckowska, Anna 2007: The Right of Veto of the President of the Republic of Poland in Political Practice after the Coming into Force of the New Constitution, in: The Sejm Review. Third Special Edition, 39-60; auch zugänglich unter http://orka.sejm.gov.pl/przeglad.nsf/xWgRokuAng/2007/$File/ps3_2007_eng.pdf.

Internetadressen:

www.prezydent.pl   Internetseite des Präsidenten
www.bbn.pl   Internetseite des Büros für Nationale Sicherheit

5 Gerichte und Gerichtshöfe

Für das Gelingen der Systemtransformation war der Aufbau eines Rechtsstaates von zentraler Bedeutung. Der erste nichtkommunistische Ministerpräsident Tadeusz Mazowiecki bezeichnete in seiner Regierungserklärung vom 12. September 1989 einen funktionierenden Rechtsstaat als Voraussetzung für das Gelingen aller Maßnahmen auch im Bereich der ökonomischen Systemtransformation. Die faktische Kompetenz, über das Recht verfügen zu können, hatte zu einem der wichtigsten Pfeiler der kommunistischen Herrschaft gezählt, die vom Prinzip der Einheitlichkeit der Gewalten ausgegangen war und den Grundsatz der Gewaltenteilung ablehnte. Bereits zur Zeit der ersten *Solidarność* wurden 1981 Grundsätze der kommunistischen Rechtsorganisation wie zeitlich befristete Amtszeiten der Richter kritisiert. Bei den Verhandlungen am Runden Tisch im Frühjahr 1989 gab es eine eigene Unterkommission zur Reform des Rechts und der Gerichte. Sie schlug u. a. vor, in die Verfassung den Grundsatz der Unabsetzbarkeit der Richter einzuführen und einen Landesrat für Gerichtswesen aus Vertretern der Legislative, der Exekutive und der Gerichtsbarkeit zu bilden, der über die personelle Besetzung von Richterstellen mit entscheiden sollte.[158] Ziel umfassender Reformen der Jahre 1989 bis 1992 war vor allem die Stärkung der richterlichen Unabhängigkeit.

Die Verfassung von 1997 wurde mit einem eigenen Kapitel zu Gerichten und Gerichtshöfen ausgestattet. Zu dessen Beginn wird in Art. 173 ausdrücklich erklärt: „Gerichte und Gerichtshöfe sind eine eigene und von den anderen Gewalten unabhängige Gewalt". Auf diese Weise wurde das Prinzip der Gewaltenteilung für den Bereich der Justiz verfassungsrechtlich noch einmal unterstrichen. An Gerichten unterscheidet die Verfassung neben dem Verfassungsgerichtshof und dem Staatsgerichtshof das Oberste Gericht, ordentliche Gerichte, Verwaltungs- und Militärgerichte. Deren Aufbau und Zuständigkeit sowie das Gerichtsverfahren regeln einfache Gesetze (Art. 176 Abs. 2 NV). Entsprechend wurden zwischen 1997 und 2002 neue Gesetze über die Verfassung der allgemeinen Gerichte, der Verwaltungs- und der Militärgerichte, über das Oberste Gericht sowie über den Landesrat für Gerichtswesen erlassen.

Die grundsätzliche Zuständigkeit bei allen Rechtsstreitigkeiten steht den ordentlichen Gerichten zu, mit Ausnahme der Bereiche, für die eigene Gerichtshöfe bestehen. Sondergerichte und Schnellverfahren dürfen nur in Kriegszeiten eingeführt werden (Art. 175 Abs. 2 NV). Diese Bestimmung führte dazu, dass das Verfassungsgericht das durch Gesetz von 1997 eingeführte Lustrationsgericht (vgl. Kapitel 12.2) als „Sondergericht" für verfassungswidrig erklärte und dass das Lustrationsgesetz geändert werden musste.

---

158 Sprawozdanie z posiedzeń Podzespołu do spraw Prawa i Sądów Okrągłego Stołu, in: Okrągły Stół. Dokumenty i materiały. Pod redakcją Włodzimierza Borodzieja i Andrzeja Garlickiego. Tom IV, kwiecień 1989 – czerwiec 1989, Warszawa 2004: 26 ff.

5.1 Allgemeine Gerichtsbarkeit – Das Oberste Gericht

Zentrale Institution des ordentlichen Gerichtswesens ist das Oberste Gericht, das bereits in der Zwischenkriegszeit bestand und nach mehr als 100 Jahren Teilungszeit angesichts des Fortbestehens unterschiedlicher Rechtsquellen zum Teil auch über 1918 hinaus mit seinen Urteilen wesentlich zu einer Vereinheitlichung des Rechts und der Rechtsprechung in der Zweiten Republik beitrug. Der Drei-Instanzen-Weg (ordentliches Gericht, Berufungsgericht, Kassationsgericht) wurde nach dem Zweiten Weltkrieg bis 1950 nach sowjetischem Muster durch ein Zwei-Instanzen-System ersetzt. Das Oberste Gericht verlor seine Funktion als Kassationsgericht und wurde zur bloßen Berufungsinstanz. Seine Unterordnung unter die Polnische Vereinigte Arbeiterpartei (PZPR) kam auch in der parteipolitischen Zugehörigkeit der Richter zum Ausdruck.[159]

Um die Unabhängigkeit der Gerichte und der Richter zu gewährleisten, wurde bereits am Runden Tisch über die Einführung eines Landesrates für Gerichtswesen diskutiert. Dort wurde der Grundsatz entwickelt, dass alle drei Gewalten bei der Besetzung des Landesrates zusammenwirken sollten. Nach einer leichten Modifizierung dieser Grundkonzeption setzt sich der Landesrat nach der Verfassung aus drei Gruppen zusammen: „1. dem Ersten Präsidenten des Obersten Gerichts, dem Justizminister, dem Präsidenten des Hauptverwaltungsgerichts und einer vom Präsidenten der Republik berufenen Person, 2. 15 Personen, die aus der Mitte der Richter des Obersten Gerichts, der ordentlichen Gerichte, der Verwaltungs- und Militärgerichte gewählt worden sind, 3. vier Mitgliedern, die vom Sejm aus der Mitte der Abgeordneten und zwei Mitgliedern, die vom Senat aus der Mitte der Senatoren gewählt worden sind" (Art. 187 Abs. 1 NV). Aufgrund dieser Zusammensetzung wird der Landesrat für Gerichtswesen auch als Verfassungsorgan „zwischen den Gewalten" bezeichnet, allerdings mit deutlichem Übergewicht der Richter (Garlicki 2011: 344). Die gewählten Mitglieder haben eine Amtszeit von vier Jahren.

Die Richter werden vom Präsidenten der Republik auf Vorschlag des Landesrats für Gerichtswesen auf unbefristete Zeit ernannt, sind unabhängig und können nicht abgesetzt oder gegen ihren Willen versetzt werden. Diesen Verfassungsbestimmungen entsprechend ernannte der Präsident alle vom Landesrat für Gerichtswesen vorgeschlagenen Kandidaten. Erst ab 2008 lehnte Lech Kaczyński einige Kandidaten ab, was heftige Diskussionen in der Öffentlichkeit, aber auch im Schrifttum hervorrief, in dem zum Teil die Ansicht vertreten wurde, aufgrund seiner Stellung innerhalb des parlamentarisch-präsidentiellen Systems müsse der Präsident die vorgeschlagenen Kandidaten ernennen. Für die Auswahl zuständiges Verfassungsorgan sei der Landesrat.[160] Der Verfassungsgerichtshof entschied jedoch in der ersten Organklage überhaupt im Streit zwischen zentralen Verfassungsorganen, es gebe gar keinen Kompetenzstreit. Diesen gäbe es erst dann, wenn der Präsident offiziell die Meinung des Landesrats zu den betroffenen Richtern zurückgewiesen oder bei seiner Meinungsbildung über diese Richter auf andere Beurteilungen zurückgegriffen hätte. Entsprechend stellte der Verfassungsgerichtshof das Verfahren ein.[161]

---

159 1982 waren von 133 Richtern des Obersten Gerichts 88 Mitglieder der PZPR, elf gehörten den beiden „Bündnisparteien" an, nur 14 waren parteilos; vgl. Lityński o. J.
160 Vgl. u.a. Ciapała, Jerzy 2008: Charakter kompetencji Prezydenta RP. Uwagi w kontekście kompetencji w zakresie powoływania sędziów, in: Przegląd Sejmowy 4 (87), 31-46.
161 Vgl. den Beschluss des Verfassungsgerichtshofs vom 23.06.2008, 97/5/A/2008, Sygn. Akt Kpt 1/08.

Nur wenn der Aufbau der Gerichte oder der Gerichtsbezirke verändert wird, kann ein Richter unter Beibehaltung seiner Bezüge an ein anderes Gericht oder in den einstweiligen Ruhestand versetzt werden (Art. 180 Abs. 5 NV). Richter besitzen auch Immunität und dürfen – außer auf frischer Tat – nicht ohne Zustimmung des gesetzlich zuständigen Gerichts verhaftet und zur strafrechtlichen Verantwortung gezogen werden. Der Präsident des örtlich zuständigen Gerichts kann die sofortige Freilassung anordnen. Die Unabhängigkeit der Justiz soll auch durch die Bestimmung gewährleistet werden, dass Richter keiner politischen Partei oder Gewerkschaft angehören und keine öffentliche Tätigkeit ausüben dürfen, „die mit der Unabhängigkeit der Gerichte und der Richter nicht vereinbar ist" (Art. 178 Abs. 3 NV). Diese Bestimmungen sorgten nach den Parlamentswahlen von 2011 für heftige Kontroversen, als zwei für die PiS in den Sejm gewählte Kandidaten, die Staatsanwälte im einstweiligen Ruhestand waren, diese lukrative Position nicht aufgeben wollten und schließlich auf ihr Abgeordnetenmandat verzichteten (vgl. Kapitel 2.4).

Nach der Verfassung müssen Gerichtsverfahren mindestens zwei Instanzen umfassen. Seit den 1990er Jahren hat sich jedoch ein Drei-Instanzen-Weg herausgebildet: Kreisgericht, Bezirksgericht, Berufungsgericht. Höchstes Organ der Rechtsprechung ist das Oberste Gericht, das gegenüber den allgemeinen Gerichten auch als Kassationsgericht wirkt, also beim Aufheben eines Urteils kein eigenes Urteil spricht, sondern den Fall an die untergeordnete Instanz zurückverweist. In Fragen der Militärgerichtsbarkeit ist das Oberste Gericht dagegen selbst Gericht zweiter (und letzter) Instanz. Nach der Verfassung von 1997 unterliegen dem Obersten Gericht allerdings nicht die Urteile der Verwaltungsgerichtsbarkeit. Es fasst grundsätzliche Beschlüsse zu Rechtsfragen, die umstritten sind oder zu abweichenden Urteilen in der Rechtsprechung des Obersten Gerichts, der allgemeinen Gerichte und der Militärgerichte. Hierzu antwortet es in Urteilen auch auf Fragen strittiger Rechtsauslegung, die ihm von Gerichten untergeordneter Instanzen vorgelegt werden. Hauptziel des Obersten Gerichts ist es somit, die Einheitlichkeit und Kohärenz der Rechtsprechung zu sichern. Zu seinen weiteren Aufgaben zählt ferner die Feststellung der Gültigkeit von Wahlen und Referenden. Zuvor hat es gegebenenfalls wie schon in der Zwischenkriegszeit über Klagen gegen die Gültigkeit der betreffenden Wahlen oder Referenden zu entscheiden.[162]

Das Oberste Gericht ist in vier Kammern aufgeteilt: für Zivil-, Straf- und Militärrecht sowie für Arbeit, Sozialversicherungen und Öffentliche Angelegenheiten. Die hohe Bedeutung des Obersten Gerichts geht auch daraus hervor, dass sein Erster Präsident für eine sechsjährige Amtszeit vom Staatspräsidenten unter den beiden Kandidaten ernannt wird, die ihm die Generalversammlung der Richter des Obersten Gerichts vorschlägt. Der Erste Präsident des Obersten Gerichts ist von Amts wegen auch Vorsitzender des Staatsgerichtshofs und Mitglied des Landesrats für Gerichtswesen (Garlicki 2011: 343f.). Der Erste Präsident steht dem Präsidium des Obersten Gerichts vor, dem als Präsidenten die Vorsitzenden der vier Kammern des Obersten Gerichts sowie als Mitglieder je zwei Angehörige der vier Kammern und als stellvertretende Mitglieder je ein weiterer Angehöriger dieser vier Kammern angehören. Weitere Organe des Obersten Gerichts sind die Richterversammlungen jeder der vier Kammern sowie die Allgemeine Versammlung aller Richter des Obersten Gerichts. Die Zahl der Richterstellen am Obersten Gericht legt der Staatspräsident auf Antrag der Allgemeinen Versammlung des Gerichts fest. Seit 2005 liegt die Mitgliederzahl der Zivil- und Strafrechtskammer bei je 30, die der Kammer für Arbeit, Sozialversicherungen

---

162 Siehe das Gesetz über das Oberste Gericht vom 23.11.2002, Dz. U. 2001 Nr. 240, Pos. 2042 mit Änderungen.

und Öffentliche Angelegenheiten bei 20 und die der Militärkammer bei zehn. Ziel der Rekrutierung der Richter des Obersten Gerichts ist es, in diesem Gremium die besten Experten des Landes zu vereinen. Daher werden einerseits Juristen mit einer hohen wissenschaftlichen Reputation berufen, andererseits Richter mit großer praktischer Erfahrung.

Während zu Beginn der 1990er Jahre die Einstellung zu Gerichten und Richtern relativ positiv war, ist seit Ende der neunziger Jahre Kritik an Gerichten in der Gesellschaft weit verbreitet. Eine 2000 landesweit durchgeführte Erhebung der Krakauer Jagiellonen-Universität zeigte, dass nur 29 Prozent der Befragten die Entscheidungen von Gerichten positiv beurteilten und nur 24 Prozent sie für fair hielten. Hauptkritikpunkte waren die Korruption von Richtern und Strafverfolgungsbehörden, schlechte und unfaire Gesetze, quälende Verzögerungen bei den Verfahren sowie politischer Druck auf die Richter. Befragte Richter beschwerten sich ihrerseits über die Medien, die ein solches Bild verbreiteten, ohne im Einzelfall die Mühe einer gründlichen Recherche auf sich zu nehmen, und oft nicht bereit seien, objektiv auch über positive Seiten der Gerichtstätigkeit zu berichten (Daniel 2007).

Das Justizwesen ist in Polen, vergleicht man die prozentualen Ausgaben der Staatshaushalte in der EU, relativ gut ausgestattet. 2006 lagen sie doppelt so hoch wie in Deutschland und viermal so hoch wie in Frankreich (Burdziej 2012: 92). Ein Hauptproblem der Justiz in Polen, die überlange Dauer von Verfahren, wird weniger auf unzureichende materielle Zuwendungen als auf mangelnde Organisation zurückgeführt und auf die unzureichende Berücksichtigung der Leistung der rund 10.000 Richter in Polen zwischen solchen, die ihren Posten als Sinekuren betrachteten, und solchen, die Schwerstarbeit verrichteten (ebenda).

Eine empirische Studie des Warschauer Lehrstuhls für Rechtssoziologie zur Rechtskultur der polnischen Gesellschaft nach dem Kommunismus kam zu dem Ergebnis, dass es in der polnischen Kultur weit verbreitet sei, sein „eigenes" Recht zu proklamieren und es mit legalen und illegalen Mitteln durchzusetzen, wobei man ähnliches Verhalten Anderer toleriere, sofern die Durchsetzung der eigenen Ziele davon nicht tangiert werde (Kurczewski 2007).

Kritik an Entscheidungen von Gerichten, den Anträgen deutscher Spätaussiedler stattzugeben, die ihre polnische Staatsangehörigkeit zurückerhalten hatten und auf Rückerstattung ihrer früheren Immobilien klagten, übten im Sommer 2007 Politiker der national-klerikalen Regierungspartei LPR, darunter Vize-Premierminister Roman Giertych, aber auch Ministerpräsident Jarosław Kaczyński (PiS). Er forderte, die Richter sollten sich bei ihren Urteilen stärker von der polnischen Staatsräson leiten lassen. Der Vorsitzende des Obersten Gerichts, Lech Gardocki, wies dieses Ansinnen scharf zurück. Urteile dürften nicht nach dem nationalen Interesse, sondern nur in Übereinstimmung mit dem Recht gefällt werden.[163] Diese Vorgänge zeigten erneut, dass der Grundsatz der Gewaltenteilung selbst von höchsten Amtsträgern noch nicht vollständig verinnerlicht wurde. Auch wenn somit die Rechtskultur breiterer Kreise der polnischen Gesellschaft und selbst die Einstellung führender Politiker gegenüber dem Recht noch zu wünschen übrig lassen, ist die Republik Polen zweifellos als ein Rechtsstaat zu bezeichnen. Probleme des Justizwesens werden in der Fachliteratur und in den Medien breit diskutiert. Hierzu gehören Vorwürfe der Korruption, aber auch die überlange Dauer von Prozessen oder die Inhaftierung Verdächtiger ohne Ge-

---

163 Vgl.: Gardocki: Kaczyńscy szkodzą wymiarowi sprawiedliwości, in: Money.pl, 17.08.2007; http://prawo.money.pl/aktualnosci/wiadomosci/artykul/gardocki;kaczynscy;szkodza;wymiarowi;sprawiedliwosci,78,0,259918.html (31.07.2012).

richtsverfahren, die auch zu Kritik seitens des Europarats oder zu relativ häufigen Verurteilungen Polens durch den Europäischen Gerichtshof für Menschenrechte geführt haben.

Kritisiert wird ferner, dass wie auch in anderen Berufen durch interne Bestimmungen der Berufsinnung auch bei den Juristen etwa der Zugang zum Anwaltsberuf ausgesprochen schwierig ist, die Zahl der Anwälte somit dem Bedarf nicht entspreche, was zugleich die Honorare in die Höhe treibe. Kein Justizminister der Dritten Republik hat bisher die in den Medien vielfach kritisierten Missstände im Justizwesen beheben können. Nach den Parlamentswahlen von 2011 vertraute Premierminister Tusk dieses Amt erstmals einem Nichtjuristen an, dem konservativen PO-Abgeordneten, Philosophen und Rektor der privaten Józef-Tischner-Universität in Krakau, Jarosław Gowin. Da er nicht in die Interessenkonflikte der verschiedenen Juristenmilieus involviert ist, soll er eine Neuordnung von Problembereichen des Justizwesens vornehmen.

5.2 Militärgerichtsbarkeit

Eine eigene Militärgerichtsbarkeit gab es in Polen bereits in der Zwischenkriegszeit und auch in der Volksrepublik. In der Dritten Republik verloren die Militärgerichte die Befugnis, auch über Zivilisten zu urteilen, die ihnen nach der Verhängung des Kriegsrechts 1981 zur Aburteilung von Vergehen gegen Bestimmungen des Kriegsrechts zuerkannt worden war. Nachdem während der Ausarbeitung der Verfassung von 1997 kontrovers darüber diskutiert worden war, ob die Militärgerichte beibehalten oder abgeschafft werden sollten, entschieden sich die Verfassungsgeber für die Beibehaltung. Art. 175 Abs. 1 NV sieht ausdrücklich die Existenz von Militärgerichten vor. Sie urteilen nach Art. 647 des Strafgesetzbuchs von 1997 in Strafrechtssachen innerhalb der polnischen Streitkräfte sowie in Angelegenheiten, die ihnen durch andere Gesetze übertragen wurden. Das Gesetz über das System der Militärgerichte vom 21. August 1997[164] bestimmte die Struktur der Militärgerichte näher. Auch für sie gilt der Zwei-Instanzen-Weg. In den meisten Fällen urteilen zunächst die zuständigen Garnisongerichte, als Appellationsinstanz Militär-Bezirksgerichte. Diese bilden in gewichtigeren Fällen auch die erste Instanz, während als Berufungsinstanz die Militärkammer des Obersten Gerichts fungiert. Die Aufsicht über die militärische Rechtsprechung führt das Oberste Gericht, die Organisations- und Verwaltungsaufsicht das Justizministerium.

Reformen im Justizwesen in den Jahren 2000 bis 2009 haben einerseits zu einer zunehmenden Vereinheitlichung der strafrechtlichen Verfahren und des Gerichtssystems, andererseits zu einer abnehmenden Anzahl der vor den Militärgerichten behandelten Fälle geführt.[165] Begründet liegt dies in der sinkenden Zahl der polnischen Armeeangehörigen, die von mehr als 150.000 auf rund 100.000 zurückgegangen ist, aber auch in einer Beschränkung der materiellen Zuständigkeit der Militärgerichte, die etwa nicht mehr für „gewöhnliche" Vergehen von Soldaten wie Diebstahl zuständig sind, sondern nur noch bei Vergehen, die unmittelbar mit dem Militärdienst verbunden sind, wie etwa unerlaubtes Ent-

---

164 Dz. U. 1997 Nr. 117, Pos. 753, mit späteren Änderungen.
165 Im ersten Halbjahr 2008 gingen 2106 Angelegenheiten bei den Garnisongerichten ein, im ersten Halbjahr 2009 nur 1427. Bei den Militärkreisgerichten ging die Zahl der Fälle im gleichen Zeitraum von 199 auf 127 zurück; vgl. Banaszak 2010: 75, Fn. 12. Nach Presseberichten ging die Zahl der von den Militärstaatsanwaltschaften 2010 und 2011 behandelten Fälle jeweils weiter drastisch zurück.

fernen von der Truppe. In der auch unter der neuen Verfassung kontrovers geführten Diskussion über die Zukunft der Militärgerichte wurde daher einerseits eine Beseitigung der Militärgerichte und eine entsprechende Verfassungsänderung, andererseits eine Anpassung von Organisation und Funktionsweise der Militärgerichte an die bestehende rechtliche und gesellschaftliche Wirklichkeit gefordert (Banaszak 2010).

Welche – der breiten Öffentlichkeit weitgehend verborgene – politische Sprengkraft hinter diesen Diskussionen steckte, wurde in dramatischer Weise Anfang Januar 2012 sichtbar. In der Pause einer Pressekonferenz, auf der er heftig die Bestrebungen des Generalstaatsanwalts Andrzej Seremet kritisierte, die Militärgerichtsbarkeit zu beseitigen, schoss sich der stellvertretende Leiter der Militär-Bezirksstaatsanwaltschaft Posen (Poznań), Oberst Mikołaj Przybył, in den Kopf (überlebte aber). Zwei Tage zuvor war die Militärstaatsanwaltschaft in Presseberichten scharf angegriffen worden, sie habe ohne gerichtliche Genehmigung von Mobilfunkbetreibern Auskunft über Gespräche und den Inhalt von SMS von Journalisten verlangt. Den Hintergrund bildeten offenbar Auseinandersetzungen, die noch in die Zeit der PiS-geführten Regierungen zurückgingen. Danach soll die Militärstaatsanwaltschaft zu Zeiten, als sich Berichte häuften, die Staatsanwaltschaft werde vom damaligen Justizminister (und in Personalunion auch Generalstaatsanwalt) Zbigniew Ziobro gegen politische Gegner instrumentalisiert, besondere Unabhängigkeit gezeigt haben. Der Hauptgegner von Generalstaatsanwalt Seremet in der aktuellen Auseinandersetzung, Militärgeneralstaatswalt Krzysztof Parulski, habe 2007 an der Spitze einer Vereinigung polnischer Staatsanwälte einen Appell an die Staatsanwälte gerichtet, nicht um ihrer Karriere wegen Druck nachzugeben. Ziobro habe damals, was ihm rechtlich zustand, auch Zivilisten an Militärgerichte abgeordnet, darunter einen Staatsanwalt, der später mit der Aufklärung des Flugzeugunglücks von Smolensk beauftragt wurde und dann als angebliche Quelle eines „Informationslecks" abgelöst wurde.[166]

Jenseits der offensichtlich auch in persönlichen Animositäten begründeten Konflikte zwischen ziviler und militärischer Staatsanwaltschaft standen Fakten, die eine sachliche Diskussion verlangten. So machten die Anfang 2012 157 Militärstaatsanwälte und zehn Assessoren gerade einmal 2,5 Prozent der gesamten polnischen Staatsanwälte aus. Von ihnen waren 73, das heißt fast die Hälfte, nach dem Flugzeugunglück von Smolensk mit dessen Aufklärung befasst. Heftig diskutiert wird auch die ungleiche Arbeitsbelastung der Staatsanwälte. 2010 war ein ziviler Staatsanwalt mit 175 Fällen befasst, ein Militärstaatsanwalt dagegen nur mit 20.[167]

5.3 Das Hauptverwaltungsgericht

Als 1980 das Ausmaß der Wirtschaftskrise und vor allem der Auslandsverschuldung sichtbar wurde, die nicht zuletzt auf das Fehlen interner Kontrollmechanismen zurückzuführen war, wurde noch unter Edward Gierek ein Hauptverwaltungsgericht (*Naczelny Sąd Administracyjny*) eingerichtet, und zwar auf der Grundlage eines einfachen Gesetzes. Selbst die „Kleine Verfassung" von 1992 erwähnt dieses Gericht nicht. Die Verfassung von 1997

---

166 es (Ewa Siedlecka) 2012: Krótka historia prokuratury wojskowej, in: Gazeta Wyborcza 10.01.2012, http://wyborcza.pl/1,75478,10936657,Krotka_historia_prokuratury_wojskowej.html (31.07.2012).
167 Vgl. ebenda.

widmet ihm zwei Artikel. Dabei wird festgestellt, dass das Hauptverwaltungsgericht und die anderen Verwaltungsgerichte im Rahmen der gesetzlichen Bestimmungen die Tätigkeit der öffentlichen Verwaltung kontrollieren. „Diese Kontrolle umfasst auch Entscheidungen über die Gesetzmäßigkeit der Beschlüsse der örtlichen Selbstverwaltungsorgane und der Normativakte der lokalen Organe der Regierungsverwaltung" (Art. 184 NV). Art. 185 NV bestimmt, dass der Staatspräsident den Präsidenten dieses Gerichts unter denjenigen Kandidaten bestimmt, die ihm die Generalversammlung der Richter des Hauptverwaltungsgerichts vorschlägt.

Zwar war das Hauptverwaltungsgericht durch Gesetz 1995 gründlich reformiert worden, doch verlangte die Verfassung von 1997 für alle Gerichte mindestens zwei Instanzen. In den Übergangsbestimmungen (Art. 236 Abs. 2 NV) wurde festgelegt, dass die Einführung des Zwei-Instanzen-Weges in der Verwaltungsgerichtsbarkeit binnen fünf Jahren nach Inkrafttreten der neuen Verfassung gesetzlich geregelt sein müsse. Am Hauptverwaltungsgericht arbeitete darauf hin eine Kommission entsprechende Gesetzentwürfe aus und legte diese dem Staatspräsidenten vor. Dieser brachte sie im Sejm im Oktober 2001 als seine eigenen Gesetzentwürfe ein, die im Juli 2002, rund drei Monate vor Auslaufen der Frist, verabschiedet wurden und zum 1. Januar 2004 in Kraft traten.[168] Danach wurden als erste Instanz Verwaltungsgerichte in allen Wojewodschaften gebildet. Das Hauptverwaltungsgericht ist unterteilt in eine allgemeine Verwaltungskammer, eine Wirtschafts- und eine Finanzkammer. Die Verwaltungsrichter beider Instanzen werden vom Staatspräsidenten auf Vorschlag des Landesrats für Gerichtswesen ernannt. Wie die anderen Gerichte ist auch die Verwaltungsgerichtsbarkeit chronisch überlastet. Allein 2011 gingen bei den Verwaltungsgerichten der Wojewodschaften 66.020 Klagen gegen Entscheidungen und 3.831 wegen Untätigkeit der Verwaltung ein, 31,5 Prozent davon beim für die Wojewodschaft Masowien zuständigen Verwaltungsgericht in Warschau. Die Gerichte erledigten 65.699 Fälle. Die meisten behandelten Klagen betrafen mit 31,4 Prozent Steuerfragen, wobei in 22,6 Prozent der Fälle den Klägern Recht gegeben wurde. Insgesamt war mit 22,5 Prozent aufgehobener Verwaltungsentscheidungen 2011 ein leichter Rückgang gegenüber den beiden Vorjahren (23 bzw. 24 Prozent) zu beobachten, was bei optimistischer Interpretation auf einen leichten Anstieg der Effizienz der Verwaltung hindeuten könnte. Auch das Hauptverwaltungsgericht sieht sich mit einer Flut von Eingaben konfrontiert. Im Jahre 2011 gingen 14.669 Kassationsklagen ein, 9.926 wurden als noch zu behandeln aus dem Vorjahr mit übernommen. Die 2011 erledigten 11.352 Kassationsfälle machten nur 46,2 Prozent der anstehenden Fälle aus. Die Zahl der am Jahresende nicht erledigten Kassationsangelegenheiten ist von 2004 3.249 auf 13.243 im Jahre 2011 angestiegen.[169]

---

168 Gesetz zur Verfassung der Verwaltungsgerichte, Gesetz über die Verfahrensweisen vor Verwaltungsgerichten und Vorschriften für die Einführung beider Gesetze; vom Sejm verabschiedet am 25.07.2002, Dz. U. Nr. 153, Pos. 1269, 1270 und 1271.
169 Vgl. den Rechenschaftsbericht des Hauptverwaltungsgerichts für 2011: http://www.nsa.gov.pl/index.php/pol/Media/Files/2011 (31.07.2012).

5.4 Der Verfassungsgerichtshof

Im Vergleich zu anderen Staaten im sowjetischen Hegemonialbereich war die Einführung von besonderen Gerichtshöfen, die potentiell die Allmacht der Partei in Polen einschränkten, bereits zu Beginn der 1980er Jahre fast spektakulär. Das galt insbesondere für den in die Verfassung bereits im März 1982, also kurz nach der Einführung des Kriegsrechts, aufgenommenen Verfassungsgerichtshof (*Trybunał Konstytucyjny*). Dieser Gerichtshof stieß bei den Hardlinern in Nachbarländern wie der DDR und der Sowjetunion Breschnews auf so heftige Kritik, dass das Ausführungsgesetz, das seine Tätigkeit erst ermöglichte, erst nach dem Amtsantritt des neuen Generalsekretärs der KPdSU, Michail Gorbatschow (März 1985), im April 1985 verabschiedet werden konnte (Dz. U. 1985 Nr. 22, Pos. 98) und der Verfassungsgerichtshof erst 1986 seine Tätigkeit aufnahm. Als Grund für die Einführung dieses Gerichtshofes wurde damals die „Stärkung der sozialistischen Rechtsstaatlichkeit" angegeben. Dahinter stand jedoch nicht das Bemühen um die Herstellung einer Rechtsstaatlichkeit im Sinne westlicher Demokratien, sondern das Bestreben, eine Art technokratischer Kontrolle über die Einhaltung von Gesetzen sicherzustellen. Damit sollte ein reguläres Funktionieren von Ministerien und Ämtern gewährleistet werden und ein neuer Amtsmissbrauch vermieden werden, der in den 1970er Jahren mit zu einer horrenden Auslandsverschuldung Polens beigetragen hatte.

Dadurch dass Entscheidungen staatlicher Instanzen vor dem Verfassungsgerichtshof angefochten werden konnten, wurde zwar tendenziell das Machtmonopol der Partei in Frage gestellt. Die PZPR ließ sich dennoch ein Hintertürchen offen. Entscheidungen des Verfassungsgerichtshofs waren nicht unmittelbar bindend. Sie konnten vom Sejm mit einer Zweidrittelmehrheit zurückgewiesen werden. Begründet wurde dies allerdings nicht damit, dass die Partei ihr Machtmonopol behalten wollte, sondern damit, dass der Sejm Repräsentant des Souveräns, nämlich des Volkes, sei und sich dem Souverän kein Staatsorgan überordnen dürfe.[170]

Nach 1989 wurde diese Konstruktion des Verfassungsgerichtshofs jahrelang beibehalten, selbst in der Kleinen Verfassung von 1992. Der Sejm konnte dessen Entscheidungen überprüfen und verwarf diese in mehreren Fällen, darunter 1993-97, als die postkommunistische Koalition aus SLD und PSL fast eine Zweidrittelmehrheit im Sejm besaß, in fünf Fällen (vgl. Kapitel 2.6.3, Tabelle 14). Erst mit der Verfassung von 1997 wurden die Entscheidungen des Verfassungsgerichtshofs zu unmittelbar geltendem Recht, und auch dies erst nach einer zweijährigen Übergangsphase (ab dem 17. Oktober 1999), in der der Sejm unter einer konservativen Mehrheit erneut von seinem Recht auf Überprüfung der Urteile des Verfassungsgerichtshofs Gebrauch machte, 19 Urteile überprüfte und drei davon zurückwies (siehe die eben genannte Tabelle).

Nach Art. 188 NV urteilt der Verfassungsgerichtshof über die Vereinbarkeit von Gesetzen und internationalen Verträgen mit der Verfassung, über die Vereinbarkeit von Gesetzen mit ratifizierten internationalen Verträgen, über die Vereinbarkeit von Rechtsvorschriften, die von zentralen Staatsorganen erlassen worden waren, mit dem geltenden Recht, über die Verfassungsmäßigkeit der Ziele oder der Tätigkeit politischer Parteien.

---

170 Nicht berücksichtigt wurde bei dieser Argumentation die Tatsache, dass seit 1976 in der Verfassung der Führungsanspruch der Partei festgeschrieben war, der inkompatibel mit dem Prinzip der Volkssouveränität war.

Ferner entscheidet er bei Organstreitigkeiten (Art. 189 NV). Neu eingeführt wurde mit der Verfassung von 1997 die Möglichkeit der individuellen Verfassungsbeschwerde, die „Jedermann" zusteht, also nicht nur polnischen Staatsbürgern. Mit der Einführung der Verfassungsbeschwerde wurde einer im einschlägigen Schrifttum mit Hinweis auf die Praxis nicht zuletzt in der Bundesrepublik Deutschland seit langem erhobenen Forderung entsprochen. Allerdings bezieht sich die Möglichkeit der Verfassungsbeschwerde nur darauf, die betreffende Rechtsnorm in Frage zu stellen, nicht aber den Akt selbst, durch den sich Personen in ihrem Recht verletzt fühlen. Diese Verfassungsbeschwerde entspricht daher der Sache nach eher einer „konkreten Normenkontrolle", die aus gegebenem Anlass auf individuellen Antrag hin eingeleitet wird. Im Schrifttum wird entsprechend auch von einer „unechten Grundrechtsbeschwerde" gesprochen.[171] Dennoch dürfte sie auch zu einer Erhöhung des Ansehens des Verfassungsgerichtshofs in der Gesellschaft beigetragen haben.

Die Urteile des Verfassungsgerichtshofs treten am Tag der Verkündung in Kraft und sind allgemein bindendes Recht. Das Urteil kann jedoch vorsehen, dass für die Behebung des verfassungswidrigen Rechtszustands bis zu 18 Monaten vergehen dürfen, wenn es sich um ein Gesetz handelt, und bis zu zwölf Monaten, wenn es um einen anderen Rechtsakt geht. Hat das Urteil finanzielle Folgen, für die im Haushaltsgesetz keine Mittel vorgesehen sind, holt der Verfassungsgerichtshof vor Festlegung einer Frist zur Behebung des bestehenden Rechtszustands die Meinung der Regierung ein (Art. 190 Abs. 3 NV).

Antragsberechtigt zur Überprüfung bestehender Rechtsnormen sind der Staatspräsident, der Sejmmarschall, der Senatsmarschall, der Premierminister, 50 Sejmabgeordnete, 30 Senatoren, der Erste Präsident des Obersten Gerichts, der Präsident des Hauptverwaltungsgerichts, der Generalstaatsanwalt, der Präsident der Obersten Kontrollkammer sowie der oder die Beauftragte für die Bürgerrechte. Dieser Personenkreis ist ohne Einschränkung berechtigt, sich an den Verfassungsgerichtshof zu wenden. Nur in Angelegenheiten, die ihren jeweiligen Bereich betreffen, können dies der Landesrat für Gerichtswesen, Entscheidungsorgane der territorialen Selbstverwaltung, Landesorgane der Gewerkschaften und landesweite Führungsorgane der Arbeitgeberorganisationen und der Berufsorganisationen, Kirchen und andere Religionsgemeinschaften sowie Kläger bei individuellen Verfassungsbeschwerden tun (Art. 191 Abs. 1 NV).

Antragsberechtigt bei Organstreitigkeiten sind der Staatspräsident, der Sejmmarschall, der Senatsmarschall, der Premierminister, der Erste Präsident des Obersten Gerichts, der Präsident des Hauptverwaltungsgerichts und der Präsident der Obersten Kontrollkammer (Art. 192 NV). Ferner kann jedes Gericht eine Rechtsfrage zur Verfassungsmäßigkeit eines Rechtsakts an den Verfassungsgerichtshof stellen, wenn davon die Entscheidung in einer bei dem betreffenden Gericht anhängigen Angelegenheit abhängt (Sarnecki 2007).

Nicht in der Verfassung, sondern nur im Gesetz über den Verfassungsgerichtshof erwähnt ist dessen Recht, die zuständigen Recht setzenden Organe auf Rechtswidrigkeiten und Lücken im Recht hinzuweisen, deren Beseitigung zur Sicherung der Kohärenz des polnischen Rechtssystems notwendig ist.[172] Diese Hinweise sind jedoch rechtlich unverbindlich und sollen nur die Qualität der Rechtsetzungstätigkeit erhöhen.

---

171 Vgl. u.a. Brandt 2009: 133; ferner de Vries, Tina 2009: Verfassung und Verfassungswirklichkeit in Polen, in: Jahrbuch für Ostrecht 50 (1), 71-81.
172 Gesetz über den Verfassungsgerichtshof vom 1.08.1997, Art. 4, Abs. 2; Dz. U. 1997 Nr. 102, Pos. 643 mit Änderungen 2000, 2001 und 2005.

Der Verfassungsgerichtshof setzt sich nach der Verabschiedung der neuen Verfassung aus 15 Richtern zusammen, die vom Sejm auf neun Jahre gewählt werden (Art. 194 NV). Zuvor waren es zwölf Richter gewesen, die auf acht Jahre gewählt worden waren, wobei bei der ersten Wahl 1985 die Hälfte der Richter auf vier, der Rest auf acht Jahre gewählt wurde. Damit sollte neben der Rotation auch eine gewisse Kontinuität gewährleistet werden. Nach der gegenwärtigen Regelung wird für jeden ausscheidenden Verfassungsrichter umgehend ein Nachfolger oder eine Nachfolgerin gewählt. Die Kandidaten werden von mindestens 50 Abgeordneten oder vom Sejmpräsidium vorgeschlagen. Für die Wahl ist die absolute Mehrheit bei Anwesenheit von mindestens der Hälfte der Abgeordneten erforderlich.

In Plenarbesetzung (mindestens neun Richter) tagt der Verfassungsgerichtshof nur bei der Entscheidung über Kompetenzstreitigkeiten zwischen zentralen Verfassungsorganen, ferner wenn festgestellt werden soll, ob der Präsident verhindert ist sein Amt auszuüben und der Sejmmarschall mit der interimistischen Amtsführung beauftragt werden soll, bei Urteilen über die Verfassungsmäßigkeit von Zielen und Tätigkeit politischer Parteien, bei Anträgen des Staatspräsidenten auf präventive Normenkontrolle sowie bei Fragen von besonderem Gewicht. In der Regel wird ein Fall von einem Kollegium von fünf Richtern bearbeitet, bei Fragen, die Entscheidungen unterhalb der gesetzlichen Ebene betreffen, sind es drei Richter.

Von Beginn seiner Tätigkeit 1986 bis zum 31.12.2011 erließ der Verfassungsgerichtshof 700 Urteile und Beschlüsse zur Verfassungsmäßigkeit von Gesetzen, 215 Urteile und Beschlüsse zur Übereinstimmung von Rechtsakten unterhalb von Gesetzen mit der Verfassung und den Gesetzen, 414 Urteile zu Rechtsfragen, 533 Urteile zu Verfassungsklagen, fünf Urteile zur Übereinstimmung von Zielen und Handlungen politischer Parteien mit der Verfassung, zwei Beschlüsse zur Entscheidung von Kompetenzstreitigkeiten zwischen zentralen Verfassungsorganen und 83 Beschlüsse, die erläuternden Charakter trugen.[173]

Über Polen hinaus beachtet wurde 2011 das Urteil des Verfassungstribunals, mit dem es sich wie zuvor schon das Bundesverfassungsgericht das Recht zusprach, über die Vereinbarkeit von sekundärem Gemeinschaftsrecht mit der Verfassung des eigenen Landes zu entscheiden. In der Klage einer polnischen Staatsbürgerin gegen eine Rechtsverordnung der EU unterlag die Klägerin zwar. Das Gericht sprach sich jedoch grundsätzlich für die Möglichkeit der Überprüfung eines solchen Rechtsaktes auf seine Vereinbarkeit mit der polnischen Verfassung aus. Für den Kollisionsfall zwischen sekundärem EU-Recht und polnischer Verfassung verwies es auf drei Lösungsmöglichkeiten: 1. Änderung der polnischen Verfassung, 2. Änderung der beanstandeten EU-Vorschrift, 3. Austritt Polens aus der EU.[174] Bemerkenswert war an diesem Fall auch, dass vor dem Verfassungstribunal die EU-Position vom polnischen Außenministerium und dem Generalstaatsanwalt vertreten wurde. Der Sejmmarschall hatte dagegen in dem Verfahren die Ansicht vertreten, das Verfassungstribunal besitze das Recht zur Überprüfung der Übereinstimmung sekundärer Rechtsakte der EU mit der polnischen Verfassung. Die Wahrscheinlichkeit einer künftigen Kollision

---

173 Vgl. die Angaben auf der Internetseite des Verfassungsgerichtshofs, http://www.trybunal.gov.pl/index2.htm (01.03.2012).
174 Vgl. das Urteil des Verfassungsgerichtshofs vom 16.11.2011, Sygn. Akt 45/09; das Urteil wurde auch abgedruckt im Gesetzblatt vom 25.11.2011, Dz. U. 2011 Nr. 254, Pos. 1530.

5.4 Der Verfassungsgerichtshof

Tabelle 20: Angaben zur Tätigkeit des Verfassungsgerichtshofs (1998-2011)

	1998	1999	2000	2001	2002	2003	2004	2005	2006	2007	2008	2009	2010	2011
Eingang von Anträgen insgesamt	237	259	291	302	349	304	340	366	400	483	598	440	455	487
Eingangsbeurteilungen	196	216	260	250	275	255	281	283	321	358	443	359	391	394
Davon Verfassungsbeschwerden	168	185	200	181	195	210	224	220	294	309	405	321	351	358
Anträge, die keiner Eingangsbeurteilung unterliegen														
Präsident[a]	4	4	2	3	3	1	2	3	–	–	5	10	2	1
Abstrakte Normenkontrolle	24	23	14	27	38	25	36	42	30	53	25	25	16	33
Landesrat[b]	1	1	–	–	–	1	1	–	–	–	1	–	–	–
Rechtsfragen	12	14	15	22	32	22	20	38	49	68	121	46	45	59
Kompetenzstreitigkeiten	–	–	–	–	–	–	–	–	–	–	2	–	–	–
Parteien[c]	–	1	–	–	1	–	–	–	–	1	1	–	1	–
Urteile														
Urteile	33	52	52	64	61	70	79	92	104	73	93	78	68	59
Teilweise Einstellung des Verfahrens im Rahmen eines Urteils	6	9	11	15	20	24	18	22	34	27	34	38	33	36

a Anträge des Staatspräsidenten auf dem Wege der präventiven Normenkontrolle
b Anträge des Landesrats für Gerichtswesen, der begrenzte Kompetenzen zur Initiierung einer abstrakten Normenkontrolle besitzt
c Anträge, die Vereinbarkeit von Zielen oder Tätigkeit von politischen Parteien mit der Verfassung festzustellen
Quelle: Statistische Angaben des Verfassungsgerichtshofs, http://www.trybunal.gov.pl/Statyst/ds.pdf (31.07.2012)

von EU-Recht und polnischer Verfassung wurde von Experten allerdings als relativ gering eingeschätzt.[175]

Die erst seit der Verfassung von 1997 möglichen Verfassungsbeschwerden machen inzwischen den Löwenanteil der eingehenden Anträge aus (2011: 73 Prozent). Die meisten Anträge stellt die/der Beauftragte für die Bürgerrechte, der etwa im Februar 2010 erreichte, dass der Verfassungsgerichtshof die Bestimmungen zu Richtigstellungen im Pressegesetz als unklar und damit als verfassungswidrig verwarf. Nicht einmal sieben Prozent der Fälle, die 2011 einer Eingangsbeurteilung unterlagen (hauptsächlich Verfassungsbeschwerden), wurden zur inhaltlichen Behandlung angenommen. Die Zahl der gefällten Urteile hat seit 2006 von Jahr zu Jahr abgenommen. Zwischen dem Eingang einer Klage und dem Urteil lagen 2011 zwei Jahre.[176] Frühere Richter des Verfassungsgerichtshofs arbeiteten 2011 den

---

175 Vgl. Pogłódek, Andrzej/ Bosak, Krzysztof 27.11.2011: Trybunał Konstytucyjny będzie badał prawo UE, http://www.cafr.pl/2011/11/trybunal-konstytucyjny-bedzie-kontrolowal-prawo-ue/ (31.08.2012).
176 Vgl. Siedlecka, Ewa 2012: Konstytucja? Tusk i Komorowski – nie zmieniać, in: Gazeta Wyborcza 05.04.2012, http://wyborcza.pl/1,101392,11485301,Konstytucja__Tusk_i_Komorowski___nie_zmieniac.html (04.08.2012).

Entwurf einer Novellierung des Gesetzes über den Verfassungsgerichtshof aus, der von den gegenwärtigen Richtern beraten und im Frühjahr 2012 an die Präsidialkanzlei mit der Bitte überwiesen wurde zu prüfen, ob der Präsident diesen Entwurf als seinen eigenen dem Parlament vorlegen könne. Darin ist, wie der Präsident des Verfassungsgerichtshofs Andrzej Rzepliński auf einer Pressekonferenz erklärte, u.a. vorgesehen, dass unstrittige Fälle ohne Verfahren entschieden werden können,[177] was das Gericht erheblich entlasten würde.

Waren die Urteile des Verfassungsgerichtshofs in den Jahren zuvor in aller Regel akzeptiert worden, auch wenn die negativ Betroffenen sich aus verständlichen Gründen enttäuscht zeigten, änderte sich das mit der Bildung der Regierung von Jarosław Kaczyński 2006. Zwischen Regierung und Verfassungsgerichtshof kam es zu heftigen Spannungen. Der Ministerpräsident und andere PiS-Politiker warfen dem Gericht mehrfach Parteilichkeit vor, zum Beispiel nach Urteilen gegen Gesetze, die von der Regierungskoalition verabschiedet worden waren (das Mediengesetz oder das Gesetz über die Selbstverwaltung) oder nach der Feststellung, die Untersuchungskommission zur Privatisierung der Banken habe ihre Kompetenzen überschritten. Sejmmarschall Marek Jurek sprach sogar von der Gefahr eines rechtlichen „Impossibilismus", d.h. von der Unmöglichkeit zu regieren. Als Justizminister Zbigniew Ziobro Ende Februar 2007 eine Pressekonferenz abhielt, auf der er einen vor laufenden Kameras verhafteten Herzchirurgen vorverurteilte, erklärte der Präsident des Verfassungsgerichtshofs, Jerzy Stępień, der Minister habe damit gegen die Verfassung verstoßen und sollte vor den Staatsgerichtshof gestellt werden. Ziobro konterte mit der Forderung nach dem Rücktritt von Stępień.

Jarosław Kaczyński hatte sich bereits, bevor er Regierungschef wurde, dafür ausgesprochen, bei freiwerdenden Stellen die Verfassungsrichter so auszuwählen, „dass die Urteile für die (PiS-) Regierung günstiger ausfallen".[178] Entsprechend wurde in den polnischen Medien aufgelistet, welche Mitglieder des Verfassungsgerichtshofs der damaligen Regierungsmehrheit zuzurechnen seien und wie lange es noch dauern würde, bis eine der PiS genehme Mehrheit in diesem Gremium zustande käme. Besonders umstritten war bei den Neubesetzungen die Wahl der von LPR und *Samoobrona* nominierten Anwältin Lidia Baginśka im Dezember 2006, die von einem Konkursgericht in Warschau wegen Interessenkonflikt und unwirtschaftlichem Verhalten als Syndikus einer Firma abberufen worden war. Wenige Tage nach ihrer Wahl zur Verfassungsrichterin mit den Stimmen von PiS, LPR und *Samoobrona* wies ein Appellationsgericht in Warschau Frau Baginśkas Antrag auf Aufhebung des Urteils mit der Begründung zurück, ihr Verhalten disqualifiziere sie als Person, die einer so verantwortungsvollen Aufgabe wie der eines Syndikus würdig sei. Präsident Kaczyński zögerte mit der Vereidigung von Frau Baginśka, nahm sie dann aber am 6. März 2006 doch vor. Der damalige Präsident des Verfassungsgerichtshofs Marek Safjan sprach von einer „dramatischen Situation", die dem Ansehen des Gerichts schade und kündigte die Eröffnung eines Disziplinarverfahrens an.[179] Am 12. März trat Frau Baginśka dann als Verfassungsrichterin zurück und wurde durch einen Kandidaten ersetzt, dessen Integrität außer Zweifel stand. Das Ergebnis der vorgezogenen Neuwahlen des Parlaments vom Oktober 2007

---

177 Ebenda.
178 Zakazana lista Kurtyki, in: Gazeta Wyborcza 19.06.2007; http://wyborcza.pl/1,76842,4234820.html (25.07.2012).
179 So Safjan in einer Rundfunksendung am Morgen des 7. März 2007, http://serwisy.gazeta.pl/tokfm/1,75295,3969267.html (03.09.2008).

5.4 Der Verfassungsgerichtshof

beendete vorerst die Möglichkeiten für die PiS, bei fälligen Neubesetzungen die Zusammensetzung des Verfassungsgerichtshofs in ihrem Sinne weiter zu verändern.

Auf der erwähnten Pressekonferenz vom Frühjahr 2012 erklärte der Präsident des Verfassungsgerichtshofs Andrzej Rzepliński, der von den Verfassungsrichtern ausgearbeitete Entwurf zur Novellierung des Gesetzes über den Verfassungsgerichtshof sehe auch einen Vorschlag für eine „etwas kompliziertere Prozedur" zur Auswahl der Richter vor, die garantieren solle, dass sie „authentische Fachleute" seien. Einzelheiten nannte er nicht.[180]

Der Vorsitzende des Verfassungsgerichtshofs wird vom Staatspräsidenten aus einer Liste von zwei Kandidaten ernannt, die ihm die Allgemeine Versammlung der Richter des Verfassungsgerichtshofs vorlegt. Das Votum dieser Versammlung wurde immer vertraulich behandelt. Erst Ende Juni 2008 machte Präsident Lech Kaczyński bei der anstehenden Neubesetzung des Vorsitzes öffentlich, dass er nicht den von der Versammlung der Richter des Verfassungsgerichtshofs mit einer Mehrheit von 13 zu 10 bevorzugten Kandidaten und bisherigen stellvertretenden Vorsitzenden des Verfassungsgerichtshofs, Janusz Niemcewicz (früher mit der UW verbunden), sondern den Gegenkandidaten Bohdan Zdziennicki zum neuen Vorsitzenden bestimmte, bei dem er vor 30 Jahren an der Universität Warschau Jura studiert hatte, den er aber 2001 ebenso wie sein Bruder Jarosław als von der SLD vorgeschlagenen Richter des Verfassungsgerichtshofs abgelehnt hatte (Polityka 27, 05.07.2008: 8).

Im Gegensatz zu anderen Instanzen der Justiz (und der meisten staatlichen Institutionen) hat sich der Verfassungsgerichtshof in den letzten Jahren in der Gesellschaft Ansehen verschafft. Eine repräsentative Umfrage vom Frühjahr 2007 zeigte, dass der Bekanntheitsgrad des Gerichts deutlich zugenommen hatte. 45 Prozent der Befragten erklärten, ihnen sei die Existenz des Verfassungsgerichtshofs bekannt und sie wüssten, worin seine Aufgaben bestehen (2005: 31 Prozent). Allerdings hatten noch immer 19 Prozent (2004: 32 Prozent) nichts vom Verfassungsgerichtshof gehört und 36 Prozent erklärten, sie hätten schon von ihm gehört, wüssten aber nicht, womit er sich befasse. Von denen, die angaben, Bescheid zu wissen, beurteilten 80 Prozent die politische Unparteilichkeit des Gerichts als gut (schlecht: acht Prozent), 88 Prozent fanden gut (ganze vier Prozent schlecht), wie es sich um die Einhaltung der Verfassung bemüht und 81 Prozent beurteilten seine fachliche Kompetenz als gut (vier Prozent schlecht). Wie zu erwarten, war unter den Anhängern der PiS mit 14 Prozent die größte Gruppe derer, die die politische Neutralität des Verfassungsgerichtshofs schlecht beurteilten. Immerhin 79 Prozent fanden es gut, dass es eine solche Institution mit solchen Kompetenzen gibt, nur zwei Prozent schlecht.[181]

Seinerseits kritisierte der Vorsitzende des Verfassungsgerichtshofs Andrzej Rzepliński in seinem jährlichen Rechenschaftsbericht vor dem Sejm 2012 die mangelnde Präzision etlicher Rechtsakte des Sejm und forderte deren Klarheit und Stabilität ein. Ferner bemängelte er, dass Rechtsvorschriften aus der Zeit der Volksrepublik wie das Warschauer Immobilien betreffende Dekret von Boleslaw Bierut aus den 1940er Jahren noch immer rechtskräftig seien.[182]

---

180 Vgl. Siedlecka, Ewa 2012: Konstytucja? Tusk i Komorowski – nie zmieniać, in: Gazeta Wyborcza 05.04.2012, http://wyborcza.pl/1,101392,11485301,Konstytucja__Tusk_i_Komorowski___nie_zmieniac.html (04.08.2012).
181 Alle Angaben nach: Opinie Polaków o Trybunale Konstytucyjnym, CBOS, BS 76/2007, Mai 2007.
182 Vgl. den Rechenschaftsbericht Rzeplińskis für 2011: http://orka.sejm.gov.pl/Druki7ka.nsf/0/B6B875B7F6E6D176C12579ED0035C2D0/%24File/365.pdf (31.08.2012).

5.5 Der Staatsgerichtshof

Ein Staatsgerichtshof (*Trybunał Stanu*) wurde schon von der Märzverfassung 1921 eingeführt. Vor ihm konnten der Staatspräsident und die Mitglieder des Ministerrats (der Regierung) vom Sejm mit 60 Prozent der Stimmen wegen Landesverrat, Bruch der Verfassung oder strafrechtlicher Vergehen angeklagt werden. In der Volksrepublik kehrte diese Einrichtung erst mit einer Verfassungsänderung vom März 1982, also zu Beginn des Kriegsrechts, zurück. Sie war im Kontext verstärkter Kontrollen staatlicher Instanzen zu sehen, mit denen weitgehend unkontrolliertem Verhalten von Amtsinhabern entgegengewirkt werden sollte, das in den siebziger Jahren u.a. zu einer horrenden Staatsverschuldung geführt hatte. Vor dem Staatsgerichtshof sollten die Inhaber der einzeln aufgezählten höchsten staatlichen Ämter zur Verantwortung gezogen werden können. Diese Bestimmungen blieben bis zur neuen Verfassung von 1997 in Kraft. Nur in einem Fall, in der so genannten „Alkoholaffäre" von Ende der achtziger/ Anfang der neunziger Jahre, kam es zu Verurteilungen durch den Staatsgerichtshof, und zwar gegen den ehemaligen Vorsitzenden des Hauptzollamtes und gegen den Finanzminister in der Regierung Rakowski, der letzten Regierung der Volksrepublik (Wajda 2008: 117).

Die Verfassung von 1997 behielt den Staatsgerichtshof bei. Auch das Ausführungsgesetz vom 26. März 1982 ist mit zahlreichen Änderungen in der Fassung von 2002 weiter in Kraft (Dz. U. 2002 Nr. 101, Pos. 925). Der Staatsgerichtshof wird vom Sejm auf seiner ersten Sitzung für die laufende Wahlperiode gewählt. Er besteht nach Art. 199 Abs. 1 NV aus dem Ersten Präsidenten des Obersten Gerichts als Vorsitzendem, „zwei stellvertretenden Vorsitzenden sowie 16 Mitgliedern, die weder Abgeordnete noch Senatoren sein dürfen. Die stellvertretenden Vorsitzenden des Staatsgerichtshofs und mindestens die Hälfte seiner Mitglieder sollen die Befähigung zum Richteramt haben". Der Staatsgerichtshof beurteilt die Handlungen von Politikern und hohen Funktionsträgern[183] auf ihre Vereinbarkeit mit der Verfassung und der Gesetzgebung. Eine Klage können der Staatspräsident, ein Viertel der Abgeordneten sowie ein Untersuchungsausschuss einreichen. Der Sejmmarschall leitet den Antrag an die Sejmkommission für verfassungsmäßige Verantwortlichkeit weiter. Einen Antrag auf Klage gegen den Präsidenten kann nur die Nationalversammlung (Sejm und Senat) mit einem Viertel ihrer Mitglieder (= 140) stellen. Auch dieser Antrag wird an die Kommission für verfassungsmäßige Verantwortlichkeit geleitet. Kommt diese zum Ergebnis, dass Anklage erhoben werden soll, informiert sie entsprechend den Sejm bzw. die Nationalversammlung. Der Sejm beschließt eine Anklageerhebung mit den Stimmen von 60 Prozent seiner gesetzmäßigen Mitglieder, die Nationalversammlung benötigt zur Anklageerhebung gegen den Präsidenten eine Zweidrittelmehrheit ihrer gesetzlichen Mitglieder. Bei einer Verurteilung drohen Amtsenthebung, Verlust des aktiven und passiven Wahlrechts, das Verbot der Amtsausübung in staatlichen Institutionen oder gesellschaftlichen Organisationen, der Verlust von Orden und Ehrentiteln sowie bei Straftaten die im Strafgesetzbuch vorgesehenen Strafen.

Seit Inkrafttreten der Verfassung von 1997 wurde nur in einem Falle Anklage vor dem Staatsgerichtshof erhoben, 2006 von der PiS-geführten Mehrheit gegen den (für Privatisie-

---

183 Zur Verantwortung vor dem Staatsgerichtshof können gezogen werden: der Staatspräsident, der Premierminister und die Mitglieder der Regierung, der Präsident der Nationalbank, der Präsident der Obersten Kontrollkammer, die Mitglieder des Landesrates für Rundfunk und Fernsehen, der Oberbefehlshaber der Streitkräfte sowie in bestimmten Fällen Abgeordnete und Senatoren.

rungen zuständigen) Schatzminister der Regierung Buzek, Emil Wąsacz, wegen angeblicher Unkorrektheiten bei der Privatisierung des Versicherungskonzerns PZU. Der Staatsgerichtshof hob 2007 die 2006 in erster Instanz verkündete Einstellung des Verfahrens auf. Der Fall landete schließlich vor dem Kreisgericht Warschau-Mitte, wo im Januar 2010 Anklage erhoben wurde, ohne dass ein Ende des Prozesses abzusehen wäre.[184] Angesichts auch im Parlament geäußerter, teilweise heftiger Vorwürfe von Korruption, unwirtschaftlichem Umgang mit Staatseigentum etc. wundert es nicht, wenn in der Literatur der Staatsgerichtshof als in der Praxis wenig relevantes „Schreckgespenst" bezeichnet und seine grundlegende Reform gefordert wird (Wajda 2008). Dies hindert Politiker aber nicht daran, immer wieder zu fordern, Amtsinhaber, die dem gegnerischen Lager angehören, vor den Staatsgerichtshof zu stellen.

5.6 Literatur

Alberski, Robert 2010: Trybunał Konstytucyjny w polskich systemach politycznych, Wrocław.
Bainczyk, Magdalena 2009: Das Ratifizierungsverfahren des Vertrags von Lissabon in Polen, in: Europarecht 44 (1), 145-160.
Banaszak, Bogusław 2010: Przesłanki i cele reformy sądownictwa wojskowego, in: Przegląd Sejmowy 6 (101), 69-82.
Brandt, Wioleta 2009: Verfassungsrecht in Polen: Verfassungsbeschwerde und Rechtsprechung des polnischen Verfassungsgerichtshofs zu Fragen der EU-Mitgliedschaft, in: Europarecht 44 (1), 131-144.
Brunner, Georg/ Garlicki, Leszek Lech 1999: Verfassungsgerichtsbarkeit in Polen. Analysen und Entscheidungssammlung 1986-1997, Baden-Baden.
Burdziej, Stanisław 2012: Sądownictwo, in: Kobylińska, Aleksandra/ Makowski, Grzegorz/ Solon-Lipiński, Marek (Red.): Mechanizmy przeciwdziałania korupcji w Polsce. Raport z monitoringu, Warszawa, 90-102.
Daniel, Krystyna 2007: Kryzys społecznego zaufania do rządów, in: Studia Socjologiczne 2 (185), 61-82.
Garlicki, Lech 2004: Constitutional Court of Poland and social legislation, in: Essays in Honour of Georgios I. Kassimatis, Athens/ Berlin/ Brussels, 73-82.
Garlicki, Leszek 2011: Polskie prawo konstytucyjne. Zarys wykładu. Wydanie 15, Warszawa.
Garlicki, Leszek 2010: Ewolucja pozycji ustrojowej Sądu Najwyższego (1989-2010), in: Państwo i Prawo 11 (777), 3-20.
Grzeszczak, Robert 2009: Das polnische Rechtssystem, in: Bingen, Dieter/ Ruchniewicz, Krzysztof (Hrsg.): Länderbericht Polen, Bonn, 192-204.
Gudowski, Jacek (Red.) ²2009: Prawo o ustroju sądów powszechnych. Ustawa o Krajowej Radzie Sądownictwa. Komentarz, Warszawa.
Jaster, Georg 1994: Der polnische Beauftragte für Bürgerrechte. Eine Institution zum Schutz der Grundrechte im Übergang vom realen Sozialismus zum bürgerlichen Rechtsstaat, Baden-Baden.
Korobowicz, Artur (Red.) 2007: Sąd Najwyższy Rzeczypospolitej Polskiej. Historia i współczesność. Księga Jubileuszowa 90-lecia Sądu Najwyższego 1917-2007, Warszawa.
Korózs, Łucja/ Sztorc, Mariusz 2004: Ustrój sądów powszechnych. Komentarz, Warszawa.
Księga XXV-lecia Trybunału Konstytucyjnego. Ewolucja funkcji i zadań Trybunału Konstytucyjnego – założenia a ich praktyczna realizacja, Warszawa 2010.

---

184 Vgl. Witold Gadomski: Nękanie człowieka uczciwego, czyli kafkowska sprawa Emila W., in: Gazeta Wyborcza 11.05.2010, http://wyborcza.biz/biznes/1,101562,7870617,Nekanie_czlowieka_uczciwego__czyli_ kafkowska_sprawa.html?as=2&startsz=x (19.02.2011).

Kurczewski, Jacek 2007: Prawem i lewem. Kultura prawna społeczeństwa polskiego po komunizmie, in: Studia Socjologiczne 2 (185), 33-60.
Liebscher, Marc/ Zoll, Fryderyk 2005: Einführung in das polnische Recht, München.
Lityński, Adam o. J.: Historia Sądu Najwyższego, http://www.sn.pl/osadzienajwyzszym/SitePages/Historia.aspx (14.08.2012).
Marszał, Kazimierz 1991: Reform der Rechtspflege in Polen, in: Recht in Ost und West. Zeitschrift für Rechtsvergleichung 35, 257-263.
Olszewski, Henryk 2008: Der demokratische Rechtsstaat in Polen und die Rechtskultur. Historische und zeitgenössische Überlegungen, in: Festschrift für Wilhelm Brauneder zum 65. Geburtstag, Wien, 443-455.
Sarnecki, Paweł 2007: Die Entscheidungsbefugnis des Verfassungsgerichtshofes hinsichtlich der ihm vorgelegten Rechtsfragen, in: Die Ordnung der Freiheit. Festschrift für Christian Stark zum siebzigsten Geburtstag. Hrsg. von Grote, Rainer et al., Tübingen, 929-935.
Skrydło, Wiesław (Red.) 2005: Sądy i trybunały w Konstytucji i w praktyce, Warszawa.
Skrydło, Wiesław (Red.) 2006: Polskie prawo konstytucyjne, Lublin.
Szałowski, Ryszard 2009: Zarys sądów i trybunałów Rzeczypospolitej Polskiej, Łódź.
Szmulik, Bogumił 2008: Pozycja ustrojowa Sądu Najwyższego w Rzeczypospolitej Polskiej, Warszawa.
Tarno, Jan Paweł 2006: Die polnische Verwaltungsgerichtsbarkeit, in: Merli, Franz/ Wagner, Gerhard (Hrsg.): Das neue Polen in Europa, Innsbruck u.a., 203-223.
Tkaczyński, Jan Wiktor 1998: Zur Problematik des Verfassungsgerichts der Republik Polen, in: Osteuropa 48, 1159-1165.
Wajda, Dominik 2008: Uwagi o potrzebie reformy Trybunału Stanu, in: Przegląd Sejmowy 2 (85), 113-134.
Wyrzykowski, Mirosław (Ed.) 1999: Constitutional Essays, Warsaw.
Wysocki, Dariusz 2010: Nowe usytuowanie prokuratury w systemie organów państwowych, in: Państwo i Prawo 5 (771), 3-17.
Zubik, Marek (Red.) 2000: Księga XX-lecia orzecznictwa Trybunału Konstytucyjnego, Warszawa.

Internetadressen

www.krs.pl	Internetseite des Landesrates für Gerichtswesen
www.nsa.gov.pl	Internetseite des Hauptverwaltungsgerichts
www.sn.pl	Internetseite des Obersten Gerichts
www.sn.pl/sadnajw/ts.html	Internetseite des Staatstribunals
www.trybunal.gov.pl	Internetseite des Verfassungstribunals

6 Regionale und kommunale Selbstverwaltung

Selbstverwaltung besitzt in Polen eine sehr lange Tradition. Der Adel besaß in der Ersten Republik weitgehende Selbstständigkeit, und das Land war bis zur ersten Teilung Polens (1772) in 34 Wojewodschaften gegliedert, die jeweils über ein eigenes Parlament, einen Sejmik, verfügten, also einen „kleinen" Sejm neben dem Sejm auf der Ebene des Gesamtkönigreichs. Die Wojewodschaften waren ihrerseits in Kreise unterteilt (Kallas 2005: 36f.). Im 19. Jahrhundert führten die Teilungsmächte in ihren jeweiligen Territorien Ansätze moderner Kommunalverwaltung ein. Die Zweite Republik (1918-1939) erreichte eine Vereinheitlichung der territorialen Selbstverwaltung erst 1933. Zwar stipulierte die März-Verfassung von 1921 das Prinzip territorialer Selbstverwaltung, doch besaßen die unteren Ebenen entsprechend dem weitgehend dem französischen Vorbild entnommenen zentralistischen Verwaltungsmodell relativ wenig eigene Kompetenzen. Lediglich die Wojewodschaft (Ober-) Schlesien besaß einen eigenen Sejm.

Die kommunistische Regierung liquidierte 1950 die Reste kommunaler und regionaler Selbstverwaltung und unterteilte das Land in 17 Wojewodschaften, die weiter in Kreise und Gemeinden unterteilt waren, sowie fünf Städte mit eigener Verwaltung. Entsprechend dem kommunistischen Organisationsprinzip des Demokratischen Zentralismus wurde eine Staatsverwaltung geschaffen, die a) alle Kompetenzen auf der zentralen Ebene konzentrierte und b) auf allen Ebenen parallele Strukturen von Staats- und Parteiapparat errichtete, wobei in der Praxis die Partei- den Staatsorganen gegenüber weisungsbefugt waren. Es bestand keine Dezentralisierung der Macht mehr, sondern nur eine Dekonzentration. Das heißt, an die unteren Ebenen wurden nur Aufgaben überwiesen, die aus praktischen Gründen dort besser ausgeführt werden konnten. 1975 wurden die 17 Wojewodschaften in 49 aufgeteilt, was weniger in Überlegungen zur Stärkung der kommunalen und regionalen Selbstverwaltung begründet war, als vielmehr in machtpolitischem Kalkül der Parteiführung, die auf diese Weise Koalitionsbildungen regionaler Parteiführer erschweren und damit ihre eigene Position stärken wollte. Gleichzeitig wurden auf der administrativen Ebene die Kreise beseitigt und eine dreigliedrige Verwaltungsstruktur: nationale Ebene, Wojewodschaft und Gemeinde eingeführt. Dass damit zugleich die Kontrolle der Partei über die Repräsentativorgane der unteren Ebenen („Nationalräte") noch verstärkt werden sollte, belegt die Tatsache, dass nun die Ersten Sekretäre der PZPR von Amts wegen Vorsitzende des betreffenden Nationalrats wurden. Eine noch in der Volksrepublik (mit Einverständnis der Zensur) veröffentlichte Studie kam zu dem Ergebnis, dass die Nationalräte damit endgültig zu Abstimmungsmaschinen degradiert wurden, die „Entscheidungen formal annahmen, die auf höheren Ebenen des Machtsystems getroffen worden waren".[185] Von Selbstverwaltung konnte keine Rede sein.

---

185 Zawadzka, Barbara 1984: Nowa pozycja prawna prezydium rady narodowej, in: Państwo i Prawo 6 (460), 38-51, hier 38.

Das Postulat einer „sich selbst verwaltenden Republik" gehörte dagegen zu den programmatischen Forderungen des Kongresses der *Solidarność* 1981. Damit wurde implizit das Prinzip des Demokratischen Zentralismus zurückgewiesen und zugleich an historische Traditionen angeknüpft, die auch im offiziellen Namen der *Solidarność* als „sich selbst verwaltender Gewerkschaft" zum Ausdruck kamen.

6.1 Reformen der territorialen Selbstverwaltung nach 1989

Nach der Bildung der Regierung Mazowiecki im September 1989 wurde bereits am 8. März 1990 ein neues Gesetz über die Gemeindeselbstverwaltung erlassen, das den Gemeinden eine eigene Rechtspersönlichkeit zuwies und ihnen neben Aufgaben, die sie im Auftrag der Zentralverwaltung zu erfüllen hatten, auch eigene Kompetenzen übertrug. Die Kommunalwahlen des Sommers 1990 waren die ersten freien Wahlen in Polen nach dem Zweiten Weltkrieg, und angesichts der grundlegenden Umgestaltung des Staates nach dem Machtverlust der Kommunisten bedauerten führende Köpfe der *Solidarność*, dass die Erneuerung des Staates nicht „von unten" beginnen konnte und die Verabschiedung einer Verfassung nicht den krönenden Abschluss bildete (wie das im Falle der Entstehung der Bundesrepublik Deutschland der Fall gewesen war), sondern dass die Umgestaltung der bisherigen Ordnung von der Spitze aus erfolgen musste. Gleichwohl sollten nach den Worten eines der wichtigsten Architekten des Selbstverwaltungsgesetzes, Jerzy Regulski, mit den Reformen fünf Monopole des bisherigen Machtsystems gebrochen werden: durch freie Wahlen das bisherige politische Monopol der PZPR, durch die Überweisung von Kompetenzen an die kommunale Ebene das Machtmonopol der Zentrale, durch die Zuweisung von Eigentum (Immobilien, Unternehmen, u.a.) an die Kommunen das Monopol des Staatsbesitzes, durch die Zuweisung von Haushaltsautonomie an die Kommunen das Haushaltsmonopol des Zentralstaats und durch die Schaffung eigener kommunaler Exekutiven und ihrer Beamten die Einheitlichkeit der Angehörigen des öffentlichen Dienstes (Regulski 1991: 105f.).

Das neue Gesetz bedeutete in der Tat eine einschneidende Veränderung gegenüber den Bestimmungen der Volksrepublik. In der Praxis ergaben sich jedoch weiterhin Schwächen, die durch Reformen wie 1992 die Zuweisung weiterer Kompetenzen an die Exekutive auf lokaler Ebene (Dorfvorsteher [*Wójt*, „Vogt"], Bürgermeister, Stadtpräsident) nur teilweise behoben werden konnten. In die Kritik geriet zunehmend die seit 1975 bestehende regionale Aufteilung Polens in 49 Wojewodschaften, die mit der sich abzeichnenden Perspektive eines EU-Beitritts aufgrund der relativ kleinen Einheiten wenig kompatibel war.

Die Verfassung von 1997 postulierte in Art. 15, dass die territoriale Gliederung Polens so beschaffen sein müsse, dass sie die Dezentralisierung der öffentlichen Gewalt gewährleiste. Deren Dezentralisierung war also ein ausdrückliches Verfassungspostulat. Dabei seien bestehende gesellschaftliche, wirtschaftliche oder kulturelle Bande sowie die Fähigkeit der territorialen Einheiten zur Lösung der öffentlichen Aufgaben zu berücksichtigen. Hier wurde dem Gesetzgeber ein sehr großer Spielraum bei der Ausgestaltung der Dezentralisierung eingeräumt. Auch wie die territoriale Gliederung im Einzelnen auszusehen hat, wurde einer gesetzlichen Regelung überlassen. Das gilt auch für die Zahl und die Grenzen der Wojewodschaften, die durch einfaches Gesetz verändert werden können. Ausdrücklich wurde in Art. 16 NV festgestellt, dass die lokale Selbstverwaltung an der Ausübung der öffentlichen Gewalt teilnimmt und „den ihr im Rahmen der Gesetze zufallenden wesentlichen

Teil der öffentlichen Aufgaben (...) im eigenen Namen und in eigener Verantwortung (verwirklicht)". Ihre Bedeutung wurde dadurch unterstrichen, dass die Verfassung ihr ein eigenes Kapitel (VII) mit zehn Artikeln (163 bis 172) widmet. Entsprechend dem in der Präambel der Verfassung verankerten Grundsatz der Subsidiarität obliegt die Erfüllung aller öffentlichen Aufgaben, die durch Verfassung oder Gesetz nicht anderen Staatsorganen zugewiesen sind, der örtlichen Selbstverwaltung, deren grundlegende Einheit die Gemeinde ist.

Da die Verfassung die Struktur der regionalen Ebene offen ließ, war deren konkrete Gestaltung heftig umstritten. Die PSL, die eine Reihe von Wojewoden stellte und in ländlichen Gebieten fest verankert war (und ist), sträubte sich gegen zu große Reformen. Nationalkonservative befürchteten bei einer zu starken Verlagerung von Kompetenzen an die Basis eine Schwächung des Staates. Einige AWS-Abgeordnete stimmten sogar gegen Teile des von ihrer eigenen Regierung 1997/98 auf den Weg gebrachten Reformpakets. Von außen wirkte auf den Entscheidungsprozess in Polen die Europäische Union ein, die in ihren jährlichen „Fortschrittsberichten" die begrenzten Kompetenzen der lokalen und regionalen Verwaltung vor allem im finanziellen Bereich kritisierte (Wollmann/Lankina 2003: 105).

Die große Verwaltungsreform, die zum 1. Januar 1999 in Kraft trat,[186] verlagerte dann weitere Kompetenzen auf die unteren Ebenen, beachtete aber auch den an die zentralistische Vorkriegstradition anklingenden Verfassungsgrundsatz, dass Polen ein „einheitlicher Staat" ist (Art. 3 NV). Bei der Reform handelt es sich also um eine Dezentralisierung, nicht etwa um eine Föderalisierung. Die Reform führte eine neue administrative Einteilung des Landes ein, die eine effizientere und stärker am Prinzip der Subsidiarität orientierte Verwaltung ermöglichte. Erleichtert wurde die Übertragung von Kompetenzen an die unteren Ebenen durch die Erfahrungen mit dem verheerenden Hochwasser der Oder im Sommer 1997, das einsetzte, als in der Hauptstadt, in der die Kompetenzen zur Bekämpfung einer solchen Naturkatastrophe konzentriert waren, Wochenendbetrieb herrschte und die betreffenden Überschwemmungsgebiete mit den eigenen, angesichts der Herausforderungen überforderten Kräften auskommen mussten.

Die Zahl der Wojewodschaften wurde von 49 auf 16 reduziert, was mit Blick auf die angestrebte EU-Erweiterung zugleich die Schaffung von Einheiten ermöglichte, die in etwa der Größe von EU-Regionen entsprechen. Ferner wurde die Kreisebene erneut eingeführt – 314 Kreise, dazu (einschließlich Warschau) 65 Städte mit Kreisrecht.[187] Im Vorfeld der Einführung der Reform gab es teilweise erbitterte Auseinandersetzungen um die Zahl der neuen Wojewodschaften und deren Grenzen. War regionales Bewusstsein zuvor eher auf wenige geschichtlich besonders bedeutsame Regionen wie Kleinpolen mit der Hauptstadt Krakau oder Großpolen mit der Hauptstadt Posen beschränkt, so zeigte die Diskussion um die neue Verwaltungsstruktur ein auch in anderen Gegenden Polens entstandenes Regionalbewusstsein, das nicht nur im Oppelner Schlesien, in dem die deutsche Minderheit konzen-

---

186 Gesetz vom 24.07.1998, Dz. U. 1998 Nr. 96, Pos. 603. Gesetz vom 5. Juni 1998 über die Selbstverwaltung der Wojewodschaften, Dz. U. 1998 Nr. 91, Pos. 576. Gesetz vom 5. Juni 1998 über die Regierungsverwaltung in der Wojewodschaft, Dz. U. 1998 Nr. 91, Pos. 577 (abgelöst durch das Gesetz vom 23. Januar 2009 über den Wojewoden und die Regierungsverwaltung in der Wojewodschaft, Dz. U. 2009 Nr. 31, Pos. 206). Gesetz vom 5. Juni 1998 über die Selbstverwaltung der Kreise, Dz. U. 1998 Nr. 91, Pos. 578.
187 Nach dem Gesetz über die Selbstverwaltung der Kreise besaßen Anspruch auf Kreisrecht diejenigen Städte, die am 31.12.1998 mindestens 100.000 Einwohner zählten, sowie diejenigen Städte unter 100.000 Einwohnern, die mit diesem Tag aufhörten, Sitz von Wojewodschaften zu sein. Auf dieses Recht verzichteten die bisherigen Wojewodschaftshauptstädte Ciechanów, Schneidemühl (Piła) und Sieradz.

triert ist, sondern auch in Kujawien mit den wichtigsten Städten Thorn (Toruń) und Bromberg (Bydgoszcz) Befürworter einer eigenen Wojewodschaft mobilisierte und sie sogar zu Demonstrationen nach Warschau führte. In zwei Fällen waren auf Wojewodschaftsebene die Rivalitäten zwischen den beiden größten Städten um die Vorherrschaft so heftig, dass der Sitz des Wojewodschaftsamtes von dem des Parlaments getrennt wurde. So wurde in der neuen Wojewodschaft Kujawien-Pommern der Sitz des Wojewodschaftsamtes Bromberg zugewiesen, der Sitz des Parlaments dagegen Thorn. Analog verteilen sich diese Institutionen in der Wojewodschaft Lebus auf die Städte Landsberg/Warthe (Gorzów Wielkopolski) und Grünberg (Zielona Góra). Auch auf Kreisebene waren die Auseinandersetzungen darum, welche Stadt Sitz der entsprechenden Behörden wird, teilweise so verbissen, dass es 1998 zu tagelangen Straßenblockaden kam, z.B. in Brzeziny bei Lodz. Die Diskussionen über die Wojewodschaftseinteilung gingen auch nach 1999 weiter. So bemühten sich Aktivisten aus den zwischen 1975 und 1998 bestehenden Wojewodschaften Köslin (Koszalin) und Stolp (Słupsk), die von 1950 bis 1975 bestehende Wojewodschaft Mittelpommern (Województwo środkowopomorskie) mit der Hauptstadt Stolp wieder zu errichten, scheiterten damit aber 2007 an Regierung und Parlament.

6.2 Wojewodschaften, Kreise, Gemeinden

Die Einheiten der territorialen Selbstverwaltung (Gemeinden, Kreise, Wojewodschaften) erhielten Rechtspersönlichkeit, besitzen Vermögen und verfügen über Selbstständigkeit im Bereich von Finanzen und Etat. Die Zentralregierung besitzt hier nur die Rechtsaufsicht. Gewiss kann der Gesetzgeber in die Rechte der Selbstverwaltungsorgane eingreifen. Er sollte das aber nach einem Urteil des Verfassungsgerichtshofs immer unter Abwägung der verfassungsmäßig definierten Werte tun,[188] wobei hier insbesondere an das Prinzip der Subsidiarität zu denken ist. Gesetzlich klargestellt wurde auch, dass es zwischen den Einheiten unterhalb der zentralen Ebene keine Hierarchien gibt und etwa die Selbstverwaltung der Wojewodschaft mit dem Marschall an der Spitze („Regierung") kein Aufsichtsorgan gegenüber den Kreisen und Gemeinden und bei Verwaltungsakten kein Organ höherer Instanz bildet.[189]

Die Wojewodschaften erhielten in allgemeinen Wahlen bestellte Parlamente mit dem historischen Namen Sejmik (Landtag). Während der Sejm auf der zentralen Ebene mit dem *Marszałek Sejmu* (Sejmmarschall) den Parlamentspräsidenten wählt, wählt ein Sejmik mit dem Wojewodschaftsmarschall den Chef der Exekutive auf Wojewodschaftsebene. Dabei ergeben sich in der Praxis Reibungsverluste dadurch, dass die Wojewodschaften nicht nur eigene Kompetenzen besitzen, sondern dass sie auch Aufgaben durchzuführen haben, die ihnen von der zentralen Ebene zugewiesen werden. Der Wojewode ist dabei weiterhin Vertreter der zentralen Exekutive und hat darauf zu achten, dass die gesetzlichen und sonstigen Bestimmungen der nationalen Ebene auch in der Wojewodschaft umgesetzt werden. Er kann auch Beschlüsse des Sejmik sowie der Kreis- und Gemeinderäte aufheben. Gegen eine solche Entscheidung kann dann der Klageweg vor dem Verwaltungsgericht beschritten

---

188 Urteil des Verfassungsgerichtshofs vom 4. Mai 1998, K 38/97.
189 Art. 4, Abs. 2 des Gesetzes über die Selbstverwaltung der Wojewodschaft vom 5. Juni 1998 mit den nachfolgenden Änderungen, Dz. U. 1998 Nr. 91, Pos. 576.

werden. Während sich die Kontrolltätigkeit des Wojewoden gegenüber den genuinen Kompetenzen der regionalen und lokalen Ebene auf die Rechtsaufsicht beschränkt, nimmt er eine deutlich stärkere inhaltliche Kontrolle in den Bereichen vor, in denen die regionalen Behörden Teil der Staatsverwaltung sind und insoweit das Programm der Regierung umzusetzen haben (Wollmann/Lankina 2003: 114f.).

Zu Spannungen kann es vor allem dann kommen, wenn die Regierungsmehrheit in Warschau parteipolitisch anders zusammengesetzt ist als die Mehrheit im betreffenden Sejmik. Da die Regierung die Wojewoden und ihre Stellvertreter ernennt und abberuft, ist mit jeder parteipolitischen Veränderung auf Regierungsebene in aller Regel auch eine Veränderung in der personellen Zusammensetzung der Wojewoden und ihrer Stellvertreter verbunden. Die Spannungen, die durch die Kompetenzüberschneidungen zwischen dem demokratisch legitimierten Wojewodschaftsmarschall und dem von der Zentralregierung ernannten Wojewoden entstehen, haben zur Forderung nach einer präziseren Kompetenzabgrenzung zwischen Beiden geführt (u.a. Saluda 2007). Das Wahlprogramm der PO von 2007 enthielt die Forderung nach einer genaueren Kompetenzaufteilung zwischen der Selbstverwaltung der Wojewodschaft und der „dekonzentrierten Regierungsverwaltung". Dies wurde mit der Novellierung des Gesetzes über den Wojewoden und die Regierungsverwaltung in der Wojewodschaft vom 23. Januar 2009 (Dz. U. Nr. 31, Pos. 206) umgesetzt.

Zu den Aufgaben der Wojewodschaften zählen nach dem Gesetz die Förderung wirtschaftlicher Aktivitäten, die Erhöhung der Konkurrenzfähigkeit und Innovation der Wirtschaft der Wojewodschaft, die Bewahrung der kulturellen und der landschaftlichen Werte unter Berücksichtigung der Bedürfnisse künftiger Generationen sowie die Raumordnung. Etwas befremdlich wirkt allerdings, dass an erster Stelle der Selbstverwaltungsaufgaben der Wojewodschaft „die Pflege des Polentums und die Entwicklung und Bildung des nationalen, staatsbürgerlichen und kulturellen Bewusstseins der Bewohner" genannt wird, gefolgt von der „Pflege und Entwicklung der regionalen Identität".[190] Hier ist etwa an den Unterhalt von Theatern und Museen zu denken. Inzwischen gehört zu den wichtigsten Aufgaben der Wojewodschaften die Ausarbeitung mittelfristiger Entwicklungspläne. Sie sind die Voraussetzung für den Abschluss von so genannten Wojewodschaftsverträgen der Zentralregierung mit jeder Wojewodschaftsregierung zur Finanzierung von Projekten innerhalb der von der Regierung 2006 verabschiedeten Landesentwicklungsstrategie für die Jahre 2007 bis 2015, die Ende 2008 aktualisiert wurde (s.u.).

Zu den eigenen Aufgaben der Kreise zählen das öffentliche Bildungswesen, darunter die weiterführenden Schulen, der Gesundheitsschutz, was insbesondere die Trägerschaft von Krankenhäusern betrifft, Sozialhilfe, familienfreundliche Politik, öffentlicher Transport und Straßenwesen sowie eine ganze Reihe weiterer Aufgaben.[191] Die in allgemeinen Wahlen auf vier Jahre bestellten Kreisräte, deren Zahl je nach der Größe des Kreises bis zu 60 betragen kann, wählen die jeweilige Kreisverwaltung, an deren Spitze ein vom Kreisrat gewählter Landrat (*Starosta*) steht. Die Kreisverwaltung ist zuständig für die Organisation der einzelnen in die Kompetenz des Kreises fallenden Dienste. Sie wird vom Kreisrat kontrolliert, der auf Antrag des Landrats auch Personalentscheidungen (Wahl oder Abberufung) für einzelne Ämter auf Kreisebene trifft. Die Kompetenzen der Kreise sind auf dem Papier beachtlich. Doch sind die jährlichen Fixkosten so hoch, dass kaum Spielraum für

---

190 Ebenda Art. 11, Abs. 1, Punkt 1.
191 Art. 4, Abs. 1 des Gesetzes über die Kreisverwaltung vom 5. Juni 1998 mit den nachfolgenden Änderungen, Dz. U. 13.12.2001 Nr. 142, Pos. 1592.

eigene Gestaltung besteht und Politiker wie Wissenschaftler bisweilen sogar die Abschaffung der Kreise fordern (Raciborski 2005: 185).

Die Gemeinden schließlich bilden die unterste Einheit der Territorialverwaltung. Ihre Grenzen werden nicht von der betreffenden Wojewodschaft festgelegt, sondern nach Absprache mit den betreffenden Gemeindeorganen von der Regierung in Warschau. Innerhalb der Gemeinde können weitere Untergliederungen vorgenommen werden. Zu den wichtigsten selbstständigen Aufgaben der Gemeinden zählen u.a. die Raumordnung, Flächenbewirtschaftung, Umweltschutz, Abfallwirtschaft, Strom- und Wärmeversorgung, Bildungseinrichtungen, darunter Grundschulen, Kindergärten und andere Erziehungseinrichtungen, ferner – ebenso wie bei den Kreisen – die Zusammenarbeit mit Nicht-Regierungsorganisationen.[192] Zur Erledigung konkreter Aufgaben können die Gemeinden bestimmte Organisationseinheiten bilden oder auch Verträge mit anderen Einrichtungen abschließen (Durka 1999). Galt in Umfragen jahrelang die Bewältigung der Arbeitslosigkeit als prioritäre von den Gemeinden zu lösende Aufgabe, so wird als drängendstes Problemfeld jetzt die Gesundheitsfürsorge gesehen, gefolgt von der Wartung und dem Ausbau der Straßen (CBOS 2008).

Grundlegend für die Selbständigkeit der territorialen Selbstverwaltung ist ihre Finanzkraft. Diese hängt in großem Umfang von den Mitteln ab, die ihnen von der Zentrale zugewiesen werden. 1998 verfügten die Gemeinden nur über 14,3 Prozent der staatlichen Einnahmen. Zwar erhöhten sich die Einnahmen der Gemeinden mit der Verwaltungsreform von 1999, doch kam der entscheidende Sprung durch die Neubestimmung der Einnahmequellen der territorialen Selbstverwaltung durch das Gesetz vom 13. November 2003 (Dz. U. 2003 Nr. 203, Pos. 1966). Es hob u.a. den Anteil der Gemeinden an der Einkommensteuer der auf ihrem Gebiet wohnenden Personen auf 39,34 Prozent an. 2004 erhöhte sich so der Anteil der Steuern um real gut zehn Prozent und konnte sich auch in den Folgejahren auf etwa diesem Niveau halten, was die Selbstständigkeit der Gemeinden beträchtlich stärkte.[193] Die Einnahmen aller Einheiten der territorialen Selbstverwaltung beliefen sich im Jahre 2008 auf 142,33 Milliarden PLN (ca. 35,8 Milliarden Euro), wobei 51,2 Prozent aus eigenen Einnahmen stammten, 17,9 Prozent aus projektgebundenen Zuschüssen und 30,9 Prozent aus allgemeinen Subventionen bestanden. Schlüsselt man die einzelnen Einheiten der territorialen Selbstverwaltung nach dem finanziellen Autarkiegrad auf, ergaben sich beträchtliche Unterschiede. Den höchsten Anteil an eigenen Einnahmen wiesen die Städte mit Kreisrecht auf (69,3 Prozent eigene Einnahmen), den geringsten die Kreise (32,3 Prozent). Die Gemeinden kamen auf 49,0 Prozent (Barański 2009: 106).

Die Organe der Gemeinden und der Modus ihrer Bestellung hängen zum Teil von der Gemeindegröße ab. Alle Organe auf Gemeinde-, Kreis- und Wojewodschaftsebene werden landeseinheitlich am selben Tag in direkter Wahl auf vier Jahre gewählt. Seit 2002 gilt dies auch für die zuvor von den jeweiligen Parlamenten gewählten Chefs der Exekutive. Dabei benötigen der Ortsvorsteher (*Wójt*, insgesamt 1576), die Bürgermeister in den 796 Städten bis zu 100.000 Einwohnern sowie die 107 Stadtpräsidenten (alle Zahlen für die Wahlen von 2010) zu ihrer Wahl eine absolute Mehrheit der gültigen Stimmen. Wird eine solche Mehrheit verfehlt, findet 14 Tage später eine Stichwahl zwischen den beiden stimmstärksten Be-

---

192 Gesetz über die Gemeindeselbstverwaltung vom 8. März 1990, Dz. U. 2001 Nr. 142, Pos. 1591 mit zahlreichen Änderungen, zuletzt Dz. U. 2009, Nr. 52, Pos. 420.
193 Vgl. Heller, Janusz 2008: Dochody samorządowe w Polsce – ujęcie makroekonomiczne i przesłanki ustrojowe, in: Samorząd Terytorialny 5 (209), 29-36.

werbern des ersten Wahlgangs statt. Die Zahl der Mitglieder des Gemeinderats hängt von der Einwohnerzahl ab und liegt zwischen 15 (in Gemeinden mit weniger als 20.000 Einwohnern) und maximal 45. Nur der Warschauer Stadtrat zählt 60 Abgeordnete. Bis zur Einführung des Wahlgesetzbuchs vom Januar 2011 fanden die Wahlen zu den Gemeinderäten in Gemeinden unter 20.000 Einwohnern nach relativer Mehrheitswahl in Mehrmannwahlkreisen statt. Die Wahlberechtigten besaßen dabei so viele Stimmen, wie Mandate zu vergeben waren. Ab 2011 werden in Gemeinden, die nicht kreisfrei sind, die Gemeinderäte in Einerwahlkreisen nach relativer Mehrheit gewählt. Diese Bestimmung ist in der Literatur zum Teil auf heftige Kritik gestoßen, da Gemeinden ohne Kreisrecht bisweilen mehr als 50.000 Einwohner zählen und die Befürchtung besteht, dass die Gemeindeparlamente auf Vorschlag des *Wójt* oder Bürgermeisters die Grenzen der Einerwahlkreise weniger, wie vom Gesetz gefordert, nach bestehenden Verwaltungsgrenzen als nach den letzten Wahlergebnissen festlegen (Rakowska/ Skotnicki 2011: 12f.) – also Gerrymandering betreiben werden. In kreisfreien Städten werden die Räte nach lose gebundenen Listen nach Proporz (System d'Hondt) gewählt, das heißt, der Wähler macht sein Kreuz bei demjenigen Kandidaten seiner Partei, den er bevorzugt, und kann damit die Reihenfolge der Gewählten seiner präferierten Liste beeinflussen, sofern diese die Fünfprozent-Sperrklausel überspringt. Dasselbe System gilt auch bei den Wahlen zu den Kreisräten und zu den Sejmiki der Wojewodschaften.

Das Wahlsystem besitzt dabei erheblichen Einfluss auf die Struktur der lokalen und regionalen politischen Akteure. Die relative Mehrheitswahl – bis 2011 in allen Gemeinden unter 20.000 Einwohnern und seither in allen Gemeinden, die kein Kreisrecht besitzen – erleichtert die Personalisierung der Wahlen, während die Listenwahl den Parteien gewisse Anreize schafft, auch auf Gemeindeebene Fuß zu fassen. In den kleineren Gemeinden sind sie bis auf die PSL kaum vertreten. So erklärt sich, dass bei den Kommunal- und Regionalwahlen vom 21. November 2010 in den Gemeinden ohne Kreisrecht mehr als die Hälfte, in den Gemeinden unter 20.000 Einwohnern sogar mehr als drei Viertel der Stimmen auf lokale oder regionale Gruppierungen abgegeben wurden.

Allerdings spielt bei dem niedrigen Anteil an Kandidaten, die als Vertreter von Parteien auftreten – Polen weist europaweit den niedrigsten Anteil von Parteikandidaten und Parteilisten bei Kommunalwahlen auf (Swianiewicz 2010: 19) –, auch die große Aversion gegen Parteien eine Rolle, so dass manche Kandidaten oder auch Listen, die eigentlich mit Parteien verbunden sind, es vorziehen, als „parteilos" zu kandidieren. Swianiewicz (2010: 29) spricht in diesem Zusammenhang von „Krypto-Unabhängigen".

In den Großstädten dagegen sowie bei den Sejmiki der Wojewodschaften konnten die 2010 im Sejm vertretenen Parteien Ergebnisse erzielen, die den Größenordnungen auf nationaler Ebene zumindest sehr nahe kamen. Allerdings fällt bei der Übersicht in Tabelle 21 die extreme Schwäche der Bauernpartei in den Städten auf, die andererseits als einzige der etablierten Parteien in den Gemeinden unter 20.000 Einwohnern ein zweistelliges Prozentergebnis erzielen konnte. Eine Konsequenz der geringen Verankerung der Parteien auf Gemeindeebene ist die nur schwache Ausprägung stabiler Koalitionen in vielen Gemeinderäten. Die Posten von Gemeinde- und vor allem Stadträten sind nicht zuletzt aufgrund relativ hoher Aufwandsentschädigungen attraktiv, weshalb es vor allem in den Städten oft sehr viele Kandidaten für ein Mandat gibt (Raciborski 2005: 192).

Tabelle 21: Stimmenanteil der Parteien bei den Wahlen zur kommunalen und regionalen Selbstverwaltung vom 7.11.2010 (in v. H.)

Partei	Räte in Gemeinden unter 20.000 Einwohnern	Räte in Gemeinden über 20.000 Einwohner	Räte in Städten mit Kreisrecht	Kreisräte	Sejmiki der Wojewodschaften
PO	3,04	20,44	30,30	20,91	30,89
PiS	5,13	13,68	18,43	17,25	23,05
PSL	12,93	3,56	0,40	15,88	16,30
SLD	1,85	6,77	24,90	7,84	15,20
Lokale/regionale Gruppierungen, Sonstige	77,05	55,55	25,96	38,12	14,56

Quelle: Eigene Zusammenstellung nach den Angaben in: Wybory samorządowe w Polsce w 2010 roku, http://pl.wiki pedia.org/wiki/Wybory_samorz%C4%85dowe_w_Polsce_w_2010_roku (22.02.2012)

Bei den Wahlen vom November 2010 bewarben sich um die 46.809 Mandate 245.196 Kandidatinnen und Kandidaten. Die Wahlberechtigten erhielten dabei vier Stimmzettel: für den Gemeinde-, den Kreis- und den Wojewodschaftsrat sowie für den Ortsvorsteher, Bürgermeister oder Stadtpräsidenten. Nur in den 64 Städten mit Kreisrecht wurden keine Kreisräte gewählt. In Warschau wurden mit dem vierten Stimmzettel nicht die Kreisräte, sondern die 18 Stadtbezirksversammlungen gewählt.

Die Wahlbeteiligung wies eine ähnliche Struktur wie bei den Wahlen von 2006 auf. Damals lag die Wahlbeteiligung um so höher, je kleiner die Gemeinde war. Von 60% in Gemeinden bis zu 3000 Einwohnern war sie fast linear auf 46% in Gemeinden bis zu 20.000 Einwohnern abgefallen, dann leicht auf 47% in Gemeinden zwischen 20.000 und 30.000 Einwohnern angestiegen und danach wiederum fast linear auf 38% in Gemeinden zwischen 100.000 und 200.000 Einwohnern gesunken und hatte in Städten über 300.000 Einwohnern wieder 42% erreicht.[194] 2010 lag sie mit 52,02 Prozent erneut am höchsten in Städten bis zu 20.000 Einwohnern, am niedrigsten in den Städten mit Kreisrecht mit 40,45 Prozent und betrug zum Stadtrat von Warschau 48,3 Prozent. Bedenkt man, dass bei den mobilisierenden Parlamentswahlen 2007 die Wahlbeteiligung nur 53,9 Prozent und 2005 sogar nur 40,6 Prozent betragen hatte, so drückt sich auch in der Wahlbeteiligung die relative Zufriedenheit der Bürger mit den Organen der Selbstverwaltung aus, die in etlichen Umfragen sichtbar wird. So kam eine Ende 2007 auf einer ungewöhnlich breiten Grundlage (fast 39.000 Befragte) durchgeführte Studie zu dem Ergebnis, dass landesweit 32,7 Prozent die Tätigkeit der Selbstverwaltungsorgane positiv einschätzten und nur 8,5 Prozent negativ, während 57,5 Prozent weder positiv noch negativ urteilten. Damit dominiert zwar eine ambivalente Beurteilung, doch überwiegt die positive Einschätzung die negative um das Vierfache. Besonders bemerkenswert ist, dass die Zahl derer wächst, die angeben, dass sie auf lokaler Ebene einen gewissen Einfluss besitzen (5,2 Prozent einen großen, 35,6 Prozent einen eher kleinen, aber immerhin Einfluss; alle Angaben nach CBOS 2008). Kurz vor den Wahlen zur territorialen Selbstverwaltung im Herbst 2010 gaben sogar 52 Prozent der Befragten an, dass Leute wie sie Einfluss auf die Angelegenheiten ihrer Stadt oder Gemeinde hätten. Diese Ergebnisse heben sich deutlich von weit niedrigeren Zahlen auf nationaler

---

194 Swaniewicz, Paweł 2010: Czy rozmiar ma znaczenie? Zróżnicowanie opinii mieszkańców o funkcjonowaniu samorządów lokalnych w zależności od wielkości gminy, in: Samorząd Terytorialny 4 (232), 5-16, hier 9.

Ebene ab (vgl. Kapitel 12.4, Tabelle 57). Kaum erstaunlich ist der in einer anderen Untersuchung ermittelte Befund, dass eine kleine Gemeinde bessere Bedingungen für die Entwicklung demokratischer Mechanismen bietet, dass sie aber bei der Erfüllung bestimmter Aufgaben eine geringere wirtschaftliche Effizienz aufweist.[195]

Empirische Erhebungen im ländlichen Raum haben allerdings auch zu eher ernüchternden Ergebnissen geführt. Zwar sind seit 1989 in vielen auch ländlichen Gegenden seit 1989 regionale Blätter mit meist bescheidener Auflage, in etlichen Gegenden auch lokale Rundfunk- und sogar Fernsehsender entstanden. Untersuchungen zeigen jedoch vielfach, dass in strukturschwachen Gebieten mit hoher Arbeitslosigkeit die Verfügungsgewalt der Exekutive auf lokaler oder Kreisebene über Arbeitsplätze in Unternehmen, die der Gemeinde oder dem Kreis unterstehen, sozial disziplinierend wirkt. Insbesondere die Dorfvorsteher können auf diese Weise eine ihre formale Position weit übersteigende Macht gewinnen, die sich auch in hohen Wiederwahl-Quoten ausdrückt. Auch kritische Presseberichte über Fehlentwicklungen oder Machtmissbrauch unterbleiben, wenn den meist ohnehin an der Grenze der wirtschaftlichen Existenzfähigkeit arbeitenden Blättern bei entsprechend kritischer Berichterstattung der wichtigste Anzeigenkunde ausfallen würde. So haben sich in manchen Gebieten gegenüber der kommunistischen Zeit zwar die formalen Strukturen der kommunalen Politik geändert, bisweilen aber offenbar nur wenig die faktischen Machtverhältnisse unter den lokalen Eliten.[196] Zu diesen sind zum Teil örtliche Geschäftsleute hinzugekommen, die ebenfalls in der Gemeindepolitik mitmischen.

Einen eigenen Rechtsstatus besitzt Warschau, der nach langen Auseinandersetzungen durch Gesetz vom 15. März 2002 geregelt wurde.[197] Danach hat Warschau den Status einer Stadt mit Kreisrecht. Warschau hat dabei über die von Gemeinden und Kreisen zu erfüllenden Aufgaben hinaus als Hauptstadt auch ausdrücklich folgende Funktionen wahrzunehmen: das Funktionieren der obersten und zentralen Staatsorgane sowie der ausländischen diplomatischen Vertretungen und internationaler Organisationen in der Stadt sicherzustellen, ausländische Delegationen aufzunehmen und Infrastruktureinrichtungen bereitzustellen, die Bedeutung für den Hauptstadtcharakter der Stadt haben. Diese Aufgaben sind als Auftragsaufgaben im Bereich der Regierungsverwaltung zu erfüllen.

Der Stadtrat zählt 60 Abgeordnete. Unterteilt ist Warschau in 18 Stadtteile, die je einen eigenen vom betreffenden Stadtteilrat gewählten Bürgermeister besitzen. Die Mitgliederzahl der Stadtteilräte richtet sich nach der jeweiligen Einwohnerzahl. Insgesamt liegt ihre Zahl bei 409. Die Satzung (Statut) gibt der Stadt ihr Stadtrat, wobei er zuvor die Meinung der Stadtteilräte eingeholt hat. Mithilfe der Satzung können gegebenenfalls auch die Grenzen der Stadtteile verändert werden. Der Entwurf der Satzung bedarf der Zustimmung des Premierministers. Am umstrittensten an der 2008 verabschiedeten Satzung war der Gottesbezug in ihrer Präambel.[198]

---

195 Ebenda 16.
196 Vgl. Borkowski, Wojciech 2003: Na prowincji bez zmian, in: Tygodnik Powszechny 19, 11.05.2003: 6.
197 Ustawa z dnia 15 marca 2002 r. o ustroju miasta stołecznego Warszawy. Dz. U. z 2002 r. Nr. 41, Pos. 361. Zur Vorgeschichte siehe u.a. Faliński 2011.
198 „Wir, die Ratsmitglieder der Hauptstadt Warschau, ... im Vertrauen darauf, dass es uns bei der Arbeit für unsere Stadt nicht an Kraft und Ausdauer fehlen wird, deren Quelle für viele von uns der Glaube an Gott ist, und für alle der Glaube an den tiefen Sinn des Dienstes für die Öffentlichkeit ... beschließen das Statut der Hauptstadt Warschau." http://bip.warszawa.pl/Menu_podmiotowe/Warszawa/statut_preambula.htm (31.07.2012). Übersetzung des Verfassers.

Das Amt des Warschauer Stadtpräsidenten, der vier von ihm berufene und auch wieder absetzbare Stellvertreter hat, besitzt aufgrund von Warschaus Hauptstadtcharakter besonderes Prestige. Für Lech Kaczyński bildete dieses Amt das Sprungbrett für die Wahl zum Staatspräsidenten 2005. Als 2006 Jarosław Kaczyński den populären Ministerpräsidenten Kazimierz Marcinkiewicz aus seiner eigenen Partei (PiS) zum Rücktritt zwang und selbst dieses Amt übernahm, wollte er ihn mit dem Amt des Stadtpräsidenten von Warschau „abfinden". Er ernannte ihn bis zu den wenige Monate später anstehenden Neuwahlen interimistisch auf den nach der Wahl von Lech Kaczyński zum Staatspräsidenten vakanten Posten. Doch auch dieser „Amtsbonus" half Marcinkiewicz nicht, der in der PO-Hochburg Warschau der PO-Kandidatin, der früheren Präsidentin der Nationalbank, Hanna Gronkiewicz-Waltz, im zweiten Wahlgang unterlag. 2010 siegte Gronkiewicz-Waltz bereits im ersten Wahlgang mit 53,67 Prozent, während der für die PiS kandidierende bekannte Architekt und frühere Oppositionelle Czesław Bielecki nur auf 23,16 Prozent und der SLD-Vorsitzende Wojciech Olejniczak nur auf enttäuschende 13,33 Prozent kamen.

6.3 Horizontale Kooperationen der Selbstverwaltung und Grundsätze des Zugangs zu EU-Mitteln

Bereits 1990 begannen die verschiedenen Ebenen der kommunalen Selbstverwaltung (Gemeinden, Kreise, Städte, Wojewodschaften), sich aus eigener Initiative auch horizontal zu organisieren (Verbände der Gemeinden, Kreise, etc.), um so ihre jeweils spezifischen Probleme besser formulieren und gegenüber der Zentrale durchsetzen zu können. Die Kompetenzverlagerungen auf die untere Ebene haben vor allem in Großstädten wie Breslau (Rafał Dutkiewicz), Danzig (Paweł Adamowicz) oder Posen (Ryszard Grobelny) regionale Führungspersönlichkeiten hervorgebracht, die landesweit bekannt und von der Warschauer politischen Elite relativ unabhängig sind. Nur Adamowicz ist PO-Mitglied. Von den 107 im November 2010 gewählten Stadtpräsidenten gehörten 26 der PO an, 15 der SLD, sechs der PiS und nur einer der PSL, 59 waren dagegen parteilos oder wurden von einer lokalen Initiative unterstützt. Dutkiewicz wurde 2006 mit 84,5 Prozent der gültigen Stimmen wiedergewählt, 2010 trotz eines PO-Gegenkandidaten in der bisherigen PO-Hochburg Breslau mit 71,6 Prozent ebenfalls. 2010 gewann seine Liste bei den Wahlen zum Stadtrat von Breslau 19 von 37 Mandaten, und bei den Wahlen zum Regionalparlament von Niederschlesien immerhin neun von 36 Sitzen (PO: 15 Mandate).

Dutkiewicz, der eine Zeit lang „moderate" Konservative in einer nur lose strukturierten Gruppierung „Polska XXI" zusammenführte, davon aber 2009 wieder Abstand nahm, unterstützte die Idee, nach der Einführung von Einerwahlkreisen zum Senat mit der jeweiligen Region verbundene Kandidaten in den Senat wählen zu lassen und diesen so in Richtung einer Vertretung der Regionen umzugestalten.[199] Diesen Gedanken unterstützten öffentlich auch die parteilosen Stadtpräsidenten von Krakau, Posen und anderen Städten.[200] Sie griffen damit einen schon früher von Vertretern der Selbstverwaltungen gemachten

---

199 Vgl. u.a. Flis, Jarosław: Z oblężonego miasta, in: Tygodnik Powszechny 17, 24.04.2011, einsehbar auch unter http://tygodnik.onet.pl/0,62347,zoblezonego_miasta,komentarz.html (31.07.2012).
200 Die wenigen Kandidaten, die bei den Senatswahlen 2011 mit diesem regionalen Profil antraten, unterlagen. Nur in Breslau konnte ein Kandidat aus Dutkiewiczs Gruppierung den bisherigen Senator und früheren IPN-Präsidenten Prof. Leon Kieres (PO) ablösen.

Vorschlag auf, die sogar gefordert hatten, das Verbot aufzuheben, das Amt eines Senators mit einer Funktion in der Selbstverwaltung zu verbinden, um so die Umgestaltung des Senats in eine Selbstverwaltungskammer zu fördern. Dieser Vorschlag wäre allerdings nur über eine Verfassungsänderung zu realisieren, für die im Parlament auf absehbare Zeit keine Mehrheit zu finden ist.[201]

Mit dem Beitritt Polens zur Europäischen Union stellten sich für die Gebietskörperschaften neue Herausforderungen, insbesondere bei der Akquirierung von Mitteln aus den Struktur- und Kohäsionsfonds der EU. Die Wojewodschaften und einige Städte haben in Brüssel Büros eröffnet, um möglichst nahe an den Informationsquellen der EU zu sein. Voraussetzung dafür, dass die übergeordnete Ebene einen Antrag auf Subventionen aus Brüssel weiterleitet, ist die Erstellung eines Entwicklungsplans auf Gemeinde-, Kreis- oder Wojewodschaftsebene, dem umfassende Konsultationen zugrunde liegen sollen, die jedoch meist eher formaler Natur sind. Mit den Wojewodschaften schließt die Zentralregierung zu diesem Zweck eigens einen Entwicklungsvertrag. Die Mittel in Höhe von 67 Milliarden Euro, die die EU Polen als dem größten Empfängerland der EU allein in der Haushaltsperiode 2007 bis 2013 zur Verfügung stellt, haben den größten Modernisierungsschub in Polen seit dem Zweiten Weltkrieg ausgelöst.

Die Mittel wurden auch abgerufen und sind für den Rest der Haushaltsperiode bereits verplant. In vielen Untersuchungen, so auch in den im April 2009 von der Regierung verabschiedeten „Prämissen für ein System des Entwicklungsmanagements" wird jedoch moniert, dass zwar die Techniken entwickelt worden seien, die von Brüssel gestellten Anforderungen für die Zuweisung von Geldern zu erfüllen. Doch fehle es an einer strategischen Gesamtplanung. In einer umfangreichen Mängelliste wurde konstatiert, dass sich etwa die Entwicklungspläne der Wojewodschaften sehr stark glichen, ohne dass auf eine die jeweiligen Besonderheiten berücksichtigende Profilierung hingearbeitet worden sei. Ferner gebe es keine ausreichende Abstimmung zwischen der Raumplanung und der sozioökonomischen Entwicklung. Ebenso fehle es an einer Kontinuität programmatischer Arbeiten. Es gebe etwa 200 untereinander nicht abgestimmte Dokumente mit kurz- und mittelfristigen Strategien für das Land, aber keine klare langfristige Vision der Entwicklung Polens. Dem Ministerium für Regionalentwicklung wurde eine Führungsrolle bei der Ordnung und Aussortierung überflüssiger Entwicklungspläne zugewiesen und gleichzeitig eine Stärkung der mittelfristigen „Strategie für die Landesentwicklung 2007 bis 2015" postuliert.[202]

Zwar erwartet inzwischen rund die Hälfte der Gesellschaft, dass sich ihre Gemeinden auch um Gelder aus Brüssel bemühen. Viele Gemeindeverwaltungen verweisen auf fehlende Eigenmittel, die für Anträge erforderlich seien. Forschungen haben aber gezeigt, „dass der Erfolg beim Bemühen um Fördermittel weniger vom Vermögen der Gemeinden als vielmehr von der Effektivität der Verwaltungen und von der Entwicklung der Zivilgesellschaft abhäng(t)" (Garsztecki 2008: 377). Im Ergebnis haben sich die teilweise erheblichen Einkommensunterschiede zwischen den einzelnen Wojewodschaften nicht verringert, son-

---

201 Vgl. Garsztecki 2008: 373f., der noch weitere institutionelle Forderungen der Selbstverwaltungsvertreter auflistet wie etwa die Direktwahl der Wojewodschaftsmarschälle.
202 Vgl. „Założenia systemu zarządzania rozwojem Polski" vom 27. April 2009, wiedergegeben auf der Internetseite des Ministeriums für Regionalentwicklung, http://www.mrr.gov.pl/rozwoj_regionalny/Polityka_ rozwoju/System_zarzadzania_rozwojem/Documents/Zalozenia_SZR_wersja_przyjeta_przez_RM_270409. pdf (31.07.2012).

dern vergrößert.[203] Sie spiegeln weiterhin den Unterschied vor allem zwischen dem vergleichsweise gut entwickelten Westen und dem ländlich geprägten Osten des Landes wider.[204] Die diagnostizierten Schwächen machen aber auch deutlich, dass durchaus Potential für eine noch größere Effizienz beim Einsatz der vorhandenen Mittel vorhanden ist.

6.4 Literatur

Barański, Marek 2009: Zasady finansowania wspólnot samorządowych w teorii i w praktyce, in: Lutrzykowski, 97-114.
CBOS 2010: Samorządność w Polsce – bilans dwudziestolecia, BS/144/2010, Warschau, Oktober 2010.
CBOS 2008: Oceny sytuacji i stosunek do władz lokalnych, BS/18/2008, Warschau, Januar 2008.
Durka, Włodzimierz, 1999: Reform der öffentlichen Verwaltung in Polen, in: Transodra, Nr. 19, 18-28.
Faliński, Stanisław 2011: Ewolucja ustroju miasta stołecznego Warszawy w latach 1990-2002, in: Myśl Ekonomiczna i Polityczna (Uczelnia Łazarskiego, Warszawa) 4 (35), 142-159.
Ganowicz, Ewa/ Rubisz, Lech (Red.) 2008: Polityka lokalna. Właściwości, determinanty, podmioty, Toruń.
Garsztecki, Stefan 2010: Polen – Dezentralisierung im unitarischen Staat, in: Sturm, Roland/ Dieringer, Jürgen (Hrsg.): Regional Governance in EU-Staaten, Opladen, 191-202.
Garsztecki, Stefan 2009: Polnische Selbstverwaltung – Traditionen und aktuelle Entwicklungen, in: Bingen, Dieter/ Ruchniewicz, Krzysztof (Hrsg.): Länderbericht Polen, Bonn, 205-218.
Garsztecki, Stefan 2008: Regionale Selbstverwaltung in Polen im Kontext von EU und neuer Regierung, in: Jahrbuch für Föderalismus, 366-379.
Grosse, Tomasz Grzegorz 2007: Analiza możliwości wprowadzenia regionalnego systemu zarządzania funduszami strukturalnymi UE w Polsce w latach 2008-2013, Warszawa.
Izdebski, Hubert/ Kulesza, Michał 2004: Administracja publiczna. Zagadnienia ogólne, Warszawa.
Kallas, Marian 2005: Historia ustroju Polski, Warszawa.
Kleb, Stefan 2006: Die Reformen der territorialen Selbstverwaltung in der Republik Polen 1990 und 1998. Konzeptionen, Umsetzung, Ergebnis. Mit besonderer Berücksichtigung der territorialen Selbstverwaltung Polens seit dem Mittelalter, Göttingen, dissertation.de (Verlag im Internet).
Kleer, Jerzy (Red.) 2009: Samorząd lokalny. Od teorii do badań empirycznych, Warszawa.
Krzyk, Józef 2012: Was die Regierung nicht kann, packt der Bürgermeister an. 20 Jahre territoriale Selbstverwaltung in Polen, in: Deutsches Polen-Institut (Hrsg.): Jahrbuch Polen 2012. Regionen, Wiesbaden, 9-19.
Leibrandt, Martha 2011: Kontroll- und Aufsichtsverfahren der territorialen Selbstverwaltung in Polen. Zum Verhältnis zwischen staatlicher Ingerenz und Selbstverwaltungsgarantie, Hamburg.
Leoński, Z. 2002: Samorząd terytorialny w RP, Warszawa.
Lutrzykowski, Alfred (Red.) 2009: Samorząd terytorialny, ale jaki?, Toruń.
Magoska, Maria (Red.) 2008: Wybory samorządowe w kontekście mediów i polityki, Kraków.
Nawrot, Bogdan/ Pokładecki, Jacek (Red.) 2011: Wieloaspektowość samorządności gminnej w Polsce, Poznań.

---

203 Vgl. u.a. Heller, Janusz 2010: Fundusze europejskie w kształtowaniu rozwoju gospodarczego województw w Polsce, in: Samorząd Terytorialny 7-8 (235-236), 28-37.
204 Noch deutlicher wird dies, wenn man statt der Wojewodschaften Subregionen als Einheiten nimmt. So betrug 2009 das BIP pro Einwohner landesweit 35.200 PLN (ca. 8.800 Euro). In Warschau lag es bei fast 110.000 PLN, im langgezogenen westlichen Viertel der Wojewodschaft Lublin, deren nördliche Grenze nur rund 100 km von Warschau entfernt ist, dagegen weniger als 20.000 PLN; vgl. die Angaben im Mały Rocznik Statystyczny 2012: 480.

Nowacka, Ewa 2010: Samorząd terytorialny jako forma decentralizacji administracji publicznej, Warszawa.

Ptak, Arkadiusz 2010: Territorial self-governing during Poland's transformation – the significance, evolution and conclusion de lege ferenda, in: Dzwończyk, Joanna/ Kornaś, Jerzy (Red.): Transformacja polska – oczekiwania i rzeczywistość, Kraków, 311-321.

Raciborski, Jacek 2005: Das System der territorialen Selbstverwaltung und die Lokalpolitik, in: Raciborski, Jacek/ Wiatr, Jerzy J. (Hrsg.): Demokratie in Polen. Elemente des politischen Systems, Opladen, 179-196.

Rakowska, Anna/ Skotnicki, Krzysztof 2011: Zmiany w prawie wyborczym wprowadzone przez Kodeks Wyborczy, in: Przegląd Sejmowy 4 (105), 9-32.

Regulski, Jerzy 1991: Samorząd terytorialny: skąd i dokąd?, in: Samorząd Terytorialny 1-2, 104-108.

Regulski, Jerzy/ Kulesza, Michał 2009: Droga do samorządu. Od pierwszych koncepcji do inicjatywy Senatu (1981-1989), Warszawa.

Sałuda, Daniel 2007: Wojewoda a jednostki samorządu terytorialnego w świetle ustawy o administracji rządowej w województwie, in: Samorząd Terytorialny 11 (203), 5-20.

Sartorius, Witold (Red.) 2005: Wdrażanie Europejskiego Funduszu Rozwoju Regionalnego w Polsce, Warszawa.

Schnapp, Friedrich E. 2001: Die Garantie der örtlichen Selbstverwaltung in der polnischen Verfassung, in: Die Öffentliche Verwaltung 17, September 2001, 723-728.

Swianiewicz, Paweł 2010: Bezpartyjni radni w samorządach gminnych, in: Samorząd Terytorialny 11 (239), 18-43.

Wardyn, Łukasz 2008: Regionale Staatlichkeit und Dezentralisation in Deutschland und Polen. Eine Darstellung am Beispiel der Gemeinschaftsinitiative INTERREG III A, Berlin/ Münster.

Wollmann, Helmut/ Lankina, Tomila 2003: Local Government in Poland and Hungary: from postcommunist reform towards EU-accession, in: Baldersheim, Harald et al. (Hrsg.): Local Democracy in Post-Communist Europe, Opladen, 91-122.

Yoder, Jennifer A. 2007: Leading the Way to Regionalization in Post-Communist Europe: Process and Outcome of Regional Reform in Poland, in: East European Politics and Societies (3), 424-446.

Zloch, Stephanie, 2000: Polens neue Regionen auf dem Weg in die Europäische Union. Die Beitrittsverhandlungen auf dem Gebiet der Regional- und Strukturpolitik, in: Osteuropa 50, 367-381.

7 Elemente direkter Demokratie

Die Verfassung von 1997 konkretisiert den Begriff der Volkssouveränität wie folgt: „Das Volk übt seine Gewalt durch seine Vertreter oder unmittelbar aus" (Art. 4 Abs. 2 NV). Durch die Reihenfolge wird klargestellt, dass die Republik Polen eine repräsentative Demokratie ist, in der die Volkssouveränität in erster Linie durch die Wahl von Volksvertretern bei Parlamentswahlen wahrgenommen wird. Die heutige Verfassung lässt jedoch auch eine Reihe von Elementen direkter Demokratie auf der nationalen, der regionalen und der kommunalen Ebene zu, und zwar Referenden unterschiedlichen Typs sowie verschiedene Arten von Volksbegehren. Das ist in dieser Ausführlichkeit ein Novum in der polnischen Verfassungsgeschichte.

7.1 Referenden

Die Verfassung der Zweiten Republik sah keine Referenden vor. Das erste Referendum, das in Polen durchgeführt wurde, organisierte 1946 die kommunistisch dominierte Provisorische Regierung, die in drei Fragen eine Art plebiszitärer Zustimmung zu ihrer Politik erreichen wollte: Zustimmung zu Enteignungen, zur Akzeptanz der Oder-Neiße-Grenze und zur Abschaffung des Senats. Die unter rechtsstaatlichen Aspekten alles andere als faire Art und Weise, in der die Kampagne für das Referendum geführt wurde („Dreimal Ja"), und die evidenten Fälschungen der Ergebnisse diskreditierten eher das Instrument des Referendums.

Die kommunistische Verfassung von 1952 sah ein Referendum nicht vor. Es wurde erst durch eine Verfassungsnovelle 1987 eingeführt, die ein Gesetz über die Durchführung von Referenden ermöglichte. Da darin die Möglichkeit vorgesehen war, dass Referenden auch auf Initiative „von unten" durchgeführt werden konnten, die Parteiführung aber äußerst misstrauisch gegenüber eventuellen Initiativen war, die nicht von ihr selbst ausgingen, wurden sehr hohe Hürden gesetzt. Zur Annahme eines Referendums musste die Mehrheit der Abstimmungs*berechtigten*, nicht der Abstimmenden zustimmen. Warnende Stimmen wurden ignoriert, die bei der Debatte im Sejm darauf hinwiesen, wenn bei einem Referendum 70 Prozent der Berechtigten an der Abstimmung teilnähmen und von diesen 70 Prozent zustimmten, seien dies nur 49 Prozent der Abstimmungsberechtigten und das Vorhaben sei gescheitert. Erstes Opfer dieser Bestimmungen wurde ausgerechnet die kommunistische Regierung, die sich im Herbst 1987 in einem Referendum Blankovollmachten zur Durchführung eines sehr unbestimmt formulierten wirtschaftlichen Reformprogramms geben lassen wollte und als „Kompensation" dafür ebenso unbestimmt gelassene weitere politische Reformen in Aussicht stellte. Rund zwei Drittel der Abstimmungsberechtigten nahmen an dem Referendum teil, und rund zwei Drittel stimmten dafür. In der ersten Frage waren dies jedoch nur 44,28 Prozent und in der zweiten nur 46,29 Prozent der Abstimmungsberechtigten, so dass – im kommunistisch regierten Länderbereich wohl einmalig – die Regierung ein von ihr selbst angesetztes Referendum verlor.[205]

Die Kleine Verfassung von 1992 regelte in Art. 19, dass „in Fragen von besonderer Bedeutung für den Staat" ein Referendum durchgeführt werden könne. Ein solches Referendum konnten der Sejm mit absoluter Mehrheit der Stimmen oder der Präsident mit der Zustimmung der absoluten Mehrheit des Senats anordnen. Damit das Ergebnis eines Referendums gültig war, musste die Mehrheit der Abstimmungsberechtigten an ihm teilnehmen. Auf dieser verfassungsrechtlichen Grundlage wurden im Februar 1996 an einem Tag zwei Referenden durchgeführt. Lech Wałęsa hatte noch als Präsident mit Zustimmung des Senats am 29. November 1995 ein Referendum über die allgemeine Privatisierung von Staatseigentum zugunsten der Bürger initiiert (Dz. U. 1995 Nr. 138, Pos. 685). Konkurrierend dazu beschloss der Sejm am 21. Dezember 1995 ein Referendum durchzuführen, bei dem vier Wege der Nutzung des Staatsvermögens zur Abstimmung gestellt wurden (Dz. U. 1996 Nr. 154, Pos. 795).[206] Alle Vorlagen erhielten am 18. Februar 1996 klare Mehrheiten. Doch wurde mit einer Abstimmungsbeteiligung von 32,4 Prozent das erforderliche Quorum deutlich verfehlt, so dass alle Vorlagen scheiterten (vgl. Tabelle 23).[207]

Für die Verabschiedung einer neuen Verfassung wurde daher mit guten Gründen kein Quorum vorgeschrieben. Trotz hoch emotional geführter Auseinandersetzungen im Vorfeld erreichte im Mai 1997 die Beteiligung an der Abstimmung nur 42,9 Prozent. Das Referendum wäre also bei Gelten der sonst üblichen Erfordernisse gescheitert. Mit 52,7 Prozent Ja-Stimmen erreichte die neue Verfassung auch so nur eine denkbar knappe Zustimmung.

Wesentliche Veränderungen erfuhren die Bestimmungen über Referenden in der Verfassung von 1997. Beibehalten wurde die Regelung, dass „in Fragen von besonderer Bedeutung für den Staat" ein Referendum angesetzt werden kann. Entscheidend für die Gültigkeit eines solchen Referendums ist weiterhin die *Teilnahme* von 50 Prozent der Abstimmungsberechtigten. Dass auch diese Bedingung schwierig zu erreichen sein kann, zeigte 2003 das Referendum über den polnischen EU-Beitritt. Zwar deuteten alle Umfragen auf einen klaren Sieg der EU-Befürworter hin, doch war höchst unsicher, ob das Quorum von 50 Prozent Abstimmungsbeteiligung erreicht werden würde. Nachdem Umfragen ergeben hatten, dass bei einer zweitägigen Abstimmung die Beteiligung höher sein würde, führte das im Vorfeld des Referendums verabschiedete neue Gesetz über Referenden vom 14. März 2003[208] die Möglichkeit ein, neben eintägigen Abstimmungen (bis 2011 von 6 bis 22 Uhr) auch Referenden an zwei Tagen (jeweils von 6 bis 20 Uhr) zu ermöglichen. Im Falle des Referendums über den EU-Beitritt wurde auf diese Weise durch die an zwei Tagen

---

205 Zum Referendum von 1987 siehe u.a. Ziemer, Klaus 1988: Nach dem Referendum in Polen: Sackgasse oder Chancen für weitere Reformen?, in: Aus Politik und Zeitgeschichte, B 11–12/88, 11.03.1988, 34–48.
206 1. Befriedigung von Ansprüchen von Rentnern und Pensionären sowie von Staatsbeamten, die aus Urteilen des Verfassungsgerichtshofs hervorgegangen waren, aus privatisiertem Staatsvermögen? 2. Nutzung eines Teils des privatisierten Staatsvermögens zur Erhöhung der allgemeinen Rentenfonds? 3. Werterhöhung der Anteilsscheine an den Nationalen Investitionsfonds durch Einbeziehung weiterer Unternehmen in dieses Programm? 4. Berücksichtigung von Privatisierungsbons im Privatisierungsprogramm?
207 Im Extremfall werden die beiden Referenden des 18. Februar 1996 mit ihren insgesamt fünf Fragen als fünf Referenden gezählt, so dass Polen für die Zeit nach 1989 mit den Referenden von 1997 und 2003 auf sieben Referenden käme (so implizit bei Wagschal 2011: 245, Abbildung 2). Damit würde die tatsächliche Zahl der bisher seit 1989 in Polen durchgeführten Referenden und der mit ihnen verbundenen politischen Kampagnen aber mehr als verdoppelt.
208 Gesetz über das gesamtnationale Referendum vom 14. März 2003 (Dz. U. 2003 Nr. 57, Pos. 507) i.d.F. vom 25. Mai 2009 (Dz. U. 2009 Nr. 68, Pos. 573).

durchgeführte Abstimmung das erforderliche Quorum mit fast 59 Prozent Beteiligung deutlich übertroffen (vgl. Tabelle 23).

Die antiparlamentarische Tendenz, die ein Referendum annehmen kann, wurde wie in der Kleinen Verfassung dadurch abgeschwächt, dass zu seiner Ansetzung der Sejm mit absoluter Mehrheit oder der Präsident bei Zustimmung des Senats mit absoluter Mehrheit berechtigt sind. In beiden Fällen muss in den Parlamentskammern mindestens die Hälfte der gesetzlichen Mitglieder anwesend sein. Die Verfassungswirklichkeit hat gezeigt, dass diese Bestimmungen sehr wohl im Sinne des Verfassungsgebers wirken, der ganz offensichtlich einen tendenziell antiparlamentarischen Einsatz des Referendums etwa durch den Staatspräsidenten wie General de Gaulle in den ersten Jahren der V. Französischen Republik verhindern wollte. Als Präsident Lech Kaczyński zur Jahreswende 2008/09 ein Referendum in der umstrittenen Frage der Privatisierung des Gesundheitswesens organisieren wollte, versagte ihm der Senat, in dem 60 von 100 Mitgliedern der Regierungspartei PO angehörten, die Zustimmung. Ein Übergehen des Parlaments durch ein vom Präsidenten anberaumtes Referendum scheint somit nicht möglich. Wenn Präsident und Senatsmehrheit allerdings demselben politischen Lager entstammen, können sie entsprechende Initiativen einleiten. Da Senat und Sejm zur gleichen Zeit gewählt werden und unterschiedliche parteipolitische Mehrheiten in Sejm und Senat bisher nicht zu beobachten waren, ist eine erfolgreiche Initiative des Präsidenten in Form eines Verfassungsreferendums gegen die Regierung jedoch höchst unwahrscheinlich.

Nach der Verfassung von 1997 kann die Republik Polen Kompetenzen an eine internationale Organisation übertragen. Dies kann zum einen durch die Verabschiedung eines Gesetzes erfolgen, dem beide Kammern des Parlaments jeweils mit Zweidrittelmehrheit zustimmen müssen. Das geschah im Vorfeld des Nato-Beitritts von Polen 1999. Die Kompetenzübertragung kann jedoch auch durch Referendum erfolgen. Diese Variante wurde für den Beitritt Polens zur EU gewählt. In beiden Fällen entscheidet der Sejm, welcher Weg zu beschreiten ist. Beim Lissabon-Vertrag sprach sich der im Oktober 2007 neu gewählte Sejm für eine Annahme durch das Parlament aus. Die Ratifizierung verlief jedoch etwas ungewöhnlich. Die Verabschiedung des Ratifizierungsgesetzes war ohne größere Probleme am 28. April 2008 abgeschlossen. Präsident Kaczyński, der im Juni 2007 den Vertrag selbst unterzeichnet und ihn damals als Erfolg bezeichnet hatte, war nach der Abwahl seines Bruders als Ministerpräsident dem Vertrag gegenüber sehr zurückhaltend eingestellt, da eine Reihe von PiS-Abgeordneten ihre Befürchtung vor einem weiteren Souveränitätsverlust Polens und der Umgestaltung der EU zu einem föderalen Staat zum Ausdruck brachte (Bainczyk 2009: 157). Kaczyński setzte seine Unterschrift unter das Ratifizierungsgesetz erst nach der zweiten und nun erfolgreichen Abstimmung über den Vertrag durch Irland Anfang Oktober 2009.

Ein Referendum kann auch in dem Falle abgehalten werden, wenn Sejm und Senat einer Verfassungsänderung zugestimmt haben, die die Kapitel I (allgemeine Grundsätze zur Republik Polen), II (Freiheiten, Rechte und Pflichten des Menschen und des Staatsbürgers. Allgemeine Grundsätze) sowie XII (Verfassungsänderung) betreffen. Ein solches Referendum können der Präsident, der Senat oder wenigstens ein Fünftel der gesetzmäßigen Zahl der Sejm-Abgeordneten (92) beantragen. Bei einem Referendum, das eine Verfassungsänderung zum Gegenstand hat, ist das sonst übliche Quorum von mindestens 50 Prozent Abstimmungsbeteiligung für die Gültigkeit nicht erforderlich.

Was unter einer „Frage von besonderer Bedeutung" für die Republik Polen zu verstehen ist, die einem Referendum unterworfen werden kann, wird in der Literatur dahingehend beantwortet, dass es sich um „Fragen allgemeiner Natur oder Richtungsfragen" handelt (Garlicki 2011: 181). Dabei können in einem Referendum auch mehrere Angelegenheiten gleichzeitig zur Abstimmung gestellt werden.

Die Verfassung von 1997 sieht in Art. 170 auch die Möglichkeit eines Referendums innerhalb einer „Selbstverwaltungsgemeinschaft" vor. Nach dem Gesetz vom 15. September 2000[209] kann ein solches Referendum sowohl auf Gemeinde- als auch Kreis- und Wojewodschaftsebene abgehalten werden. Es darf sich nur auf Fragen beziehen, die in der Kompetenz der entsprechenden Ebene liegen,[210] sowie die Abberufung des betreffenden Parlaments (Gemeinderat, Kreisrat, Sejmik) oder des gewählten Chefs der Exekutive (Gemeindevorsteher, Bürgermeister, Stadtpräsident) zum Gegenstand haben. Als Quorum für die Gültigkeit des Referendums wurden zunächst 30 Prozent Abstimmungsbeteiligung festgelegt. Zur Durchführung eines Referendums ist auf Gemeinde- und Kreisebene der Antrag von zehn Prozent, auf Wojewodschaftsebene von fünf Prozent der aktiv Wahlberechtigten erforderlich. Ein Referendum über die Abberufung der genannten Chefs der Exekutive kann auch das jeweilige Parlament initiieren. Ansonsten kann die Initiative hierzu auf Gemeindeebene von fünf, auf Kreis- und Wojewodschaftsebene von 15 aktiv Wahlberechtigten ausgehen, ferner von auf der betreffenden Ebene tätigen politischen Parteien und gesellschaftlichen Organisationen mit Rechtspersönlichkeit (Art. 11 des Gesetzes vom 15. September 2000). Rund 85 Prozent der Referenden haben die Abberufung des betreffenden Ortsvorstehers, Bürgermeisters oder Stadtpräsidenten zum Ziel, teilweise aber auch die Abberufung des betreffenden Gemeinde- oder Stadtrats (Piasecki 2008: 247). Sie verfehlen jedoch in der Regel trotz mitunter landesweiter Aufmerksamkeit des betreffenden Falls die Amtsenthebung, da das Quorum der Abstimmungsbeteiligung nicht erreicht wird. Aus diesem Grunde wurde 2006 das Quorum zur Abberufung direkt gewählter Organe der Selbstverwaltung auf 60 Prozent der Wahlbeteiligung bei der ursprünglichen Wahl abgesenkt. Diese Herabstufung der Anforderungen an die Abstimmungsbeteiligung lässt sich einerseits als Einsicht des Gesetzgebers in die faktischen Gegebenheiten („Rationalisierung") verstehen, andererseits aber auch als eine Absenkung der demokratischen Standards und als ein Einverständnis des Gesetzgebers mit der Passivität der Bürger.[211] Wenn eine neue Steuer auf Gemeindeebene eingeführt werden soll („Selbstbesteuerung"), müssen zur Gültigkeit des Antrags mindestens zwei Drittel der Abstimmenden dafür sein.[212]

Die Zahlen der jährlich durchgeführten Referenden schwanken sehr stark. Da diese sich fast durchweg auf die Abberufung von Amtsinhabern beziehen, konzentrieren sich die Referenden in der Mitte der Wahlperiode und liegen gegen deren Ende landesweit im einstelligen Bereich. Im Rekordjahr 2000 wurden 108 solcher Referenden durchgeführt, in deren Ergebnis in zwölf Städten und Gemeinden das gesamte kommunale Parlament ab-

---

209 Gesetz vom 15. September 2000 über das lokale Referendum (Dz. U. 2000 Nr. 88, Pos. 985) i.d.F. von 2007 (Dz. U. 2007 Nr. 112, Pos. 766).
210 1997 wies das Hauptverwaltungsgericht im Falle eines Referendums, mit dem eine Steuer auf Gemeindeebene eingeführt werden sollte, darauf hin, dass die betreffende Steuer gesetzlich nicht vorgesehen und das Referendum somit unzulässig sei; vgl. Garlicki 2011: 182.
211 So zutreffend Ochremiak 2010b: 275.
212 Artt. 55 und 56 des Gesetzes vom 15.09.2000 (Dz. U. 2000 Nr. 88, Pos. 985) i.d.F. von 2007 (Dz. U. 2007 Nr. 112, Pos. 766).

7.1 Referenden

Tabelle 22: Lokale Referenden zur Abberufung von Amtsinhabern 2002-2010

Wahlperiode	Anzahl der Referenden[a]	Institution, die abberufen werden soll			
		Gemeinderat	Stadtrat	Gemeindevorsteher, Bürgermeister, Stadtpräsident	Kreisrat
2002-2006	112 (14)[b]	24 (4)	12 (0)	72 (10)[b]	4 (0)
2006-2010	88 (13)	17 (1)	9 (0)	62 (12)	0

a   In Klammern die Zahl der gültigen Referenden
b   Darunter zwei Referenden, die nach Gerichtsbeschluss wiederholt wurden
Quelle: Ochremiak 2010b: 275

berufen wurde.[213] Seither wurden eher Ortsvorsteher, Bürgermeister und in einem besonders spektakulären Fall im November 2008 der wegen sexueller Nötigung von Mitarbeiterinnen in Untersuchungshaft sitzende Stadtpräsident von Allenstein (Olsztyn) bei einer Beteiligung von 32,38 Prozent abberufen. In einem nicht weniger landesweites Aufsehen erregenden Fall wurde der unter Korruptionsverdacht stehende Stadtpräsident von Zoppot (Sopot) dagegen im Mai 2009 bei 40,02 Prozent Abstimmungsbeteiligung in seinem Amt bestätigt. Je nach den Emotionen, die die betreffenden Abberufungsgründe auslösen, kann die Abstimmungsbeteiligung zum Teil beachtliche Höhen erklimmen. So wurden im September 2009 der Ortsvorsteher und der Gemeinderat der Gemeinde Przywidz in Pommern bei einer Beteiligung von über 40 Prozent abgelöst, Spitzenreiter unter unbeliebten Ortsvorstehern brachten im Dezember 2007 zur Abberufung des Ortsvorstehers in der Gemeinde Bałtów in der Wojewodschaft Heiligkreuz (Świętokrzyskie) 69 Prozent und in Kleszczów (Wojewodschaft Lodz) im Mai 2004 zur Abwahl von Gemeinderat und Ortsvorsteher sogar 71,98 Prozent an die Urnen,[214] eine Beteiligung, die (im landesweiten Durchschnitt) bei keiner sonstigen Wahl oder Abstimmung in Polen seit 1989 erzielt wurde.

Der Regelfall sieht jedoch anders aus. Die niedrige Beteiligung an der Abstimmung, die dazu führt, dass das Referendum nicht gültig ist, kann damit erklärt werden, dass vielfach nur Betroffene motiviert sind, ihre Stimme abzugeben, der großen Mehrheit aber die zur Abstimmung stehende Angelegenheit gleichgültig ist. In etlichen Fällen dürfte auch eine Rolle spielen, dass der in dem Referendum meist angegriffene Gemeindevorsteher oder Bürgermeister dazu aufruft, nicht am Referendum teilzunehmen und zu verstehen gibt, dass eine Teilnahme negative Konsequenzen für die Betroffenen haben könnte. Da leicht zu überprüfen ist, wer sich an der Abstimmung beteiligt hat und die Gemeindeexekutive über ganze Reihe von positiven wie negativen Sanktionsmöglichkeiten verfügt (Arbeitsplätze in der Gemeindeverwaltung oder dieser unterstehenden Einrichtungen, Festlegung der Höhe der Mieten in kommunalen Wohnungen, etc.), können solche Aufrufe zum Boykott eines Referendums durchaus Erfolg haben (Borkowski 2003).

---

213   Vgl. die Aufstellung der Staatlichen Wahlkommission über die Referenden der Jahre 1992 bis März 2006 unter   http://www.pkw.gov.pl/pkw2/index.jsp?place=Lead07&news_cat_id=1882&news_id=4788&layout =1&page=text (9.10.2009).
214   Vgl. die Angaben der Staatlichen Wahlkommission für die lokalen Referenden der Jahre 2006-2010 (Wahlperiode der lokalen und regionalen Selbstverwaltung) unter http://www.pkw.gov.pl/pkw2/index.jsp? place=Lead07&news_cat_id=1882&news_id=1975&layout=1&page=text (9.10.2009) sowie die vorhergehende Fußnote.

Tabelle 23: Referenden zu Privatisierungsmethoden (1996), Verfassung (1997) und EU-Beitritt (2003)

	18.2.1996[a]	25.5.1997	7./8.6.2003
Abstimmungsberechtigte	28.009.715	28.319.650	29.868.474
Abstimmungsbeteiligung	9.076.004	12.137.136	17.578.818
Abstimmungsbeteiligung in v. H.	32,4	42,9	58,9
Ungültige Stimmen	152.678	170.002	126.194
Ungültige Stimmen in v. H.	1,7	1,4	0,7
Gültige Stimmen	8.923.326	11.967.134	17.452.624
Gültige Stimmen in v. H.	98,3	98,6	99,3
Nein-Stimmen	343.197	5.570.493	3.936.012
Nein-Stimmen in v. H. der abgegebenen Stimmen	3,8	45,9	22,5[c]
Ja-Stimmen	8.580.129	6.396.641	13.516.612
Ja-Stimmen in v. H. der abgegebenen Stimmen	94,5[b]	52,7	77,5[c]

a Die Zahlen beziehen sich auf das von Präsident Wałęsa initiierte Referendum. Am selben Tag wurde ein konkurrierendes Referendum über vier vom Sejm zur Abstimmung gestellte Fragen zur Nutzung des privatisierten Staatsvermögens abgehalten (siehe Fn. 206). Die Abstimmungsbeteiligung lag bei 32,44 Prozent, womit alle vier Varianten ebenfalls gescheitert waren. Die Ergebnisse der vier Fragen lauteten im Einzelnen (jeweils die Angaben zu „Ja"): 1. 92,89 Prozent, 2. 93,70 Prozent, 3. 72,52 Prozent, 4. 88,30 Prozent.
b Am Beteiligungsquorum von 50 Prozent gescheitert, das für Abstimmungen über Verfassungen nicht gilt.
c In Prozent der gültigen Stimmen.
Quelle: Ziemer, Klaus/ Matthes, Claudia-Yvette ³2010: Das politische System Polens, in: Ismayr, Wolfgang (Hrsg.): Die politischen Systeme Osteuropas, Wiesbaden, 244

Bei den 15 Prozent der Referenden, bei denen es um Sachfragen geht, sind die Abstimmungsberechtigten fast noch schwerer zu mobilisieren. Eine der landesweit das größte Aufsehen erregenden Umweltschutzfragen, der Bau einer Umgehungsstraße durch das naturgeschützte Rospudatal bei Augustów im Nordosten von Polen, veranlasste im Mai 2007 im Kreis Augustów zwar 34,35 Prozent der Berechtigten zur Stimmabgabe. Da der Bau der Umgehungsstraße jedoch in die Kompetenz der Wojewodschaft fällt, wurde das Referendum auf Wojewodschaftsebene durchgeführt. Dort gingen nur 21,56 Prozent an die Urnen, womit das Referendum nicht gültig war (Ochremiak 2010b: 279). Diskutiert wird über die Abhaltung von Referenden in einigen Gemeinden Pommerns, die als mögliche Standorte für ein Atomkraftwerk im Gespräch sind und fürchten, dass mit dessen Bau deutsche Touristen ausbleiben könnten, die eine wichtige Einnahmequelle darstellen. Die niedrige Beteiligung bei Referenden auf der Ebene der territorialen Selbstverwaltung steht etwas in Widerspruch zu der wachsenden Zufriedenheit mit deren Leistungen und dem Gefühl, auf lokaler Ebene selbst einen gewissen Einfluss zu besitzen (vgl. Tabelle 57). Die dort genannten Zahlen bringen vermutlich eher eine Grundeinstellung diffuser Zustimmung zur Tätigkeit der territorialen Selbstverwaltung zum Ausdruck.

7.2 Gesetzgebungsinitiativen von Bürgern

Mit der Verfassung von 1997 wurde zusätzlich zu den unter 7.1 genannten Möglichkeiten ein neues Element direkter Demokratie in Polen eingeführt, eine Gesetzesinitiative „von unten". Art. 118 Abs. 2 NV gestand das Recht auf Gesetzesinitiative 100.000 Wahlberechtigten zu. Das Ausführungsgesetz vom 24. Juni 1999 (Dz. U. 1999 Nr. 62, Pos. 688) präzisierte, dass ein solches Gesetzesvorhaben nur Materien betreffen kann, die nicht anderen Verfassungsorganen vorbehalten sind. Damit sind etwa der Staatshaushalt, dessen Vorlage der Regierung ebenso vorbehalten ist wie die Regelungen der Beziehungen zu den Kirchen, von solchen Initiativen ausgenommen, ebenso Verfassungsänderungen. An den Gesetzentwurf sind genauso hohe formale Anforderungen gestellt wie bei anderen an das Parlament gerichteten Gesetzentwürfen. So ist eine Begründung der Vorlage beizufügen, die die Notwendigkeit und den Zweck des Gesetzes, „seine gesellschaftlichen, wirtschaftlichen und rechtlichen Folgen, die Quellen ihrer Finanzierung sowie die Unterschiede zwischen der gegenwärtigen und der gewünschten Rechtslage erläutern". Ferner muss auch die Konformität mit EU-Recht bestätigt werden (Grabowska 2005: 395f.).

Initiator eines solchen Volksbegehrens ist ein Komitee von mindestens 15 Wahlberechtigten, das für sein Vorhaben zunächst 1000 Unterschriften sammeln muss und diese dem Sejmmarschall zukommen lässt. Wenn dieser den Eingang bestätigt hat – oder im Streitfalle das Oberste Gericht das Vorhaben zugelassen hat –, bleiben dem Komitee drei Monate, weitere 99.000 Unterschriften zu sammeln. Die Finanzierung dieser Kampagne liegt dabei ganz bei den Organisatoren. Sind die 100.000 Unterschriften erreicht, wird das Vorhaben an den Sejmmarschall geleitet und von diesem binnen drei Monaten zur ersten Lesung innerhalb des normalen Gesetzgebungsprozesses eingebracht, während andere Gesetzesvorhaben (außer von der Regierung als dringlich bezeichnete) bis zu einem halben Jahr auf die erste Lesung warten können. Anders als bei sonstigen Gesetzesvorhaben, die bis zum Ende der Legislaturperiode nicht abgeschlossen sind und damit in der nächsten Wahlperiode – wenn überhaupt – vom Nullpunkt an durch das parlamentarische Verfahren gehen müssen, wird ein durch Volksbegehren initiiertes Vorhaben in der folgenden Wahlperiode vom Parlament an der Stelle aufgenommen, an der seine Bearbeitung durch das Ende der vorhergehenden Legislaturperiode unterbrochen worden war. Allerdings gilt dies offensichtlich nur für die unmittelbar folgende Wahlperiode, selbst wenn diese verkürzt wird.[215]

In den ersten zehn Jahren nach Verabschiedung des Ausführungsgesetzes hat es mehrere Dutzend Fälle gegeben, in denen ein Gesetzgebungsverfahren durch Volksbegehren (in der polnischen Terminologie: gesetzgebende Bürgerinitiative) eingeleitet wurde. Die Meisten gelangten aus unterschiedlichen Gründen gar nicht erst in den Gesetzgebungsprozess. Zehn von ihnen wurden jedoch bis 2011 mit der Verabschiedung eines entsprechenden Gesetzes erfolgreich abgeschlossen, so dass vor den Erfolg eines Volksbegehrens zwar hohe Hürden gesetzt sind, es aber durchaus Beispiele für ein Gelingen solcher Vorhaben gibt, in einem Falle sogar gegen das Veto von Präsident Kaczyński. Die von Einigen befürchtete „Überflutung" des Sejm mit Gesetzesanträgen aus der Gesellschaft ist ausgeblieben (Grabowska 2005: 400). Die meisten Gesetzesvorlagen erregten zunächst wenig öffentliches

---

215 Vgl. die Rechtsauskunft der Sejmkanzlei vom 9.4.2010 auf eine Anfrage von Jędrzej Ochremiak, zitiert bei Ochremiak 2010a: 283, Fn. 3.

Aufsehen und fanden auch kaum Beachtung bei den politischen Parteien. Sie betreffen zum Beispiel Forderungen nach Änderung bei der Besteuerung (etwa die steuerliche Absetzbarkeit bestimmter Ausgaben) oder Fragen des Tierschutzes.

Eine deutliche Erhöhung der Zahl der Volksbegehren war in der Wahlperiode 2007-2011 festzustellen, als 19 solcher Projekte eingebracht wurden, von denen aber letztlich nur zwei angenommen wurden, darunter allerdings ein so gewichtiges wie das Wahlgesetzbuch vom Januar 2011. Fünf der 19 Gesetzentwürfe wurden entweder von den Antragstellern zurückgezogen oder vom Sejm verworfen, zwölf waren am Ende der Wahlperiode noch in Bearbeitung. Heftig diskutiert wurde auch in den Medien der Vorschlag, den 6. Januar (das Fest der Heiligen drei Könige) wieder als Feiertag einzuführen, der in der Volksrepublik 1960 abgeschafft worden war. Das Volksbegehren, das von 900.000 Personen unterschrieben worden war, wurde vom Sejm im Juli 2009 jedoch in erster Lesung ebenso abgelehnt wie ein am 6. Januar 2009 von einer Gruppe von PiS-Abgeordneten eingebrachter entsprechender Gesetzentwurf.[216] Allerdings wurde der Feiertag am 24.09.2010 vom Sejm auf Antrag der PO mit 370 gegen 44 Stimmen bei einer Enthaltung dann doch eingeführt.[217] Ein ebenfalls viel beachtetes Volksbegehren, früher gültige Fahrpreisermäßigungen für Studierende in öffentlichen Verkehrmitteln wieder einzuführen, nahm im Juni 2009 die Hürde der ersten Lesung, wurde an die zuständigen Sejmausschüsse überwiesen und ruhte dort lange Zeit. Im Sommer 2011 scheiterte es de facto am negativen Votum des Finanzausschusses und des Ausschusses für Infrastruktur.[218] Es war am Ende der Wahlperiode formal ebenso unerledigt wie neun weitere auf ein Volksbegehren zurückgehende Gesetzentwürfe, für die zu den meisten negative Empfehlungen der zuständigen Ausschüsse vorlagen.

Einer der ersten auf ein Volksbegehren zurückgehenden Gesetzentwürfe des 2011 gewählten Parlaments wurde am 1. März 2012 im Sejm in erster Lesung behandelt. Sein Ziel war die Einführung von kostenlosen Vorschulen für alle Kinder ab zwei Jahren. Dabei wies der Vorsitzende des Lehrerverbandes ZNP, Sławomir Broniarz, auf dessen Initiative das Volksbegehren zustande kam, darauf hin, dass er bereits zum dritten Mal seit 2008 als Vertreter einer Bürgerinitiative einen Gesetzentwurf zu einem solchen Thema vor dem Sejm begründe – was erneut zeigt, dass die Hürden für die Umsetzung eines Volksbegehrens in ein Gesetz sehr hoch gesteckt sind. Immerhin wurde der fragliche Entwurf von allen Fraktionen unterstützt und an drei zuständige Ausschüsse verwiesen.[219]

---

216 Beide Abstimmungen fanden am 1.07.2009 statt. Für den Antrag, das Volksbegehren zurückzuweisen, stimmten 240 Abgeordnete, 179 waren dagegen, vier enthielten sich der Stimme; vgl. http://orka.sejm.gov.pl/proc6.nsf/opisy/2063.htm (31.07.2012). Für die Zurückweisung des von den PiS-Abgeordneten eingebrachten Gesetzentwurfs stimmten 243 Abgeordnete, 176 waren dagegen, zwei enthielten sich der Stimme; vgl. http://orka.sejm.gov.pl/proc6.nsf/opisy/2068.htm (31.07.2012).

217 Um dem Vorwurf zu entgehen, die Arbeitszeit würde auf diese Weise weiter verkürzt, wurde die Bestimmung aufgehoben, wonach Arbeitnehmern in Polen, wenn ein Feiertag auf einen Samstag oder einen anderen arbeitsfreien Tag fiel, der ihnen zustehende arbeitsfreie Tag an einem anderen Tag genommen werden konnte. Zwischen 2011 und 2020 gewannen Arbeitnehmer so netto nur einen einzigen arbeitsfreien Tag hinzu.

218 Vgl. die Dokumentation des Gesetzgebungsverfahrens unter http://orka.sejm.gov.pl/proc6.nsf/opisy/1892.htm (10.03.2012).

219 Es handelte sich um die Ausschüsse für Erziehung, Wissenschaft und Jugend sowie für territoriale Selbstverwaltung und für Regionalpolitik; vgl. die Informationen hierzu und die Rede von Broniarz auf der Internetseite des Lehrerverbandes: http://www.znp.edu.pl/element/1212/Pierwsze_czytanie_obywatelskiego_projektu_ZNP (11.03.2012).

Die Erfolgsbilanz von Volksbegehren hält sich 15 Jahre, nachdem die Verfassung von 1997 eine solche Möglichkeit eingeräumt hatte, in überschaubaren Grenzen, wenn man die Zahl der auf ihre Initiative hin verabschiedeten Gesetze als Maßstab nimmt. Sie bemisst sich, wie Tabelle 14 ausweist, eher in Promille. Gleichwohl hat allein die Möglichkeit, eine solche Initiative anzustoßen, Diskussionen über gesellschaftlich in unterschiedlichem Ausmaß relevante Themen gefördert und damit zu einer Kräftigung der Zivilgesellschaft beigetragen.

7.3 Literatur

Bainczyk, Magdalena 2009: Das Ratifizierungsverfahren des Vertrags von Lissabon in Polen, in: Europarecht 44 (1), 145-160.
Borkowski, Wojciech 2003: Na prowincji bez zmian. „Grupy trzymające władze" to codzienność polskiego samorządu, in: Tygodnik Powszechny 19, 11.05.2003, 6; auch zugänglich über http://www2.tygodnik.com.pl/tp/2809/kraj03.php (14.10.2009).
Czaplicki, Kazimierz W. et al. 2007: Ustawa o referendum lokalnym: komentarz, Warszawa.
Garlicki, Leszek 2011: Polskie prawo konstytucyjne: zarys wykładu. Wydanie 15, Warszawa.
Grabowska, Sabina 2005: Ausgewählte Aspekte der direkten Demokratie in Polen – Volksgesetzgebungsinitiative, in: Osteuropa-Recht 51 (5), 389-403.
Grabowska, Stanisława 2005: Instytucja ogólnokrajowej inicjatywy ludowej w wybranych państwach europejskich, Rzeszów.
Jabłoński, Mariusz 2007: Polskie referendum akcesyjne, Wrocław.
Kuczyński, Jerzy 2007: Demokracja przedstawicielska i bezpośrednia w Trzeciej Rzeczypospolitej, Warszawa.
Markowski, Radosław/ Tucker, Joshua A. 2005: Pocketbooks, politics, and parties: the 2003 Polish referendum on EU membership, in: Electoral Studies 24 (3), 409-433.
Ochremiak, Jędrzej 2010a: Instytucja inicjatywy ludowej w Polsce, 1999-2010, in: Raciborski, Jacek (Red.): Praktyki obywatelskie Polaków, Warszawa, 281-290.
Ochremiak, Jędrzej 2010b: Referenda lokalne w sprawie odwołania władz, 2002-2010, in: Raciborski, Jacek (Red.): Praktyki obywatelskie Polaków, Warszawa, 273-280.
Piasecki, Andrzej 2007: Direct democracy in Poland after 1989, in: The Sejm Review. Przegląd Sejmowy. Third special edition, 145-164, http://orka.sejm.gov.pl/przeglad.nsf/xWgRokuAng/2007/$File/ps3_2007_eng.pdf.
Piasecki, Andrzej 2005: Referenda w III RP, Warszawa.
Sarnecki, Paweł 2003: Ustawa o referendum ogólnokrajowym z dnia 14 marca 2003 r. na tle Konstytucji Rzeczypospolitej Polskiej, in: Przegląd Sejmowy 3 (56), 9-26.
Służałek, Sebastian 2004: Instytucja referendum zatwierdzającego zmiany Konstytucji Rzeczypospolitej Polskiej z 1997 roku, in: Przegląd Sejmowy 3 (62), 47-60.
Skotnicki, Krzysztof 2005: Citizens' Legislative Inititive in Poland, in: Chronowski, Nóra (Ed.): „Adamante notare". Essays in honour of professor Antal Ádám on the occasion of his 75th birthday, Pécs, 166-176.
Staszewski, Michał T. (Red.) 1997: Referendum konstytucyjne w Polsce, Warszawa.
Uziębło, Piotr 2008: Ustawa o referendum lokalnym: komentarz, Warszawa.
Wagschal, Uwe 2011: Direkte Demokratie: rechtliche Grundlagen und politische Praxis, in: Grotz, Florian/ Müller-Rommel, Ferdinand (Hrsg.): Regierungssysteme in Mittel- und Osteuropa. Die neuen EU-Staaten im Vergleich, Wiesbaden, 237-261.
Waniek, Danuta/ Staszewski, Michał T. (Red.) 1995: Referendum w Polsce współczesnej, Warszawa.

8 Politische Parteien

Mit dem 1989 eingeleiteten politischen Systemwechsel änderte sich auch die Rolle politischer Parteien grundlegend. Wie in allen nach sowjetischem Muster strukturierten Staaten besaß auch in der Volksrepublik Polen die Kommunistische Partei (Polnische Vereinigte Arbeiterpartei, PZPR) das Machtmonopol, wenngleich es wie in der DDR formal ein Mehrparteiensystem gab. Der PZPR völlig untergeordnete Parteien waren seit Ende der 1940er Jahre die Vereinigte Bauernpartei (ZSL), die der damals sozialstrukturell dominierenden Landbevölkerung die Ziele der PZPR nahe bringen sollte, sowie die Demokratische Partei (SD), die sich ähnlich wie die LDPD in der DDR aus Kreisen der (noch zugelassenen) freien Berufe, des Handwerks und der Intelligenz rekrutierte. Die Verfassung garantierte seit 1976 der PZPR die Führungsrolle im Staate. Innerhalb der Nationalen Einheitsfront (FJN) bzw. nach deren Auflösung während des Kriegsrechts 1982 in der Patriotischen Bewegung der Nationalen Wiedergeburt (PRON) fanden sich ZSL und SD nach Art. 3 der Verfassung der Volksrepublik mit der PZPR und Nichtparteigebundenen zur „Verwirklichung der Lebensinteressen der Volksrepublik" zusammen.

Dieses „Parteiensystem" wurde am Runden Tisch vom Frühjahr 1989 implizit bestätigt, ebenso wie das fortdauernde Machtmonopol der PZPR. Die Eindeutigkeit des Ergebnisses der „halbfreien" Wahlen vom Juni 1989 stellte diese Prämissen mehr als in Frage. Zwar gewannen die „Systemparteien", wie am Runden Tisch vereinbart, 65 Prozent der Sitze im Sejm, doch gingen in den tatsächlich freien Wahlen zum Senat 99 der 100 Sitze an die *Solidarność* und das Einhundertste an einen aus der PZPR ausgeschlossenen schillernden Geschäftsmann. Das Wahlergebnis schwächte trotz der scheinbaren Mehrheit im Sejm das bisherige politische Establishment so stark, dass die beiden bisherigen „Bündnisparteien" der PZPR, ZSL und SD, fürchteten, bei kommenden Parlamentswahlen ebenso als Partner der PZPR abgestraft zu werden wie bei den Wahlen vom Juni 1989. Das Wahlgesetz von 1989 galt ausdrücklich nur für die Wahlperiode 1989 bis 1993. Danach sollten kompetitive Wahlen stattfinden. Der von Staatspräsident Jaruzelski vorgeschlagene bisherige Innenminister Kiszczak wurde zwar vom Sejm noch mit 237 zu 173 Stimmen zum neuen Premierminister gewählt. Doch versagten ihm ZSL und SD die Gefolgschaft, als es darum ging, eine neue Regierung zu bilden. Dies öffnete den Weg zu einer am Runden Tisch undenkbaren Koalition aus der Parlamentsfraktion der *Solidarność* (OKP) und den bisherigen Blockparteien ZSL und SD.[220] Mit Tadeusz Mazowiecki wurde ein Nichtkommunist Regierungschef. Die Folgen für die polnische Parteienlandschaft waren einschneidend.

---

220 Möglich wurde ein solches Bündnis, weil die PZPR – den 65%-Anteil ihres Lagers vor Augen – bei der Aufteilung der Mandate unter den Koalitionspartnern des bisherigen Regimes erstmals auf die absolute Mehrheit der Mandate im Sejm verzichtet und sich mit 173 von 460 Sitzen (37,6%) begnügt hatte. In den Jahrzehnten zuvor wäre dies eine unbedeutende Formalität gewesen. Unter den besonderen Bedingungen des Jahres 1989 bedeutete das jedoch, dass aus dem Begriff „sozialistischer Parlamentarismus", mit dem im Umfeld des Runden Tisches auch einige Spitzenpolitiker der PZPR kokettiert hatten, plötzlich ein „realer Parlamentarismus" wurde, der die PZPR die Macht kostete.

8.1 Die Entwicklung der Parteienlandschaft seit 1989

Die mehr als 40 Jahre regierende PZPR unterlag einem derart rapiden Verfallsprozess, dass die Partei sich auf einem außerordentlichen Parteitag Ende Januar 1990 selbst auflöste. Ihr größerer Teil konstituierte sich als Sozialdemokratie der Republik Polen (SdRP) neu. Eine kleinere Gruppierung unter dem früheren Danziger Parteichef Tadeusz Fiszbach, der bei der friedlichen Lösung der Streiks in der Danziger Werft 1980 eine Schlüsselrolle gespielt hatte und im 1989 gewählten Sejm Vizemarschall war, gründete die Polnische Sozialdemokratische Union (PUS), die 1992 in der Arbeitsunion (UP) aufging. Auch die ZSL durchlief eine schwere Krise. Nach mehreren Umbildungen und der Fusion mit Neugründungen, die an die Ende der 1940er Jahre verbotene wichtigste damalige Oppositionspartei, die Bauernpartei von Stanisław Mikołajczyk, anknüpften, nahm die Partei wieder deren Namen an und bezeichnet sich seit 1990 als Polnische Bauern- (Volks-) Partei (PSL). Die SD besteht nominell bis heute fort, führt politisch jedoch ein absolut marginales Dasein.

Versuche, an politische Parteien der Zwischenkriegszeit anzuknüpfen, scheiterten nach relativ kurzer Zeit. Dies galt zum Beispiel für die katholische Arbeitspartei (*Stronnictwo Pracy*, SP), deren Neugründung vor allem von dem aus politischen Prozessen der Volksrepublik als Strafverteidiger bekannten Stanisław Siła-Nowicki versucht wurde. Auch die u.a. von dem dem linken *Solidarność*-Spektrum zuzurechnenden Intellektuellen Jan Józef Lipski[221] wieder gegründete Polnische Sozialistische Partei (PPS) konnte sich nicht durchsetzen. Das Gros ihrer Mitglieder schloss sich der Arbeitsunion (UP, siehe Kapitel 8.3.1.2) an. Eine PPS besteht als Splitterpartei fort.

Die meisten neuen Parteien gingen aus der Parlamentsfraktion der *Solidarność* (OKP) hervor. Der politische Flügel der *Solidarność*, dessen Kandidaten 1989 formal von „Bürgerkomitees" nominiert wurden (aber durchweg die Unterstützung Wałęsas besaßen), bildete eine Sammlungsbewegung von demokratischen Sozialisten bis weit ins national-klerikale Spektrum hinein. Mit dem Nachlassen des äußeren Drucks, vor allem mit dem Zerfall des wichtigsten Gegenspielers, der PZPR, nahmen die internen Spannungen innerhalb des OKP zu. Wałęsa selbst erklärte, man wolle nicht einen Monolithen, die PZPR, durch einen anderen, die *Solidarność*, ersetzen. Seine damaligen engen Mitarbeiter, die Zwillingsbrüder Jarosław und Lech Kaczyński, gründeten im Juni 1990 die Zentrumsallianz (PC), der bis zu den ersten freien Sejmwahlen vom Herbst 1991 eine Reihe weiterer Parteineugründungen aus dem OKP, also aus dem Parlament heraus, folgte. Damals wenig beachtet, spiegelten die Neugründungen zum Teil unterschiedliche Optionen der Transformation und des Umgangs mit der kommunistischen Vergangenheit wider. Schon 1990 forderten die Brüder Kaczyński eine „Lustration" („Durchleuchtung" von Personen auf eine mögliche Zusammenarbeit mit den kommunistischen Geheimdiensten) und „Entkommunisierung" (Ausschluss von Personen von bestimmten staatlichen Ämtern für eine bestimmte Zeit).[222] Tadeusz Mazowiecki, dessen Anhänger nach der Präsidentschaftswahl von 1990 die Demokratische Union (UD) gründeten, betonte bereits in seinem Exposé als Premierminister im September 1989, man werde eine „dicke Linie" (seine Gegner machten daraus 1990 einen

---

221 Lipski wurde 1989 für die *Solidarność* in den Senat gewählt. Er verstarb 1991 im Alter von 65 Jahren.
222 Als Vorbild gilt hier das entsprechende Gesetz in der Tschechoslowakei von 1990, nach dem ehemalige Funktionäre der Kommunistischen Partei bis auf Kreisebene für zunächst fünf, später sogar für zehn Jahre von öffentlichen Ämtern ausgeschlossen waren. Eine ähnliche Bestimmung hätte in Polen in den 1990er Jahren mehrere Ministerpräsidenten und einen Staatspräsidenten für diese Ämter ausgeschlossen.

„dicken Strich") unter die Vergangenheit ziehen. Niemand solle nur aufgrund der Zugehörigkeit zu einer bestimmten Organisation vom öffentlichen Leben ausgeschlossen werden. Wer sich allerdings etwas habe zuschulden kommen lassen, werde strafrechtlich zur Verantwortung gezogen.[223] Danziger Liberale um Jan Krzysztof Bielecki, Donald Tusk, Janusz Lewandowski u.a. stellten im Liberal-Demokratischen Kongress (KLD) eine marktliberale Wirtschaftspolitik in den Vordergrund.

Das Parteiensystem, das sich nach 1989 herausbildete, zählt zu den Schwachpunkten des nach 1989 etablierten politischen Systems. Ein Blick auf die Ergebnisse der Wahlen zum Sejm (Tabelle 40 und 41) zeigt, wie wenig konsolidiert es bis heute ist. Nach den Wahlen von 1997 zeichnete sich die Bildung eines Systems zweier großer Parteien auf der Rechten wie der Linken des politischen Spektrums sowie einer gemäßigten Mitte ab. Nach ihrem Wahlsieg von 1997 gelang jedoch der rechten Sammlungsbewegung AWS (siehe Kapitel 8.3.3.1) keine Integration, sie zerfiel gegen Ende der Wahlperiode immer schneller und schaffte 2001 nicht einmal mehr den Weg ins Parlament. Die 2001 triumphal siegreiche linke SLD brach nach Korruptionsaffären und Regierungsskandalen in der Zustimmung der Wähler ein, musste eine parteiinterne Abspaltung hinnehmen, sackte 2005 von zuvor 41 Prozent auf 11,3 Prozent der Stimmen zum Sejm ab, bewegte sich nach den Parlamentswahlen von 2007 teilweise an der Fünfprozentgrenze und erreichte mit 8,25 Prozent der Stimmen 2011 ihr schlechtestes Ergebnis seit 1989. Zwar schien sich die Entwicklung des Parteiensystems nach den Wahlen von 2007 bei vier im Parlament vertretenen Parteien einigermaßen stabilisiert zu haben. Die Abspaltung der Gruppierung „Polen ist am Wichtigsten" (PJN) 2010 aus der führenden Oppositionspartei PiS (siehe Kapitel 8.3.3.2), der Anfang 2011 18 Sejmabgeordnete angehörten, der Einzug der „Palikot-Bewegung" bei den Sejmwahlen von 2011 und die kurz nach diesen Wahlen erfolgte Abspaltung der Gruppe um den bisherigen stellvertretenden Parteivorsitzenden Zbigniew Ziobro aus der PiS zeigten, dass eine solche Prognose als keineswegs sicher gelten kann. Die Erfahrungen seit 1989 und sozialwissenschaftliche Erhebungen zum Verhältnis der Wählerschaft gegenüber den Parteien (s.u.) bestätigen diese Einschätzung.

Kennzeichen aller Parteien mit Ausnahme der „gewendeten" SLD und PSL ist ihre schwache organisatorische Verankerung, die vielfach kaum über die Wojewodschaftsebene hinausreicht. Ähnlich wie in anderen postkommunistischen Staaten ist auch in Polen in der Bevölkerung die Identifizierung mit Parteien noch relativ schwach ausgeprägt, ja hat in den letzten Jahren sogar abgenommen. So erklärten im März 1998 27 Prozent der Befragten, es gebe keine Partei, die ihnen nahe stehe. Im Mai 2007 betrug diese Zahl 54 Prozent (CBOS 2007). Die nahe liegende Schlussfolgerung, dass das Parteiensystem noch weit von einer Konsolidierung entfernt ist, hat sich durch die seitherige Entwicklung bestätigt.

---

223 Vgl. die Regierungserklärung Mazowieckis in: Blätter für deutsche und internationale Politik 34 (1989), 1388-1400.

8.2 Determinanten des Parteiensystems

Das heutige Parteiensystem wird durch eine Reihe von Faktoren bestimmt, unter denen institutionelle Regelungen, die sozioökonomische Entwicklung und spezifische Konfliktlinien in der Gesellschaft die wichtigste Rolle spielen.

8.2.1 Institutionelle Regelungen (Verfassung, Parteiengesetz, Wahlgesetzbuch)

Die Verfassungsänderungen von Ende 1989 beendeten auch rechtlich das Machtmonopol der PZPR. Die Verfassung ging nun von einem Parteienpluralismus und der Freiheit zur Gründung einer unbegrenzten Zahl von Parteien aus. Diese Bestimmungen wurden in der Kleinen Verfassung von 1992 beibehalten. Die Verfassung von 1997 stärkte die Position der Parteien erheblich, da sie nicht nur implizit die Arbeit von Parteien für das Funktionieren des politischen Systems unterstellt, sondern an mehreren Stellen auch ausdrücklich auf die politischen Parteien Bezug nimmt.

8.2.1.1 Allgemeine rechtliche Anforderungen an die Parteien

Art. 11 NV stellt zunächst fest, dass die Republik Polen die Freiheit der Gründung und die Tätigkeit der politischen Parteien garantiert, und definiert dann: „Politische Parteien vereinigen polnische Staatsangehörige auf der Grundlage der Freiwilligkeit und Gleichheit mit dem Zweck, auf die Gestaltung der Staatspolitik mit demokratischen Methoden einzuwirken". Damit ist unter anderem klargestellt, dass Ausländer nicht Mitglied einer politischen Partei in Polen sein können. Das Erfordernis der „demokratischen Methoden" wird relativ ausführlich dahingehend präzisiert, dass Parteien und andere Organisationen verboten sind, „die sich in ihren Programmen auf die totalitären Methoden und Praktiken des Nazismus, Faschismus und Kommunismus berufen".[224] Ebenfalls verboten sind Parteien, „deren Programm oder Tätigkeit Rassen- oder Nationalitätenhass, Gewalt zum Zweck der Machtübernahme oder zum Ausüben von Einfluss auf die Staatspolitik voraussetzt oder zulässt oder das Verheimlichen von Strukturen oder Mitgliedschaft zulässt" (Art. 13 NV). Die Verfassung fordert ebenfalls, dass die Parteien ihre Finanzen offen legen.

Präzisiert werden diese Bestimmungen durch das neue Parteiengesetz vom 27. Juni 1997[225], das deutlich Lernprozesse erkennen lässt. Das erste Parteiengesetz vom 28. Juli 1990 (Dz. U. 1990 Nr. 54, Pos. 312) spiegelte noch die Aufbruchstimmung nach der Bildung der ersten nichtkommunistischen Regierung wider und regelte sehr großzügig die Anforderungen für die Bildung von Parteien. Nachdem jahrzehntelang die legale Bildung politischer Parteien durch die PZPR-Führung unmöglich gemacht worden war, sollte die Gesellschaft möglichst günstige rechtliche Rahmenbedingungen für die Aktivität von Parteien erhalten. Bereits 15 Personen konnten eine Partei gründen und brauchten nicht einmal ein ausgearbeitetes Statut vorzulegen. Für die Zuerkennung der Rechtspersönlichkeit durch das Wojewodschaftsgericht (seit 2001: Bezirksgericht) in Warschau reichte es aus, wenn

---

224 Zur Nichtzulassung bzw. zum Verbot einer Partei auf dieser Grundlage muss offensichtlich auch eine entsprechende inhaltliche Ausfüllung gegeben sein. Die Verwendung des entsprechenden Namens allein reicht dazu nicht aus. So existiert seit 2002 legal eine Kommunistische Partei Polens. Sie ist freilich völlig unbedeutend.
225 Gesetz vom 27.6.1997, Dz. U. 1997 Nr. 98, Pos. 604 mit nachfolgenden Änderungen.

dargelegt war, auf welche Weise die Personen bestimmt wurden, die die Partei bei Rechtsgeschäften repräsentierten. Allerdings konnte der Verfassungsgerichtshof auf Antrag des Wojewodschaftsgerichts in Warschau oder des Justizministers Änderungen am (damit immerhin implizit unterstellten) Statut oder Programm der Partei verlangen. Als negative Bezugnahme auf die Praxis der Volksrepublik konnte das Verbot von Parteiorganisationen in Betrieben und beim Militär gelten. Ein Parteiverbot durch den Verfassungsgerichtshof war zwar vorgesehen, aber nur in dem Falle, in dem eine Partei mit Gewalt die Verfassungsordnung der Republik Polen verändern wollte oder Gewalt im öffentlichen Leben anwendete. Den Verbotsantrag konnte nur der Justizminister stellen. Finanzielle Zuwendungen aus dem Ausland waren zwar untersagt, doch waren trotz der auch im Parteiengesetz geforderten Offenlegung der Parteifinanzen die Bestimmungen des Gesetzes „ungewöhnlich günstig für jede Art von Pathologie und Missbrauch und ermunterten die politischen Parteien geradezu zu Verhaltensweisen an der Grenze des Rechts sowie zum Betreten der ‚Grauzone' zwischen Politik und Wirtschaft" (Migalski 2008: 139).

Die inhaltlichen Kriterien, die Parteien erfüllen müssen, wurden im neuen Parteiengesetz von 1997 deutlich erhöht. Erstmals wurden Anforderungen an Binnenstrukturen der Parteien gestellt und ihre Tätigkeit insbesondere im Bereich der Parteifinanzen präzisiert. So stellt das Gesetz in Artikel 8 fest: „Politische Parteien gestalten ihre Strukturen und die Grundsätze ihrer Tätigkeit in Übereinstimmung mit den Prinzipien der Demokratie, insbesondere durch die Gewährleistung der Transparenz dieser Strukturen, der Berufung der Parteiorgane auf dem Wege von Wahlen und der Herbeiführung von Beschlüssen mit der Mehrheit der Stimmen." Bei der Definition einer politischen Partei wurde als Ziel ihrer Tätigkeit die „Einflussnahme auf die Gestaltung der Politik des Staates und die Ausübung der öffentlichen Macht" festgelegt. Für die Registrierung einer Partei sind nun mindestens 1000 Mitglieder sowie ausdrücklich auch die Vorlage eines Statuts erforderlich, in dem ein detaillierter Katalog von Informationen enthalten sein muss, von Bestimmungen über Erwerb und Verlust der Mitgliedschaft über die Grundsätze der Schaffung und Aufhebung von Organisationseinheiten der Partei unterhalb der nationalen Ebene bis zu Regelungen der Auflösung der Partei oder ihrer Fusion mit anderen Parteien. Bei Vorliegen aller rechtlichen Voraussetzungen wird die Anerkennung als politische Partei unverzüglich durch das Wojewodschaftsgericht (bzw. seit 2001 das Bezirksgericht) in Warschau vorgenommen, bei dem auch ein Register der bestehenden politischen Parteien geführt wird. Hat das Gericht Zweifel an der Verfassungsmäßigkeit des Programms einer Partei, suspendiert es diese und ruft den Verfassungsgerichtshof an. Allerdings benötigt eine Partei für die Registrierung kein Programm, so dass die fehlende Verfassungsmäßigkeit in diesem Punkte unter Umständen schwer zu belegen ist. Stellt der Verfassungsgerichtshof die Verfassungswidrigkeit einer Partei fest, streicht das Gericht die Partei umgehend aus dem Parteienregister. Diese Entscheidung ist bindend.

Bisher waren insgesamt fünf Fälle vor dem Verfassungsgerichtshof anhängig, in denen überprüft wurde, ob die Statuten und die Tätigkeit von Parteien der Verfassung entsprachen. So richtete das Bezirksgericht Warschau im April 2002 eine Anfrage an den Verfassungsgerichtshof, ob die vom III. Parteitag der *Samoobrona* verabschiedeten Änderungen der Parteistatuten, die eine Fülle von Kompetenzen in der Hand des Parteivorsitzenden Andrzej Lepper kumulierten, mit den Bestimmungen von Verfassung und Parteiengesetz vereinbar seien. Der Verfassungsgerichtshof stellte das Verfahren ein, als Lepper den Antrag auf Änderung der Parteistatuten zurückzog.[226]

Kann das Bezirksgericht Warschau bei Fragen, die bei der Registrierung bzw. bei Änderungen der Satzung von Parteien auftreten, den Verfassungsgerichtshof anrufen, so können dies bei der Überprüfung der verfassungsmäßigen Tätigkeit von Parteien nur der Staatspräsident, der Sejm- und der Senatsmarschall, der Premierminister, 50 Abgeordnete, 30 Senatoren, der Erste Präsident des Obersten Gerichts, der Präsident des Hauptverwaltungsgerichts, der Generalstaatsanwalt, der Präsident der Obersten Kontrollkammer sowie der Beauftragte für die Bürgerrechte (Ombudsmann). Anfang 2007 reichte der Sejmmarschall Marek Jurek (damals PiS) einen Antrag beim Verfassungsgerichtshof ein, er möge feststellen, dass das Vorgehen des Vorsitzenden der *Samoobrona*, Andrzej Lepper (zu diesem Zeitpunkt immerhin Vizepremierminister und Koalitionspartner der PiS), vor den Sejmwahlen 2005 verfassungswidrig gewesen sei. Lepper hatte die Sejmkandidaten seiner Partei einen Blankowechsel unterzeichnen lassen und eine Erklärung, dass dieser Wechsel im Falle eines Parteiwechsels von Abgeordneten fällig werde. Da der Sejm am 7. September 2007 vorzeitig aufgelöst wurde und es damit auch den Antragsteller nicht mehr gab, stellte der Verfassungsgerichtshof das Verfahren im Dezember 2007 ein.[227] Ein Parteiverbot hat es in Polen bisher nicht gegeben. Das Verzeichnis der Parteien, das die Staatliche Wahlkommission aufführt, listete Ende Juli 2012 81 Parteien auf. Allerdings begann das Verzeichnis mit der Nummer 2 und gab der als letzte aufgeführten Partei die laufende Nummer 316,[228] was darauf hinweist, dass seit Bestehen des Verzeichnisses weit über 200 Parteien wieder gestrichen wurden.

Offenbar als Ausdruck der Grundidee, dass die Parteien zwar wichtige Funktionen im Staat zu erfüllen haben, aber der Staat nicht Pfründe für die Parteien bereithalten soll, wurde in Ausführung von Art. 2 des Parteiengesetzes in mehreren anderen Gesetzen ein umfangreicher Katalog der Unvereinbarkeit von Parteizugehörigkeit und der Ausübung bestimmter öffentlicher Ämter bestimmt. Er reicht von den Richtern des Verfassungsgerichtshofs über Richter anderer Gerichte und Positionen wie der Ombudsperson, dem Präsidenten der Nationalbank, dem Generalinspektor für Datenschutz und dem Chef des Instituts für Nationales Gedenken bis zu Berufssoldaten, Beamten der Polizei, des Zolldienstes und des Strafvollzugs sowie Feuerwehrleuten bis auf Gemeindeebene.[229] Derart rigide Inkompatibilitäten, die so breite Bevölkerungskreise aus politischen Parteien ausschließen, tragen freilich kaum dazu bei, die Akzeptanz politischer Parteien in der Gesellschaft zu fördern. Entsprechend forderte eine 2011 veröffentlichte Studie eines Warschauer Think Tanks, den kaum nachvollziehbaren Ausschluss so breiter Berufsgruppen von der Mitgliedschaft in Parteien durch eine Gesetzesänderung aufzuheben.[230]

---

226 Beschluss des Verfassungsgerichtshofs vom 16.07.2003, Sygn. Akt Pp 01/02.
227 165/11/A/2007, Beschluss des Verfassungsgerichtshofs vom 17.12.2007, Sygn. Akt Pp 01/07.
228 Wykaz partii wpisanych do ewidencji partii politycznych, http://pkw.gov.pl/wykaz-partii-politycznych/wykaz-partii-politycznych.html (31.07.2012).
229 Vgl. den Katalog von 23 Einzelpositionen bei Migalski 2008: 141.
230 Chmaj, Marek/ Waszak, Marcin/ Zbieranek, Jarosław 2011: Rekomendacje, in: Dies. (Red.): O demokracji w polskich partiach politycznych, Warszawa (Instytut Spraw Publicznych), 115-120, hier 119.

8.2.1.2 Parteienfinanzierung

Die rechtliche Regulierung der Parteienfinanzierung und ihre Kontrolle zählen fast in allen westlichen Staaten zu den umstrittensten Politikfeldern, und die junge polnische Demokratie bildet in diesem Bereich keine Ausnahme. Mangels eigener Finanzen suchten die politischen Parteien Zugang zu Mitteln von Sponsoren mit Methoden, die die Grenze zwischen Politik und Business verschwimmen ließen. Frühere Regelungen, dass Spenden über 11.000 PLN (ca. 2.750 Euro) offen gelegt werden mussten, wurden dadurch unterlaufen, dass Privatleute wie Firmen bei öffentlichen Sammlungen so genannte „Bausteine" (*cegielki*) in größerer Zahl kauften und auf diese Weise anonym blieben. U.a. aus diesem Grunde wurde die staatliche Parteienfinanzierung auch in Polen eingeführt. Das Kapitel über Finanzen und Finanzierung der politischen Parteien macht den Löwenanteil des Parteiengesetzes von 1997 aus. Entsprechend dem Grundsatz der Transparenz ihrer Finanzierung sind die Parteien nach Art. 34 Abs. 2 des Parteiengesetzes gehalten, bis zum 31.März eines jeden Jahres der Staatlichen Wahlkommission ihren Rechenschaftsbericht über die Finanzen des Vorjahres vorzulegen. Die Wahlkommission nimmt diesen Bericht innerhalb von sechs Monaten a) ohne Vorbehalte zur Kenntnis, b) verweist auf Fehler im Bericht, die korrigiert werden müssen oder c) weist den Bericht insgesamt zurück, wenn sie feststellt, dass Mittel der Partei für nicht den Statuten entsprechende Zwecke verwendet wurden. Gegen einen solchen Beschluss kann die Partei vor dem Obersten Gericht klagen. Wird ein Rechenschaftsbericht zurückgewiesen, so verliert die Partei im darauffolgenden Kalenderjahr den Anspruch auf staatliche Finanzzuwendungen. Das Ergebnis der Prüfung durch die Wahlkommission wird im Staatsanzeiger veröffentlicht.[231] Legt eine Partei den Rechenschaftsbericht gar nicht oder nicht fristgerecht vor, beantragt die Staatliche Wahlkommission gerichtlich die Streichung dieser Partei aus dem Parteienverzeichnis.

Nach dem Parteiengesetz besteht das Vermögen politischer Parteien aus Mitgliedsbeiträgen, Spenden, Erbschaften, Übertragungen, Vermögenseinkünften sowie gesetzlich bestimmten staatlichen Zuwendungen. Nach den Novellierungen des Gesetzes vom 2.11.2002 dürfen Parteien keine wirtschaftlichen Tätigkeiten ausüben und Einkommen unter anderem nur aus Staatsanleihen erzielen. Das Verbot der wirtschaftlichen Tätigkeit (mit Ausnahme des Vertriebs von Parteiprogrammen, Broschüren etc.) sollte auch eine größere Chancengleichheit gewährleisten. Die PSL etwa bestritt 1998 rund 88 Prozent ihrer Einnahmen aus wirtschaftlichen Aktivitäten sowie Einkünften aus Zinsen und Dividenden.[232] Ferner dürfen Parteien nun Immobilienbesitz nur nutzen, um ihn für Büros für Sejmabgeordnete oder Senatoren sowie Ratsmitglieder der Gemeinden, Kreise oder Wojewodschaften zu vermieten (Art. 24 Parteiengesetz). Diese Bestimmung führte unter anderem dazu, dass die PSL ihr noch aus der Zeit der Volksrepublik von der Blockpartei ZSL stammendes Bürogebäude im Zentrum Warschaus verkaufen musste, das ihr lukrative Einnahmen gesichert hatte. Einzelpersonen dürfen pro Jahr an eine Partei maximal eine Summe zahlen, die dem 15fachen des gesetzlichen Mindestlohnes entspricht. 2012 waren das 22.500 PLN (rund 5.600 Euro). Ebenso viel darf zusätzlich auf den Wahlfonds einer Partei eingezahlt werden. Überweisun-

---

231 Für das Jahr 2010 überprüfte die Wahlkommission die Berichte von 80 Parteien. 35 Berichte akzeptierte sie ohne Vorbehalt, bei 29 stellte sie Fehler fest und 16 Berichte lehnte sie ab. In Stichworten wurden jeweils die Fehler bzw. die Gründe für die Ablehnung benannt; vgl. M.P. 2012 Nr. 0, Pos. 17 vom 16.01.2012.
232 CBOS 2008: Finansowanie partii politycznych, BS/59/2008, Warschau, April 2008: 4.

gen aus dem Ausland an polnische Parteien (außer durch polnische Staatsbürger) sowie durch in Polen lebende Ausländer sind untersagt.

Aus öffentlichen Mitteln stehen den Parteien zu Wahlzeiten kostenlose Werbesendungen im öffentlichen Rundfunk und Fernsehen zur Verfügung. Während der übrigen Zeit (und auch während der Wahlkampagnen) können sie gegen entsprechende Gebühren auch Reklamesendungen für sich schalten, wovon durchaus Gebrauch gemacht wird. So führte die PiS 2009 weit vor dem Beginn des Wahlkampfs zum Europäischen Parlament eine groß angelegte Werbekampagne durch, um ihr Image in der Gesellschaft zu verbessern, allerdings ohne erkennbaren Erfolg. Das Wahlgesetzbuch vom Januar 2011 sah vor, dass bezahlte Reklamesendungen von Parteien und der Einsatz von Großplakaten nicht mehr zulässig sein sollten. Doch wurden diese Bestimmungen auf Antrag der PiS vom Verfassungsgerichtshof im Juli 2011 für verfassungswidrig erklärt.

Ferner erhalten Abgeordnete und Senatoren eine jährlich neu festgelegte monatliche Pauschale für den Unterhalt eines Büros. 2011 wurde diese Summe auf 11.650 PLN (ca. 2.900 Euro) festgelegt.[233] Außerdem steht den Fraktionen für ihre Tätigkeit pro Fraktionsmitglied monatlich eine Summe von 1.146 PLN (Fraktionen über 100 Mitglieder), 1.223 PLN (51-100 Mitglieder) bzw. 1.304 PLN zu (Fraktionen bis zu 50 Mitgliedern sowie Fraktionslose).

Die öffentliche Hand gibt zweierlei Arten direkter Parteienfinanzierung: Wahlkampfkostenerstattung sowie staatliche Zuschüsse. Seit der Wahl von 1993 wird eine Wahlkampfkostenerstattung gezahlt, aber nur an diejenigen Parteien bzw. beim Senat auch Einzelkandidaten, die ins Parlament einziehen – was dem Grundsatz des Parteiengesetzes, dass die öffentliche Gewalt politische Parteien gleich behandeln soll, widerspricht. In der Situation der völligen Parteienzersplitterung des 1991 gewählten Sejm mochten vielleicht etliche Abgeordnete die Konsequenzen der zusammen mit diesen Bestimmungen eingeführten Fünfprozentklausel für das finanzielle Überleben kleiner Parteien nicht erkennen. Die Wahlkampfkostenerstattung nur an im Parlament vertretene Parteien kann jedoch sehr wohl als Instrument zur Kartellbildung der großen Parteien angesehen werden. Nach dem Wahlgesetz von 2001 beträgt die Basisgröße 1 PLN pro Wahlberechtigten im betreffenden Wahlkreis. Die in diesem Rahmen erfolgten Wahlausgaben der siegreichen Parteien und Wahlkomitees (Wählervereinigungen, die Kandidaten zum Sejm oder Senat aufgestellt haben) werden addiert und durch 560 (Anzahl der Sejm- und Senatssitze) geteilt.[234] Bei den Parlamentswahlen 2007 wurden auf diese Weise pro Mandat 201.281,67 PLN (ca. 50.000 Euro) erstattet, sofern die Partei bzw. das betreffende Wahlkomitee Ausgaben in dieser Höhe nachweisen konnten, sonst entsprechend weniger. Tabelle 24 illustriert die Berechnung. Wie aus den Zahlen hervorgeht, konnten PO, PiS und das Wählerkomitee, das den früheren Ministerpräsidenten Cimoszewicz für die Senatswahl nominierte, offenbar alle Wahlkampfausgaben absetzen und blieben im ersten und letzten Fall sogar deutlich unter der Summe, die sie hätten beanspruchen können. Die anderen Parteien bzw. das um die

---

233 Vgl. das Schreiben des stellvertretenden Leiters der Sejmkanzlei vom 14.01.2011 an die Abgeordneten, http://orka.sejm.gov.pl/BOP_info.nsf/0/12C9DC94EA025500C125781D005EB459/$file/ryczalt.pdf (31.07.2012).
234 In der ursprünglichen Fassung des Gesetzes vom 28.05.1993 (Dz. U. 1993 Pos. 45, Nr. 205) war vorgesehen, dass 20% der vom Staat für die Organisation der Wahlen vorgesehenen Summe durch 560 geteilt und dann entsprechend an die in Sejm und Senat eingezogenen Parteien und Kandidaten verteilt werden.

8.2 Determinanten des Parteiensystems

Tabelle 24: Staatliche Erstattung der Wahlkampfkosten für die Sejm- und Senatswahlen 2007 (in PLN)

Wahlkomitees, politische Parteien		Zahl der gewonnenen Abgeordneten- und Senatsmandate	Geltend gemachte Ausgaben für den Wahlkampf	Zustehende Erstattung
Politische Parteien	PO	269	29.427.920,77	29.427.920,77
	PiS	205	28.285.522,00	28.285.522,00
	PSL	31	28.622.084,90	6.239.731,85
Wahlkoalition	Koalition Linke und Demokraten SLD+SdPl+PD+UP	53	26.114.878,08	10.667.928,64
	SLD (69%)			7.360.870,76
	SdPl (17%)			1.813.547,87
	PD (11,5%)			1.226.811,79
	UP (2,5%)			266.698,22
Wählerkomitees	Wählerkomitee „Deutsche Minderheit"	1	217.230,78	201.281,67
	Wählerkomitee „Cimoszewicz in den Senat"	1	50.100,03	50.100,03
Insgesamt			112.717.736,56	74.872.484,96

Quelle: Staatliche Wahlkommission, http://pkw.gov.pl/wybory-do-sejmu-rp-i-do-senatu-rp-2007/wysokosc-dotacji-podmiotowej-przyslugujacej-partiom-politycznym-i-komitetom-wyborczym-ktore-uzyskaly-mandaty-poslow-i-senatorow-w-wyborach-do-sejmu-rzeczypospolitej-polskiej-i-do-senatu-rzeczypospolitej-polskiej-przeprowadzonych-w-dniu-21-pazdziernik.html (06.03.2012)

SLD gebildete Wahlbündnis konnten dagegen nicht so viele Mandate erzielen, dass ihre Ausgaben völlig gedeckt wurden. Völlig unberücksichtigt blieben die erfolglosen Parteien und Einzelbewerber, was besonders für die bisherigen Regierungsparteien *Samoobrona* und LPR schmerzhaft war, da natürlich auch sie Wahlkampfausgaben hatten.

Bei unkorrekten Abrechnungen kürzt die staatliche Wahlkommission die Erstattung teilweise drastisch, 2001 der PSL und der LPR um 75 Prozent (der PSL gestand sie statt 5,14 nur 1,28 Millionen PLN zu) sowie der *Samoobrona* um 65 Prozent, so dass den siegreichen Parteien und Wahlkomitees statt der möglichen 62,5 Millionen nur 42,8 Millionen PLN (ca. 10,7 Millionen Euro) erstattet wurden.[235] Die PSL traf es 2001 besonders hart. Sie hatte ihre fast 9,4 Millionen PLN betragenden Wahlkampfausgaben über ein Konto der Partei laufen lassen. Einnahmen und Ausgaben für den Wahlkampf müssen jedoch über ein eigenes Konto abgewickelt werden. Die Wahlkommission strafte die Partei damit, dass sie dieses Geld für den Fiskus kassierte. Die PSL wehrte sich gegen diese Entscheidung, wurde aber Anfang Oktober 2009 gerichtlich zur Zahlung der damaligen Summe einschließlich der inzwischen aufgelaufenen Zinsen in einer Gesamthöhe von 18 Millionen PLN verurteilt. Wie klamm die Finanzen der PSL sein müssen, wurde deutlich, als im Vorfeld des Wahlkampfes zu den Organen der territorialen Selbstverwaltung im Herbst 2010 bekannt wurde, dass die Parteiführung von Personen, die als Kandidaten der PSL oder auf Empfeh-

---

235 Vgl. die Übersicht der Staatlichen Wahlkommission vom 20.05.2002 nach der Überprüfung aller Abrechnungen: http://pkw.gov.pl/wybory-do-sejmu-rp-i-do-senatu-rp-2001/wysokosc-dotacji-podmiotowej-przyslugujacej-partiom-politycznym-i-komitetom-wyborczym-ktore-uzyskaly-mandaty-poslow-i-senatorow-w-wyborach-do-sejmu-rzeczypospolitej-polskiej-i-do-senatu-rzeczypospolitej-polskiej-przeprowadzonych-w-dniu-23-wrzesnia-20.html (31.07.2012).

lung der Partei in Führungspositionen in Parlamente, staatliche Funktionen oder parastaatliche Einrichtungen gelangt sind, die Unterzeichnung von Wechseln über 20.000 PLN (ca. 5.000 Euro) verlangt haben soll, die als Garantie für Banken gelten sollten, mit deren Krediten die Partei ihren Wahlkampf finanzieren wollte.[236]

Dieselben Prinzipien wie für die Wahlkampf-Kostenerstattung zum nationalen Parlament gelten nach Art. 100 des Gesetzes vom 23. Januar 2004 (Dz. U. 2004 Nr. 25, Pos. 219) auch für die Wahlen zum Europäischen Parlament. Für die Wahlen zum Europaparlament 2009 wurde von der Staatlichen Wahlkommission der erstattungsfähige Höchstbetrag pro Sitz auf 149.945,92 PLN (ca. 47.500 Euro) festgelegt. Entsprechend erhielt die PO bei 25 Sitzen 3,75 Millionen PLN erstattet (hatte aber 9,6 Millionen PLN ausgegeben), die PiS 2,25 Millionen (bei 10,35 Millionen Ausgaben), SLD und UP zusammen 1,05 Millionen (bei 7,04 Millionen Ausgaben) und die finanziell ohnehin angeschlagene PSL nur 450.000 PLN (bei 10 Millionen Ausgaben).[237] Da zwölf Gruppierungen angetreten waren, aber nur vier von ihnen Mandate erringen und damit die Erstattung der Wahlkampfkosten in Anspruch nehmen konnten, stellt sich erneut die Frage nach der Chancengleichheit im politischen Wettbewerb, zumal das Wahlbündnis Allianz für die Zukunft – Linke Mitte (PD, SdPl und Grüne 2004) mit 2,44 Prozent sowie die Rechte der Republik von Marek Jurek mit 1,95 Prozent durchaus Ergebnisse erzielten, die eine Erstattung ihrer Wahlkampfkosten zumindest nach deutschen Kriterien diskutabel erscheinen ließen.

Die zweite Form staatlicher Parteienfinanzierung sind Zuwendungen für deren laufende Tätigkeit. Berücksichtigt werden hier diejenigen Parteien, die in den letzten Sejmwahlen mindestens drei Prozent, im Falle von Wahlbündnissen mindestens sechs Prozent erzielt haben. Die Höhe richtet sich nach dem erzielten Walergebnis. Dabei galten bis Ende 2010 die in Tabelle 25 aufgeführten Sätze (zur Novellierung der Sätze ab dem 01.01.2011 siehe weiter unten in diesem Kapitel).

Tabelle 25: Höhe der jährlichen staatlichen Zuwendung an politische Parteien

Erzielte Prozentanteile bei den letzten Sejmwahlen	Höhe der Quote pro Wählerstimme in PLN bis zum 31.12.2010	Höhe der Quote pro Wählerstimme in PLN ab dem 01.01.2011
bis 5 Prozent	10,00	5,77
von 5 bis 10 Prozent	8,00	4,61
von 10 bis 20 Prozent	7,00	4,04
von 20 bis 30 Prozent	4,00	2,31
über 30 Prozent	1,50	0,87

Quelle: Eigene Zusammenstellung nach Parteiengesetz vom 27.06.1997 (i.d.F. von 2009), Art. 29 Abs. 1; Änderung des Parteiengesetzes vom 16.12.2010, Dz. U. 2010 Nr. 254, Pos. 1702

---

236 Vgl. Cylka, Tomasz 2010: Działaczu, podpisz weksel, czyli Pawlak w butach Leppera, in: Gazeta Wyborcza 4.10.2010, http://wyborcza.pl/1,75248,8459261,Dzialaczu__podpisz_weksel__czyli_Pawlak_w_butach_Leppera.html (31.07.2012).
237 Vgl. das Kommuniqué der Staatlichen Wahlkommission, http://pkw.gov.pl/wybory-do-parlamentu-europejskiego-2009/wysokosc-dotacji-podmiotowych-przyslugujacych-partiom-politycznym-ktore-uzyskaly-mandaty-w-wyborach-do-parlamentu-europejskiego-przeprowadzonych-w-dniu-7-czerwca-2009-r-.html (31.07.2012).

Während der gesamten Wahlperiode werden die betreffenden Beträge jährlich in vier gleich großen Beträgen ausgezahlt. Bei vorzeitigen Neuwahlen wie 2007 endet die bisherige Finanzierung mit dem Ende des laufenden Quartals. Diese seit den Wahlen von 2001 greifende Regelung begünstigt zwar insofern die kleineren Parteien, als diese pro erzielte Wählerstimme höhere Sätze erhalten. Die Relation hat sich jedoch seit Inkrafttreten des Gesetzes durch Anpassungen zugunsten der größeren Parteien verschoben (2001 gab es zwischen 8,00 und 0,50 PLN). Immerhin ermöglichen diese Regelungen kleineren Parteien, in Wahlkoalitionen mit größeren nicht nur in den Sejm einzuziehen, sondern auch in den Genuss überlebenswichtiger staatlicher Dotationen zu gelangen. Bisher haben davon ausschließlich Parteien profitiert, die ein Wahlbündnis mit der SLD eingegangen sind.

Die negative Seite dieser Regelungen ist jedoch auch unübersehbar. Die Schwelle für die Berücksichtigung ist mit drei Prozent der Wählerstimmen relativ hoch (zum Vergleich: in der Bundesrepublik sind es bei Bundestagswahlen 0,5 Prozent). Der in den polnischen Medien und der Fachliteratur bisweilen erhobene Vorwurf der versuchten „Kartellbildung" ist daher nicht ganz unberechtigt. Kritisiert wird auch eine durch die Auszahlung der staatlichen Zuschüsse an die Parteiführungen begünstigte innerparteiliche Zentralisierung, da die staatlichen Mittel von der Parteispitze verteilt werden, und das oft zu Lasten der unteren Parteiebenen (CBOS 2008: 3).

Die Parteien müssen bis zum 31. März eines jeden Jahres einen Bericht über ihre Finanzen für das Vorjahr einreichen. Betrachtet man ihre für 2008 abgegebenen Einkünfte, wird deutlich, welch große Bedeutung die staatlichen Zuschüsse für die finanzielle Existenz der Parteien besitzen. Einen nennenswerten Anteil an Eigenmitteln besaß prozentual nur die SLD, die von 26,51 Millionen PLN Einkünften 5,79 Millionen als Eigenmittel erklärte, davon allerdings 3 Millionen aus einem Kredit. Die PO wies bei 66,76 Millionen PLN Einkünften 3,21 Millionen als Eigenmittel aus, die PiS bei 62,45 Millionen 1,52 Millionen Eigenmittel. Schon bei der PSL wurde deutlich, wie dünn bei 19,97 Millionen PLN Einkünften die Eigenkapitaldecke mit 0,98 Millionen war. Bei den bisherigen Regierungsparteien LPR und *Samoobrona* kam mit ganzen 50.000 bzw. 10.000 PLN (ca. 12.500 bzw. 2.500 Euro) Eigenkapital[238] (Mitgliedsbeiträge, Spenden etc.) der finanzielle Absturz nach dem Verlust der Zugehörigkeit zum Parlament in seiner vollen Dramatik zum Ausdruck. Lässt man die politischen Inhalte dieser beiden Parteien einmal beiseite, so stellt sich für kleine Parteien und auch für Parteineugründungen mit Nachdruck die Frage nach der tatsächlichen Chancengleichheit des politischen Wettbewerbs.

Tabelle 26 gibt eine Übersicht über die staatliche Parteienfinanzierung seit ihrem Inkrafttreten 2002. Einige erstaunliche Rubriken bedürfen dabei zunächst gewisser Erläuterungen. So erhielt die PO in der ersten Wahlperiode, in der sie im Sejm vertreten war, keinen einzigen Złoty. Sie hatte sich 2001 nicht als Partei registrieren lassen, weil die Parteigründer aus grundsätzlichen Erwägungen heraus eine staatliche Parteienfinanzierung ablehnten und damit auch die Zustimmung etlicher Wähler fanden. Die schmerzlichen finanziellen Folgen dieser Entscheidung führten indes rasch zu ihrer Korrektur, so dass die PO seit den Wahlen von 2005 ebenfalls staatliche Zuschüsse erhält. Wegen Beanstandungen im Rechenschaftsbericht strich die Staatliche Wahlkommission die Zuwendungen für die PSL 2003-2005 (s.o.).

---

238 Alle Zahlen nach Henzler 2009: 26.

Die Tabelle legt aber auch offen, dass die jährliche Belastung des Staatshaushalts durch die Finanzierung der politischen Parteien binnen sieben Jahren von 37 auf 114 Millionen PLN anwuchs. Dies macht zwar nur einen Bruchteil des Staatshaushaltes aus. Angesichts der Parteienverdrossenheit in der Gesellschaft bilden solche Zahlen für die Parteien jedoch eine Belastung. Andererseits können sie auf diese Einkünfte kaum verzichten, wie selbst das Beispiel der PO unter Beweis stellte.

Immerhin war die PO treibende Kraft bei der im April 2009 vom Sejm gegen die Stimmen der PiS beschlossene Beschneidung der staatlichen Zuschüsse für die Jahre 2009 und 2010. Die PO sollte 44 Prozent weniger erhalten, die PiS 41 Prozent, die SLD elf und die PSL sieben Prozent weniger. Bereits 2009 wäre der Staatshaushalt damit um 34 Millionen PLN entlastet worden. Staatspräsident Kaczyński weigerte sich jedoch, dieses Gesetz zu unterschreiben. Er überwies es zur Überprüfung an den Verfassungsgerichtshof, da es gegen die Rechtssicherheit verstoße. Die Parteien seien im Glauben an die für die ganze Wahlperiode geltende Finanzierung Verpflichtungen eingegangen, die mit Kosten verbunden seien. Gegner hielten Kaczyński allerdings vor, es sei ihm vor allem um die Parteikasse der PiS gegangen, die 2010 seinen Wahlkampf um die Wiederwahl finanzieren sollte, und bei Präsidentschaftswahlen gebe es keine Kostenerstattung aus der Staatskasse (Henzler 2009). Das Verfassungsgericht erkannte im Januar 2010 die Begrenzung der Ausgaben für die politischen Parteien während des laufenden Haushaltsjahres als verfassungskonform an.[239] Es verlangte jedoch vom Sejm, im Gesetz die Zeit anzugeben, innerhalb derer die Kürzungen gelten sollten.

Rigoros eingeschränkt wurde die Parteienfinanzierung Ende 2010, als mit den Stimmen der PO, der PiS-Abspaltung PJN, der vier SDPL-Abgeordneten, der drei zur SD übergetretenen Abgeordneten sowie einiger der zehn keiner Gruppierung angehörenden Abgeordneten die staatlichen Zuwendungen an die Parteien um die Hälfte gekürzt wurden. Bis zuletzt wehrten sich PiS, SLD und der PO-Koalitionspartner PSL heftig dagegen. Die PO konnte damit seit ihrer Gründung vertretene Prinzipien zur staatlichen Parteienfinanzierung zumindest teilweise durchsetzen. Alle Parteien wurden durch diesen Beschluss zu rigorosen Sparmaßnahmen gezwungen, die vor allem im Personalbereich vorgenommen wurden und damit die ohnehin meist schwache Organisationsstruktur weiter ausdünnten. Eine PiS-Sprecherin sprach von einer Einschränkung der Wirkungsmöglichkeiten der Opposition, die in keinem Verhältnis zu den Haushaltseinsparungen von jährlich 60 Millionen PLN stünden. Außer der finanziell relativ gut situierten PO gaben alle anderen im Sejm vertretenen Parteien an, auch im nächsten Wahlkampf zu sparen.

Tatsächlich ließ sich jedoch die klar unterlegene PiS mit 30,120 Millionen PLN (7,5 Millionen Euro) den Parlamentswahlkampf 2011 am meisten kosten, gefolgt von der siegreichen PO (29,275 Millionen PLN). Am vergleichsweise höchsten engagierte sich die SLD mit 24,164 Millionen PLN. Die hoch verschuldete PSL investierte 12,7 Millionen PLN, der Überraschungsgewinner der Wahlen die Palikot-Bewegung, dagegen ganze 1,749 Millionen PLN. Umgerechnet auf den Gewinn eines Parlamentsmandats (Sejm und Senat) zahlte die Palikot-Bewegung ganze 44.000 PLN (11.000 Euro), die PO 108.000 PLN, die PiS

---

239 Es verlangte nur, dass aufgrund des Rückwirkungsverbots die Zahlungen für das erste Quartal 2009 nicht gekürzt werden dürften. Da das Gesetz im April 2009 erlassen worden sei, gelte es ab dem zweiten Quartal 2009.

8.2 Determinanten des Parteiensystems

Tabelle 26: Staatliche Zuwendungen an die Parteien 2002-2011 (in PLN)

	2002	2003	2004	2005	2006	2007	2008	2009	2010	2011
PO[1]	0,00	0,00	0,00	0,00	22.566.046,00	22.566.046,00	37.966.470,31	40.430.797,40	40.430.797,40	20.244.868,20
PiS	7.550.732,00	7.550.732,00	11.196.088,00	11.196.088,00	24.022.896,00	24.022.896,00	35.508.066,85	37.805.465,31	37.805.465,31	18.924.614,49
PSL[2]	1.273.688,00	0,00	0,00	0,00	8.396.348,00	8.396.348,00	14.201.375,95	15.119.448,77	15.119.448,77	7.563.759,94
SLD	11.222.165,00	11.222.165,00	21.989.418,00	21.989.418,00	12.676.961,00	12.676.961,00	13.515.020,02	14.388.733,69	14.388.733,69	7.198.906,60
SDPL[3]	0,00	0,00	0,00	0,00	4.975.085,00	4.975.085,00	3.329.787,54	3.545.050,33	3.545.050,33	0,00[4]
PD	1.582.613,00	0,00	0,00	0,00	0,00	0,00	2.252.503,34	2.398.122,28	2.398.122,28	1.199.817,77
UP	5.276.542,00	7.537.917,00	11.546.617,00	11.546.617,00	12.768.664,00	12.768.664,00	489.674,64	521.330,93	521.330,93	260.829,95
Samoobrona	5.813.450,00	5.813.450,00	8.612.250,00	8.612.250,00	9.427.806,00	9.427.806,00	0,00	0,00	0,00	0,00
LPR	201.424,00	287.748,00	422.873,00	0,00	0,00	0,00	0,00	0,00	0,00	0,00
P-LD	3.232.592,00	3.232.592,00	4.040.740,00	4.040.740,00	0,00	0,00	0,00	0,00	0,00	0,00
UW	704.982,00	1.007.117,00	1.973.409,00	1.973.409,00	0,00	0,00	0,00	0,00	0,00	0,00
KPEiR	201.424,00	0,00	0,00	0,00	0,00	0,00	0,00	0,00	0,00	0,00
SD										
Insgesamt	37.059.612,00	36.651.721,00	59.781.395,00	59.358.522,00	94.833.806,00	94.833.806,00	107.262.898,65	114.208.948,73	114.208.948,73	55.392.796,95

1 Bei den Wahlen 2001 trat die PO formell nicht als Partei an und erhielt daher auch keine staatlichen Zuwendungen für ihre Tätigkeit
2 Wegen Beanstandungen der Abrechnung strich die staatliche Wahlkommission die Zuwendungen für die PSL 2003-2005
3 Die SDPL erhielt nach den Wahlen 2005 Zuwendungen für ihr eigenes Ergebnis. 2007 war sie Teil einer Wahlkoalition mit der SLD. Auch andere kleinere Parteien gingen bei den Wahlen 2001, 2005 und 2007 ein Wahlbündnis mit der SLD ein und erhielten einen prozentualen Anteil an der Zuwendung für dieses Bündnis
4 Der Rechenschaftsbericht der SDPL für 2009 wurde von der Staatlichen Wahlkommission als unzureichend zurückgewiesen. Nach Rechtsstreitigkeiten verlor die SDPL endgültig ab dem ersten Quartal 2011 das Recht auf staatliche Zuschüsse. Auch den Rechenschaftsbericht der SDPL für 2010 wies die Wahlkommission zurück, weil physische Personen finanzielle Verpflichtungen der Partei aus eigenen Mitteln beglichen hätten, was gleichbedeutend sei mit der Erteilung von nicht durch Banken vergebene Kredite. Vgl. M. P. 2012 Nr. 0, Pos. 17 vom 16.01.2012

Quelle: Eigene Zusammenstellung nach den jährlichen Angaben der Staatlichen Wahlkommission, www.pkw.gov.pl

160.000 PLN, die Deutsche Minderheit für ihr Mandat 227.000 PLN, die PSL 423.300 PLN und die SLD gar 895.000 PLN. Die durchschnittlichen Wahlkampfausgaben für ein Mandat beliefen sich auf 177.000 PLN (ca. 44.400 Euro).[240]

Darüber hinaus unternahmen mehrere Parteien Versuche zur Konsolidierung ihrer Finanzen. Die SLD verkaufte den Parteisitz der letzten 20 Jahre in der ulica Rozbrat in Warschau Mitte 2011 für 35 Millionen PLN (ca. 8,75 Millionen Euro) an das meistbietende Unternehmen.[241] Gravierende Einschnitte wurden im Personalbereich geplant. Die PiS wollte ihre Büros in den Regionen so weit reduzieren, dass nur noch je ein Büro in den 41 Bezirken (= Sejm-Wahlkreisen) bestehen blieb. Ein solches Vorhaben machte zugleich deutlich, wie dünn die Präsenz der wichtigsten Oppositionspartei unterhalb der nationalen Ebene ist. Besonders hart trafen die neuen Bestimmungen die PSL, die noch den Großteil ihrer 18 Millionen PLN Altschulden abbezahlen muss.[242] Die staatlichen Zuwendungen von nur noch rund 7,5 Millionen PLN können den Haushalt nur zu etwa 80 Prozent ausgleichen. Immerhin gelang es der Partei, 2010 1,5 Millionen PLN an Spenden einzunehmen.[243] Selbst die PO musste die Papierausgabe einer Monatsschrift für ihre Mitglieder sowie eine Regionalausgabe einer Parteizeitschrift einstellen und sich auf Internetausgaben beschränken. Auch die 2011 erstmals in den Sejm eingezogene Palikot-Bewegung war zunächst finanziell klamm und musste bis zur Auszahlung der ihr zustehenden ersten Quote staatlicher Subventionen im April 2012 einen Kredit in Höhe von drei Millionen PLN (ca. 750.000 Euro) aufnehmen, der durch Wechsel ihrer Mitglieder gedeckt werden sollte.[244]

8.2.1.3 Wahlsystem

Bei den Wahlen zum Sejm im Juni 1989, die nach den am Runden Tisch ausgehandelten Grundsätzen durchgeführt wurden, galt ein Wahlsystem, das weltweit wohl einmalig war. Die Zahl der Mandate, die den einzelnen Parteien und politischen Gruppierungen im künftigen Parlament zustand, wurde am Runden Tisch mit 65 Prozent zugunsten der PZPR und ihrer bisherigen „Bündnispartner" festgelegt, während 35 Prozent der Sitze „Parteilosen" zugänglich waren, also auch Angehörigen der *Solidarność*. Über eine Landesliste sollten 35 Abgeordnete gewählt werden, der Rest in Wahlkreisen. Auf der Landesliste konnten die Wähler einzelne oder auch alle Kandidaten streichen. Gewählt war, wer mindestens 50 Prozent plus eine der gültigen Stimmen erhielt. Die übrigen 425 Mandate wurden in 108 Wahlkreisen vergeben, auf die zwischen zwei und neun Mandate entfielen, von denen mindes-

---

240 Ohne Berücksichtigung der Kosten für drei Wahlkomitees, die Kandidaten nur für den Senat nominierten. Alle Angaben nach den Daten der Staatlichen Wahlkommission bei Ostaszewski, Maciej 2012: Wyborco, sprawdź, ile twój głos kosztował Palikota, Tuska, Kaczyńskiego i Napieralskiego, in: Gazeta Wyborcza 20.02.2012, http://wyborcza.pl/56,75248,11178333,Ile_kosztowal_jeden_mandat_,4.html (31.07.2012). Die eingereichten Abrechnungen von 93 Wahlkomitees für die Parlamentswahlen von 2011 (darunter die der in den Sejm eingezogenen Parteien siehe auf der Homepage der Staatlichen Wahlkommission: http://pkw.gov.pl/wybory-do-sejmu-rp-i-do-senatu-rp-2011/komunikat-panstwowej-komisji-wyborczej-z-dnia-13-lutego-2012-r.html (31.07.2012).
241 Vgl. SLD rozbrat z Rozbrat, http://www.tvn24.pl/0,1705403,0,1,sld-rozbrat-z-rozbrat,wiadomosc.html (31.07.2012).
242 Vgl. Grochal, Renata 2010: Z czego teraz (prze)żyją partie, in: Gazeta Wyborcza 18./19.12.2010.
243 Kołakowska, Dorota 2011: Partie boją się kryzysu, in: Rzeczpospolita 02.12.2011, http://www.rp.pl/artykul/573267,763767-Partie-boja-sie-kryzysu.html?p=1 (31.07.2012).
244 Ebenda.

tens eines einem Parteilosen zustehen musste. Diese Mandate waren von 1 bis 425 nummeriert und jeweils einer bestimmten politischen Gruppierung bzw. Parteilosen vorbehalten. Das Mandat erhielt, wer im ersten Wahlgang die absolute bzw. in der Stichwahl die relative Mehrheit gewann. Kandidieren konnten nur der betreffenden Partei bzw. Gruppierung angehörende Personen bzw. Parteilose. Da für die Kandidatur die Unterschriften von mindestens 3.000 Wahlberechtigten des betreffenden Wahlkreises, aber nicht mehr die Nominierung durch die Partei erforderlich waren, verlor selbst die Führung der PZPR die Kontrolle über die Nominierung ihrer Kandidaten und wusste bis zur Auszählung der Stimmen nicht, wie die personelle Zusammensetzung der eigenen Fraktion aussehen würde. Während die *Solidarność* bereits im ersten Wahlgang 160 der ihr zugänglichen 161 Mandate gewann, schafften das nur drei der Kandidaten auf der Regierungsseite. Im zweiten Wahlgang gewann die *Solidarność* auch den 161. Sitz, während im Regierungslager etliche Kandidaten gewählt wurden, deren Unterstützung die *Solidarność* empfohlen hatte, da sie als reformbereit galten. Da überraschend nur zwei Kandidaten der Landesliste über die 50-Prozent-Hürde kamen, die Regierungsseite aber auf dem ausgehandelten Proporz von 65 zu 35 insistierte, wurden für den zweiten Wahlgang die restlichen 33 Mandate auf Wahlkreise über das ganze Land verteilt, in denen sich jeweils zwei Kandidatinnen oder Kandidaten derjenigen Gruppierung zur Wahl stellten, der das Mandat zustand.

8.2.1.3.1 Das Wahlsystem zum Senat

Zum Senat waren die Wahlen bereits 1989 auch nach westlichen Kriterien frei. Die damals 49 Wojewodschaften bildeten Wahlkreise, in denen je zwei Kandidaten, in den bevölkerungsreichsten Wojewodschaften Warschau und Kattowitz je drei Kandidaten gewählt wurden, insgesamt also 100. Gewählt wurde nach absoluter Mehrheitswahl, wobei jeder Wähler so viele Stimmen hatte, wie Sitze im betreffenden Wahlkreis zu vergeben waren. Gegebenenfalls wurde eine Stichwahl abgehalten, bei der jeweils die beiden stimmstärksten Kandidaten um ein Mandat konkurrierten. Kandidaten mussten (und müssen) am Wahltag mindestens 30 Jahre alt sein. 1989 triumphierte die *Solidarność* bei den Senatswahlen, da sie 99 der 100 Sitze gewann. Dieses Wahlsystem zum Senat wurde bis einschließlich zu den Wahlen von 1997 beibehalten, doch wurde bereits von dem aus den Wahlen von 1989 hervorgegangenen Parlament die absolute in eine relative Mehrheitswahl geändert, so dass kein zweiter Wahlgang mehr erforderlich ist und Sejm- und Senatswahlen am gleichen Tage abgeschlossen sind.

Nach der Veränderung der Verwaltungseinteilung zum 1.1.1999 mit der Zusammenlegung der bisher 49 Wojewodschaften zu 16 wurde auch die Wahlkreiseinteilung für Wahlen zum Senat verändert. In nunmehr 40 Wahlkreisen mit zwei bis drei Mandaten (Warschau-Stadt und Krakau-Chrzanów je vier) wurden die 100 Senatoren weiterhin nach relativer Mehrheitswahl gewählt. Die Wähler machten dabei durchaus von der Möglichkeit Gebrauch, nicht alle ihnen zustehenden Stimmen zu nutzen. Bei nur zwei zu vergebenden Sitzen nutzten bei den Wahlen zwischen 2001 und 2007 durchschnittlich etwas mehr als 80 Prozent der Wähler beide Stimmen, bei den Wahlkreisen mit drei und vier Sitzen lag der Prozentsatz etwas niedriger.[245] Bestehen blieb auch die Regelung, dass für freigewordene

---

245 Jarentowski 2011: 43. Dass die Durchschnittszahl aller genutzten Stimmen in den beiden Wahlkreisen, in denen vier Sitze vergeben wurden, mit 75,60 Prozent etwas höher lag als die 73,50 Prozent in den Dreier-

Mandate Nachwahlen stattfinden, obwohl die Wahlbeteiligung dafür meistens so niedrig liegt, dass sie die neuen Senatoren eher delegitimiert. So fanden im Januar 2007 im Wahlkreis Elbing (Elbląg) in der Wojewodschaft Ermland-Masuren Nachwahlen statt, an denen sich 2,56 Prozent der Wahlberechtigten beteiligten. Der siegreiche Kandidat erhielt ganze 4.026 Stimmen bei 504.321 Wahlberechtigten.[246] Selbst bei landesweit beachteten Nachwahlen wie im Juni 2008 im Wahlkreis Nr. 21 in der Wojewodschaft Karpatenvorland, in denen bei den Sejmwahlen vom Herbst 2007 gescheiterte Politiker wie Andrzej Lepper oder der frühere Sejmmarschall Marek Jurek (vergeblich) eine Rückkehr auf die nationale politische Bühne versuchten, ging die Wahlbeteiligung nicht über 12,2 Prozent hinaus.[247] Eine Ausnahme bildete die Nachwahl für die bei dem Flugzeugabsturz von Smolensk im April 2010 tödlich verunglückten drei Senatoren. Da diese Nachwahl zusammen mit dem ersten Wahlgang der Präsidentschaftswahlen abgehalten wurde, lag die Wahlbeteiligung zwischen 47,07 und 53,47 Prozent. Bemerkenswert war diese Wahl auch insofern, als PO und PiS auf eigene Kandidaten in den Wahlkreisen verzichteten, aus denen der bisherige Mandatsinhaber von der jeweils anderen Partei stammte. Im erwähnten Wahlkreis Karpatenvorland trat die Witwe des in den Nachwahlen von 2008 gewählten Senators Stanisław Zając (PiS), Alicja Zając, ohne Gegenkandidaten an, doch wurden hier 18,43 Prozent ungültige Stimmen abgegeben. Im Wahlkreis Nr. 15 in Masowien trat verabredungsgemäß kein Kandidat der PO an, doch verlor die PiS das Mandat, da offensichtlich viele PO-Wähler dem Kandidaten des Koalitionspartners PSL zum Sieg verhalfen. Diesem reichte die relative Mehrheit von 42,7 Prozent gegen den PiS-Kandidaten (41,1 Prozent), da als dritter Bewerber ein Kandidat der vorwiegend von früheren PiS-Mitgliedern gebildeten Gruppierung *Polska Plus* (16,2 Prozent) antrat.[248]

Die durch das Wahlsystem bedingte Betonung der Persönlichkeit hat es immer wieder Politikern mit einem regionalen Rückhalt erlaubt, auch ohne die Unterstützung durch eine politische Partei als Unabhängige (bzw. als Kandidaten eines auf ihren Namen lautenden Wählerkomitees) in den Senat gewählt zu werden (vgl. Tabelle 42 am Ende dieses Kapitels). 2007 gelang auf diese Weise dem früheren Ministerpräsidenten Cimoszewicz, der 2005 wegen Intrigen gegen ihn kurz vor den Präsidentschaftswahlen im Unfrieden mit seiner Partei (SLD) von der Kandidatur zurückgetreten war, in seiner politischen Heimatregion an der weißrussischen Grenze das come back nach Warschau.[249]

Wahlkreisen, führt Jarentowski darauf zurück, dass zu den Vierer-Wahlkreisen auch Warschau gehörte, wo die Bildung höher und daher ein entsprechendes Wählerverhalten zu erwarten sei.

246 Vgl. das offizielle Ergebnis auf der Internetseite der Staatlichen Wahlkommission: http://pkw.gov.pl/uzupelniajace-senat-2006-okreg-nr-33/obwieszczenie-panstwowej-komisji-wyborczej-z-dnia-29-stycznia-2007-r-o-wynikach-wyborow-uzupelniajacych-do-senatu-rzeczypospolitej-polskiej-przeprowadzonych-w-dniu-28-stycznia-2007-r-.html (31.07.2012).

247 Vgl. das offizielle Ergebnis auf der Internetseite der Staatlichen Wahlkommission: http://pkw.gov.pl/uzupelniajace-senat-2008-okreg-nr-21/obwieszczenie-panstwowej-komisji-wyborczej-z-dnia-23-czerwca-2008-r-o-wynikach-wyborow-uzupelniajacych-do-senatu-rzeczypospolitej-polskiej-przeprowadzonych-w-dniu-22-czerwca-2008-r-.html (31.07.2012).

248 Angaben zum Wahlergebnis 2010 nach der Staatlichen Wahlkommission: http://pkw.gov.pl/g2/i/19/99/38/199938/pkw_obw_snt.pdf (31.07.2012).

249 Einen Sonderfall bildet der im ländlichen Wahlkreis Schneidemühl (Piła) 1989 als einziger nicht der *Solidarność* angehörende Kandidat in den Senat gewählte Millionär Henryk Stokłosa, der sich mit dem Sponsoring lokaler und regionaler Vereine sowie dem Schaffen von Arbeitsplätzen in seinen Firmen eine Klientel schuf, die ihm bis einschließlich 2001 immer die Wiederwahl sicherte. Als er 2005 den Wiedereinzug in den Senat verfehlte, begann sich die Staatsanwaltschaft für ihn zu interessieren. 2007 tauchte er in Deutschland unter, wurde bei einer Verkehrskontrolle erkannt und an Polen ausgeliefert. Nach über einem Jahr Unter-

Mit der Verabschiedung des alle Wahlen und Referenden betreffenden Wahlgesetzbuchs Anfang Januar 2011 wurde das Wahlsystem zum Senat dahingehend geändert, dass statt der Mehrmann- nun 100 Einmann-Wahlkreise eingeführt wurden, in denen das Mandat nach relativer Mehrheit vergeben wird. Die bisherigen Wahlkreise wurden entlang von Verwaltungsgrenzen geteilt. So liegen auf dem Gebiet der Stadt Warschau nun vier Wahlkreise.[250] Um ein Mindestmaß an Gleichheit bei den Wahlkreisgrößen zu sichern, forderte der Gesetzgeber, dass Abweichungen von einem (fiktiven) statistischen Idealwahlkreis, dessen Zahl an Einwohnern mit 100 gesetzt wird, Abweichungen nach unten 50 Prozent nicht unterschreiten und nach oben nicht über 200 Prozent liegen dürfen. Gleichzeitig dürfen die Wahlkreisgrenzen für den Senat die Grenzen von Sejmwahlkreisen nicht durchschneiden. In vier Fällen lag die Einwohnerzahl der Wahlkreise 2011 zwischen 150 und 200 Prozent des „Durchschnittswahlkreises" (aber nicht darüber), in den zwei am geringsten besiedelten Wahlkreisen bei 58 und 56 Prozent (Jarentowski 2011: 39).

Die PiS protestierte gegen diese durch das Wahlgesetzbuch eingeführte Neuerung, da sie durch die Verkleinerung der Wahlkreise die Chancen ihrer eigenen Kandidaten geschmälert und entsprechend die der PO erhöht sah. In diesem Punkt sah der Verfassungsgerichtshof die Bestimmungen des Wahlgesetzbuchs jedoch als verfassungskonform an. Das Wahlergebnis von 2011 zeigte, dass auch nach der Einführung von Einerwahlkreisen bei relativer Mehrheitswahl die bei den Sejmwahlen zumindest mit relativer Mehrheit siegreiche Partei eine klare Mehrheit hat, während kleinere Parteien mit einer landesweiten Anhängerschaft ohne besondere regionale Hochburgen eher geringere Wahlaussichten besitzen. Für Einzelkandidaten mit regionalem Rückhalt haben sich die Wahlchancen zwar theoretisch etwas erhöht, doch schlug sich das im Wahlergebnis von 2011 kaum nieder, da 94 der 100 Sitze an PO und PiS fielen, zwei an die PSL und nur vier an „Sonstige" (vgl. Tabelle 42).

8.2.1.3.2 Das Wahlsystem zum Sejm

Gegenstand scharfer Kontroversen war mehrfach das Wahlgesetz zum Sejm. Unverändert blieben die Bestimmungen zum aktiven Wahlrecht, die für alle Wahlen ein Mindestalter von 18 Jahren vorsehen. Für das passive Wahlrecht zum Sejm (und seit 2004 auch zum Europäischen Parlament) ist ein Mindestalter von 21 Jahren erforderlich. Im Vorfeld der ersten freien Sejmwahlen 1991 gab es heftige Konflikte zwischen Staatspräsident Wałęsa, der aus Furcht vor einer Zersplitterung des Parlaments ein stärker mehrheitsbildendes Wahlsystem forderte, und der Mehrheit des Sejm. Für deren Haltung gab es unterschiedliche Motive. Vertreter bisher oppositioneller Gruppierungen wollten nach Jahrzehnten der politischen Entmündigung der Gesellschaft, dass möglichst alle politischen Strömungen im ersten frei gewählten Sejm vertreten seien. Vertreter des bisherigen Establishments rechne-

---

suchungshaft gegen eine Kaution von 3 Millionen PLN (750.000 Euro) aus der Haft entlassen, wurde er 2010 wegen Bestechung von Beamten, betrügerischer Erlangung von EU-Fonds u.a. vor Gericht gestellt. Bei laufendem Prozess kandidierte er bei einer Nachwahl in seinem Wahlkreis Schneidemühl erneut zum Senat, versprach, bei seiner Wahl lokalen Sportklubs 1,5 Millionen PLN (375.000 Euro) zukommen zu lassen und wurde am 6.02.2011 bei einer Wahlbeteiligung von 6,31 Prozent mit 15.000 Stimmen (39,9 Prozent) erneut gewählt. Freilich endete die Wahlperiode des Senats schon im Herbst 2011. Bei den anstehenden Wahlen trat Stokłosa nicht mehr an. Das Wahlergebnis vom Februar 2011 siehe bei der Staatlichen Wahlkommission: http://pkw.gov.pl/g2/i/22/51/34/225134/Obwieszczenie_senat_www.pdf (31.07.2012).

250 Vgl. die Wahlkreiseinteilung in Anhang 2 des Wahlgesetzbuchs, a.a.O., 167–175, http://orka.sejm.gov.pl/opinie6.nsf/nazwa/1568_u/$file/1568_u.pdf (31.07.2011).

ten mit einem schwachen Abschneiden und wollten durch ein Proporzsystem wenigstens eine gewisse Anzahl von Kandidaten in den Sejm bringen. Nachdem Wałęsa ein erstes Gesetz des Sejm mit seinem Veto zu Fall gebracht und der Sejm einen Gesetzentwurf Wałęsas abgelehnt hatte, wurde ein Gesetz verabschiedet, das kleine Parteien ausgesprochen begünstigte. Das Land wurde in 37 Wahlkreise aufgeteilt, die weitgehend mit den damals bestehenden 49 Wojewodschaften zusammenfielen. In ihnen wurden nach Proporz (Methode Hare-Niemeyer) 391 (85 Prozent) der 460 Mandate vergeben. Die Zahl der pro Wahlkreis zu vergebenden Sitze schwankte zwischen sieben und 17. Eine Prozenthürde für die Berücksichtigung bei der Mandatszuteilung gab es dabei nicht. Die restlichen 15 Prozent der Sitze fielen an die „Landeslisten" derjenigen Parteien, die entweder landesweit mindestens fünf Prozent der Stimmen oder mindestens fünf Mandate in den Wahlkreisen erhalten hatten. Für die Zulassung einer Liste in einem Wahlkreis waren die Unterschriften von mindestens 5.000 dort ansässigen Wahlberechtigten erforderlich. Für Gruppierungen nationaler Minderheiten waren 3.000 Unterschriften ausreichend. Konnte eine Partei Listen in mindestens fünf Wahlkreisen aufstellen, durfte sie in allen 37 Wahlkreisen kandidieren.

Diese wahlgesetzlichen Bestimmungen bildeten geradezu eine Einladung zur Kandidatur für kleine Gruppierungen in großen Wahlkreisen. Eine Aufschlüsselung der für einen Sitz notwendigen Prozentzahl in konkreten Wahlkreisen ergab, dass in einem 15-Mandate-Wahlkreis 3,08 Prozent der gültigen Stimmen für ein Mandat ausreichten, in einem 13-Mandate-Wahlkreis 2,77 Prozent und in einem 17-Mandate-Wahlkreis sogar nur 1,79 Prozent.[251] Ins Parlament gelangten 27 Gruppierungen, darunter elf mit nur einem einzigen Abgeordneten. Da die stärkste Partei nur auf 12,3 Prozent der Stimmen kam und die Regierungsbildung angesichts der parteipolitischen Zersplitterung extrem schwierig war, wurde am 28. Mai 1993 ein Wahlgesetz beschlossen, das Splitterparteien eliminieren sollte. So wurde vor allem eine landesweite Fünfprozentklausel eingeführt, die bei Wahlkoalitionen auf acht Prozent erhöht wurde. Lediglich Listen nationaler Minderheiten waren von dieser Bestimmung ausgenommen. Die Mandate wurden zu 85 Prozent in 52 Wahlkreisen vergeben, die mit den 49 Wojewodschaften identisch waren. Die bevölkerungsreichsten Wahlkreise Warschau und Kattowitz wurden zwei- bzw. dreigeteilt. Um bei der Verteilung der 15 Prozent der Mandate der Landesliste berücksichtigt zu werden, musste eine Partei landesweit mindestens sieben Prozent der Stimmen erhalten. Die Kleine Verfassung von 1992 schrieb ein Proporzwahlsystem vor. Mit dem System d'Hondt wurde für die Vergabe der Mandate sowohl in den Wahlkreisen als auch von der Landesliste ein Verrechnungsverfahren gewählt, das größere Parteien begünstigte. Gleichwohl war die Furcht vor einer noch weiteren Zersplitterung der Wählerstimmen so groß, dass international wohl einmalige Vorkehrungen getroffen wurden. Sollte keine oder nur eine Partei oder Wahlkoalition die Fünf- bzw. Achtprozenthürde überspringen, sollte diese auf drei bzw. fünf Prozent abgesenkt werden. Die über die Landesliste zu vergebenden Mandate sollten dann nur an die drei stärksten Parteien oder Parteienkoalitionen vergeben werden. Erreichten weniger als drei Gruppierungen die geforderten Quoren, sollten die Sitze ausschließlich an diese fallen.[252]

Die Folgen der Einführung vor allem der Fünfprozentklausel begriffen etliche Politiker insbesondere im konservativen Lager nicht, in dem es zum Teil heftige personelle Riva-

---

251 Gebethner, Stanisław 1993: Osiemnaście miesięcy rozczłonkowanego parlamentu, in: Ders. (Red.): Polska scena polityczna a wybory, Warszawa, 7-30, hier 17.
252 Ordynacja Wyborcza do Sejmu Rzeczypospolitej Polskiej, Dz. U. 1993 Nr. 45, Pos. 205.

litäten gab. Dessen Führungspersönlichkeiten traten getrennt an und blieben vielfach nur knapp unter der Fünf- bzw. Achtprozenthürde. Als Folge blieben 34,44 Prozent der gültigen Stimmen bei der Mandatsvergabe unberücksichtigt – und das bei einem Verhältniswahlsystem. Eine der Lehren, die die Rechte aus diesem Fiasko zog, war die Bildung der Wahlallianz AWS, die 1997 die Sejmwahlen gewann (siehe Kapitel 8.3.3.1).

Nach der Veränderung der Verwaltungseinteilung zum 1.1.1999 mit der Zusammenlegung der bisher 49 Wojewodschaften zu 16 wurde auch die Wahlkreiseinteilung geändert. Dabei wurde jedoch nicht nur eine technische Anpassung der wahlgesetzlichen Bestimmungen vorgenommen. Vielmehr war es angesichts eines sich bei konstanten Umfrageergebnissen abzeichnenden klaren Sieges der SLD das Ziel der ansonsten heillos zerstrittenen Parlamentsmehrheit, mit dem wenige Monate vor den Sejmwahlen verabschiedeten neuen Wahlgesetz vom 12. April 2001[253] eine absolute Mandatsmehrheit der SLD zu verhindern. Dazu wurden Bestimmungen eingeführt, die kleine Parteien begünstigten. So wurde die Landesliste gestrichen. Die Zahl der Wahlkreise wurde von 52 auf 41 verringert, und die Verrechnungsmethode der Stimmen in Mandate von d'Hondt auf das modifizierte System Sainte-Laguë (erster Teiler 1,4, dann 3, 5, 7 ...) umgestellt. Das mit diesen Veränderungen für die Wahl von 2001 beabsichtigte Kalkül ging auf. Die Liste der SLD und ihres Koalitionspartners UP erhielt 41,0 Prozent der gültigen Stimmen und 216 der 460 Mandate. SLD und UP waren daher gezwungen, eine Koalition mit einem weiteren Partner einzugehen. Wären die alten wahlgesetzlichen Bestimmungen beibehalten worden, wären SLD und UP auf 245 Sitze gekommen (Millard 2003) und hätten alleine regieren können. Die SLD veranlasste daher nur wenige Monate nach ihrem Wahlsieg, dass durch eine am 26. Juli 2002 vorgenommene Novellierung des Wahlgesetzes zum Sejm als Verrechnungsmethode wieder d'Hondt statt Sainte-Laguë eingeführt wurde. Die übrigen Regelungen wurden im Wesentlichen beibehalten.

Knapp zwei Drittel der Wähler machen – allerdings mit leicht abnehmender Tendenz – von der gesetzlich vorgesehenen Möglichkeit Gebrauch, durch Ankreuzen eines Kandidaten, der auf hinteren Plätzen der Liste ihrer bevorzugten Partei nominiert ist, die Reihenfolge der in den Sejm einziehenden Abgeordneten ihrer Partei zu verändern. Die Erfolgsquote, dass Kandidaten von „Nichtmandatsplätzen"[254] ihrer Partei auf diese Weise in den Sejm gelangten, hat jedoch zwischen 2001 und 2007 von einem Viertel auf ein Fünftel abgenommen.

Tabelle 27: Prozentzahl der Präferenzstimmen für Kandidaten auf den Parteilisten

Partei	Wahlen 2001	Wahlen 2005	Wahlen 2007
PO	65,5	63,5	59,0
PiS	55,5	67,3	62,0
SLD-UP, SLD, LiD	68,1	63,1	62,0
Bezogen auf den ganzen Sejm	66,4	65,5	61,8

Quelle: Matyja 2009: 72

---

253 Ordynacja Wyborcza do Sejmu Rzeczypospolitej Polskiej i do Senatu Rzeczypospolitej Polskiej, Dz. U. 2001 Nr. 190, Pos. 1360.
254 Als „Nichtmandatsplätze" werden hier Platzierungen von Kandidaten auf den Stimmzetteln bezeichnet, die bei Ausschöpfen der der betreffenden Partei im Wahlkreis zustehenden Mandate nicht zum Einzug in den Sejm berechtigt hätten.

Tabelle 28: Dank Präferenzstimmen von „Nichtmandatsplätzen" in den Sejm gelangte Kandidaten in v. H. ihrer Parteien (und absoluten Zahlen)

Partei	Wahlen 2001	Wahlen 2005	Wahlen 2007
PO	24,61 (16 von 65)	22,56 (30 von 133)	20,10 (42 von 209)
PiS	22,7 (10 von 44)	28,39 (44 von 155)	21,08 (35 von 166)
SLD-UP, SLD, LiD	31,02 (67 von 216)	16,36 (9 von 55)	20,75 (11 von 53)
Bezogen auf den ganzen Sejm	26,74 (123 von 460)	22,83 (105 von 460)	19,57 (90 von 460)

Quelle: Matyja 2009: 73

In regelmäßigen Abständen tauchen in Politik und Publizistik immer wieder Vorschläge auf das Wahlsystem zu ändern. So schlägt die PO seit längerem vor, auch die Sejmabgeordneten in Einerwahlkreisen nach relativer Mehrheit wählen zu lassen. Da die Verfassung für Wahlen zum Sejm ein Proporzwahlsystem vorschreibt, ist eine solche Veränderung wenig wahrscheinlich. Indessen zeigte eine repräsentative Umfrage 2008, dass nur 16 Prozent der Befragten das gegenwärtige Wahlsystem befürworteten, 40 Prozent dagegen die relative Mehrheitswahl bevorzugten, während neun Prozent dafür optierten, einen Teil der Abgeordneten in Einerwahlkreisen und einen anderen Teil nach Proporz zu wählen.[255] Gewiss würden Wahlen nach relativer Mehrheitswahl einer Parteienzersplitterung vorbeugen. Ein solches Wahlsystem würde aber nicht nur solche Parteien wie die LPR oder *Samoobrona* vom Sejm fernhalten, sondern nach den Wahlergebnissen seit 2001 auch die SLD, die PSL und die Palikot-Bewegung (oder sie auf eine Handvoll Mandate reduzieren). Angesichts der vorübergehenden Stabilisierung des Parteiensystems und der großen Wahrscheinlichkeit eines faktischen Zweiparteiensystems (wie im Senat) dürften Forderungen nach einer Einführung der relativen Mehrheitswahl in Einerwahlkreisen bei Wahlen zum Sejm mittelfristig allerdings kaum eine Chance auf eine Verwirklichung haben.

Im einschlägigen polnischen Schrifttum war über viele Jahre kritisiert worden, dass die gesetzlichen Bestimmungen bezüglich Wahlen und Referenden auf den verschiedenen Ebenen völlig zersplittert und unübersichtlich waren. Hinzu kamen Forderungen, die sozialstrukturellen Veränderungen der polnischen Gesellschaft (immer mehr alte Menschen, zahlreiche Behinderte) bei den konkreten Anforderungen an die Ausübung des Wahlrechts anzupassen. Dem entsprach der Sejm am 5. Januar 2011 durch die Verabschiedung eines Wahlgesetzbuchs (kodeks wyborczy), das die wahlrechtlichen Bestimmungen zu Wahlen zum Sejm, zum Senat, zu Präsidentschaftswahlen, zu Wahlen zur territorialen Selbstverwaltung und zum Europaparlament sowie zu nationalen und lokalen Referenden zusammenfasst.[256] Die bisherigen Bestimmungen blieben im Wesentlichen erhalten, doch wurden insbesondere Vorschläge aufgegriffen, die die Wahlbeteiligung erhöhen sollen (vgl. Kapitel 8.5.1).

---

255 CBOS 2008: Polacy o proponowanych zmianach w systemie politycznym, BS/56/2008, Warschau, April 2008.
256 Ustawa z 5 stycznia 2011 r., Kodeks wyborczy (Gesetz vom 5. Januar 2011, Wahlgesetzbuch), in: Dz. U. 2011 Nr. 21, Pos. 112; Nr. 26, Pos. 134.

8.2 Determinanten des Parteiensystems

Tabelle 29: Entwicklung der Parteienkonzentration bei den Sejmwahlen 1991 bis 2011

	1991	1993	1997	2001	2005	2007	2011	Durchschnitt
Zahl der teilnehmenden Parteien	111	35	21	14	22	10	11	32
Zahl der Parteien im Sejm	29	8	6	7	7	5	6	9,71
Effektive Zahl[a] der Parteien im Sejm	10,85	3,88	2,95	3,6	4,26	2,82	3,00	4,48
Stimmen für die stärkste Partei (in v.H.)	12,32	20,41	33,83	41,04	26,99	41,51	39,18	30,75
Stimmen für die zwei stärksten Parteien (in v.H.)	24,31	35,80	60,96	53,72	51,12	73,62	69,07	52,66
Stimmen für Parteien, die keinen Sitz erhielten (in v.H.)	7,31	34,53	12,42	9,36	10,93	4,12	4,31	11,54
Sitze der stärksten Partei (in v.H.)	13,48	37,17	43,70	46,96	33,70	45,43	45,00	37,92
Sitze der zwei stärksten Parteien (in v.H.)	26,52	65,87	79,35	60,09	62,61	81,52	79,13	65,01
Disproportionalitätsindex[b]	3,78	17,8	10,63	6,33	6,97	4,67	5,91	8,01
Aggregationsindex[c]	0,42	2,55	5,64	5,86	3,86	8,3	6,53	4,74

a   Die Zahl errechnet sich aus $1/\Sigma s_i^2$, wobei s die Prozentzahl an Mandaten für jede Partei darstellt.
b   Die Zahl errechnet sich aus $\sqrt{½ \Sigma (v_i - s_i)^2}$. Dabei steht v für die Prozentzahlen der Stimmen der Parteien, s für die Prozentzahlen der Mandate der Parteien. Ist der Index gleich 0, ist das Wahlergebnis völlig proportional. Je näher es sich 100 annähert, desto stärker ist es disproportional.
c   Die Zahl wird berechnet, indem man die Prozentzahl der Mandate der stärksten Partei durch die Zahl der im Parlament vertretenen Parteien dividiert.
Quelle: Eigene Zusammenstellung nach Jarentowski, Marek: Konstytucja – system partyjny – system rządów, in: Dwadzieścia lat transformacji ustrojowej w Polsce. Ogólnopolski Zjazd Katedr i Zakładów Prawa Konstytucyjnego, Warszawa, 19-21 czerwca 2009. Pod redakcją Marka Zubika, Warszawa 2010, 345-354, hier 350f. Die darüber hinausgehenden unveröffentlichten Zahlen wurden freundlicherweise von Dr. Marek Jarentowski zur Verfügung gestellt

8.2.2   Konfliktlinien

Neben institutionellen Faktoren wie der Verfassung, dem Wahlsystem und dem Parteiengesetz hat bisher eine Reihe von Faktoren das Parteiensystem determiniert, die teilweise typisch für Transformationsländer, teilweise aber auch sehr spezifisch polnisch sind. Zwar hat es mit Ausnahme der Regierungen 1989-91, die quasi „überparteilich" gebildet wurden, in der Dritten Republik durchweg Koalitionsregierungen gegeben, und bereits 1993 wurden bei vorgezogenen Neuwahlen die Postkommunisten an die Macht zurück gewählt. Das Muster der Koalitionsbildungen bis 2005 verwies jedoch auf eine Dichotomie innerhalb des Parteiensystems, die auf der Ebene der Regierungsbildung durch die Trennlinie „neues" (Dritte Republik) versus „altes" System (Volksrepublik) bestimmt war. Die Koalitionsregierungen entstammten entweder dem *Solidarność*-Lager (1991-93, 1997-2001) oder die beiden „postkommunistischen" Parteien SLD und PSL stellten (zumindest zu Beginn der Wahlperiode) die Regierung (1993-97, 2001-05). Der tiefe Einschnitt, den die Wahlen des Jahres 2005 gekennzeichnet haben, kommt auch darin zum Ausdruck, dass erstmals bisher gültige Muster der Koalitionsbildung durchbrochen wurden. Allgemein war 2005 eine Koalition aus PiS und PO erwartet worden, was der bisherigen Lagerbildung entsprochen hätte. Doch schloss die sich aus der *Solidarność* herleitende PiS erst einen informellen und dann auch einen förmlichen Koalitionsvertrag nicht nur mit der sich aus der Nationaldemokratie der Zwischenkriegszeit herleitenden LPR, sondern auch mit der *Samoobrona*, in deren Führungspersonal (mit Lepper an der Spitze) sich auch ehemalige PZPR-Mitglieder befanden. Die nach den Wahlen von 2007 geschlossene Koalition aus PO und PSL passte ebenfalls nicht in das frühere Muster, wurde aber angesichts der gegebenen Alternativen als eher

„naheliegend" wahrgenommen, zumal beide Parteien vor der Wahl die Absicht einer Koalitionsbildung zum Ausdruck gebracht hatten.

War in den 1990er Jahren die Identität des Führungspersonals vor allem der sich aus der *Solidarność* herleitenden Parteien stärker von der Genese der eigenen Gruppierung und der der Partner bestimmt als von der aktuellen Programmatik – was zum Beispiel eine Koalition zwischen den in Teilbereichen recht nahen Parteien SLD und Freiheitsunion (UW) ausschloss –, so wurde nach rund zwei Jahrzehnten Dritter Republik der durchaus noch vorhandene Gegensatz „altes versus neues System" immer schwächer und programmatische Affinitäten oder Distanzen traten stärker in den Vordergrund. Wie in den meisten Transformationsländern spielt die Umgestaltung des Wirtschaftssystems eine zentrale Rolle in der Programmatik der Parteien, wobei zwischen den beiden Polen „Staatsinterventionismus" und „Marktwirtschaft ohne Adjektiv" eine Vielfalt an Positionen anzutreffen ist. Die Bedeutung dieser ökonomischen Konfliktlinie war zu Beginn der Transformation noch relativ schwach entwickelt, da vielen Wählern ihre eigene Interessenlage im entstehenden marktwirtschaftlichen System zunächst relativ unklar war. Dieser Faktor gewann dann allerdings fast von Wahl zu Wahl an Bedeutung und wurde in der Auseinandersetzung der beiden großen sich aus der *Solidarność* herleitenden Parteien 2005 und 2007 von der PiS in die gegen die PO gemünzte Kampfparole „solidarisches" gegen „liberales" Polen geschmiedet. Dabei steht der in der öffentlichen Diskussion häufig negativ besetzte Begriff „liberal" dann durchaus auch für einen von sozialer Kälte gekennzeichneten Wirtschaftsliberalismus.

Angesichts des für Mitteleuropa noch recht starken Anteils von Personen, die in der Landwirtschaft beschäftigt sind, und der ausgeprägten Benachteilung des ländlichen Raums in infrastruktureller Hinsicht lässt sich in Polen noch heute ein ausgeprägter Stadt-Land-Gegensatz feststellen, der einem der sozialen cleavages entspricht, die Lipset und Rokkan bei ihrer Analyse der historischen Entwicklung in West- und Nordeuropa identifiziert haben. Politischer Repräsentant der Landbevölkerung ist die Bauernpartei PSL, die in den Jahren zwischen 2001 und 2007 allerdings in einigen Regionen in der *Samoobrona* einen scharfen Konkurrenten fand. Bei den Wahlen zur territorialen Selbstverwaltung 2010 konnte die PSL ihre starke Stellung im agrarisch geprägten Südosten unterstreichen und in einer Wojewodschaft sogar die (relative) Mehrheit im Regionalparlament gewinnen (siehe Kapitel 6).

Prägender als ökonomische Programmpunkte, die sich nach geläufigen Kriterien in ein Rechts-Links-Schema einordnen lassen, sind für das polnische Parteiensystem indessen soziokulturelle und weltanschauliche Probleme, die bei den politischen Eliten, aber auch in der Gesellschaft insgesamt einen hohen Stellenwert besitzen. Hierzu zählt die vor allem zu Beginn der 1990er Jahre teilweise heftig umstrittene Rolle der Katholischen Kirche im öffentlichen Leben. Die Auseinandersetzungen um das nach dem Flugzeugabsturz von Smolensk 2010 vor dem Präsidentenpalais aufgestellte Kreuz und der Versuch der PiS, das Kreuz parteipolitisch für sich als nationales Symbol zu vereinnahmen (sowie die zögerliche Haltung der Kirchenführung zu diesem Versuch) führten zu einer in dieser Radikalität in Polen bislang nicht zum Ausdruck gebrachten antiklerikalen Gegenbewegung, die der bisherige PO-Abgeordnete Janusz Palikot zu einer Partei transformieren konnte, der als „Palikot-Bewegung" 2011 der Einzug in den Sejm gelang.

Eine weitere Trennlinie liegt in der Betonung der in einem engen, auch ethnischen Sinne verstandenen Identität der Nation im Gegensatz zu einer Weltoffenheit der Gesellschaft, die sich etwa in einer Hinwendung zur Integration in die Europäische Union äußert. Dezidiert proeuropäische und wirtschaftsliberale Positionen verband früher die UW und heute die PO, wobei sich in Teilen aber auch gewisse Reserven gegenüber der Katholischen Kirche beobachten lassen. In den Reihen der PiS waren in den letzten Jahren Tendenzen zu erkennen, die eigene Position mit der der Nation gleichzusetzen und dem politischen Gegner die Zugehörigkeit zu dieser Nation abzusprechen. Prägnant brachte das die Witwe des bei dem Flugzeugabsturz von Smolensk 2010 ums Leben gekommenen IPN-Präsidenten Janusz Kurtyka, Zuzanna Kurtyka, bei einer Gedenkveranstaltung am 10. Oktober 2011[257] zum Ausdruck, einen Tag, nachdem sie als PiS-Kandidatin bei den Wahlen zum polnischen Senat 2011 in Krakau unterlegen war: „Die Regierung der Bürgerplattform wurde nicht von der Nation gewählt, sondern von der Gesellschaft. Das ist ein grundsätzlicher Unterschied. Die Nation sind wir! Für die Nation ist die Souveränität das Wichtigste".[258]

Es macht eine polnische Spezifik aus, dass die in Westeuropa geläufigen Kriterien einer Rechts-Links-Einteilung des Parteiensystems nur bedingt greifen. Dominant ist in Polen weniger die sozioökonomische als die soziokulturelle Konfliktdimension. Der amerikanische Politologe David Ost führt die starke Bedeutung dieser soziokulturellen Konfliktlinie darauf zurück, dass die liberalen und konservativen postkommunistischen Eliten in Polen das Wesen des modernen Kapitalismus nicht begriffen hätten und ihn paradoxerweise in den Kategorien wahrnähmen, die früher von den Kommunisten propagiert worden seien. Liberale wie Konservative wollten daher vermeiden, dass Unzufriedenheit über den Verlauf des Transformationsprozesses in Kategorien von „Klasse" ausgedrückt würde. Liberale wie Adam Michnik setzten stattdessen auf moralische cleavages, etwa die Befürwortung oder Ablehnung der „offenen Gesellschaft" im Sinne Karl Poppers. Selbst Jacek Kuroń habe als Sozialminister nicht geglaubt, dass ein Arbeiter als Arbeiter mit dem neuen sozioökonomischen System zufrieden sein könne, sondern nur, wenn er zur Mittelklasse aufsteige. Osts Schlussfolgerung lautete: Wenn die Linke nicht länger versuche, wirtschaftlichen Unmut zu organisieren, trete die Rechte an ihre Stelle und kanalisiere diesen Unmut auf der Basis eines konservativen Kulturkriegs gegen die Liberalen.[259] Jarosław Kaczyński und die PiS sprächen diejenigen, die zu den Verlierern der Transformation gehörten, sehr wohl an, aber weniger entlang ökonomischer Fragen als entlang von Fragen kultureller Identität: Nation, Religion, etc. Ost betont, wenn man eine liberale Demokratie wolle, in der alle Identitäten in gleicher Weise geachtet würden und das Ethos eines toleranten gesellschaftlichen Diskurses vorherrsche, dann sollten politische Eliten eher ökonomische Konflikte in den Vordergrund stellen als Identitätskonflikte.[260]

Teilweise hoch emotional besetzt war die Frage des Umgangs mit der kommunistischen Vergangenheit. War dieses Problem entsprechend der Logik des „ausgehandelten" Systemwechsels zunächst verdrängt worden, so tauchte es auf einer Regierungsagenda erstmals mit der Bildung der Regierung Olszewski Ende 1991 und dann mit der Rückkehr

---

257 Nach dem Flugzeugunglück vom 10. April 2010 hielten Jarosław Kaczyński, Teile der Hinterbliebenen von Opfern der Katastrophe sowie PiS-Aktivisten monatelang jeden 10. eines Monats Gedenkfeiern ab.
258 Pełowski, Wojciech 2011: Dzięki Bogu Zuzanna Kurtyka nie została senatorem, in: Gazeta Wyborcza 11.10.2011, http://wyborcza.pl/1,76842,10447464,Dzieki_Bogu_Zuzanna_Kurtyka_nie_zostala_sena torem.html (31.07.2012).
259 Ost, David 2010: Incorporating Class for the Understanding of Post-communist Transformation, in: Transformacja polska – oczekiwania i rzeczywistość. Pod redakcją Joanny Dzwończyk i Jerzego Kornasia, Kraków (Studia i Prace Uniwersytetu Ekonomicznego w Krakowie nr 12), 55-78, hier 64.
260 Ost, a.a.O., 70.

alter Kader in Machtpositionen nach dem Wahlsieg der Linken 1993 in der öffentlichen Diskussion wieder auf und bildet seither eine wichtige Konfliktlinie zwischen den Parteien, die sich mit der Regierungsübernahme durch die PiS 2005, für die die Abrechnung mit der kommunistischen Vergangenheit einen zentralen Programmpunkt darstellt, noch verschärfte (vgl. Kapitel 12.2).

8.3 „Parteifamilien" und wichtigste Parteien

Umstritten sind zum Teil bis heute die Kriterien für die Klassifizierung des polnischen Parteiensystems. Bis 2005 konnte, wie dargelegt, zumindest auf der Ebene der Regierungsbildung als Hauptkriterium Postkommunisten versus Post-*Solidarność* gelten. Daneben gab es kleinere antikommunistische Parteien außerhalb der *Solidarność*, die die Übereinkunft des Runden Tisches in Frage stellten (KPN, ZChN, UPR, siehe Kapitel 8.3.3 bis 8.3.7). Eine vierte Gruppe bildeten die ephemeren Parteien, die Versuche der Wiedergründung von Vorkriegsparteien darstellten, aber nach kurzer Zeit scheiterten (siehe Kapitel 8.1). Schließlich bildeten sich neue Parteien mit ganz unterschiedlichem Profil heraus, unter denen die Arbeitsunion (UP), die *Samoobrona*, die LPR und die seit 2011 bestehende Palikot-Bewegung die wichtigsten sind (s.u.).[261]

Wenn seit einigen Jahren die programmatischen Positionen der Parteien zunehmend auch für die Klassifizierung der polnischen Parteien herangezogen werden, so ist zu beachten, dass zwar eine große Vielfalt an Parteien und entsprechend an Programmen vorhanden ist, dass diese Parteien aber von völlig unterschiedlicher Größe sowohl hinsichtlich der Mitgliedschaft als auch der Wählerschaft sind. Gleichzeitig ist die bestehende Parteienlandschaft weiterhin im Fluss. Auch nach der grundlegenden parteipolitischen Umgestaltung des Parlaments im Jahre 2001 ist es sowohl auf der parlamentarischen Ebene als auch außerhalb des Parlaments zu ständigen Neugründungen, Abspaltungen und erneuten Zusammenschlüssen gekommen, die teilweise von sehr kurzer Dauer waren und einen Überblick über die Entwicklung der polnischen Parteien außerordentlich erschweren. Einen Grobüberblick über die Relevanz bestimmter Parteien zu bestimmten Zeiten vermittelt die Übersicht in Tabelle 30.

In den folgenden Abschnitten werden, gegliedert nach politischen Richtungen, die im Sejm vertretenen Parteien sowie ihnen nahe stehende kleinere Gruppierungen vorgestellt. Dabei wird auch auf kleinere, nicht mehr im Parlament vertretene Parteien eingegangen, die – wie etwa die UW – zu gewissen Zeiten durchaus eine wichtige politische Rolle gespielt haben.

---

261 Eine detaillierte Aufstellung der diesen fünf Gruppen zuzurechnenden, teilweise sehr kurzlebigen Parteien und Gruppierungen findet sich bei Kowalczyk, Krzysztof 2011: Rodziny partii politycznych w III RP, in: Kowalczyk 2011, 207-232, hier 210f.

8.3 „Parteifamilien" und wichtigste Parteien

Tabelle 30: Übersicht über die Relevanz politischer Parteien 1989–2012

Abkürzung	Parteiname	Parteienfamilie	Politischer Relevanzgrad
SLD	Allianz der Demokratischen Linken	sozialdemokratisch	hoch, ab 2005 mittel
PSL	Polnische Bauern-(Volks)partei	agrarisch	mittel
UD	Demokratische Union	liberal	hoch (1991-1993)
KLD	Liberal-Demokratischer Kongress	liberal	hoch (1991-1993)
UW	Freiheitsunion	liberal	hoch (1994-2001)
PC	Zentrumsallianz	christdemokratisch	hoch (1990-1992), niedrig (ab 1993)
ZChN	Christlich-Nationale Vereinigung	national-konservativ	hoch (1991-1993)
UP	Arbeitsunion	sozialistisch	mittel (1993-1997), niedrig (seit 1997)
AWS	Wahlaktion Solidarität	christlich-konservativ-liberal	hoch (1997-2001)
SKL	Konservative Volkspartei	konservativ-liberal	hoch (1997 bis 2001)
SO	Samoobrona (Selbstverteidigung)	populistisch	mittel (2001-2005), hoch (2005-2007)
PO	Bürgerplattform	konservativ-liberal	mittel (2001-2005), hoch (seit 2005)
PiS	Recht und Gerechtigkeit	konservativ	mittel (2001-2005), hoch (seit 2005)
LPR	Liga der Polnischen Familien	klerikal-national	niedrig (2001-2005), hoch (2005-2007)
UPR	Union für Realpolitik	konservativ	niedrig
PJN	Polen ist am wichtigsten	konservativ	niedrig (seit 2010)
RP	Bewegung von Palikot	libertär	mittel (seit 2011)
SP	Solidarisches Polen	konservativ	niedrig bis mittel (seit 2011)

Quelle: Eigene Darstellung in Anlehnung an Sokół, Wojciech: Ewolucja systemu partyjnego w latach 1989-2010, in: Kowalczyk 2011: 325-353, hier 327 f.

8.3.1 Sozialdemokratische und sozialistische Parteien

Die Linke war in der Zwischenkriegszeit in sich sehr differenziert (PPS, KPP u.a.), aber zahlenmäßig eher unbedeutend gewesen. Durch die Machtübernahme der Kommunisten gewann die Polnische Vereinigte Arbeiterpartei (PZPR) in der Volksrepublik zwar das Herrschaftsmonopol und zählte (Anfang 1980) über drei Millionen Mitglieder. Nach dem Runden Tisch vom Frühjahr 1989, den Wahlen vom Juni 1989 und dem sich daran anschließenden Machtverlust der PZPR und deren Selbstauflösung kristallisierten sich erneut zahlreiche Strömungen der Linken heraus, von denen es aber nur zwei Gruppierungen schafften, aus eigener Kraft in den Sejm einzuziehen. Versuche, „Nostalgieparteien" aus der Zwischenkriegszeit wiederzubeleben, wie die sich aus der *Solidarność* herleitende PPS, oder die Tätigkeit der PZPR fortzusetzen, wie der Bund der Polnischen Kommunisten *Proletariat*,[262] blieben ohne größeren Erfolg. Ebenfalls eher marginal war die Bedeutung von Parteien, die aus Gewerkschaften hervorgingen, so die der *Solidarność '80* entstammende Polnische Partei der Arbeit (*Polska Partia Pracy*, PPP) oder die aus der OPZZ heraus gebildete, zunächst als deren politischer Arm gedachte Bewegung der Werktätigen (*Ruch Ludzi Pracy*, RLP), der auch der frühere OPZZ-Vorsitzende Alfred Miodowicz angehörte.

---

262 Der Bund der Polnischen Kommunisten *Proletariat* wurde im Sommer 1990 gegründet und war von 1991 bis 1996 Teil der SLD. Nachdem das Bezirksgericht Warschau 1999 feststellte, dass die Partei nicht mehr bestehe, gründeten frühere Aktivisten 2002 eine völlig unbedeutende Kommunistische Partei Polens (KPP).

Die meisten dieser Gruppierungen besaßen ausgesprochenen Nischencharakter. Doch listete die Staatliche Wahlkommission in ihrer 2009 veröffentlichten Mitteilung über die Finanzberichte der Parteien 2008 insgesamt 81 Parteien auf, von denen 15 der Linken zuzurechnen waren.[263]

8.3.1.1 Die Allianz der Demokratischen Linken (SLD)

Mit Abstand stärkste Partei der Linken wurde nach der Selbstauflösung der PZPR deren noch im Januar 1990 gegründete Hauptnachfolgepartei, die Sozialdemokratie der Republik Polen (*Socjaldemokracja Rzeczypospolitej Polskiej*, SdRP). Sie war auch die treibende Kraft bei der Bildung der Allianz der Demokratischen Linken (*Sojusz Lewicy Demokratycznej*, SLD), eines vor den Parlamentswahlen von 1991 gegründeten Bündnisses aus rund 30 linken Gruppierungen. Zweitwichtigster Partner innerhalb der SLD war die früher der PZPR nahe stehende Gesamtpolnische Gewerkschaftsverständigung (*Ogólnopolskie Porozumienie Związków Zawodowych*, OPZZ), die in der Regel etwa 30 Prozent der Sejmabgeordneten der SLD stellte. Orthodoxe, dem früheren „Betonflügel" der PZPR nahe stehende Marxisten blieben außerhalb der SdRP, was deren Sozialdemokratisierung erleichterte.

Die SdRP besaß gegenüber fast allen anderen Parteien den großen Vorteil, über einen, wenn auch im Vergleich zu früher verkleinerten, so doch gut eingespielten Parteiapparat zu verfügen, der ihr vor allem in Wahlkämpfen eine beachtliche Mobilisierungsfähigkeit verlieh und bei Wahlen fast regelmäßig zu Ergebnissen führte, die über dem in Umfragen vorhergesagten Wähleranteil lagen. Unter ihren Mitgliedern ließen sich verschiedene Flügel ausmachen. Über eine starke Position verfügte der alte Parteiapparat unter Leszek Miller (Jahrgang 1946). Einem technokratisch orientierten Flügel gehörten etliche Manager an, denen es bei der Insider-Privatisierung Ende der 1980er Jahre gelungen war, sich früheres Staatseigentum privat anzueignen. Ihre Interessen standen bisweilen im Gegensatz zu denen von Vertretern der OPZZ, was mehrfach zu heftigen innerparteilichen Auseinandersetzungen führte. Diese Konstellation führte dazu, dass die SdRP zwar programmatisch großen Wert auf eine sozialverträgliche Durchführung des wirtschaftlichen Transformationsprozesses legte, die sozialen Kosten der Transformation in ihrer Auseinandersetzung mit den für deren Durchführung hauptverantwortlichen Vertretern kritisierte und entsprechend bei Wahlen Zulauf erhielt, was ihre überraschende Rückkehr an die Macht bereits 1993 ermöglichte. In ihrer konkreten Wirtschaftspolitik wich sie jedoch nur unwesentlich von der durch Balcerowicz initiierten Linie ab, so dass sie eher ein sozialliberales Programm umsetzte. Ihre strikt laizistische Ausrichtung kam zwar programmatisch und in bisweilen deutlich antiklerikalen Untertönen einzelner ihrer Politiker zum Ausdruck. Mit Blick auf die Gesamtstimmung in der Wählerschaft und den Versuch, für die SLD als postkommunistische Gruppierung in breiteren Kreisen der Gesellschaft Legitimität zu gewinnen, vermied die Parteiführung jedoch insgesamt eine explizit gegen die Katholische Kirche gerichtete Politik. Bei der ideologischen Neuorientierung der Partei wurden die ein Jahrhundert alten Wurzeln der Sozialdemokratie in Polen hervorgehoben, die die SdRP als eine europäische sozialdemokratische Partei glaubwürdig machen sollten, deren Orientierung auf Westeuropa durch das betonte Engagement der SLD für den Beitritt Polens zur EU unterstrichen wurde (Zioło 2009).

---

263 Godlewski, Tadeusz 2011: Lewica w systemie partyjnym III RP, in: Kowalczyk 2011, 113-129, hier 116.

Heftige, bis heute rechtlich nicht geklärte Konflikte riefen Fragen hervor, die mit den Folgen des von der SdRP ererbten PZPR-Vermögens und den inzwischen aufgelaufenen Schulden verbunden waren – 1996 angeblich 200 Mrd. alte Złoty, heute 20 Millionen PLN oder 5 Millionen Euro. Hauptfinanzquelle der PZPR war – was in der Volksrepublik eher nur Insidern bekannt war – die RSW „Prasa – Książka – Ruch" (Arbeiterverlagsgenossenschaft „Presse – Buch – Vertrieb") gewesen, die im März 1990 liquidiert wurde. Zuvor waren aber schon seit 1989 offensichtlich Millionenbeträge aus der RSW abgeflossen, u.a. an das 1988 von Vertretern der RSW und der Akademie für Gesellschaftswissenschaften beim ZK der PZPR gegründete Handels- und Dienstleistungsunternehmen „Transakcja".[264] 1999 bildete sich die SLD von einem Organisationsbündnis zu einer politischen Partei um, und die SdRP löste sich formell auf. Ein Grund hierfür könnte nach Medienspekulationen gewesen sein, dass damit kein für die Justiz belangbares Rechtssubjekt für die Begleichung der Altschulden der PZPR mehr vorhanden war. Daher ist die Forderung von Vertretern des rechten Parteienspektrums wie der Partei Recht und Gerechtigkeit (PiS) der Brüder Kaczyński, den Verbleib des damaligen PZPR-Vermögens bzw. die Herkunft des Besitzes heutiger Millionäre zu untersuchen, durchaus verständlich. Einen weiteren Grund für die Umgestaltung der SLD zur Partei könnten die Querelen gebildet haben, die die SdRP-Führung bisweilen bei Abstimmungen im Parlament mit Vertretern anderer in der SLD vereinter Gruppen wie der OPZZ hatte. Diese verlangten etwa bei Abstimmungen über Arbeitnehmer betreffende Fragen von der Fraktionsdisziplin ausgenommen zu werden, um entsprechend Gewerkschaftsbeschlüssen abstimmen zu können. Die Umbildung der SLD zu einer Partei erleichterte die Disziplinierung von Abweichlern. Außerhalb der neuen Partei blieben linke Splittergruppen wie die PPS oder die RLP, denen der Kurs der SLD zu wirtschaftspragmatisch geworden war.

Bei der Entwicklung der Mitgliederzahlen der Partei spielte eine Rolle, dass nach der Selbstauflösung der PZPR die alten Mitglieder nicht automatisch Mitglieder der SdRP wurden, sondern der neuen Partei ausdrücklich beitreten mussten. Die Mitgliederzahlen entwickelten sich von anfangs 20.000 über 1992 60.000 und 1999 80.000 bis 2002 auf 115.000, wobei nur rund drei Prozent der SdRP-Mitglieder der Vorläuferpartei angehört haben sollen (Jörs 2006: 233f.). Der Niedergang der SLD nach den Affären der Regierung Miller und den nachfolgenden schweren Wahlniederlagen 2005, 2007 und 2011 spiegelte sich auch darin wider, dass sich ihre Mitgliederzahl bis Anfang 2011 halbierte.[265]

Die SLD versuchte sich zu einer Art linker Volkspartei aufzubauen und drückte das 1999 auch durch die Besetzung ihrer Führungsmannschaft aus. Die fünf stellvertretenden Parteivorsitzenden signalisierten das Bestreben der Parteiführung, sich als Partei der linken Mitte darzustellen: eine Frau (die spätere Bildungsministerin Krystyna Łybacka), ein Vertreter der Gewerkschaft OPZZ (Stanisław Janas), ein ehemaliger Angehöriger der Opposition (zuvor Mitglied der UW), Andrzej Celiński, ein Vizemarschall des Sejm, Marek Bo-

---

264 Vgl. den im September 2001 vom polnischen Innenministerium herausgegebenen, über 800 Seiten starken Bericht der beiden Liquidatoren des PZPR-Vermögens: Bečka, Arnošt/ Molesta, Jacek 2001: Sprawozdanie z likwidacji majątku byłej Polskiej Zjednoczonej Partii Robotnoczej, Warszawa; auch zugänglich unter URL: http://www.msw.gov.pl/portal/pl/2/2791/Sprawozdanie_z_likwidacji_majatku_bylej_Polskiej_Zjednoczonej_Partii_Robotniczej.html (31.07.2012); siehe auch u.a. Grajewski, Andrzej 1992: Bitwa o kasę. Krótki zarys koncernu prasowego RSW, in: Więź 11(409), 1992, 43-60.

265 Zum 21.02.2011 gibt Marcin Waszak die Mitgliederzahl der SLD mit 57.432 an; vgl. Waszak, Marcin 2011: Polskie partie w badaniach ankietowych Instytutu Spraw Publicznych, in: Chmaj / Waszak / Zbieranek, 49-65, hier 56.

rowski, sowie ein enger Vertrauter Leszek Millers, der frühere Vorsitzende des PZPR-Jugendverbandes, Jerzy Szmajdziński (Jörs 2006: 247).

Ein möglichst breites Bündnis versuchte die SLD nach ihrer Konstituierung als Partei auch auf ihren Wählerlisten zu präsentieren. Sie ging u.a. eine Wahlkoalition mit einer der wenigen Gruppierungen ein, die sich selbst zu den eindeutigen Verlierern der Transformation zählten, der politisch letztlich unbedeutenden Partei der Rentner und Pensionäre (KPRiE, vgl. Kapitel 8.3.7). Die SLD vermied allerdings den expliziten Hinweis darauf, selbst Partei der durch die Transformation Geschädigten zu sein. Zu stark war ihr Anteil unter den Managern in den ehemaligen Staatsbetrieben.

Keine andere große Partei ermöglichte so wie die SLD kleineren Gruppierungen durch die Platzierung auf ihren Parteilisten und den vor den Wahlen abgesprochenen Anteil an der staatlichen Parteienfinanzierung ein zumindest zeitweiliges Überleben im politischen Wettbewerb. Bemerkenswert war auch, dass seit den Parlamentswahlen von 2001 mindestens 30 Prozent der Listenplätze Frauen bzw. Männern vorbehalten waren – was allerdings die Frauenquote unter den SLD-Abgeordneten nur unwesentlich veränderte (2007: acht Frauen unter 43 Abgeordneten oder 18,6 Prozent, 2011: vier unter 27 Abgeordneten oder 14,8 Prozent).

Seit dem – damals durchaus als Erfolg betrachteten – Wahlergebnis von 9,2 Prozent für den (formell parteilosen) Kandidaten der postkommunistischen Linken, Włodzimierz Cimoszewicz, im ersten Wahlgang der Präsidentschaftswahlen Ende 1990 konnte die Linke ihre Wahlergebnisse kontinuierlich verbessern. Die SLD gewann in den Sejmwahlen von 1997 26 Prozent und bei den Wahlen 2001 zusammen mit dem Koalitionspartner Arbeitsunion (*Unia Pracy,* UP) 41 Prozent der Stimmen und 216 von 460 Sejmmandaten (davon 200 für die SLD).

Damit erreichte die Partei den Höhepunkt ihrer Wahlerfolge, dem jedoch bald nach der Bildung der Regierung Leszek Miller, der anfangs als „eiserner Kanzler" apostrophiert wurde, zunächst schleichende, dann immer schnellere Erosionserscheinungen folgten. Spannungen zwischen verschiedenen Flügeln, regionalen Parteiführern („Baronen") und nicht zuletzt zwischen Regierungschef Miller und Staatspräsident Kwaśniewski wurden sichtbar, immer neue Korruptionsaffären beschädigten das Bild der SLD-geführten Regierung in der Öffentlichkeit, die Partei sackte in Meinungsumfragen tiefer und tiefer ab.

Die innerparteilichen Konflikte brachen im März 2004 offen auf, als 30 Abgeordnete von SLD und UP unter Führung des Sejmmarschalls Marek Borowski eine neue Partei, die Polnische Sozialdemokratie (*Socjaldemokracja Polska,* SdPl) gründeten. Damit begannen turbulente Umgruppierungen unter den polnischen Linken, die noch nicht abgeschlossen zu sein scheinen. Die SdPl übersprang zwar bei den Wahlen zum Europäischen Parlament 2004 mit 5,3 Prozent der gültigen Stimmen knapp die Fünfprozenthürde und erhielt drei Mandate, doch blieb dies ihr einziger Erfolg, aus eigener Kraft in ein Parlament einzuziehen. Immerhin schaffte sie es bei den Sejmwahlen von 2005, mit 3,8 Prozent die für die Berücksichtigung bei der staatlichen Parteienfinanzierung wichtige Dreiprozentschwelle zu überwinden.

Leszek Miller trat unmittelbar nach dem Beitritt Polens zur EU Anfang Mai 2004 als Regierungschef zurück und wurde von dem parteilosen Marek Belka abgelöst, der bis zum Ende der Wahlperiode eine Minderheitsregierung bildete. Dass die SLD auch in einer tiefen Führungskrise steckte, zeigte sich daran, dass innerhalb von vier Jahren fünf verschiedene Politiker an ihrer Spitze standen. Schon im März 2004 war Leszek Miller als Parteichef zurückgetreten. Auf den erfahrenen Krzysztof Janik und ein kurzes Zwischenspiel des früheren Premierministers Oleksy folgte im Mai 2005 der 31jährige Wojciech Olejniczak, der der erste SLD-Vorsitzende war, der nicht der PZPR angehört hatte. Olejniczak setzte durch, dass die am stärksten kompromittierten SLD-Politiker (darunter Miller und Oleksy) nicht mehr zum Sejm kandidierten. Dennoch erzielte die SLD mit 11,3 Prozent 2005 ihr bis dahin schlechtestes Ergebnis seit den ersten freien Sejmwahlen von 1991.

Einen Versuch, die Partei zur Mitte hin zu öffnen und mit programmatisch benachbarten Parteien zusammenzuarbeiten, bildete 2006 die Gründung des Bündnisses Linke und Demokraten (*Lewica i Demokraci*, LiD) aus SLD, SdPl, UP und der aus der UW (s.u.) hervorgegangenen Demokratischen Partei (*Partia Demokratyczna* [PD] – *demokraci.pl*). Die LiD kam bei den Wahlen von 2007 aber nur auf 13,1 Prozent der Stimmen, was insofern enttäuschte, als die vier Partner bei den vorhergehenden Wahlen zusammen 4,5 Prozent mehr erhalten hatten. Sinkende Umfragewerte für die SLD (um die fünf Prozent) und wachsende interne Spannungen veranlassten die SLD-Führung im Frühjahr 2008, die Zusammenarbeit mit den Demokraten aufzukündigen. Olejniczak blieb zwar Fraktionsvorsitzender der sich nun „Linke" nennenden SLD-Abgeordneten, verlor aber den Parteivorsitz an den gleichaltrigen Grzegorz Napieralski und verließ 2009 die Bühne der nationalen Politik. Er ließ sich in das Europaparlament wählen. SdPl und PD bildeten im Sejm je eigene Abgeordnetenzirkel (acht bzw. drei Abgeordnete).

Leszek Miller, der sich mit dem Ende seiner politischen Karriere noch nicht abfinden wollte, kandidierte 2007 zum Sejm auf der Liste der *Samoobrona*, die ohnehin an der Fünfprozenthürde scheiterte, und unterlag dabei in seiner Heimatstadt Łódź im Prestigeduell haushoch dem SLD-Vorsitzenden Olejniczak. 2008 gründete Miller eine Splitterpartei Polnische Linke (*Polska Lewica*, symbolträchtiges Kürzel: PL), kehrte aber 2009 in die SLD zurück. Napieralski erzielte bei den Präsidentschaftswahlen 2010 mit 13,7 Prozent einen Achtungserfolg, der sowohl ihn als auch die SLD aufwertete. Deren Sejmabgeordnete benannten im September 2010, zwei Monate vor den Wahlen zur territorialen Selbstverwaltung, ihre Fraktion wieder in „SLD" um, um in der Öffentlichkeit mit einem klaren Profil aufzutreten.

Der Erfolg Napieralskis war zu einem Teil wohl auch darauf zurückzuführen, dass er sich dem nach Tode von Präsident Kaczyński dem im öffentlichen Diskurs dominierenden weihevollen Ton entzog und damit dem Bedürfnis eines Teils der Wählerschaft entsprach. Kurzfristig deuteten Umfragen sogar darauf hin, dass der SLD nach den nächsten Wahlen, sollte die in Umfragen lange unter fünf Prozent liegende PSL nicht in den Sejm zurückkehren, die Rolle der „Königsmacherin" zufallen könnte, die als Juniorpartnerin sowohl mit der PO als auch mit der PiS eine Koalition eingehen könnte. Gewiss verband sie inhaltlich mehr mit der PO, doch gab es insbesondere im Bereich der Sozialpolitik Affinitäten auch zur PiS, zu der 2005 ein Teil der zuvor für die SLD stimmenden Arbeiter abgewandert war.

Die scheinbare Stärke in den Umfragen verdeckte freilich grundlegende Schwachpunkte der SLD. Die Partei war konzeptionell und programmatisch für städtische Unter- und Mittelschichten wenig attraktiv, sie verlor den Anschluss an Debatten unter jungen linken Intellektuellen, die sich etwa um die Zeitschrift *Krytyka Polityczna* formierten, und die Parteiorganisation war in einem desolaten Zustand. In etlichen Ortsvereinen fanden keine regulären Sitzungen mehr statt. Da die Mitgliedsbeiträge bei der SLD nach wie vor in den Grundorganisationen einkassiert wurden, fehlte so teilweise auch das Geld für die Parteiarbeit (Walter 2012: 256). Palikot konnte mit seinen provokanten Thesen und Forderungen mehr als doppelt so viele Erst- und bisherige Nichtwähler mobilisieren wie die SLD (vgl. Tabelle 39).

So brach die SLD bei den Sejmwahlen vom Oktober 2011 auf 8,24 Prozent ein, was die Parlamentsfraktion auf 27 Abgeordnete schrumpfen ließ (von denen kurz nach der Wahl ein Abgeordneter auch noch zur Palikot-Fraktion überwechselte), das schlechteste Ergebnis für die SLD seit den Wahlen von 1989. In einer Kampfabstimmung gegen Ryszard Kalisz wurde der wieder in den Sejm gewählte 65jährige Leszek Miller zunächst zum Fraktionsvorsitzenden und dann auf einem im Dezember 2011 abgehaltenen Parteikonvent zum neuen Parteivorsitzenden gewählt. Der von Miller vorgezogene Parteitag („Parteikongress") vom April 2012 bestätigte diese Wahl. Neben Miller wurden zu seinen sieben Stellvertretern u.a. der frühere Ministerpräsident Józef Oleksy (Jahrgang 1946), der als „Lustrationslügner" bis 2017 kein öffentliches Amt ausüben darf, der Sejmabgeordnete Leszek Aleksandrzak (Jahrgang 1958, seit 1977 PZPR-Mitglied), die Europaabgeordnete Joanna Senyszyn (Jahrgang 1949) und der Europaabgeordnete Bogusław Liberadzki (Jahrgang 1948) gewählt.

Von einem neuen Aufbruch ist die SLD damit weit entfernt. Ein ernsthaftes Problem stellt für sie die „Palikot-Bewegung" dar, die 2011 mit 10,0 Prozent der Stimmen und 40 Abgeordneten die SLD überflügeln konnte. An diese Partei verlor die SLD mehr als ein Sechstel (15,9 Prozent) der Wähler, die 2007 für die LiD gestimmt hatten. Sie konnte nur 57,4 Prozent der LiD-Wähler von 2007 halten. Darüber, welche Haltung die SLD gegenüber der „Palikot-Bewegung" einnehmen solle, war die Partei in den ersten Monaten nach den Wahlen heftig zerstritten.

8.3.1.2 Die Arbeitsunion (UP)

Die sich als eine Art Labour Party im Sinne westeuropäischer sozialistischer und sozialdemokratischer Parteien verstehende Arbeitsunion (*Unia Pracy*, UP) entstand 1992 aus zwei sich aus dem sozialistischen Flügel der *Solidarność* herleitenden Gruppierungen, der *Solidarność* der Arbeit (*Solidarność Pracy*) von Ryszard Bugaj und Aleksander Małachowski sowie der Demokratisch-Gesellschaftlichen Bewegung (*Ruch Demokratyczno-Społeczny*) von Zbigniew Bujak. Die dritte Gruppierung war die reformsozialistische PZPR-Nachfolgeorganisation PUS (vgl. Kapitel 8.1), deren Hauptvertreterin Wiesława Ziółkowska war. Die UP vertrat ein Wirtschaftsprogramm, das weit zurückhaltender als die Politik der vorherigen Regierungen (und auch die der SLD-PSL-Regierungen) gegenüber der Privatisierung war. Sie befürwortete eine Mehrsektoren-Wirtschaft, propagierte einen deutlich antiklerikalen Kurs, lehnte entsprechend das 1993 unterzeichnete Konkordat ab und befürwortete die Abtreibung.

Bei den Sejmwahlen 1993 erzielte die UP überraschend 7,3 Prozent der Stimmen und 41 Mandate, dazu zwei Sitze im Senat. Sie trat der Koalition SLD-PSL nicht bei, nur ihr Vorstandsmitglied Marek Pol, der daraufhin seine UP-Mitgliedschaft suspendierte. 1997 zählte die UP zusammen mit SLD, PSL und UW zu der Koalition, die die neue in einer Volksabstimmung angenommene Verfassung billigte. Im selben Jahr scheiterte die Partei knapp bei den Wahlen zum Sejm (4,7 Prozent). Führende bisherige Politiker verließen die Partei, die sich auf lokaler und regionaler Ebene teilweise in Richtung der PSL orientierte.

1997 gehörten der Partei rund 4000 Mitglieder an. Da die UP-Führung erkannte, dass die Partei wahrscheinlich erneut an der Fünfprozentklausel scheitern würde, ging sie 2001 eine Listenverbindung mit der SLD ein und konnte 16 Abgeordnete stellen, die somit Fraktionsstärke erreichten. Die UP stellte mit Marek Pol einen Vizepremierminister und mehrere Minister. In der zweiten Hälfte der Wahlperiode geriet sie in den Strudel der innerparteilichen Probleme der SLD. Ein Teil ihres Führungspersonals um den Historiker Tomasz Nałęcz wechselte zur SLD-Abspaltung SdPl (s.o.). Die Rest-UP schloss sich bei den Sejmwahlen 2005 erfolglos mit der SdPl und den politisch völlig bedeutungslosen Grünen 2004 (*Zieloni 2004*) zu einem Wahlbündnis zusammen. Bei den Sejmwahlen 2007 bildete sie mit SLD und PD das nur kurze Zeit haltende Bündnis Linke und Demokraten (LiD), doch konnte keiner ihrer Kandidaten in den Sejm einziehen. Auch 2011 konnte kein UP-Kandidat ein Mandat erringen. Ihr Vorsitzender Waldemar Witkowski wurde zwar auf der SLD-Liste in Großpolen (Posen) auf Platz 1 nominiert, erreichte aber nur Platz 3. Bei den Europawahlen 2004 und 2009 ging die UP ein Wahlbündnis mit der SLD ein. Beide Male wurde das UP-Mitglied Adam Gierek, Sohn von Edward Gierek, in seiner Heimatregion Oberschlesien in das Europaparlament gewählt. Wie die SLD ist auch die UP seit 1996 Vollmitglied der Sozialistischen Internationale. Adam Gierek gehört im Europäischen Parlament der Sozialdemokratischen Fraktion an.

8.3.2 Liberale Parteien

Während liberale Parteien in Westeuropa zum Teil bereits in der ersten Hälfte des 19. Jahrhunderts entstanden, fehlte in Polen historisch ein Bürgertum als soziales Substrat, das einen starken Liberalismus hätte tragen können, so dass liberale Parteien auch in der Zweiten Republik eher marginal blieben. Die Volksrepublik Polen beschnitt die politischen wie wirtschaftlichen Aktivitäten eines ohnehin nur in Ansätzen bestehenden Bürgertums in den ersten Jahrzehnten zwar sehr stark, ließ in den siebziger und achtziger Jahren aber aus ökonomischem Pragmatismus durchaus Ansätze eines privaten Business zu, dem freilich jeder Zugang zu politischer Macht verwehrt blieb. Die Demokratische Partei (*Stronnictwo Demokratyczne*, SD) sah sich als Partei der Freiberufler und der Intelligenz in einer liberalen Tradition. Doch fehlte ihr als Blockpartei jeglicher echte politische Einfluss. Sie besteht bis heute formell fort, führt aber ein Schattendasein. Der 2006 aus der PO ausgeschlossene frühere Stadtpräsident von Warschau Paweł Piskorski, zu diesem Zeitpunkt Abgeordneter des Europaparlaments, versuchte ab 2009 über die Übernahme des SD-Vorsitzes ein politisches come back auf nationaler Ebene, scheiterte aber.

8.3.2.1 Die Freiheitsunion (UW)

In den 1990er Jahren wichtigste aus der *Solidarność* hervorgegangene Partei war die Freiheitsunion (*Unia Wolności*, UW), der die im Westen bekanntesten Intellektuellen der *Solidarność* wie Tadeusz Mazowiecki, Bronisław Geremek, Leszek Balcerowicz, Jacek Kuroń u.a. angehörten. Die UW ging in ihren Ursprüngen auf die Proto-Parteien und politischen Gruppierungen zurück, die Tadeusz Mazowiecki im Präsidentschaftswahlkampf 1990 unterstützten, sich danach zur Demokratischen Union (*Unia Demokratyczna*, UD) zusammenschlossen und 1994 mit dem Liberal-Demokratischen Kongress (*Kongres Liberalno-Demokratyczny*, KLD) zur UW fusionierten. Der KLD, der 1993 den Wiedereinzug in den Sejm verpasst hatte, besaß seine Hochburg in Danzig und wurde von Mazowieckis Nachfolger im Amt des Premierministers, Jan Krzysztof Bielecki, geleitet. Ihm gehörten Donald Tusk, Jacek Merkel, Janusz Lewandowski und andere Wirtschaftsliberale an. Das politische

Spektrum der UW umfasste eine Vielzahl von Flügeln, die von christlich-demokratisch über liberal-konservativ bis linksliberal reichten. Teilweise gab es in der Partei auch einzelne Plattformen, die die unterschiedlichen Strömungen auch nach außen sichtbar machten. Entsprechend hatte die UW immer wieder Abspaltungen auf dem rechten wie dem linken Flügel hinzunehmen. Die UW war die programmatisch am stärksten auf die EU-Integration Polens ausgerichtete polnische Partei. Wirtschaftspolitisch war sie eindeutig auf Marktwirtschaft orientiert, in weltanschaulichen Fragen wie dem Verbot der Abtreibung mehrheitlich konservativ. Auf internationaler Ebene trat die UW 1996 der christdemokratischen Europäischen Volkspartei bei, wechselte aber nach ihrem Ausscheiden aus dem Sejm 2001 im Jahre 2002 zu den Europäischen Liberalen. Die Partei gab zu diesem Zeitpunkt ihre Mitgliederzahl mit 10.000 an.

Die UD wurde in den ersten freien Sejmwahlen von 1991 mit 12,3 Prozent der Stimmen die stärkste Partei und stellte 1992/93 mit Hanna Suchocka die Ministerpräsidentin einer brüchigen Koalition aus sieben Parteien. 1997 schloss die UW als Juniorpartnerin eine Koalition mit der AWS unter Premierminister Józef Buzek, verließ die Regierung jedoch im Juni 2000, nachdem mehrfach wichtige, auf Regierungsebene ausgehandelte Koalitionsvereinbarungen im Sejm an Abweichlern aus den Reihen der AWS scheiterten. Im Dezember 2000 übernahm der dem linken Parteiflügel zugerechnete Bronisław Geremek nach dem Rücktritt von Leszek Balcerowicz den Vorsitz der UW. Da die aus dem KLD stammenden UW-Mitglieder unter Führung von Geremeks unterlegenem Gegenkandidaten Donald Tusk in der neuen Parteiführung deutlich unterrepräsentiert waren, verließen im Januar 2001 die meisten aus dem KLD stammenden Mitglieder die Partei und gründeten die Bürgerplattform (PO) mit.

Die UW schied 2001 nach einem Wahlergebnis von 3,1 Prozent aus dem Sejm aus. Bei den Wahlen zum EU-Parlament 2004 konnte sie bei insgesamt sehr niedriger Wahlbeteiligung und diszipliniert abstimmender eigener Anhängerschaft sowie aufgrund eines vor allem in Warschau erstaunlich guten Ergebnisses (18,7 Prozent) vier der damals 55 polnischen Abgeordneten stellen, darunter Bronisław Geremek, der 2008 auf der Fahrt nach Brüssel bei einem Autounfall tödlich verunglückte. Die 2005 vorgenommene Umbildung zur Demokratischen Partei (*Partia Demokratyczna*, PD) verhinderte im selben Jahr jedoch nicht ein mit 2,45 Prozent der gültigen Stimmen noch schlechteres Ergebnis bei den Sejmwahlen als 2001. Die bereits früher erkennbaren programmatischen Affinitäten zur SLD, die auf der nationalen Ebene zuvor durch die primär aus der antikommunistischen Vergangenheit bezogene politische Identität der Mehrheit der UW-Mitglieder konterkariert worden waren, veranlassten die PD aus taktischen Gründen 2006 zur bis 2008 dauernden Zusammenarbeit mit SLD, SdPl und UP in dem Bündnis Linke und Demokraten (LiD, siehe Kapitel 8.3.1.1). Die PD versteht sich heute als sozialliberale Partei, spielt aber nur noch eine marginale politische Rolle.

Die sich aus der *Solidarność* herleitenden Mitte-Rechts-Gruppierungen waren bei aller Zerstrittenheit 2001 zumindest in der Lage, bei den Wahlen zum Senat eine gemeinsame Kandidatenliste „Block 2001" aufzustellen. Angesichts des relativen Mehrheitswahlsystems kam zwar die SLD auf die erdrückende Mehrheit von 75 der 100 Sitze, doch gewann der „Block 2001" immerhin 15 Sitze, so dass auch die UW 2001-2005 wenigstens mit fünf Senatoren noch einmal im Parlament vertreten war.

8.3.2.2 Die Bürgerplattform (PO)

Anfang 2001 verließen mehrere liberal-konservative Reformpolitiker unter der Führung des Sejmmarschalls Maciej Płażyński die AWS und gründeten zusammen mit Donald Tusk vom wirtschaftsliberalen Flügel der UW sowie mit Andrzej Olechowski, der 2000 als parteiloser Kandidat den zweiten Platz bei den Präsidentschaftswahlen belegt hatte, die Bürgerplattform (*Platforma Obywatelska*, PO). Unbehindert von den national-klerikalen Kräften der AWS wollten sie eine pragmatische Reformpolitik jenseits der alten ideologischen Streitigkeiten verwirklichen. Die Bildung der PO bot ferner den in der UW nach dem Führungswechsel von Balcerowicz zu Geremek zurückgedrängten Parteieliten des früheren KLD die Möglichkeit, sich neu zu profilieren und die neue Mittelklasse an sich zu binden. Mit 12,7 Prozent der Stimmen wurde die PO zwar zweitstärkste Gruppierung im 2001 gewählten Sejm. Sie vermochte es jedoch bis 2007 kaum, sich im Parlament als *die* entscheidende Kraft der Opposition zu profilieren. Den klaren Sieg bei den vorgezogenen Parlamentswahlen vom Oktober 2007 verdankte sie letztlich zwei von Parteichef Donald Tusk gewonnenen Fernsehduellen sowie der Mobilisierung der jüngeren, gebildeten, städtischen Wählerschaft, die nicht zuletzt das durch die Politik der Brüder Kaczyński im Ausland entstandene negative Image Polens korrigieren wollte. Nach den Wahlen von 2007 erreichte die PO in Umfragen teilweise über 50 Prozent Zustimmung, allerdings wohl vor allem mangels überzeugender Alternativen der Oppositionsparteien.

Die PO lehnte es zunächst ab, sich als Partei registrieren zu lassen, weil sie eine staatliche Parteienfinanzierung grundsätzlich verurteilte (vgl. Kapitel 8.2.1.2). Einen Aufruf der PO gegen staatliche Parteienfinanzierung unterzeichneten 2001 rund 130.000 Personen. Bereits im März 2002 besann sich die Führung aus finanziellen Gründen eines Anderen und ließ die PO als Partei registrieren. Sie bezieht nun den größten Teil ihrer Einkünfte aus staatlichen Quellen. „Gewöhnliche" Parteimitglieder müssen nur 5 PLN (ca. 1,25 Euro) pro Monat an Mitgliedsbeiträgen zahlen, Amtsträger dagegen bis zu zehn Prozent ihres Gehalts. Die PO-Sejm-Abgeordneten aus Warschau und die Warschauer Stadtpräsidentin entrichten monatlich 340 PLN (85 Euro) als Spende, PO-Mitglieder des Warschauer Stadtrats und der Parlamente der Warschauer Stadtteile zwischen 65 und 120 PLN (Janicki 2010: 13).

Die Parteiorganisation ist analog der staatlichen Verwaltung aufgebaut. Basiseinheiten bilden PO-„Kreise" auf lokaler Ebene, die mindestens sieben Mitglieder zählen müssen (2010 gab es rund 1900 solcher „Kreise"), gefolgt von Kreis- und Regionalorganisationen, wobei nach dem Statut auch mehrere Wojewodschaften eine PO-Region bilden können. Tatsächlich besitzt die PO jedoch in allen 16 Wojewodschaften eine Regionalorganisation. Höchstes Organ der Partei ist der Landeskonvent („Parteitag"), der die Mehrheit der Mitglieder des zwischen den Parteitagen wichtigsten PO-Gremiums wählt, des Landesrats, dem von Amts wegen auch die PO-Mitglieder unter den Sejmabgeordneten und Senatoren sowie die PO-Abgeordneten des Europaparlaments angehören.[266] Deutlich herausgehoben ist die Position des Landesvorsitzenden der PO (Donald Tusk), der das Vorschlagsrecht für die Besetzung mehrerer Schlüsselpositionen in der Parteiorganisation besitzt, die formell von anderen Parteigremien gewählt werden. Wichtigstes Parteiorgan ist der Parteivorstand, dem 2012 neben Tusk sein innerparteilicher Hauptrivale Grzegorz Schetyna als erster stellver-

---

266 Über die PO-Listen können auch Personen gewählt werden, die nicht der Partei angehören. Sie verfügen bei parteiinternen Entscheidungen über kein Stimmrecht und gehören auch nicht wie die anderen PO-Mandatsträger *ex officio* den entsprechenden nationalen, regionalen oder Kreisgremien der Partei an.

tretender Vorsitzender, ferner drei weitere stellvertretende Vorsitzende, vier „normale" Mitglieder des Vorstands, der Generalsekretär, der Schatzmeister sowie die Vorsitzenden der 16 Regional- (Wojewodschafts-)verbände angehörten. Dieser Parteivorstand leitet die laufende Parteiarbeit. Die Landesrevisionskommission kontrolliert die finanzielle Tätigkeit der PO, das Landesschiedsgericht (*Krajowy Sąd Koleżeński*) entscheidet nicht nur in Disziplinarfragen wie z.B. Parteiausschluss, sondern auch bei Streitigkeiten unter Mitgliedern des Landesvorstands.

Nach dem Wahlsieg 2007 wuchs die Zahl der Mitglieder recht dynamisch – von 28.000 über 32.000 Anfang 2009 auf 46.000 Anfang 2010 und 49.300 Anfang 2011. Eine Ursache für dieses Wachstum der Mitgliedschaft dürfte sein, dass zumindest auf nationaler Ebene die PO vermutlich auf absehbare Zeit die dominierende Kraft sein wird und somit Posten vor allem über diese Partei vermittelt werden. Hinzu kommt, dass bei den Parlamentswahlen 2005, als die PO das zweite Mal antrat, 80,9 Prozent der PO-Bewerber erstmals kandidierten. 2007 waren es immerhin noch 67,6 Prozent, so dass die Elitenzirkulation in der Partei recht beachtlich ist, was sie für politisch ambitionierte Personen zusätzlich attraktiv macht (Janicki 2010: 13). Auch 2011 zogen 43 der 207 PO-Abgeordneten (20,8 Prozent) erstmals in den Sejm ein, weitere vier Sejmneulinge waren bisher Senatoren gewesen. Nur 13,5 Prozent der Parteimitglieder waren Frauen, die aber 2007 68 (oder 32,5 Prozent) der 209 Sejmabgeordneten stellten. 2011 waren es mit 72 von 207 PO-Abgeordneten schon 34,8 Prozent. Rückte bei der Vakanz eines Mandats 2010 erstmals in der Geschichte des Sejm ein Abgeordneter afrikanischer Herkunft in das polnische Parlament nach, so zogen bei den Wahlen 2011 gleich zwei Politiker afrikanischer Abstammung für die PO in den Sejm ein. Personen unter 30 Jahren machten nur 6,5 Prozent der Mitgliedschaft aus, acht Prozent waren dagegen älter als 60 Jahre. Die stärkste Alterskohorte bildeten mit knapp 41 Prozent die 50- bis 59jährigen. Immerhin 90 Prozent der PO-Mitglieder besaßen einen Hochschulabschluss. Während 30 Prozent der PO-Mitglieder sich selbst als „Zentristen" bezeichneten, platzierten 60 Prozent die Partei in die Mitte. 50 Prozent sahen sich selbst als „Mitte rechts", 13 Prozent als „rechts" und knapp fünf Prozent als „Mitte links". Die PO sahen dagegen von außen nur 21 Prozent als „Mitte rechts", immerhin 16 Prozent aber „Mitte links" (Janicki 2010: 14).

Eine Innovation im politischen Leben der Dritten Republik führte die PO Anfang 2010 ein, als sie ihren Kandidaten für das Amt des Staatspräsidenten in einer innerparteilichen Abstimmung küren ließ, an der alle Mitglieder abstimmungsberechtigt waren. Allerdings wurden die Kandidaten nicht von der Basis, sondern von Parteichef Tusk nominiert. In Bezug auf die anderen politischen Parteien, insbesondere auf den Hauptkonkurrenten PiS, in der alle wesentlichen Personalentscheidungen von Parteichef Jarosław Kaczyński persönlich getroffen werden, ging die PO mit diesen Vorwahlen in die Initiative und dominierte während des innerparteilichen Entscheidungsprozesses wochenlang die Schlagzeilen, während SLD und PSL ihre Kandidaten Jerzy Szmajdziński und Waldemar Pawlak ohne großes Interesse der Öffentlichkeit nominierten. Das Ergebnis der Vorwahlen in der PO war mit 68,5 Prozent für Sejmmarschall Bronisław Komorowski gegen 31,5 Prozent für Außenminister Radosław Sikorski eindeutig. Doch wurde die politische Aussagekraft dieses Ergebnisses dadurch geschwächt, dass von den Parteimitgliedern nur 47,47 Prozent an der Abstimmung überhaupt teilnahmen, obwohl auch die Möglichkeit geboten wurde, über Internet abzustimmen.

Als nach dem plötzlichen Tod von Präsident Lech Kaczyński bei dem Flugzeugabsturz bei Smolensk am 10. April 2010 die Präsidentschaftswahlen vier Monate früher als bei normalem Ablauf der Wahlperiode angesetzt wurden, war Komorowski nicht nur nach der Verfassung amtierender Staatspräsident, sondern stand als Präsidentschaftskandidat seiner Partei bereits fest. Mit seinem Sieg im zweiten Wahlgang gegen Lech Kaczyńskis Zwillingsbruder Jarosław Anfang Juli 2010 hielt die PO alle Führungspositionen im Staate inne (Staatspräsident, Ministerpräsident und die beiden Parlamentsmarschälle). Ministerpräsident Tusk, der nun unter Reformdruck geriet, weil er kein Präsidentenveto gegen Gesetze mehr als Grund für ausbleibende Reformen vorschützen konnte, nutzte den Wechsel von Komorowski in das Amt des Staatspräsidenten zu weiteren Rochaden in Führungspositionen, nachdem die Partei schon im Herbst 2009 aufgrund der so genannten „Glücksspiel-Affäre" zu personellen Veränderungen gezwungen war. Neuer Parlamentspräsident wurde der bisherige PO-Fraktionschef Grzegorz Schetyna (bis Herbst 2009 Innenminister und Vizepremier), neuer Fraktionschef der Vorsitzende des mitgliederstärksten PO-Regionalverbandes (Ober-) Schlesien, Tomasz Tomkiewicz.

Mit dem Sieg der PO bei den Parlamentswahlen vom Oktober 2011 festigte Tusk auch seine innerparteiliche Position weiter. So fand er seinen schärfsten innerparteilichen Rivalen Grzegorz Schetyna nun mit dem Vorsitz im Ausschuss für auswärtige Angelegenheiten ab (Tusk über Schetyna: „eine starke strategische Reserve der PO"). Erstmals wurde mit Ewa Kopacz (bisher Gesundheitsministerin) eine Frau Parlamentspräsidentin, während aus der PO niemand das Amt eines stellvertretenden Premierministers erhielt, was bedeutete, dass Tusks Rolle in der PO noch mehr herausgehoben wurde. Vor den Wahlen hatte dieser beansprucht und durchgesetzt, dass in jedem Wahlkreis der PO-Listenplatz Nummer 7 von ihm persönlich besetzt wurde, was ihm die Möglichkeit gab, ihm gegenüber besonders loyale Mitglieder auszuzeichnen. Zwar reichte Listenplatz Nr. 7 – vorausgesetzt, die Reihenfolge wurde durch die Wähler nicht verändert – bei weitem nicht in allen Wahlkreisen zu einem Mandat. In PO-Hochburgen wie Breslau, wo neun von 14 Sitzen an die PO fielen, konnte eine solche Nominierung jedoch reale Bedeutung für den Erwerb eines Mandats gewinnen, in den anderen stellte sie eine Auszeichnung für den oder die Betreffende dar, die einen Anreiz zu weiterem Engagement für die Partei und Loyalität gegenüber Tusk bildete.

Auf internationaler Ebene wurde die PO 2003 als polnische Mitgliedsorganisation in die Europäische Volkspartei (EVP) aufgenommen. Damit war Polen als „katholischstes" Land unter den neuen EU-Mitgliedsstaaten wieder in der EVP vertreten, der bis 2002 die UW als polnische Partei angehört hatte. (2004 wurde die Bauernpartei PSL ebenfalls in die EVP aufgenommen). Den spektakulärsten Erfolg auf europäischer Ebene erzielte die PO, als nach den Wahlen zum Europaparlament 2009 der PO-Abgeordnete und frühere polnische Ministerpräsident Jerzy Buzek zum Parlamentspräsidenten gewählt wurde und der PO-Abgeordnete Janusz Lewandowski das wichtige Ressort Finanzen in der EU-Kommission erhielt. Dies wurde in der polnischen Öffentlichkeit als Erfolg nicht nur für die PO, sondern für ganz Polen gewertet. Der PO-Abgeordnete im Europaparlament Jacek Saryusz-Wolski wurde stellvertretender Vorsitzender der EVP.

8.3.3 Konservative Parteien

Kennzeichen des Post-*Solidarność*-Lagers, das sich von Mitte-links bis Mitte-rechts und bis hin zu den National-Klerikalen erstreckte, war eine mit der Gründung der AWS nur kurzfristig unterbrochene Zersplitterung. Mit der von Lech Wałęsa initiierten und von seinem damaligen engen Weggefährten Jarosław Kaczyński im Frühjahr 1990 durchgeführten Gründung der Zentrumsallianz (*Porozumienie Centrum*, PC) wurde die Aufsplitterung des politischen Flügels der *Solidarność* eingeleitet, der im Parlamentarischen Bürgerklub (*Obywatelski Klub Parlamentarny*, OKP), der Fraktion der *Solidarność*-Abgeordneten und -Senatoren, vereint war. Die durch vielfach nur persönliche Rivalitäten bedingte Fragmentierung des Mitte-Rechts-Spektrums fand bei den Sejmwahlen von 1991, unterstützt durch das Wahlsystem (siehe Kapitel 8.2.1.3), im Einzug einer Vielzahl kaum mehr überschaubarer Kleinstparteien in das Parlament ihren Ausdruck (vgl. Tabelle 40). Auch nach der Einführung der nationalen Fünfprozentklausel 1993 traten die meisten Mitte-Rechts-Gruppierungen getrennt an und blieben fast alle knapp unter der Sperrklausel. Trotz Proporzsystem wurde gut ein Drittel der gültigen Stimmen bei der Mandatsverteilung nicht berücksichtigt.

8.3.3.1 Die Wahlaktion Solidarność (AWS)

Der Beinahe-Erfolg Lech Wałęsas, der im zweiten Wahlgang der Präsidentschaftswahlen 1995 die Unterstützung fast des gesamten früheren *Solidarność*-Lagers gewann, wirkte als Katalysator für die Initiative des Vorsitzenden der Gewerkschaft *Solidarność*, Marian Krzaklewski, die Mitte-rechts angesiedelten politischen Gruppierungen, die sich aus der *Solidarność* herleiteten, mit Blick auf die Parlamentswahlen 1997 in der Wahlaktion Solidarność (*Akcja Wyborcza Solidarność*, AWS) zu vereinen. 1996 schlossen sich rund 50 politische Gruppierungen unterschiedlicher Größe unter der Führung Krzaklewskis zusammen, errangen 1997 mit über 33 Prozent der gültigen Stimmen den Wahlsieg und bildeten zusammen mit der sich ebenfalls aus der *Solidarność* herleitenden UW die Regierung.

Nach dem Wahlsieg der AWS 1997 schien die Überwindung der parteipolitischen Zersplitterung Polens und die Herausbildung eines bipolaren Parteiensystems mit einer starken rechten (AWS) und einer linken (SLD) Partei sowie einer politischen „Mitte" (PSL und UW) möglich. Die in der AWS vereinten politischen Strömungen und persönlichen Ambitionen erwiesen sich jedoch als so heterogen, dass es Marian Krzaklewski als Vorsitzendem des Wahlbündnisses AWS und der AWS-Fraktion im Sejm nicht gelang, die divergierenden Richtungen zu integrieren. Ansatzpunkt hierfür sollte die 1998 vorgenommene Gründung der Sozialen Bewegung AWS (*Ruch Społeczny AWS*, RS AWS) sein, an deren Spitze Premierminister Jerzy Buzek trat. Zu konstatieren war jedoch ein fortschreitender Erosionsprozess der AWS-Fraktion, in der abweichendes Stimmverhalten im Sejm immer wieder zu Irritationen führte. Einige Abgeordnete traten aus der Fraktion aus, andere wurden ausgeschlossen. In der Fraktion ließen sich vier größere, jeweils selbstständige Gruppierungen ausmachen: die klerikal-nationale Christlich-Nationale Vereinigung (*Zjednoczenie Chrześcijańsko-Narodowe*, ZChN), die relativ kleine Partei Christlicher Demokraten (*Partia Chrześcijańskich Demokratów*, PChD), die 1997 zum Teil von früheren UW-Mitgliedern gegründete, wirtschaftsliberal orientierte Konservative Volkspartei (*Stronnictwo Konserwatywno-Ludowe*, SKL) und die RS AWS. Hinzu kam die Gewerkschaft *Solidarność*, die der AWS vor allem im Wahlkampf 1997 eine gewisse organisatorische Basis gesichert hatte und erst vor den Wahlen von 2001 aufgrund des neuen Gewerkschaftsgesetzes eine Abgrenzung von den politischen Parteien vornahm. Sie konzentrierte sich in Zukunft auf rein gewerkschaftliche Aufgaben.

Die AWS war trotz alarmierender Umfrageergebnisse nicht einmal in der Lage, sich zur Partei zu formieren. Als Koalition Wahlaktion Solidarität der Rechten (*Akcja Wyborcza Solidarność Prawicy*, AWSP) erhielt sie 2001 zwar über fünf Prozent der Stimmen, verfehlte aber die Achtprozenthürde für Koalitionen. Ursache für diesen dramatischen Absturz waren das von innerer Zerrissenheit und persönlicher Zerstrittenheit ihrer Führungspersönlichkeiten geprägte Bild der AWS in der Öffentlichkeit, mangelnde Handlungsfähigkeit der Regierung sowie teilweise spektakuläre Fälle von Korruption, die die Presse in den letzten Monaten vor der Wahl aufdeckte. Hinzu kam die wachsende Arbeitslosigkeit (2001 mehr als 16 Prozent) und ein kurz vor den Wahlen bekannt gewordenes riesiges Defizit im kommenden Staatshaushalt.

8.3.3.2 Recht und Gerechtigkeit (PiS)

Mit dem immer schnelleren Zerfall der AWS bildeten sich wenige Monate vor den Parlamentswahlen vom September 2001 zum Teil aus ihr heraus neue politische Gruppierungen, die das Parteiensystem neu strukturierten. Die *law and order*-Partei Recht und Gerechtigkeit (*Prawo i Sprawiedliwość*, PiS), die von dem im Sommer 2000 zum Justizminister ernannten und mit Durchgreifparolen gegen Kriminalität und Korruption rasch populär gewordenen Lech Kaczyński und seinem Zwillingsbruder Jarosław Anfang 2001 gegründet wurde, kam bei den Wahlen 2001 auf 9,5 Prozent der Stimmen. Ihr Führungspersonal rekrutierte sich aus Politikern von ZChN, SKL und ROP[267]. Den „harten Kern" bildeten jedoch Mitglieder der früheren Zentrumsallianz (PC), die von Jarosław Kaczyński 1990 als erste Partei aus der *Solidarność* heraus gegründet wurde. Bis heute besitzen innerhalb der PiS die alten PC-Mitglieder das besondere Vertrauen Jarosław Kaczyńskis, so dass sie in der Publizistik bisweilen geradezu als „Orden" bezeichnet werden.

Die PiS kritisierte nach dem Einzug in den Sejm 2001 scharf die bestehende politische Ordnung, verlangte eine Abrechnung mit der kommunistischen Vergangenheit und die Bekämpfung der – unter der Regierung Miller besonders augenfälligen – Korruption. Der Staat sollte gestärkt und hierfür die Kompetenzen des Staatspräsidenten in der Verfassung erweitert werden. Mit diesem gerade in der Endphase der SLD-Regierungen populären Programm gewann die PiS 2005 mit Lech Kaczyński die Präsidentschaftswahlen und kurz danach mit 27 Prozent der gültigen Stimmen 155 von 460 Mandaten im Sejm. Der Versuch der PiS, zunächst mit einer von den bis dahin auf nationaler Ebene für nicht koalitionsfähig gehaltenen Parteien *Samoobrona* und LPR (s.u.) tolerierten Minderheitsregierung, ab Mai 2006 dann in einer formellen Koalition mit diesen Partnern, Teile der nach 1989 geschaffenen innen- und außenpolitischen Grundlagen in Frage zu stellen, bedeutete den tiefsten Einschnitt in der polnischen Geschichte nach 1989. Die PiS-Führung unterstellte eine durch die Kompromisse des Runden Tisches von 1989 bewirkte Kontinuität der Volksrepublik, da die neuen mit den alten Eliten gemeinsame Sache gemacht hätten, und forderte eine Überprüfung der Herkunft der heutigen Vermögen. Die PiS-Regierung, die ihre teilweise durchaus verständlichen Zielsetzungen mit Mitteln bisweilen am Rande der Rechtsstaatlichkeit durchzusetzen versuchte (Konwersatorium „Doświadczenie i Przyszłość" 2007), zerbrach 2007 an ihren inneren Spannungen. Die PiS verlor die vorgezogenen Parlamentswahlen,

---

267 Zur ROP siehe Kapitel 8.3.5.

obwohl die Partei einen Großteil der Wähler ihrer bisherigen Koalitionspartner absorbierte und mit 31,1 Prozent ein deutlich besseres Ergebnis als 2005 erzielte. Sie rückte noch weiter nach rechts, als sich nach den Wahlen ein Teil ihres wertkonservativen Führungspersonals von ihr trennte, und fand sich nur schwer in der Oppositionsrolle zurecht. Der wichtigste machtpolitische Rückhalt war für die PiS in dieser Phase Staatspräsident Lech Kaczyński, der mit einer gezielten Vetopolitik eine Reihe von Gesetzesvorhaben der Regierung Tusk blockieren konnte.

Die politische Aktionsfähigkeit der PiS wurde jedoch nicht nur durch Streitigkeiten mit den Koalitionspartnern *Samoobrona* und LPR und den Verlust der Macht beeinträchtigt. Geschwächt wurde die Partei auch durch interne Querelen, deren Ursachen vielfach in persönlichen Konflikten von Spitzenpolitikern mit Jarosław Kaczyński und seinem autoritären Führungsstil begründet waren. So verließen die PiS Ex-Premierminister Marcinkiewicz, der Sejmmarschall Marek Jurek und der frühere Innenminister Ludwik Dorn (bisweilen auch der „dritte Zwilling" genannt). Marek Jurek und einige weitere dem klerikalnationalen Flügel der PiS angehörende Sejmabgeordnete gründeten im Frühjahr 2007 die in Wahlen allerdings wenig erfolgreiche Rechte der Republik (*Prawica Rzeczypospolitej*). Mehrere wertkonservative Politiker kehrten der PiS den Rücken, weil sie die nationalklerikale, europaskeptische Grundposition des Parteichefs nicht billigten. Der Vorsitzende des außenpolitischen Sejmausschusses der Wahlperiode 2005-2007, Paweł Zalewski, wurde 2009 für die PO ins Europaparlament gewählt. Nach den Wahlen von 2007 verließen mehrere profilierte PiS-Abgeordnete wie der frühere Kulturminister Kazimierz Ujazdowski und das frühere Mitglied des Landesrats für Rundfunk und Fernsehen und Pressesprecher der Regierung Buzek, Jarosław Sellin, die Partei und gründeten *Polska XXI*, der auch der populäre Breslauer Stadtpräsident Rafał Dutkiewicz angehörte, und danach *Polska Plus*, eine Vereinigung, der bisweilen unterstellt wurde, sie verstehe sich als Keimzelle einer künftigen Mitte-Rechts-Partei. Sie bildete im Sejm einen eigenen, im Sommer 2010 sieben Mitglieder zählenden Abgeordneten-Kreis. Allerdings war diese Gruppierung nur von kurzer Dauer. Mehrere ihrer Mitglieder kehrten zur PiS zurück, darunter Ujazdowski und Sellin, und wurden 2011 erneut über die PiS-Listen in den Sejm gewählt.

Der Flugzeugabsturz am 10. April 2010 bei Smolensk traf über die einzelnen persönlichen Tragödien hinaus die PiS besonders hart, da nicht nur der Präsident und zu erwartende erneute Präsidentschaftskandidat Lech Kaczyński und seine Frau ums Leben kamen, sondern eine ganze Reihe von PiS-Spitzenpolitikern, darunter die PiS-Fraktionsvorsitzende im Sejm, Grażyna Gęsicka, die stellvertretende Parteivorsitzende Aleksandra Natalli-Świat, der stellvertretende Sejmmarschall Krzysztof Putra, der stellvertretende Parteivorsitzende und frühere Vizepremier Przemysław Gosiewski, der Chef der Präsidialkanzlei und frühere Innenminister Stanisław Stasiak (der auch als Kandidat für die im Herbst 2010 anstehenden Wahlen zum Stadtpräsidenten von Warschau vorgesehen war), der Sejmabgeordnete und ehemalige Minister für die Geheimdienste Zbigniew Wassermann, und andere. Teilweise wurde sogar gefragt, ob die Partei einen derartigen personellen Verlust verkraften könne und ob Jarosław Kaczyński durch den Tod seines Bruders nicht so stark betroffen sei, dass er sich gar aus der Politik zurückziehen werde.

Jarosław Kaczyński trat jedoch anstelle seines Bruders zur Präsidentschaftswahl an, zielte mit ungewohnt gemäßigtem Auftreten im Wahlkampf offensichtlich auf die Wähler der Mitte und errang mit 47 Prozent im zweiten Wahlgang einen Achtungserfolg (vgl. Tabelle 17). Danach allerdings verfiel Kaczyński sehr rasch wieder in die alte, auf Polarisierung ausgerichtete Rhetorik und seine Partei verlor in Umfragen schnell Prozentpunkte.

Die PiS ist straff zentralistisch organisiert und ganz auf ihren Vorsitzenden Jarosław Kaczyński ausgerichtet. Die Steuerung der Partei „von oben" kommt sinnfällig auch dadurch zum Ausdruck, dass im Parteistatut, das der II. PiS-Parteitag im September 2009 verabschiedete, beim Aufbau der Parteiorganisation zunächst die zentralen Parteiorgane genannt werden und dann Stufe um Stufe bis an die Basis hinabgegangen wird (also nicht etwa Parteiaufbau „von unten nach oben").

Nach diesem Statut, in dem zum wiederholten Male Änderungen an der Struktur der obersten Parteiorgane vorgenommen wurden, ist das höchste Organ der PiS der Parteitag („Kongress"), der u.a. den Parteivorsitzenden („Präses"), bis zu elf Mitglieder der Landesrevisionskommission der Partei, bis zu elf Mitglieder des Disziplinargerichts und die 120 Mitglieder des Politischen Rates der PiS wählt, der das höchste beschlussfassende Organ der Partei zwischen den Parteitagen ist. Ihm gehören von Amts wegen auch der Parteivorsitzende, die 40 Bezirksvorsitzenden der Partei, die Sejmabgeordneten, Senatoren und Mitglieder des Europaparlaments, die PiS-Mitglieder sind, sowie maximal zwölf auf Antrag des Parteivorsitzenden vom Politischen Rat kooptierte Mitglieder an. Mit beschließender Stimme gehört diesem Gremium auch ein Ehrenvorsitzender der Partei an, mit beratender die Vorsitzenden der Landesrevisionskommission und des Disziplinargerichts sowie der Disziplinarbeauftragte. Dieser Politische Rat kann auch den Parteivorsitzenden abberufen und einen neuen berufen.

Die dominierende Position des Parteivorsitzenden geht schon aus dem Parteistatut hervor. Er ist höchstes Exekutivorgan der PiS, leitet deren Tätigkeit, kann Anträge zur Wahl, Berufung und Abberufung von Mitgliedern der Führungsgremien der Partei stellen und bestimmt die Aufgabenbereiche der stellvertretenden Vorsitzenden der PiS. Der Parteivorsitzende legt dem Politischen Komitee, das das eigentliche Entscheidungsorgan der Partei darstellt, die Personalvorschläge der PiS für die Kandidaten zu den polnischen Parlamentswahlen, zum Europaparlament sowie für die Wahlen zum Präsidenten der Republik vor (Statut Art. 15, Abs. 2, Punkt 9). Das bedeutet im Klartext, dass der Parteivorsitzende (Jarosław Kaczyński) letztlich ein Vetorecht gegenüber Personalvorschlägen der Parteibasis besitzt. Wenige Monate vor den Parlamentswahlen von 2011 kritisierte Kaczyński nach Presseberichten die Kandidatenlisten der PiS-Vorstände in den Wahlkreisen scharf und forderte die stärkere Berücksichtigung neuer, nicht mit der Politik verbundener Personen. Gleichzeitig wurde den PiS-Parlamentariern die Pflicht auferlegt, jedes Interview für die Medien mit dem Pressesprecher der Partei abzustimmen. Eine Nichtbeachtung dieser Anweisung werde Folgen für die Platzierung auf den Kandidatenlisten haben.[268]

Eine Besonderheit der PiS bildet auch der „Anhang" zum Parteistatut, in dem die Grundsätze für die Wiederwahl von Parlamentariern zum Sejm, Senat und zum Europaparlament festgelegt werden. Über jede/n einzelne/n Abgeordnete/n wird danach eine Kartei angelegt, in der festgehalten wird, wie die betreffende Person in der abgelaufenen Wahlperiode sich inhaltlich verhalten hat, ob sie an Sitzungen regelmäßig teilgenommen und die Abstimmungsdisziplin eingehalten hat, ob ihre öffentlichen Meinungsäußerungen im Einklang standen mit offiziellen Verlautbarungen der PiS, etc.

---

268 Szacki, Wojciech 2011: Prezes karci PiS, in: Gazeta Wyborcza 02.07.2011.

Unterhalb der nationalen Ebene gliedert sich die Partei in die PiS-Organisationen der 16 Wojewodschaften sowie der 40 Wahlkreise zum Sejm (wo eine Wojewodschaft identisch ist mit einem Wahlkreis, fallen beide Organisationseinheiten zusammen). Auf Gemeindeebene sind mindestens fünf PiS-Mitglieder erforderlich, um ein Komitee zu gründen, das nach dem Statut die Basiseinheit der Partei bildet. Dass die Organisationsdichte an der Basis offensichtlich noch nicht überall umfassend ist, legt die Bestimmung nahe, dass mindestens drei PiS-Komitees in einem Landkreis erforderlich sind, damit eine Kreisorganisation gebildet werden kann. 2010 gab die Partei ihre Mitgliederzahl mit „mehr als 20.000" an. Das Statut lässt auch die Gründung von PiS-Organisationen besonderer Milieus zu, die innerhalb der Partei „Foren" bilden können, doch gibt es bisher nur ein „Forum der Jungen".

Knapp drei Wochen nach den verlorenen Präsidentschaftswahlen tagte noch im Juli 2010 der Politische Rat der PiS, also das wichtigste Gremium zwischen den Parteitagen. Dabei wurden zum Teil durch den Tod führender Funktionsträger der Partei bei dem Flugzeugabsturz von Smolensk notwendig gewordene Neubesetzungen von Führungspositionen vorgenommen, die durchweg die Position von Jarosław Kaczyński stützten, der entsprechend dem Statut jeden einzelnen Personalvorschlag machte, aber gegenüber Journalisten beteuerte, er handle dabei nicht willkürlich, sondern habe sich vor seinen Entscheidungen in breiten Milieus der Partei informiert. Stellvertretende Parteivorsitzende wurden erneut Marek Kuchciński, der Anfang August 2010 auch zum stellvertretenden Sejmmarschall gewählt wurde, Adam Lipiński und der frühere Justizminister und gegenwärtige Abgeordnete des Europaparlaments Zbigniew Ziobro. Neuer PiS-Fraktionschef wurde der erst 41jährige Mariusz Błaszczak, der Kaczyński schon in mehreren Funktionen gedient hatte, zuletzt Pressesprecher der Fraktion war und die Warschauer PiS-Organisation leitete. Mit Ausnahme von Ziobro waren alle Genannten früher Mitglieder der PC. Die Stelle der tödlich verunglückten Aleksandra Natalli-Świat als stellvertretende Parteivorsitzende mit dem Ressortbereich Parteifinanzen nahm die Krakauer PiS-Abgeordnete Beata Szydło ein. Die erfolgreiche Leiterin des Präsidentschaftswahlkampfes, Joanna Kluzik-Rostowska, lehnte ein Parteiamt ab, weil Kaczyński ihr den Posten der stellvertretenden Sejmmarschallin verweigerte. Kaczyński stimmte die Partei auf Zeiten „brutaler Angriffe" der politischen Gegner ein, in denen man abgehärtete Politiker auf Seiten von PiS benötige, und lehnte ostentativ den von Kluzik-Rostowska befürworteten „weichen" Kurs ab.

Wurden auf dem Politischen Rat vom Juli 2010 die Ursachen für die Niederlage bei den Präsidentschaftswahlen kaum angesprochen, so wagte sich als erster Kritiker aus den eigenen Reihen der über die PiS-Listen ins EU-Parlament gewählte Politologe Marek Migalski aus der Deckung, der in einem offenen Brief das Dilemma der auf die Person Kaczyński zugeschnittenen Partei auf den Punkt brachte: „Sie sind zugleich unser größtes Kapital wie auch die größte Belastung. Ohne Sie überdauern wir nicht, mit Ihnen gewinnen wir nicht".[269]

Die Spannungen in der PiS-Fraktion eskalierten im Herbst 2010. Kluzik-Rostowska und mehrere weitere Sejm- und EU-Abgeordnete verließen die Partei und gründeten eine eigene Gruppierung, die als Namen das Motto von Kaczyńskis Wahlkampf „Polen ist am Wichtigsten" (*Polska jest najważniejsza*, PJN) übernahm. Im Frühjahr 2011 lag die Zahl der PJN-Mitglieder im Sejm mit 18 sogar um drei über der für eine Fraktionsstärke erfor-

---

269 Vgl. den Offenen Brief von Migalski an Kaczyński vom 22.08.2010: http://migalski.blog.onet.pl/List-otwarty-do-prezesa-Jarosl,2,ID413141639,n (31.07.2012).

derlichen Zahl. Mit dem Näherrücken des Wahltermins zu Sejm und Senat sowie angesichts der Tatsache, dass die PJN in Umfragen unter der Fünfprozentmarke blieb, orientierten sich einige Abgeordnete neu, doch konnte die PJN die Fraktionsstärke halten. Kluzik-Rostowska, die den PJN-Vorsitz an den EU-Abgeordneten und früheren Vizeaußenminister Paweł Kowal abgeben musste, kandidierte ebenso wie einige andere PJN-Mitglieder bei den Wahlen zum Sejm und zum Senat vom Oktober 2011 für die PO. Gleichzeitig kehrten mehrere zuvor aus der Fraktion der PiS schon vor den Präsidentschaftswahlen ausgetretene Abgeordnete zumindest auf die Listen der Partei zurück, darunter Ludwik Dorn.

Nach der verlorenen Parlamentswahl von 2011 – der sechsten verlorenen Wahl in Folge nach den Kommunal- und Regionalwahlen von 2006 und 2010, den Parlamentswahlen 2007 und 2011 sowie den Europawahlen 2009 und den Präsidentschaftswahlen 2010 – geriet Parteichef Jarosław Kaczyński erneut unter innerparteilichen Druck. Die Freude darüber, dass die Abspaltung PJN mit 2,19 Prozent der gültigen Stimmen den Einzug ins Parlament verpasst hatte, dauerte nicht lange. Noch vor dem ersten Zusammentritt des neu gewählten Parlaments bildete sich unter Führung der Abgeordneten des EU-Parlaments Zbigniew Ziobro (stellvertretender PiS-Vorsitzender), Jacek Kurski (Wahlkampf-Slogan 2007: „Jarosław Kaczyński oder der Tod!") und Tadeusz Cymański eine Fronde, die unter der Bezeichnung Solidarisches Polen (*Solidarna Polska*, SP) eine Reihe von neu gewählten Sejmangeordneten auf ihre Seite zog und bereits zur ersten Sejmsitzung Fraktionsstärke aufweisen konnte (bis Sommer 2012 21 Abgeordnete und zwei Senatoren). Ziobro und die übrigen Dissidenten wurden aus der PiS ausgeschlossen und machten sich an den Aufbau einer landesweiten Parteiorganisation, was zu einer weiteren organisatorischen Schwächung der PiS beitragen dürfte.

Kaczyński seinerseits verschob die Wahl der 40 Bezirksvorsitzenden der PiS, deren vierjährige Amtszeit bereits im Mai 2011 abgelaufen war, erneut, vermutlich weil er eine Machtübernahme Ziobros in etlichen Bezirken befürchtete. Interimistisch setzte Kaczyński bis zu den Ende März 2012 schließlich durchgeführten Wahlen Bevollmächtigte ein. In einer Art Demokratischem Zentralismus unter umgekehrtem Vorzeichen wurden sämtliche Kandidaten für das Amt des bzw. der Bezirksvorsitzenden von Kaczyński persönlich nominiert, die Bezirksversammlungen konnten nur zustimmen oder ablehnen, aber selbst keine Kandidaten nominieren. Innerparteiliche Kritiker bemängelten, dass der PiS das Personal und die Fähigkeiten fehlten, überzeugende alternative Konzeptionen zur PO zu entwickeln. Kaczyńskis Politik, auch auf der regionalen Ebene nur handverlesenes, ihm persönlich ergebenes Personal in Führungspositionen zuzulassen, dürfte dieses Problem nicht lösen, sondern eher verschärfen.[270]

Auf internationaler Ebene trat die PiS nach dem Einzug mit sieben Abgeordneten in das Europaparlament 2004 der einflusslosen Fraktion Union für das Europa der Nationen (UEN) bei, obwohl die Parteiführung immer wieder erklärte, ihr Fernziel sei eine Art polnischer CSU zu werden. Nach den Wahlen von 2009 gehörten die 15 PiS-Abgeordneten zusammen mit den britischen Konservativen und der tschechischen ODS zu den Gründern der europaskeptischen Fraktion der Europäischen Konservativen und Reformisten (ECR), deren Vorsitz der PiS-Abgeordnete Michał Kamiński übernahm. Mit der Spaltung der PiS zerfiel ihre Fraktion im EU-Parlament 2010/11 in vier Gruppierungen. Eine knappe Mehr-

---

270 Vgl. Łazarewicz, Cezary 2012: Prezes i Służba, in: Polityka 8, 22.02.2012: 23f.

heit hielt zu Kaczyński, je eine kleine Gruppe schloss sich der PJN und der Abspaltung Ziobros an, die restlichen Abgeordneten bildeten eine eigene Gruppierung.

8.3.4 Die Polnische Bauernpartei (PSL)

Eine im heutigen Parteienspektrum nicht leicht einzuordnende Kraft bildet die zweite postsozialistische Partei Polens, die Polnische Bauern- (Volks-)partei (*Polskie Stronnictwo Ludowe*, PSL). Sie besitzt eine starke sozialstrukturelle Basis, da 10 bis 15 Prozent der Erwerbspersonen in Polen im Haupt- oder Nebenberuf in der Landwirtschaft tätig sind und gut ein Drittel der Bevölkerung auf dem Land lebt. Die PSL hebt ab auf die über 100jährigen Traditionen der polnischen Bauernbewegung unter ihrem legendären, 1945 verstorbenen Vorsitzenden Wincenty Witos. Dessen PSL, nach 1945 unter der Führung von Stanisław Mikołajczyk die wichtigste Oppositionsgruppierung gegen die Kommunisten, wurde in der zweiten Hälfte der 1940er Jahre verfolgt und zerschlagen. Die Reste der noch legalen Strömungen der Bauernbewegung wurden in der Satellitenpartei ZSL (Vereinigte Bauernpartei) zusammengefasst, die die ganze Zeit der Volksrepublik über existierte.

In mehreren Etappen vollzog sich 1989/90 die „Wende" der Blockpartei ZSL zur erneuerten PSL, wobei zeitweise mehrere Bauernparteien an den Namen der letzten Oppositionspartei gegen die Kommunisten (PSL) anzuknüpfen versuchten. Die PSL ist heute dank der von der ZSL ererbten Organisationsstrukturen vor allem auf dem Land gut verankert und mit nach eigenen Angaben knapp 130.000 Mitgliedern (Februar 2011) die mit Abstand mitgliederstärkste Partei in Polen.[271] Ihre Hochburgen besitzt sie vor allem im Südosten des Landes. Statt angesichts der vor allem gerade dort zersplitterten Besitzstrukturen und der geringen Produktivität der polnischen Landwirtschaft eine zukunftsgerichtete, auf die Entwicklung des ländlichen Raums orientierte Programmatik zu entwerfen, betrieb die PSL jahrelang eine strukturkonservierende und besitzstandswahrende Politik und erwarb sich den Ruf einer Partei von Postenjägern.

Nach den Wahlen von 1993 bildete die PSL eine Koalition mit der SLD, wobei der erst 33jährige Waldemar Pawlak für ein Jahr sogar Ministerpräsident wurde, weil die SLD dadurch, dass sie das Amt des Regierungschefs dem Juniorpartner überließ, ihre Rückkehr an die Macht gesellschaftlich akzeptabler machen wollte. Nach der verheerenden Wahlniederlage von 1997 (vgl. Tabelle 40) wurde Pawlak, der das negative Image der PSL personifizierte, als Parteivorsitzender abgewählt. Doch auch unter dem neuen Vorsitzenden Jarosław Kalinowski wurde kaum eine konzeptionelle Veränderung vorgenommen. Nach den Wahlen von 2001 ging die PSL erneut eine Koalition mit der SLD unter Leszek Miller ein, verließ diese aber 2003 nach wachsenden programmatischen Differenzen mit der SLD. Die Haltung der Partei gegenüber dem polnischen EU-Beitritt war eher ambivalent. Ihre vier 2004 ins Europaparlament gewählten Abgeordneten schlossen sich der Fraktion der Europäischen Volkspartei (EVP) an (ebenso die drei 2009 gewählten PSL-Abgeordneten).

Als Ende 2005 drei dieser Abgeordneten, darunter der frühere PSL-Vorsitzende Janusz Wojciechowski, ohne Abstimmung mit der PSL-Führung der europaskeptischen Fraktion Union für ein Europa der Nationen (UEN) beitraten und unter anderem deswegen aus der PSL ausgeschlossen wurden, gründeten diese eine neue Partei, PSL *Piast*, die im Namen an eine Partei von Wincenty Witos aus der Zwischenkriegszeit anknüpfte. Diese sich seit

---

271 Vgl. „Aneks 2" in Chmaj et al. 2011: 137.

einem verlorenen Namensstreit mit der PSL nur noch Bauernpartei (SL) *Piast* nennende Gruppierung arbeitete seit den Wahlen zur territorialen Selbstverwaltung von 2006 eng mit der PiS zusammen. Über PiS-Listen wurden sieben Abgeordnete in Wojewodschafts-Sejmiki gewählt. Bei den Parlamentswahlen von 2007 wurden als Kandidaten der PiS zwei Mitglieder von *Piast* in den Senat gewählt, 2009/10 rückten zwei als Abgeordnete in den Sejm nach, Wojciechowski wurde 2009 ebenfalls über eine PiS-Liste ins Europaparlament wiedergewählt. Bei den Wahlen zur territorialen Selbstverwaltung 2010 gelangten von *Piast* 45 Abgeordnete in Gemeinderäte, drei in Stadt- und zwei in Kreisräte. Mehrere Mitglieder von *Piast* kandidierten 2011 auf Listen von PiS und der „Neuen Rechten" von Janusz Korwin-Mikke, allerdings ohne Erfolg.

Die durch die parteiinternen Querelen etwas geschwächte PSL kam erneut unter Pawlak bei den Sejmwahlen 2005 auf knapp sieben Prozent und erhielt mit der *Samoobrona* gerade im ländlichen Raum eine zusätzliche starke Konkurrenz. Bei Umfragen lag sie lange unter fünf Prozent, konnte aber insbesondere durch ihr im Vergleich zu PiS und *Samoobrona* gemäßigtes Auftreten bei den vorgezogenen Neuwahlen von 2007 mit 8,9 Prozent der gültigen Stimmen erneut in den Sejm einziehen und gemeinsam mit der PO die Regierung bilden, in der sie jedoch klar den Juniorpartner darstellte. Trotz bei etlichen Gelegenheiten deutlich werdenden Differenzen mit der PO hielt die Koalition bis zum Ende der Wahlperiode und wurde danach fortgesetzt.

Ihre eigentliche Stärke zeigt die Partei aufgrund ihrer weit verzweigten Organisationsstrukturen – eine Parteiorganisation besteht in 90 Prozent der Gemeinden und 35 Prozent der Dörfer – bei Wahlen zur territorialen Selbstverwaltung, bei denen auf Dorf- und Gemeindeebene viele parteilose Kandidaten antreten. Bei den Wahlen 2006 erzielte die PSL mit 4840 Ratsmandaten, was landesweit etwa zehn Prozent entspricht, das beste Ergebnis aller Parteien – in den Gemeinden 3890, in den Kreistagen 867 und in den Parlamenten der 16 Wojewodschaften 83 Mandate. 2010 kam sie bei den Wahlen zu den Sejmiki landesweit auf 16,3 Prozent der Stimmen und 93 oder 16,6 Prozent der Mandate, war damit stärker als die SLD (15,2 Prozent bzw. 83 und 15,15 Prozent) und konnte in allen Wojewodschaften eine Koalition mit der PO bilden. In der Wojewodschaft Heiligkreuz (Kielce) wurde die PSL mit 43,3 Prozent der Stimmen sogar stärkste Partei im Regionalparlament und stellte dort wie in drei weiteren Wojewodschaften auch den Marschall (Chef der regionalen Exekutive). In den Kreistagen konnte sie die Zahl ihrer Mandate auf 999 erhöhen und mit insgesamt 5473 Mandaten (11,69 Prozent) war sie erneut landesweit die stärkste Partei (30.971 Mandate oder 66,16 Prozent gingen an „Sonstige", d.h. an lokale Gruppierungen).[272]

Diesen Erfolgen auf lokaler und regionaler Ebene standen allerdings deutlich andere Resultate auf nationaler Ebene gegenüber. Bei den Wahlen zum Europaparlament 2009 kam die PSL noch auf 7,0 Prozent der gültigen Stimmen und drei Mandate, blieb danach aber in Umfragen fast immer unter fünf Prozent. Ihr Präsidentschaftskandidat und Parteivorsitzender Waldemar Pawlak erzielte bei den Präsidentschaftswahlen 2010 ganze 1,75 Prozent, wobei besonders der Einbruch seiner Resultate auf dem Lande für die Partei bedenklich war. Das Dorf habe sich geändert, nicht aber die Partei, wurde ein PSL-Politiker zitiert. Wenn bei den Wahlen zur territorialen Selbstverwaltung die PSL-Aktivisten auf das

---

272 Vgl. die Ergebnisse auf der Internetseite der Staatlichen Wahlkommission, http://wybory2010.pkw.gov.pl/templates/kbw/doc/radni%20w%20wojewodztwach%20-%20szczebel.pdf (31.07.2012). Siehe auch Tabelle 21 in Kapitel 6.

Logo der Partei verzichteten und unter einem eigenen anträten, könne das der Anfang vom Ende sein.[273]

Tatsächlich konnte sich die PSL bisher bei nationalen Parlamentswahlen immer auf ihre gute organisatorische Vernetzung auf dem Lande verlassen, die ihr auch bei den Selbstverwaltungswahlen einen so starken Rückhalt gibt. So gibt es in Polen rund 15.000 Freiwillige Feuerwehren, vor allem auf dem Land. Präsident des Hauptvorstands der Freiwilligen Feuerwehren im ganzen Land ist – Waldemar Pawlak. So konnte die PSL auch 2011 wieder in den Sejm einziehen, allerdings mit 8,36 Prozent der gültigen Stimmen und 28 Abgeordneten leicht geschwächt gegenüber 2007, obwohl der zwischenzeitliche Rivale *Samoobrona* bei diesen Wahlen keine Rolle mehr spielte. In ihren Hochburgen im Osten und Süden konnte sie sogar wieder zwei Mandate im Senat gewinnen.

Inhaltlich knüpft die PSL bis heute an die Traditionen der polnischen Bauernbewegung an und sieht sich im politischen Zentrum. Sie kritisierte in ihrem sozioökonomischen Programm von 2004, dass angeblich nur wenige Prozent der Bevölkerung von der wirtschaftlichen Transformation profitierten, rund zwei Drittel aber zu den Verlierern zählten, elf Prozent lebten in Armut, insbesondere unter Landwirten und auf dem Land. Die PSL forderte ein aktives Eingreifen des Staates in die Wirtschaft und außenpolitisch eine Wahrung der Interessen Polens im Rahmen der EU und der Nato.[274] In ihrer Grundsatzerklärung von 2007 berief sie sich auf die christliche Ethik und die katholische Soziallehre und forderte eine „gerechte gesellschaftliche Ordnung". Ihren Austritt aus der Koalition mit der SLD 2003 erklärte sie mit deren unzureichender sozialer Sensibilität. Dem PiS-Konzept einer „Dominanz des Staates über alle gesellschaftlichen Erscheinungen" stellte sie das Postulat eines „solidarischen Polens" entgegen, in dem staatliche Strukturen und die sich organisierende Zivilgesellschaft harmonisch zusammenarbeiten.[275] Ob solche Parolen allerdings in der Praxis greifen, scheint fraglich. Eher hat sich das Image der PSL als einer Partei verfestigt, in der relativ ungeniert Patronage und Nepotismus praktiziert werden, etwa bei der Besetzung von Posten im Bereich parastaatlicher Einrichtungen. Die Internet-Veröffentlichung eines mit verdeckter Kamera aufgenommenen Gesprächs, in dem sich zwei hohe Beamte über den Druck beschwerten, den Landwirtschaftsminister Marek Sawicki bei der Besetzung von Führungspositionen in dem Ministerium unterstehenden Einrichtungen übe, führten zwar im Juli 2012 zum Rücktritt des Ministers. Zweifel an strukturellen Veränderungen an den in der Partei verbreiteten Mechanismen blieben aber bestehen.[276]

Organisatorisch gliedert sich die PSL nach ihren Statuten ausdrücklich entsprechend dem Verwaltungsaufbau des Staates. Basisorganisation ist der „Kreis" (*koło*) auf Dorf-, Gemeinde-, Stadt- oder Stadtteilebene, der mindestens fünf Mitglieder umfassen muss. Bestehen auf Kreisebene mindestens drei Gemeinde- oder vergleichbare Organisationen, wird eine Kreisorganisation gebildet. Oberhalb dieser Ebene bestehen die 16 Wojewodschaftsorganisationen. Oberstes PSL-Organ ist der alle vier Jahre einberufene Parteikongress, dem

---

273 Vgl. Załuska, Wojciech 2010: Państwo Platformy. PO ma dziś władzę, o jakiej marzyli wszyscy reformatorzy, in: Tygodnik Powszechny 28, 11.07.2010: 5.
274 Vgl. Program społeczno-gospodarczy Polskiego Stronnictwa Ludowego, Warszawa, 23. października 2004 r., http://www.psl.org.pl/upload/pdf/dokumenty/prog_s_g_1_.pdf (31.07.2012).
275 Deklaracja ideowa Polskiego Stronnictwa Ludowego (15.04.2007), http://www.psl.org.pl/upload/pdf/ dokumenty/deklaracja_ideowa_1_.pdf (31.07.2012).
276 Vgl. die knappe Analyse der PSL bei Naszkowska, Krystyna 2012: PSL – koniczynka więdnie, ale nie schnie, in: Gazeta Wyborcza 20.07.2012, http://wyborcza.pl/1,75248,12160796,PSL___koniczynka _wiednie__ale_nie_schnie__ANALIZA_.html (20.07.2012).

neben den auf Kreis- und Wojewodschaftsversammlungen gewählten Delegierten von Amts wegen eine Reihe von Funktionsträgern des Parteiapparats sowie die PSL-Sejmabgeordneten und -Senatoren angehören. Oberstes Parteiorgan zwischen den Parteitagen ist der maximal 130 Personen umfassende Oberste Rat, der unter anderem den Parteivorsitzenden abberufen und einen neuen wählen kann. Wichtigste Exekutivorgane sind der Vorsitzende der PSL („Präses") und das 20 Mitglieder zählende Hauptexekutivkomitee. Daneben bestehen auf nationaler Ebene die Hauptrevisionskommission zur Kontrolle der Parteifinanzen und das Parteischiedsgericht, das vor allem auf Antrag des Landesdisziplinarbeauftragten der PSL tätig wird.[277] Wichtigste Unterorganisation der PSL ist der Verband der Landjugend (*Związek Młodzieży Wiejskiej*).

8.3.5 Kurze Blüte einer „nationalen" Partei: die Liga der Polnischen Familien (LPR)

Nach seinem politischen Comeback mit 7,4 Prozent in der ersten Runde der Präsidentschaftswahlen von 1995 gründete der frühere Ministerpräsident Jan Olszewski mit der Bewegung für den Wiederaufbau Polens (*Ruch Odbudowy Polski*, ROP) eine auf seine Person zugeschnittene Gruppierung, die mit rechts- wie linkspopulistischen und nationalen Parolen eine überwiegend ältere Wählerschaft mit geringem Bildungsgrad ansprach und bei den Sejmwahlen von 1997 mit 5,4 Prozent der gültigen Stimmen und sechs Mandaten knapp den Einzug ins Parlament schaffte. Sie spielte politisch keine größere Rolle spielte und zerfiel im Laufe der Wahlperiode. Der größere Teil ihres Führungspersonals schloss sich der PiS an. Der Rest der ohnehin nur mehr marginalen Gesamtpartei, die sich damit auch formell auflöste, trat der PiS im Juni 2012 bei.

Wenige Monate vor den Wahlen von 2001 gründeten der nationaldemokratischen Tradition Roman Dmowskis verpflichtete Angehörige der kleinen, extrem konservativ-nationalen Gruppierungen Nationale Partei (*Stronnictwo Narodowe*, SN) und National-Demokratische Partei (*Stronnictwo Narodowo-Demokratyczne*, SND) die Liga der Polnischen Familien (*Liga Polskich Rodzin*, LPR), auf deren Listen neben Olszewski auch andere am äußersten rechten Rand des politischen Spektrums angesiedelte Politiker wie Antoni Macierewicz (Katholisch-Nationale Bewegung, *Ruch Katolicko-Narodowy*, RKN), Jan Łopuszański (Polnische Verständigung, *Porozumienie Polskie*, PP) oder Gabriel Janowski mit ihren meist sehr kleinen Gruppierungen antraten, nach den Wahlen aber schnell aus der Partei austraten und sich neu gruppierten. Die LPR vereinte bis auf eine Splittergruppe Vertreter aller radikalen rechten Parteien und kam bei den Sejmwahlen 2001 völlig überraschend auf 7,87 Prozent der Stimmen. Sie errang 38 Mandate und zwei Sitze im Senat. Teilweise wurde ihr gutes Abschneiden mit ihrem entschiedenen Auftreten in der Jedwabne-Debatte erklärt, in der ihre Vertreter wie der in Lublin für die LPR zum Senator gewählte Professor Ryszard Bender Präsident Kwaśniewski wegen seiner um Verständigung mit den Juden bemühten Haltung kritisierten. Vor allem aber dürfte ihr die Unterstützung von Radio Maryja geholfen haben, das offen für die LPR warb. Die LPR trat einerseits für eine familienfreundliche Politik ein und profilierte sich andererseits mit national-klerikalen, teilweise antisemitischen und antideutschen Parolen und war die EU-kritischste Gruppierung innerhalb des polnischen Parlaments. Zu ihrer unbestrittenen Führungspersönlichkeit

---

277 Zum PSL-Statut i.d.F. vom 08.11.2008 siehe http://www.psl.org.pl/upload/pdf/dokumenty/Dokumenty_X_Kongres_PSL/Statut_PSL.pdf (31.07.2012).

stieg in kurzer Zeit der junge Rechtsanwalt und Historiker Roman Giertych auf, dessen Vater 2004 für die LPR ins Europaparlament einzog. Der Großvater war in der Zwischenkriegszeit Sejmabgeordneter einer Dmowski nahen Partei gewesen. Roman Giertych hatte 1989 in Anlehnung an ein Vorbild aus der Zwischenkriegszeit die Allpolnische Jugend (*Młodzież Wszechpolska*) gegründet, die zunächst Jugendorganisation der LPR war. Wegen neonazistischer Tendenzen in dieser Organisation musste er sich 2006 von ihr trennen.

Obwohl bisherige Abgeordnete, die über die LPR-Listen gewählt worden waren – erfolglos – bei zwei Splittergruppierungen kandidierten, zog die LPR 2005 mit knapp acht Prozent der Stimmen und 34 Abgeordneten erneut in den Sejm ein und stellte sieben Senatoren. Nachdem die LPR zunächst eine PiS-Minderheitsregierung tolerierte, ging sie 2006 zusammen mit der *Samoobrona* eine formelle Koalition mit der PiS ein und stellte mit Parteichef Roman Giertych sogar einen Vizepremier. Die Hochburgen der LPR lagen im ländlich geprägten Südosten und Osten des Landes, unter vorwiegend älteren Wählern mit geringer Bildung. Die zunehmend polarisierende Politik von Jarosław Kaczyński absorbierte weitgehend die Wählerschaft der LPR, die bei den vorgezogenen Wahlen von 2007 fast geschlossen zur PiS überging. Obwohl die LPR ein Wahlbündnis mit der UPR und einer weiteren Splittergruppe einging, erlebte sie mit 1,3 Prozent der Stimmen zum Sejm ein Fiasko. Bei den Wahlen zum Europaparlament 2009 schloss sie sich zusammen mit mehreren Miniparteien der euroskeptischen *Libertas* des irischen Geschäftsmanns Declan Ganley an, die aber nur auf 1,14 Prozent kam. Dass die LPR auf absehbare Zeit von der nationalen politischen Bühne verschwunden ist, zeigte auch der Umstand, dass sie bei den Präsidentschaftswahlen 2010 keinen eigenen Kandidaten aufstellte, nachdem Roman Giertych eine Kandidatur abgelehnt hatte.

Neben der LPR besteht eine Reihe weiterer rechtsnationaler Splittergruppen, darunter die sich als Fortsetzung der Nationaldemokratie der Zwischenkriegszeit verstehende Nationale Partei (*Stronnictwo Narodowe*, SN), die 1989 Roman Giertychs Vater Maciej wieder gegründet hatte, sowie die deutlich antisemitisch ausgerichtete Polnische Nationalpartei/ Nationale Partei (*Polska Partia Narodowa/ Stronnictwo Narodowe*, PPN/SN) von Leszek Bubel, der mehrfach mit kläglichem Erfolg an Präsidentschaftswahlen teilnahm. Alle diese Parteien sind ohne Bedeutung.

Fast nach jeder Sejmwahl zeigte sich, dass Abgeordnete, die der äußersten Rechten zuzuordnen waren und über die Liste einer größeren Partei (z.B. AWS, PiS, LPR) gewählt worden waren, deren Fraktion sehr schnell verließen, sich entweder zu Abgeordnetenkreisen zusammenschlossen, in deren Namen meist der Begriff „national" zu finden war, oder fraktionslos blieben. Gegen Ende der Wahlperiode suchten sie dann oft – und bisweilen auch erfolgreich – für die nächste Sejmwahl wieder einen Listenplatz bei einer größeren Gruppierung zu erhalten. Ein Beispiel hierfür ist die Karriere des Mitbegründers von KOR, Antoni Macierewicz, der in den 1970er Jahren allerdings rasch in Konflikt mit Kuroń und Michnik geriet. 1991/92 war er als Mitglied der ZChN Innenminister in der Regierung Olszewski, verließ danach die ZChN und gründete die Polnische Aktion (*Akcja Polska*) mit, die eng mit Olszewskis damaliger Gruppierung Bewegung für die Republik zusammenarbeitete. 1997 wurde er über Olszewskis neue Partei ROP in den Sejm gewählt und gründete nach deren Zerfall die Katholisch-Nationale Bewegung (*Ruch Katolicko-Narodowy*). 2001 wurde er über die Liste der LPR in den Sejm gewählt, verließ deren Fraktion aber bald nach einem Konflikt mit Giertych. Vor den Sejmwahlen von 2005 gründete er zusammen mit Jan Olszewski und Anderen die Patriotische Bewegung (*Ruch Patriotyczny*), die aber nur auf 1,05 Prozent der Stimmen kam. In der Regierung von Jarosław Kaczyński war er von Juli bis Oktober 2006 Vizeminister und im November 2007 Staatssekretär für Verteidigung. 2007 wurde er auf der Liste der PiS in den Sejm gewählt und trat im Mai 2010 zusammen mit seiner Patriotischen Bewegung der PiS bei, über deren Liste er 2011 erneut in den Sejm gewählt wurde.

8.3.6 „Unkonventionelle" Parteien

Die politische Szene in Polen weist seit 1990 eine Vielzahl von meist nur kurzlebigen Parteien auf, die sich vielfach einer Klassifizierung nach gängigen Schemata entziehen. Eine ganze Reihe von ihnen, beginnend mit der „Partei X" des 1990 sensationell in die Stichwahl der Präsidentschaftswahlen gelangten auslandspolnischen Geschäftsmanns Stanisław Tymiński, wird mit dem schillernden Begriff „populistisch" belegt, zum Teil auch die PiS. Noch häufiger wird dieser Begriff auf ihre Koalitionspartner von 2006/07, die LPR und vor allem die *Samoobrona*, angewendet. Gemeinsam ist diesen Gruppierungen, dass sie in einer Zeit der politischen und vor allem wirtschaftlichen Systemtransformation einen Personenkreis ansprechen, der angesichts der rapiden Veränderungen um seinen sozioökonomischen Status fürchtet oder bereits zu den Verlierern der Systemtransformation zählt. Die wichtigste derartige Partei war in Polen die *Samoobrona* (Selbstverteidigung). Bei ihr kam als Kennzeichen einer populistischen Partei hinzu, dass ihr Vorsitzender Andrzej Lepper auf seine Anhänger wie eine charismatische Führungspersönlichkeit wirkte. Spätestens seit den Wahlen von 2011, bei denen sie auf sensationelle 10,0 Prozent der gültigen Stimmen kam, ist auch die erst im November 2010 bzw. Anfang 2011 gegründete Palikot-Bewegung zu diesen „unkonventionellen" Parteien zu rechnen.

8.3.6.1 Die Selbstverteidigung der Republik Polen (*Samoobrona*)

Die *Samoobrona* (Selbstverteidigung) wurde 1992 von Andrzej Lepper als politischer Arm der ein Jahr zuvor als gleichnamige „Gewerkschaft" von Landwirten ins Leben gerufenen Organisation gegründet. Lepper, der nach der Verschuldung seines Hofes in Pommern Landwirte, aber auch andere Personen in ähnlicher Situation um sich sammelte, forderte eine höhere finanzielle Unterstützung der Regierung für die Landwirtschaft, vor allem für Familienbetriebe, und organisierte landesweit zahlreiche gewalttätige Proteste, vor allem gegen Agrarimporte nach Polen. Dies brachte ihm ebenso wie die Beleidigung von Politikern Dutzende von Prozessen ein. Politisch schien er eher der SLD zuzuneigen. 1978-1980 hatte er der PZPR angehört.

Heftige Proteste gegen die AWS-Regierung von Premierminister Buzek, insbesondere gegen den Import von Agrarprodukten, machten Lepper landesweit bekannt. Bei den Präsidentschaftswahlen 2000 kam er noch kaum über drei Prozent hinaus, 2001 gewann die *Samoobrona* völlig überraschend 10,2 Prozent der Stimmen zum Sejm und 53 Mandate sowie zwei Sitze im Senat. Die *Samoobrona*-Fraktion setzte sich fast durchweg aus der breiteren Öffentlichkeit gänzlich unbekannten Personen zusammen, von denen überproportional viele mit der Staatsanwaltschaft zu tun hatten. Diese Fraktion schrieb bereits nach kurzer Zeit negative polnische Parlamentsgeschichte, da ihre Abgeordneten den Stil von Auseinandersetzungen auf der Straße in den Sejm übertrugen. Lepper wurde gegen den Protest der meisten Oppositionsfraktionen zunächst mit den Stimmen der SLD zu einem der

Vizemarschälle des Sejm gewählt, aber nach gut einem halben Jahr von dieser Funktion entbunden. Später wurde auch seine parlamentarische Immunität aufgehoben, damit strafrechtliche Erhebungen gegen ihn u.a. wegen Beleidigung von Politikern und ihrer Angehörigen eingeleitet werden konnten.

Dies tat der Popularität Leppers jedoch keinen Abbruch. Er avancierte zu einer der schillerndsten Figuren der Dritten Republik. Mit geschickter Rhetorik geißelte er die Schwächen des bestehenden Systems wie z.B. Korruption und fand damit vor allem bei Verlierern der Transformation Unterstützung. In den Präsidentschaftswahlen 2005 kam er im ersten Wahlgang sogar auf 15,1 Prozent der gültigen Stimmen. Schon im Rywin-Untersuchungsausschuss war eine Annäherung der *Samoobrona* an die PiS zu beobachten, und im zweiten Wahlgang der Präsidentschaftswahlen 2005 unterstützte Lepper Lech Kaczyński. Obwohl die *Samoobrona*-Fraktion am Ende der Wahlperiode 2005 nur noch 29 der ursprünglich 53 Abgeordneten zählte, wobei in etlichen Fällen der selbstherrliche Führungsstil Leppers den Ausschlag für den Fraktionswechsel bisheriger Abgeordneter gab, wurde die Partei bei den Parlamentswahlen 2005 mit 11,4 Prozent der Stimmen und 56 Abgeordneten drittstärkste Kraft im Sejm und stellte drei Senatoren. In Leppers pommerschem Heimatwahlkreis Köslin (Koszalin), in den mittelpolnischen Wahlkreisen Konin und Sieradz sowie im ostpolnischen Chełm gewann sie sogar die relative Mehrheit. Zunächst tolerierte sie eine PiS-Minderheitsregierung, 2006 schloss sie formell eine Koalition mit PiS und LPR, und Lepper wurde Vizepremier und Landwirtschaftsminister. Lepper änderte seinen Politikstil jedoch nicht, pflegte weiter das Image eines für die Regierenden unbequemen Politikers und legte sich ständig mit Regierungschef Jarosław Kaczyński an. Schließlich geriet er ebenso wie beachtliche Teile des Führungspersonals seiner Partei in den Strudel von Korruptions- und Sexskandalen.

Im Juli 2007 entließ Jarosław Kaczyński Lepper wegen angeblicher Korruptionsvorwürfe als Vizepremier und Landwirtschaftsminister und beendete im August 2007 die Koalition mit der *Samoobrona*. Ein von Lepper und seinem gleichfalls entlassenen LPR-Koalitionspartner Giertych geschlossenes kurzfristiges Bündnis Liga und *Samoobrona* (die polnische Abkürzung LiS bedeutet: Fuchs) dauerte nicht einmal bis zu den vorgezogenen Neuwahlen vom Oktober 2007. Die *Samoobrona* stürzte auf 1,5 Prozent ab und war danach vornehmlich durch die Berichterstattung von Strafprozessen in den Schlagzeilen. Ein Hauptgrund dafür, dass die Wähler sich so massiv von der *Samoobrona* (und ebenso der LPR) abwendeten, dürfte darin liegen, dass sie über Jahre Horrorszenarien malten, wie insbesondere die polnische Landbevölkerung von einem EU-Beitritt Polens negativ betroffen würde. Gerade die Landwirte können jedoch rechnen, spürten die deutliche Verbesserung ihrer materiellen Situation nach dem EU-Beitritt und fühlten sich von den EU-Skeptikern, deren Unterstützung am stärksten in der Zeit um den Beitritt bei den Wahlen von 2001 und 2005 war, genarrt.[278] Bei den Wahlen zum EU-Parlament 2009 hielt mit 1,46 Prozent der Negativtrend an. Der Einbruch Leppers bei den Präsidentschaftswahlen 2010 mit 1,28 Prozent, bei denen er nach längerem juristischem Vorgeplänkel doch noch antreten durfte, bestätigte seinen persönlichen politischen Niedergang und den seiner Partei. Der frühere stellvertretende Parteivorsitzende Łyżwiński erhielt 2010 fünf Jahre Gefängnis wegen Vergewaltigung. Im Revisionsprozess wurde diese Strafe 2011 auf dreieinhalb Jahre herab-

---

278 So die Interpretation des Wahlforschers Radosław Markowski im Interview mit Paweł Wroński „Sieroty po Lepperze nie głosują", in: Gazeta Wyborcza 10.08.2011. (http://wyborcza.pl/1,75248,10098664,Sieroty_po_Lepperze_nie_glosuja.html) (31.08.2012).

gesetzt. Lepper wurde Anfang 2010 zu 2 Jahren und 3 Monaten ohne Bewährung wegen sexueller Nötigung verurteilt, doch wurde das Urteil 2011 wegen Verfahrensfehlern aufgehoben und der Prozess neu angesetzt. Bevor es zur Wiederaufnahme des Verfahrens kam, beging Andrzej Lepper Anfang August 2011 Selbstmord. Ohne ihren im potentiellen Anhängerkreis charismatisch wirkenden Vorsitzenden ist auch die *Samoobrona* praktisch tot, zumal ihr mehrere der einschlägig bekannten Führungspersonen schon zuvor den Rücken gekehrt hatten. Bei den Parlamentswahlen vom Oktober 2011 kam die Partei unter dem Namen „Unser Haus Polen – *Samoobrona* Andrzej Leppers" gerade noch auf 0,07 Prozent der gültigen Stimmen.[279]

8.3.6.2 Die Polnische Partei der Bierfreunde (PPPP)

Ausdruck einer „unkonventionellen" Partei, die zugleich die Parteienverdrossenheit von Teilen der polnischen Gesellschaft widerspiegelte, war die Polnische Partei der Bierfreunde (PPPP), die als Kuriosum hier kurz erwähnt werden soll. 1990 wurde die „Partei" von dem Kabarettisten Janusz Rywiński mit dem vorgeblichen Ziel gegründet, die Popularität von Bier zu steigern, um den Wodkakonsum zu reduzieren. Als die PPPP in Umfragen auf bis zu sechs Prozent kam, meldeten sich Kreise des Business und boten eine Finanzierung des Wahlkampfes an, wenn sie auf den Kandidatenlisten berücksichtigt würden. Die PPPP gewann bei den Sejmwahlen 1991 immerhin 3,3 Prozent der gültigen Stimmen und 16 Mandate und kam damit auf Fraktionsstärke, was ihr in diesem ungewöhnlich zersplitterten Parlament durchaus ein gewisses politisches Gewicht verliehen hätte. Die erste Fraktionsspaltung im neuen Parlament gab es jedoch bei der PPPP, da die Vertreter des Business die parlamentarische Arbeit zu ernst nahmen, um unter dem Namen „Bierfreunde" aufzutreten. Sie vereinten zwölf Abgeordnete unter dem Namen Polnisches Wirtschaftsprogramm (*Polski Program Gospodarczy*, PPG), während die vier „echten" Bierfreunde in der PPPP verblieben. Umgangssprachlich wurden die beiden Gruppen als Großes Bier und Kleines Bier bezeichnet. Die PPG trat 1992 der Regierung Suchocka bei, stellte sogar einen Minister und schloss sich parteipolitisch dem wirtschaftsliberalen KLD an. Die „echten" Bierfreunde scheiterten bei den Parlamentswahlen von 1993 mit 0,1 Prozent und lösten sich auf.

8.3.6.3 Die Palikot-Bewegung (RP)

Eine ungewöhnlich erfolgreiche Karriere verzeichnete die erst Ende 2010 gegründete „Bewegung zur Unterstützung von Palikot". Der in Lublin ansässige Unternehmer Janusz Palikot, Jahrgang 1964, trat erst 2005 der PO bei, wurde auf Anhieb in den Sejm gewählt und 2007 wiedergewählt. Er machte landesweit auf sich aufmerksam durch Auftritte mit Happening-Charakter, provokante Attacken gegen die Kaczyński-Zwillinge, aber auch gegen die Katholische Kirche und setzte sich für Minderheiten jedweder Art ein. Er hatte ein Gespür dafür, dass sich die antiklerikale Bewegung, die sich im Sommer 2010 im Zusammenhang mit der Penetranz der „Verteidiger des Kreuzes" (zur Erinnerung an den tödlich verunglückten Präsidenten Lech Kaczyński und seine Begleiter) vor dem Präsidentenpalais in Warschau und der zögerlichen Haltung der Kirchenführung darauf gebildet hatte, politisch instrumentalisieren ließ. Während die PO-Führung immer wieder zögerte, in der Öffentlich-

---

279 An Wahlkampfkosten führte sie gegenüber der Staatlichen Wahlkommission ganze 5.770 PLN (ca. 1.440 Euro) an; vgl. http://pkw.gov.pl/g2/oryginal/2012_02/43354c260e944498d24c3ada26efb562.pdf (31.07.2012).

keit erhobene Forderungen nach einem Parteiausschluss Palikots ernst zu nehmen und es bei Verwarnungen beließ, hielt Palikot im Oktober 2010 einen Kongress der „Bewegung zur Unterstützung Palikots" ab. Im selben Monat trat er aus der PO-Fraktion und der PO aus und legte im Januar 2011 sein Sejmmandat nieder.

Palikots politisches Programm beschränkte sich auf wenige Kernaussagen, die vor allem auf libertäre Postulate abzielen: Unterstützung für Minderheiten, insbesondere sexuelle Minderheiten, im Alltag; Rückzug der Kirche aus vielen Bereichen des öffentlichen Lebens, insbesondere was Politik und Moral angeht; sowie Schaffung eines „modernen Staates", auch was den Kampf gegen die Bürokratie angeht (Palikot hatte im Sejm längere Zeit einen außerordentlichen Ausschuss „der freundliche Staat" geleitet).

Mit seiner Neigung zu Provokationen, die ihn erst landesweit bekannt machte, polarisierte er die Öffentlichkeit und hatte in Umfragen teilweise mehr als die Hälfte der Befragten gegen sich. Er konnte jedoch auch so viele Wähler für sich mobilisieren, dass seine Bewegung – inzwischen als „Palikot-Bewegung" (*Ruch Palikota*, RP) als Partei registriert – mit 10,02 Prozent der gültigen Stimmen und 40 Mandaten drittstärkste Kraft im Sejm wurde. Besonders beachtet wurde, dass über die RP-Listen die erste Transsexuelle und der erste sich offen zu seiner Homosexualität bekennende Politiker, der sich seit Jahren für die Gleichberechtigung sexueller Minderheiten eingesetzt hatte, ins Parlament gewählt wurden. Überproportional unterstützt wurde die Palikot-Bewegung von 18- bis 24jährigen, Einwohnern von Städten zwischen 100.000 und 500.000 Einwohnern, Personen mit höherer Bildung und ganz besonders von Schülern und Studenten (27 Prozent!).[280] Da der Aufstieg der Palikot-Bewegung zum gleichen Zeitpunkt kam wie die verheerende Wahlniederlage der SLD, wurde bereits von einer Verschiebung der Gewichte auf Seiten der politischen Linken gesprochen. Programmatisch lassen sich jedoch nur die libertären Aussagen der Partei als „links" einstufen, keineswegs aber die wirtschaftspolitischen (Propagierung eines Einheitssteuersatzes von 18 Prozent, Umwandlung des Wirtschaftsministeriums in ein Unternehmensministerium, regelmäßige Evaluierung aller Beamten und alle zwei Jahre die Entlassung der schwächsten fünf Prozent, etc.). 25 der nach dem Übertritt eines SLD-Abgeordneten zur Palikot-Fraktion 41 Abgeordneten Palikots sind kleine und mittelständische Unternehmer, ein Unternehmeranteil, den keine andere Fraktion aufweist (Dethlefsen/ Walter 2012: 4). Auch die soziodemografischen Daten seiner Wählerschaft (siehe Kapitel 8.5.3) sprechen gegen die These, die RP sei eine „linke" Partei. Abzuwarten bleibt, wie sich das Verhältnis der Palikot-Bewegung zur SLD gestalten wird, aber auch, welche Haltung sie gegenüber der Regierung Tusk einnehmen wird.

8.3.7 Sonstige

In allen Sejmwahlen seit den 1990er Jahren konnte die Deutsche Minderheit (*Mniejszość Niemiecka*, MN) Abgeordnete ins Parlament entsenden. Möglich wurde dies, weil sie – wie alle nationalen Minderheiten – von der Fünfprozentklausel auf Landesebene befreit ist und eine regionale Hochburg vor allem in der Wojewodschaft Oppeln besitzt, in der sich bei der Volkszählung 2002 rund 10 Prozent der Bevölkerung als Deutsche bezeichneten. Allerdings gibt es keine Landesorganisation der Minderheit. Vielmehr stellen Organisationen mit unterschiedlichen Namen Wahlkreislisten auf. Unter dem kleine Gruppierungen extrem

---

280 Zur Wählerschaft Palikots siehe: CBOS 2011: Wyborcy Ruchu Palikota, BS/142/2011, Warschau, November 2001.

begünstigenden Wahlsystem von 1991 und mit einer diszipliniert an den Wahlen teilnehmenden Anhängerschaft bei landesweit nur 43,2 Prozent Wahlbeteiligung konnte die Minderheit 1991 sogar sieben Abgeordnete in den Sejm entsenden und für zwei Wahlperioden auch einen Senator stellen. Nach 1993 vier Abgeordneten erzielte sie in mehreren Wahlen zwei Mandate im Sejm. Angesichts der Mobilisierung gegen die nationalistischen Parolen der PiS stimmten offensichtlich etliche Wähler der Minderheit 2007 für die PO, so dass sie erstmals nur einen Abgeordneten (Ryszard Galla, Jahrgang 1956) in den Sejm entsenden konnte, in dessen Person zugleich ein Generationenwechsel in der Führung der Minderheit sichtbar wurde. Diese ist in der Wojewodschaft Oppeln meist an der Regionalregierung beteiligt und stellt in einer Reihe von Gemeinden den Bürgermeister sowie einen beachtlichen Teil der Gemeinderäte.

Einen bemerkenswerten Versuch, eine große Gruppe von Transformationsverlierern politisch zu organisieren, bildete die 1994 gegründete Landespartei der Rentner und Pensionäre (*Krajowa Partia Emerytów i Rencistów*, KPEiR). Sie kam in Umfragen 1996 auf bis zu zehn Prozent der Stimmen. Als deutlich wurde, dass diese „Partei" eher der Linken nahe stand, wurde von der als Teil der AWS antretenden KPN und ihrer kleinen Gewerkschaft *Kontra* zwei Monate vor den Wahlen 1997 die Landesallianz der Rentner und Pensionäre (*Krajowe Porozumienie Emerytów i Rencistów*) bewusst mit demselben Akronym KPEiR gegründet, um der ursprünglichen KPEiR Wähler abzujagen.[281] Beide Gruppierungen blieben in den Wahlen weit unter fünf Prozent. Der Vorsitzende der ursprünglichen KPEiR wurde 2001 über die SLD-Liste in den Sejm gewählt, allerdings 2002 wegen Unterstützung eines anderen als des SLD-Kandidaten für den Posten des Stadtpräsidenten von Warschau aus der SLD-Fraktion ausgeschlossen.

Nur mehr einen historischen Erinnerungsposten bildet die 1979 von Leszek Moczulski in der Illegalität gegründete Konföderation Unabhängiges Polen (*Konfederacja Polski Niepodległej*, KPN), deren Hauptprogrammpunkt die Beendigung der sowjetischen Hegemonie über Polen war. Die KPN, deren Gründer einige Jahre im Gefängnis verbrachte, nahm wegen ihrer „fundamentalistischen" Haltung nicht am Runden Tisch teil. Sie kam bei den Sejmwahlen von 1991 auf 7,5 Prozent der Stimmen und 46 Sitze und stellte vier Senatoren. 1993 zog sie mit 5,8 Prozent und 22 Mandaten nochmals in den Sejm ein, spaltete sich aber 1996. Die größere Gruppierung unter Adam Słomka trat der AWS bei, verließ jedoch die AWS bald wieder und verschwand in der Bedeutungslosigkeit.

Von marginaler Bedeutung, etwas skurril, aber beständig auf der politischen Szene präsent ist die Union für Realpolitik (*Unia Polityki Realnej*, UPR) bzw. ihre Nachfolgeorganisationen. Ihr Vorläufer wurde im November 1987 in der Illegalität gegründet, die UPR offiziell im Dezember 1990. Sie tritt für die Einhaltung der Freiheitsrechte, insbesondere des Rechts auf Eigentum ein und propagiert eine Marktwirtschaft ohne soziale Komponenten, auch wenn sie frühere Forderungen wie die Abschaffung der Unterstützung von Arbeitslosen, die Privatisierung des Schulwesens etc. inzwischen etwas abgemildert hat.[282] In der UPR finden sich Monarchisten, Konservative und Libertäre. Sie ist gegen die Mitgliedschaft Polens in der EU. Nur bei den Sejmwahlen von 1991, als es keine Fünfprozent-

---

281 Gebethner, Stanisław 1997: Krajowe Porozumienie Emerytów i Rencistów Rzeczypospolitej Polskiej – odpowiedź prawicy, in: Ders. (Red.): Wybory 97. Partie i programy wyborcze, Warszawa, 97-101.
282 Vgl. das UPR-Programm i.d.F. vom 27.11.2004, http://www.upr.org.pl/main/artykul.php?strid=1&katid=79&aid=91 (14.08.2010) sowie das UPR-Programm i.d.F. vom 15.10.2011, http://www.upr.org.pl/wiki/Program_Gospodarczy (31.07.2012).

klausel gab, konnte die UPR drei Abgeordnete in das Parlament entsenden. Ihr Gründer und langjähriger Vorsitzender Janusz Korwin-Mikke nahm seit 1995 an allen Präsidentschaftswahlen teil und erzielte 2010 mit 2,48 Prozent der Stimmen (immerhin vierter Platz) sein bestes Ergebnis (siehe Tabelle 17). Die UPR nahm teilweise in Koalitionen unter anderem Namen an Sejmwahlen teil, darunter 2007 in einer wirtschafts- und gesellschaftspolitisch höchst problematischen Allianz mit der LPR.

8.4 Probleme innerparteilicher Demokratie und Genderfragen

In der Zeit der Volksrepublik galt als Organisationsprinzip der PZPR der Demokratische Zentralismus, der in der Praxis auf eine Kontrolle der oberen Parteiinstanzen über die nachgeordneten Gremien hinauslief. Bei Wahlen galt zusätzlich das Nomenklaturprinzip, d.h. nach in der Öffentlichkeit nicht bekannten Regelungen wurden parteiintern die Zuständigkeiten festgelegt, welche Instanz für die Besetzung welcher Positionen (bzw. die Nominierung der Kandidaten dazu) zuständig war.[283] Auch die parlamentarischen Gremien der PZPR hatten sich strikt an die Anweisungen der Parteigremien zu halten.[284] Das Nomenklaturprinzip bei der Kandidatennominierung zum Sejm wurde erstmals bei den Sejmwahlen von 1989 durchbrochen, als selbst für die der PZPR zustehenden Sitze die Kandidaturen nicht mehr von der Zustimmung von Parteigremien abhängig waren, sondern neben der Parteimitgliedschaft nur vom Sammeln von mindestens 3000 Unterschriften von Wahlberechtigten.

Die Parteien der Dritten Republik sind nach der Verfassung und dem Parteiengesetz bei ihrer internen Organisation zur Einhaltung des Prinzips innerparteilicher Demokratie verpflichtet. Deren konkrete Ausgestaltung fällt dabei sehr unterschiedlich aus. Für den Beitritt zur Partei wird in der Regel ein Alter von 18 Jahren vorausgesetzt. Bei den postkommunistischen Parteien SLD und PSL ist dabei wie vor 1989 das Empfehlungsschreiben eines Parteimitglieds erforderlich (bei der PSL sogar von zweien), das im Falle der SLD mindestens bereits zwei Jahre der Partei angehören muss und das neue Mitglied „einführt".

Wie in Kapitel 8.3 ausgeführt, sind innerparteiliche Entscheidungsprozesse in den jeweiligen Parteistatuten sehr verschieden geregelt. Hinzu kommt deren in den einzelnen Parteien sehr divergierende Handhabung. Bei der Vorbereitung von Änderungen des Parteiprogramms werden nach einer Erhebung des Warschauer Think Tanks Institut für Öffentliche Angelegenheiten von 2011 bei PO und PSL die Mitglieder über die geplanten Arbeiten vor deren Beginn informiert, bei der SLD während der Arbeiten am Programm.[285]

---

283 Für die Volksrepublik Polen gelangten die einschlägigen Bestimmungen Anfang der 1970er Jahre in den Westen und bildeten dort eine kleine Sensation. Vgl. u.a. Ito, Takayuki 1983: Nomenklatura in Polen. Die Kontroverse um ein Hauptinstrument politischer Kontrolle der Gesellschaft, Köln (Sonderveröffentlichung des BIOst).

284 Formal verliefen wichtige Entscheidungsprozesse, die eine Billigung des Sejm erforderten, nach folgendem Muster: Entscheidung des Politbüros der PZPR, deren Billigung durch das Zentralkomitee, Abstimmung im Sejm über die betreffende Materie. In Zeiten von Demokratisierungsversuchen wie 1980/81 kam es mehrfach zu Protesten aus der Parlamentsfraktion gegen eine solche Instrumentalisierung der Abgeordneten. Vgl. Ziemer, Klaus 1987: Polens Weg in die Krise. Eine politische Soziologie der „Ära Gierek", Frankfurt a. M., 155 ff.

285 Vgl. Waszak, Marcin 2011: Polskie partie w badaniach ankietowych Instytutu Spraw Publicznych, in: Chmaj et al., 49-65, hier 61 f. Die PiS war in die Untersuchungen nicht einbezogen, doch ist bei dem hohen

Die Führungspositionen innerhalb des Parteiapparats werden – wie durch Verfassung und Parteiengesetz gefordert – durch Wahlen auf der jeweiligen Ebene besetzt. Die entscheidende Frage jedoch, wer die Kandidatinnen und Kandidaten nominiert, ist in den einzelnen Parteien unterschiedlich geregelt. In den meisten Fällen werden sie von den Parteigremien der betreffenden Ebene nominiert. Bei den Regionalvorsitzenden der PiS allerdings werden sie von der Parteispitze, das heißt von Jarosław Kaczyński persönlich, nominiert, und die Basis hat nur die Möglichkeit, Kandidaturen abzulehnen, nicht aber eigene zu benennen. Bei den mehr als ein Jahr verschobenen, im März 2012 dann schließlich durchgeführten Neuwahlen der Regionalvorsitzenden konnten Kandidatinnen und Kandidaten der Parteiführung ihr Programm für die Region vorlegen und Kaczyński entschied dann, wer als Kandidatin oder Kandidat von der Parteiführung den Delegierten der regionalen Parteiversammlungen zur Wahl vorgeschlagen wurde. Andere Kandidaturen waren nicht zugelassen. Diese an den „Demokratischen Zentralismus" aus sozialistischer Zeit (oder wie in Kommentaren zu lesen war: an Demokratie à la Putin) erinnernden Mechanismen sicherten Kaczyński zwar 40 ihm ergebene Regionalchefs. Doch gab es in einigen Fällen auch Unmutsäußerungen von nicht zu der Abstimmung zugelassenen Delegierten, so dass hier Unzufriedenheit an der Basis bestehen blieb.[286]

Der Nominierungsprozess für Kandidaturen zum Sejm verläuft zwar in den 41 Wahlkreisen „von unten nach oben". Doch ist nicht nur bei der PiS, sondern auch bei der PO eine Zentralisierung insofern zu beobachten, als die Parteiführung jede einzelne Wahlkreisliste überprüft und durchaus Veränderungen vornimmt. Diese Veränderungen betreffen in beiden Parteien zumindest die Reihenfolge der Kandidatinnen und Kandidaten auf der Liste. Wie in Kapitel 8.3.3 dargelegt, legt der PiS-Vorsitzende nach dem Statut dem nominellen Führungsgremium, dem Politischen Komitee, alle Kandidaturvorschläge für Wahlen zum Sejm, Senat, Europaparlament und zum polnischen Staatspräsidenten vor. Er besitzt damit schon rechtlich umfassende Möglichkeiten, Personalentscheidungen zu fällen, und Jarosław Kaczyński hat von diesen Möglichkeiten sehr wohl Gebrauch gemacht. Auch bei der PO besitzt der Landesvorsitzende laut Satzung das Vorschlagsrecht für die Besetzung von Schlüsselpositionen in der Partei. Beim Nominierungsprozess für die Kandidaturen zum Sejm überprüft die Parteiführung ebenfalls die von den regionalen Parteiorganisationen vorgeschlagenen Kandidatenlisten, und Tusk für sich hat das Recht durchgesetzt, persönlich jede Kandidatur für Platz sieben einer Wahlkreisliste bestimmen zu können. In Literatur und Publizistik ist vielfach darauf hingewiesen (und teilweise auch kritisiert) worden, dass de facto in beiden großen Parteien eine deutliche Zentralisierung und Personalisierung der Macht stattgefunden hat.

Eine – freilich hohe Anforderungen an demokratische Standards voraussetzende – Untersuchung des Warschauer Think Tanks „Institut für Öffentliche Angelegenheiten" kam 2011 zu der Schlussfolgerung, dass die Praxis innerparteilicher Demokratie in Polen sehr zu wünschen übrig lasse. Nach dieser Studie haben die im Parlament vertretenen Parteien begonnen, nach dem von Katz und Mair bereits 1995 beschriebenen Modell zu funktionie-

---

Grad an Zentralisierung in dieser Partei davon auszugehen, dass die Beteiligung der Mitglieder in Diskussionen über Programmänderungen relativ begrenzt bleibt.

286 Vgl. u.a.: Wybory regionalne w PiS: Macierewicz i Suski szefami okręgów; awantura w kieleckim, in: Gazeta Prawna 18.03.2012, http://www.gazetaprawna.pl/wiadomosci/artykuly/603532,wybory_regionalne_w_pis_macierewicz_i_suski_szefami_okregow_awantura_w_kieleckim.html (12.07.2012); Andrzej Stankiewicz: Demokracja w PiS jak u Putina, in: Super Express 20.03.2012, http://www.se.pl/wydarzenia/opinie/andrzej-stankiewicz-demokracja-w-pis-jak-u-putina_246241.html (12.07.2012).

ren und sich zu „Kartellparteien" zu entwickeln. Entsprechend tendierten sie dazu, durch Einführung einer starken Führung die Partei möglichst homogen zu gestalten und innerparteiliche Konkurrenz zu unterbinden. Als Folge bildeten sich mehrstufige Hierarchien sowie verknöcherte und bürokratische Strukturen heraus.[287]

Die Autoren schlagen zur Förderung der innerparteilichen Demokratie u.a. vor, bei der Wahl von Delegierten zu Parteiorganen auf Landesebene Vertreter aller Organisationsstufen zu berücksichtigen, die Basisstrukturen zu stärken und ihnen zum Beispiel das ausschließliche Recht zur Erstellung von Kandidatenlisten einzuräumen. Ferner sollten, was bisher nur wenige Parteistatute vorsehen, innerparteiliche Referenden etwa bei der Wahl des Parteivorsitzenden, bei Programmentscheidungen, Änderungen der Satzung oder der Vereinigung mit einer anderen Gruppierung eingeführt sowie zur innerparteilichen Kandidatennominierung Vorwahlen abgehalten werden.[288]

Vorwahlen wurden bei Sejmwahlen erstmals 2001 von der gerade erst entstandenen und noch nicht als Partei registrierten PO durchgeführt und bestimmten die Reihenfolge ihrer Kandidatinnen und Kandidaten auf den Wahlkreislisten. Da die Ergebnisse in zwei Wahlkreisen wegen Unregelmäßigkeiten annulliert werden mussten, wurde danach auf dieses Verfahren verzichtet. Seither werden die Nominierungsverfahren unter strikter Aufsicht der Parteiführung durchgeführt. Die innerparteiliche Abstimmung über den PO-Kandidaten bei den Präsidentschaftswahlen von 2010 war nur im eingeschränkten Sinne eine Vorwahl, da die beiden Kandidaten, die zur Wahl gestellt wurden, vom Parteivorsitzenden bestimmt wurden.

Die SLD arbeitete nach der verheerenden Wahlniederlage von 2005 ein neues Grundsatzprogramm aus, über das im März 2007 unter den Mitgliedern eine Abstimmung per E-Mail durchgeführt wurde. Bei einer Abstimmungsbeteiligung von 40 Prozent stimmten über 90 Prozent zu.[289] Der Parteikonvent der SLD vom Dezember 2011 änderte die Satzung dahingehend, dass der Parteivorsitzende künftig in einer Urwahl unter den Mitgliedern gewählt werden kann. Kandidaten benötigen die Unterschrift von mindestens 100 Parteimitgliedern. Erhält unter den Kandidatinnen und Kandidaten niemand die absolute Mehrheit, entscheidet der Parteitag unter den beiden relativ stärksten Kandidaturen der Urwahl. Nach der Wahl von Leszek Miller zum Parteivorsitzenden auf dem Parteikonvent 2011 gab es allerdings keinerlei Versuche einer Urwahl. Vielmehr setzte Miller einen vorzeitigen Parteitag für den April 2012 durch, auf dem er ohne Gegenkandidaten in seinem Amt bestätigt wurde.

Weniger das Bemühen um die Entwicklung innerparteilicher Demokratie als publicityträchtiges Werben um Aufmerksamkeit für die eigene, sich in Umfragen deutlich unter fünf Prozent befindende Partei dürften hinter der Aufforderung des SP-Vorsitzenden Zbigniew Ziobro im April 2012 an seinen politischen Ziehvater Jarosław Kaczyński (PiS) gestanden haben, sich vor den Präsidentschaftswahlen 2015 (!) mit ihm unter den Sympathisanten des politischen Spektrums der Rechten und der rechten Mitte in Vorwahlen nach US-Vorbild

---

287 Chmaj, Marek/ Waszak, Marcin/ Zbieranek, Jarosław 2011: Rekomendacje, in: Dies. (Red.): O demokracji w polskich partiach politycznych, Warszawa (Instytut Spraw Publicznych), 115-120, hier 116.
288 Ebenda.
289 Klimczak, Krzysztof 2012: Ewolucja programowa Sojuszu Lewicy Demokratycznej w latach 2005-2009. Próba odbudowy elektoratu (17.02.2012), http://blogi.newsweek.pl/Tekst/polityka-polska/609283,ewolucja-programowa-sojuszu-lewicy-demokratycznej-w-latach-2005%E2%80%932009-proba-odbudowy-elek toratu.html (14.07.2012).

um die Kandidatur der Rechten zu messen.[290] Seitens Kaczyńskis blieb diese Forderung zunächst unbeantwortet, auch wenn Ziobro sich in Umfragen zu den Präsidentschaftswahlen 2015 bald darauf (aber mehr als drei Jahre vor dem Wahltermin) in Umfragen nur knapp hinter Kaczyński befand (15 zu 18 Prozent, Amtsinhaber Komorowski 43 Prozent).[291] Eine grundsätzliche Änderung in Richtung mehr praktizierter innerparteilicher Demokratie ist bei keiner der relevanten Parteien absehbar.

Deutlich zugenommen hat in den letzten Jahren die Diskussion über die faktische Diskriminierung von Frauen im politischen Leben Polens und über Wege zu mehr Gleichberechtigung zwischen Frauen und Männern. Einen Durchbruch in der öffentlichen Wahrnehmung der Problematik bildete im Juni 2009 der von mehr als 4000 Frauen aus dem ganzen Land besuchte Frauenkongress in Warschau, dem zahlreiche Regionalkonferenzen vorausgegangen waren. Der Kern der Teilnehmerinnen kam dabei aus engagierten Nichtregierungsorganisationen, die Mehrzahl jedoch stellten Frauen aus unterschiedlichen Milieus und Berufen. Aus dem Kongress ging eine Bürgerinitiative „Zeit für Frauen" hervor, die einen Gesetzesentwurf initiierte, der für Frauen auf Wahllisten mindestens 50 Prozent der Kandidaturen forderte, allerdings ohne das Postulat des „Reißverschlussprinzips" (obligatorische Reihenfolge: eine Frau, ein Mann, eine Frau, ein Mann, etc.). Im Gesetzgebungsprozess des Sejm wurde aus dieser Initiative dann die u.a. in Kapitel 8.4 dargestellte Regelung des Wahlgesetzbuchs von 2011, dass zur Zulassung zur Wahl eine Liste die Kandidaturen von mindestens 35 Prozent Frauen und mindestens 35 Prozent Männer enthalten muss.

Eine genauere Auswertung des Ergebnisses der Parlamentswahlen vom Oktober 2011 macht deutlich, dass die Einführung der Quotenregelung zwar den Anteil der weiblichen Abgeordneten im Sejm erhöht hat, dass aber auch Schwachpunkte der neuen Regelungen unübersehbar sind. Um ein Mandat im Sejm bewarben sich 2011 3063, um einen Sitz im Senat 69 Frauen. Prozentual machte das einen Anteil von 44 bzw. 14 Prozent der jeweils Kandidierenden aus. Die immense Differenz zwischen beiden Zahlen verweist auf das unterschiedliche Wahlsystem bei der Bestellung beider Parlamentskammern. In Einerwahlkreisen haben Frauen, zumal bei relativer Mehrheitswahl, deutlich geringere Chancen als bei Listenwahl nach einem Verhältniswahlsystem. Daher ist die Forderung derer verständlich, die eine rechtliche Gleichstellung von Frauen bei der Besetzung parlamentarischer Positionen dahin gehend fordern, dass auf allen Ebenen Listenwahl eingeführt werden solle. Die Gesetzgebungspraxis seit 2011 hat dagegen Einerwahlkreise nicht nur bei Wahlen zum Senat eingeführt, sondern ihre Anwendung auch bei Kommunalwahlen deutlich ausgeweitet (vgl. Kapitel 6).

Doch auch beim Ergebnis der Sejmwahlen von 2011, bei denen der Anteil von Frauen unter den Sejmabgeordneten mit 23,9 Prozent sogar den bisherigen Rekord in der Geschichte des polnischen Parlamentarismus aus der Zeit der Volksrepublik (1980-1985: 23 Prozent) übertraf, zeigt ein näherer Blick strukturelle Schwachstellen der neuen Regelungen. Zwar verdoppelte sich der Anteil von weiblichen Kandidaturen gegenüber 2007 von

---

290 Vgl. „Solidarna Polska apeluje o prawybory prezydenckie", in: Rzeczpospolita 14.04.2012, http://www.rp.pl/artykul/860141.html (29.06.2012).
291 Unter Berücksichtigung von 21 Prozent Unentschiedenen lauteten die Zahlen in der vom 21. bis 24. Juni 2012 durchgeführten Erhebung des Instituts OBOP dagegen: Komorowski 33, Kaczyński 14 und Ziobro 11 Prozent, http://wiadomosci.onet.pl/tylko-w-onecie/sondaz-wyborow-prezydenckich-ziobro-tuz-za-kaczyns,1,5176245,wiadomosc.html (14.07.2012).

22 auf 44 Prozent. Selbst die PiS, die mit 40 Prozent die schlechteste Relation aufwies, übertraf die geforderte Quote von 35 Prozent deutlich. Die mit 0,5 Prozent der gültigen Stimmen chancenlose Polnische Partei der Arbeit wies mit 48 Prozent die beste Kandidatinnenquote auf, gefolgt von SLD und Palikot-Bewegung mit je 44, der PO und PJN mit 43 und der PSL mit 41 Prozent. Anders stellte sich das Bild bei den wichtigsten Parteien bei der entscheidenden Frage dar, wer in den 41 Wahlkreisen die chancenreichsten Listenplätze erhielt. Auf Platz 1 wurden Frauen bei der PO in 14 Wahlkreisen nominiert, bei der PiS in zehn, bei PSL und SLD in je sechs und bei der Palikot-Bewegung in ganzen vier. Die PO stellte darüber hinaus in allen Wahlkreisen auf den ersten drei Listenplätzen mindestens eine Frau auf. Bereits 2007 hatte sie aufgrund innerparteilicher Bestimmungen eine so genannte „weiche Quote" eingeführt, nach der auf den ersten drei Listenplätzen wenigstens eine und auf den ersten fünf Plätzen mindestens zwei Frauen nominiert werden mussten. Während die SLD 2011 für Frauen in 40 der 41 Wahlkreise eine Kandidatur unter den ersten drei Listenplätzen sicherte, war dies bei der PSL in 38 Prozent der Wahlkreise nicht der Fall, bei der PiS sogar in mehr als der Hälfte nicht.[292] Zwar konnten landesweit – bezogen auf alle Parteien – 24 Kandidatinnen trotz schlechterer Listenplätze ihre männlichen Kollegen dank des Präferenzstimmensystems überflügeln und in den Sejm einziehen. Von den im Oktober 2011 gewählten 110 weiblichen Abgeordneten befanden sich jedoch 31 auf Platz 1 der betreffenden Wahlkreisliste, 25 auf Platz 2 und 20 auf Platz 3. Das Urteil von Druciarek et al. ist daher nachvollziehbar, dass der Listenplatz einen ganz entscheidenden Faktor für den Einzug einer Kandidatin in das Parlament darstellt. Allerdings ist je nach Wahlkreis für Angehörige kleinerer Parteien auch ein erster Listenplatz keine Garantie dafür gewählt zu werden. Dies mussten 2011 fünf Kandidatinnen der PSL und vier der SLD erfahren. Vier von ihnen wurden von männlichen Kollegen ihrer Liste überflügelt, aber in den übrigen Fällen erhielt die Partei insgesamt in dem betreffenden Wahlkreis keinen einzigen Sitz.[293]

Noch schwieriger gestaltet sich die Situation für Kandidatinnen in Einerwahlkreisen. Hierauf wurde in Kapitel 2.5 bereits am Beispiel der Wahlen zum Senat hingewiesen. Bei den fünf Präsidentschaftswahlen der Dritten Republik zwischen 1990 und 2010 traten insgesamt nur zwei Frauen an, von denen 1995 die damalige Präsidentin der Polnischen Notenbank und spätere Stadtpräsidentin von Warschau, Hanna Gronkiewicz-Waltz, auf 2,76 Prozent und 2005 die Vorsitzende des Arbeitgeberverbandes „Lewiatan", Henryka Bochniarz, auf ganze 1,26 Prozent kamen (vgl. Tabelle 17).

Auch in den Regierungen seit 1989 sind Frauen im europäischen Maßstab unterrepräsentiert.[294] Doch war mit Hanna Suchocka 1992/93 eine Frau immerhin Ministerpräsidentin, deren fragile Sieben-Parteien-Koalition im 1991 gewählten, extrem fragmentierten Sejm allerdings nach nicht ganz einem Jahr zerbrach, und 2011 wurde mit Ewa Kopacz erstmals eine Frau Marschallin des Sejm. Neben ihr kam mit Wanda Nowicka (Palikot-Bewegung) eine weitere Frau in das sechsköpfige Sejmpräsidium. Ebenso gelangte eine Frau in das vier Personen zählende Senatspräsidium. Diesen Ausnahmefällen steht der politische

---

292 Vgl. auch zu den Zahlenangaben zuvor Druciarek et al. 2012: 33 ff.
293 Ebenda: 37. Betroffen hiervon war u.a. die stellvertretende SLD-Vorsitzende Katarzyna Piekarska, die in einem an Warschau angrenzenden Wahlkreis zwar das dort mit Abstand beste Ergebnis ihrer Partei erzielte, aufgrund des insgesamt schwachen Ergebnisses der SLD in diesem Wahlkreis aber scheiterte.
294 Vgl. den Anteil von Frauen in Regierungen der Dritten Republik in Tabelle 16.

8.4 Probleme innerparteilicher Demokratie und Genderfragen

Tabelle 31: Prozentanteil an Frauen in Führungsgremien polnischer Parteien (2011)

PO		PiS		SLD		PSL		Palikot-Bewegung	
Landesrat	19	Präsidium	25[a]	Landesrat	14	Hauptrat	8	Landeskomitee	0
Landes-vorstand	24	Politisches Komitee	7	Landes-vorstand	15	Hauptexekutiv-komitee	10	Landes-vorstand	40
Landes-konvent	25	Politischer Rat	15	–	–	–	–	–	–
Landes-schieds-gericht	25	Dizsiplin. Schieds-gericht	25	Landes-parteigericht	25	Haupt-schiedsgericht	0	Landes-schiedsgericht	0
Landes-revisions-kommission	56	Landes-revisions-kommission	36	Landes-revisions-kommission	13	Haupt-revisions-kommission	13	Landes-revisions-kommission	0

a Das Präsidium setzt sich nur aus vier Personen zusammen
Quelle: Druciarek et al. 2012: 12.

Alltag von Frauen in Partei und Fraktion gegenüber. Frauen machen nach Erhebungen des Warschauer Instituts für Öffentliche Angelegenheiten etwa 20 bis 35 Prozent der Mitglieder politischer Parteien aus.[295] In deren Führungsgremien sind sie, wie Tabelle 31 ausweist, in etwa diesem Anteil entsprechend vertreten, wenngleich mit deutlichen Unterschieden.

Nicht viel anders stellt sich der Anteil von Frauen in den Führungspositionen der Ausschüsse des Sejm dar (vgl. Tabelle 32). Von den 26 ständigen Sejmausschüssen werden drei von Frauen geleitet. Alle sechs Sejmfraktionen werden von Männern geleitet. Sehr unterschiedlich ist der Anteil von Frauen in den Fraktionsvorständen, wobei hier freilich auch die jeweilige Fraktionsstärke zu berücksichtigen ist.

Einen Nebenschauplatz der Auseinandersetzung um eine wachsende Akzeptanz von Frauen in der Politik bildet im sprachlichen Bereich die sehr mühsame Einführung weiblicher Endungen für politische Ämter, die traditionell Männern vorbehalten waren. Jahrzehntelang galt (auch in der Volksrepublik) die Regel, dass nur die männlichen Formen

Tabelle 32: Frauenanteil in den Fraktionsvorständen des Sejm (Frühjahr 2012)

Fraktion	Frauenanteil im Fraktionsvorstand (in v. H.)	Stellvertretende Fraktionsvorstände		Fraktionsstärke insgesamt
		Frauen (absolute Zahlen)	Männer (absolute Zahlen)	
PO	40	6	5	206
PiS	38	2	4	135
PSL	14	0	3	28
SLD	20	1	2	25
Palikot-Bewegung	18	2	4	43
SP	50	1	0	21

Quelle: Eigene Zusammenstellung nach den Angaben bei Druciarek et al. 2012: 40, sowie der Internetseite des Sejm (www.sejm.gov.pl)

---

295 Nach der Erhebung des Warschauer Instituts für öffentliche Angelegenheiten von 2011 erklärten PO, SLD und PSL (PiS war in die Umfrage nicht einbezogen), dass ihre weiblichen Mitglieder zwischen 21 und 35 Prozent ausmachten; vgl. Waszak, Marcin 2011: Polskie partie w badaniach ankietowych Instytutu Spraw Publicznych, in: Chmaj et al. 2011, 49-65, hier 57.

verwendet wurden. So wurde, wenn eine Frau ein Amt innehatte, in der Anrede statt „Herr" (Pan) einfach „Frau" (Pani) gesetzt. Die Endung der Amtsbezeichnung blieb aber unverändert. Ein Mitglied des Parlaments (Abgeordneter = poseł) wurde daher entweder „Pan" oder „Pani poseł" genannt. Es bedeutete eine kleine Revolution, dass vor einigen Jahren für weibliche Abgeordnete die Form „posłanka" eingeführt wurde (wobei bis heute „Pani poseł" mindestens noch so verbreitet ist wie die neue Form). Das Wahlgesetzbuch vom Januar 2011 spricht nicht von „Kandidatinnen und Kandidaten", sondern von „Kandidaten-Frauen und Kandidaten-Männern".

Zu Beginn der Ende 2011 begonnenen Wahlperiode bat die neue Sportministerin Joanna Mucha darum, nicht mit „Pani minister", sondern mit „Pani ministra" angeredet zu werden. Eine Sprachwissenschaftlerin wies umgehend darauf hin, dass das im Polnischen korrekt „Pani ministerka" heißen müsse.[296] Als im Frühjahr 2012 die stellvertretende Parlamentspräsidentin Wanda Nowicka im Sejm Frau Mucha als „Pani ministra" das Wort erteilte und diese sich mit der Anrede „Pani marszałkini" (Frau Marschallin) bedankte (statt: „Pani marszałek", „Frau Marschall"), lautete die Überschrift des entsprechenden Berichts in der Gazeta Wyborcza: „Weibliche Endungen im Sejm! Endlich".[297] Ähnlich schwer tut sich die politische Klasse ebenso wie die Öffentlichkeit damit, bei ausländischen Politikerinnen entsprechende Endungen zu verwenden.[298]

8.5 Wahlen und Wählerverhalten

Die polnische Wählerschaft ist wie die anderer ostmitteleuropäischer Gesellschaften gekennzeichnet durch eine vergleichsweise geringe Parteienbindung – in diesem Punkt nähern sich westeuropäische Gesellschaften allmählich den postkommunistischen an –, vor allem aber durch eine ausgesprochen niedrige Wahlbeteiligung, die Kennzeichen fast aller Wahlen in Polen nach 1989 war.

8.5.1 Wahlbeteiligung

Selbst bei der die Gesellschaft extrem mobilisierenden Wahl vom 4. Juni 1989, die in ihrem politischen Ergebnis zum Systemwechsel in Polen führte, gingen nur rund 62 Prozent der Wahlberechtigten zu den Urnen. Vier Jahre zuvor hatten in einer für realsozialistische Verhältnisse ungewöhnlichen Studie Sozialwissenschaftler der Universität Warschau herausgefunden, dass sich die polnische Bevölkerung in vier etwa gleich große Gruppen unterteilen ließ: Befürworter der bestehenden realsozialistischen Ordnung, Gegner dieser Ordnung, Personen, die dem System gegenüber gleichgültig eingestellt waren, sowie eine Gruppe, die sich völlig aus dem öffentlichen Leben zurückgezogen hatte und sich nur mit ihren Privat-

---

296 „Mucha to ministerka, nie ministra", Gazeta Wyborcza 01.03.2012, http://wyborcza.pl/1,75478,11259461, Mucha_to_ministerka__nie_ministra.html (27.05.2012).
297 Kublik, Agnieszka 2012: Żeńskie końcówki w Sejmie! Nareszcie, in: Gazeta Wyborcza 26.05.2012, http://wyborcza.pl/1,75968,11801550,Zenskie_koncowki_w_Sejmie__Nareszcie.html (27.05.2012).
298 Nach der Wahl von Angela Merkel zur Bundeskanzlerin fragte ich meine polnischen Studierenden, wie die korrekte Bezeichnung für „Kanzlerin" auf Polnisch laute, und vermutete „kanclerka". Unter schmunzelndem Kopfschütteln der Studierenden wurde ich aufgeklärt, dass es so wie „Pan kanclerz" (Herr Kanzler) auch „Pani kanclerz" (Frau Kanzler) heiße. Genau so lautet die Terminologie auch in Politik und Öffentlichkeit.

geschäften befasste.[299] Diesem letzten Personenkreis dürften die meisten Nichtwähler von 1989 angehört haben.

Seither hat sich die Wahlbeteiligung nur wenig verändert und liegt auch im Vergleich zu anderen postkommunistischen Ländern ausgesprochen niedrig. Über die Gründe dafür ist viel geschrieben worden. Angeführt werden die weit verbreitete Unzufriedenheit mit dem Funktionieren der Demokratie in Polen, eine Entfremdung zwischen großen Teilen der Wählerschaft und den politischen Eliten, die Überzeugung, mit der eigenen Stimme ohnehin kaum etwas bewegen zu können, generell geringes politisches Interesse in bestimmten Gruppen der Gesellschaft (Jugendliche, Personen mit geringer Bildung u.a.). Eingehendere Untersuchungen haben ergeben, dass institutionelle Faktoren kaum einen Einfluss auf die Wahlbeteiligung besitzen. Stark determinieren dagegen sozialstrukturelle Faktoren die Wahlbeteiligung: Je höher die formale Bildung, je höher das Einkommen, je höher das Alter, je größer der Wohnort, desto höher die Wahlbeteiligung. Männer wählen etwas häufiger als Frauen, bei den Parlamentswahlen von 1997 bis 2007 zwischen 0,9 und 6,3 Prozent mehr. Wähler, die einmal pro Woche oder häufiger religiös praktizieren, gingen bei diesen Parlamentswahlen um zwischen 11,4 und 22,6 Prozent häufiger zur Wahl. Allerdings kennzeichnet die Wähler eine große Instabilität bei der Wahlbeteiligung (Cześnik 2009). Seit den 1990er Jahren lag die Zahl derer, die von einer Wahl zur anderen von Wählern zu Nichtwählern wurden und umgekehrt, bei 25–30 Prozent. Das Wählerverhalten bei den Parlamentswahlen von 2011 hat diese Regel bestätigt.[300] Dies bedeutet, dass nur rund ein Drittel der Wahlberechtigten tatsächlich bei den Parteien verankert ist. „Etwa 20–30 Prozent gehen immer zur Wahl und etwa 15–20 Prozent stimmen nie ab. Diese Letzteren leben überhaupt außerhalb der Politik und verspüren dabei keinerlei Unbehagen".[301]

Die Wahlbeteiligung liegt bei Präsidentschaftswahlen in der Regel um einige Prozentpunkte höher als bei Parlamentswahlen, vermutlich aufgrund der höheren Personalisierung der Entscheidung. Bei Parlamentswahlen lässt sich ähnlich wie in Deutschland eine abnehmende Beteiligung bei Wahlen von der nationalen über die regionale und kommunale Ebene bis zu Wahlen zum Europaparlament feststellen, bei denen Polen europaweit mit zu den Schlusslichtern zählt (Wahlbeteiligung 2004: 20,9 Prozent, 2009: 24,5 Prozent). Zur Anhebung der Wahlbeteiligung hat es zahlreiche Vorschläge gegeben: Einführung der Briefwahl, Nutzung des Internet, Ausdehnung der Wahl auf zwei Tage (Samstag/Sonntag wie beim Referendum über den Beitritt zur EU 2003, als auf diese Weise die erforderliche Abstimmungsbeteiligung erreicht wurde). Bei der Verabschiedung des Wahlgesetzbuches Anfang 2011 wurde hiervon vor allem die Ausdehnung der Wahl oder des Referendums auf zwei Tage vorgesehen. Die Entscheidung darüber, ob an einem oder an zwei Tagen abgestimmt wird, sollte bei der Institution liegen, die die betreffende Wahl oder Abstimmung ausschreibt. Im Falle der Sejm- und Senatswahlen ist dies der Staatspräsident. Die Bestim-

---

299 Kultura polityczna społeczeństwa polskiego (1983-1985). Część I: Zagadnienia ogólne, teoretyczne i metodologiczne. Pod red. Franciszka Ryszki, Warszawa 1987 (Uniwersytet Warszawski. Międzyresortowy Plan Badań Naukowych MR III 17); die wichtigsten Ergebnisse sind zusammengefasst in: Jasiewicz, Krzysztof 1989: Zwischen Einheit und Teilung: Politische Orientierungen der Polen in den 80er Jahren, in: Meyer, Gerd/ Ryszka, Franciszek (Hrsg.): Die politische Kultur Polens, Tübingen, 141-171.
300 Vgl. die Untersuchungen zum Wählerverhalten 2011 in der Veröffentlichung des Meinungsforschungsinstituts CBOS: Wierność wyborcza – przepływy między elektoratami partyjnymi z roku 2007 i 2011, BS/151/2001, Warschau, November 2011.
301 Mikołaj Cześnik, ohne Quellenangabe zitiert bei Janicki, Mariusz/Władyka, Wiesław 2010: Milcząca połowa narodu, in: Polityka 42, 16.10.2010, 16–20, hier 20.

mung, eine Wahl an zwei Tagen stattfinden zu lassen, wurde jedoch vom Verfassungsgerichtshof als verfassungswidrig verworfen. Die Uhrzeiten wurden den veränderten Lebensgewohnheiten angepasst und liegen nun von 07.00 bis 21.00 Uhr (statt bisher von 06.00 bis 20.00 Uhr). Keinen Anstoß nahmen die Verfassungsrichter an der neuen Bestimmung, dass Behinderte sowie Personen, die am Wahltag das 75. Lebensjahr vollendet haben, über einen Bevollmächtigten wählen können. Die PiS, zu deren Klientel gerade der letzte Personenkreis zählt, hatte wegen eventueller Manipulationsmöglichkeiten auch diesen Punkt des Wahlgesetzbuches vor den Verfassungsgerichtshof gebracht. Im Ausland weilende polnische Staatsbürger können nun per Briefwahl in den zuständigen Konsulaten abstimmen, wobei allerdings einige Formalitäten zu erfüllen sind. Die ersten Erfahrungen mit diesen Bestimmungen bei den Parlamentswahlen von 2011 lassen freilich erwarten, dass sich durch diese Neuerungen die Wahlbeteiligung kaum signifikant erhöhen wird.

Eine noch vor dem Urteil des Verfassungsgerichtshofs durchgeführte repräsentative Umfrage ergab, dass 30 Prozent der Meinung waren, zumindest einige Abstimmungen sollten an zwei Tagen durchgeführt werden. Bemerkenswert waren die großen Vorbehalte gegenüber der Briefwahl, bei der 54 Prozent der Befragten Manipulationsmöglichkeiten befürchteten, während ebenfalls 54 Prozent keine solche Gefahr sahen, wenn „mobile Urnen" zu den Wählern nach Hause gebracht würden. Immerhin 49 Prozent befürworteten die Einführung der Möglichkeit für Alle, per Internet zu wählen (was freilich längere technische Vorbereitungen erfordern würde), während 46 Prozent angaben, die Möglichkeit der Briefwahl solle es überhaupt nicht geben. Befragt, welche Art der Stimmabgabe man persönlich bevorzuge, nannten 72 Prozent die persönliche Stimmabgabe im Wahllokal, 23 Prozent die Abstimmung über Internet und drei Prozent die Abstimmung zu Hause an mobilen Urnen. Die Optionen „Briefwahl" oder „über einen Bevollmächtigten" erhielten jeweils null Prozent.[302]

Bemerkenswert ist, dass sich auch in Polen eine Art „bandwagon"-Effekt beobachten lässt. Bei Umfragen einige Tage nach der Wahl geben mehr Personen an, für die siegreiche Partei gestimmt zu haben, als dies tatsächlich der Fall war. So behaupteten bei einer Umfrage eine Woche nach der Sejmwahl von 1997 40 Prozent, für die AWS gestimmt zu haben, die tatsächlich nur 33,8 Prozent erhalten hatte. „Bandwagon"-Effekte zeigten sich 2011, wie zu erwarten, zugunsten des Siegers PO. Auf die PO waren 39,2 Prozent der gültigen Stimmen zum Sejm entfallen, einige Zeit nach der Wahl erklärten 44,6 Prozent der Befragten, sie hätten für die PO gestimmt.[303] Noch interessanter ist, dass nach den Wahlen von 2007 rund zwei Drittel (67 Prozent) der Befragten angaben, sie hätten gewählt, obwohl die tatsächliche Wahlbeteiligung nur 53,8 Prozent betragen hatte.[304] 2011 lauteten die entsprechenden Zahlen 60,3 und 48,9 Prozent, und im selben Jahr wollten sogar 69,2 Prozent an den Wahlen von 2007 teilgenommen haben.[305] Hier zeigt sich immerhin, dass der deutlichen Mehrheit der Befragten bewusst ist, dass Wählen eigentlich zum bewussten staats-

---

302 Vgl. CBOS 2011: Polacy o ułatwieniach w głosowaniu, BS/84/2011, Warschau, Juli 2011.
303 Vgl. CBOS 2011: Wierność wyborcza – przepływy między elektoratami partyjnymi z roku 2007 i 2011, BS/151/2011, Warschau, November 2011: 2 f.
304 Vgl. CBOS 2008: Słuchacze Radia Maryja, BS/131/2008, Warschau, August 2008: 7. Die Umfrage galt zwar primär den Hörern von Radio Maryja, doch waren die Angaben zur Wahlbeteiligung sowohl unter den Hörern dieses Senders wie bei dem gesamtpolnischen Sample mit 67% identisch.
305 Vgl. CBOS 2011: Wierność wyborcza – przepływy między elektoratami partyjnymi z roku 2007 i 2011, BS/151/2011, Warschau, November 2011: 1 f.

bürgerlichen Verhalten gehört. Die knapp ein Drittel ausmachende Minderheit der erklärten Nichtwähler verdeutlicht dagegen, wie stark das gegenteilige Bewusstsein in der Gesellschaft verbreitet ist.

8.5.2 Parteiidentifikation

Was die Wahrnehmung politischer Parteien angeht, lassen sich in Polen empirisch mehrere Dimensionen ausmachen. Zum einen hat der Großteil der Gesellschaft keine Probleme, die wichtigsten Parteien auf einem Rechts-Links-Kontinuum einzuordnen. Dabei ist die Positionierung auf diesem Kontinuum weniger – wie in Westeuropa – durch sozioökonomische als durch weltanschauliche Kriterien vorgegeben. Tabelle 33, die auf Daten der regelmäßig durchgeführten Erhebungen der Allgemeinen Polnischen Wahlforschung (PGSW) beruht, listet die Positionierung der einzelnen Parteien nach einem elfstufigen Kontinuum (1 = extrem links, 11 = extrem rechts) auf und gibt die Beurteilung der Parteien jeweils durch ihre Mitglieder und durch die Wählerschaft an.

In diesen Zahlen zeigt sich deutlich, dass die Wahrnehmung der einzelnen Parteien durch deren Mitglieder und durch die Gesellschaft im Wesentlichen übereinstimmt. Die einzige Ausnahme bildete die Wahrnehmung der *Samoobrona* im Jahre 2001. Bemerkenswert ist auch die Diskrepanz zwischen der Wahrnehmung der SLD-Mitgliedschaft und ihren Wählern, wobei freilich anzumerken ist, dass die SLD 2001 in einer Wahlkoalition mit der UP und 2007 mit der SdPl und der PD als LiD antrat. Betrachtet man im Rahmen der Erhebungen von PGWS die Selbsteinschätzung der Gesellschaft auf einer elfstufigen Skala von rechts nach links, so ergibt eine Addition der Angaben zu den Stufen 1 bis 5 (also Selbsteinschätzung „links") für das Jahr 2001 32,7 Prozent, dagegen für 2005 nur noch 14,1 Prozent und 2007 12,6 Prozent. Es ist also eine deutliche Verschiebung der Einstellungen von links nach rechts zu beobachten. Die Zahl derer, die Schwierigkeiten hatten, sich selbst politisch zu positionieren („schwer zu sagen"), lag 2001 und 2005 bei je 21,6 Prozent, 1997 dagegen bei 10,1 und 2007 bei 12,9 Prozent. Der Unterschied von zehn Pro-

Tabelle 33: Positionierung der Parteien auf einem Rechts-Links-Kontinuum (1997-2007)

	1997		2001		2005		2007	
	Partei-mitglieder	Wähler-schaft	Partei-mitglieder	Wähler-schaft	Partei-mitglieder	Wähler-schaft	Partei-mitglieder	Wähler-schaft
AWS	8,15	7,81	7,99	6,48	*	*	*	*
UW	5,61	6,10	6,09	5,91	*	*	*	*
ROP	7,44	7,02	*	6,62	*	*	*	*
LPR	*	*	7,18	*	6,53	7,80	*	8,27
Samoobrona	*	*	4,69	7,45	4,60	5,85	*	5,97
PO	*	*	6,33	*	6,61	6,78	6,28	6,31
PiS	*	*	6,55	*	7,33	7,40	7,00	7,60
PSL	3,74	4,93	4,34	4,50	4,42	5,95	4,86	5,83
SLD	1,66	2,65	1,35	2,55	1,40	2,54	1,97	2,76

Quelle: PGSW 1997, 2001, 2005, 2007; zitiert nach Żerkowska-Balas, Marta/ Cześnik, Mikołaj: Ideologiczne pozycje oczami wyborców: samookreślenie na skali lewica – prawica w postkomunistycznej Polsce, in: Kowalczyk 2011: 201

Tabelle 34: Übereinstimmung der eigenen Interessen mit den vier im Sejm vertretenen Parteien (2007 und 2010)

„In welchem Maße drückt jede der nachstehenden Parteien Ihre Interessen und Meinungen aus oder steht in Widerspruch zu ihnen?"	PO		PiS		SLD		PSL	
	Prozentsatz der Nennungen zum jeweiligen Termin							
	2007	2010	2007	2010	2007	2010	2007	2010
Übereinstimmung mit den eigenen Interessen und Meinungen	40	48	39	31	20	37	26	31
Neutralität	17	19	14	18	20	27	29	34
Widerspruch zu den eigenen Interessen und Meinungen	27	25	34	43	42	25	26	22
Schwer zu sagen	14	7	11	8	16	9	16	10
Nicht bekannt	1	1	1	1	2	2	3	2
Durchschnittliche Beurteilung[a]	0,20	0,39	-0,03	-0,45	-0,72	0,08	-0,15	0,08
Standardabweichung	1,86	1,94	2,03	2,14	1,71	1,73	1,41	1,52

a Auf einer Skala von +3 bis -3; Hervorhebung im Original
Quelle: CBOS 2010: Reprezentatywność głównych partii politycznych, BS/164/2010, Warschau, Dezember 2010: 3

zent wird darauf zurückgeführt, dass 1997 sowie 2007 die Polarisierung während der Wahlen besonders hoch war.[306]

Ähnlich wie in anderen Staaten Ostmitteleuropas war die Identifikation mit politischen Parteien in der polnischen Gesellschaft relativ schwach ausgeprägt. In einer repräsentativen Umfrage vom Mai 2007 erklärten 54 Prozent der Befragten, es gebe keine Partei, die ihnen „nahestehe". 1998 hatten dies nur halb so viele angegeben. Der Verlust an Identifikation mit einer konkreten politischen Partei betraf ebenso Personen, die sich selbst als politisch rechts, links wie der Mitte zugehörig bezeichneten.[307] Dies konnte als Hinweis darauf gelten, dass das Parteiensystem auch nach seiner 2001 erfolgten Umstrukturierung noch keineswegs gefestigt war und auf der „Angebotsseite" versucht werden könnte, durch Parteineugründungen dieser offensichtlich nicht befriedigten Nachfrage zu entsprechen.

Zwischen 2007 und 2010 hat sich jedoch das Bild zumindest für drei der vier zu dieser Zeit im Sejm vertretenen Parteien deutlich verbessert, wie Tabelle 34 zeigt.

Bei diesen Zahlen fallen mehrere Dinge auf. Für die polnische Parteiengeschichte nach 1989 ungewöhnlich ist, dass die PO – zur Zeit der Erhebung 2007 noch in der Opposition – es in der Regierung geschafft hat, die Zustimmung zur Partei noch zu vergrößern. Auch ihr Koalitionspartner PSL hat – wenn auch in etwas geringerem Umfang – seine Akzeptanz erhöhen können. Noch frappierender ist der Gewinn an Zustimmung bei der SLD. Sie befand sich 2007 nach den Skandalen der SLD-Regierungen und insbesondere der Rywin-Affäre in einem Popularitätstief und konnte sich in den drei Jahren danach bei der Wählerschaft den Ruf einer Partei erarbeiten, der dem der beiden Regierungsparteien durchaus vergleichbar ist. Die neue Wertschätzung der Partei bei Teilen der Wählerschaft lässt sich auch daraus ersehen, dass sie bei einer repräsentativen Umfrage vom Mai 2011 auf die

---

306 Żerkowska-Balas, Marta/ Cześnik, Mikołaj: Ideologiczne pozycje oczami wyborców: samookreślenie na skali lewica – prawica w postkomunistycznej Polsce, in: Kowalczyk 2011: 201.
307 CBOS 2007: Partie bliższe i dalsze. Identyfikacje partyjne Polaków, BS/73/2007, Warschau, Mai 2007.

Tabelle 35: Zweitpräferenzen der Anhänger der vier im Sejm vertretenen Parteien in v.H. (Mai 2011)

„Wenn Sie für Kandidaten einer weiteren Partei stimmen könnten, welche würden Sie als zweite wählen?"	Wählerschaft der politischen Parteien in v.H.				
	PO (N=253)	PSL[a] (N=29)	PiS (N=148)	SLD (N=80)	Sonstige Parteien (N=56)
LPR	1	3	6	0	7
Partia Kobiet (Frauenpartei)	3	5	3	3	1
PO	–	18	5	37	20
PJN	3	0	4	1	3
PSL	14	–	8	16	2
PiS	4	14	–	7	12
Ruch Poparcia Palikota[b]	1	0	0	5	6
SLD	33	8	11	–	10
Eine andere Partei	4	6	8	4	8
Eine solche Partei gibt es nicht	28	34	48	22	31
Schwer zu sagen	9	12	7	5	0
Insgesamt	100	100	100	100	100

a Die Zahl der Befragten liegt so niedrig, dass die Ergebnisse nur bedingt aussagekräftig sind
b Bewegung zur Unterstützung von Palikot, Anfang 2011 gegründeter Vorläufer der Palikot-Bewegung, die bei den Sejmwahlen 2011 zehn Prozent der Stimmen gewann
Quelle: CBOS 2011: Wybory parlamentarne 2011 – pewność głosowania, alternatywy i antypatie, BS/78/2011, Warschau, Juni 2011: 9; Hervorhebungen im Original

Frage, welche Partei die Befragten an zweiter Stelle wählen würden, mit 19 Prozent den ersten Platz einnahm, vor der PSL (11 Prozent), der PO (9 Prozent) und der PiS (5 Prozent; 33 Prozent: eine solche Partei gibt es nicht).[308] Ganz anders sieht die Entwicklung bei der PiS aus. 2007 als Regierungspartei noch gleichauf mit der PO, hat sie seither an Wählerpotential deutlich eingebüßt. Hatte die Partei noch 2005 eine der Zusammensetzung der Gesamtgesellschaft nahekommende Wählerschaft, so hat sich dies seit den Wahlen von 2007 gründlich geändert, in denen sie den Großteil der früheren Wähler von *Samoobrona* und LPR auf sich zog, das heißt vielfach ältere Menschen auf dem Land mit geringer Schulbildung. Wenn nur fünf Prozent derjenigen, die erklärten, sie würden an den Parlamentswahlen 2011 teilnehmen, angaben, sie würden als Wahlalternative die PiS betrachten, zeigt dies das geringe Potential, über das die Partei offensichtlich nur verfügt.

Aufschlussreich für die gefühlte Nähe bzw. Distanz der Parteien zueinander sind die Angaben, die Anhänger der vier damals im Sejm vertretenen Parteien im Mai 2011 darüber machten, welche Partei sie hinter ihrem eigentlichen Favoriten an zweiter Stelle wählen würden (vgl. Tabelle 35).

Aus diesen Zahlen geht hervor, dass eine klare Affinität zwischen den Wählern von PO und SLD besteht. Diese ergibt sich aus der programmatischen Nähe beider Parteien. Bisher lehnten vor allem größere Teile der PO eine Zusammenarbeit mit der SLD wegen der unterschiedlichen Herkunft beider Parteien ab, während die SLD bereits nach der Parlamentswahl 1993 der damaligen UD anbot, eine Koalition zu bilden und sogar bereit war, das Amt der Regierungschefin weiterhin Hanna Suchocka zu überlassen, was die UD jedoch ablehnte. Je mehr der Systemwechsel der Vergangenheit angehört und die aus der

---

308 Vgl. CBOS 2011: Wybory parlamentarne 2011 – pewność głosowania, alternatywy i antypatie, BS/78/2011, Warschau, Juni 2011: 7.

kommunistischen Zeit belasteten Politiker der SLD abtreten, desto mehr werden die programmatischen Gemeinsamkeiten gegenüber den Belastungen aus der Vergangenheit in den Vordergrund rücken. Ob und gegebenenfalls wann es zur Bildung einer Koalition PO-SLD auf nationaler Ebene kommen wird, wird stark von entsprechenden Kontextfaktoren abhängen. Die genannten empirischen Daten lassen jedoch erwarten, dass eine solche Koalition für die Anhänger beider Parteien kein grundsätzliches Hindernis mehr bedeuten würde.

Das Meinungsbild der PSL-Wähler deutete darauf hin, dass sie gespalten waren zwischen der Bereitschaft, die Koalition mit der PO fortzuführen, und der Akzeptanz einer künftigen Koalition mit der PiS. Bemerkenswert ist hier, dass nur acht Prozent eine Wiederaufnahme der postsozialistischen Koalition mit der SLD befürworteten. Allerdings war das Sample der befragten PSL-Anhänger so gering, dass die Autoren der Studie zur Zurückhaltung bezüglich ihrer Repräsentativität mahnten.

Bei den SLD-Anhängern ergab sich eine klare Mehrheit (37 Prozent) für eine Koalition mit der PO, doch sprachen sich auch 16 Prozent für eine Koalition mit der PSL aus, also für eine Erneuerung der in der Dritten Republik zweimal (1993-97, 2001-03) praktizierten Koalition der beiden postsozialistischen Parteien.

Die Befürworter der PiS hingegen sind auf ihre eigene Partei fixiert und können rund zur Hälfte (48 Prozent) keine andere Partei erkennen, der sie neben der PiS ihre Stimme geben könnten. Wenn dies mit elf Prozent an erster Stelle die SLD ist, kann das nur auf den ersten Blick überraschen. Zum einen hat die PiS seit 2005 einen erheblichen Teil der zuvor für die SLD votierenden sozial schwächeren Wählerschaft übernommen, die von den Korruptionsskandalen in der SLD angewidert war. Sie reagierte auf die Parole des „sozialen Polen", das die PiS in ihrer Wahlkampfführung 2007 dem angeblich von sozialer Kälte gekennzeichneten „liberalen Polen" der PO gegenüber stellte. Zum andern hat es in der Wahlperiode 2007-2011 durchaus „pragmatische", die ideologischen Prämissen auf den Kopf stellende Koalitionen vor allem in Personalfragen zwischen PiS und SLD gegeben, mehrfach zum Beispiel bei der Besetzung von Führungspositionen im staatlichen Radio- und Fernsehrat.

Die in den Gesellschaften Westeuropas vielfach konstatierte nachlassende Parteibindung der Wähler lässt sich auch in Polen beobachten, allerdings mit Unterschieden je nach Partei. Die zitierte Erhebung vom Mai 2011, also fünf Monate vor den Parlamentswahlen, ergab zunächst einmal, dass rund 60 Prozent der Wahlberechtigten auch beabsichtigten, tatsächlich zur Wahlurne zu gehen. Bei weiterem Nachfragen unter diesen erklärten Wählern, wie sicher sie ihrer Parteipräferenz seien, zeigte sich, dass die PiS zwar nicht die zahlenmäßig stärkste, aber die entschiedenste Anhängerschaft besaß. Immerhin 60 Prozent der erklärten PiS-Wähler gaben an, zu 100 Prozent sicher zu sein, diese Partei auch zu wählen. Eine solche Entschlossenheit zeigten nur 45 Prozent der – zahlenmäßig freilich stärkeren – erklärten PO-Wähler, wobei der Anteil derer, die die PO mit nicht mehr als 50prozentiger Sicherheit wählen wollten, bei zehn Prozent lag. Bei SLD und PSL betrug der Anteil der Anhänger, die sich ihrer Wahl zu 100 Prozent sicher waren, nur 38 bzw. 33 Prozent, der Anteil derer, die ihre Präferenz nicht zu mehr als 50 Prozent bestätigen wollten, immerhin 15 bzw. 41 Prozent.[309] Der Prozentsatz derer, die sich für andere Parteien als die PiS aussprechen, ist also in seiner Entschiedenheit erheblich schwächer als bei dem Elektorat der PiS. Das bedeutet für die betroffenen Parteien, dass die in Umfragen erzielten Größen-

---

309 Ebenda, 3.

ordnungen bestenfalls Anhaltspunkte für das tatsächliche Ergebnis liefern. Wie sich die Wähler dann endgültig entscheiden, ob sie überhaupt zur Wahl gehen und für wen sie stimmen, kann von sehr kurzfristigen kontextbedingten Faktoren abhängen. Insofern hat sich das Wahlverhalten der Polen an westeuropäische Muster angenähert. Das macht es in Polen wie auch in Westeuropa sehr schwierig, präzise Wahlprognosen zu treffen. Bei der Sejmwahl 2007 lagen PiS und PO bis in die allerletzte Phase in Umfragen fast gleichauf. Erst die gewonnenen Fernsehduelle von Donald Tusk und die konterproduktiv wirkende Tätigkeit der PiS-dominierten Antikorruptionsbehörde sowie des öffentlich-rechtlichen Fernsehens bewirkten einen letztlich deutlichen Umschwung zugunsten der PO. Ähnlich schien auch bei den Wahlen von 2011 die PiS schrittweise der lange Zeit selbstsicheren PO näherzukommen, ehe erneut in der Endphase das Fernsehen den Wahlkampf zugunsten der PO entschied (siehe das nachfolgende Kapitel 8.5.3).

8.5.3 Wahlkampfführung und Wählerverhalten

Die Art der Wahlkampfführung hat sich seit 1989 deutlich geändert. In der Volksrepublik, in der der Wahlsieger bereits vor den Wahlen feststand, war die Wahlkampagne darauf ausgerichtet, möglichst viele Wähler an die Urnen zu bringen und zur Zustimmung zu den Kandidaten der „Einheitsfront der Nation" (FJN) bzw. ab 1982 zur „Patriotischen Bewegung der Nationalen Wiedergeburt" (PRON) zu veranlassen. Hierfür wurden alle Massenmedien eingesetzt, die ohnehin unter der Kontrolle der Partei standen. Bei den Wahlen im Anschluss an den Runden Tisch 1989 kontrollierte die PZPR weiterhin alle elektronischen Medien und räumte der *Solidarność* nur minimale Sendezeiten im Rundfunk und vor allem Fernsehen ein. Wichtigstes Werbemittel der Kandidaten der *Solidarność* waren Plakate, auf denen alle ihre 261 Kandidatinnen und Kandidaten zum Sejm und Senat einzeln mit dem populärsten Politiker der *Solidarność*, ihrem Vorsitzenden Lech Wałęsa, abgebildet waren, der ihnen die Hand schüttelte. Da das Wahlsystem extrem kompliziert war und die kommunistischen Behörden zur Desorientierung der Wähler bei den Kandidaten keine parteipolitische Zugehörigkeit angaben, stellten die „Bürgerkomitees" der *Solidarność* vor den Wahllokalen Informationsstände auf, an denen interessierte Wähler „Handreichungen" erhielten, wie im Interesse der *Solidarność* die Stimme für die einzelnen zu besetzenden Mandate abzugeben sei.[310]

Mit den ersten vollständig freien Wahlen, den Kommunalwahlen vom Juni 1990, den Präsidentschaftswahlen Ende 1990 und den Sejmwahlen 1991, glichen sich dann die Techniken der Wahlkampfführung zunehmend den aus westlichen Demokratien bekannten an. Wichtigstes Medium bei Parlaments-, Präsidentschafts- und seit 2004 auch Europawahlen ist das Fernsehen, gefolgt von Radio und Printmedien. Zu den Wahlen zugelassene Parteien und Kandidaten erhalten im öffentlichen Rundfunk und Fernsehen kostenlose Sendezeiten. Der Versuch der PO-PSL-Regierung, mit der Verabschiedung des Wahlgesetzbuches Anfang 2011 die Bestimmung zu ändern, dass jederzeit auch gebührenpflichtige Anzeigen geschaltet werden können, scheiterte nach dem Einspruch der PiS an einem Urteil des Verfassungsgerichtshofs.[311] Gerade die PiS hatte vor den Wahlen zum EU-Parlament 2009 mit

---

[310] Zu den wahlgesetzlichen Bestimmungen, dem Verlauf der Wahlen und dem Ergebnis siehe u.a. Ziemer 1989.
[311] Vgl. das Urteil 61/6/A/2011 des Verfassungsgerichtshofs vom 20.07.2011, Sygn. Akt K 9/11.

einer groß angelegten PR-Kampagne – freilich vergeblich – versucht, ihr Image bei den Wählern aufzubessern. Auch Großplakate, die nach dem Willen der Sejmmehrheit Anfang 2012 verschwinden sollten, dürfen nach dem Urteil des Verfassungsgerichtshofs weiter eingesetzt werden.

Noch ist das Fernsehen das entscheidende Medium für den Wahlkampf. 2007 siegten Donald Tusk und die PO vor allem dank zweier von Tusk gegen den PiS-Vorsitzenden Jarosław Kaczyński gewonnener Fernsehduelle. Nach den Parlamentswahlen von 2011 räumte Kaczyński ein, dass weniger seine Attacken gegen Deutschland und Angela Merkel (aber auch diese) in der letzten Woche des Wahlkampfes der PiS geschadet hätten, sondern vor allem zwei Fernsehspots der PO, in denen zum einen die bei der großen Mehrheit der Polen Kopfschütteln hervorrufenden „Verteidiger" des Kreuzes vor dem Präsidentenpalast 2010 zur Erinnerung an die Flugzeugkatastrophe von Smolensk gezeigt wurden, bei der u. a. Staatspräsident Lech Kaczyński ums Leben gekommen war (deren vollständige Aufklärung wiederum für Jarosław Kaczyński monatelang geradezu monothematisch auf der Agenda stand). Zum anderen wurden Hooligans in Fußballstadien präsentiert, denen gegenüber die PiS-Führung zumindest ein gewisses Verständnis aufbrachte, während die PO mit Premier Tusk an der Spitze ihnen gegenüber kein Pardon gelten lassen wollte. Der Wahlspot der PO endete mit der Behauptung: „Sie (d.h. die beiden gezeigten Gruppen) werden zur Wahl gehen" – und riefen damit die eigenen potentiellen Anhänger in höchst suggestiver Weise zur Teilnahme an der Wahl auf. Im Jahre 2007 gewann eine unter Jugendlichen über SMS in der letzten Woche vor den Wahlen verbreitete Parole landesweite Bedeutung: „Verstecke der Oma den Ausweis". Dieser Spruch traf angesichts der beabsichtigten Ausschaltung einer für sie wichtigen Wählergruppe die PiS-Führung ins Mark, so dass Jarosław Kaczyński lautstark, aber ohne größere Auswirkungen öffentlich den „undemokratischen" Charakter dieser Aufforderung geißelte.

Mit der Verbreitung des Internets hat auch in Polen dessen Bedeutung für Wahlkämpfe zugenommen, zunächst allerdings in sehr bescheidenem Ausmaß. Erst ab 2005 hat das Internet eine signifikante Rolle als Medium für die Wahlkampfführung gewonnen[312] und wird seither für Wahlkämpfe zunehmend wichtiger. Etwas mehr als die Hälfte der erwachsenen Polen nutzt das Internet. Bei einer einen Monat nach den Parlamentswahlen vom Oktober 2011 durchgeführten repräsentativen Umfrage erklärten aber nur 24 Prozent (oder 44 Prozent der Internetnutzer), dass sie Informationen zu den Wahlen über dieses Medium gewonnen hätten. Mit Informationssendungen im Fernsehen (69 Prozent), Reklamespots in Radio und Fernsehen (59 Prozent), Artikeln in Zeitungen und Zeitschriften (42 Prozent) sowie Informationssendungen im Radio (41 Prozent) besaßen traditionelle Medien eine deutlich höhere Bedeutung als das Internet. Erstaunlicherweise war die Gruppe der Internetnutzer, die 55 Jahre und älter waren, in etwa gleich stark wie die der Nutzer unter den 18- bis 34jährigen.[313] Eine vom Institut für Öffentliche Angelegenheiten durchgeführte Untersuchung zur Nutzung des Internets im Wahlkampf 2011 ergab, dass 74 Prozent der Kandidatinnen und Kandidaten zum Sejm und 54 Prozent derer zum Senat keine eigene Internetseite führten. Selbst unter den Erstplatzierten auf den Wahlkreislisten hatten nur 48 Prozent eine eigene Internetseite (Batorski et al. 2012: 22). Vor allem die SLD versuchte, das

---

312 Janik-Wiszniowska, Małgorzata 2009: Promocja i reklama polityczna, in: Jabłoński, Andrzej W./ Sobkowiak, Leszek (red.): Marketing polityczny w teorii i praktyce, Wrocław, 196.
313 CBOS 2011: Społeczny odbiór kampanii wyborczej i aktywność polityczna w internecie, BS/156/2011, Warschau, Dezember 2011.

Internet zu einem Pfeiler ihres Wahlkampfes zu machen. Dass die Partei bei diesen Wahlen eine herbe Niederlage einstecken musste, lag allerdings weniger am Einsatz des Internets bzw. dessen nur begrenzter Nutzung durch die Wähler als an den generellen Schwächen der SLD. Die Bedeutung des Internets nicht nur bei Wahlen, sondern auch in der Kommunikation zwischen Partei/ Mandatsträgern und der Gesellschaft generell wird wie in allen Ländern wachsen.

Ein Blick auf die Wählerschaft der bei den Sejmwahlen 2011 ins Parlament gelangten Parteien zeigt bei der Aufschlüsselung nach verschiedenen soziodemografischen Faktoren zum Teil beträchtliche Unterschiede. Bei den Faktoren Alter und Geschlecht hebt sich die Palikot-Bewegung bei beiden Faktoren ab. 62,5 Prozent ihrer Wähler sind unter 40 Jahre alt. Bei der PiS fallen in diese Altersgruppe nur 31,4 Prozent. Während fast alle anderen Parteien unter ihren Wählern einen Frauenanteil von um die 50 Prozent oder darüber aufweisen, machen bei der Palikot-Bewegung Frauen nur 36,9 Prozent der Wähler aus. Knut Dethlefsen und Julia Walter kommen in ihrer Analyse zur Palikot-Bewegung und der SLD im Zusammenhang mit den Sejmwahlen von 2011 zu dem Ergebnis, dass die Palikot-Bewegung nicht nur programmatisch und nach den Biografien ihres Führungspersonals mitnichten als linke Partei zu bezeichnen sei. „Auch die Jugendlichkeit und die Männerdominanz ihrer Wählerklientel sind eher Merkmale von Anti-Establishment-Bewegungen" (Dethlefsen/Walter 2012: 6). Die deutsche Minderheit in der Wojewodschaft Oppeln, die freilich insgesamt nur 28.000 Wähler an die Urnen brachte, weist mit 56,0 Prozent den höchsten Anteil weiblicher Wähler auf. Zu erklären ist das mit der hohen Quote von Männern aus der Wojewodschaft Oppeln, die im Ausland beschäftigt sind, vor allem in Deutschland und den Niederlanden, und nicht eigens zu den Wahlen nach Hause fahren. Dieser Sachverhalt erklärt auch, weshalb bei gesamtpolnischen Wahlen und Abstimmungen die Beteiligung in der Wojewodschaft Oppeln in der Regel die niedrigste in ganz Polen ist.

Ins Auge fällt die relative Überalterung der Wählerschaft nicht nur der PiS (68,8 Prozent ihrer Wähler waren 40 Jahre oder älter), sondern auch der SLD (64,2 Prozent). Hierbei sind auch die absoluten Zahlen zu bedenken. So bedeuten die 35,8 Prozent unter 40 Jahre alter Wähler der SLD knapp 424.000 Personen, die 62,5 Prozent der RP-Wähler in derselben Alterskohorte knapp 900.000 Personen und die 39,9 Prozent der PO-Wähler in derselben Gruppe mehr als 2.246.000 Personen. Selbst die nur 31,4 Prozent Wähler der PiS in dieser Gruppe machen fast 1.350.000 Personen aus. Das unterstreicht die dramatische Situation, in der sich die SLD nach den Wahlen von 2011 befindet (vgl. Tabelle 36).

Tabelle 36: Wählerschaft der 2011 in den Sejm gewählten Parteien nach Alter und Geschlecht (in v. H.)

Partei	18–25 Jahre	26–39 Jahre	40–59 Jahre	60 Jahre und älter	Frauen
PO	11,5	28,4	35,9	24,2	54,9
PiS	11,0	20,4	38,0	30,6	52,2
RP	32,0	30,5	25,8	11,7	36,9
PSL	11,2	26,0	43,0	19,8	49,9
SLD	11,1	24,7	37,6	26,6	50,1
Dt. Minderheit	14,1	18,2	41,3	26,4	56,0

Quelle: Eigene Zusammenstellung nach den Angaben von TNS OBOP für TVN24, abgerufen unter http://www.tvn24.pl/wybory2011.html (27.02.2012)

Tabelle 37: Wählerschaft der 2011 in den Sejm gewählten Parteien nach Berufen (in v. H.)

	PO	PiS	RP	PSL	SLD	Dt. Minderheit
Leiter und Spezialisten	16,3	9,1	12,3	8,9	11,6	3,8
Verwaltungsangestellte	12,2	10,1	8,7	12,8	14,5	10,5
Dienstleistung und Verkauf	8,6	7,5	9,5	7,3	7,9	5,6
Privatunternehmer	13,1	8,3	12,7	7,3	7,1	7,4
Arbeiter	6,1	9,8	10,8	8,6	8,9	11,3
Landwirte	1,5	6,4	2,4	18,6	3,2	17,2
Schüler und Studierende	7,1	6,4	18,6	6,4	6,7	8,9
Rentner und Pensionäre	24,3	30,8	12,3	20,1	28,3	26,9
Arbeitslose	3,3	4,3	5,1	3,9	4,4	4,1
Sonstige	7,5	7,3	7,6	6,1	7,4	4,3

Quelle: Eigene Zusammenstellung nach den Angaben von TNS OBOP für TVN24, abgerufen unter http://www.tvn24.pl/wybory2011.html (27.02.2012)

Bestätigt wird dieser Befund dadurch, dass das Elektorat der SLD bei den Berufsgruppen nach der PiS den zweithöchsten Anteil an Rentnern und Pensionären aufwies. Bemerkenswert ist ferner, dass der Anteil der Arbeiter unter den Wählern der SLD sowohl prozentual als erst recht in absoluten Zahlen deutlich geringer war als bei der PiS und selbst der Palikot-Bewegung. Wenig überrascht der hohe Anteil von Führungskräften und Privatunternehmern bei der PO, eher dagegen die in diesen Punkten weitgehend analoge Struktur der Wählerschaft der RP, was wiederum ein Indiz dafür ist, dass es sich bei der Palikot-Bewegung nicht um eine klassische Linkspartei handelt.

Unter dem Aspekt des formalen Bildungsabschlusses besitzen die Wähler der PO die höchste Bildung (41,8 Prozent Hochschul- und 40,5 Prozent Sekundarschulabschluss). Palikots Elektorat liegt hier ebenso fast gleichauf (33,2 bzw. 45,4 Prozent) wie das der SLD (35,0 bzw. 41,7 Prozent). Deutlich hebt sich hier die Wählerschaft der Deutschen Minderheit ab, die zu mehr als der Hälfte (51,1 Prozent) nur die Grund- oder Berufsschule besucht hat. Dieses Bild wird auch beim Blick auf die Berufsstruktur bestätigt. Nur die Bauernpartei (18,6) hat prozentual mehr Landwirte unter ihren Wählern als die Deutsche Minderheit (17,2), die zugleich mit 11,3 Prozent das Elektorat mit dem höchsten Anteil an Arbeitern aufweist.

Gegen die in der Publizistik vielfach anzutreffende These, die Palikot-Bewegung sei eine Linkspartei, spricht auch, dass die RP-Wähler bei den Wahlen 2007 fast zur Hälfte

Tabelle 38: Bildungsabschluss der Wählerschaft der 2011 in den Sejm gewählten Parteien (in v. H.)

	PO	PiS	RP	PSL	SLD	Dt. Minderheit
Grundschule	3,9	10,4	5,8	8,6	5,8	13,7
Berufsschule	13,8	23,5	16,6	24,4	17,5	37,4
Sekundarschule	40,5	39,9	45,4	39,0	41,7	28,3
Hochschule	41,8	26,2	33,2	28,0	35,0	20,6

Quelle: Eigene Zusammenstellung nach den Angaben von TNS OBOP für TVN24, abgerufen unter http://www.tvn24.pl/wybory2011.html (27.02.2012)

Tabelle 39: Stammwähler (wie 2007) und Wechselwähler bei den Sejmwahlen 2011 (in v. H.)

	Wähler 2011 wie 2007	Höchste Prozentzahl an Wechselwählern von Partei ...	2007 nicht an Wahl teilgenommen (einschließlich Erstwähler)	Weiß nicht mehr, wie 2007 gewählt
PO	82,8	2,8 PiS, 2,2 LiD	5,3	4,9
PiS	78,6	5,3 PO, 1,2 PSL	5,0	6,3
RP	–	47,4 PO, 7,6 LiD	17,5	10,6
PSL	42,4	21,2 PO, 12,4 PiS	6,8	11,3
SLD	36,3	26,1 PO, 6,8 PiS	8,1	11,5
Dt. Minderheit	56,9	15,6 PO, 3,3 PiS	9,4	13,0

Quelle: Eigene Zusammenstellung nach den Angaben von TNS OBOP für TVN24, abgerufen unter http://www.tvn24.pl/wybory2011.html (27.02.2012)

(47,4 Prozent) PO gewählt haben und nur zu 7,6 Prozent LiD (die Gruppierung, in der die SLD der stärkste Koalitionspartner war). Unbestreitbar ist, dass bei weitem keine andere Gruppierung so viele Erst- und bisherige Nichtwähler mobilisieren konnte wie die Palikot-Bewegung. Der PO gelang es, in einem erstaunlich hohen Maße ihr Elektorat von 2007 an sich zu binden. 82,8 Prozent der Personen, die der PO 2011 ihre Stimme gaben, hatten bereits 2007 für die Partei votiert. Von den PiS-Wählern 2011 hatten immerhin 78,6 Prozent auch 2007 für ihre Partei gestimmt. Deutlich geringer ist, wie Tabelle 39 ausweist, die Bindung der Wähler an die anderen Parteien, die 2011 in den Sejm gelangten. Geradezu deplorabel ist die Situation der SLD, die bereits 2007 ein extrem schwaches Ergebnis eingefahren hatte. 2011 erzielte die SLD sowohl nach Prozent- als auch nach absoluten Zahlen ihr schlechtestes Ergebnis seit den ersten freien Wahlen zum Sejm 1991. Und selbst von dieser geschrumpften Wählerschaft hatte 2007 nur etwas mehr als ein Drittel für die SLD gestimmt, deren Wähler 2011 zu mehr als einem Viertel von der PO kamen, was die oben in Kapitel 8.5.2 festgestellte Affinität zwischen PO und SLD unterstreicht.

8.5.4 Wahlgeografie

Deutlich ausgeprägt hat sich in den Jahren nach 1989 eine wahlgeografische Zweiteilung des Landes in den Westen und Norden einerseits und den Osten und Süden andererseits, wobei die Weichsel in etwa die Trennlinie darstellt. Ähnlich wie in der Zwischenkriegszeit, als zwischen einem „Polen A" und „Polen B" unterschieden wurde, ist der östliche und südöstliche Landesteil ländlicher geprägt, verfügt über eine geringere infrastrukturelle Entwicklung und wählt deutlich konservativer als der Westen (2005 und 2007 klare Mehrheit für PiS, die 2011 etwas abgeschwächt wurde, bei den Präsidentschaftswahlen 2010 Mehrheit für Jarosław Kaczyński). Im weiter entwickelten westlichen Landesteil überwiegen Stimmen für liberalere, weltoffenere Parteien (1993-2001 SLD, 2005, 2007 und 2011 PO, bei den Präsidentschaftswahlen 2010 klare Mehrheiten für den PO-Kandidaten Komorowski). Betrachtet man die Karte mit den Wahlkreisen, in denen 2007 die PO mehr als 45 Prozent der gültigen Stimmen erzielte, bilden sich fast genau die Oder-Neiße-Gebiete ab. Nimmt man die Wahlkreise hinzu, in denen die Partei zwischen 35 und 45 Prozent erreichte, zeichnen sich auch die preußisch-deutschen Teilungsgebiete bis 1918 ab.[314] Die Hochburgenbildung der PO im Westen und Norden hat allerdings nur indirekt mit der früheren Zugehörigkeit dieser Gebiete zu Deutschland zu tun. Nach 1945 wanderte hier eine überdurchschnittlich junge Bevölkerung ein, was zu überdurchschnittlich hohen Geburtenraten führte. Bis heute ist die Bevölkerung in diesen Gebieten im Durchschnitt jünger als im übrigen Land. Die Wählerschaft der PO in diesen Gebieten unterschied sich also nicht von der PO-Anhängerschaft im übrigen Land. Sie war hier nur stärker konzentriert. Ein Blick auf die Wahlbeteiligung, die 2007 regional sehr unterschiedlich war (landesweit 53,9 Prozent; Posen 66,7 Prozent, Warschau 74 Prozent), zeigt, dass es der PO gelang, ihre gerade in den Städten sehr starke Anhängerschaft zu mobilisieren. Die Wahlkreise mit der höchsten Wahlbeteiligung wiesen auch den höchsten Prozentanteil für die PO auf.[315] Die PiS-Wähler konzentrierten sich, betrachtet man die Wahlkreise, in denen die PiS auf mehr als 35 Prozent kam, im früheren russischen und habsburgischen Teilungsgebiet. In drei Wahlkreisen im Südosten kam die Partei sogar auf zwischen 45 und 55 Prozent. Dabei gab es in der „konservativen" östlichen Hälfte allerdings „liberale" Einsprengsel in den Großstädten (Warschau, Lodz, Krakau). 2005 und noch deutlicher 2007 gab es ferner in den PiS-dominierten Regionen dort einen Vorsprung für die PO, wo es eine Konzentration nationaler (Ukrainer im äußersten Südosten, Weißrussen um Białystok, Litauer im Nordosten um Sejny) und religiöser (Protestanten um Bielsko-Biała) Minderheiten gibt, die die nationalkatholische PiS fürchteten. Die deutsche Minderheit wählte 2007 in ihrer Hochburg, der Wojewodschaft Oppeln, offenbar aus Angst vor einer Fortsetzung der PiS-Regierungen zu großen Teilen die PO, so dass die Vertretung der deutschen Minderheit im Sejm erstmals auf ein einziges Mandat reduziert wurde. Die PSL besitzt ihre Hochburgen in den ländlichen Regionen des mittleren und östlichen Polen, die SLD in den Städten und im Westen sowie im Norden des Landes. Bemerkenswert ist, dass im Wahlkreis Sosnowitz (Sosnowiec) in Oberschlesien, in dem zu kommunistischer Zeit Edward Gierek die (mit einiger Sicherheit in ihrer Höhe gefälschten) landesweit besten Ergebnisse für die PZPR erzielte, auch heute die SLD ihre besten Resultate in ganz Polen einfährt, auch wenn diese dem Gesamttrend der Partei entsprechend deutlich bescheidener als früher ausfallen. Hier gibt es jedoch offensichtlich eine besondere Hochburg der Linken.

Erstaunliche Nachwirkungen der politischen Kultur der Teilungszeit im 19. Jahrhundert haben Studien aufgezeigt, die das Wahlverhalten in Gemeinden entlang der früheren Grenze zwischen dem russischen und dem österreich-ungarischen Teilungsgebiet untersuchten. In benachbarten Gemeinden mit völlig vergleichbarer Sozialstruktur ließ sich dabei ein ganz unterschiedliches Wahlverhalten beobachten. Die Zugehörigkeit von Gebieten zu unterschiedlichen politischen und Verwaltungssystemen wirkt selbst dort weiter, wo nach 1945 die Zusammensetzung der Bevölkerung fast völlig verändert wurde. In früher deutschen Gebieten, in denen heute überwiegend Familien wohnen, die aus den früheren polnischen Ostgebieten stammen – die in der Teilungszeit also russisch geprägt waren – wirkt heute auf das Wahlverhalten weniger die Herkunftsregion als der Einfluss lokaler Traditionen (Majcherek 2012: 23f.).

---

314 Vgl. die Karte „Polityczny rozbiór Polski" in der Polityka Nr. 43, 27.10.2007: 11.
315 Vgl. die Karten zur Wahlgeografie der 2007 in den Sejm gelangten Parteien in: Osteuropa 57 (10), 2007, zwischen den Seiten 32 und 33.

8.5 Wahlen und Wählerverhalten

Tabelle 40: Ergebnisse der Sejmwahlen vom 27.10.1991, 19.09.1993 und 21.09.1997

	1991		1993		1997	
Wahlberechtigt	27.516.166		27.677.302		28.409.054	
Wahlbeteiligung	11.887.949		14.415.586		13.616.378	
Wahlbeteil. in v.H.	43,20		52,08		47,93	
	11.218.602		13.796.227		13.088.231	
	Stimmen in v.H.	Sitze	Stimmen in v.H.	Sitze	Stimmen in v.H.	Sitze
UW[a]	12,3	62	10,6	74	13,4	60
SLD	12,0	60	20,4	171	27,1	164
ZChN[b]	8,7	49	6,4	–	[c]	
PSL	8,7	48	15,4	132	7,3	27
KPN	7,5	46	5,8	22	[c]	
PC	8,7	44	4,4	–	[c]	
KLD	7,5	37	3,9	–	–	–
PL	5,5	28	2,4	–	[c]	
Solidarność	5,1	27	4,9	–	[c]	
PPPP	3,3	16	0,1	–	–	–
UPR	2,3	3	3,2	–	2,0	–
UP[d]	2,1	4	7,3	41	4,7	–
Dt. Minderheit	1,2	7	0,8	4	0,6	2
Partei „X"	0,5	3	2,7	–	–	–
BBWR	–	–	5,4	16	–	–
Samoobrona	–	–	2,8	–	0,1	–
ROP[e]	–	–	2,7	–	5,6	6
AWS	–	–	–	–	33,8	201
Sonstige	14,9	26	0,8	–	5,4	–
Insgesamt		460		460		460

a   Bei den Wahlen 1991 und 1993.
b   1991: WAK (Katholische Wahlaktion), 1993: Wahlkoalition Vaterland (Ojczyzna) zusammen mit dem Polnischen Konvent Aleksander Halls. Die ZChN spaltete sich vor der Parlamentswahl 2001; ein Teil schloss sich der AWSP an, ein anderer der PiS.
c   1997 Teil der Listenverbindung AWS.
d   1991: RDS von Zbigniew Bujak.
e   1993 Koalition für die Republik (Koalicja dla Rzeczpospolitej, KdR).
Quelle: Eigene Zusammenstellung nach den jeweiligen Angaben der Staatlichen Wahlkommission

Tabelle 41: Ergebnisse der Sejmwahlen vom 23.09.2001, 25.09.2005, 21.10.2007 und 09.10.2011

	2001		2005		2007		2011	
Wahlberechtigt	29.364.455		30.229.031		30.615.471		30.762.931	
Wahlbeteiligung	13.591.681		12.263.640		16.495.045		15.063.945	
Wahlbeteil. in v.H.	46,29		40,57		53,88		48,92	
Gültige Stimmen	13.017.929		11.804.676		16.142.202		15.050.027	
	Stimmen in v.H.	Sitze	Stimmen in v.H.	Sitze	Stimmen in v.H.	Sitze	Stimmen in v.H.	Sitze
UW[a]	3,1	–	2,5	–				
SLD[b]	41,0	216	11,3	55	13,15	53	8,24	27
PSL	9,0	42	7,0	25	8,91	31	8,36	28
UPR[c]	–	–	1,6	–	c		1,06	–
UP[d]								
Dt. Minderheit	0,4	2	0,3	2	0,20	1	0,19	1
Samoobrona	10,2	53	11,4	56	1,53	–	0,07	–
AWS[e]	5,6	–	–	–	–	–	–	–
PO	12,7	65	24,1	133	41,51	209	39,18	207
PiS	9,5	44	27,0	155	31,11	166	29,89	157
LPR	7,9	38	8,0	34	1,3	–	–	–
SdPl[f]	–	–	3,9	–				
RP	–	–	–	–	–	–	10,02	40
PJN	–	–	–	–	–	–	2,19	–
Sonstige	0,6	–	3,0	–	1,29	–	0,79	–
Insgesamt		460		460		460		460

a Bei den Wahlen 2005: PD. 2007 als PD in einer Wahlkoalition mit SLD, SdPl und UP.
b 2001 Listenverbindung von SLD und UP. 2007 Listenverbindung mit SdPl, PD und UP als LiD. 2007 Listenverbindung von SLD, UP, Zieloni 2004 und der Frauenpartei.
c 2005 angetreten unter dem Namen Plattform von Janusz Korwin-Mikke (Platforma Janusza Korwin-Mikke), 2007 in einer gemeinsamen Liste mit der LPR. Kandidierte 2011 als „Neue Rechte von Janusz Korwin-Mikke".
d 2001 Wahlbündnis mit der SLD. Konstituierte nach der Wahl eine eigene Sejm-Fraktion von 16 Abgeordneten. 2005 Wahlbündnis mit der SdPl, 2007 Wahlbündnis mit SLD, SdPl und PD, 2011 mit SLD, Zieloni 2004 und der Frauenpartei.
e 2001 Kandidatur als Wahlbündnis.
f 2007 Wahlbündnis mit SLD, UP und PD. 2011 kandidierten Politiker der SdPl auf Listen der PO und der SLD.
Quelle: Eigene Zusammenstellung nach den jeweiligen Angaben der Staatlichen Wahlkommission

8.5 Wahlen und Wählerverhalten

Tabelle 42: Wahlergebnisse zum Senat 1991-2011

	1991	1993	1997	2001	2005	2007	2011
	Sitze	Sitze	Sitze	Sitze	Sitze	Sitze	Sitze
UW	21	4	8	–	–	–	–
SLD	4	37	28	75	–	–	–
ZChN	9	1	a	–	–	–	–
PSL	8	36	3	4	2	–	2
AWS	–	–	51	–	–	–	–
KPN	4	–	a	–	–	–	–
PC	9	1	a	–	–	–	–
KLD	6	1	–	–	–	–	–
PL	7	1	a	–	–	–	–
Solidarność	12	9	–	–	–	–	–
UP	–	2	–	–	–	–	–
Deutsche Minderheit	1	1	–	–	–	–	–
BBWR	–	2	–	–	–	–	–
Samoobrona	–	–	–	2	3	–	–
LPR	–	–	–	2	7	–	–
Block 2001	–	–	–	15	–	–	–
PiS	–	–	–	–	49	39	31
PO	–	–	–	–	34	60	63
Sonstige	19	5	5	2	5	1	4

a Teil der AWS
Quelle: Ziemer 2009: 168 sowie Angaben der Staatlichen Wahlkommission

Tabelle 43: Ergebnisse der Wahlen zum Europaparlament 2004 und 2009

	13.06.2004		07.06.2009	
Wahlberechtigte	29.986.109		30.565.272	
Wahlbeteiligung	6.258.550		7.497.296	
Wahlbeteil. in v.H.	20,87		24,53	
Gültige Stimmen	6.091.531		7.364.763	
	Stimmen in v.H.	Sitze	Stimmen in v.H.	Sitze
PO	24,10	15	44,43	25
PiS	12,67	8	27,40	15
SLD-UP	9,35	5	12,34	7
LPR	15,92	10	–	–
Samoobrona	10,78	6	1,46	0
UW	7,33	4	b	0
PSL	6,34	4	7,01	3
SdPl	5,33	3	2,44[b]	0
UPR	1,87	0	1,10	0
Libertas	–	–	1,14	0
Sonstige	6,31[a]	0	2,68[c]	0
Insgesamt	100,00	55	100,00	50

a Elf Listen
b Wahlbündnis SdPl, PD (ex-UW) und Grüne
c Vier Listen
Quelle: Eigene Zusammenstellung nach Angaben der Staatlichen Wahlkommission, http://www.pkw.gov.pl/gallery/10/17/10174.pdf und http://www.pkw.gov.pl/gallery/17/00/29/170029/obwieszczenie.pdf (31.07.2012)

8.6 Literatur

Batorski, Dominik et al. 2012: Internet w kampanii wzborczej 2011, Warszawa (ISP/FES); zugänglich auch unter http://www.isp.org.pl/uploads/pdf/947633366.pdf.
Bichta, Tomasz 2010: Struktura organizacyjna partii politycznych w Polsce po 1989 roku, Lublin.
Borowik, Bogdan 2001: Partie konserwatywne w Polsce 1989-2001, Lublin.
CBOS 2008: Finansowanie partii politycznych, BS/59/2008, Warschau, April 2008.
CBOS 2007: Partie bliższe i dalsze. Identyfikacje partyjne Polaków, BS/73/2007, Warschau, Mai 2007.
Chmaj, Marek/ Waszak, Marcin/ Zbieranek, Jarosław (Red.) 2011: O demokracji w polskich partiach politycznych, Warszawa (ISP/KAS).
Chruściak, Ryszard 1999: System wyborczy i wybory w Polsce 1989-1998. Parlamentarne spory i dyskusje, Warszawa.
Cześnik, Mikołaj (Red.) 2010: Niestabilność wyborcza w Polsce, Warszawa.
Cześnik, Mikołaj 2009: Partycypacja wyborcza Polaków, Warszawa (ISP); zugänglich auch unter www.isp.org.pl/files/20145849250174351001263374709.pdf (31.08.2012).
Cześnik, Mikołaj 2007: Partycypacja wyborcza w Polsce. Perspektywa porównawcza, Warszawa.
Dethlefsen, Knut/ Walter, Julia 2012: Zwischen antiklerikaler Systemopposition und postkommunistischer Orientierungslosigkeit. Die polnische Linke auf der Suche nach sich selbst, FES Internationale Politikanalyse, Februar 2012, http://library.fes.de/pdf-files/id/ipa/08937.pdf (30.08.2012).
Druciarek, Małgorzata et al. 2012: Kobiety na polskiej scenie politycznej, Warszawa (ISP); zugänglich auch unter http://www.isp.org.pl/publikacje-download,25,522.html.
Gardziel, Tadeusz/ Gawroński, Sławomir 2008: Wybory 2007. Partie, programy, kampania wyborcza, Katowice.
Glajcar, Rafał/ Wojtasik, Waldemar (Red.) 2010: Wybory do Parlamentu Europejskiego w Polsce 2009, Katowice.
Gorgol, Andrzej/ Granat, Mirosław/ Sobczak, Jacek 2000: Ustawa o partiach politycznych. Komentarz, Warszawa.
Grabowska, Mirosława/ Szawiel, Tadeusz (Red.) 2003: Budowanie demokracji. Podziały społeczne, partie polityczne i społeczeństwo obywatelskie w postkomunistycznej Polsce, Warszawa.
Gwiazda, Anna 2008: Party Patronage in Poland. The Democratic Left Alliance and Law and Justice compared, in: East European Politics and Societies 22 (4), 802-827.
Harper, Jo 2009: Children of the revolution. Explaining the PO/PiS struggle on Poland, in: Central European Political Science Review 35 (10), 69-86.
Henzler, Marek 2009: Ile mają w skarpecie?, in: Polityka 41, 10.10.2009, 26-28.
Janicki, Mariusz 2010: Elektorzy. Prawybory w Platformie właśnie się kończą, ale kim właściwie są członkowie tej partii, in: Polityka 13, 27.03.2010, 12-14.
Jarentowski, Marek 2011: Zmiana systemu wyborczego do Senatu RP z 2011 r., in: Przegląd Sejmowy 4 (105), 33-47.
Jasiewicz, Krzysztof 2009: "The Past Is Never Dead". Identity, Class, and Voting Behavior in Contemporary Poland, in: East European Politics and Societies 23 (4), 491-508.
Jasiewicz, Krzysztof 2008: The (not always sweet) uses of opportunism. Post-communist political parties in Poland, in: Communist and Post-Communist Studies 41 (4), 421-442.
Jörs, Inka 2006: Postsozialistische Parteien. Polnische SLD und ostdeutsche PDS im Vergleich, Wiesbaden.
Kowalczyk, Krzysztof (Red.) 2011: Partie i system partyjny III RP, Toruń.
de Lange, Sarah L./ Guerra, Simona 2009: The League of Polish Families between East and West, past and present, in: Communist and Post-Communist Studies 42 (4), 527-549.
Majcherek, Janusz A. 2012: Die Wählergeografie im heutigen Polen, in: Deutsches Polen-Institut (Hrsg.): Jahrbuch Polen 2012. Regionen, Wiesbaden, 20-27.

Markowski, Radosław (Red.), 2002: System partyjny i zachowania wyborcze. Dekada polskich doświadczeń, Warszawa (ISP PAN/FES).
Matyja, Rafał 2009: Od ruchu „trzech tenorów" do partii Tuska, in: Migalski 2009, 54-81.
Migalski, Marek (Red.) 2009: Platforma Obywatelska, Toruń.
Migalski, Marek 2008: Czeski i polski system partyjny. Analiza porównawcza, Warszawa.
Migalski, Marek/ Wojtasik, Waldemar/ Mazur, Marek 2006: Polski system partyjny, Warszawa.
Millard, Frances 2003: Elections in Poland 2001: electoral manipulation and party upheaval, in: Communist and Post-Communist Studies 1, 69-86.
Millard, Frances 2006: Poland's Politics and the Travails of Transition after 2001: The 2005 Elections, in: Europe-Asia Studies 58 (7), 1007-1032.
Millard, Frances 2010: Democratic Elections in Poland, 1991-2007, London/ New York.
Niewiadomska-Frieling, Anna 2006: Politische Parteien Polens nach 1989. Zusammenhang zwischen den cleavage-Positionen der polnischen Parteien in den Parlamentswahlen 1997 und 2001, Berlin.
Piontek, Dorota 2011: Kampania w zastępstwie. Prezydencka kampania w Polsce w 2011 roku, in: Athenaeum 27, 24-40.
Rakowska, Anna/ Skotnicki, Krzysztof 2011: Zmiany w prawie wyborczym wprowadzone przez Kodeks wyborczy, in: Przegląd Sejmowy 4 (105), 9-32.
Sielski, Jerzy/ Czerwieński, Marek (Red.) 2008: Partie polityczne – przywództwo partyjne, Toruń.
Skotnicki, Krzysztof (Red.) 2011: Kodeks wyborczy. Wstępna ocena, Warszawa.
Szawiel, Tadeusz 2007: Das polnische Parteiensystem nach den Regional- und Kommunalwahlen im November 2006, in: Polen-Analysen Nr. 4, 08.01.2007, www.laender-analysen.de/polen.
Szwed, Robert 2011: Printmedia poll reporting in Poland: Poll as news in Polish parliamentary campaigns, 1991-2007, in: Communist and Post-Communist Studies 44, 63-72.
Vetter, Reinhold 2011: Zweite Chance für Tusk. Die Parlamentswahlen in Polen, in: Osteuropa 61 (11), 27-42.
Walter, Julia 2012: Das komplizierte Erbe der Einheitspartei. Der Bund der Demokratischen Linken in Polen, in: Butzlaff, Felix/ Micus, Matthias/ Walter, Franz (Hrsg.): Genossen in der Krise? Europas Sozialdemokratie auf dem Prüfstand, Göttingen, 242-259.
Zbieranek, Jarosław, 2009: System finansowania partii politycznych w Polsce – kierunki zmian. Analizy i opinie 91, luty 2009, auch zugänglich unter: www.isp.org.pl/files/14500158690987049001239103554.pdf.
Ziemer, Klaus 1989: Auf dem Weg zum Systemwandel in Polen. Teil II, in: Osteuropa 39 (11/12), 957-980.
Ziemer, Klaus 2003: Wahlen im postsozialistischen Polen, in: Ders. (Hrsg.): Wahlen in postsozialistischen Staaten, Opladen, 155-188.
Ziemer, Klaus 2009: Die politische Ordnung, in: Bingen, Dieter/ Ruchniewicz, Krzysztof (Hrsg.): Länderbericht Polen. Geschichte. Politik. Wirtschaft. Gesellschaft. Kultur, Bonn, 147-191.
Zioło, Karolina 2009: From internationalism to the European Union: An ideological change in the Polish post-communist party?, in: Communist and Post-Communist Studies 42 (2), 253-264.

Internetadressen

www.pkw.gov.pl	Internetseite der Staatlichen Wahlkommission
www.platforma.org	Internetseite der PO
www.pis.org.pl	Internetseite der PiS
www.ruchpalikota.org.pl	Internetseite der Palikot-Bewegung
www.psl.pl	Internetseite der PSL
www.sld.org.pl	Internetseite der SLD
http://kp-solidarnapolska.blogspot.com	Internetseite der Fraktion Solidarna Polska
www.stronapjn.pl	Internetseite der PJN
www.demokraci.pl	Internetseite der PD-demokraci.pl
www.mniejszoscniemiecka.eu	Internetseite des Wahlkomitees der Deutschen Minderheit 2011

9 Interessengruppen und Interessenvermittlung

Interessengruppen konnten sich in Polen erst seit dem Systemwechsel von 1989 frei organisieren. Sie sind daher zahlenmäßig noch immer erheblich kleiner als zum Beispiel in den Staaten, die bereits vor 2004 Mitglieder der Europäischen Union waren. Wie alle anderen regierenden kommunistischen Parteien setzte die Polnische Vereinigte Arbeiterpartei (PZPR) über 40 Jahre ein politisches und gesellschaftliches Organisationsmonopol durch, das im polnischen Sonderfall allerdings durch die starke Stellung der Katholischen Kirche nicht vollständig war. Unter der Kontrolle der PZPR standen Organisationen der Gewerkschaften, der Frauen und der Jugend, doch erlebte die Partei ihre schwerste Niederlage, als sie den streikenden Arbeitern an der Ostseeküste 1980 die Gründung von ihr unabhängiger Gewerkschaften genehmigen musste. Die Begründung hierfür, dass die bisherigen Gewerkschaften nicht in der Lage gewesen waren, die Rechte der Arbeiter zu schützen, bedeutete für die PZPR, die ihren Machtanspruch damit legitimierte, dass sie als Partei der Arbeiterklasse deren Interessen repräsentiere und die Herrschaft in deren Interesse ausübe, eine politische Bankrotterklärung, von der sie sich nicht mehr erholte.

Zwar wurde am 13. Dezember 1981 das Kriegsrecht verhängt und die *Solidarność* 1982 ebenso aufgelöst wie die bisherige „offizielle" Gewerkschaftsorganisation. Doch wurde 1984 auf Initiative der PZPR die Gesamtpolnische Gewerkschaftsallianz OPZZ gegründet. Sie sah sich von Anfang an mit der Tätigkeit der *Solidarność* im Untergrund konfrontiert. Nach deren Wiederzulassung am Runden Tisch im Frühjahr 1989 hatten beide Gewerkschaften ebenso Schwierigkeiten, ihre Rolle im neuen Ordnungssystem zu finden wie die neu entstehenden Verbände der Arbeitgeber.

9.1 Gewerkschaften

Die Rolle von Gewerkschaften in Polen nach 1989 unterscheidet sich fundamental von der vor dem Systemwechsel. War in der frühen Sowjetunion zunächst umstritten, ob Gewerkschaften im Sozialismus überhaupt notwendig sind, entschied Lenin, Gewerkschaften sollten möglichem Machtmissbrauch von Parteifunktionären entgegenwirken.[316] Entsprechend wurden nach dem Zweiten Weltkrieg auch in Polen Gewerkschaften gegründet, die jedoch der PZPR völlig untergeordnet waren und nach 1944/45 sowie erneut nach 1956 entstehende Ansätze einer Arbeiterselbstverwaltung liquidierten.[317] Proteste von Arbeitern gegen ihre konkreten Arbeitsbedingungen und gegen deren willkürliche, mit den offiziellen Gewerkschaften nicht abgesprochene Verschärfungen (z.B. Erhöhung der Arbeitsnormen) sowie gegen Preiserhöhungen gab es bereits in Posen 1956, an der Ostseeküste 1970/71 und

---

316 Deppe, Frank 1968: Gewerkschaften, in: Kernig, Claus D. (Hrsg.): Sowjetsystem und Demokratische Gesellschaft, Freiburg u.a., Band 2, 1030-1065, hier 1050.
317 Zur Entwicklung der polnischen Gewerkschaften im 20. Jahrhundert bis 1989 siehe Stegemann 2011.

in mehreren Betrieben, u.a. in Ursus und Radom, im Juni 1976. Doch erst das Entstehen der von der Partei unabhängigen Gewerkschaft *Solidarność* 1980 machte das Fiasko der bisherigen Gewerkschaften für alle Welt sichtbar.

9.1.1 Die Rolle der „historischen" Solidarność

Die Gewerkschaft *Solidarność* der Jahre 1980/81 (in der politischen Umgangssprache auch als die „erste *Solidarność*" bezeichnet) nimmt bis heute einen idealisierten Platz im kollektiven Gedächtnis der polnischen Gesellschaft ein. Zwar wurde die *Solidarność* als Gewerkschaft zugelassen und musste ausdrücklich zustimmen, sich nur auf gewerkschaftliche Arbeit zu beschränken. Mangels offizieller politischer Alternativen zur PZPR entwickelte sie sich jedoch rasch zu einer sozialen Bewegung, die als eine „heile Gegenwelt" zur als unglaubwürdig betrachteten Partei wahrgenommen wurde. Entsprechend wurden ihr eine ganze Reihe von nicht nur mit wirtschaftlichen und sozialen, sondern auch mit politischen Aufgaben verbundenen Rollen zugewiesen. Gerade aus dieser Gegenmacht zur Partei gewann die *Solidarność* ihre besondere Anziehungskraft, zumal sie durch den Rekurs auf nationale und katholische Symbolik für viele ihrer Anhänger eine der Partei weit überlegene Legitimation erringen konnte. Sie erhielt Zulauf aus allen mit der PZPR unzufriedenen Lagern, von Nationalklerikalen über Liberale bis zu Linkssozialisten, einschließlich Hunderttausender von der eigenen Partei frustrierter PZPR-Mitglieder, und zählte im Herbst 1981 fast zehn Millionen Mitglieder (bei 38 Millionen Einwohnern).

Die Grenzen zur Politik wurden immer fließender, was zum Beispiel während des Ersten Kongresses der *Solidarność* in Danzig im Herbst 1981 in der Solidaritätsadresse an die Arbeiter der anderen unter sowjetischer Hegemonie stehenden Staaten deutlich wurde. Dieser damals auch im Westen als unnötige Provokation der Sowjetunion teilweise heftig kritisierte Aufruf gilt heute vielfach als weitsichtiges Dokument, wie die *Solidarność* insgesamt als Organisation gesehen wird, die – ganz in der Tradition der polnischen Freiheitsbewegungen, nur im Gegensatz zu den meisten von diesen erfolgreich – wesentlich zum Zusammenbruch des Kommunismus in Europa beigetragen hat.

Das machtpolitische Patt Ende 1981 wurde durch die Verhängung des Kriegsrechts am 13. Dezember 1981 zunächst zugunsten der PZPR entschieden. Die *Solidarność* wurde verboten, ab 1984 wurde der mit der PZPR verbundene Gesamtpolnische Gewerkschaftsverband OPZZ aufgebaut. Die *Solidarność* organisierte sich im Untergrund neu und versuchte vor allem auf Betriebsebene Einfluss zu gewinnen. Zahlreiche Intellektuelle und Künstler engagierten sich für sie, etliche Vertreter der Katholischen Kirche boten ihr die Möglichkeit, kirchliche Räume für Veranstaltungen zu nutzen. Symbolfiguren der *Solidarność* waren ihr auf dem Gewerkschaftskongress in Danzig 1981 gewählter Vorsitzender Lech Wałęsa, der 1983 den Friedensnobelpreis erhielt,[318] sowie der im Herbst 1984 von Angehörigen des polnischen Geheimdienstes ermordete Arbeiterpriester Jerzy Popiełuszko, dessen jeden Monat in Warschau gehaltene „Messen für das Vaterland" Tausende von *Solidarność*-Angehörigen aus dem ganzen Land besuchten. Dennoch sank gegen Ende der 1980er Jahre die Unterstützung für die *Solidarność* in der Gesellschaft. Erst als nach dem von der politischen Führung verlorenen Referendum vom November 1987 erneute Streiks

---

318 Die Zuerkennung bereits 1982 verhinderte vermutlich der polnische Geheimdienst mit dem norwegischen Nobel-Komitee zugespielten gefälschten Dokumenten, die Wałęsa kompromittieren sollten.

im Mai und August 1988 nur durch Persönlichkeiten beendet werden konnten, die der *Solidarność* nahe standen, und sich die Perspektive des Runden Tisches mit der Chance auf reale Veränderungen ergab, nahm die Unterstützung für die *Solidarność* erneut zu. In der nicht nur latenten Rivalität zwischen der verbotenen *Solidarność* und der OPZZ gab es einen klaren Punktsieg für die *Solidarność*, als der OPZZ-Vorsitzende Alfred Miodowicz, Mitglied des Politbüros der PZPR, Lech Wałęsa, der seit der Verhängung des Kriegsrechts 1981 für die offiziellen Medien eine Unperson gewesen war, auch für die Parteiführung überraschend zu einem Fernsehduell aufforderte, das Wałęsa Ende November 1988 klar gewann.

Nach der Wiederzulassung der *Solidarność* am Runden Tisch im Frühjahr 1989 wurde jedoch sehr rasch deutlich, dass die gesellschaftliche Unterstützung ihrem politischen Arm galt, der die halbfreien Wahlen vom Juni 1989 mit erdrückender Mehrheit gewann (alle 161 am Runden Tisch Parteilosen zugestandenen Sitze im Sejm und 99 der 100 Sitze im frei gewählten Senat). Die Gewerkschaftsbewegung dagegen konnte nie mehr an die fast zehn Millionen Mitglieder von 1981 anknüpfen. Die *Solidarność* als Organisation stand jahrelang vor dem Dilemma, ihre Rolle im neuen politischen und sozioökonomischen System zu finden. Ihr Führungspersonal wechselte 1989/90 fast durchweg in die Politik, so dass die Gewerkschaft ohne ihre erfahrensten Eliten auskommen musste. Die Wahl von Lech Wałęsa zum Staatspräsidenten Ende 1990 machte das besonders augenfällig. Die als Kandidaten der *Solidarność* 1989 gewählten Abgeordneten und Senatoren schlossen sich als Fraktion zum „Parlamentarischen Bürgerklub" (OKP) zusammen, der jedoch bereits 1990 in eine Reihe neuer Parteien zerfiel (siehe Kapitel 8.1).

Die *Solidarność* tat sich jahrelang schwer, ihre Rolle zwischen Gewerkschaft und politischer Organisation zu definieren. Einige Aktivisten glaubten, man könne eine neue Organisationsform finden, die jenseits der politischen Parteien größeren Einfluss der Basis in den politischen Prozess einbringen könnte. Daher wurden auch die „Bürgerkomitees", die das Wahlkampfrückgrat der *Solidarność* 1989 gebildet hatten, nur sehr zögerlich aufgelöst. Auch als Gewerkschaft strebte die *Solidarność* ins Parlament. Sie kandidierte zu den Wahlen von 1991 und erreichte im Sejm mit 5,1 Prozent der gültigen Stimmen 27 von 460 Mandaten und im Senat 12 von 100 Sitzen. Ihr Ziel, im Parlament nicht nach Macht zu streben, sondern Arbeitnehmerinteressen zu vertreten, ließ sich in den hitzigen Auseinandersetzungen um die Verteilung der Haushaltsmittel nicht immer durchsetzen. Ein Teil der Fraktion war bereit, Forderungen der *Solidarność*-Basis durchzusetzen, andere Abgeordnete ließen sich bei ihrem Abstimmungsverhalten von der Staatsräson leiten, so dass die Fraktion teilweise zu zerbrechen drohte. Bei den Wahlen von 1993 scheiterte die *Solidarność* zum Sejm mit 4,9 Prozent denkbar knapp, erzielte aber im Senat neun Sitze. Das Grunddilemma der *Solidarność* bestand darin, dass sie im Parlament zu Wirtschaftsreformen der Regierungen, die sich aus der alten *Solidarność* herleiteten, Stellung beziehen musste. Diese Reformen gestalteten die Wirtschaft Polens im marktwirtschaftlichen Sinne um, tangierten in ihren sozialpolitischen Auswirkungen die Klientel der Gewerkschaft jedoch teilweise empfindlich. Die *Solidarność*-Aktivisten besaßen indes kaum wirtschaftspolitische Alternativen und versuchten über außerparlamentarischen Druck, vor allem – wie zu realsozialistischen Zeiten – über Streiks, den Besitzstand ihrer Mitglieder zu sichern. Ein Eigentor schoss die Sejmfraktion der *Solidarność* 1992, als sie aus Protest gegen den Staatshaushalt einen eher als Warnung gedachten Misstrauensantrag gegen die ihr nahe stehende Regierung Suchocka einbrachte, der mit einer Stimme Mehrheit angenommen wurde und nach den Neuwahlen zur

SLD-PSL-Koalition führte. Immerhin konnte die *Solidarność* 1994 für sich als Achtungserfolg buchen, dass in der Diskussion über eine neue Verfassung der von ihr unterstützte Entwurf als einziger, der auf einer Basisinitiative beruhte, in den Verfassungsausschuss gelangte, wobei sie die erforderliche halbe Million Unterschriften um mehr als das Doppelte übertraf. 1996 bildete die *Solidarność* mit ihrem Vorsitzenden Marian Krzaklewski an der Spitze den wichtigsten Partner innerhalb der entstehenden Sammlungsbewegung AWS, die 1997 die Parlamentswahlen gewann. Sie stellte der AWS ihren Organisationsapparat zur Verfügung und konnte damit den Organisationsvorsprung der SLD zumindest teilweise ausgleichen.

Die Beschränkung der *Solidarność* auf gewerkschaftliche Arbeit im eigentlichen Sinne erfolgte zum einen auf faktischem Wege durch den Zerfall der AWS. Wichtiger war jedoch, dass die Verfassung von 1997 die Bestimmung enthielt, Kandidaten zum Parlament könnten nur von politischen Parteien oder Wählern aufgestellt werden (Art. 100 Abs. 1 NV), nicht aber – so die implizite Folgerung – von Gewerkschaften, wie das bei Wahlen bis 1997 der Fall gewesen war.

9.1.2 Grundprobleme gewerkschaftlicher Tätigkeit in Polen heute

Eine der zentralen Aufgaben der Systemtransformation bestand darin, einen Markt zu schaffen und dabei die bestehenden zarten Ansätze zu privatem Unternehmertum auszubauen sowie Staatseigentum in Privateigentum zu überführen. Den Gewerkschaften fiel dabei die Aufgabe zu, die mit diesem Prozess verbundenen sozialen Kosten abzufedern. Insbesondere die Gewerkschaft *Solidarność* stand vor der Herausforderung, der Politik der aus ihren Reihen hervorgegangenen Regierungen einen entsprechenden „Schutzschirm" aufzuspannen, während die zuvor fast unbekannte Arbeitslosigkeit dramatische Größenordnungen annahm (siehe Tabelle 1). Die Politik war auf gewerkschaftlicher Seite von einer „marktschaffenden Logik" geprägt. Doch konnten die Gewerkschaften zumindest auch wichtige Bestimmungen der Internationalen Arbeitsorganisation (IAO) etwa im Bereich des Arbeitsschutzes durchsetzen (Trappmann 2011). Ein weiteres Charakteristikum der Gewerkschaften war in den ersten eineinhalb Jahrzehnten der Transformation eine starke ideologische Polarisierung der beiden wichtigsten Organisationen *Solidarność* und OPZZ, die nur eine begrenzte pragmatische Zusammenarbeit zuließ. Beide Gewerkschaften waren ferner auch personell mit politisch entgegengesetzten Parteien verbunden, konnten aber durch deren jeweilige Regierungsbeteiligung nur wenig für die eigenen Mitglieder erreichen, da sie selbst eher disziplinierend in die jeweilige Regierungspolitik eingebunden wurden.

Der ideologische Gegensatz der bisherigen großen Gewerkschaftszentralen ist etwa seit Mitte des Jahrzehnts nach 2000 einer pragmatischen Haltung gewichen, die eher auf Kooperation ausgerichtet ist. Mit der Konsolidierung des neuen wirtschaftlichen Ordnungssystems hat sich das Grundverständnis der Gewerkschaften allmählich gewandelt. Im Vordergrund ihrer Tätigkeit steht nunmehr weniger das Bemühen, zum Aufbau einer neuen Wirtschaftsordnung beizutragen, als die Verteidigung der Interessen ihrer Mitglieder. Anders formuliert: Überwog bisher in der Politik der Gewerkschaften die Respektierung der „Systemlogik", steht nunmehr die Beachtung der „Mitgliederlogik" (Krzywdzinski 2008) im Mittelpunkt. In der Praxis heißt dies vor allem die Verfolgung solcher Ziele wie die Erhöhung des Mindestlohns, die Zulassung der wachsenden Zahl der nur über Werkverträge Tätigen zur gewerkschaftlichen Mitgliedschaft und die Eindämmung der befristeten Beschäftigungsverhältnisse, bei denen Polen mit 31 Prozent Spitzenreiter innerhalb der EU ist (Trappmann 2011). Einhellig abgelehnt wird von allen Gewerkschaften die im Frühjahr 2012 von der Regierung Tusk im Parlament durchgesetzte schrittweise Erhöhung des Eintritts in das Rentenalter für Männer und Frauen ab 67 Jahren (bisher: Frauen ab 60 und Männer ab 65 Jahren).

Organisatorisches Grundproblem gewerkschaftlicher Tätigkeit in Polen heute ist die extreme Zersplitterung der Gewerkschaften auf Betriebsebene. Es gilt nicht der Grundsatz, dass pro Betrieb nur eine einzige Gewerkschaft zuständig ist. 1988/89 wollte die OPZZ in den einzelnen Betrieben darüber abstimmen lassen, ob überhaupt eine Gewerkschaft im betreffenden Betrieb bestehen sollte, und wenn ja, welche. Die *Solidarność* rechnete noch mit langen Jahren in der Oppositionsrolle und fürchtete, auf diese Weise aus den meisten Betrieben ausgeschlossen zu werden (Rode 2008: 4f.). Das Gewerkschaftsgesetz vom 23. Mai 1991[319] schreibt für die Gründung einer Gewerkschaft lediglich zehn dazu berechtigte Personen vor. In der Folge entstand in den meisten Betrieben eine Vielzahl von Gewerkschaften. So kam es, dass bei der Polnischen Post mit 100.000 Beschäftigten 47 Gewerkschaften entstanden, beim größten Kohlekonzern *Kompania Węglowa* mit 63.000 Beschäftigten gar 177 Gewerkschaften (Rode 2008: 2). Die Zahl der Einzelgewerkschaften wird auf etwa 25.000 geschätzt (Trappmann 2011: 2).

Zweites Kennzeichen der Gewerkschaftsentwicklung der letzten Jahre ist die kontinuierliche Abnahme der Mitgliederzahl. Waren 1991 noch 19 Prozent der Einwohner Gewerkschaftsmitglieder, so waren es im Dezember 2008 nur noch sechs Prozent oder 16 Prozent der Lohnarbeiter. Seither hat sich diese Zahl in etwa stabilisiert (CBOS 2012: 2). Betrug das Durchschnittsalter der Lohnarbeiter 2012 insgesamt 39 Jahre, so lag das Durchschnittsalter bei den Gewerkschaftern bei 44 Jahren (ebenda). Der Organisationsgrad war nach Branchen sehr unterschiedlich und erstreckte sich von zwei Prozent in Handel und Dienstleistungen über vier Prozent in Bauwesen, Transport und Kommunikation bis zu 17 Prozent in der Verwaltung, 19 Prozent in Bildung, Wissenschaft und Gesundheitsschutz sowie 20 Prozent in Industrie und Bergbau. Je größer die Betriebe, desto höher der Organisationsgrad, von sieben Prozent in Unternehmen mit weniger als 50 Beschäftigten über 13 Prozent bei Betrieben zwischen 50 und 249 Beschäftigten bis zu 26 Prozent in Unternehmen mit über 250 Beschäftigten. Dabei ist freilich auch zu berücksichtigen, dass etwa ein Viertel der Beschäftigten in Betrieben mit weniger als zehn Mitarbeitern arbeitet, so dass dort nach dem Gesetz die Voraussetzungen für die Bildung von Gewerkschaften fehlen, ferner arbeitet fast die Hälfte in Unternehmen mit bis zu 50 Beschäftigten. 2012 gaben 17 Prozent der Befragten an, in ihrem Unternehmen gebe es nur *eine* Gewerkschaft, weitere 18 Prozent nannten mehr als eine Gewerkschaft in ihrem Unternehmen. 56 Prozent erklärten, es gebe keine Gewerkschaft in ihrem Betrieb, neun Prozent konnten keine Angaben machen (alle Zahlen nach CBOS 2012). Diese neueren Erhebungen entsprechen früheren Beobachtungen, dass Gewerkschaften nur in ehemaligen (und zum Teil noch heutigen) Staatsbetrieben, etwa im Kohlebergbau, sowie in Traditionsorganisationen wie der Lehrergewerkschaft ZNP (heute größte Einzelgewerkschaft mit etwa einem Viertel aller Gewerkschaftsmitglieder) stark sind, während sie aus den erwähnten Gründen in nach 1989 neu gegründeten Privatbetrieben, insbesondere kleinen Einheiten, kaum vertreten sind. Berücksichtigt man allerdings, dass neben diesen von gewerkschaftlicher Organisation ausgeschlossenen Perso-

---

319 Dz. U. 2001 Nr. 79, Pos. 854, zuletzt revidiert 2011 (Dz. U. 2011 Nr. 244, Pos. 1454).

nen weitere 23 Prozent als so genannte Solo-Selbstständige (Arbeit auf der Grundlage eines Werkvertrags) tätig sind, die sich ebenfalls nicht gewerkschaftlich organisieren dürfen, und dass auch die Arbeitslosen sowie rund zwei Millionen Studierende nicht gewerkschaftlich organisiert sind, ergibt sich ein „Verhältnis der Organisierten zu den potentiell Organisierbaren ... von fast 50 Prozent" (Trappmann 2011:2).

Tatsächlich jedoch gehörten 2008 83 Prozent der Lohnarbeiter keiner Gewerkschaft an. Das geringste Interesse an einer Mitgliedschaft in einer Gewerkschaft haben junge Arbeitnehmer im Alter von 18 bis 34 Jahren. Wichtigstes Motiv für den Beitritt ist die Erwartung, dass die Gewerkschaften für Arbeitnehmerrechte und -interessen eintreten (CBOS 2008). Allerdings gelten die Gewerkschaften in den Augen der Belegschaften als wenig effizient. Besonders die konservativen Gewerkschaften sind zögerlich im Aufgreifen von Themen, die mit Fragen der Arbeitswelt verbunden sind, wie Mobbing, Genderfragen, Leih- und Zeitarbeit. Diese Fragen werden vielfach von Organisationen der Zivilgesellschaft in die öffentliche Debatte eingeführt (Rode 2009: 422).

Die Gründe für die Zurückhaltung der Gewerkschaften und ihren Bedeutungsverlust in der postkommunistischen Zeit sieht der amerikanische Politologe David Ost darin, dass die Schutzfunktion der Gewerkschaften am meisten von den ungelernten Arbeitern benötigt würde, die von den negativen Auswirkungen der Marktreformen am stärksten betroffen seien. Das Führungspersonal der Gewerkschaften besitze dagegen eine relativ gute Ausbildung und stimme weithin mit der Politik überein, die auf die Schwächung der Gewerkschaften hinauslaufe (Ost 2009: 17).

In Ausführung der Direktive der EU vom 11. März 2002 zu Informations- und Konsultationsrechten von Arbeitnehmern wurde am 7. April 2006 ein Gesetz zur Errichtung von Arbeitnehmerräten verabschiedet.[320] Danach mussten bis März 2008 in Betrieben mit mindestens 50 Beschäftigten Arbeitnehmerräte mit drei, ab 251 Beschäftigten fünf und ab 500 sieben Personen gewählt werden. Der Arbeitgeber hat die Räte allgemein über die Situation des Unternehmens und zu erwartende Veränderungen in der Beschäftigungsstruktur zu unterrichten, nicht jedoch über die Wirtschaftsführung des Betriebs. Bis 2011 wurden nur in neun Prozent der in Frage kommenden Unternehmen solche Arbeitnehmerräte gebildet. Während sie zunächst von den im Betrieb wirkenden Gewerkschaften ernannt wurden und damit personell mit diesen weitgehend identisch waren, müssen sie seit 2010 direkt von den Belegschaften gewählt werden. Sie bilden damit tendenziell eine Konkurrenz zu den Gewerkschaften. Oft werden sie „auf Veranlassung des Managements gewählt" und „nehmen eine eher kommunikativ vermittelnde Position zwischen Management und Belegschaft ein" (Trappmann 2011: 4).

Eine Ausnahme bilden internationale Konzerne, die ihren polnischen Gewerkschaftsführern internationale Schulungen ermöglichen und auf diese Weise helfen neue Ideen einzuführen. Ferner bestehen bereits rund 500 Europäische Betriebsräte. Die Position dieser polnischen Arbeitnehmervertreter wird bei Verhandlungen auf Betriebsebene durch die Informationen gestärkt, die sie auf Konzernebene erhalten. Grenzen sind ihrer Effizienz allerdings durch die relativ bescheidenen Kompetenzen, geringe Mittel und zum Teil mangelnde Englischkenntnisse gesetzt (Trappmann 2011:4).

---

320 Gesetz vom 7. April 2006 über die Information der Arbeiter und die Konsultation mit ihnen, Dz. U. 2006 Nr. 79, Pos. 550.

9.1.3 Die wichtigsten Gewerkschaften heute

Unstrittig ist, dass die Mitgliederzahlen der Gewerkschaften fast durchweg rückläufig sind. Dabei weichen die von den Gewerkschaften beanspruchten Mitgliederzahlen deutlich von den in repräsentativen Erhebungen ermittelten Angaben ab. Nach den Erhebungen des Meinungsforschungsinstituts CBOS, das alle etwa zwei Jahre Untersuchungen zu den Gewerkschaften durchführt, erklärten 2009 nur etwa sechs Prozent der Beschäftigten, also knapp eine Million, sie seien gewerkschaftlich organisiert. Davon entfiel ein Drittel auf die *Solidarność*, je ein Sechstel auf die OPZZ und die in den letzten Jahren entstandene Föderation Forum, das restliche Drittel auf eine Vielzahl kleiner Gewerkschaften.[321] Die für den Herbst 2010 von den Gewerkschaften selbst angegebenen Daten ergaben jedoch eine Gesamtzahl von 2,38 Millionen organisierten Mitgliedern (*Solidarność* 790.000, OPZZ 690.000, Föderation Forum 400.000 und die Übrigen 500.000).[322] Ein im März 2012 von CBOS durchgeführtes Update bestätigte indessen im Wesentlichen die Ergebnisse von 2009. Danach waren 2012 weiterhin nur sechs Prozent der Gesamtbevölkerung und zwölf Prozent der abhängig Beschäftigten gewerkschaftlich organisiert. Von diesen waren fünf Prozent Mitglieder der *Solidarność*, drei Prozent waren bei der OPZZ organisiert, zwei Prozent beim „Forum" und zwei Prozent bei den übrigen Gewerkschaften.[323]

Mitte der 1990er Jahre sollen der in neun Branchengruppen und rund 90 Einzelgewerkschaften organisierten OPZZ noch 4,5 Millionen Mitglieder angehört haben, der *Solidarność* 2001 rund 1,1 Millionen Mitglieder, die in 16 Branchengewerkschaften und 37 Regionalverbänden vereinigt waren. Als dritte landesweit wichtige Gewerkschaft entstand 2002 in Bromberg (Bydgoszcz), wo sich bis heute die Zentrale befindet, der Gewerkschaftsverband Forum. Er umfasst 42 landesweit organisierte Gewerkschaften. Wojewodschaftsgliederungen des Forum haben weitere 42 Einzelgewerkschaften aufgenommen.[324] Das Entstehen des Forum soll auf die Frustration von Gewerkschaftsmitgliedern über das stark dominierende parteipolitische Engagement der beiden großen Gewerkschaftsverbände zurückzuführen sein. Entsprechend befürwortet das Forum eine eindeutig gewerkschaftlich orientierte Ausrichtung seiner Tätigkeit. Seine Mitglieder arbeiten vor allem in der öffentlichen Verwaltung, bei den Eisenbahnen und in den Staatsbetrieben.

Nicht nur die *Solidarność* war bis 2001 direkt in die Politik involviert. Dies galt ebenso auch für die OPZZ, die regelmäßig etwa 30 Prozent der SLD-Abgeordneten stellte. Diese sorgten mit Forderungen, bei Abstimmungen, die Arbeitnehmerfragen betrafen, gegebenenfalls auch entgegen der Fraktionslinie entsprechend Gewerkschaftsbeschlüssen abstimmen zu können, mehrfach für Spannungen innerhalb der Fraktion. Die OPZZ steht auch nach der Umbildung der SLD von einem Organisationsverbund zu einer Partei (1999) der SLD nahe, während die *Solidarność* keinen Hehl aus ihrer Nähe zur PiS macht und dies zum Beispiel in ihrem Wochenblatt *Tygodnik Solidarność* immer wieder zum Ausdruck brachte. Mit dem Machtverlust der PiS 2007 wurde die Nähe zu dieser Partei gewerkschaftsintern zum Teil heftig kritisiert und galt als einer der Gründe dafür, weshalb der *Soli-*

---

[321] CBOS 2009: Członkostwo w związkach zawodowych. Naruszania praw pracowniczych i „szara strefa" w zatrudnieniu, BS/6/2009, Warschau, Januar 2009.
[322] Zahlenangaben nach Solska, Joanna 2010: Chłopcy z ferajny, in: Polityka 10.10.2010, www.polityka.pl/rynek/ekonomia/1508822,1,debata-po-co-nam-dzis-zwiazki-zawodowe.read (25.04.2012).
[323] CBOS 2012: Związki zawodowe i prawa pracownicze, BS/52/2012, Warschau, April 2012: 1.
[324] Vgl. die Aufstellung auf der Internetseite des Forum http://www.fzz.org.pl/index.php?option=com_content&view=article&id=9&Itemid=8 (22.05.2012).

darność-Vorsitzende Janusz Śniadek, der über gute persönliche zu Jarosław Kaczyński verfügt, auf dem Gewerkschaftskongress 2010 abgewählt wurde. Śniadek wechselte in die Politik und wurde 2011 mit dem besten Ergebnis der PiS-Liste in seinem Wahlkreis (Gdingen/ Gdynia) in den Sejm gewählt. Sein Nachfolger Piotr Duda plädierte für parteipolitische Distanz, besuchte aber im März 2012 den Gründungskongress der PiS-Abspaltung Solidarisches Polen (SP) und ließ durchblicken, die Mitglieder der *Solidarność* hätten parteipolitisch die Wahl zwischen der PiS und der SP.[325] Aus der kleinen Gewerkschaft *Sierpień 80* (August 80) heraus, die 1993 aus Protest gegen den angeblichen Verrat der Ideale des August 1980 entstand, in dem Streiks zur Gründung der *Solidarność* geführt hatten, entstand die mit der Gewerkschaft personell eng verflochtene linke Splitterpartei *Polska Partia Pracy* (Polnische Partei der Arbeit). Ihr Vorsitzender Bogusław Ziętek kam bei den Präsidentschaftswahlen 2010 auf 29.548 (0,18 Prozent) Stimmen.

Zwar überwiegt heute bei konkreten Zielsetzungen Übereinstimmung zwischen den drei großen Gewerkschaftszentralen. Doch treten sie nur selten gemeinsam in der Öffentlichkeit auf. Eine der wenigen Ausnahmen bildete die Errichtung einer Zeltstadt für etwa 600 Personen aus ganz Polen gegenüber dem Amtssitz des Premierministers Ende März 2012, mit der sie ihren Protest gegen die geplante Anhebung des Renteneintrittsalters (für Männer und Frauen auf 67 Jahre) zum Ausdruck brachten. Häufig enthalten Einzelaktionen einer Zentrale in der Öffentlichkeit auch Elemente der Konkurrenz gegenüber den beiden anderen.

Die drei großen Gewerkschaftsverbände sind auch mit internationalen Gewerkschaftszusammenschlüssen verbunden. Die *Solidarność* gehört seit 1986 dem Internationalen Bund Freier Gewerkschaften (IBFG) bzw. nach dessen Umbildung 2006 dem Internationalen Gewerkschaftsbund (IGB) an, ferner seit 1995 dem Europäischen Gewerkschaftsbund (EGB). Die OPZZ war von ihrer Gründung 1984 an Mitglied des kommunistischen Weltgewerkschaftsverbandes, von 1991 bis 1997 allerdings nur mehr als Beobachter. Nach dem Ende der ideologischen Polarisierung zwischen OPZZ und *Solidarność* gab diese ihren Widerstand gegen den Beitritt der OPZZ in den IGB auf, so dass auch die OPZZ 2006 dem IGB beitreten konnte, ebenso wie etliche ihrer Branchenstrukturen, die nun dem IGB und/ oder dem EGB angehören. Die Gewerkschaftsföderation Forum unterzeichnete 2003 ein Abkommen mit dem Deutschen Beamtenbund und trat im selben Jahr der Europäischen Konföderation Unabhängiger Gewerkschaften bei (Beamtenbund CESI, Confédération Européenne des Syndicats Indépendants).

9.2 Arbeitgeberverbände

Eine gegenläufige Bewegung zum Mitgliederschwund bei den Gewerkschaften war bei der Entwicklung der Arbeitgeberverbände zu beobachten. Ansätze zu Arbeitgeberverbänden hatten sich noch im Sozialismus seit Mitte der 1980er Jahre gebildet. Auf der Grundlage des neu verabschiedeten Gesetzes über Vereinigungen schlossen sich im Herbst 1989 vier kleinere Gruppierungen zur Konföderation der Arbeitgeber Polens (*Konfederacja Praco-*

---

325 Vgl. das Interview mit Piotr Duda: Szef „S": Przecież nie krzyczę z Pałacu Kultury na kogo głosować, in: Gazeta Wyborcza 28.03.2012, http://wyborcza.pl/1,75478,11430826,Szef__S__Przeciez_nie_krzycze_z_ Palacu_Kultury_na.html (24.04.2012).

9.2 Arbeitgeberverbände

dawców Polski, KPP) zusammen. Erst am 23. Mai 1991 wurde das Gesetz über Arbeitgeberorganisationen verabschiedet. Seit 1990 vertritt die KPP als älteste und größte Organisation ihrer Art im heutigen Polen die polnischen Arbeitgeber auch gegenüber der Internationalen Arbeitsorganisation (IAO). 2010 nahm sie den Namen *Pracodawcy Rzeczpospolitej Polskiej* (Arbeitgeber der Republik Polen) an. Sie beansprucht, 7.500 Einzelunternehmen – von Kleinbetrieben bis zu weltweit operierenden Unternehmen – zu repräsentieren, die zu 85 Prozent in Privatbesitz sind. In diesen Firmen sollen mehr als vier Millionen Beschäftigte arbeiten.[326] Im März 2009 wurde von der KPP ein Zentrum zum Monitoring der Gesetzgebung gegründet. Seine Aufgabe besteht darin, die laufende Gesetzgebung, Gesetzesvorhaben und Verordnungen zu sozioökonomischen Fragen zu verfolgen und die Mitglieder über alle Etappen dieser Vorhaben in Ministerien, der Regierung, im Parlament etc. zu informieren. Die wichtigsten Nachrichten sind jedoch auch für die gesamte interessierte Öffentlichkeit auf einer Internetseite zugänglich (http://www.cml.kpp.org.pl/).

Als eine weitere Organisation von Arbeitgebern wurde im Januar 1999 die Polnische Konföderation Privater Arbeitgeber Lewiatan (*Polska Konfederacja Pracodawców Prywatnych Lewiatan*, PKPP Lewiatan) gegründet (in der KPP sind 15 Prozent der Unternehmen staatlich). Sie vereint nach eigenen Angaben neben 26 unmittelbaren Mitgliedern in 28 Regional- und 32 Branchenverbänden über 3750 Betriebe mit mehr als 700.000 Beschäftigten. Auch der Lewiatan versteht sich als aktiver und konstruktiver Sozialpartner und versucht auch, seine Interessen als Lobbyorganisation in nationalen parlamentarischen Gremien sowie auf europäischer Ebene zur Geltung zu bringen. Bereits 1991 wurde der Business Center Club gegründet, der fast 2000 Unternehmen vereint und sich vor allem auf die Lobbyarbeit konzentriert. Des Weiteren gibt es den Handwerksverband (*Związek Rzemiosła Polskiego*, ZRP) und andere kleine Arbeitgeberverbände.

Lobbying besitzt in den Medien und in der politischen Alltagssprache in Polen einen sehr negativen Klang, vor allem durch einige teilweise spektakuläre Skandale, die eine Verqickung von Business und Politik offen legten. Zwar wurde 2005 ein Gesetz über Lobbying erlassen, das die entsprechende Tätigkeit von Interessengruppen normieren und transparenter machen sollte.[327] Die bisherigen Ergebnisse sind jedoch eher enttäuschend.[328]

Auf dem Höhepunkt der Tätigkeit des so genannten „Rywin"-Untersuchungsausschusses, der bei allen Unzulänglichkeiten bezüglich der schlussendlichen Ergebnisse die Verfilzung von Business und Politik deutlich gemacht hatte,[329] zeigten sich in einer repräsentativen Umfrage im Mai 2004, als Leszek Miller vor allem wegen der seiner Regierung gemachten Korruptionsvorwürfe von seinem Amt als Regierungschef zurücktrat, 71 Prozent der Befragten überzeugt (davon 35 Prozent „entschieden"), dass man in Polen durch die Bestechung von Abgeordneten oder anderen Politikern die Verabschiedung eines Gesetzes oder seine Änderung „erkaufen" könne. Nach dem Abklingen der größten Korruptionsskandale sank diese Zahl bis zum April 2010 auf 59 Prozent (davon 17 Prozent „entschieden" Überzeugte),[330] was jedoch weiterhin auf sehr großes Misstrauen in der Gesellschaft gegen-

---

326 Vgl. die Internetseite des Arbeitgeberverbandes: http://www.pracodawcyrp.pl/o-nas/misja-i-dzialalnosc/ (22.05.2012).
327 Gesetz vom 07.07.2005, Dz. U. 2005 Nr. 169, Pos.1414.
328 Vgl. Kapitel 2.6.3.
329 Siehe dazu Kapitel 2.6.2.1.
330 Vgl. CBOS 2010: Opinia publiczna o lobbingu i korupcji w Polsce, BS/63/2010, Warschau, Mai 2010: 8.

über der politischen Klasse hinweist. Organisationen wie der Business Center Club bemühen sich zwar um ein anderes Image des Lobbyisten und verweisen gerne auf das Beispiel der USA. Am geradezu verheerenden Ruf des Lobbyismus in Polen hat das jedoch bisher wenig geändert.

9.3 Die trilaterale Kommission für Wirtschafts- und Sozialfragen

In der Anfangsphase der Transformation war die Rolle des Staates von zentraler Bedeutung bei der Gestaltung des neuen ordnungspolitischen Rahmens für das Wirtschaftssystem.[331] Er setzte nicht nur die Spielregeln für dieses System, sondern war darin auch als Akteur in mehreren Rollen beteiligt. Er verteilte einen Großteil der Finanzmittel, besaß weiterhin einen hohen Anteil der Produktionsmittel, war damit maßgeblich an der Festlegung von Löhnen und Gehältern beteiligt und trug in allen diesen Rollen auch zur Veränderung der Sozialstruktur nach Einkommen, Macht und Prestige bei.[332]

Nach der Einführung der Marktwirtschaft gilt freilich auch in Polen grundsätzlich das Prinzip der Tarifautonomie der Sozialpartner. Dabei können entsprechende Abkommen auf betrieblicher Ebene, überbetrieblich oder auch branchenspezifisch vereinbart werden. Die Verfassung von 1997 verleiht dem sozialen Dialog Verfassungsrang. Bereits 1994 war von der Regierung eine trilaterale Kommission für wirtschaftliche und soziale Fragen berufen worden. Erst durch Gesetz vom 6. Juli 2001 (Dz. U. 2001 Nr. 100, Pos. 1080) wurde diese Kommission jedoch auf eine gesetzliche Grundlage gestellt.

Danach stellt sie ein Forum des gesellschaftlichen Dialogs dar, durch das die Interessen von Arbeitnehmern, Arbeitgebern und dem Gemeinwohl in Übereinstimmung gebracht werden sollen. Oberstes Ziel ist die Herstellung und Bewahrung des sozialen Friedens. Der Dialog betrifft Löhne, Sozialleistungen und andere soziale Fragen sowie Probleme, die mit der Verwirklichung bestimmter Gesetze verbunden sind. Die Arbeitgeber- und die Arbeitnehmerseite können dabei überbetriebliche kollektive Arbeitsverträge abschließen. Vorläufer dieses Gremiums war der „soziale Pakt" von 1992, in dem die Gewerkschaften Solidarność, OPZZ und sieben weitere Gewerkschaften mit einer Stimmenmehrheit von drei Fünfteln sowie Vertreter der Regierung und der Arbeitgeberorganisation KPP mit je einem Fünftel der Stimmen vertreten waren. Seit 2001 trägt die Zusammensetzung der Trilateralen Kommission den Veränderungen im Verbändespektrum Rechnung. Sie ist auch seither modifiziert worden. Von den 49 Mitgliedern gehören je sieben den drei Gewerkschaftsverbänden mit mehr als 300.000 Mitgliedern an (Solidarność, OPZZ und Forum), je fünf den vier genannten Arbeitgeberverbänden mit mehr als 100.000 Beschäftigten sowie Vertreter der Regierung. Mit beratender Stimme nehmen Vertreter der Zentralbank und des Hauptamtes für Statistik sowie der Territorialen Selbstverwaltung und der Nicht-Regierungsorganisationen (NGOs) teil. Alle drei Seiten können zu bestimmten Fragen weitere Experten einladen, wovon die Regierung Gebrauch macht, indem sie etwa Vertreter von zentralen Verbrau-

---

331 Der eigentliche Schöpfer dieses neuen Wirtschaftssystems, Vizepremierminister Leszek Balcerowicz, sagte am 10. Januar 1991 in der Gazeta Wyborcza: „Unter unseren Bedingungen ist der Staat verantwortlich für die Einführung des neuen Wirtschaftssystems"; zitiert nach Kolarska-Bobińska, Lena 2011: Rola państwa w procesie transformacji, in: Krzemiński, Ireneusz (Koncepcja, wybór i komentarze): Wielka transformacja. Zmiany ustroju w Polsce po 1989, Warszawa, 54-64, hier 55.
332 Kolarska-Bobińska 2011, ebenda, 63.

cher- oder Arbeitslosenorganisationen einlädt. Die Mitglieder der Kommission werden auf Vorschlag ihrer jeweiligen Organisation vom Premierminister ernannt. Den Vorsitz führt ein Unterstaatssekretär aus dem Ministerium für Arbeit und Soziales. Nachdem die Kommission aufgrund der geringen Repräsentativität ihrer Mitglieder in der Praxis zunächst einen schwachen Stand hatte, funktioniert sie inzwischen deutlich besser, tritt mindestens alle zwei Monate zu Sitzungen zusammen und hat eine Reihe von Unterkommissionen gebildet, z.B. für Arbeitsrecht und Kollektivverträge, für die Entwicklung des sozialen Dialogs, die Zusammenarbeit mit der IAO u.a., um die anstehenden Probleme vertiefter bearbeiten zu können. Auch auf der Ebene der 16 Wojewodschaften bestehen analoge Kommissionen.

In der Gesellschaft ist die Trilaterale Kommission allerdings noch kaum bekannt. Bei einer repräsentativen Umfrage im Dezember 2008 hatte fast die Hälfte der Befragten (49 Prozent) noch nie von dieser Kommission gehört, nur 14 Prozent gaben an, sie wüssten über die Kommission Bescheid (davon nur zwei Prozent gut). Das Bild der Trilateralen Kommission in der Öffentlichkeit ist somit noch sehr diffus. Etwas hart scheint allerdings das Urteil, das geringe Wissen über den gesellschaftlichen Dialog entspreche seiner geringen sozioökonomischen Bedeutung.[333] Die Regierung scheint sich tendenziell eher aus der Arbeit der Kommission zurückzuziehen. Das Kalkül soll dabei darin liegen, dass bei einer fehlenden Einigung der Sozialpartner in der Kommission die Entscheidung ohnehin der Regierungsseite zufällt. Diese tritt also weniger als Konfliktpartner in Erscheinung, entscheidet dafür aber im Konfliktfall (Trappmann 2011: 6).

9.4 Nicht-Regierungsorganisationen

Der Begriff der Zivilgesellschaft, der heute allenthalben verwendet wird, war Jahrzehnte lang auch international nur Spezialisten der Hegelschen Philosophie als „bürgerliche Gesellschaft" vertraut. In den allgemeinen Sprachgebrauch gelangte die „Zivilgesellschaft" durch die Gründung der *Solidarność* 1980, die einen Sieg der von Jacek Kuroń, Adam Michnik u. a. nach der Gründung des Komitees zur Verteidigung der Arbeiter (KOR) ab 1976 formulierten Programmatik der (illegalen) Opposition darstellte. Diese nahm sich vor, durch Selbstorganisation der Gesellschaft „von unten" zunächst die Kommunistische Partei zu zwingen, die von ihr selbst initiierten Gesetze einzuhalten und dann zu versuchen, die Sphären des öffentlichen Lebens, aus denen die Partei die Gesellschaft verdrängt hatte, wieder zurückzuerobern und die Räume autonomen gesellschaftlichen Handelns systematisch zu erweitern. Die legale Gründung der *Solidarność* 1980 bildete den Erfolg einer konsequenten Zusammenarbeit von Intellektuellen und Arbeitern, die dieser Oppositionsbewegung eine auch im internationalen Maßstab einmalige Stärke verlieh. Der Begriff *civil society*, für den im Deutschen zunächst einige Zeit ein Äquivalent gesucht wurde, ehe sich „Zivilgesellschaft" durchsetzte, wurde in die internationale Diskussion durch einen Aufsatz von Andrew Arato aus dem Jahre 1981 eingeführt (Arato 1981).

Polen stellte sich somit als ein Land dar, in dem die Zivilgesellschaft über eine beträchtliche Kraft verfügte. Der Erfolg der *Solidarność* am Runden Tisch im Frühjahr 1989 und ihr spektakulärer Sieg bei den halbfreien Wahlen vom Juni 1989 schienen diese Ein-

---

333 CBOS 2009b: 11; auch die zuvor genannten Zahlen entstammen dieser Quelle.

schätzung zu bestätigen. Tatsächlich jedoch war in Polen wie in anderen kommunistisch regierten Staaten die formale gesellschaftliche Organisation durch das Organisationsmonopol der Kommunistischen Partei bestimmt. Selbst Vereine für Hobbytätigkeiten bedurften nicht nur der Registrierung durch die Behörden, sondern einer ausdrücklichen Genehmigung. Daher war das am 7. April 1989 verabschiedete Gesetz über gesellschaftliche Vereinigungen (Dz. U. Nr. 20, Pos. 104) von zentraler Bedeutung für die Selbstorganisation der Gesellschaft. Hatte sich die Gesellschaft bisher *gegen* den Staat organisiert, kam es mit den durch die Vereinbarungen des Runden Tisches initiierten Veränderungen darauf an, den Transformationsprozess hin zu Demokratie und Marktwirtschaft durch zivilgesellschaftliche Initiativen zu stützen. Der Soziologe Jerzy Szacki wies darauf hin, dass es angesichts der Schwäche der Zivilgesellschaft paradoxerweise der Staat sei, der die Rahmenbedingungen für die Entfaltung der Zivilgesellschaft bereitstellen müsse.[334] Gerade in den Anfangsjahren der Dritten Republik fehlte es hier jedoch an rechtlichen Regelungen seitens des Staates. Kritiker gehen sogar so weit zu unterstellen, dass Politiker angesichts des weitgehend „von oben" gelenkten Transformationsprozesses äußerst zurückhaltend bei einer Stärkung der Strukturen der Zivilgesellschaft gewesen seien (Romaniuk 2010). Zivilgesellschaftliches Engagement machte sich gleichwohl bemerkbar in der lokalen Selbstverwaltung, bei wenig formalisierten Jugendbewegungen, subkulturellen Bewegungen und Bürgergruppen, im Bereich individueller Verhaltensweisen, vor allem aber bei den NGOs (Gliński 2008: 3). In den ersten Jahren nach 1989 kam es geradezu zu einem Boom bei der Gründung neuer Vereinigungen, denen allerdings oft sowohl die Finanzen als auch das Know-how fehlten. In beiden Bereichen war hier die Unterstützung durch externe Akteure von Bedeutung, etwa amerikanische Stiftungen wie die Soros-Foundation, aber auch die Stiftungen der deutschen politischen Parteien (Alber 2008), vor allem die Konrad-Adenauer-Stiftung und die Friedrich-Ebert-Stiftung, wobei die FES u.a. einen Schwerpunkt auf die Gewerkschaftsarbeit legte.

Der rechtliche Rahmen für den sich entwickelnden so genannten Dritten Sektor wurde nur langsam geschaffen. Die Verfassung von 1997 garantierte in Art. 12 die freie Bildung und Tätigkeit u.a. von Vereinen, Bürgerbewegungen und anderen freiwilligen Zusammenschlüssen sowie Stiftungen und postulierte das Prinzip der Subsidiarität. Zu Stiftungen bestand seit 1984 ein Gesetz (Dz. U. 1984 Nr. 21, Pos. 97). Doch erst mit dem Gesetz vom 24. April 2003 über die gemeinnützige Tätigkeit und das Volontariat (Dz.U. 2003 Nr. 96, Pos. 873 mit späteren Änderungen), das 2004 in Kraft trat, wurden die rechtlichen und finanziellen Rahmenbedingungen für die Tätigkeit der NGOs präzisiert. Das Gesetz führte den Status gemeinnütziger Organisationen ein, den neben NGOs auch kirchliche Organisationen sowie Aktiengesellschaften, Gesellschaften mit beschränkter Haftung sowie Sportvereine erhalten können, sofern sie ihre Einkünfte nur für die statutenmäßigen Ziele verwenden und keine Gewinne an ihre Mitglieder auszahlen. Die Tätigkeit dieser Organisationen, die mindestens 15 Mitglieder zählen müssen, kann sich auf 32 einzeln aufgelistete Bereiche erstrecken, die von Sozialhilfe und karitativer Tätigkeit über die Förderung von Wissenschaft und Kultur sowie des Gesundheitswesens und der Umwelt bis zum Kampf gegen Suchtgefahren und soziale Pathologien reichen. Die Zuerkennung des Status der Gemeinnützigkeit führt zur Befreiung von verschiedenen Arten Steuern, zur Möglichkeit der Nutzung öffentlichen Eigentums zu Vorzugskonditionen, etc. Diese Privilegien nutzt u.a.

---

334 Beitrag von Jerzy Szacki in der Diskussion „(Wieder-) Aufbau der *civil society*" zum Beitrag von Andrew Arato: Revolution, *civil society* und Demokratie (110-126), in: Transit 1, 1990, 127-131, hier 127f.

Radio Maryja, das allerdings unter den als gemeinnützig anerkannten Organisationen eine Sonderstellung einnimmt.

Die Registrierung einer NGO erfolgt beim Landesgerichtsregister, das Auskünfte nur an juristische Personen erteilt, so dass die Zahl der NGOs nicht präzise zu bestimmen ist. Ein Internetportal polnischer NGOs gibt für 2006 55.000 Vereinigungen und mehr als 8.200 im Register der nationalen Wirtschaft verzeichnete Stiftungen an,[335] Gliński (2008) geht ebenfalls von 55.000 Vereinigungen und über 8.000 Stiftungen aus. Die Gesamtzahl der im Dritten Sektor Beschäftigten schätzt Gliński (2008) auf 120.000, wobei 74 Prozent dieser Organisationen nur mit ehrenamtlichem Personal auskommen sollen. Diesen Zahlen liegt ein „engerer" Begriff von NGO zugrunde. Geht man von einem „weiteren" Begriff aus, würden also die rund 14.000 Freiwilligen Feuerwehren, die Tausende von Elternbeiräten in den Schulen, Gewerkschaften oder kirchliche Organisationen hinzugezählt, läge die Zahl weit höher. Doch erklärten 2012 68 Prozent der repräsentativ Befragten, sie seien nicht Mitglied einer zivilgesellschaftlichen Organisation.[336]

Was die Tätigkeit des Dritten Sektors angeht, bildet einen häufigen Klagepunkt die schlechte Finanzausstattung der NGOs. Die wenigen Organisationen ohne Finanzprobleme sollen überwiegend postkommunistischer Herkunft sein (Gliński 2008). Eine gewisse Abhilfe sollte hier die mit dem erwähnten Gesetz von 2003 eingeführte Möglichkeit für Steuerzahler sein, ein Prozent ihrer Einkommensteuer an eine NGO ihrer Wahl (aus einer den Finanzämtern vorliegenden Liste berechtigter Organisationen) zu überweisen. Im ersten Jahr (2004) machten davon nur 80.320 Steuerzahler Gebrauch. Bis 2011 ist diese Zahl um mehr als das Hundertfache auf 10,1 Millionen angewachsen, was 38 Prozent der zu einer solchen Steuerübertragung Berechtigten bedeutet. Die an die NGOs überwiesene Summe wuchs dabei von 10,4 auf 400,2 Millionen PLN (rund 100 Millionen Euro). Die Steuerzahler, die dieses eine Prozent an eine NGO überweisen, müssten die Summe ohnehin an den Fiskus abführen. Da von dieser Möglichkeit vor allem besser Gebildete und besser Verdienende Gebrauch machen, machte die 2011 von 38 Prozent der Steuerzahler überwiesene Summe immerhin 67 Prozent der möglichen Maximalsumme aus. Die Hälfte der rund 100 Millionen Euro entfiel auf etwas mehr als 30 Organisationen, während sich die zweite Hälfte rund 6500 gemeinnützige Organisationen teilten.[337]

Das Gesetz von 2003 über die gemeinnützige Tätigkeit und das Volontariat verpflichtete die Gemeinden auch, mit dem Dritten Sektor zusammenzuarbeiten und dafür auch Finanzmittel zur Verfügung zu stellen. Hier gibt es zahlreiche Klagen, dass die Gemeinden diese Aufgabe in zu geringem Umfang und zu formal erfüllten und die Zusammenarbeit mit den NGOs eher als zeitliche Belastung wahrnähmen. Gleichwohl ist zwischen 2003 und 2009 der Prozentsatz der Gemeinden, die dieser Verpflichtung nachkommen, von 68 auf 86 Prozent gestiegen. Noch deutlicher wird der Anstieg bei den Summen, die die NGOs erhielten. Sie stiegen von 553 Millionen auf 1,243 Milliarden PLN (ca. 300 Millionen Euro). Dabei sind jedoch große Unterschiede zwischen Stadt- und Landgemeinden zu beobachten. Rund 59 Prozent der 2009 von den Gemeinden an die NGOs überwiesenen Mittel stammten aus den 65 Städten mit Kreisrecht (drei Prozent der Gemeinden), in denen allerdings

---

335 III sektor w liczbach, http://media.ngo.pl/x/250757 (02.06.2012).
336 Vgl. CBOS 2012: Aktywność społeczna w organizacjach obywatelskich w latach 1998-2012, BS/18/2012, Warschau, Februar 2012.
337 Angaben nach Przewłocka, Jaga (Stowarzyszenie Klon/Jawor, 21.03.2012): Przekazują 400 mln, mogliby 600, http://civicpedia.ngo.pl/wiadomosc/761161.html (27.03.2012).

jeder dritte Pole wohnt und wo die Hälfte der Organisationen beheimatet ist. 2003 überwies nur jede siebte Gemeinde mehr als ein Prozent ihrer Ausgaben an NGOs, 2009 war es bereits mehr als jede vierte. Der Unterschied zwischen Stadt und Land wird auch bei der Struktur der Ausgaben sichtbar. In Landgemeinden wird mehr als die Hälfte des entsprechenden Budgets für Körperkultur und Sport ausgegeben, d.h. der örtliche Sportverein ist oft die einzige NGO, die Zuschüsse erhält, ansonsten folgt meist die Freiwillige Feuerwehr. In den Städten mit Kreisrecht dagegen gehen zwei Fünftel dieser Ausgaben an mit der Sozialhilfe verbundene Aufgaben, ein Viertel für Sport und Körperkultur und ein Achtel für Aufgaben des Gesundheitsschutzes.[338] Mit dem Beitritt Polens zur Europäischen Union können sich NGOs nun auch um Mittel aus dem Strukturfonds bemühen. Die durchschnittlichen Einkünfte einer NGO lagen 2010 bei 20.000 PLN (knapp 5.000 Euro) jährlich, allerdings mit großen regionalen Unterschieden, die von je 25.000 PLN in Masowien (mit der Hauptstadt Warschau) und Großpolen bis zu 6.000 in der Wojewodschaft Oppeln und 5.300 im Karpatenvorland reichten.[339]

Vergleicht man insgesamt die Selbstorganisation der polnischen Gesellschaft mit der westlicher Staaten, etwa der alten EU-15, so hat Polen wie alle postkommunistischen Staaten noch immer einen Jahrzehnte langen Rückstand aufzuholen. EU-weite Untersuchungen, die auch alle anderen seit 2004 der Union beigetretenen neuen Mitglieder umfassen, zeigen, dass Polen europaweit eines der niedrigsten Niveaus gesellschaftlichen Engagements aufweist. In dem im November und Dezember 2006 erhobenen Euro-Barometer „Soziale Wirklichkeit in Europa" wurde nach der aktiven Mitgliedschaft oder ehrenamtlichen Tätigkeit in Organisationen von Sportvereinen über Wohlfahrtsverbände und Gewerkschaften bis zu internationalen Organisationen gefragt. Polen belegte unter den damaligen EU-25 den drittletzten und bei Berücksichtigung der Beitrittskandidaten Rumänien und Bulgarien den viertletzten Platz.[340] Polnische Studien zeigen, dass die Bereitschaft zu gesellschaftlicher Aktivität umso höher ist, je höher der Bildungsgrad ist. Ebenso ist sie in den Städten deutlich höher als auf dem Land. Allerdings erweisen die Untersuchungen auch, dass auf dem Land informelle soziale Strukturen weit stärker als in den Städten lebendig sind.[341]

9.5 Literatur

Alber, Ina 2008: Zivilgesellschaft und Demokratie in Polen. Im Kontext externer Demokratieförderung und internationaler Kooperation, Saarbrücken.
Arato, Andrew 1981: Civil Society against the State: Poland 1980-81, in: Telos, 47, 23-47. Deutsche Version in Fenchel, Rainer/Pietsch, Anna-Jutta (Hrsg.): Gesellschaft gegen den Staat, Hannover 1982, 42-87.
CBOS 2012: Związki zawodowe i prawa pracownicze, BS/52/2012, Warschau, April 2012.
CBOS 2009a: Członkostwo w związkach zawodowych. Naruszania praw pracowniczych i „szara strefa" w zatrudnieniu, BS/6/2009, Warschau, Januar 2009.

---

338 Alle Angaben nach Przewłocka, Jaga (15.04.2011): Współpraca gmin z NGOs – fakty, http://civicpedia.ngo.pl/ngo/635360.html (29.05.2011).
339 Gumowska, Marta 2012: III sektor – regiony i liczby, http://civicpedia.ngo.pl/wiadomosc/768625.html (02.06.2012).
340 Eurobarometer Spezial 273 „Soziale Wirklichkeit in Europa", Februar 2007: 35, http://ec.europa.eu/public_opinion/archives/ebs/ebs_273_de.pdf (31.07.2012).
341 Vgl. die bei Romaniuk 2010 referierte Literatur.

CBOS 2009b: Opinie o związkach zawodowych i dialogu społecznym, BS/2/2009, Warschau, Januar 2009.
CBOS 2008: Przynależność do związków zawodowych, BS/21/2008, Warschau, Februar 2008.
Czapiński, Janusz/ Panek, Tomasz (Red.) 2011: Diagnoza społeczna 2011: warunki i jakość życia Polaków: raport, Warszawa; zugänglich auch unter http://www.diagnoza.com/pliki/raporty/Diagnoza_raport_2011.pdf (31.07.2012).
Czarzasty, Jan/ Kulpa-Ogdowska, Anna (Red.) 2006: Związki zawodowe od konfrontacji do kooperacji, Warszawa (SGH/FES).
Deppe, Rainer/ Tatur, Melanie 2002: Rekonstitution und Marginalisierung. Transformationsprozesse und Gewerkschaften in Polen und Ungarn, Frankfurt a.M.
Gardawski, Juliusz 2009: Dialog społeczny w Polsce. Teoria, historia, praktyka, Warszawa.
Gardawski, Juliusz et al. (Red.) 1999: Rozpad bastionu? Związki Zawodowe w gospodarce prywatyzowanej, Warszawa.
Geißler, Torsten 2000: Tarifautonomie in der Transformation. Ein Vergleich der Lohnbildungsinstitutionen in Polen und Ostdeutschland, Hamburg.
Gliński, Piotr 2008: Die Zivilgesellschaft in Polen: Genese, Entwicklung, Dilemmata, in: Polen-Analysen Nr. 25, 15.01.2008, 2-8, www.laender-analysen.de/polen/pdf/PolenAnalysen25.pdf.
Jagusiak, Bogusław 2010: Związki zawodowe wobec procesu transformacji systemowej w Polsce, in: Dwończyk, Joanna/ Kornaś, Jerzy (Red.): Transformacja polska – oczekiwania i rzeczywistość, Kraków, 119-131.
Kmiecik, Sergiusz 2006: Rady pracownicze – zabrakło logiki, in: Money.pl, 21.08.2006; http://msp.money.pl/wiadomosci/zarzadzanie/artykul/rady;pracownicze;-;zabraklo;logiki,234,0,178922.html (19.09.2009).
Kohl, Heribert/ Platzer, Hans-Wolfgang 2004: Arbeitsbeziehungen in Mittelosteuropa, Baden-Baden.
Krzywdzinski, Martin 2008: Arbeits- und Sozialpolitik in Polen. Interessenvermittlung und politischer Tausch in einem umkämpften Politikfeld, Wiesbaden.
Ost, David 2009: The End of Postcommunism. Trade Unions in Eastern Europe's Future, in: East European Politics and Societies 23 (11), 13-33.
Ost, David 2005: The Defeat of Solidarity, Ithaca, NY.
Ostrowski, Piotr 2009: Powstawanie związków zawodowych w sektorze prywatnym w Polsce, Warszawa.
Przewłocka, Jadwiga 2011: Współpraca organizacji pozarządowych i administracji publicznej w roku 2009. Raport z badań, Warszawa; auch zugänglich unter http://administracja.ngo.pl/files/administracja.ngo.pl/public/badania/barometr_2009.pdf (31.07.2012).
Rode, Clemens 2008: Die aktuelle Situation der Gewerkschaften in Polen, in: Polen-Analysen Nr. 36, 01.07.2008, 2-12, www.laender-analysen.de/polen/pdf/PolenAnalysen36.pdf.
Ders. 2009: Gewerkschaften in Polen, in: Bingen, Dieter/ Ruchniewicz, Krzysztof (Hrsg.): Länderbericht Polen, Bonn, 415-424.
Romaniuk, Piotr 2010: Civil Society, Third Sector and Local Self-Government: Drawing the Framework for Building the Capacity of Political Transformation in Poland, in: Freise, Matthias et al. (Hrsg.): A Panacea for all Seasons? Civil Society and Governance in Europe, Baden-Baden, 81-97.
Stegemann, Karolina 2011: Gewerkschaften und kollektives Arbeitsrecht in Polen, Baden-Baden.
Trappmann, Vera 2011: Die Gewerkschaften in Polen. Aktuelle Situation, Organisation, Herausforderungen, in: FES Internationaler Dialog, Dezember 2011, http://library.fes.de/pdf-files/id/08817.pdf (31.07.2012).
Ziemer, Klaus 1994: Polens Gewerkschaften auf der Suche nach ihrem Platz im postsozialistischen System, in: Industrielle Beziehungen 1 (3), 239-260.

Internetadressen

www.solidarnosc.org.pl	Internetseite der Gewerkschaft Solidarność
http://opzz.org.pl	Internetseite der Gewerkschaft OPZZ
www.fzz.org.pl	Internetseite der Gewerkschaft Forum
www.pracodawcyrp.pl	Internetseite des Arbeitgeberverbandes der Republik Polen (bis 2010: Konföderation der Arbeitgeber Polens)
http://pkpplewiatan.pl	Internetseite des Arbeitgeberverbandes Lewiatan
www.bcc.org.pl	Internetseite des Business Center Club
www.zrp.pl	Internetseite des Polnischen Handwerkverbandes
www.dialog.gov.pl/komisja_trojstronna	Internetseite der Trilateralen Kommission für Sozioökonomische Fragen
www.ngo.pl	Internetportal polnischer NGOs
http://civicpedia.ngo.pl	Internetportal mit Informationen zu NGOs
www.isp.org.pl	Internetseite des Instituts für Öffentliche Angelegenheiten (Think Tank)
www.batory.org.pl	Internetseite der Batory-Stiftung (Think Tank)

10 Massenmedien

Die Massenmedien haben in Polen wie in anderen postkommunistischen Staaten ihre Funktion im Vergleich zum vorhergehenden System grundlegend geändert. Jahrzehntelang bildete die Kontrolle über die Massenmedien für die PZPR einen der wichtigsten Pfeiler ihrer Macht. Die Zensur verhinderte nach kleinlich genau getroffenen Vorgaben die Bekanntgabe für die Partei unangenehmer Nachrichten und Kommentare, die Abteilungen für „Presse, Radio und Fernsehen" und für „ideell-erzieherische Arbeit" beim Sekretariat des Zentralkomitees gaben dagegen diejenigen Themen vor, die von allen Medien obligatorisch zu behandeln waren. Eine Ausnahme bildeten nur die wenigen dem Episkopat loyalen offiziell zugelassenen katholischen Wochen- und Monatszeitschriften. Durchbrochen wurde das Informationsmonopol der Partei zum einen auf elektronischem Wege durch Rundfunksender wie die in Polen viel gehörte amerikanische Station Radio Free Europe in München und andere westliche Stationen (jeweils der polnischsprachige Service von BBC, Radio France Internationale, Deutschlandfunk u.a.), zum andern durch das seit der zweiten Hälfte der 1970er Jahre entstehende, von der Zensur unabhängige Publikationswesen im Untergrund, den so genannten „zweiten Umlauf". In den 1980er Jahren machten es technische Innovationen wie das Aufkommen von Fotokopiergeräten, Videorecordern und Satelliten-Fernsehen den Vertretern der Staatsmacht immer schwerer, den Zugang der Gesellschaft zu Informationen zu kontrollieren. Ende der 1980er Jahre verfügten 10-15 Prozent der Haushalte über einen Zugang zu diesen neuen Medien (Mrozowski 2000: 190). Dennoch zeigten sich die Vertreter des *ancien régime* bei den Verhandlungen am Runden Tisch 1989 in wenigen Bereichen so unnachgiebig wie bei der Forderung nach dem Verzicht auf die Kontrolle insbesondere von Rundfunk und Fernsehen. Erst nach der Bildung der Regierung Mazowiecki im Spätsommer 1989 verlor die PZPR die Kontrolle über die elektronischen Medien.

10.1 Die Printmedien

Bei den Printmedien setzte nach der Aufhebung der Zensur eine Revolution ein. Es entstanden eine ganze Reihe neuer Tages- und Wochenzeitungen sowie anderer Periodika. Sehr rasch zeigte sich jedoch, dass die bisherigen Restriktionen durch die Zensur durch eine neue Instanz ersetzt wurden, den Markt. Viele der neuen Zeitungen und Zeitschriften konnten sich auf dem Markt nicht behaupten und verschwanden nach relativ kurzer Zeit.

Eine Schlüsselrolle bei der Privatisierung der Printmedien spielte die „Arbeiterverlagsgenossenschaft" (*Robotnicza Spółdzielnia Wydawnicza*/ RSW) *Prasa-Książka-Ruch*, die ein weitgehendes Monopol über den Besitz und den Vertrieb der bisherigen Presseerzeugnisse innegehabt hatte. Ihr letzter Leiter war der langjährige Regierungssprecher der 1980er Jah-

Tabelle 44: Auflagenhöhe der größten Tageszeitungen[a]

	2012	2011	2010
Fakt	396.123	425.972	439.611
Gazeta Wyborcza	263.600	336.000	343.061
Super Express	167.863	183.824	186.087
Rzeczpospolita	98.972	142.896	145.749
Dziennik Gazeta Prawna	84.428	108.873	116.280

a Jeweils im Januar
Quelle: Wirtualnemedia.pl, http://www.wirtualnemedia.pl/artykul/wiekszosc-dziennikow-zanotowala-spadki-w-2010-roku (9.03.2011)

re, Jerzy Urban. Ihre Erlöse hatten die Haupteinnahmequelle der PZPR dargestellt. Entsprechend forderte die Opposition am Runden Tisch die Auflösung von RSW. Am 22. März 1990 verabschiedete der Sejm das Gesetz über die Liquidierung von RSW,[342] womit eine der größten Privatisierungsmaßnahmen Polens eingeleitet wurde.[343] Ein Drittel ihrer Titel wurde neu gebildeten Genossenschaften von Journalisten übertragen, der Rest über Ausschreibungen an unterschiedliche Interessenten verkauft, wobei zumindest versucht wurde, in etwa gleiche Proportionen zwischen privaten und institutionellen (Parteien, Stiftungen, gesellschaftliche Organisationen) Käufern sowie zwischen in- und ausländischem Kapital zu wahren (Mrozowski 2000: 193). Es entstanden neue Lokal- und vor allem Regionalzeitungen, zum Teil mit ausländischem Kapital. Auf nationaler Ebene konnten sich lange Zeit nur zwei meinungsbildende Blätter halten. Aus der Wahlzeitung der *Solidarność* ging die auflagenstarke linksliberale, heute der PO nahe stehende Gazeta Wyborcza hervor, die im Besitz des polnischen Verlags Agora ist. An Führungseliten richtet sich die konservative, ab etwa 2006 deutlich auf den Kurs der Brüder Kaczyński eingeschwenkte Rzeczpospolita, die allerdings nach der Niederlage von Jarosław Kaczyński in den Präsidentschaftswahlen 2010 und seiner danach erneut aufgenommenen polarisierenden Rhetorik auf Distanz zu ihm ging. 1982 als Regierungsblatt während des Kriegsrechts gegründet, wurde die Rzeczpospolita 1991 in das Joint Venture Presspublica überführt, an dem der polnische Staatsschatz 49 Prozent behielt, während 51 Prozent zunächst an die Hersant-Gruppe, 1996-2006 an den norwegischen Konzern Orkla Media und danach an die Gruppe Montgomery gingen. Im Oktober 2011 kaufte der Chef der Unternehmensgruppe Gremi Media, Grzegorz Hajdarowicz, sowohl die Anteile des Staatsschatzes als auch diejenigen von Montgomery und ist nun Alleinbesitzer der Rzeczpospolita. Er versprach, deren Kurs nicht grundlegend zu ändern.

Mit dem schrittweisen Rückzug von Hersant und Orkla vom polnischen Markt dominierte zunehmend deutsches Kapital bei den Regional-, aber auch neuen überregionalen Tageszeitungen. Axel Springer Polska brachte 2003 das Boulevardblatt Fakt als Pendant zur Bild-Zeitung auf den Markt und puschte Fakt zur auflagenstärksten Tageszeitung in Polen, teilweise mit antideutschen Beiträgen, die bisweilen von Bild „empört" aufgegriffen wur-

---

342 Gesetz vom 22. März 1990 über die Liquidierung der RSW *Prasa-Książka-Ruch*, Dz. U. 1990 Nr. 21, Pos. 125.
343 Zum Verlauf der Privatisierung der Presse vgl. u.a. Schliep, Katharina 1999: Die Privatisierung der polnischen Presse, in: Kopper u.a. 1999, 117-128.

Tabelle 45: Auflagenhöhe der 15 größten Regionalzeitungen[a]

	2012	2011	2010
Polska Dziennik Zachodni	57.740	66.499	71.605
Gazeta Pomorska	56.629	67.122	68.617
Express Ilustrowany	40.719	45.561	49.092
Polska Głos Wielkopolski	39.730	42.914	46.210
Głos – Dziennik Pomorza	31.407	39.816	41.225
Polska Dziennik Bałtycki	34.625	38.929	43.339
Polska Dziennik Łódzki	34.010	37.565	41.105
Dziennik Polski	27.926	34.656	36.573
Gazeta Lubuska	28.471	33.883	39.916
Echo Dnia	26.254	32.974	35.525
Polska Gazeta Krakowska	22.441	26.374	26.637
Nowa Trybuna Opolska	20.060	26.323	27.701
Gazeta Codzienna Nowiny	24.205	26.006	27.552
Polska Gazeta Wrocławska	22.977	25.219	29.106
Gazeta Olsztyńska / Dziennik Elbląski	21.165	23.631	24.227

a   verkaufte Auflage, 2010 und 2011 jeweils Januar, 2012 Februar
Quelle: Eigene Zusammenstellung nach Wirtualnemedia.pl, http://www.wirtualnemedia.pl/artykul/dzienniki-regionalne-traca-najwiecej-gazeta-olsztynska-i-gazeta-pomorska   (9.03.2011); http://www.wirtualnemedia.pl/artykul/dzienniki-regionalne-traca-czytelnikow-najbardziej-glos-dziennik-pomorza (16.04.2012)

den und dort zur Auflagensteigerung beitrugen (und vice versa). 2006 lancierte Springer mit dem Dziennik Polska Świat („Tageszeitung Polen Die Welt") ein offensichtliches Gegenstück zur Welt. 2008 fusionierte der Dziennik mit der vor allem auf Fragen des Wirtschaftsrechts spezialisierten Gazeta Prawna, konnte damit aber den langsamen Rückgang der Auflage nicht aufhalten. Der Verlag der Passauer Neuen Presse, dessen verschiedene Engagements seit 2000 in der Verlagsgruppe Passau zusammengefasst sind, übernahm ab 1994 eine ganze Reihe polnischer Regionalzeitungen und dominiert damit als Polskapresse dieses Marktsegment. 2007 lancierte Polskapresse als überregionale Tageszeitung Polska. The Times, deren Mantel die der Verlagsgruppe angehörenden Regionalblätter übernehmen. Alle Regionalzeitungen leiden unter schleichendem Auflagenrückgang (vgl. Tabelle 45).

Dies trifft auch für die überregionalen Tageszeitungen zu, wie Tabelle 44 zeigt. Auflagenstärkste Tageszeitung bleibt Fakt, dessen Boulevard-Konkurrent Super Express immerhin den dritten Platz belegt. Bei den meinungsbildenden überregionalen Zeitungen führt weiterhin die Gazeta Wyborcza vor der Rzeczpospolita und dem Dziennik Gazeta Prawna. Deutlich niedriger dürfte die Auflage von Nasz Dziennik („Unsere Tageszeitung") liegen, der politisch Radio Maryja nahesteht, aber seine Auflagenhöhe nicht bekannt gibt. Nasz Dziennik, der in der polnischen Presselandschaft eher ein Nischendasein führt, gewann unter den PiS-geführten Regierungen 2005-2007 an Bedeutung, als er zu einer regierungsnahen Tageszeitung avancierte, in der sich führende Politiker der Regierung äußerten. Die Redaktion der SLD-nahen Trybuna, der Nachfolgerin des früheren PZPR-Zentralorgans Trybuna Ludu, „suspendierte" Anfang Dezember 2009 aus finanziellen Gründen das Erscheinen der Zeitung. Eine Wiederaufnahme des Erscheinens ist offenbar nicht in Sicht.

Tabelle 46: Auflagenhöhe der größten Wochenzeitungen[a]

	2012	2011	2010	2009
Gość Niedzielny	139.298	141.817	141.593	136.136
Uważam Rze	136.546	133.478	–	–
Polityka	123.485	134.515	143.446	144.597
Newsweek Polska	97.778	104.728	113.037	105.750
Wprost	84.622	96.189	82.174	86.570
Gazeta Polska	60.950	71.870	45.148	24.928
Przekrój	23.930	34.471	40.881	46.625
Przegląd	21.462	22.133	23.301	22.393
Tygodnik Powszechny	18.205	17.147	17.990	19.009

a 2009: verkaufte Auflage im Jahresdurchschnitt; 2010 und 2011: Durchschnitt des Verkaufs von Januar bis September; 2012: Verkauf im Februar
Quelle: Eigene Zusammenstellung nach : http://www.wirtualnemedia.pl/artykul/polityka-liderem-gazeta-polska-pod woila-sprzedaz (9.03.2011); http://www.wirtualnemedia.pl/artykul/sprzedaz-tygodnikow-opinii-w-2011-liderem-goscniedzielny (16.04.2012); http://www.wirtualnemedia.pl/artykul/wprost-bez-lisa-traci-najnizszy-wynik-przekroju-w-historii (22.04.2012)

Scheint die Dominanz ausländischer, überwiegend deutscher Verlage (Bauer, Springer, Polskapresse) bei diversen Hochglanz- und Spartenzeitschriften weniger von Bedeutung, so führt die starke Präsenz insbesondere von deutschem Kapital bei wichtigen überregionalen und regionalen Tageszeitungen immer wieder zu Diskussionen in der Öffentlichkeit über mögliche politische Einflussnahmen seitens der Verleger. Freilich macht schon die auf den Absatz gerichtete tendenziell deutschlandkritische Grundeinstellung von Fakt deutlich, dass es den Verlegern offensichtlich mehr um ein kommerzielles als um ein politisches Engagement in Polen geht.

Unter den Wochenzeitungen hat die zu Zeiten der Volksrepublik zwar als parteinah, aber liberal geltende Polityka ihren führenden Platz auch unter den veränderten Rahmenbedingungen als linksliberales Blatt jahrelang knapp vor dem von der Erzdiözese Kattowitz herausgegebenen Gość Niedzielny („Sonntagsgast") behaupten können, musste 2011 aber erstmals den Führungsplatz abgeben (vgl. Tabelle 46). Bemerkenswert ist der Erfolg der im Februar 2011 gestarteten Uważam Rze („Ich meine, dass"),[344] die von bisherigen Redakteuren der Tageszeitung Rzeczpospolita herausgegeben wird und einen nationalkonservativen Charakter hat. Noch weiter rechts angesiedelt ist die Gazeta Polska, die ebenfalls eine beachtliche Auflagensteigerung erzielte. Auf den weiteren Plätzen folgten Newsweek Polska (Axel Springer Polska) und Wprost („Direkt"), das zu Beginn des 21. Jahrhunderts durch zum Teil provokative Titelbilder (u.a. Bundeskanzler Schröder auf allen Vieren, den die in SS-Uniform getauchte BdV-Vorsitzende Erika Steinbach reitet) auch in Deutschland Aufmerksamkeit erregte. Der linksorientierte Przekrój („Querschnitt") besaß in der Anfangsphase der Volksrepublik eine gewisse Bedeutung als Blatt, das auch über Kunst und Lifestyle im Westen berichtete, hat diese Rolle aber längst verloren. Erst auf Platz 8 und 9 fanden sich 2009 bis 2011 der dem SLD nahe stehende Przegląd („Rundschau") sowie das Flaggschiff der katholischen Intellektuellen in der Volksrepublik Polen, der Krakauer Tygodnik Powszechny („Allgemeines Wochenblatt"). Er stand und steht für einen „offenen" Katholizismus, musste aber nach 1989 feststellen, dass er sich im polnischen Katholi-

---

344 Dabei ist „Rze" orthografisch falsch, soll aber offensichtlich an die Herkunft des Blattes aus der Redaktion der Rzeczpospolita erinnern.

zismus eher in einer Minderheitenposition befindet, und kämpfte mehrfach um sein ökonomisches Überleben.

Bemerkenswert ist im Vergleich zu Deutschland das Rollenverständnis vieler Journalisten insbesondere auf der nationalen Ebene. Bei ihnen verschwimmt vielfach die Trennung zwischen Berichterstattung und Kommentar, sie werden mit ihren Meinungsäußerungen selbst zu quasi politischen Akteuren, insbesondere wenn sie in überregional ausgestrahlten Fernsehprogrammen auftreten. Sie vertreten dann viel stärker, als man dies etwa von Journalisten aus Deutschland gewohnt ist, recht offen Positionen als Parteigänger der Regierung oder der Opposition.[345] Hierbei konnte man gerade auch auf der Ebene von Qualitätszeitungen in den letzten Jahren einen deutlichen Antagonismus etwa zwischen der Gazeta Wyborcza und der Rzeczpospolita beobachten (vgl. auch Möller 2009).

10.2 Rundfunk und Fernsehen

In mehreren Stufen wurde für Rundfunk und Fernsehen bis Ende 1992 ein duales System eingeführt. Das bisher staatliche Radio und Fernsehen wurde jeweils in eine Gesellschaft des öffentlichen Rechts in Form einer Aktiengesellschaft umgewandelt, in der alle Aktien dem Staat gehören. Oberste Instanz für Radio und Fernsehen wurde der Landesrat für Rundfunk und Fernsehen (*Krajowa Rada Radiofonii i Telewizji*, KRRiT), dem in der Verfassung von 1997 sogar Verfassungsrang eingeräumt wurde. Von der Systematik her wurde er wie die Oberste Kontrollkammer (Rechnungshof) und die Ombudsperson dem Kapitel „Organe der staatlichen Kontrolle und des Rechtsschutzes" zugeordnet. Aufgabe des Landesrates ist es nach Art. 213 Abs. 1 NV, „die Freiheit des Wortes, das Informationsrecht sowie das öffentliche Interesse an Rundfunk und Fernsehen" zu hüten. Um die Beeinflussung der Mitglieder von außen weitmöglichst auszuschalten, dürfen sie nach der Verfassung (Art. 214 Abs. 2 NV) keiner politischen Partei oder Gewerkschaft angehören und keine öffentliche Tätigkeit ausüben, die sich mit der Würde des Amtes nicht vereinbaren lässt. Das Gesetz über den „Landesrat"[346] weist seinen Mitgliedern in Art. 6 ausdrücklich die Aufgabe zu, über die „Freiheit des Wortes in Radio und Fernsehen, über die Selbständigkeit der Sender und die Interessen der Empfänger" zu wachen und einen „offenen und pluralistischen Charakter von Radio und Fernsehen" sicherzustellen.

Zu den Kompetenzen des Gremiums gehört die Berufung je eines Direktorenrates für den Rundfunk und das Fernsehen sowie für beide jeweils die Berufung eines Verwaltungs- und eines Programmrates. Der „Landesrat" ist zugleich oberstes Aufsichtsgremium und Zulassungsbehörde, die Lizenzen auch an private Rundfunk- und Fernsehsender sowie an Kabel-TV-Netze vergibt. Von den ursprünglich neun Mitgliedern ernannte der Sejm vier, der Senat zwei und der Staatspräsident drei für eine einmalige Amtszeit von sechs Jahren.

Angesichts dieser im „Landesrat" konzentrierten Machtfülle und der Berufung seiner Mitglieder durch politische Institutionen war es nicht verwunderlich, dass trotz der erwähnten verfassungsrechtlichen und gesetzlichen Kautelen die Politik von Anfang an massiv auf seine Zusammensetzung Einfluss zu nehmen versuchte. Bereits Präsident Wałęsa berief das

---

345 Vgl. u.a. Ziomecki, Mariusz 2010: W tej kampanii dziennikarze zastąpili polityków, in: Dziennik Gazeta Prawna 14.-16.05.2010, A 20f.
346 Ustawa o radiofonii i telewizji z dnia 29 grudnia 1992 r. (mit den Änderungen bis 2010), http://isap.sejm.gov.pl/Download%3Fid%3DWDU20042532531%26type%3D3 (21.04.2012).

von ihm benannte Mitglied ab, das der „Landesrat" zu seinem Vorsitzenden gewählt hatte, doch war diese Entscheidung verfassungswidrig, da der Präsident ein Mitglied des Rates zwar berufen, aber nicht abberufen kann. Unter Premierminister Leszek Miller wurde eine Novellierung des Mediengesetzes vorbereitet, durch die die Bildung von Konzernen verhindert werden sollte, die gleichzeitig Printmedien herausgeben und Rundfunk- oder Fernsehstationen betreiben. Zur Verabschiedung der Novellierung kam es nicht, da genau zu diesem Punkt der Medienzar Lew Rywin dem Verlagshaus Agora 2002 gegen Zahlung von 17,5 Millionen USD anbot, für eine gesetzliche Regelung zu sorgen, die es Agora ermöglichen würde, das zweite öffentlich-rechtliche Fernsehprogramm zu übernehmen. Er löste damit den größten Politskandal der Dritten Republik aus (vgl. Kapitel 2.6.2.1).

In allen Wahlperioden nutzten die Mitglieder des „Landesrates" ihre Kompetenzen konsequent, um Personen ihrer jeweiligen politischen Option in die Führungspositionen von Rundfunk und Fernsehen zu bringen. Anfang der 1990er Jahre waren das sehr junge, in der politischen Umgangssprache als „Pampersjungs" bezeichnete Konservative, danach Parteigänger der politischen Linken. Vor allem die Nachrichtensendungen und politischen Magazine waren entsprechend parteilich ausgerichtet. Aufgrund der unterschiedlichen Amtszeiten des Parlaments und des „Landesrates" veränderte sich die politische Ausrichtung vor allem der Fernsehprogramme meist erst gegen Ende einer Wahlperiode des Parlaments. Da viele Zuschauer das Spiel durchschauten, brachten diese Manipulationen den Parteien der bisherigen Regierungsmehrheit in der Regel wenig Erfolg bei Parlamentswahlen. Gleichwohl wurden die Direktoren der Rundfunk- und vor allem Fernsehanstalten relativ häufig ausgewechselt.

Eine neue Qualität schien der Umgang der Regierenden mit den Medien anzunehmen, als die Übertragung der Unterzeichnung des Abkommens über Zusammenarbeit zwischen PiS, der *Samoobrona* und der LPR im November 2005, das die Bildung der Regierung Marcinkiewicz ermöglichte, nur den Vertretern von TRWAM, der Fernsehstation von Radio Maryja, gestattet wurde. Mit der erwähnten Änderung des Mediengesetzes im gleichen Monat setzte die PiS dann ihre bereits zuvor angekündigte Absicht um, eine stärkere Kontrolle über die Medien zu übernehmen. Die Mitgliederzahl des „Landesrates" wurde von neun auf fünf reduziert (je zwei benennen der Staatspräsident und der Sejm, eines der Senat), die Amtszeit des bisherigen „Landesrates" unter seiner Vorsitzenden Danuta Waniek (früher SLD-Sejmabgeordnete) wurde beendet. Dem Staatspräsidenten wurde das Recht zuerkannt zu bestimmen, wer den Vorsitz im „Landesrat" führen sollte. Lech Kaczyński ernannte auf diesen Posten Anfang 2006 seine langjährige Vertraute Elżbieta Kruk. Zwar erkannte der Verfassungsgerichtshof diesen wie andere Punkte des Gesetzes für verfassungswidrig, doch wurde angesichts der Mehrheitsverhältnisse im neuen „Landesrat" Elżbieta Kruk von diesem erneut zur Vorsitzenden gewählt.[347] Unausgewogenheiten in der quantitativen und qualitativen Berichterstattung des Öffentlichen Fernsehens über die drei wichtigsten Konkurrenten bei den vorgezogenen Parlamentswahlen von 2007 monierte der Bericht der Wahlbeobachter der Organisation für Sicherheit und Zusammenarbeit in Europa. Der „Landesrat" habe aufgrund von Mängeln in seiner Struktur und Meinungsverschiedenheiten aufgrund seiner parteipolitischen Zusammensetzung sowie fehlenden effizienten

---

347 Sie trat nach der Selbstauflösung des Sejm im Herbst 2007 von ihrem Amt zurück, kandidierte bei den Neuwahlen für die PiS zum Sejm und wurde in den Sejm gewählt.

Kontrollmechanismen nicht seinem verfassungsmäßigen Auftrag nachkommen können. Das sei jedoch der einzige feststellbare Mangel bei diesen Wahlen gewesen.[348]

Während die öffentlich-rechtlichen Medien in diesem Wahlkampf deutlich regierungsnah waren, übernahmen zumindest Teile der vom „Landesrat" seit Anfang der 1990er Jahre zugelassenen privaten Rundfunk- und Fernsehsender die Rolle eines kritischen Korrektivs. 1993 war die erste kommerzielle Fernsehstation Polsat zugelassen worden, später kam vor allem die Station TVN hinzu, deren Nachrichtensender TVN 24 zunächst nach dem Muster von CNN arbeitete, aber bald ein für das polnische Publikum Maßstäbe setzendes Muster für Nachrichtensendungen entwickelte. Inzwischen konkurrieren mit TVN 24 auch ein im Oktober 2007 eröffneter Infokanal des öffentlichen Fernsehens sowie ein Infokanal von Polsat.

Das öffentlich-rechtliche Fernsehen strahlt zwei terrestrische Programme aus, dazu regionale dritte Programme, die allerdings die meiste Zeit zu TVP INFO zusammengeschaltet sind, und TV Polonia, ein (vor allem über Satellit ausgestrahltes) Programm für die Polen im Ausland. In den letzten Jahren sind immer mehr Spartensender hinzugekommen wie TVP Kultura, TVP Sport, TVP Historia oder zuletzt (2009) TVP Religia. Die vom Franziskanerorden betriebene Station TV Puls hatte in der Vergangenheit mit finanziellen Schwierigkeiten zu kämpfen, hat sich aber unter den Top Ten der Fernsehstationen stabilisiert. Dagegen führt der mit Radio Maryja verbundene Fernsehkanal TRWAM[349] mit 2010 angeblich 0,01 Prozent der Zuschauer[350] ein Schattendasein. Für Anfang 2012 bezifferte das KRRiT-Mitglied Krzysztof Luft die durchschnittliche Zuschauerzahl von TRWAM im Laufe des gesamten Tages mit etwa 6000. Zu den Spitzenzeiten zwischen 20 und 22 Uhr seien es 40.000 bis 45.000, während in der technischen Reichweite des Senders rund 10 Millionen lägen.[351] Das öffentlich-rechtliche Fernsehen hat trotz der Konkurrenz durch die privaten Sender weiterhin die meisten Zuschauer (vgl. auch Maliszewski 2006: 273) und wird von der ganz überwiegenden Mehrzahl der Zuschauer positiv beurteilt (vgl. Tabelle 55). Eine von dem Think Tank Batory-Stiftung in Auftrag gegebene Studie von Soziologen der Universität Warschau ergab für den Wahlkampf zu den Parlamentswahlen von 2011, dass der private Sender TVN in der Berichterstattung die PO und Premierminister Donald Tusk stärker exponierten und positiv darstellten, während Oppositionsführer Kaczyński und SLD-Chef Napieralski eher negativ gekennzeichnet wurden. Die Nachrichtensendungen von Polsat seien dagegen zurückhaltender gewesen. Beim Öffentlich-Rechtlichen Fernsehen sei eine Ausgewogenheit der Berichterstattung festzustellen gewesen, allerdings mit deutlich unterschiedlichen Akzentsetzungen zwischen den einzelnen Programmen.[352]

---

348 Vgl. den OSZE-Bericht: http://www.osce.org/odihr/elections/75264 (31.07.2012).
349 TRWAM, zu Deutsch: ich harre aus, ich halte durch. Eventuell auch als Akronym: Tadeusz **Rydzyk WAM** (Tadeusz Rydzyk, der Gründer von Radio Maryja, für euch).
350 Vgl. die PAP-Meldung vom 4.03.2010, http://www.polskieradio.pl/5/115/Artykul/184645,Rzeczpospolita-bardzo-droga-telewizja-o-Rydzyka (31.07.2012).
351 Vgl. Luft, Krzysztof 2012: Trwanie Trwam, in: Gazeta Wyborcza 15.02.2012.
352 Die einzelnen Kapitel der umfangreichen Studie sind zugänglich auf der Internetseite der Batory-Stiftung unter: http://www.batory.org.pl/programy_operacyjne/masz_glos_masz_wybor/monitoring_programow_informacyjnych/monitoring/monitoring_programow_informacyjnych_tvp_tvn_i_polsat_w_wyborach_parlamentarnych_2011 (31.07.2012).

Tabelle 47: Zuschaueranteil der größten Fernsehstationen[a]

Station	2012	2011
TVN	17,29	13,89
Polsat	16,53	13,82
TVP1	12,20	19,53
TVP2	10,20	14,32
TVN Siedem	2,59	1,83
TV4	2,47	1,94
TV Puls	2,29	1,71
TVP INFO	2,04	3,66
TVN 24	1,95	3,61

a 2011: Woche vom 28.02.-06.03.2011, 2012: Woche vom 26.03.-01.04.2012
   TVP = Öffentlich-Rechtliches Fernsehen; Andere: Private Anbieter
Quelle: Meinungsforschungsinstitut TNS OBOP, http://www.wirtualnemedia.pl/artykul/duzy-wzrost-tvp-2-traca-tvp-info-tvn-24-tv4-i-tv-puls (9.3.2011); http://www.wirtualnemedia.pl/artykul/tvn-liderem-tvp1-odrabia-straty-w-dol-polsat-i-tvp2 (16.04.2012)

Tabelle 48: Höreranteil der größten Rundfunkstationen[a]

	2012	2011	2010	2009	2008	2007	2006
RMF FM	24,3	25,4	27,5	25,8	23,3	22,4	21,4
Radio Zet	14,9	16,3	16,0	16,6	18,9	19,2	18,8
Poln. Rundfunk, 1. Progr.	11,7	12,3	13,3	12,0	12,5	12,9	14,9
Poln. Rundfunk, 3. Progr.	8,2	8,7	7,6	6,3	5,6	6,1	6,6
Radio Maryja	3,3	2,4	2,1	2,2	2,4	2,2	2,5
Eska Rock	1,7	1,4	1,7	0,9	0,2	–	–
TOK FM (Info-Sender)	1,4	1,4	1,2	1,1	1,1	1,0	0,8
Poln. Rundfunk, 2. Progr.	0,6	0,6	0,9	0,6	0,5	0,7	0,7

a in v. H., jeweils im März des Jahres
Quelle: http://www.wirtualnemedia.pl/artykul/duzy-spadek-rmf-fm-zetki-i-trojki-zyskalo-radio-maryja (16.04.2012)

Dasselbe gilt für das Öffentlich-Rechtliche Radioprogramm, das vier landesweite Programme umfasst, die in Konkurrenz zu mehreren landesweiten und zahlreichen lokalen privaten Stationen stehen. Seitens der Katholischen Kirche verfügt jede Diözese über einen eigenen Radiosender (in Warschau nach dem Vornamen des langjährigen Primas Glemp: Radio Józef), die teilweise als Radio Plus zusammengeschaltet sind. Keiner von ihnen reicht jedoch an die Bedeutung von Radio Maryja heran, das nicht dem Episkopat, sondern dem Redemptoristenorden unterstellt ist und sich als einzige katholische Station explizit zu politischen Fragen äußert. Dessen Zuhörerschaft oszilliert in den regelmäßig für das Internetportal Wirtualnemedia durchgeführten Erhebungen zwischen zwei und drei Prozent der Rundfunkhörer. Sie liegt damit um gut das Vierfache höher als die des auf intellektuelle Eliten ausgerichteten Zweiten Programms des Polnischen Rundfunks. Der Sender liegt stabil an fünfter Stelle der meistgehörten polnischen Radiostationen.

Eine vom Meinungsforschungsinstitut CBOS Mitte 2008 durchgeführte repräsentative Untersuchung zur Zuhörerschaft von Radio Maryja ergab unter einer etwas anderen Fragestellung, dass acht Prozent der Befragten die Station mehrfach in der Woche hörten, drei Prozent mehrmals im Monat, vier Prozent noch seltener und 85 Prozent überhaupt nie. Unter den elf Prozent relativ regelmäßigen Hörern waren 64 Prozent Frauen, 49 Prozent wohnten auf dem Land und 49 Prozent besaßen nur Grundschulbildung. Unter den Berufen dominierten mit 21 Prozent Landwirte, 19 Prozent waren Facharbeiter und 19 Prozent einfache Angestellte. 42 Prozent der Zuhörerschaft waren 65 Jahre und älter, 19 Prozent 55 bis 64 Jahre, aber nur fünf Prozent zwischen 18 und 25 Jahren alt.[353]

Radio Maryja ist Teil des von Pater Rydzyk aufgebauten, in der 1998 gegründeten Stiftung *Lux Veritatis* zusammengefassten Medienimperiums, zu dem auch eine in Thorn angesiedelte, der Ausbildung von Journalisten gewidmete private Hochschule für Sozial- und Medienkultur gehört. Mit wechselndem Erfolg versuchte Rydzyk auch, auf dem Gelände der Stiftung in Thorn geothermische Quellen zu erschließen, ein Mobilfunknetz aufzubauen, u.a. Mehrfach befasste sich der Landesrat für Rundfunk und Fernsehen mit dem Vorwurf, Radio Maryja betreibe Schleichwerbung für der Stiftung *Lux Veritatis* nahestehende Einrichtungen (die Sendekonzession umfasst keine Werbesendungen), doch blieben die Untersuchungen ohne konkrete Folgen.

Die Regierung Tusk legte bereits wenige Wochen nach ihrem Amtsantritt 2007 ein neues Mediengesetz vor, das die Bedeutung des „Landesrates" erheblich reduzierte. Ihm sollte das Recht auf Zuerteilung von Sendefrequenzen und auf Kontrolle der Sender entzogen werden. Kandidaten für den „Landesrat" sollten künftig die Unterstützung von mindestens zwei Hochschulen oder Künstlervereinigungen besitzen. Auch die Vorstände und Aufsichtsräte von Rundfunk und Fernsehen sollten künftig auf dem Wege von Ausschreibungen besetzt werden. Das Gesetz wurde 2008 gegen den heftigen Widerstand von PiS zwar mit der Mehrheit der Regierungsparteien PO und PSL verabschiedet, scheiterte aber am Veto von Präsident Lech Kaczyński, da sich im Sejm auch die SLD nicht zur Überstimmung dieses Vetos bereit fand. Ebenfalls am Veto des Präsidenten scheiterte 2009 der auch in der Öffentlichkeit hoch kontrovers diskutierte Versuch, ab dem 1. Januar 2010 die Rundfunk- und Fernsehgebühren für die öffentlichen Medien abzuschaffen.[354] Zum selben Zeitpunkt sollten auch die Amtszeiten des bestehenden „Landesrates" sowie der Vorstände und Aufsichtsräte für Rundfunk und Fernsehen enden. Gegen diese Bestimmungen stimmten wiederum die Oppositionsparteien PiS und SLD, denn inzwischen hatte sich eine Konstellation ergeben, in der PiS und SLD die Führungspositionen in Rundfunk und Fernsehen untereinander aufteilten. Dabei soll die PiS den Zugriff auf das Erste Fernsehprogramm, die SLD die Verfügung über den Informationskanal TVP Info erhalten haben. Während des Präsidentschaftswahlkampfes 2010 war dies nach polnischen Medienberichten unschwer zu erkennen. 2009 verwarfen erst der Senat und dann auch der Sejm den jährlichen Rechenschaftsbericht des „Landesrates", der damit hätte zurücktreten müssen, wenn auch der Staatspräsident ihn abgelehnt hätte. Lech Kaczyński akzeptierte jedoch den Bericht, so dass die Amtszeit der noch unter der PiS-Regierung berufenen Mitglieder des Landesrates weiter dauerte und bis Januar 2012 eine PO-kritische Einstellung der öffentlich-rechtlichen Medien während der gesamten Wahlperiode der PO-PSL-Regierung sichergestellt zu sein schien.

Eine neue Situation ergab sich 2010, als beide PO-geführten Kammern des Parlaments erneut den jährlichen Rechenschaftsbericht des „Landesrats" verwarfen. Mit Sicherheit hätte Präsident Lech Kaczyński erneut seine Zustimmung zu dem Bericht ausgesprochen,

---
353 CBOS 2008: Słuchacze Radia Maryja, BS/131/2008, Warschau, August 2008.
354 Allerdings wurden die meisten Rentner sowie Arbeitslose ab 1. März 2010 von der Zahlung von Rundfunk- und Fernsehgebühren befreit.

doch verunglückte er tödlich, ehe er sich zu dem Bericht offiziell geäußert hatte. Sein Nachfolger Bronisław Komorowski missbilligte noch vor seiner Wahl noch als amtierender Staatspräsident (als Sejmmarschall) den Bericht, so dass der fünfköpfige „Landesrat" aufgelöst wurde.

Wie hoch politisiert die Besetzung der Posten in diesem KRRiT ist, zeigte sich kurz danach, als Komorowski, noch als amtierender Präsident, seitens des Präsidenten zwei Personen in den „Landesrat" berief, die zwar in unterschiedlichen Positionen mit den Medien zu tun hatten, nicht aber als Experten gelten, die z. B. die mit der Umstellung von analoger auf digitale Sendetechnik verbundenen Probleme kennen und damit bei der Vergabe neuer Sendefrequenzen einem besonderen Druck seitens neuer Interessenten ausgesetzt sein könnten.[355]

***

Im Prinzip wird die Freiheit des Wortes, auch in elektronischer Form, in Polen eingehalten – mit dem skizzierten Problem, dass politische Parteien versuchen, Einfluss auf die Personalpolitik und damit die inhaltliche Gestaltung von Rundfunk und Fernsehen zu erlangen. Wie die Freiheit der Medien in Polen vor Ort eingehalten wird, untersucht auch auf regionaler Ebene systematisch die polnische Helsinki-Stiftung für Menschenrechte. Sie gibt seit 2009 monatliche Berichte heraus, in denen auch an lokalen oder regionalen Beispielen gezeigt wird, wie bei grundsätzlicher Wahrung rechtsstaatlicher Grundsätze Konstellationen vor Ort wie die Abhängigkeit kleinerer lokaler Blätter von Inserenten wie der Gemeindeverwaltung bewirken können, dass Druck auf Journalisten ausgeübt wird, über bestimmte Ereignisse nicht oder nur in „geschönter" Form zu berichten (www.obserwatorium.pl).

10.3 Literatur

CBOS 2008: Słuchacze Radia Maryja, BS/131/2008, Warschau, August 2008.
Chruściak, Ryszard 2008: Sprawozdanie Krajowej Rady Radiofonii i Telewizji jako forma odpowiedzialności konstytucyjnej, in: Przegląd Sejmowy 1 (84), 29-44.
Co słychać w Radiu Maryja? (Themenheft zu Radio Maryja), Znak 640, September 2008.
Filas, Ryszard/ Planeta, Paweł 2004: Das Mediensystem Polens, in: Internationales Medienhandbuch, Baden-Baden, 521-541.
Gundolf, Axel 2008: Transformation des polnischen Mediensystems: Eine Analyse der polnischen Medien vom Kommunismus bis heute, Saarbrücken.
Hadamik, Katharina 2003: Transformation und Entwicklungsprozess des Mediensystems in Polen von 1989 bis 2001, Dortmund (Diss. Universität).
Jakubowski, Karol 2007: Media publiczne: początek końca czy nowy początek?, Warszawa.
Kopper, Gerd D./ Rutkiewicz, Ignacy/ Schliep, Katharina (Hrsg.) 1999: Medientransformation und Journalismus in Polen 1989-1996, Garz bei Berlin.
Maliszewski, Michał 2007: Fernsehen und Rundfunk in Polen. Marktentwicklung und politische Einbettung, in: Polen-Analysen 06, 06.02.2007, 2-7, http://www.laender-analysen.de/polen/pdf/PolenAnalysen06.pdf.

---

355 So die Vermutung des Medienexperten Prof. Maciej Mrozowski in einem Rundfunkinterview, vgl. „KRRiT jest traktowana jako dobra fucha", in: Gazeta Wyborcza 15.07.2010, http://wiadomosci.gazeta.pl/Wiadomosci/1,80271,8141100,_KRRiT_jest_traktowana_jako_dobra_fucha_.html (31.07.2010).

Ders. 2006: Mediale Machtspiele. Fernsehen und Rundfunk in Polen, in: Sapper, Manfred/ Weichsel, Volker/ Huterer, Andrea (Hrsg.): Quo Vadis Polonia? Kritik der polnischen Vernunft, Berlin (= Osteuropa Themenheft 11-12/2006), 271-282.

Mecke, Bettina-Dorothee 2007: „Im Apostolat der Medien" – Radio Maryja, in: Polen-Analysen 16, 03.07.2007, 2-7, http://www.laender-analysen.de/polen/pdf/PolenAnalysen16.pdf.

Möller, Johanna 2009: Die Presselandschaft in Polen. Strukturelle Rahmenbedingungen und zentrale Konfliktlinien, in: Polen-Analysen 50, 21.04.2009, 2-7, http://www.laender-analysen.de/polen/pdf/PolenAnalysen50.pdf.

Mrozowski, Maciej 2000: Die Transformation der Massenmedien in den postkommunistischen Ländern: Die polnische Perspektive, in: Ziemer, Klaus (Hrsg.): Die Neuorganisation der politischen Gesellschaft. Staatliche Institutionen und intermediäre Instanzen in postkommunistischen Staaten Europas, Berlin, 185-230.

Muench, Holger 2007: Untersuchung des polnischen Mediensystems im politischen Wandel, München.

Stach, Andrzej 2009: Medienlandschaft und Medienpolitik, in: Bingen, Dieter/ Ruchniewicz, Krzysztof (Hrsg.): Länderbericht Polen, Bonn, 458-474.

Sundermeyer, Olaf 2006: Zwischen Markt und Macht. Deutsche Medienkonzerne in Polen, in: Osteuropa 56 (11-12), 261-269.

Waniek, Danuta 2009: Postawy dziennikarzy wobec „IV RP", in: Dies. (Red.): Wybory 2007 i media – krajobraz po „IV RP", Warszawa, 145-170.

Zięba-Załucka, Halina 2007: Krajowa Rada Radiofonii i Telewizji a regulatory mediów w państwach Współczesnych, Rzeszów.

Internetadressen

www.wirtualnemedia.pl Internetportal mit umfangreichen Informationen zur polnischen Medienlandschaft

www.obserwatorium.pl Internetportal der polnischen Helsinki-Stiftung mit breit gefächertem Monitoring der Freiheit der Medien

11 Die Katholische Kirche

Die Katholische Kirche ist mit Polen seit Beginn der Eigenstaatlichkeit aufs engste verbunden. Nationale Traditionen, Kultur und Kunst sind tief von der Kirche geprägt. Heute sind weit über 90 Prozent der Bevölkerung getaufte Katholiken. In den Zeiten der politischen Teilungen des Landes bildete die Kirche das wichtigste Band, das die Nation einte. Im Zweiten Weltkrieg gab es keinerlei Kollaboration des Klerus mit der NS-Besatzungsmacht. Vielmehr unterstützten zahlreiche Geistliche aktiv den polnischen Widerstand, was von der deutschen Besatzungsmacht brutal verfolgt wurde. Rund ein Viertel der polnischen Geistlichen wurde ermordet, insbesondere in den ins Reich einverleibten polnischen Gebieten. Ebenfalls hohe Verluste hatte die Kirche in den von der Sowjetunion 1939 bis 1941 besetzten Gebieten zu beklagen. Zahlreiche Geistliche wurden ermordet oder in die Sowjetunion deportiert. Die Kirche ging moralisch gestärkt in die Nachkriegszeit.

11.1 Die Kirche in der Volksrepublik

Durch die Ermordung der jüdischen Bevölkerung durch die deutsche Besatzungsmacht und die millionenfachen Zwangsmigrationen nach dem Zweiten Weltkrieg wurde Polen in den neuen Grenzen zu einem erstmals nicht nur ethnisch, sondern auch konfessionell weitgehend homogenen Staat. Die Katholische Kirche erwarb sich große Verdienste bei der Integration der polnischen Gesellschaft in den neuen West- und Nordgebieten, in denen sich sehr heterogene Gruppen ansiedelten, für die die Kirche den wichtigsten einigenden Bezugspunkt darstellte. Allerdings geriet sie sehr rasch in einen grundsätzlichen Konflikt mit den Kommunisten nicht nur über Fragen des politischen Ordnungssystems, sondern auch über die Wertegrundlagen der polnischen Nation, als deren Hüterin sich die Kirche verstand. In der ersten Hälfte der 1950er Jahre setzte ein heftiger Kirchenkampf ein, in dem mehrere Bischöfe verhaftet, Primas Stefan Kardinal Wyszyński interniert und die Autonomie der kirchlichen Organisation weitgehend beseitigt wurde.[356]

Nach dem „polnischen Oktober" von 1956 suchte die neue Parteiführung unter Władysław Gomułka einen *modus vivendi* mit der Kirche. Kardinal Wyszyński wurde freigelassen und der Kirchenkampf abgebrochen. Gomułka und Wyszyński verfolgten indessen völlig unterschiedliche Zielsetzungen für Polen.[357] Bis 1989 wechselten sich Phasen eines Entgegenkommens der Parteiführung – nicht zuletzt als Anerkennung für die von der Staatsräson geprägte Haltung der Kirche in den politischen Systemkrisen 1956, 1970/71 und 1980/81 – mit solchen einer erneuten Verhärtung des Kurses ab. Einen Höhepunkt bildeten dabei die Attacken gegen den Episkopat nach dem „Versöhnungsbrief" der polni-

---

356 Vgl. u.a. Żaryn, Jan 2003: Dzieje Kościoła katolickiego w Polsce (1944-1989), Warszawa.
357 Vgl. hierzu Eisler, Jerzy 2009: Stefan Wyszyński und Władysław Gomułka – zwei Visionen von Polen, in: Boll et al., 137-163.

schen Bischöfe an ihre deutschen Amtsbrüder 1965 und die rivalisierenden Veranstaltungen zu den Millenniumsfeiern von Staat und Kirche 1966, zu denen Papst Paul VI. die Einreise nach Polen verwehrt wurde.[358] Nach der Ratifizierung der Ostverträge durch den Bundestag erhielt die Kirche 1972 vom Staat den kirchlichen Besitz in den früher deutschen Gebieten übertragen, und der Vatikan passte in diesen Gebieten die Diözesangrenzen an die neuen politischen Grenzen an.

Eine wichtige Zäsur bildete 1978 die Wahl des Krakauer Kardinals Karol Wojtyła zum Papst, die selbst von der Parteiführung als internationale Aufwertung Polens begriffen wurde, innenpolitisch aber die Position der Kirche gegenüber der Partei erheblich festigte. Die erste „Pilgerreise" von Papst Paul Johannes II. in seine Heimat im Juni 1979 mobilisierte Millionen Polen, erwies die Kirche als *die* Gegenmacht zur Partei und gab der Gesellschaft das Vertrauen in ihre eigene Kraft wieder. Diese Reise bildete eine wichtige Voraussetzung für das Gelingen der Streiks an der Küste ein Jahr später und für das Entstehen der *Solidarność*.

Mit der Erosion der Macht der PZPR fiel der Kirche in den 1980er Jahren eine Doppelrolle zu. Einerseits stützte sie durch eine Kooperation mit Instanzen von Partei und Staat in bestimmten Bereichen wie etwa Aufrufen zu einer besseren Arbeitsmoral die bestehende soziopolitische Ordnung. Die in ihren Ursprüngen bis Ende der 1940er Jahre zurückreichende gemeinsame Kommission von Regierung und Episkopat nahm 1980 ihre Tätigkeit wieder auf. In ihr wurde auf Drängen der Kirche vor allem über deren rechtlichen wie materiellen Status in der Volksrepublik verhandelt. Über einen anderen Kanal, für den auf kirchlicher Seite vor allem der langjährige (1969-1993) Sekretär der Bischofskonferenz, Bischof Bronisław Dąbrowski, und in den 1980er Jahren auch der Pressesprecher des Episkopats und spätere Bischof von Łowicz, Alojzy Orszulik, verantwortlich waren, wurden laufende politische Angelegenheiten wie etwa die Freilassung nach Demonstrationen Inhaftierter besprochen, ohne dass die Öffentlichkeit in der Regel davon Kenntnis erhielt.[359] Auf der anderen Seite stärkte die Kirche ihre eigene Position in der Gesellschaft zum Beispiel durch den Aufbau katechetischer Punkte, in denen sie unabhängig von Partei- und Staatsinstanzen Religionsunterricht halten konnte. Zugleich war sie der wichtigste Rückhalt für die im Untergrund wirkende politische Oppositionsbewegung, der sie vielfältige Unterstützung zukommen ließ, etwa indem Geistliche der Opposition kirchliche Räumlichkeiten für ihre Veranstaltungen zur Verfügung stellten. Etliche dieser Geistlichen sahen sich freilich Repressionen seitens staatlicher Behörden ausgesetzt. Der Mord, den 1984 Angehörige des kommunistischen Geheimdienstes an dem Arbeiterpriester Jerzy Popiełuszko, einer Symbolfigur der *Solidarność*, verübten, erschütterte das ganze Land.

Neben der materiellen Unterstützung waren große Teile der Oppositionsbewegung auch den von der Kirche propagierten Werten verpflichtet. Auch Teile der laikalen Linken erkannten in entscheidenden Fragen eine gemeinsame Wertebasis mit der Kirche. Zentral war hierfür das Buch des jungen Adam Michnik, das 1977 im polnischen Original im Pari-

---

358 Zum Brief der polnischen Bischöfe an ihre deutschen Amtsbrüder und die innenpolitischen Folgen in Polen wie in Deutschland siehe Boll u.a. 2009.
359 Zu den Aktivitäten Orszuliks siehe dessen teilweise faszinierenden Bericht, der sich für die Jahre 1988/89 wie eine Illustration von sozialwissenschaftlichen Thesen des Übergangs zur Demokratie durch Aushandlung eines Kompromisses zwischen kompromissbereiten Eliten des *ancien régime* und kompromissbereiten Gegeneliten liest: Orszulik, Alojzy 2006: Czas przełomu. Notatki ks. Alojzego Orszulika z rozmów z władzami PRL w latach 1981-1989, Warszawa – Ząbki.

ser Exil erschien.³⁶⁰ Der Soziologe Edmund Wnuk-Lipiński spricht von einer „ethischen Bürgergesellschaft", die gerade bei der Überwindung des undemokratischen Systems eine Schlüsselrolle gespielt habe.³⁶¹ Einen besonders wichtigen Rückhalt für die Opposition bedeutete Papst Johannes Paul II., der bei seinen „Pilgerreisen" nach Polen ebenso wie von Rom aus in vorsichtiger, aber eindeutiger Weise seine Unterstützung für die Oppositionsbewegung zum Ausdruck brachte.

Ohne die Rolle der Kirche wäre der Runde Tisch, an dessen Beratungen zwei Bischöfe als Beobachter und hinter den Kulissen bisweilen als wichtige Vermittler tätig waren, kaum zustande gekommen und zu einem erfolgreichen Abschluss gebracht worden (vgl. u.a. Ziemer 2009). Im Frühjahr 1989 stand die Kirche auf dem Höhepunkt ihres gesellschaftlichen Ansehens. Die kirchliche Bindung großer Teile der Gesellschaft nahm in den 1980er Jahren entgegen dem gesamteuropäischen Trend zu, und zwar auch bei Gruppen wie Arbeitern und Intellektuellen, die der Kirche in anderen Gesellschaften eher fern stehen. Im Mai 1989 regelte noch der alte Sejm den Rechtsstatus und Vermögensfragen der Kirche in dem Sinne, wie es der Episkopat seit Kriegsende vergebens gefordert hatte, und verabschiedete ein Gesetz zur Gewissens- und Bekenntnisfreiheit.³⁶² Die Umsetzung vor allem der vermögensrechtlichen Bestimmungen rief in den folgenden Jahren freilich heftige Kontroversen in der Öffentlichkeit hervor (siehe Kapitel 11.2). Analoge Regelungen wie mit der Katholischen Kirche schloss der polnische Staat danach auch mit mehreren anderen Kirchen und Glaubensgemeinschaften wie der Evangelischen und der Orthodoxen Kirche sowie der Jüdischen Bekenntnisgemeinde ab. Seither kann man rechtlich drei Gruppen religiöser Gemeinschaften in Polen unterscheiden: solche, die wie die Genannten einen per Gesetz anerkannten Status besitzen, solche, die beim zuständigen Ministerium registriert sind (gegenwärtig ist das das Ministerium für innere Angelegenheiten und Verwaltung), sowie solche, die nicht registriert sind.

11.2 Kirche und Staat in der Dritten Republik

Sehr schnell zeigte sich, dass zum einen die Katholische Kirche, d.h. insbesondere Episkopat und Klerus, auf ihre neue Rolle in einem völlig veränderten politischen und sozioökonomischen Umfeld nicht vorbereitet waren. Zum anderen hatte die Geschlossenheit der Kirche in ihrer Auseinandersetzung mit dem kommunistischen Staat verdeckt, dass der polnische Katholizismus in eine Reihe unterschiedlicher Strömungen differenziert war. Die in den Augen der westlichen Öffentlichkeit repräsentative Richtung des offenen, am Vatikanischen Konzil orientierten Katholizismus, die mit Periodika wie der Krakauer Wochenzeitung Tygodnik Powszechny oder den Monatszeitschriften Znak und Więź verbunden war, erwies sich unter zensurfreien Publikationsbedingungen rasch als Minderheitsposition. Stark machten sich nun national-klerikale Strömungen bemerkbar, die eine deutlichere

---

360 Michnik, Adam 1977: Kościół, Lewica, Dialog. Paryż; deutsche Ausgabe: Die Kirche und die polnische Linke, München 1980.
361 Vgl. Wnuk-Lipiński, Edmund 2008: Die verschlungenen Pfade der Gestaltung der Bürgergesellschaft in Mittelosteuropa, in: Christentum. Welt – Politik (Warschau, KAS/UKSW), Nr. 1 (2), 2008, 3-26.
362 Gesetz vom 17. Mai 1989 über die Beziehung des Staates zur Katholischen Kirche in der Volksrepublik Polen, Dz. U. vom 23.05.1989 Nr. 29, Pos. 154, sowie Gesetz über die Gewissens- und Bekenntnisfreiheit, Dz. U. 1989 Nr. 29, Pos. 155, jeweils mit späteren Änderungen.

Ausrichtung des öffentlichen Lebens an katholischen Grundsätzen forderten. Ungeschicklichkeiten wie die von der Regierung veranlasste überstürzte Einführung des Religionsunterrichts an den öffentlichen Schulen oder die ständige Betonung des Themas Abtreibung und die Forderung nach Revision der betreffenden Gesetzgebung führten zu jahrelang anhaltenden Debatten über die Grenzen des Einflusses der Kirche auf das öffentliche Leben. Die Zustimmung zur Tätigkeit der Kirche sank zu Beginn der 1990er Jahre drastisch, insbesondere als im Parlamentswahlkampf 1991 von vielen Kanzeln deutliche Hinweise auf eine Stimmabgabe zugunsten „katholischer" Parteien gegeben wurden, die dann doch nur erstaunlich wenige Wähler befolgten. Seither hat sich die Kirche – nicht zuletzt aufgrund der Mahnung von Johannes Paul II. an die polnischen Bischöfe bei ihrem „ad limina"-Besuch 1993 in Rom, sich nicht mit konkreten Parteien zu identifizieren – mit Wahlempfehlungen zurückgehalten. Die Zustimmung zu ihrer Tätigkeit – ausgewiesen etwa in den regelmäßigen Umfragen des Meinungsforschungsinstituts CBOS (vgl. Tabelle 55) – hat sich seither auf etwas niedrigerem Niveau als 1989 stabilisiert.

Heftig umstritten war das von der Regierung Suchocka 1993 mit dem Vatikan geschlossene Konkordat, dessen Ratifizierung von der SLD-PSL-Regierung vier Jahre lang dilatorisch behandelt wurde. Relativ kurz nach der Bildung der Koalitionsregierung aus AWS und UW wurde es 1998 vom Sejm ratifiziert. Es sieht bei grundsätzlicher Trennung von Staat und Kirche ein Zusammenwirken Beider auf einigen Feldern vor („koordinierte Trennung"). So können Trauungen nun sowohl standesamtlich als auch kirchlich vorgenommen werden, wobei die kirchliche Trauung auch die standesamtliche ersetzen kann. Nicht zuletzt aus finanziellen Gründen verzichtet die Mehrzahl der Brautpaare seither auf eine standesamtliche Trauung. Auf institutioneller Ebene besteht in den Beziehungen zwischen Staat und Kirche die Gemeinsame Kommission der Regierung und des Episkopats fort, die in den erwähnten Vereinbarungen vom Mai 1989 eine gesetzliche Grundlage erhielt. Auf den Sitzungen dieser Kommission, an denen auf beiden Seiten jeweils sechs Vertreter teilnehmen, werden in regelmäßigen Abständen etwa zweimal pro Jahr Fragen von beiderseitigem Interesse besprochen. Die Häufigkeit dieser Treffen und ihre Intensität variiert je nach der jeweiligen Regierungskoalition. Zur Klärung von Detailfragen wurden in einer Reihe von Fällen auch Unterkommissionen einberufen, denen auf staatlicher Seite in der Regel der zuständige Minister vorsteht. Von Bedeutung sind für die Kirche dabei vor allem das Bildungsministerium, das Ministerium für Arbeit und Soziales und das Innenministerium (Hierlemann 2005: 175). Persönliche Bekanntschaft außerhalb der Begegnungen im institutionellen Rahmen verbindet die Bischöfe eher mit Politikern, die dem rechten politischen Spektrum zuzurechnen sind. Dennoch trat die Kommission in den zwei Jahren der PiS-geführten Regierungen nur einmal im März 2006 zusammen. Nach der Ratifizierung des Konkordats bildeten die wichtigsten Themen die Frage des Religionsunterrichts in den Schulen, die vom Episkopat nach dem Vorbild Deutschlands und anderer Länder geforderte Option für Schüler zwischen den Fächern Religion und Ethik und die Anrechnung der Note in Religion auf die Gesamt-Abiturnote. Ferner ging es um die Einrichtung theologischer Fakultäten an staatlichen Universitäten, Fragen der Bioethik und um materielle Probleme der polnischen Familien, wobei auch dem Episkopat die steigende Scheidungsrate sowie die sinkende Geburtenrate Sorgen bereitet, um den Schutz kirchlicher Friedhöfe bei der Ausweisung neuer gewerblicher Nutzflächen durch die Gemeinden u.a.[363]

---

363 Vgl. die Berichterstattung der Katholischen Informationsagentur KAI: http://ekai.pl/wydarzenia/raport/x21018/komisja-wspolna-rzadu-i-episkopatu/ (31.07.2012).

Große Aufmerksamkeit weckten in den Medien auch Probleme der Rückerstattung kirchlicher Immobilien, die zu kommunistischer Zeit entgegen den damals geltenden Bestimmungen enteignet worden waren, z.B. obwohl sie die im Enteignungsgesetz von 1950 vorgesehene Größe von 50 ha nicht überschritten. Dieser mehr als 20 Jahre arbeitenden Kommission gehörten je sechs Vertreter der Kirche und des Staates an (zunächst des Amtes für Bekenntnisfragen, später des Ministeriums für Innere Angelegenheiten und Verwaltung). Bis zum Stichtag 31.12.1992 wurden etwas mehr als 3000 Anträge auf Rückerstattung gestellt, von denen 666 zurückgewiesen wurden, während in mehr als 2400 Fällen den Anträgen stattgegeben wurde. Bis Ende 2010 blieben rund 220 Objekte strittig. Die Kommission geriet in den letzten Jahren ihrer Tätigkeit immer mehr in die Kritik, weil sie nicht öffentlich tagte, ihre Entscheidungen nicht transparent waren, aber teilweise hohe Summen betrafen, die Entscheidungen jedoch nicht angefochten werden konnten und in mehreren Fällen Grundstücke weit unter dem Marktpreis bewertet wurden. Bis 2008 wurden Expertisen über den Wert der fraglichen Objekte nur von kirchlicher Seite vorgelegt. Die Kommission war durch das Gesetz vom 17. Mai 1989 eingesetzt worden, also nach dem Runden Tisch, aber noch vor den den Systemwechsel einleitenden Wahlen vom Juni 1989. Kritisiert wurde auch, dass die Mitglieder dieser Kommission keine Staatsbeamten waren und damit für Fehlentscheidungen nicht strafrechtlich zur Verantwortung gezogen werden können, gleichwohl aber von staatlicher Seite besoldet wurden. Als 2009/10 gegen einen Anwalt, der vor der Kommission die Interessen von Pfarreien und Orden vertrat, Korruptionsvorwürfe erhoben und er als ehemaliger Agent des kommunistischen Geheimdienstes enttarnt wurde, brachen die Diskussionen über die Kommission erneut auf. Das Parlament novellierte im Dezember 2010 das Gesetz vom 17. Mai 1989 und die Tätigkeit der Kommission wurde mit Ablauf des 28.02.2011 eingestellt. Für die noch anhängigen Verfahren wurde den Streitparteien eine Frist von sechs Monaten gesetzt, sich an die zuständigen Gerichte zu wenden.[364] Nach Angaben des Ko-Vorsitzenden der Kommission von staatlicher Seite, Józef Różański, übergab die Kommission im Laufe ihrer Tätigkeit der kirchlichen Seite im Rahmen von Rückerstattungen und Entschädigungen mehr als 65.500 ha und 143,5 Millionen PLN (ca. 36 Millionen Euro).[365]

Über einen wesentlich kleineren Umfang zurückzuerstattenden Vermögens berieten staatliche Vertreter in vier weiteren Kommissionen auch mit der orthodoxen, der evangelischen sowie der jüdischen Religionsgemeinschaft und einer weiteren Kommission, die Probleme mehrerer kleiner Religionsgemeinschaften behandelte. Die meisten Fälle betrafen Eigentum von Gemeinden mosaischen Glaubens. Nach Angaben des Innenministeriums wurden bis Anfang 2011 von 5504 eingeleiteten Verfahren 1928 ganz oder teilweise abgeschlossen und dabei Rückgaben und Entschädigungen in Höhe von rund 56 Millionen PLN (rund 14 Millionen Euro) vorgenommen.[366]

---

364 Gesetz vom 16.12.2010 zur Änderung des Gesetzes über das Verhältnis des Staates zur Katholischen Kirche in der Republik Polen, Dz. U. 2011 Nr. 18, Pos. 89. Beim Verfassungsgerichtshof waren gegen die Kommission noch zwei Klagen anhängig, u.a. weil die Entscheidungen der Kommission endgültig waren und damit der Grundsatz der Zweistufigkeit von Verfahren verletzt wurde.
365 65,5 tys. hektarów i 143 mln. zł. – tyle Komisja Majątkowa przekazała Kościołowi (Angaben nach der Nachrichtenagentur PAP); http://www.newsweek.pl/artykuly/sekcje/spoleczenstwo/65-5-tys--hektarow-i-143-mln-zl-%E2%80%93-tyle-komisja-majatkowa-przekazala-kosciolowi,73026,1 (31.07.2012).
366 Vgl. die Nachricht von PAP: Prezydent podpisał ustawę likwidującą Komisję Majątkową, http://wiadomosci.wp.pl/kat,1371,title,Prezydent-podpisal-ustawe-likwidujaca-Komisje-Majatkowa,wid,130616 14,wiadomosc.html?ticaid=1be33 (31.07.2012).

Nach den Parlamentswahlen von 2011, bei denen mit der Palikot-Bewegung eine ausgesprochen antiklerikale Gruppierung in den Sejm einzog, kündigte Preminierminister Tusk in seiner Regierungserklärung an, im Rahmen der geplanten Neuregelung der Rentengesetzgebung auch die Geistlichen in die staatliche Sozialversicherung einbeziehen zu wollen. Nach der Beschlagnahme kirchlichen Eigentums 1950 hatte die kommunistische Regierung einen so genannten „Kirchenfonds" gebildet, aus dem zunächst jahrelang vor allem nicht römisch-katholische Kirchen und Konfessionsgemeinschaften Zuwendungen erhielten. Der Fonds wurde auch nach 1989 beibehalten und diente im letzten Jahrzehnt vor allem der Finanzierung der Sozial- und Gesundheitsversicherung der katholischen Geistlichen. 2011 hatte er ein Volumen von 89 Millionen PLN (rund 22 Millionen Euro). Tusks Ankündigung sowie der Vorschlag seines Ministers für öffentliche Verwaltung und Digitalisierung, Michał Boni, der Staat könne als Ersatz die Möglichkeit einführen, dass Steuerzahler 0,3 Prozent ihrer Einkommensteuer Kirchen zukommen ließen,[367] was nicht die Steuerzahler, sondern den Staat belasten würde, lösten zunächst heftige Diskussionen aus. Erklärlich sind die in diesen Diskussionen zum Teil hervorbrechenden Emotionen auch dadurch, dass das Finanzgebaren der Kirche in Polen weit weniger transparent als etwa in Deutschland ist. Auch auf kirchlicher Seite mehrten sich jedoch die Stimmen, dass der „Kirchenfonds" anachronistisch sei und die Finanzierung der Kirche insgesamt auf eine neue Grundlage gestellt werden müsse. Staat und Kirche nahmen entsprechende Verhandlungen auf.

Der Episkopat verabschiedete auf einer Sitzung in Tschenstochau Ende August 2012 ein Dokument, das eine „Handreichung" für die Bischöfe vorbereitet. Es soll eine Aufstellung der das kirchliche Vermögen betreffenden Vorschriften des kanonischen Rechts sowie der einschlägigen staatlichen Bestimmungen enthalten. Der Kattowitzer Erzbischof Wiktor Skworc, der die entsprechenden Vorarbeiten über ein Jahr lang vorbereitet hatte, räumte ein, dass nach dem Ende des Totalitarismus wohl nicht alle finanziellen und materiellen Fragen geregelt worden seien, dass aber kirchliches und staatliches Recht in Übereinklang stehen müssten und dies durch das in Vorbereitung befindliche Dokument erreicht werden solle.[368] Das kanonische Recht war bereits 1983 so geändert worden, dass Diözesaneinrichtungen zur Wirtschaftsverwaltung bereits seither hätten eingerichtet werden können, ebenso aus kompetenten Laien bestehende Wirtschaftsräte in den 10.000 Pfarreien, von denen aber nur fünf Prozent solche Räte besitzen. Wie weit das neue Dokument umgesetzt wird, steht im Ermessen eines jeden Diözesanbischofs. Eine der Kirche nahestehende Journalistin kommentierte, „das Ende der Volksrepublik in der Kirche" werde ein Wandel der Mentalität in finanziellen Angelegenheiten sein. Heute brauche man die Einkünfte nicht mehr vor den Spitzeln der kommunistischen Geheimdienste verbergen. Im Gegenteil könnten Transparenz und Engagement der Laien bei deren Verwaltung zu einem größeren Verantwortungsbewusstsein für die Pfarreien mobilisieren.[369]

Neben der erwähnten Gemeinsamen Kommission von Regierung und Episkopat, deren Ursprünge mehr als 60 Jahre zurück reichen, besteht zwischen Staat und Kirche seit 1998

---

367 Nach dem Vorbild des einen Prozent ihrer Einkommensteuer, das Steuerzahler einer NGO ihrer Wahl zukommen lassen können, ohne dass sie das etwas kostet (vgl. Kapitel 9.4).
368 Vgl. die Nachricht der polnischen Presseagentur PAP vom 25.08.2012: Biskupi rozmawiali o instrukcji ws. zarządzania dobrami materialnymi Kościoła, http://www.pap.pl/palio/html.run?_Instance=cms_www.pap. pl&_PageID=1&s=infopakiet&dz=kraj&idNewsComp=&filename=&idnews=70965&data=infopakiet&_C heckSum=-1452420243 (30.08.2012).
369 Vgl. Czaczkowska, Ewa K. 2012: Od biskupów zależy, czy wykonają instrukcję, in: Rzeczpospolita 27.08.2012, http://www.rp.pl/artykul/928107.html (30.08.2012).

auch eine auf beiden Seiten ebenfalls aus je sechs Mitgliedern zusammengesetzte „Konkordatskommission", in der vor allem in den ersten Jahren nach der Ratifizierung des Konkordats aus diesem hervorgehende Probleme besprochen wurden wie etwa die konkreten Regelungen der zivilrechtlichen Anerkennung kirchlicher Trauungen, die Erlangung der Rechtspersönlichkeit durch kirchliche Einrichtungen oder die Regelung der Kranken- und Sozialversicherung der Geistlichen.[370] Darüber hinaus ist das Verhältnis Staat – Kirche jedoch kaum institutionalisiert. Eine jüngere empirische Untersuchung darüber, wie der Klerus versucht, die Interessen der Katholischen Kirche im öffentlichen Leben durchzusetzen zeigt, dass der Episkopat (wie schon zu kommunistischer Zeit, als Parteiinstanzen als Gesprächspartner nicht in Frage kamen) in offiziellen Verhandlungen nur die Regierung als adäquaten Partner akzeptiert. Die Kirche kann jedoch durch zahlreiche inoffizielle Kanäle auf recht effiziente Weise ihre Interessen durchsetzen (Hierlemann 2005).

Heftige Emotionen weckte bei der Ausarbeitung der Verfassung von 1997 die Frage, ob die Präambel eine *Invocatio Dei* einschließen solle (was in der Zweiten Republik der Fall war). Schließlich einigte man sich auf den vom früheren Premierminister Tadeusz Mazowiecki vorgeschlagenen Kompromiss, in die Präambel die Formulierung aufzunehmen, diese Verfassung beschlössen „alle Staatsbürger der Republik, sowohl diejenigen, die an Gott als die Quelle der Wahrheit, Gerechtigkeit, des Guten und des Schönen glauben, als auch diejenigen, die diesen Glauben nicht teilen, sondern diese universellen Werte aus anderen Quellen ableiten".

Art. 25 der Verfassung regelt das Verhältnis zwischen dem Staat und den Religionsgemeinschaften, die als gleichberechtigt bezeichnet werden.[371] Staat und Kirchen sind voneinander unabhängig, wirken aber „zum Wohle des Menschen und der Gesellschaft" zusammen (Art. 25 Abs. 3 NV). Polen hat damit das auch in anderen Ländern in verschiedenen Varianten bekannte Modell der Autonomie und der Zusammenarbeit zwischen Staat und Kirche übernommen. Ferner legt die Verfassung fest, dass die öffentliche Gewalt in Polen Unparteilichkeit in Angelegenheiten religiöser, weltanschaulicher und philosophischer Anschauungen wahrt und die Freiheit gewährleistet, diese im öffentlichen Leben zu äußern (Art. 25 Abs. 2 NV).

Neben der Römisch-Katholischen Kirche gibt es rund 55.000 Mitglieder (überwiegend ukrainischer Nationalität) der mit ihr unierten Griechisch-Katholischen Kirche sowie 5.000 Mitglieder des ebenfalls mit Rom unierten Armenischen Ritus. 62.000 Gläubige zählt die Evangelisch-Augsburgische Kirche, von denen die Hälfte im Süden um Bielsko-Biała konzentriert ist, 3500 Mitglieder die Evangelisch-Reformierte Kirche, 22.500 Gläubige die Pfingstbewegung und 504.000 Gläubige (im Kern weißrussischer Nationalität) die orthodoxe Polnisch-Autokephale Kirche.[372] Stark angewachsen ist in den letzten Jahren die Zahl der Zeugen Jehovas (129.300).[373]

---

370 Vgl. die Angaben der Katholischen Informationsagentur über die Sitzung der Kommission vom 17.11.2009, http://info.wiara.pl/doc/367670.Zebrala-sie-Komisja-Konkordatowa (31.07.2012).
371 In der Verfassung der Zwischenkriegszeit wurde der Römisch-Katholischen Kirche eine Vorrangstellung zuerkannt.
372 Die hohe Zahl dieser Gläubigen, die ein Vielfaches der in Tabelle 3 wiedergegebenen Zahl der Weißrussen in Polen ausmacht, könnte ein Indikator dafür sein, in welch hohem Ausmaß sich Weißrussen im heutigen Polen assimiliert haben.
373 Alle Zahlenangaben für Ende 2011 nach dem Mały Rocznik Statystyczny 2012: 134f.

11.3 Interne Strukturen und Tendenzen innerhalb der Katholischen Kirche

1992 nahm Papst Johannes Paul II. eine grundlegende Veränderung der Diözesanstruktur in Polen vor. Die Zahl der Bistümer wurde von 29 auf 42 erhöht, was u.a. eine Teilung des bisherigen Erzbistums Warschau und eine Beendigung der Personalunion zwischen den Erzbistümern Warschau und Gnesen (Gniezno) zur Folge hatte. Bisweilen wurde dieser Schritt auch als eine gezielte Beschneidung der Macht von Primas Kardinal Glemp gedeutet, der Erzbischof der (am linken Ufer der Weichsel gelegenen) Erdiözese Warschau blieb. Mit dem 80. Geburtstag von Primas Glemp im Dezember 2009 fiel dessen Amt nach einer Entscheidung von Papst Benedikt XVI. an den Erzbischof von Gnesen, Henryk Muszyński, und bleibt auch in Zukunft mit dem Amt des Leiters dieser ältesten Erzdiözese Polens verbunden. Zu den 42 römisch-katholischen kommen noch zwei griechisch-katholische (unierte) Diözesen sowie ein den Diözesen rechtlich gleichgestelltes Militärordinariat. Eine wichtige Rolle bei den gerade durch die Reorganisation der Diözesangrenzen notwendig gewordenen Bischofsernennungen spielte der 1989 von Johannes Paul II. nach Polen entsandte Nuntius Erzbischof Stanisław Kowalczyk. Da der Vatikan nur selten einen Nuntius in sein Herkunftsland entsendet, wurde die Ernennung Kowalczyks als Versuch des Papstes gedeutet, stärker auf die innerkirchliche Entwicklung in Polen einzuwirken. Ungewöhnlich war auch die lange Amtszeit Kowalczyks von mehr als 20 Jahren. Im Mai 2010 nahm Papst Benedikt XVI. Erzbischof Muszyńskis aus Altergründen eingereichtes Rücktrittsgesuch[374] an und ernannte Stanisław Kowalczyk zum neuen Erzbischof von Gnesen und damit auch zum neuen Primas von Polen.

Anfang 2012 zählte die polnische Kirche 135 Erzbischöfe, Bischöfe, Weihbischöfe und Altbischöfe. Die Polnische Bischofskonferenz (*Konferencja Episkopatu Polski*) tritt vier- bis fünfmal pro Jahr zu Plenarsitzungen zusammen, deren inhaltliche Arbeit durch elf Kommissionen, elf Räte und 16 Arbeitsgruppen geleistet wird, unter letzteren auch solche für die Beziehungen zu den Bischofskonferenzen von Litauen, Deutschland und Frankreich.[375] Relativ schwach organisiert sind die katholischen Laien. Ein „Verbandskatholizismus", wie er in Deutschland im 19. Jahrhundert entstand, war in Polen auch nach der Wiederherstellung des Staates nach 1918 angesichts der dominierenden Stellung der Katholischen Kirche in der Gesellschaft nicht erforderlich. Unter den Bedingungen der Volksrepublik, in der einerseits die Partei rigoros ihr Organisationsmonopol durchsetzte und andererseits die Kirchenführung befürchten musste, dass über eventuelle Laienorganisationen die kommunistischen Geheimdienste die Kirche infiltrieren könnten, war an den Aufbau eines katholischen Verbandswesens nicht zu denken. Auch in der Dritten Republik lässt sich bisher kaum eine grundlegende Veränderung in der Rolle der Laien in der Kirche erkennen. Die an eine solche Rolle nicht gewohnten Laien drängen nicht nach Übernahme autonomer Verantwortung in den kirchlichen Strukturen. Der Klerus sieht in seiner Mehrheit zwar ein, dass eine lebendige Kirche auch katholischer Vereinigungen bedarf, sieht aber keine Notwendigkeit, überkommene hierarchische Strukturen zugunsten basisdemo-

---

374 Muszyński hatte bereits 2008 mit Erreichen des 75. Geburtstages ein solches Schreiben an den Papst gerichtet, doch hatte dieser ihn gebeten, noch im Amt zu bleiben.
375 Vgl. die Angaben der Internetseite des polnischen Episkopats: http://www.episkopat.pl/?a=struktura (22.04.2012).

kratischer Neuerungen aufzugeben. Laienorganisationen wurden zwar aufgebaut, aber „von oben". So war es die Polnische Bischofskonferenz, die 1992 einen „Landesrat der katholischen Laien" einsetzte, primär „zur Meinungsbildung der katholischen Laien im Dienste der Bischofskonferenz" und – nach Meinung eines Mitglieds dieses Rates – als Vorzeige-Organisation für die Vertretung von Laien bei Veranstaltungen im Ausland (Hierlemann 2005: 88).

Seit Anfang der 1990er Jahre regelmäßig erhobene Umfragen zeigen einen konstanten Anteil von 93 bis 97 Prozent der Erwachsenen, die sich als „gläubig" bezeichnen, darunter rund zehn Prozent als „tief gläubig" (CBOS 2009). Tendenzen einer Lockerung der kirchlichen Bindung und einer Säkularisierung der Gesellschaft sind jedoch seit den 1990er Jahren unverkennbar, wenngleich die Kirche in Polen im Vergleich zu Westeuropa noch immer eine sehr starke gesellschaftliche Kraft darstellt. Lag die Zahl der sonntäglichen Kirchgänger zwischen 1980 und 1990 immer um die 50 Prozent und meist darüber – 1982, dem Jahr, das auf die Verhängung des Kriegsrechts folgte, sogar bei 57 Prozent –, so pendelte sie seither zwischen 43 und 47 Prozent, erreichte 2008 allerdings mit 40,4 Prozent einen Tiefpunkt, der zunächst auf das am Erhebungstag extrem schlechte Wetter zurückgeführt wurde. Doch bestätigte sich 2009 mit 41,5, 2010 mit 41 und 2011 mit 40 Prozent der Abwärtstrend. Allerdings sind landesweit erhebliche Unterschiede festzustellen, die 2011 von 26 Prozent in der Diözese Lodz bis zu 68,2 Prozent in der Diözese Tarnów im Südosten reichten.[376] Im gesamteuropäischen Maßstab sind diese Zahlen jedoch nach wie vor beeindruckend. Dies gilt auch für die Zahl der Priester und Ordensgeistlichen, die von 1978 knapp 20.000 auf 2007 29.800 angestiegen ist (bei 2007 über 5.500 Seminaristen).[377] Was die soziale Reichweite von Aufrufen und Lehren der Kirche angeht, ist in Polen wie anderswo eine zunehmende Selektivität bei der Akzeptanz der Gläubigen zu beobachten, Weisungen der Kirche zu befolgen.

Unklar war lange Zeit das Verhältnis des Episkopats zum geplanten Beitritt Polens zur Europäischen Union. Unter den Bischöfen schienen Reserven gegenüber einem Beitritt zu dominieren, die dadurch bedingt waren, dass ein Eindringen westlich-libertärer Werthaltungen und ein Verlust der nationalen Identität Polens befürchtet wurden. Einen Umschwung brachte der Besuch einer Delegation des polnischen Episkopats in Brüssel im November 1997. Besonderes Gewicht besaßen freilich die Äußerungen von Papst Johannes Paul II., der auf seiner fünften „Pilgerreise" nach Polen 1999 vor beiden Häusern des polnischen Parlaments den Beitritt Polens zur EU als logische Konsequenz der Zugehörigkeit Polens zum westlichen Kulturkreis bezeichnete. Einen wichtigen Beitrag zur Mobilisierung der Abstimmungsberechtigten, um die Hürde der Abstimmungsbeteiligung von 50 Prozent zu überwinden, bedeutete die von Johannes Paul wenige Wochen vor dem Referendum lan-

---

376 Vgl. die Zahlenangaben für die Jahre 1980 bis 2008 bei Ks. Witold Zdaniewicz SAC/ Lucjan Adamczuk: Praktyki niedzielne, URL: http://www.iskk.ecclesia.org.pl/praktyki-niedzielne.htm (22.04.2012); für 2011 siehe Wiśniewska, Katarzyna 2012: Kościelne badania: Tylko 40 proc. katolików uczestniczy w niedzielnej mszy, in: Gazeta Wyborcza 28.06.2012, http://wyborcza.pl/1,75248,12034409,Koscielne_badania__Tylko_40_proc__katolikow_uczestniczy.html (29.06.2012).

377 Zum Vergleich: In Deutschland ging die Zahl der Priester und Ordensleute von 1978 24.659 auf 2009 15.367 zurück, 2009 wurden nur 95 Neupriester geweiht; in Deutschland lag die Zahl der Besucher des Sonntagsgottesdienstes 2009 bei 13 Prozent; vgl. u.a. die Angaben der Deutschen Bischofskonferenz auf http://www.dbk.de/fileadmin/redaktion/Zahlen%20und%20Fakten/Kirchliche%20Statistik/Eckdaten%20des%20Kirchlichen%20Lebens%20in%20den%20Bistuemern%20Deutschlands/Flyer_Eckdaten2009.pdf (31.07.2012).

cierte Parole „Von der Lubliner Union zur Europäischen Union".[378] Nach der Lubliner Union von 1569, die die Realunion von Polen und Litauen besiegelte, bedeutete nach dieser Interpretation der Beitritt Polens zur EU die Vollendung der Geschichte Polens.

Erklärter Gegner des polnischen EU-Beitritts ist das seit 1991 bestehende Radio Maryja von Pater Tadeusz Rydzyk. Der Sender ist das wichtigste Sprachrohr der Euroskeptiker in Polen. Mit national-klerikalen, vielfach xenophoben, antisemitischen, antideutschen und anti-EU-Parolen erreicht Radio Maryja Hunderttausende vorwiegend ältere Personen mit geringer Bildung (vgl. Kapitel 10.2). Die von älteren Damen in Polen gerne getragenen Baskenmützen aus Mohair brachten Rydzyks bisweilen militant auftretender Anhängerschaft in der polnischen Umgangssprache die Bezeichnung „Mohair-Baskenmützen" (*moherowe berety*) ein. Formalrechtlich untersteht der Sender nicht dem Episkopat, sondern dem Redemptoristenorden. Versuche des Episkopats, die politischen Äußerungen des Senders einzuschränken, wurden jedoch nicht mit der notwendigen Entschlossenheit durchgeführt, und auch die Einschaltung der Zentrale der Redemptoristen in Rom sowie des Vatikans erwiesen sich als nicht zielführend. Erkennbar stehen etliche Angehörige des polnischen Episkopats Radio Maryja nahe, darunter auch der Vorsitzende der Bischofskonferenz, Erzbischof Józef Michalik.

Radio Maryja hat mehrfach bei Wahlkämpfen eingegriffen und zur Stimmabgabe für bestimmte Kandidaten aufgerufen. Angesichts der polnischen wahlrechtlichen Bestimmungen (lose gebundene Liste) kann die von den Wählern zum Ausdruck gebrachte personelle Präferenz die Platzierung eines Kandidaten auf der Liste seiner Partei verändern. In mehreren Fällen avancierten von Radio Maryja unterstützte Kandidaten (ab 2001 vor allem von LPR und PiS) von hinteren Listenrängen auf Plätze, die ihnen ein Parlamentsmandat sicherten. Auf die Stimmabgabe seiner Hörer besaß Radio Maryja aber keinen so starken Einfluss, wie gemeinhin angenommen wird. Tabelle 49 zeigt erstaunliche Stimmpräferenzen von Radio Maryja-Hörern für Parteien, die zu den erklärten Feinden des Senders gehören, wie PO, UW oder gar SLD.

Eine Mitte 2008 durchgeführte Untersuchung zur Zuhörerschaft von Radio Maryja und ihrem Vertrauen zu Spitzenpolitikern ergab allerdings eine klare Präfenz für Jarosław und vor allem Lech Kaczyński, während die übrigen Befragten des Samples in erster Linie Radosław Sikorski und Donald Tusk ihr Vertrauen schenkten.

Tabelle 49: Stimmenpräferenzen der Hörer von Radio Maryja bei den Sejmwahlen 2001-2011 (in v.H.)

	AWSP	LPR	PiS	PO	PSL	Samoobrona	SLD	UW
2001	10	41	8	6	6	14	8	8
2005	–	12	40	16	5	11	5	–
2007	–	3	62	8	6	4	2	–
2011	–	–	56	14	8	–	3	–

Quelle: Eigene Zusammenstellung nach den Angaben in CBOS 2008: Słuchacze Radia Maryja, BS/131/2008, Warschau, August 2008: 6f.; CBOS 2011: Dwadzieścia lat Radia Maryja, BS/168/2011, Warschau, Dezember 2011: 17. Durch Rundungen ergeben sich leichte Ungenauigkeiten. Fehlende Werte bis 100: sonstige Parteien, „schwer zu sagen" und „keine Antwort".

---

378 Boniecki, Ks. Adam 2003: Od Unii Lubelskiej do Unii Europejskiej, in: Tygodnik Powszechny 21, 25.05.2003: 1.

Tabelle 50: Mittelwerte des Vertrauens zu Politikern unter den Hörern von Radio Maryja und den übrigen Befragten 2008 (N = 3317)

	Jarosław Kaczyński	Lech Kaczyński	Waldemar Pawlak	Radosław Sikorski	Donald Tusk	Lech Wałęsa
Hörer von Radio Maryja	0,72	1,05	0,32	0,37	0,02	–0,24
Übrige	–1,56	–1,10	0,55	1,58	1,57	0,78
Insgesamt	–1,31	–0,87	0,52	1,46	1,40	0,68

Quelle: CBOS 2008: 11. Das Vertrauen bzw. Misstrauen gegenüber den Politikern konnte auf einer Skala von +5 bis -5 zum Ausdruck gebracht werden.

Gefragt wurde auch nach dem Vertrauen zu Pater Rydzyk, allerdings nur in der ersten von drei Umfragen (Mai, Juni, Juli 2008). Dabei vertrauten ihm 55 Prozent der Hörer von Radio Maryja, die Übrigen misstrauten ihm zu 80 Prozent. Ausgedrückt in Mittelwerten des Vertrauens lauteten die Zahlen: 0,96 unter den Hörern, –3,20 bei den Übrigen, bei einem Gesamtwert von –2,71. Die Soziologin Mirosława Grabowska schloss aus diesen Zahlen, dass sich die Zuhörerschaft von Radio Maryja von einem Dreigestirn leiten ließ: Lech Kaczyński, Pater Tadeusz Rydzyk und Jarosław Kaczyński.[379]

Eine analoge Studie gut drei Jahre später (Erhebungen von September bis November 2011) kam zu ähnlichen Ergebnissen. Dies galt für die unterschiedliche Wahrnehmung von Politikern (Vertrauen der Hörer von Radio Maryja zu Jarosław Kaczyński: +1,99, in der „übrigen" Bevölkerung dagegen: –1,47; analog das Vertrauen zu Donald Tusk: –0,54 gegenüber +0,90). Ebenso war die Parteipräferenz deutlich für PiS (56 Prozent). Aber immerhin 14 Prozent votierten für die PO, gegen die Radio Maryja hauptsächlich zu Felde zieht.[380]

Pater Rydzyk organisiert „Freundeskreise von Radio Maryja" sowie die Jugend- und Kindergruppen, die zusammen die „Familie von Radio Maryja" bilden. 2011 bestanden in 19 Prozent der Pfarreien derartige „Freundeskreise".[381] Die „Familie von Radio Maryja" mobilisiert Zehntausende von Anhängern und versammelt bei der jährlichen „Pilgerfahrt" nach Tschenstochau 100.000 und mehr Personen (2008: 200.000), die dort von hohen kirchlichen Würdenträgern willkommen geheißen werden, wobei meist auch dem konservativ-klerikalen Spektrum nahestehende Politiker auftreten.

Die polnische Kirche ist in sich stark differenziert. Doch ist die in der Publizistik bisweilen anzutreffende Dichotomie in eine „Kirche von Thorn" (= Radio Maryja, das seinen Sitz in Thorn hat) und eine „Kirche von Łagiewniki" (einem Stadtteil von Krakau, in dem sich ein Kloster befindet, in dem sich Vertreter des „offenen" Katholizismus treffen) sicher zu vereinfacht. Auch innerhalb des Episkopats lassen sich unterschiedliche Strömungen ausmachen. Dabei wird in der Regel eine dialogbereite, offene Richtung genannt, der auch die führenden intellektuellen Köpfe der Bischöfe angehören, die allerdings eine Minderheit darstellen; eine traditionalistische Strömung, der die Mehrheit der Bischöfe angehören dürfte und zu der der langjährige Primas Kardinal Glemp gerechnet wird; sowie eine integralistische, extrem konservative Richtung.[382] Eine viel beachtete Einteilung der unter den polnischen Katholiken heute bestehenden Strömungen nahm Anfang 2010 der Chefredakteur der

---

379 CBOS 2008: Słuchacze Radia Maryja, BS/131/2008, Warschau, August 2008: 11.
380 CBOS 2011: Dwadzieścia lat Radia Maryja, BS/168/2011, Warschau, Dezember 2011: 11 ff.
381 Ebenda 1.
382 Zu einer kurzen Charakterisierung dieser Gruppierungen siehe Hierlemann 2005: 92 ff.

Monatszeitschrift *Więź*, Zbigniew Nosowski, vor. Er unterschied vier Hauptrichtungen: 1. Der Katholizismus als belagerte Festung, in der es vor allem darauf ankomme, sich nicht mit dem Bösen dieser Welt gemein zu machen und auszuharren. 2. Der Katholizismus des Kampfes, der sich nicht damit begnüge, das Böse zu demaskieren, sondern es effizient zu bekämpfen versuche. 3. Der Katholizismus des Dialogs, der das Gute wie das Böse in der Welt wahrnehme und auf neue Art zu einer christlichen Lebenssicht überzeugen wolle. 4. Der auf das Individuum konzentrierte private Katholizismus, der bewusst darauf verzichte, auf die Gesellschaft über das Recht und über Strukturen Einfluss zu nehmen.[383]

Mit einer direkten Einmischung in das gesellschaftlich-politische Leben hält sich die Amtskirche seit Mitte der 1990er Jahre in der Regel sehr zurück. Drei Arten von Eingreifen lassen sich gleichwohl ausmachen: 1. Vermittlungen von Bischöfen bei Arbeitskonflikten auf lokaler oder regionaler Ebene, 2. Versuche von Bischöfen, zwischen zerstrittenen Politikern zu vermitteln, die ihre Herkunft aus der *Solidarność* ableiten, und 3. der Fall von Pater Rydzyk, der sich offen in die Politik einmischt und 2005 aus dem Umfeld der „Familien von Radio Maryja" und Politikern der LPR sowie aus dieser und der PiS ausgetretenen klerikal-nationalen Abgeordneten sogar eine politische Partei zu gründen versuchte, was aber misslang.[384] Der erste Punkt kann in gewisser Weise als (freilich nur vereinzelte) Fortsetzung von Vermittlungstätigkeiten von kirchlicher Seite in den 1980er Jahren gesehen werden, bei Punkt 2 mag bei dem einen oder anderen Bischof noch die Rolle von Geistlichen (im Falle des Danziger Erzbischofs Gocłowski auch die eigene Rolle) im Vorfeld und während des Runden Tisches in Erinnerung gewesen sein.

Stark erschüttert wurde die Katholische Kirche Anfang 2007, als bekannt wurde, dass sich der designierte Warschauer Erzbischof Stanisław Wielgus zur Zusammenarbeit mit dem kommunistischen Geheimdienst bereit erklärt hatte. Nachdem er erst alle Vorwürfe abstritt, folgte nach nicht einmal zwei Tagen Amtszeit während der als Amtseinführung geplanten Messe sein spektakulärer Rücktritt. Die vor und in der Warschauer Kathedrale demonstrierenden Gläubigen – von Wielgus unterstützenden Anhängern von Radio Maryja bis zu protestierenden Vertretern des „offenen Katholizismus"[385] veranschaulichten „wie in einem Brennglas" (Sowiński in Burgoński/ Sowiński 2009: 42) die unterschiedlichen in der Katholischen Kirche Polens bestehenden Strömungen.

Etwa zehn Prozent der Geistlichen (das wären über 2000 Personen) sollen vor allem in den 1980er Jahren Verbindungen zum kommunistischen Geheimdienst gehabt haben. Exakte Feststellungen sind vor allem deswegen schwierig, weil ab dem Spätsommer 1989 systematisch Akten der 1973 geschaffenen selbstständigen Gruppe D (wohl für *duchowni*, d.h. Geistliche) innerhalb des für die Katholische Kirche zuständigen Departements IV des Geheimdienstes vernichtet wurden. Mit dem Eintritt eines künftigen Geistlichen in das Priesterseminar wurde über ihn eine „Akte zur operativen Erfassung des Priesters" angelegt, seine persönlichen und privaten Angelegenheiten wurden ausgespäht, etc. Der im Juni 1989 gewählte Sejm setzte bereits im August einen Untersuchungsausschuss zur Klärung der Umstände ein, unter denen mehr als 100 Personen, darunter mehrere Priester, zwischen

---

383 Nosowski 2010: 20f. In derselben Nummer von *Więź* ist auch eine Reihe teilweise umfangreicher Kommentare zu dieser Typologisierung abgedruckt.
384 Belege für die drei Punkte bei Burgoński 2009.
385 Letztere hatten vor der Kathedrale ein großes Transparent mit der Aufschrift „Non possumus" angebracht. Mit diesem Satz („Wir können nicht") hatte Kardinal Wyszyński 1953 Forderungen der kommunistischen Regierung abgelehnt, woraufhin er interniert wurde.

1981 und 1989 ums Leben gekommen waren. Dem Vorsitzenden dieser Kommission, Jan Rokita, der im Januar 1990 gefordert hatte, die Vernichtung von Akten der „Gruppe D" einzustellen, antwortete im März 1990 der kommunistische Vize-Innenminister Lucjan Czubiński, diese Akten seien vernichtet worden, da sie keine historische, archivalische oder wissenschaftliche Bedeutung besessen hätten. Zu den Aufgaben der „Gruppe D", aus deren Reihen auch die Mörder des Priesters Jerzy Popiełuszko kamen, zählte auch die Diskreditierung von Priestern durch die Verbreitung von Falschmeldungen, das Erzeugen von Spannungen innerhalb der Kirche selbst und die Werbung von Geistlichen für den Geheimdienst.[386]

Die Aufarbeitung dieses düsteren Kapitels der Volksrepublik ist durch den äußerst lückenhaften Erhalt der zentralen wie regionalen Akten erschwert und wird durch die offensichtliche Instrumentalisierung von bei passender Gelegenheit an die Öffentlichkeit gebrachten echten oder „fabrizierten" Dokumenten nicht einfacher. Teile der Amtskirche tun sich freilich noch immer schwer im Umgang mit diesem heiklen Teil der Geschichte der Kirche in der Volksrepublik. Nach langem Zögern wurden in den meisten Diözesen eigene kirchliche Untersuchungskommissionen eingesetzt, die das Verhältnis der jeweiligen Diözesangeistlichen zu den kommunistischen Geheimdiensten untersuchen sollen. Ergebnisse werden jedoch kaum bekannt. Durch das Ungeschick ihrer Führung im Umgang mit der Tatsache, dass eine Reihe von Geistlichen mit dem kommunistischen Geheimdienst zusammengearbeitet hat, läuft die Kirche als wichtigster Gegner des kommunistischen Systems fast Gefahr, heute in der Öffentlichkeit als Organisation wahrgenommen zu werden, die mit den Kommunisten kollaborierte.

*

Der in Polen sehr geschätzte amerikanische Soziologe spanischer Herkunft José Casanova stellte zu Beginn des Transformationsprozesses fest, die Katholische Kirche habe in Polen vor 1989 eine Schlüsselrolle bei der Entstehung einer Zivilgesellschaft gespielt. Er stellte aber mit erkennbarer Skepsis die Frage, ob die Kirche mit dem Entstehen eines demokratischen polnischen Staates, den die Gesellschaft als ihren Nationalstaat betrachte, freiwillig auf ihre historische Rolle als Wächterin der Nation verzichten werde oder ob sie weiter mit dem Staat um die Funktion des symbolischen Repräsentanten der polnischen Nation rivalisieren werde. Weitere Schlüsselfragen lauteten, für welche Form der gesellschaftlichen Integration oder für welches Prinzip von Solidarität sich die Kirche entscheiden werde, für die Idee der Zivilgesellschaft oder die Idee der Nation. Werde die Kirche das Prinzip der Selbstorganisation der autonomen Zivilgesellschaft akzeptieren, das auf Pluralismus und einer Heterogenität von Normen, Werten, Interessen und Lebensmodellen basiere, oder werde sie sich für das Prinzip einer homogenen, polnischen und katholischen nationalen Gemeinschaft aussprechen.[387]

Diese mit Scharfsicht formulierten Fragen benannten bereits 1994 die Hauptkonfliktlinien, von denen auf den vorhergehenden Seiten die Rede war. Die Kirchenführung hat die Beantwortung dieser Fragen eher dilatorisch behandelt. Die dahinter stehenden Konflikte brachen mit neuer Schärfe nach dem Tode von Papst Johannes Paul II. auf, der in seiner

---

386 Vgl. u.a. Lasota, Marek 2003: O raporcie sejmowej komisji poświęconym samodzielnej grupie „D" w MSW, in: Biuletyn Instytutu Pamięci Narodowej 1 (24), 27-36.
387 Casanova, José 1994: Public Religions in the Modern World, Chicago/London, 109.

Person alle kirchlichen Lager in Polen hatte integrieren können. Der polnischen Kirche fehlt heute eine auch nur annähernd ähnlich charismatische Führungspersönlichkeit, die die auseinander driftenden Flügel zusammen halten könnte. Die Kirchenführung hat bisher nur halbherzige Versuche unternommen, die parteipolitische Vereinnahmung christlicher Symbole, wie sie von nationalklerikalen Kreisen in den letzten Jahren insbesondere mit dem Kreuz versucht wurde, zurückzuweisen. Den spektakulären Höhepunkt bildeten in dieser Hinsicht die wochenlangen Auseinandersetzungen um das Kreuz, das Pfadfinder während der nationalen Trauerwoche im Anschluss an den Flugzeugabsturz von Smolensk im April 2010 vor dem Amtssitz des Präsidenten in denkmalgeschützter Umgebung mit der Forderung errichteten, hier zu Ehren der Verunglückten ein Denkmal zu errichten. Nach kurzer Zeit begannen Anhänger von PiS und Radio Maryja zu fordern, das Kreuz solle an seinem Platz bleiben. Eine am 21. Juli 2010 von der Präsidialkanzlei, der Warschauer Kurie und Pfadfinderorganisationen getroffene Übereinkunft, das Kreuz auf Dauer in die nahe gelegene St. Annakirche zu überführen, traf auf den heftigen Protest der sich radikalisierenden „Verteidiger" des Kreuzes. Weder die Staats- noch die Kirchenführung bezogen zunächst entschieden Stellung. Das wiederum löste antiklerikale Gegendemonstrationen aus, trug zu einer Polarisierung in der Gesellschaft bei und führte zu sinkenden Umfragewerten für die Kirche (vgl. Tabelle 55). Das Kreuz fand nach einer Zwischenstation in der Kapelle des Präsidentenpalais am 10. November 2010 (einen Tag vor dem Nationalfeiertag) seinen endgültigen Platz in der St. Annakirche. Die Emotionen gingen wieder zurück, aber das Ansehen der Kirche hatte Schaden genommen. Kritiker monieren, nicht nur das Kreuz vor dem Präsidentenpalais, sondern das Kreuz allgemein nehme für die Nationalkonservativen bis -klerikalen zunehmend den Charakter eines nationalen Symbols an, über dessen Verwendung sie das alleinige Verfügungsrecht beanspruchten. Dies könne man als Ausdruck eines tendenziellen Strebens dieser Gruppierungen nach einem Bekenntnisstaat werten.[388]

Eine neue Erscheinung im öffentlichen Leben ist, dass etwa seit dem Tode von Papst Johannes Paul II. (2005) das Verhalten kirchlicher Würdenträger in Polen, das zuvor quasi tabu war, von einer weit größeren Zahl der Medien hinterfragt wird als zuvor. Hier wird die Kirche als „normaler" Teil der Zivilgesellschaft wahrgenommen, der gegebenenfalls auch der Kritik unterliegt und sich zum Beispiel Fragen nach seiner Finanzierung stellen muss. Das lehnt freilich ein Großteil der traditionell eingestellten Angehörigen des Klerus ab.

Neu ist auch, dass der Staatspräsident offenbar zu verstehen gegeben hat, dass er den vorgesehenen Nachfolger für den ebenfalls in Smolensk zu Tode gekommenen Militärbischof Tadeusz Płoski, Sławomir Żarski, ablehnt. Eine solche Äußerung seitens der Politik galt bisher als kaum denkbar. Żarski hatte am Nationalfeiertag (11. November 2010) in Anwesenheit der höchsten Politiker und Militärs offenbar die Dritte Republik frontal angegriffen und ihren Vertretern vorgeworfen, sie ersetzten Werte durch Antiwerte, echten Patriotismus durch Kosmopolitismus und die Wahrheit durch Lüge. Noch am selben Tag soll es zu einem heftigen Gespräch zwischen Präsident Komorowski und Verteidigungsminister Klich gekommen sein, in dem Komorowski darauf hingewiesen haben soll, die Nominierung zum Militärbischof nehme der Vatikan vor, die Ernennung zum General (diesen Rang hat der Militärbischof üblicherweise) dagegen der Präsident. Żarski, der als enger Vertrauter des Vorgängers von Płoski, Sławoj Leszek Głódź (jetzt Erzbischof von Danzig) gilt, war

---

388 Einschätzung mehrerer eher linksliberaler Gesprächspartner bei Diskussionen in Warschau 2010 und 2011.

auch in Teilen des Episkopats umstritten und wurde vom Vatikan abgelehnt.[389] Neuer Militärbischof wurde der bisherige Krakauer Weihbischof Józef Guzdek.

In der Literatur ist umstritten, ob die Kirche und ihre Organisationen Teil der Zivilgesellschaft sind, ja sein können. So unterscheidet der Philosoph und Publizist Marcin Król zwischen Vereinigungen und Korporationen. Ersteren entspreche der Begriff der Zivilgesellschaft, Letzteren der der Nation. Korporationen seien heute Verbände wie die Kirchen oder Ärztekammern, die von ihren Mitgliedern bestimmte Qualifikationen verlangen und ihnen gegenüber Aufsichts- und Kontrollfunktionen erfüllten. Der Gemeinschafts- und Aufsichtscharakter religiöser Institutionen sei ihr immanentes Kennzeichen.[390] Tendenziell – so ist hieraus zu folgern – könnten damit die Kirchen per definitionem gar nicht Teil der Zivilgesellschaft im Sinne Casanovas sein. Eine Gegenposition vertritt der langjährige Leiter der Konrad-Adenauer-Stiftung in Warschau. Er übersieht zwar nicht die Spaltung der Kirche in dialogbereite Teile des offenen Katholizismus und die „national-integristischen Kreise" um Radio Maryja. Er verweist jedoch darauf, dass das schon stärker ausgeprägte karitative Engagement der Kirche und „der Einsatz für Familie und Lebensschutz durch die Sorge um die Reform der politischen, sozialen und wirtschaftlichen Strukturen zu ergänzen" sei (Raabe 2008: 23f.). Raabes These ist sicher zuzustimmen, dass die Kirche für große Teile der Gesellschaft eine zentrale Rolle spielt. Sicher dürfte aber auch sein, dass sie ihr enormes Potential für den Aufbau einer Zivilgesellschaft noch bei weitem nicht ausgeschöpft hat. Fast unverständlich ist, warum die Kirchenführung die katholische Soziallehre, die zumindest verbal von großen Teilen der politischen Elite bis in das linke Spektrum hinein anerkannt wird, nicht genutzt hat, offensiv die Normen für den Aufbau der neuen politischen, sozialen und ökonomischen Ordnung stärker mit zu formulieren und so ihre gesellschaftliche Stellung in der neuen sozioökonomischen und politischen Wirklichkeit neu zu legitimieren.[391] Stattdessen erinnerte das Verhalten von Teilen des Episkopats an das Syndrom der „belagerten Festung".

Eine Art Katalog der ungelösten, heute in der Katholischen Kirche Polens existierenden Probleme enthielt ein Aufsehen erregender Brief, den der 74jährige Dominikanerpater Ludwik Wiśniewski aus Lublin, eine Ikone der *Solidarność*-Opposition der 1980er Jahre, im September 2010 an den neuen päpstlichen Nuntius in Warschau, Erzbischof Celestino Migliore, schrieb und den die Gazeta Wyborcza am 14.12.2010 veröffentlichtlichte.[392] Wiśniewski legte eine sehr kritische Diagnose der Kirche in Polen vor. Nach dem Fall des Kommunismus habe ein eigentümlicher Pessimismus geherrscht. Dann sei eine sich verschlimmernde Spaltung im polnischen Episkopat aufgetreten, die sich beim Klerus und der ganzen polnischen Kirche fortgesetzt habe. Der gespaltene Episkopat habe keines der in der polnischen Kirche bestehenden Probleme lösen können. Erwähnt wird der Fall des (wegen

---

389 Vgl. Wiśniewska, Katarzyna/ Wroński, Paweł 2010: Jak Pałac i Kościół szukają biskupa polowego, in: Gazeta Wyborcza 24.11.2010, http://wyborcza.pl/51,109204,8709231.html?i=0 (31.07.2012).
390 Król, Marcin 1993: Między korporacją a społeczeństwem obywatelskim, in: Markiewicz, B. (Red.): Obywatel – odrodzenie pojęcia, Warszawa, 107-112, hier 107f., zitiert nach Mariański, Ks. Janusz 2008: Społeczeństwo i moralność. Studia z katolickiej nauki społecznej i socjologii moralności, Tarnów, 162.
391 Auf ungenutztes Potential der Katholischen Soziallehre, Fragen zu neuen Entwicklungen der Wirtschaft zu formulieren und entsprechende Antworten zu geben, verweist auch Dylus 2011: 52 ff., ist aber eher skeptisch bezüglich der Chancen einer Umsetzung.
392 Wiśniewskis Brief ist unter der Überschrift: „Rozbity Kościół, święte frazesy" abgedruckt in: Gazeta Wyborcza 14.12.2010, http://wyborcza.pl/1,75515,8813484,Rozbity_Kosciol__swiete_frazesy.html?as=1&startsz=x (31.07.2012).

sexueller Belästigung von Seminaristen 2002 von seinem Amt zurückgetretenen) früheren Erzbischofs von Posen, Juliusz Paetz, dessen Gesicht zur Empörung der Gläubigen bei feierlichsten Anlässen im Fernsehen gezeigt werde, und das Problem von Radio Maryja, bei dem der Verweis auf den Redemptoristenorden eine Ausrede sei, denn verantwortlich sei der Bischof von Thorn, wo der Sender seinen Sitz habe. Der gesellschaftliche wie der axiologische Pluralismus werde von den Einen als Unglück, von den Anderen als Chance zur Entwicklung betrachtet. Die Bischöfe hätten vielfach die Fähigkeit verloren, mit den Gläubigen zu kommunizieren. Wiśniewski schlug die Einsetzung mehrerer Arbeitsgruppen vor, darunter eine zur Klärung von Begriffen im öffentlichen Leben, etwa was liberal und Liberalismus bedeuteten, Patriotismus und Nationalismus oder Orthodoxie und religiöser Fundamentalismus. Ferner müssten Problemfelder im Schnittpunkt zwischen Staat und Kirche geklärt werden, zum Beispiel der Platz der Kirche bei der staatlichen Rechtsetzung, ob etwa die Kirche das Recht habe, das Gewissen der Gesetzgeber bei der Rechtsetzung zu verpflichten.

Die Reaktion auf Wiśniewskis Brief in der Öffentlichkeit wie in Äußerungen von katholischen Hierarchen gab recht genau das Bild der von Wiśniewski diagnostizierten gespaltenen Kirche wieder. Es reichte von der Zustimmung der dialogoffenen Bischöfe, die von Pater Wiśniewski angesprochenen Probleme aufzugreifen, über die Äußerung des neuen Primas Erzbischof Kowalczyk, man dürfe Wiśniewskis Ausführungen nicht auf die leichte Schulter nehmen, bis zur scharfen Kritik an Wiśniewski durch den Vorsitzenden der polnischen Bischofskonferenz, Erzbischof Józef Michalik. Diese äußerte er ausgerechnet in einem Interview mit der mit Radio Maryja verbundenen Tageszeitung Nasz Dziennik. Michalik stellte die im Kontext des Interviews rhetorische Frage, ob ein Kritiker der Kirche sein eigenes Wohl oder das der Kirche fördern wolle, und lobte zugleich Radio Maryja und die mit ihm verbundenen Medien und Einrichtungen.[393]

11.4 Literatur

Anderson, John 2003: Catholicism and Democratic Consolidation in Spain and Poland, in: West European Politics 26 (1), Special Issue on Church and State in Contemporary Europe, 137-156.
Boll, Friedhelm/ Wysocki, Wiesław/ Ziemer, Klaus (Hrsg.) 2009: Kirche und Versöhnung. Polnisch-deutsche Versöhnungsinitiativen der 1960er-Jahre und die Entspannungspolitik, Bonn.
Borecki, Paweł 2008: Geneza modelu stosunków państwo-Kościół w Konstytucji RP, Warszawa.
Burgoński, ks. Piotr/ Sowiński, Sławomir (Red.) 2009: Ile Kościoła w polityce, ile polityki w Kościele?, Katowice.
Burgoński, ks. Piotr 2009: Patronat i mediacja duchownych w polityce, in: Burgoński/ Sowiński, a.a.O., 139-158.
CBOS 2009: Dwie dekady przemian religijności w Polsce, BS/120/2009, Warschau, September 2009.
CBOS 2007: Opinie o działalności Kościoła, BS/37/2007, Warschau, März 2007.
Dylus, Aniela 2011: Die Impulskraft Christlicher Soziallehre in Polen, in: Jahrbuch für Christliche Sozialwissenschaften 52, 43-58.
Gowin, Jarosław 1999: Kościół w czasach wolności 1989-1999, Kraków.
Gowin, Jarosław/ Spieker, Manfred 1998: Katholiken in der Politik. Das Beispiel Polen und Deutschland, Warszawa.

---

393 Nie dajmy się podzielić, in: Nasz Dziennik 16.12.2010, http://www.naszdziennik.pl/index.php?dat=20101217&typ=wi&id=wi11.txt (9.03.2011).

Grabowska, Mirosława 2006: Credo, ergo sum. Religiosität und Staat in Polen, in: Osteuropa 56 (11/12), 191-203.
Hierlemann, Dominik 2005: Lobbying der katholischen Kirche. Das Einflussnetz des Klerus in Polen, Wiesbaden.
Jusiak, Roman 2009: Kościół katolicki wobec wybranych kwestii społecznych i religijnych w Polsce. Studium socjologiczne, Lublin.
Lobkowicz, Nikolaus/Luks, Leonid (Hrsg.) 1998: Der polnische Katholizismus vor und nach 1989. Von der totalitären zur demokratischen Herausforderung, Köln/Weimar/Wien.
Łazarewicz, Cezary 2010: Co Kościół ma, in: Polityka 7.10.2010, http://www.wykop.pl/ramka/ 492409/kosciol-w-liczbach/ (31.07.2012).
Mecke, Bettina-Dorothee 2007: „Im Apostolat der Medien" – Radio Maryja, in: Polen-Analysen 16, 03.07.2007, 2-7, http://www.laender-analysen.de/polen/pdf/PolenAnalysen16.pdf.
Mechtenberg, Theo 2012: Polonia semper fidelis?, in: Aktuelle Ostinformationen 1-2, 30-38.
Mechtenberg, Theo 2011: Polens katholische Kirche zwischen Tradition und Moderne, Dresden.
Mikolejko, Zbigniew 2012: Kościół polski: dramat i komedia dysfunkjonalności, in: Jarosz, Maria (Red.): Instytucje: konflikty i dysfunkcje, Warszawa, 72-91.
Nosowski, Zbigniew 2010: Polskie katolicyzmy, in: Więź 1 (615), 5-26.
Raabe, Stephan 2008: Transformation und Zivilgesellschaft in Polen. Die Kirche als „Verbündete" der Zivilgesellschaft, in: KAS. Auslandsinformationen 5/2008, 7-24; http://www.kas.de/wf/doc/ kas_14171-544-1-30.pdf?080711101904 (31.07.2012).
Siewko-Frey, Anna 2005: Das polnische Staatskirchenrecht nach 1989, in: Jahrbuch für Ostrecht 46 (1), 41-63.
Skorowski, Henryk 2009: Kościół a polskie spory okresu transformacji, Warszawa.
Spieker, Manfred (Hrsg.) 1995: Nach der Wende: Kirche und Gesellschaft in Polen und Ostdeutschland, Paderborn/München.
Zdaniewicz, Witold/ Zaręba, Sławomir (Red.) 2004: Kościół katolicki na początku trzeciego tysiąclecia w opinii Polaków, Warszawa.
Ziemer, Klaus 2009: Polen: Die Rolle der Katholischen Kirche beim politischen Systemwechsel 1988 bis 1990, in: Veen, Hans-Joachim/ März, Peter/ Schlichting, Franz-Josef (Hrsg.): Kirche und Revolution. Das Christentum in Ostmitteleuropa vor und nach 1989, Köln/ Weimar/ Wien, 75-99.

12 Politische Kultur

Politische Kulturforschung hat in Polen eine relativ lange Tradition. Bereits 1916 hielt József Siemieński an der Warschauer Universität einen Vortrag zum Thema „Die Verfassung vom 3. Mai 1791 als Ausdruck der polnischen politischen Kultur", gab allerdings erst 1932 folgende explizite Definition: „Höchster – um nicht zu sagen endgültiger – und charakteristischster Ausdruck der politischen Kultur einer Nation ist die Form der Regierungen, die sie geschaffen hat oder ...mit Ergebenheit erträgt".[394] Anders als in den meisten anderen realsozialistischen Staaten wurde in Polen die Pionierarbeit von Almond/Verba[395] relativ rasch rezipiert und in der Politikwissenschaft kontrovers diskutiert.[396] Die von der Parteiführung der 1970er Jahre vorgegebene Maxime der „moralisch-politischen Einheit der Nation" war allerdings wenig dazu angetan, Untersuchungen zu Meinungsunterschieden und differenzierten politischen Einstellungen in der polnischen Gesellschaft zu fördern. Empirische Studien, die für den internen Gebrauch an der Parteihochschule entstanden und das Anwachsen der sozialen Spannungen in der Gesellschaft Ende der 1970er Jahre dokumentierten,[397] wurden von den Politikern schlicht ignoriert. Anders waren die Bedingungen unter der Parteiführung der 1980er Jahre, die sich etwa mit der Gründung des von einem in Sozialwissenschaften habilitierten Obersten geführten Meinungsforschungsinstituts CBOS ein authentisches Stimmungsbild von der Lage in der Bevölkerung verschaffen wollte. Ein Forscherteam der Warschauer Universität unter der Leitung von Franciszek Ryszka konnte 1983-1985 im Rahmen des offiziellen Forschungsplans ein empirisches Projekt zur politischen Kultur der Volksrepublik Polen durchführen, das in großem Umfang Kriterien westlicher Sozialforschung entsprach, erstmals ein realistisches Bild der politischen Einstellungen der polnischen Gesellschaft zeichnete und trotz für die Polnische Vereinigte Arbeiterpartei höchst peinlicher Ergebnisse universitätsintern in einer Auflage von 99 Exemplaren ohne Eingriffe der Zensur erscheinen konnte.[398]

Die wichtigsten Ergebnisse wurden 1987 auf einer wissenschaftlichen Konferenz an der Universität Tübingen vorgestellt (Meyer/ Ryszka 1989). Aus ihnen ging u.a. hervor, dass sich zu dieser Zeit in der polnischen Gesellschaft vier in etwa gleich große Gruppen

---

394 Siemieński, Józef 1932: Kultura polityczna wieku XVI, in: Kultura Staropolska, Kraków, 121, zitiert nach Garlicki/ Noga-Bogomilski 2004: 19. Noch früher tauchte der Begriff politische Kultur auf bei J. Milewski: Wykład o kulturze politycznej, Lwów 1912; vgl. Garlicki/ Noga-Bogomilski, a.a.O., 212.
395 Almond, Gabriel/ Verba, Sidney 1963: The civic culture. Political attitudes and democracy in five nations. An analytic study, Boston u.a.
396 Vgl. eine Zusammenfassung dieser Diskussion u.a. bei Sobolewski, Marek 1979: Z badań nad kulturą polityczną w Polsce, in: Studia Nauk Politycznych 1 (37), 11-34.
397 Sufin, Zbigniew (red.) 1981: Diagnozy społeczne w okresie narastającego kryzysu, Warszawa. Ders. (red.) 1981: Społeczeństwo polskie w drugiej połowie lat siedemdziesiątych, Warszawa.
398 Kultura polityczna społeczeństwa polskiego (1983-1985). Tom 1: Zagadnienia ogólne, teoretyczne i metodologiczne, Warszawa 1987 (Uniwersytet Warszawski. Międzyresortowy Plan Badań Naukowych MR III 17). Nach dem damaligen polnischen Zensurgesetz unterlagen für „interne Zwecke" bestimmte Publikationen mit einer Auflage von weniger als 100 Exemplaren nicht der Zensur.

unterscheiden ließen: Unterstützer der bestehenden politischen Ordnung, deren Gegner, Personen mit ambivalenter Einstellung und eine Gruppe von Personen, die sich völlig aus dem öffentlichen Leben zurückgezogen hatten und sich nur auf das Organisieren des Privatlebens beschränkten („schweigende Minderheit"). Das Verhalten dieser Gruppe hat wahrscheinlich wesentlich dazu beigetragen, dass selbst bei den extrem mobilisierenden „Epochewahlen" von 1989 fast 38 Prozent der Wahlberechtigten nicht zu den Urnen gingen. Die Untersuchungen der Warschauer Sozialwissenschaftler zeigten aber auch, dass die Trennlinien in der polnischen Gesellschaft differenzierter waren, als es die vielfach unterstellte Dichotomie „wir" („my", die große Mehrheit der Gesellschaft) versus „die da oben" („oni", das heißt alle, die irgendwie mit der Herrschaft der Partei verbunden waren) vermuten ließ.

12.1 Die starke Präsenz der Geschichte

Gleichwohl ist das Denken in den Kategorien „my" versus „oni" bis heute weit verbreitet. Es stammt aus der nur durch die Zwischenkriegszeit unterbrochenen rund 200 Jahre dauernden Erfahrung, dass der Staat nicht der eigene Staat ist, sondern „die da oben" eine fremde Macht repräsentieren. Hans Henning Hahn hat hierfür den Begriff der „Gesellschaft im Verteidigungszustand" geprägt.[399] Der Kampf gegen diesen Staat wurde geradezu zur patriotischen Pflicht. Im 19. Jahrhundert gaben dem spektakulär die Aufstände gegen die russische Besatzungsmacht von 1830/31 und 1863 Ausdruck. Die Niederlagen und das Leiden des polnischen Volkes wurden am stärksten in der romantischen Denkschule vom bedeutendsten polnischen Dichter Adam Mickiewicz (1798-1855) sublimiert. Er stilisierte Polen zum „Völkerchristus", der stellvertretend für die anderen Nationen leide und so Europa erlöse. Neben diesem „martyrologischen" Aspekt, aus dessen Blickwinkel heraus Polen seit Ende des 18. Jahrhunderts mit der kurzen Unterbrechung von 1918 bis 1939 für rund zwei Jahrhunderte ein Opfer der europäischen Geschichte war, mit der besonders tragischen Zeit des Zweiten Weltkriegs und der anschließenden kommunistischen Herrschaft, wird auch auf die Rolle von Polen verwiesen, die als Soldaten für die Freiheit Anderer gekämpft hätten, von den napoleonischen Kriegen über den Völkerfrühling 1848/49 (etwa im deutschen Südwesten) bis zum Zweiten Weltkrieg, in dem Hunderttausende polnischer Soldaten sowohl auf Seiten der Westmächte als auch an der Seite der nach Westen vorrückenden Roten Armee gekämpft hätten. *Der* Erinnerungsort an die militärischen Leistungen der Polen im Zweiten Weltkrieg ist dabei der Monte Cassino, bei dessen Eroberung 1944 zahlreiche Polen fielen. Der in der Parole „Für unsere und eure Freiheit" zum Ausdruck kommende missionarische Zug der romantischen Schule ließ sich erneut bei der *Solidarność* beobachten, als sie auf ihrem Kongress in Danzig im Herbst 1981 die Arbeiter in den von der Sowjetunion dominierten Staaten aufrief, ihrem Beispiel zu folgen, das Recht auf Vereinigungsfreiheit wahrzunehmen. Ganz im Sinne Mickiewiczs ließ sich der Sieg der *Solidarność* so interpretieren, dass Polen Europa vom Kommunismus befreit hat und damit Anspruch auf einen dieser Leistung (und dem zwei Jahrhunderten erlittenen Unrecht) entsprechenden Platz in Europa hat.

---

399 Hahn, Hans Henning 1988: Gesellschaft im Verteidigungszustand. Zur Genese eines Grundmusters der politischen Mentalität in Polen, in: Hahn, Hans Henning/ Müller, Michael G. (Hrsg.): Gesellschaft und Staat in Polen, Berlin, 15-48.

Eine andere Denkschule, deren Anhänger besonders aus Großpolen (der Region um Posen/Poznań) stammen, vertrat das Konzept der „organischen Arbeit". Ihre Vertreter setzten ab der Mitte des 19. Jahrhunderts nicht auf Aufstand zur Erringung der Unabhängigkeit. Vielmehr wollten sie der Gesellschaft durch von unten gewachsene Initiativen Selbstorganisation, Bildung und genossenschaftliche Strukturen vermitteln, die sie in die Lage versetzen sollten, nach Erlangen der Unabhängigkeit die Souveränität des Staates auch zu sichern. Heute dürfte dieses Grundmuster vor allem in der jungen Generation mit höherer Bildung verbreitet und zum Beispiel auf die optimale Nutzung der von der EU Polen zur Verfügung gestellten Mittel gerichtet sein. Allerdings ist die Entfremdung gegenüber dem Staat noch weit verbreitet und wird durch das Verhalten von Teilen der politischen Eliten, durch Korruption im öffentlichen Leben etc. bestärkt.

Gerade in den Zeiten der Unfreiheit war eine starke Beschäftigung mit der Geschichte, mit den besseren Zeiten der Nation, zu beobachten. Die Vertrautheit mit der eigenen Geschichte ist bis heute Kennzeichen des politischen Diskurses in Polen, in dem Namen und Begriffe aus der Geschichte Chiffren für Zusammenhänge bilden, die einer breiteren Öffentlichkeit ganz selbstverständlich sind. So steht etwa Kasimir der Große (1310-1370), der ein aus Holz gebautes Polen vorgefunden und ein aus Stein gebautes Land hinterlassen hat, für den Modernisierungsschub, den Polen sich von den Zuwendungen der EU verspricht. Wenn dem politischen Gegner das Wort „Targowica" entgegengeschleudert wird, weiß man, dass damit der Ort gemeint ist, an dem sich 1792 Magnaten trafen, um ein Bündnis zu schließen, das die Einführung der Verfassung des 3. Mai 1791 und damit eine Beschneidung ihrer Privilegien verhindern sollte. Da hinter dem Komplott jedoch die russische Zarin Katharina II. stand und es zur zweiten Teilung Polens führte, steht „Targowica" als Synonym für Verrat. Die Beispiele ließen sich fortsetzen.

Historisch begründet ist auch die starke Stellung der Katholischen Kirche im öffentlichen Leben Polens. Die Kirche ist mit der polnischen Nation seit der Gründung des polnischen Staates verbunden und hat sich gerade in Zeiten der Unfreiheit – etwa in der Zeit der Teilungen im 19. Jahrhundert, während der deutschen Besatzung im Zweiten Weltkrieg und in der Zeit des Kommunismus – große Verdienste um die Nation erworben. In der Zeit zwischen 1945 und 1989 bildete die Kirche gegen die Versuche der Kommunisten, der Gesellschaft ein neues Wertesystem aufzuoktroyieren, die wichtigste Kraft, die das überkommene Wertesystem der polnischen Gesellschaft verteidigte.

Die dramatische Geschichte Polens im 20. Jahrhundert hat ihre Spuren sowohl in der Einstellung der Gesellschaft gegenüber ihren Nachbarn als auch in innergesellschaftlichen Konfliktlinien hinterlassen.

12.2 Die Einstellung zur Volksrepublik und zur Lustration

Die Einschätzung der Zeit der Volksrepublik unterlag nach 1989 nur geringen Schwankungen. Die Zahl derer, die sie positiv oder negativ einschätzen, hält sich in etwa die Waage (2009: 44 zu 43 Prozent). Nicht verwunderlich ist, dass unter denen, die die Volksrepublik nicht mehr aus eigener Erinnerung einschätzen können, der Prozentsatz derjenigen, die hierüber keine Meinung haben, mit 31 Prozent relativ hoch ist, während er in der übrigen Bevölkerung bei nur vier Prozent liegt. Auch die positive Beurteilung der Volksrepublik ist in der ersten Altersgruppe mit nur 24 Prozent deutlich geringer als bei denen, die die Zeit kommunistischer Regierungen noch bewusst miterlebt haben (54 Prozent). Zu erklären sein dürfte dieser Unterschied damit, dass die ältere Generation nicht Jahre oder gar Jahrzehnte ihres Lebens negativ beurteilt und damit entwertet wissen möchte. Nicht verwunderlich ist, dass ehemalige PZPR-Mitglieder die Volksrepublik zu 77 Prozent positiv bewerten, frühere *Solidarność*-Mitglieder dagegen nur zu 45 Prozent (und zu 52 Prozent negativ). Erstaunlich ist eher, dass angesichts des militanten Antikommunismus der PiS 31 Prozent ihrer Anhänger die Volksrepublik positiv sehen (65 Prozent negativ).[400] Die große Mehrheit der Gesellschaft (76 Prozent) ist der Meinung, man solle die Aufarbeitung dieses Zeitraums abschließen und seine Erforschung den Historikern überlassen. Nur 18 Prozent sind gegenteiliger Meinung. Selbst unter den PiS-Anhängern überwiegen mit 53 zu 40 Prozent diejenigen, die dieses Kapitel der polnischen Geschichte den Historikern überlassen wollen. Mehr als zwei Drittel der Gesellschaft (69 Prozent) sind der Meinung, es sei heute nicht mehr möglich, diejenigen gerecht zu beurteilen, die in der Volksrepublik die Macht ausgeübt hätten. Immerhin die Hälfte (50 Prozent) ist jedoch dafür, diejenigen zu bestrafen, die damaliges Recht gebrochen hätten. Das Institut des Nationalen Gedenkens (IPN) ist durch Gesetz verpflichtet, die Namen der früheren Mitarbeiter der Geheimdienste zu veröffentlichen, und kommt diesem Auftrag nicht nur auf entsprechenden Internetseiten nach, sondern auch durch Open-Air-Ausstellungen in Großstädten, in denen frühere örtliche Mitarbeiter dieser Dienste mit plakatgroßen Fotografien und Kurzbiografien vorgestellt werden. Eine relative Mehrheit der Gesellschaft (43 Prozent) befürwortet die Veröffentlichung der Namen der Mitarbeiter der kommunistischen Geheimdienste, 38 Prozent sind dagegen.[401]

Lange Zeit war umstritten, wie mit den Akten der kommunistischen Geheimdienste umgegangen werden sollte. Kontrovers war ferner, ob Mitarbeiter der kommunistischen Geheimdienste ihre Tätigkeit offenbaren müssten und welche Konsequenzen daraus gezogen werden sollten. Durch die Art des Machtwechsels 1989, der nach Jahrzehnten der Diktatur durch die Verständigung zwischen alten und neuen Eliten friedlich ermöglicht wurde, war bei der Machtübernahme durch die Regierung Mazowiecki im Spätsommer 1989 ein Ausschluss der Kommunisten von der Macht („Entkommunisierung") nicht möglich. Sie blieben im Gegenteil in Schlüsselfunktionen in der Regierung (etwa an der Spitze des Innen- und des Verteidigungsministeriums), was Innenminister General Kiszczak nutzte, bis Februar 1990 einen Großteil der Akten der Geheimdienste vernichten zu lassen. Eine „Entkommunisierung" etwa nach tschechischem Beispiel (Ausschluss kommunistischer Parteifunktionäre bis auf Kreisebene für zunächst fünf, dann sogar zehn Jahre) hätte in Polen dazu geführt, dass es mehrere Ministerpräsidenten und einen Staatspräsidenten der 1990er Jahre nicht gegeben hätte. An eine „Aufarbeitung" der kommunistischen Vergangenheit konnte jedoch frühestens gedacht werden, als nach der Selbstauflösung der PZPR (Januar 1990) einer der wichtigsten Unterzeichner der Vereinbarungen des Runden Tisches vom Frühjahr 1989 nicht mehr existierte, spätestens war der Zerfall der Sowjetunion eine solche Gelegenheit. Seit dem Sommer 1990 wurde die Forderung nach einer „Abrechnung" mit der kommunistischen Vergangenheit von der gerade entstandenen Gruppierung „Zentrumsallianz" (PC) der Brüder Kaczyński erhoben, die damals noch eng mit Lech Wałęsa zusammenarbeiteten.

---

400 Alle Zahlen nach CBOS 2009: Oceny i rozliczenia okresu PRL w opinii publicznej, BS/93/2009, Warschau, Juni 2009.
401 Ebenda.

Nach den Parlamentswahlen von 1991 erklärte die von der PC gestützte Regierung Olszewski die „Entkommunisierung" zu einem ihrer Hauptziele. Die ungeschickte Art, in der Innenminister Antoni Macierewicz im Mai 1992 eine Liste angeblicher früherer Mitarbeiter kommunistischer Sicherheitsdienste in Umlauf brachte – darunter etliche politische Gegner der Regierung, u.a. der Staatspräsident, der Sejmmarschall und 40 weitere Sejmabgeordnete, zehn Senatoren und elf Regierungsmitglieder –, diskreditierte das Thema „Entkommunisierung" für längere Zeit. Erst 1997 trat ein Gesetz in Kraft, das Auskunft über eine Zusammenarbeit mit kommunistischen Geheimdiensten von Personen verlangte, die hohe staatliche Ämter bekleiden oder für solche kandidieren, ferner von Richtern und Staatsanwälten sowie vom Führungspersonal des Öffentlich-Rechtlichen Rundfunks und Fernsehens. Auf eigenen Wunsch konnten Anwälte eine solche Erklärung abgeben. Insgesamt waren etwa 20.000 Personen von diesem Gesetz betroffen. Wenn jemand angab, mit den kommunistischen Geheimdiensten zusammengearbeitet zu haben, war damit kein automatischer Ausschluss von der wahrgenommenen Funktion bzw. dem angestrebten Amt verbunden. Vielmehr stand es im Ermessen der Vorgesetzten, die Betreffenden zu entlassen oder im Amte zu belassen, sowie im Ermessen der Wähler, eine solche Person in öffentliche Ämter zu wählen oder nicht. Wenn jemand jedoch von dem mit dem Gesetz von 1997 eingeführten „Lustrationsgericht"[402] überführt wurde, falsche Angaben gemacht zu haben, bedeutete das den Ausschluss von öffentlichen Ämtern für zehn Jahre. Da bekannt war, dass große Teile der Akten vernichtet waren, war die Versuchung groß, keine entsprechenden Angaben zu machen. Wer jedoch als so genannter „Lustrationslügner" ertappt wurde, den trafen die Bestimmungen des Gesetzes mit voller Härte. Im prominentesten Verfahren zog sich der Fall des früheren Premierministers Józef Oleksy vor dem Lustrationsgericht über Jahre hin, ehe 2007 das Oberste Gericht entschied, Oleksy habe, wenn auch unwissentlich, unwahre Angaben über seine Zusammenarbeit mit kommunistischen Geheimdiensten gemacht. Als „Lustrationslügner" dürfte er damit aus dem politischen Leben praktisch ausgeschieden sein,[403] da er 2017, wenn er wieder öffentliche Ämter bekleiden darf, 71 Jahre alt sein wird.

Die von der PiS geführte Regierung erklärte 2005 Lustration und Entkommunisierung zu einem ihrer Hauptziele und ließ 2006 ein Gesetz verabschieden, das den Kreis der von der Lustration betroffenen Personen auf etwa 700.000 erhöhte. Zur Abgabe einer Erklärung darüber, ob sie mit kommunistischen Geheimdiensten zusammengearbeitet hatten, wurden zum Beispiel alle Direktoren von Schulen sowie sämtliche Universitätsprofessoren verpflichtet. Dieses Gesetz wurde 2007 vom Verfassungsgerichtshof in großen Teilen als verfassungswidrig außer Kraft gesetzt. Gültigkeit behielt dagegen der Teil des Gesetzes, der das bisherige Lustrationsgericht abschaffte[404] und seine Aufgaben dem IPN übertrug, das damit einen vierten „Pfeiler" seiner Tätigkeit erhielt (neben der strafrechtlichen Verfolgung von Personen, die unter der deutschen Besatzung oder während der kommunistischen Zeit Verbrechen gegen Polen begangen haben, neben der Abteilung für die Archivierung von

---

402 „Lustracja" heißt „Durchleuchtung" auf die Zusammenarbeit mit den früheren kommunistischen Geheimdiensten.
403 Das hinderte die SLD allerdings nicht, Oleksy im Frühjahr 2012 zu einem ihrer stellvertretenden Parteivorsitzenden zu wählen. Nachdem 2007 ein Tonband mit diskreditierenden Äußerungen Oleksys über den früheren Staatspräsidenten Kwaśniewski und andere SLD-Politiker aufgetaucht war, wurde seine Parteimitgliedschaft zunächst suspendiert, dann trat er im selben Jahr aus der SLD aus. 2010 trat er der Partei wieder bei.
404 Das Lustrationsgericht galt als Sondergerichtshof und war damit verfassungswidrig.

Dokumenten und den Zugang zu ihnen sowie der Abteilung für Öffentliche Bildung). Die Enttarnung von „Lustrationslügnern" geht jedoch weiter. Allein im Jahre 2011 stellte die entsprechende Abteilung des IPN in 87 Fällen Antrag wegen des Verdachts auf „Lustrationslüge", in 38 Fällen kam es zu rechtskräftigen Verurteilungen.

Zwar sind mit der Amtsübernahme der PO-geführten Regierung Probleme der Lustration und Entkommunisierung wieder in den Hintergrund getreten. Die „Aufarbeitung" der kommunistischen Vergangenheit bleibt jedoch weiter umstritten, wie etwa Publikationen über die angebliche Zusammenarbeit Lech Wałęsas mit den Geheimdiensten, die Kontroversen innerhalb der Katholischen Kirche über die Zusammenarbeit von Geistlichen mit den kommunistischen Geheimdiensten und generell die Auseinandersetzungen um das IPN belegen, dessen Leitung in den Jahren nach 2005 in den Medien vorgeworfen wurde, die kommunistische Vergangenheit zum Teil selektiv, nach „parteilichen" Kriterien im Sinne der PiS aufzuarbeiten.[405] Die Instrumentalisierung von Akten teilweise zweifelhafter Herkunft aus der kommunistischen Zeit für heutige politische Zwecke zählte zu den unschönsten Erscheinungen des politischen Lebens in Polen zu Beginn des 21. Jahrhunderts. Es ist – teilweise aufgrund der Logik der 1989 am Runden Tisch ausgehandelten Vereinbarungen, teilweise aufgrund des Ungeschicks des „rechten" und des Unwillens des postkommunistischen Spektrums der politischen Szene in Polen – nicht gelungen, eine Institution wie das Amt des/der Bundesbeauftragten für die Unterlagen des Staatssicherheitsdienstes der ehemaligen DDR zu etablieren, das in den Diskussionen in Polen immer wieder als Vorbild genannt wird,[406] weil seine Tätigkeit in der (deutschen) Öffentlichkeit weitgehend unumstritten ist und zur Reinigung der Atmosphäre im öffentlichen Leben im vereinten Deutschland beigetragen hat – ganz im Gegensatz zur Tätigkeit des IPN in Polen seit 2005.

Bemerkenswert ist jedoch auch, dass gerade im Vergleich zu Deutschland nur ein relativ geringer Teil der polnischen Gesellschaft Interesse bekundet hat, seine eigenen, von den kommunistischen Geheimdiensten gesammelten Akten einzusehen. Obwohl die Einwohnerzahl Polens in den 1980er Jahren mehr als doppelt so hoch war wie die der DDR, verlangten bis zum Jahresende 2011 in Deutschland 2,83 Millionen Personen Einsicht in ihre Akten aus kommunistischer Zeit,[407] in Polen dagegen nicht einmal 140.000.[408] Gewiss bestand in Deutschland die Möglichkeit des Zugangs zu den eigenen Akten bereits seit Ende 1991, in Polen erst seit 2000. Dennoch sind die Unterschiede am Interesse an den eigenen Akten frappierend, wenn etwa 2011 noch über 80.000 Deutsche Anträge auf Einsicht der eigenen Akten stellten, in Polen aber im gleichen Zeitraum nur 3671 derartige Anträge eingingen.[409] Nur in Zeiten eines ungewöhnlichen Ereignisses wie der Veröffentlichung der so

---

405 Zu einzelnen Problemfeldern der Aufarbeitung der kommunistischen Vergangenheit in Polen siehe u.a. Ziemer 2009.

406 Mehrere Artikel des Stasiunterlagen-Gesetzes wurden sogar wörtlich in das entsprechende polnische Gesetz übernommen.

407 Vgl. BStU in Zahlen. Stand 31. Dezember 2011, http://www.bstu.bund.de/DE/BundesbeauftragteUnd Behoerde/BStUZahlen/_node.html (03.05.2012).

408 Siehe die Zahlen der Antragseingänge in den jeweiligen Jahresberichten des IPN, Warszawa, jeweiliger Jahrgang, auch zugänglich unter: http://www.ipn.gov.pl/portal/pl/31/Informacje_o_dzialalnosci_IPN.html (01.08.2012).

409 Zu den Zahlen für Deutschland siehe die vorletzte Anmerkung. Zu den Zahlen für Polen vgl. den Rechenschaftsbericht des IPN für 2011: Informacja o działalności Instytutu Pamięci Narodowej – Komisji Ścigania Zbrodni Przeciwko Narodowi Polskiemu w okresie 1 stycznia 2011 r. – 31 grudnia 2011 r., Warszawa 2012: 82; auch zugänglich unter: http://www.ipn.gov.pl/portal/pl/31/19859/w_okresie_1_stycznia _2011_r__31_grudnia_2011_r.html (17.07.2012).

genannten „Wildstein-Liste" hatte das Interesse an den eigenen Akten einen gewissen Boom zu verzeichnen.[410] Die skandalumwitterte Veröffentlichung dieser Liste hat dazu beigetragen, zumindest vorübergehend das Interesse einer breiteren Öffentlichkeit an den Akten der früheren Geheimdienste zu wecken. Allerdings hat die offenkundige politische Instrumentalisierung der Veröffentlichung von Akten auch die Abneigung verstärkt, sich überhaupt noch mit diesen Akten zu befassen. Eine kurz nach dem Urteil des Verfassungsgerichts zum Lustrationsgesetz von CBOS im Juni 2007 durchgeführte repräsentative Befragung ergab, dass die Lustration und die Veröffentlichung der im IPN lagernden Materialien von 69 Prozent als ein Ersatzthema betrachtet wurde, das lediglich politischen Ränkespielen diene. Während sich 24 Prozent für die Veröffentlichung aller im IPN gesammelten Materialien aussprachen, wollten 25 Prozent den Zeitraum 1944-1989 ohne Durchsicht der Archive als eine abgeschlossene Epoche sehen. 35 Prozent plädierten dagegen dafür, nur solche Dokumente zu veröffentlichen, die Personen beträfen, die öffentliche Ämter ausübten.[411] Zu einem ähnlichen Ergebnis kam eine fast zur gleichen Zeit vom Institut Pentor durchgeführte Erhebung. Danach war sogar jeder Dritte für die Schließung der Akten und ein allgemeines Zugangsverbot. Ein Soziologe warnte angesichts dieser Zahlen, wenn die Politiker nicht aufhörten, die Akten politisch zu instrumentalisieren und zu einem allgemein akzeptierten Lustrationsgesetz zu gelangen, werde die Zahl derer ständig steigen, die eine generelle Schließung der Akten verlangten.[412]

Polens Dritte Republik hat inzwischen auch ein Problem eingeholt, das in der Bundesrepublik Deutschland aus der strafrechtlichen Auseinandersetzung mit den beiden deutschen Diktaturen im 20. Jahrhundert hinlänglich bekannt ist, die Verjährung von Straftaten. Nachdem das Oberste Gericht 2010 kommunistische Straftaten, die mit bis zu fünf Jahren zu ahnden waren, für verjährt erklärt hatte, stellte das IPN 2011 das weitere Vorgehen in 115 von rund 1200 laufenden Verfahren ein.[413]

Eine weitere Dimension der Auseinandersetzung um die Zeit der Volksrepublik betrifft den Kampf um die Deutungshoheit über die Geschichte der antikommunistischen Oppositionsbewegung. Schon vor dem Runden Tisch waren Teile der Opposition gespalten in „Gemäßigte", die an den Verhandlungen teilnahmen, und „Hardliner", die von diesen Verhandlungen ausgeschlossen waren oder selbst gar nicht an ihnen teilnehmen wollten. Seither sind weitere persönliche Spannungen hinzugekommen. So haben sich etwa die Brüder Kaczyński mit Lech Wałęsa überworfen, mit dem sie 1990/91 noch eng zusammengear-

---

410 Der frühere Oppositionelle und spätere Journalist der „Rzeczpospolita" Bronisław Wildstein ließ Anfang 2005 eine Liste mit rund 240.000 Namen ehemaliger tatsächlicher oder „vorgesehener" Mitarbeiter des kommunistischen Geheimdienstes sowie auch von Personen, die die Tätigkeit für die Geheimdienste abgelehnt hatten, im Internet veröffentlichen. Wildstein erntete damit heftige Kritik, nicht nur weil er sich die Daten illegal aus dem IPN beschafft hatte, sondern auch, weil bei den einzelnen Personen nur der Name, nicht aber weitere Präzisierungen angegeben waren, etwa die Adresse oder welchen Status die betreffende Person beim Geheimdienst hatte bzw. welche ihr zugedacht war. Die Veröffentlichung dieser Liste löste einen politischen Skandal aus und bewirkte, dass in den 18 Monaten zwischen dem 01.07.2004 und dem 31.12.2005 56.850 Personen die sie oder ihre (verstorbenen) unmittelbaren Angehörigen betreffenden Akten einsehen wollten (vgl. den Jahresbericht des IPN 2004/05: 181 f.: http://www.ipn.gov.pl/portal/pl/31/216/ w_okresie_1_lipca_2004_r_8211_31_grudnia_2005_r.html). Lässt man diesen „Ausreißer" unberücksichtigt, erreichte die Zahl der Anträge zwischen 2000 und 2011 nicht einmal 100.000.
411 CBOS 2007: O lustracji i sposobie ujawniania materiałów zgromadzonych w IPN, BS/102/2007, Warschau, Juni 2007.
412 Polacy nie chcą nowej ustawy lustracyjnej, in: Życie Warszawy 20.05.2007.
413 Vgl. IPN: 300 tys. oświadczeń lustracyjnych do sprawdzenia, in: Rzeczpospolita 24.04.2012, http://www.rp.pl/artykul/865303.html (03.08.2012).

beitet hatten. Bei allfälligen Jubiläumsfeiern werden konkurrierende Veranstaltungen abgehalten, was ausländische Eingeladene vor diplomatische Probleme stellen kann und mit dazu führt, dass der Beitrag Polens zur Überwindung des Kommunismus in Europa nicht überall voll wahrgenommen wird – was anschließend dieselben Politiker bitter beklagen.

Teil dieser „Geschichtspolitik" ist die Verunglimpfung ehemaliger Oppositioneller wie des 2004 verstorbenen Jacek Kuroń, der lange Jahre inhaftiert war und dem plötzlich vorgeworfen wurde, er habe mit dem Geheimdienst „Gespräche geführt", während es sich allenfalls um Gespräche des Häftlings Kuroń mit kommunistischen Beamten gehandelt haben kann.[414] Besonders heftige Angriffe werden gegen den früheren *Solidarność*-Chef und Staatspräsidenten Lech Wałęsa geführt, dem vorgeworfen wird, er sei in den 1970er Jahren als Agent „Bolek" IM des Geheimdienstes gewesen, was Wałęsa entschieden bestreitet. 2008 erschien im Verlag des IPN ein von zwei damaligen IPN-Mitarbeitern verfasstes Buch über Wałęsas Verhältnis zum Geheimdienst,[415] das schon vor seiner Veröffentlichung polarisierend wirkte. Während Politiker wie Władysław Bartoszewski, Bronisław Geremek u.a. davor warnten, die Autorität Wałęsas herabzusetzen, da dieser zu den wenigen in der Welt bekannten und positiv konnotierten Polen zähle,[416] betonten mit der PiS verbundene Persönlichkeiten die Bedeutung der „Freiheit der Wissenschaft".[417] Offenbar wurde Wałęsa auch der ihm vom IPN 2005 zuerkannte Status eines „Betroffenen" („Geschädigten") wieder aberkannt, da ihm – vermutlich als ehemaligem „Agenten" – 2009 auch die Einsicht in seine Akten in der Außenstelle des IPN in Danzig verweigert wurde.[418]

Die Einstellung der einzelnen politischen Gruppierungen zur Volksrepublik und zur Aufarbeitung der kommunistischen Vergangenheit ist unterschiedlich. Am zurückhaltendsten äußert sich die SLD, die mehrfach eindeutig zu verstehen gegeben hat, dass sie das IPN am liebsten schließen würde. Dem widersprechen Vertreter von PO und PiS deutlich, sind sich aber nicht einig in der Frage der Lustration und Entkommunisierung (Ausschluss vor allem ehemaliger hoher Geheimdienstfunktionäre von Staatsämtern). Allerdings bleibt das Lustrationsgesetz von 2006 mit den vom Verfassungsgericht geforderten Änderungen in Kraft. Einigen konnten sich PO und PiS dagegen am 19. Dezember 2008 auf ein Gesetz, das früheren kommunistischen Geheimdienstfunktionären die Rente beträchtlich kürzte.[419] Während die Mitgliedschaft in der Versicherung beim durchschnittlichen Rentenempfänger mit einem Faktor von jährlich 1,3 Prozent der Grundgröße berechnet wird, erhielten die Angehörigen der Dienste für jedes Jahr 2,6 Prozent angerechnet. Dies wurde nun auf 0,7 Prozent reduziert. Betroffen davon waren rund 40.000 Personen. Generäle der Geheimdienste

---

414   Vgl. „Kuroń prowadził negocjacje z SB", in: Życie Warszawy vom 29.8.2006, zitiert bei Paradowska 2006: 216.
415   Cenckiewicz, Sławomir/ Gontarczyk, Piotr 2008: SB a Lech Wałęsa. Przyczynek do biografii, Warszawa u.a.
416   W obronie Lecha Wałęsy, Internetausgabe der Gazeta Wyborcza vom 21.05.2008, http://wyborcza.pl/ 1,76842,5235174,W_obronie_Lecha_Walesy.html (29.07.2012).
417   Apel w obronie swobody badań naukowych, Internetausgabe der Rzeczpospolita, ebenfalls vom 21.05.2008, http://www.rp.pl/artykul/137525.html (29.07.2012).
418   Vgl. „IPN chowa akta „Bolka" przed Wałęsą", Internetausgabe der Tageszeitung Dziennik, 19.02.2009, http://www.dziennik.pl/polityka/article323757/IPN_chowa_akta_Bolka_przed_Walesa.html (29.07.2012). Ebenda erklärt der Mitautor des kontroversen Buches, Cenckiewicz, ihn wundere die Entscheidung des Danziger IPN nicht. Denn das Buch stelle in gewisser Weise eine Stellungnahme des IPN zu Wałęsas Agententätigkeit dar, habe doch der IPN-Präsident Janusz Kurtyka persönlich das Vorwort geschrieben.
419   Ustawa z 23 stycznia 2009 r. o zmianie ustawy o zaopatrzeniu emerytalnym ..., Dz. U. 2009 Nr. 24, Pos. 145.

erhalten künftig statt 7.300 PLN brutto nur noch ca. 2.500 PLN monatlich (1 Euro = ca. 4 PLN). Gegen dieses Gesetz klagten Abgeordnete der SLD, die das Gesetz geschlossen abgelehnt hatte, vor dem Verfassungsgerichtshof. Dieser erklärte im Februar 2010 die Bestimmungen des Gesetzes für verfassungskonform, allerdings nicht in dem Passus, in dem auch den Mitgliedern des Militärrats zur Nationalen Errettung (WRON), der am 13. Dezember 1981 die Macht übernommen hatte, die Altersbezüge gekürzt wurden (von durchschnittlich 8.495 auf 4.143 PLN brutto). Auch nach den Kürzungen hatten die früheren Angehörigen der Geheimdienste mit durchschnittlich 2.351 PLN monatlich eine höhere Altersversorgung als der durchschnittliche polnische Rentner mit 1.632 PLN.[420]

12.3 Europäische Integration versus Betonung nationaler Traditionen

Im Vorfeld des polnischen Beitritts zur Europäischen Union lieferten sich Befürworter und Gegner einen heftigen Schlagabtausch. Eine wichtige Rolle fiel dabei den Vertretern der Katholischen Kirche zu. In Teilen des Episkopats wie des Klerus war zunächst die Furcht verbreitet, ein Beitritt Polens zur EU könne die nationalen Traditionen schwächen, westliche libertäre Einflüsse stärken und Brüssel sogar eine rechtliche Handhabe für entsprechende Eingriffe in Polen geben. Der Besuch einer Delegation des polnischen Episkopats bei der EU-Kommission in Brüssel 1996 zerstreute solche Bedenken, doch blieben große Vorbehalte an der Basis bestehen. Wichtigster Befürworter eines polnischen Beitritts zur EU war Papst Johannes Paul II. (vgl. Kapitel 13.3).

Die regionale Verteilung der Stimmen beim Referendum über den EU-Beitritt 2003 zeigt, dass die Zustimmung in der Regel umso höher lag, je weiter westlich eine Gemeinde oder Wojewodschaft gelegen war, weil hier der Kontakt mit Deutschland und damit mit der EU am intensivsten war und entsprechend positive Erfahrungen überwogen. So gab es bei einem landesweiten Durchschnitt von 59 Prozent Abstimmungsbeteiligung und 77 Prozent Zustimmung in der Stadt Stettin (Szczecin) eine Beteiligung von 65 Prozent und eine Zustimmung von 86 Prozent, in Grünberg (Zielona Góra) betrugen Abstimmungsbeteiligung und Zustimmung 66 und 87 Prozent, im Kreis Waldenburg (Wałbrzych) 59 und 88 Prozent. Die geringste Zustimmung gab es in den östlichen Wojewodschaften Podlachien und Lublin, wo naturgemäß der geringste Kontakt mit der EU bestand und gegen den EU-Beitritt gerichtete Propaganda auf fruchtbaren Boden fiel. Im Kreis Janów in der Wojewodschaft Lublin überwogen bei 58 Prozent Beteiligung mit 59 Prozent die Nein-Stimmen. Rekordhalterin war dort die Gemeinde Godziszów mit 4.977 Abstimmungsberechtigten, von denen 70,63 Prozent an der Abstimmung teilnahmen und zu 88 Prozent „Nein" sagten.[421] In diesen Zahlen drückt sich erneut die Teilung des Landes in ein „Polen A" und ein „Polen B" aus, die auch in der Wahlgeographie in der Dominanz der PO in den westlich der Weichsel

---

420 Vgl. die Berichterstattung über das Urteil und die Hintergrundinformationen bei: Trybunał o emeryturach SB: oficerowie dostaną mniej, Jaruzelski – więcej, http://www.tokfm.pl/Tokfm/1,103087,7596834, Wyrok_TK__Obnizenie_wyzszych_emerytur_SB_zgodne_z.html (29.07.2012).
421 Alle Zahlen zum EU-Referendum nach Angaben der Staatlichen Wahlkommission, URL: http://referendum.pkw.gov.pl/sww/kraj/indexA.html (27.02.2010).

Tabelle 51: Einstellung zur Mitgliedschaft Polens in der EU 1994-2011 (in v.H.)

	VI 94	V 95	V 96	IV 97	V 98	V 99	III 01	IV 02	V 03	I 04	V 05	IV 06	IV 07	IV 08	IV 09	IV 10	IV 11
Dafür	77	72	80	72	66	55	55	58	66	61	76	80	86	88	85	86	83
Dagegen	6	9	7	11	19	26	30	26	18	30	14	11	7	7	9	9	11
Unent-schieden	17	19	13	18	15	19	15	16	16	9	10	9	8	5	6	5	6

Quelle: Eigene Zusammenstellung nach Angaben von CBOS (www.cbos.pl), verschiedene Jahrgänge

gelegenen Gebieten und der Stärke der gegenüber der EU deutlich zurückhaltenderen PiS in den östlichen Teilen Polens sichtbar wird.

Die Ergebnisse des Beitritts für Polen haben indessen auch die meisten früheren EU-Skeptiker überzeugt. Kaum ein anderes EU-Mitglied kann mittlerweile auf eine solch massive Befürwortung der Zugehörigkeit zur EU durch die eigene Gesellschaft verweisen wie Polen. Die Vorteile für das Land liegen auf der Hand. Polen hat aus der EU-Mitgliedschaft bisher beträchtliche Gewinne gezogen. Alleine vom Tag des Beitritts, dem 1. Mai 2004, bis Ende 2008 erhielt das Land von der EU Nettozahlungen in Höhe von 14 Mrd. Euro.[422] Es verwundert daher nicht, dass die Zahl der Befürworter der polnischen EU-Mitgliedschaft fast ständig angestiegen ist.

Vor allem unter den Landwirten, die vor dem Beitritt zu den größten EU-Skeptikern gehörten, veränderte sich die Einstellung zur EU angesichts der sich unmittelbar auf ihr Einkommen auswirkenden Zahlungen aus Brüssel besonders positiv.

Die Zustimmung zur Mitgliedschaft in der EU ist vor allem in der jungen Generation groß. Mit dem Beitritt Polens beseitigten die meisten bisherigen Mitgliedsländer auch alle rechtlichen Beschränkungen für den Zutritt der neuen Mitglieder zu ihren Arbeitsmärkten (wichtige Ausnahmen: Deutschland und Österreich, wo aber Hunderttausende aufgrund von Arbeitsverträgen oder auch illegal arbeiteten). Bis Ende 2008 waren nach Angaben des Statistischen Hauptamtes (GUS) 2,21 Millionen Polen zur Arbeit im Ausland, davon 650.000 in Großbritannien. Zwischen 2004 und 2008 überwiesen diese Personen rund 70 Milliarden PLN (ca. 17,5 Milliarden Euro) nach Polen.[423] Zwar hat mit dem Beginn der weltweiten Wirtschaftskrise auch eine Rückkehr von Polen vor allem aus Irland und Großbritannien eingesetzt. Doch bleibt die Perspektive des europäischen Arbeitsmarktes für die junge Generation weiterhin attraktiv.

Ebenso bedeutete der Beitritt Polens zur Schengen-Zone im Dezember 2007 eine spürbare Verbesserung der Lebensqualität für viele Polen. In der Volksrepublik besaßen Polen keinen Rechtsanspruch auf einen Reisepass. Dessen Ausstellung lag vielmehr im Ermessen der kommunistischen Behörden und eröffnete diesen gegebenenfalls Möglichkeiten, Druck auf den Antragsteller auszuüben. Selbst als nach 1989 alle polnischen Staatsbürger das Recht auf einen Reisepass erhielten, benötigten sie noch einige Zeit Visa auch für EU-Länder. Die Möglichkeit, nun bis Lissabon ohne Grenzkontrollen fahren zu können, bildete für

---

422 Vgl. die Aufstellung in Urząd Komitetu Integracji Europejskiej. Departament Analiz i Strategii (Red.) 2009: 5 lat Polski w Unii Europejskiej, Warszawa, 219, nach der für diesen Zeitraum Beitragszahlungen an die EU in Höhe von 12,432 Mrd. und Rückzahlungen in Höhe von 79, 9 Mio. Euro Transfers der EU in Höhe von 26,506 Mrd. gegenüberstanden, was einen Nettogewinn von 13,994 Mrd. Euro bedeutete.
423 Vgl. Polacy nie wracają z emigracji zarobkowej (25.02.2010), http://anglia.interia.pl/news/polacy-nie-wracaja-z-emigracji-zarobkowej,1444045 (29.07.2012).

die meisten Polen einen großen Fortschritt, der auch in den Medien einen entsprechenden Widerhall fand. In die Freude über die Erleichterungen der Reisen nach Litauen, in die Slowakei, die Tschechische Republik und insbesondere nach Deutschland mischten sich aber auch nachdenkliche Stimmen über die Erschwernisse, die sich nun im Kontakt zu den östlichen Nachbarn, insbesondere zur Ukraine ergaben. Diese führte zwar im Verhältnis zu den EU-Staaten, also auch zu Polen, „asymmetrische" Visabestimmungen ein, die EU-Bürger bei einem Besuch der Ukraine von maximal drei Monaten von einem Visum befreien. Die harten EU-Bestimmungen für die Einreise in den Schengen-Raum (mit Visapreisen, die für die Betroffenen teilweise ein Monatsgehalt bedeuteten) konnten jedoch durch bilaterale Abkommen über den „kleinen Grenzverkehr" mit der Ukraine, Belarus und Russland (2012 für das gesamte Gebiet Kaliningrad) gemildert werden.

12.4 Einstellungen zum Systemwechsel und zur Demokratie

Die Kriterien für die Beurteilung der heutigen politischen Kultur Polens lassen sich in eine Vielzahl von Indikatoren unterteilen, von denen im Folgenden die Bewertung des Transformationsprozesses, die Einschätzung des gegenwärtigen Institutionensystems und die individuellen Einstellungen zu politischen Werten und Orientierungen im Mittelpunkt stehen.

Die auf den Runden Tisch vom Frühjahr 1989, die Wahlen vom Juni 1989 und die Bildung der Regierung Mazowiecki im August 1989 folgende gesellschaftliche Aufbruchstimmung ermöglichte die politische Durchsetzung einschneidender Reformmaßnahmen 1989/90 („Schocktherapie" für die Wirtschaft mit der Einführung der Marktwirtschaft zum 1.1.1990 bei gleichzeitigem Abbau zahlreicher Subventionen), die mit dem Verlust von rund einem Viertel der Realeinkommen verbunden waren. Der Autor des Reformprogramms, Leszek Balcerowicz, räumte später ein, dass nur das durch die Begeisterung über den Übergang zur Demokratie bewirkte *window of opportunity* die Verwirklichung des mit hohen sozialen Kosten verbundenen Programms möglich gemacht habe. Später wäre sie unmöglich gewesen. Die gesellschaftlichen Erwartungshaltungen gingen freilich von raschen, auch für den Einzelnen spürbaren wirtschaftlichen Erfolgen aus. Da diese sich erst mittelfristig einstellten, ließ die Unterstützung für die den Systemwechsel durchführenden Institutionen wie das Parlament, aber auch für die bei den Wahlen von 1989 siegreiche *Solidarność* rasch nach (vgl. Tabelle 55). Zwar brachten die ordnungspolitischen Maßnahmen Polen als erstem Land der Region bereits ab 1992 wieder positive Wachstumszahlen auf der makroökonomischen Ebene. Doch blieb die sozioökonomische Legitimierung des demokratischen politischen Systems zunächst begrenzt. Zu Beginn des zweiten Reformjahrzehnts überwog bei weitem die Ansicht, die Veränderungen, die seit 1989 in Polen vor sich gegangen seien, hätten den Menschen mehr Nachteile als Vorteile gebracht. Eine deutliche Veränderung setzte erst mit dem Beitritt Polens zur EU 2004 ein. Anfang 2009 gab erstmals mehr als die Hälfte der Befragten an, die Veränderungen hätten mehr Vor- als Nachteile gebracht. 49 Prozent waren der Meinung, die Transformationskosten seien hoch gewesen, aber es habe sich gelohnt, 13 Prozent sahen diese Kosten als nicht allzu hoch an, 18 Prozent dagegen als entschieden zu hoch, während 19 Prozent mit „schwer zu sagen" antworteten. Dass die Transformationskosten zu hoch gewesen seien, fanden am häufigsten Arbeitslose (31 Prozent) und

Tabelle 52: Beurteilung der Vor- und Nachteile der Systemtransformation 1994-2009

Haben die seit 1989 in Polen vor sich gehenden Veränderungen den Menschen mehr Vor- oder Nachteile gebracht?	X '94	IX '96	V '98	IV '99	X '99	V '01	V '04	I '09
	in v. H.							
Mehr Vor- als Nachteile	15	32	32	24	24	15	22	56
Ebenso viele Vor- wie Nachteile	32	30	31	32	30	24	29	26
Mehr Nach- als Vorteile	42	24	27	34	37	55	37	12
Schwer zu sagen	10	14	10	10	8	6	11	6

Quelle: CBOS 2009a: 8

Landwirte (28 Prozent), am seltensten Schüler und Studierende (sieben Prozent), Leitungspersonal und Spezialisten mit höherer Bildung (elf Prozent) sowie Selbstständige (elf Prozent) (CBOS 2009a: 7).

Zwar überwog bei der allgemeiner gestellten Frage, ob sich die Veränderungen seit 1989 gelohnt hätten, immer die Zahl der Respondenten mit positiver Antwort. Doch war auch hier mit Polens EU-Beitritt eine deutlich positivere Beurteilung zu beobachten („hat sich nicht gelohnt": Mai 2001 30 Prozent, Mai 2004 21 Prozent, Januar 2009 acht Prozent; „hat sich gelohnt": Januar 2009 82 Prozent). Die Zahl derer, die angaben, durch die Transformation gewonnen zu haben, nahm von zehn Prozent im Februar 1997 auf 30 Prozent im Januar 2009 zu, während sich die Zahl derer, die nach eigener Einschätzung Transformationsverlierer sind, im gleichen Zeitraum von 28 auf 14 Prozent halbierte.[424]

Die Beurteilung dessen, was sich seit 1989 positiv verändert hat, unterliegt mit dem wachsenden zeitlichen Abstand Veränderungen und ist bei der Alterskohorte der 18- bis 24-jährigen, die die Volksrepublik nicht mehr oder zumindest nicht bewusst miterlebt haben, aus nahe liegenden Gründen anders als bei den älteren Jahrgängen. 1999 stand an erster Stelle der positiv konnotierten Veränderungen die bessere Versorgung des Marktes, volle Regale in den Geschäften, etc. Dies wurde auch 2009 an erster Stelle erwähnt, aber nicht mehr von 42 Prozent wie 1999, sondern nur noch von 25 Prozent und in der Altergruppe der 18- bis 24jährigen nur von elf Prozent. An zweiter Stelle fand sich 1999 mit 21 Prozent die Freiheit des Wortes, die Aufhebung der Zensur, etc., die 2009 nur noch von elf Prozent genannt wurden. Dafür hatte 2009 für 21 Prozent (1999: elf Prozent) die Reisefreiheit und offene Grenzen eine besondere Bedeutung, worin die hohe Bedeutung zum Ausdruck kommt, die insbesondere die jüngere Generation dem Beitritt zum Schengen-Raum beimisst.

Unter den negativen Veränderungen wird an erster Stelle die Arbeitslosigkeit wahrgenommen. Dabei ist allerdings ein Rückgang der Nennungen von 1999 59 Prozent auf 2009 33 Prozent bemerkenswert. Erfolge der Politik im zweiten Jahrzehnt der Dritten Republik lassen sich auch aus dem Rückgang der folgenden negativ konnotierten Nennungen ablesen (1999 und 2009): Anwachsen der Kriminalität, kein Gefühl persönlicher Sicherheit (19 zu sechs Prozent), niedrige Gehälter, Verarmung der Gesellschaft (15 zu sieben Prozent), Armut auf dem Land, Verfall der Landwirtschaft (16 zu zwei Prozent). Dagegen kommt die

---

424 Weder – noch: 1997: 54 Prozent, 2009: 49 Prozent, Rest: „schwer zu sagen". Alle Angaben nach CBOS 2009a passim.

12.4 Einstellungen zum Systemwechsel und zur Demokratie

Tabelle 53: Was hat sich seit 1989 in Polen zum Besseren verändert?[a] (in v. H.)

	1999	2009
Volle Regale in den Geschäften, bessere Versorgung des Marktes, Beseitigung der Bezugskarten	42	25
Reisefreiheit, offene Grenzen (ab 2009 auch: Beitritt zur Schengen-Zone)	11	21
Verbesserung der wirtschaftlichen Lage, Zunahme des Lebensstandards	9	14
Wirtschaftliche Freiheit, freier Markt, Rückkehr zum Privateigentum, Privatisierung, Möglichkeit eigene Unternehmen zu entwickeln	15	13
Freiheit des Wortes, Pressefreiheit, Aufhebung der Zensur	21	11
Beitritt zur Nato, Bemühen um/ Mitgliedschaft in der EU	6	10
Freiheit – allgemein, Wahlfreiheit, staatsbürgerliche Freiheiten	11	9
Politische Freiheit, Demokratie, Systemwechsel, freie Wahlen	17	8
Nichts hat sich zum Besseren verändert oder nicht viel hat sich verändert	10	7
Schwer zu sagen	9	18

a   Maximal drei Nennungen
Quelle: CBOS 2009b: 2

Tabelle 54: Was hat sich seit 1989 in Polen zum Schlechteren verändert?[a] (in v. H.)

	1999	2009
Arbeitslosigkeit, Mangel an Arbeit, Schwierigkeiten Arbeit zu finden	59	33
Gesundheitsfürsorge, Tätigkeit des Gesundheitsdienstes	10	13
Lebenshaltungskosten	11	9
Armut, Verarmung der Gesellschaft	15	7
Niedrige Gehälter, Geldmangel	15	7
Zunahme der Kriminalität, fehlendes Sicherheitsgefühl	19	6
Korruption	6	5
Das System der Sozialhilfe	0	4
Unrentable Produktion in der Landwirtschaft, Armut auf dem Lande, Verfall der Landwirtschaft	16	2
Nichts hat sich verschlechtert	1	6
Schwer zu sagen	9	18

a   Maximal drei Nennungen
Quelle: CBOS 2009b: 8

drängende Problematik des Gesundheitswesens darin zum Ausdruck, dass hier die Zahl der Nennungen von zehn auf 13 Prozent gestiegen ist.[425]

Die Tatsache, dass die positive Beurteilung politischer Institutionen wie Sejm und Senat nach 1989 sehr rasch zurückging, lag nicht nur in der Enttäuschung über die sich nur langsam bessernde Wirtschaftslage begründet, sondern auch im Verhalten der neuen politischen Eliten. War die hohe Zustimmung zum Parlament Ende 1989 darauf zurückzuführen, dass es als „authentisch" und damit legitim betrachtet wurde, weil zumindest der Senat und die 35 Prozent frei gewählten Sejmabgeordneten den Willen des Volkes zum Ausdruck brachten, so setzte bald erneut eine Entfremdung gegenüber den neuen, aus freien Wahlen hervorgegangenen politischen Eliten ein. Umfragen zeigen ein im Laufe der Jahre immer

---

425   Alle Angaben nach CBOS 2009b: 8 ff.

Tabelle 55: Institutionenvertrauen in Polen (1989-2012)

Bewertete Institutionen	Bewertung	II '89	XI '89	VI '90	X '91	XI '92	V '93	VI '94	V '95	V '96	XII '97	XII '98	IX '99	V '00	XII '01	VI '02	X '03	X '04	VI '05	VI '06	IX '07	IX '08	IX '09	IX '10	IX '11	III '12
Sejm	Positiv	61,5	88,7	62	34	34	20	46	50	51	40	48	24	18	32	20	14	14	8	16	15	21	18	27	31	23
	Negativ	24,1	4,1	20,7	54	54	72	39	38	32	39	41	61	71	51	66	72	75	81	69	75	65	66	57	52	61
Senat	positiv		86,3	60	36	33	21	39	42	45	39	50	27	25	33	23	22	21	13	19	25	27	23	29	32	26
	negativ		5,10	20,8	49	50	64	38	41	33	31	35	53	56	41	53	48	55	65	55	49	48	51	44	39	46
Präsident	positiv		69,2	44,2	45	44	29	26	25	63	71	73	74	76	81	75	73	59	45	33	38	31	26	47	66	63
	negativ		15,4	35,6	43	44	61	64	65	19	18	18	18	15	12	17	17	32	45	50	52	60	63	17	20	24
Lokale Behörden	positiv					48	52	56	57	60	60	58	54	52	51	52	53	50	48	56	68	65	60	68	67	60
	negativ					31	37	29	28	28	29	25	32	34	34	34	33	39	37	32	22	26	30	25	24	29
Polizei	positiv	48,8				68	72	62	61	60	51	61	50	49	62	64	60	58	52	65	74	72	72	71	72	71
	negativ	34,1			23	20	20	29	32	34	37	31	42	30	30	39	28	33	36	25	17	20	20	21	20	19
Militär	positiv	65,6	62	56,7	75	76	75	75	78	69	65	68	64	62	68	70	65	67	65	71	70	71	71	70	65	66
	negativ	19,1	14	14	9	8	8	10	8	10	12	13	16	15	14	10	9	11	11	7	8	7	7	7	9	9
Gerichte	positiv							45	49	39	30	31	24	22	25	24	21	17	21	27	42	37	31	34	36	32
	negativ							29	30	32	42	48	55	59	57	55	58	61	60	52	35	41	45	38	36	42
Kirche	positiv	84,6	87,8	75,2	64	45	38	50	46	59	58	58	58	62	68	61	62	57	66	62	60	62	63	54	62	61
	negativ	8	5,7	16,2	25	43	54	38	46	30	34	33	33	28	25	25	24	32	20	26	27	27	25	35	26	28
Gewerkschaft Solidarność	positiv	83,5	55,7	26,5	50	44	40	29	35	36	41	37	22	18	12	13	20	20	23	23	32	32	28	35	35	35
	negativ	5,7			34	34	38	52	46	45	38	46	61	64	70	63	48	46	44	34	29	34	38	43	30	32
Gewerkschaft OPZZ	positiv	56,8	36,7	29,4	26	32	33	33	33	27	25	28	23	18	17	15	17	16	16	18	22	22	21	22	23	24
	negativ	25,4	32,6	39,6	50	31	35	37	38	37	32	36	43	45	44	43	40	38	37	27	27	29	35	28	26	26
Öffentliches Fernsehen	positiv	59,8		60,8	61			69	70	72	68	73	76	77	77	78	77	75	80	82	82	82	83		83	81
	negativ	25,3		27,5	25			18	20	20	22	18	16	17	18	15	14	18	13	10	12	14	12		9	13
Öffentliches Radio	positiv								81	87	83	84	84	84	86	81	60	64	65	76	76	77	74		75	72
	negativ								7	5	5	4	6	6	6	3	4	4	3	4	6	6	6		5	5

Quelle: Eigene Zusammenstellung nach Angaben verschiedener Erhebungen von CBOS, Warschau

Tabelle 56: Grad der Zufriedenheit mit dem Funktionieren der Demokratie 1993-2011

Verhältnis zum Funktionieren der Demokratie im Lande	XI '93	V '95	XI '96	X '97	V '98	XII '99	X '00	XI '01	III '02	VII '03	XI '04	XI '05	II '06	IV '07	XI '07	VII '08	I '09	III '10	VIII '11	XI '11
										in v. H.										
Zufrieden	36	24	44	40	41	35	37	34	24	20	26	34	40	31	46	43	42	43	45	47
Unzufrieden	52	67	47	50	46	56	51	53	64	71	63	56	46	59	42	47	49	50	41	47
Schwer zu sagen	12	9	9	10	13	9	12	14	12	9	12	10	14	10	12	10	9	7	14	6

Quelle: Eigene Zusammenstellung nach verschiedenen Umfragen von CBOS, zuletzt: Opinie o demokracji po wyborach parlamentarnych, BS/150/2011, Warschau, November 2011: 6

weiter sinkendes Ansehen der Politiker, denen in erster Linie eigennütziges Verhalten unterstellt wird und nicht Handeln für das Gemeinwohl. In einer Aufstellung über das Sozialprestige von 33 Berufen kamen im November 2008 Sejmabgeordnete mit 24 Prozent „hohes Ansehen" auf den vorletzten Platz, nur Parteiaktivisten schnitten mit 19 Prozent noch schlechter ab. 1995 hatten die Werte für Beide noch 45 bzw. 21 Prozent betragen. Selbst das Ansehen von Ministern sank im gleichen Zeitraum von 49 auf 36 Prozent.[426]

Es ist daher nicht verwunderlich, dass die regelmäßig erhobene Frage nach der Zufriedenheit mit dem Funktionieren der Demokratie in Polen fast durchweg deutlich negativ beantwortet wird. Die einzige Ausnahme bildete ein knappes Übergewicht von 46 zu 42 im November 2007. Darin spiegelte sich offensichtlich die Zufriedenheit eines Teils der Gesellschaft über den Regierungswechsel nach der Wahlniederlage der von Jarosław Kaczyński geführten Regierung in den vorgezogenen Parlamentsneuwahlen vom Oktober 2007 wider. Nach wenigen Monaten stellte sich jedoch das alte Bild wieder her, das sich erst im Parlamentswahljahr 2011 wieder verbesserte.

Bei der Frage, ob der Durchschnittsbürger Einfluss auf die Angelegenheiten im eigenen Lande hat, lässt sich ein – bei erkennbaren Rückschlägen – systematisches Anwachsen einer positiven Antwort von sieben Prozent 1992 auf 36 Prozent 2010 beobachten. Auch hier lassen sich Pendelausschläge in die positive Richtung durch Ereignisse wie den Wahlsieg der AWS 1997 oder die Abwahl von Jarosław Kaczyński im Oktober 2007 erklären. Die Veränderungen der Beurteilungen gehen jedoch ganz offensichtlich in Richtung einer Stärkung des Vertrauens in das bestehende System. Noch deutlicher wird dies bei der Frage nach den persönlichen Einflussmöglichkeiten auf der lokalen Ebene. Hier gaben im September 2010 kurz vor den Wahlen zur territorialen Selbstverwaltung 52 Prozent an, sie glaubten Einfluss auf die Geschicke ihrer Gemeinde zu haben. Seit 1992 hat sich dieser Prozentsatz mehr als verdreifacht. Es scheint sich somit eine wachsende Identifizierung mit dem Gemeinwesen einzustellen, und zwar vor allem auf der Ebene, auf der der Bürger am meisten mit dem „Staat" zu tun hat, nämlich auf der lokalen Ebene. Den Konsequenzen der

---

[426] Vgl. CBOS 2009: Prestiż zawodów, BS/8/2009, Warschau, Januar 2009: 6. Angeführt wird die Liste der Berufe mit „hohem Ansehen" von Universitätsprofessoren mit 84 Prozent vor Bergleuten (78 Prozent), Krankenschwestern (77 Prozent) und Ärzten (73 Prozent).

Tabelle 57: Beurteilung des eigenen Einflusses auf öffentliche Angelegenheiten

Haben Ihrer Meinung nach Leute wie Sie Einfluss auf die Angelegenheiten des Landes?	VI '92	VII '93	X '97	V '99	V '04	I '07	I '08	I '09	IX '10
	in v. H.								
Ja	7	10	19	11	15	24	30	25	36
Nein	91	86	76	87	83	73	65	72	60
schwer zu sagen	2	4	5	2	2	3	5	3	4
Haben Ihrer Meinung nach Leute wie Sie Einfluss auf die Angelegenheiten ihrer Stadt, Gemeinde?									
	in v. H.								
Ja	16		26	25	34	42	39	42	52
Nein	79		69	73	63	54	58	55	45
schwer zu sagen	5		5	2	3	4	3	3	3

Quelle: Eigene Zusammenstellung nach CBOS 2009: Opinie o funkcjonowaniu demokracji w Polsce, BS/20/2009, Warschau, Februar 2009, und CBOS 2010: Samorządność w Polsce – bilans dwudziestolecia, BS/144/2010, Warschau, Oktober 2010

zu Jahresbeginn 1999 in Kraft getretenen Verwaltungsreform, die zumindest eine Dezentralisierung und damit Verlagerung der Kompetenzen an die Basis bewirkte (vgl. Kapitel 6), dürfte ein erheblicher Anteil an diesen veränderten Einstellungen zukommen.

Das Vertrauen, das öffentlichen Einrichtungen entgegengebracht wird, hat seit dem zweiten Jahrzehnt der Dritten Republik insgesamt zugenommen, ist aber im Einzelnen sehr unterschiedlich ausgeprägt. Anfang 2012 erzielte das „Große Orchester der Weihnachtshilfe", eine äußerst populäre karitative NGO, mit 89 Prozent den höchsten Anteil an Vertrauen. Auf ähnlich hohe Werte kamen andere karitative Einrichtungen wie das Rote Kreuz (81 Prozent) und die Caritas (80 Prozent). Hoch ist auch das Vertrauen in das Militär (74 Prozent) und die Polizei (65 Prozent). Dabei ist vor allem der Zuwachs des Vertrauens in die Polizei bemerkenswert. In der Volksrepublik galt die „Bürgermiliz" als Instrument der Partei und besaß ein entsprechend niedriges Ansehen. Das aus Tabelle 55 ablesbare Ansteigen des Vertrauens in die Polizei zu Beginn der 1990er Jahre war vor allem dem Fortfall dieser Funktion geschuldet. Es ging jedoch mit dem Anwachsen der Kriminalität und dem Bekanntwerden teilweise spektakulärer Korruptionsfälle innerhalb der Polizei in den Jahren danach zurück. Das erneute Anwachsen des Vertrauens in die Polizei ist offensichtlich auf eine wahrgenommene höhere Effizienz von deren Arbeit zurückzuführen und korrespondiert mit der in Tabelle 54 festgestellten deutlichen Abnahme der Zahl derer, die sich in der Öffentlichkeit nicht sicher fühlen. Dass die Katholische Kirche mit 61 Prozent aufgrund der in Kapitel 11.3 dargelegten aktuellen Probleme einige Prozentpunkte eingebüßt hat, aber weiterhin hohes Vertrauen genießt, ist ebenso bemerkenswert wie die Tatsache, dass den Kirchen anderer Konfessionen mehr Misstrauen (41 Prozent) als Vertrauen (30 Prozent) entgegengebracht wird. In diesem Punkt könnte nachwirken, dass sich Vertreter anderer Konfessionen zur Zeit der Volksrepublik vom Staat teilweise als Gegengewicht zur Katholischen Kirche instrumentalisieren ließen. In diesen Zahlen kommt aber wahrscheinlich auch das zumindest in den ganz überwiegend römisch-katholischen Regionen noch ausbaufähige Verständnis für Ökumene zum Ausdruck. Internationale Organisationen wie die EU (58 Prozent), die UNO (57 Prozent) und die Nato (57 Prozent) verfügen über ein höheres Vertrauen als die eigene Regierung (39 Prozent), vom Parlament oder gar den politischen

Parteien ganz zu schweigen (mit 55 zu 29 Prozent bzw. 65 zu 20 Prozent mehr Misstrauen als Vertrauen).[427]

Ausgesprochen niedrig ist das Vertrauen, das die Polen selbst zueinander haben, also das in der Gesellschaft vorhandene Sozialkapital. Vertrauen schenken sie den engsten Familienangehörigen, Freunden, Arbeitskollegen und Nachbarn. Gegenüber Unbekannten überwiegt Misstrauen. Der bekannte Warschauer Sozialpsychologe Janusz Czapiński bescheinigt seinen Landsleuten zwar, dass sie in besonders dramatischen Momenten wie zur Zeit der (ersten) *Solidarność*, dem Sturz des Kommunismus oder dem Tod von Papst Johannes Paul II. zusammenrückten und damit ein enormes Potential zur Zusammenarbeit bewiesen. Dieses sei jedoch normalerweise „eingefroren". In kaum einer anderen europäischen Gesellschaft gebe es ein so geringes Vertrauen zueinander, und dies, obwohl Polen unter ethnischen und religiösen Aspekten sehr homogen sei. Hieran trage auch die politische Klasse eine Mitschuld, die erkläre, man könne Niemandem trauen. Dieses fehlende Sozialkapital sei mittel- und langfristig gefährlich auch für die sozioökonomische Entwicklung.[428] Auch Studien der EU zeigen, dass die polnische Gesellschaft im europäischen Vergleich nur geringe Kontakte untereinander aufbaut. So belegte Polen bei einer Umfrage des Eurobarometers 2007 bei der Frage nach der aktiven Mitgliedschaft oder ehrenamtlichen Tätigkeit in Organisationen – vom Sportverein bis zu NGOs mit politischen Zielsetzungen – unter den damals 25 EU-Mitgliedsstaaten den drittletzten Platz.[429] Gegen die von Ministerpräsident Jarosław Kaczyński geschaffene Atmosphäre des Misstrauens im öffentlichen Leben setzte Donald Tusk im Wahlkampf 2007 bewusst das Ziel, wieder Vertrauen der Polen untereinander zu schaffen, und entsprach damit offensichtlich einem Bedürfnis großer Teile der Gesellschaft. Nach den Erhebungen von CBOS hat das zivilgesellschaftliche Engagement zwischen 2008 und 2012 zwar zugenommen, wobei an erster Stelle Tätigkeiten in Elternbeiräten, Sportvereinen und karitativen Organisationen zugunsten bedürftiger Kinder sowie Aktivitäten zugunsten der Pfarrgemeinde standen. Doch erklärten 68 Prozent der repräsentativ Befragten, sie beteiligten sich in keinerlei Organisation der Zivilgesellschaft (CBOS 2012: 3 f.).

Häufig konfrontativ und vielfach polarisierend ist der Stil innenpolitischer Auseinandersetzungen, der insbesondere von führenden Politikern der PiS gepflegt wird. Ihnen stehen aber auch einige Politiker anderer Parteien kaum nach. Der politische Konkurrent wird nicht als potentieller Partner wahrgenommen, sondern als „Feind" in einer dichotomen Welt. Entsprechend scharf bis verletzend ist oft die Sprache, in der der politische Diskurs geführt wird. Auch das trägt zur Entfremdung von Teilen der Gesellschaft von der Politik bei. Nur in Ausnahmesituationen wie der nationalen Tragödie des Flugzeugabsturzes bei Smolensk vom April 2010, bei der ein Teil des Führungspersonals aller im Parlament vertretenen Parteien den Tod fand, kam es zu einer solchen Geste, dass PO und PiS bei den Nachwahlen für die bei dem Absturz ums Leben gekommenen drei Senatoren auf Gegenkandidaten zu der Partei verzichten, der der bisherige Mandatsinhaber angehört hatte. Dies ging aber nicht so weit, dass andere politische Gruppierungen auf eigene Kandidaten verzichtet hätten.

---

427 Alle Zahlenangaben nach CBOS 2012: Zaufanie społeczne, BS/33/2012, Warschau, März 2012: 15.
428 Vgl. u.a. Serdeczność Polaków może nie potrwać długo, in: Gazeta Wyborcza 09.04.2005; auch zugänglich über http://serwisy.gazeta.pl/jp2/1,72542,2645933.html (29.07.2012).
429 Vgl. Eurobarometer Spezial 273 „Soziale Wirklichkeit in Europa", Februar 2007, http://ec.europa.eu/public_opinion/archives/ebs/ebs_273_de.pdf (29.07.2012).

Bei Fragen nach der Verankerung demokratischer Werthaltungen zeigen sich über die zwei Jahrzehnte der Dritten Republik konstante starke autoritäre Einstellungen, die auch im ostmitteleuropäischen Kontext bemerkenswert sind (vgl. die Ergebnisse bei Plasser et al. 1997). Vergleicht man die Antworten auf die Frage, ob es für Jemanden von Bedeutung sei, ob die Regierung demokratisch ist oder nicht, mit dem Grad der (Un-) Zufriedenheit über das Funktionieren der Demokratie, so zeigen sich im Verlauf der Jahre bestimmte „Konjunkturen". Die Frustration über Politiker, die sich bei der Unzufriedenheit über das Funktionieren der Demokratie besonders dann äußert, wenn gerade wieder Korruptionsaffären an die Öffentlichkeit dringen, führt zu einem Anwachsen der autoritären Einstellungen. Diese Frustration war während der SLD-geführten Regierungen besonders hoch. Nach dem Rücktritt von Leszek Miller als Premierminister Anfang Mai 2004 änderte sich die Einstellung zur Bedeutung demokratischer oder nicht demokratischer Regierungen vorübergehend zugunsten demokratischer Regierungen, erreichte aber den höchsten gegenläufigen Wert unmittelbar vor dem Wahlsieg der PiS im Herbst 2005. Die Erfahrungen mit den PiS-Regierungen, insbesondere mit der von Jarosław Kaczyński und seinen Vizepremierministern Andrzej Lepper (*Samoobrona*) und Roman Giertych (LPR), wirkten offenbar auf Teile der Gesellschaft wie ein Schock und ließen die Werte für die Gleichgültigkeit gegenüber nicht demokratischen Regierungen von 50 auf 29 Prozent sinken. Die Differenz zwischen den Positionen verminderte sich zwar seither, blieb aber bezüglich der Befürwortung demokratischer Regierungen relativ stabil (vgl. Tabelle 58).

Gleichwohl sind noch erhebliche autoritäre Einstellungsmuster in der Gesellschaft zu erkennen. Wird die Behauptung „Für Leute wie mich ist es im Grunde ohne Bedeutung, ob die Regierungen demokratisch sind oder nicht" nur leicht abgewandelt in „Manchmal können undemokratische Regierungen erwünschter sein als demokratische", ergeben sich von 1992 bis 2010 nur ganz wenige Erhebungen, in denen eine Mehrheit dieser Feststellung widersprach. Die größte Zustimmung gab es auch hier mit 52 gegen 27 Prozent bei 21 Prozent Aussagen „schwer zu sagen" im Herbst 2005 vor den Sejmwahlen, in denen die PiS gewann. Die Erfahrungen mit den PiS-Regierungen waren für einen Teil der Gesellschaft allerdings so nachhaltig, dass sich zwei Jahre später, unmittelbar nach der Abwahl von Jarosław Kaczyński als Premierminister, das Verhältnis auf 31 zu 48 Prozent veränderte, die stärkste je erhobene Ablehnung dieses Statements. Inzwischen haben sich diese Werte wieder auf „Normalniveau" eingependelt, das heißt, erneut stimmt eine zumindest relative Mehrheit dem Satz zu, manchmal könnten undemokratische Regierungen erwünschter sein als demokratische, oder beide Positionen halten sich in etwa die Waage (vgl. Tabelle 59).

Diese Ergebnisse zur Entwicklung autoritärer Einstellungen in Polen seit 1989 wurden durch eine im Juli 2012 veröffentlichte Untersuchung von CBOS bestätigt. Die Antworten zu sieben Statements wurden zusammenfassend beurteilt als „autoritär", „ambivalent" oder „antiautoritär". Dieselben Statements wurden in repräsentativen Erhebungen 2000 und 2012 abgefragt. Die „autoritären" Antworten nahmen in diesem Zeitraum von 24 auf 21 Prozent ab, die „antiautoritären" von 24 auf 28 Prozent zu. Im Jahre 2000 war mit 52 Prozent ebenso wie 2012 mit 51 Prozent knapp über die Hälfte der Antworten „ambivalent". Eine nähere Betrachtung der 1013 im Juni 2012 befragten Personen nach soziodemografischen Kriterien legt die Wahrscheinlichkeit nahe, dass sich die antiautoritären Einstellungen weiter kräftigen werden. Denn je jünger die Respondenten waren, desto höher war der Prozentsatz der „antiautoritären" Antworten, von nur elf Prozent bei über 64 Jahre alten

Tabelle 58: Bedeutung demokratischer Regierungen für den Einzelnen 1992-2011

Stimmen Sie der Feststellung zu: Für Leute wie Sie hat es im Grunde keine Bedeutung, ob Regierungen demokratisch oder undemokratisch sind?	X '92	VI '93	V '95	III '99	X '00	III '02	V '04	IX '05	XI '06	IV '07	XI '07	VII '08	I '09	III '10	VIII '11	XI '11
	in v. H.															
Stimme zu	44	44	45	41	38	49	42	50	42	43	29	39	33	41	32	37
Stimme nicht zu	36	40	45	45	47	40	43	39	44	46	58	50	53	48	53	54
Schwer zu sagen	20	15	10	14	15	11	15	11	14	11	13	12	14	11	15	9

Personen über 36 Prozent in der Gruppe zwischen 35 und 44 Jahren, 37 Prozent zwischen 25 und 34 Jahren und 38 Prozent bei den 18- bis 24jährigen. Ebenso nahmen die „antiautoritären" Antworten mit wachsendem Bildungsgrad zu, von 14 Prozent bei Grundschulabschluss bis zu 49 Prozent bei Hochschulabschluss.[430]

Die gegen Ende der Volksrepublik Polen gestellte Frage, ob es eine oder mehrere politische Kulturen in Polen gebe, war angesichts der empirischen Befunde schon damals rein rhetorisch.[431] Seit 1989 hat sich das Spektrum politischer Einstellungen und Wertvorstellungen weiter diversifiziert. Demokratische Grundeinstellungen festigen sich allmählich, doch sind autoritäre Restbestände noch erheblich.

Tabelle 59: Zweckmäßigkeit demokratischer Regierungen 2000-2011

Stimmen Sie der Feststellung zu, dass manchmal undemokratische Regierungen erwünschter sein können als demokratische?	X '00	III '02	V '04	IX '05	XI '06	IV '07	XI '07	VII '08	I '09	III '10	VIII '11	XI '11
	in v. H.											
Stimme zu	37	43	42	52	40	36	31	34	35	43	33	38
Stimme nicht zu	39	33	30	27	35	40	48	40	40	26	35	42
Schwer zu sagen	24	24	28	21	25	24	21	26	25	21	32	20

Quelle jeweils: CBOS 2011, Opinie o demokracji po wyborach parlamentarnych, BS/150/2011, Warschau, November 2011: 3f.

---

430 Alle Angaben nach CBOS 2012: Autorytaryzm polityczny, BS/91/2012, Warschau, Juli 2012.
431 Siehe Meyer, Gerd 1989: Einleitung: Die politische Kultur Polens in den 80er Jahren – ein Überblick, in: Meyer/ Ryszka 1989, 1-37, hier 16 ff.

12.5 Literatur

Brier, Robert 2009: The Roots of the "Fourth Republic". Solidarity's Cultural Legacy to Polish Politics, in: East European Politics and Societies 23 (1), 63-85.
CBOS 2012: Aktywność społeczna w organizacjach obywatelskich w latach 1998-2012, BS/18/2012, Warschau, Februar 2012.
CBOS 2011: Opinie o demokracji po wyborach parlamentarnych, BS/150/2011, Warschau, November 2011.
CBOS 2009a: Polacy o minionym dwudziestoleciu, BS/26/2009, Warschau, Februar 2009.
CBOS 2009b: Bilans zmian w Polsce w latach 1989 – 2009, BS/32/2009, Warschau, Februar 2009.
Czapiński, Janusz/ Panek, Tomasz (Red.) 2011: Diagnoza społeczna 2011. Warunki i jakość życia Polaków. Raport, Warszawa; auch zugänglich unter http://www.diagnoza.com/pliki/raporty/Diagnoza_raport_2011.pdf (19.07.2012).
Gaber, Rusanna 2007: Politische Gemeinschaft in Deutschland und Polen. Zum Einfluss der Geschichte auf die politische Kultur, Wiesbaden.
Garlicki, Jan 2007: Tradycje i dynamika kultury politycznej społeczeństwa polskiego, in: Błuszkowski, Jan (Red.): Dylematy polskiej transformacji, Warszawa, 155-174.
Garlicki, Jan/ Noga-Bogomilski, Artur 2004: Kultura polityczna w społeczeństwie demokratycznym, Warszawa.
Garsztecki, Stefan 2003: Politische Kultur, in: Franzke, Jochen (Hrsg.): Das moderne Polen. Staat und Gesellschaft im Wandel, Berlin, 68-93.
Gawrich, Andrea 2003: Minderheiten im Transformations- und Konsolidierungsprozess Polens. Verbände und politische Institutionen, Opladen.
Killingsworth, Matt 2010: Lustration after totalitarianism: Poland's attempt to reconcile with its Communist past, in: Communist and Post-Communist Studies 43 (3), 275-284.
Mariański, Janusz (Red.) 2002: Kondycja moralna społeczeństwa polskiego, Kraków.
Meyer, Gerd/ Ryszka, Franciszek (Hrsg.) 1989: Die politische Kultur Polens, Tübingen.
Meyer, Gerd/ Sulowski, Stanisław/ Łukowski, Wojciech (Hrsg.) 2007: Brennpunkte der politischen Kultur in Polen und Deutschland, Warszawa (Institut für Politikwissenschaft der Universität Warschau).
Paczynska, Agnieszka 2005: Inequality, Political Participation, and Democratic Deepening in Poland, in: East European Politics and Societies 19 (4), 573-613.
Paradowska, Janina 2006: Aufarbeitung und Rache. Gründe und Abgründe der Lustration in Polen, in: Osteuropa 56 (11/12), 205-218.
Plasser, Fritz/ Ulram, Peter A./ Waldrauch, Harald 1997: Politischer Kulturwandel in Ost-Mitteleuropa. Theorie und Empirie demokratischer Konsolidierung, Opladen.
Tworzecki, Hubert 2008: A disaffected new democracy? Identities, institutions and civic engagement in post-communist Poland, in: Communist and Post-Communist Studies 41 (1), 47-62.
Vetter, Reinhold 2008: Wohin steuert Polen? Das schwierige Erbe der Kaczynskis, Berlin.
Vries, Tina de 2008: Verfassungsrechtliche Voraussetzungen der Lustration in Polen, in: Jahrbuch für Ostrecht 49 (1), 39-54.
Ziemer, Klaus 2009: Aufarbeitung und politische Kultur in Polen, in: Hansen, Hendrik/ Veen, Hans-Joachim (Hrsg.): Aufarbeitung totalitärer Erfahrungen und politische Kultur (Politisches Denken Jahrbuch 2009), Berlin, 111-131.

13 Außenpolitik

Die ersten zwei Jahrzehnte der Dritten Republik stellen sich trotz Schwächen im Einzelnen insgesamt als gelungene Errichtung eines demokratischen Staatswesens mit gleichzeitigem Aufbau einer sich immer dynamischer entfaltenden Wirtschaft dar. Die größten Erfolge der polnischen Politik in dieser Zeit liegen dabei im Bereich der fundamentalen außenpolitischen Neuverortung des Landes. Dies wird, wie etliche Umfragen belegen, auch von der überwältigenden Mehrheit der polnischen Gesellschaft so bewertet.[432] Eine solche Beurteilung wird erst verständlich beim Blick auf die polnische Geschichte seit dem 18. Jahrhundert. Zwischen Preußen (und später Deutschland) sowie Russland (sowie der Habsburgermonarchie) gelegen, wurde Polen in der zweiten Hälfte des 18. Jahrhunderts Opfer der machtpolitischen Ambitionen seiner Nachbarn und verschwand 1795 bis zum Ende des Ersten Weltkriegs ganz von der politischen Landkarte.

Bei der Festlegung der polnischen Grenzen nach dem Ersten Weltkrieg konnte Józef Piłsudski seine an das Reich der Jagiellonen im 15. und 16. Jahrhundert anknüpfende, nach Osten ausgreifende Konzeption militärisch zwar weitgehend durchsetzen, allerdings um den Preis, dass die erhofften Bündnispartner in Nordost- und Ostmitteleuropa wegen territorialer Streitigkeiten im Konflikt mit Polen standen und seine Konzeption einer von der Ostsee bis zum Schwarzen Meer reichenden Föderation unter polnischer Führung (*Międzymorze*, „Intermarium") sich nicht verwirklichen ließ.

Die vierte Teilung Polens zwischen seinen totalitären Nachbarn, Hitlers Großdeutschland und Stalins Sowjetunion, führte ab 1939 zur größten Katastrophe in der Geschichte Polens. Dass das Land von seinen westlichen Bündnispartnern Frankreich und Großbritannien zwar verbal (und auch durch deren Kriegserklärung an Deutschland) unterstützt wurde, militärisch aber sich selbst überlassen blieb, zählt zu den nachwirkenden traumatischen Erfahrungen der polnischen Gesellschaft, die deren starkes Bedürfnis nach militärischer Sicherheit erklären. Insbesondere unter deutscher Besatzung verloren knapp sechs Millionen polnische Staatsbürger ihr Leben, darunter drei Millionen jüdischer Herkunft. Aus den von der Sowjetunion besetzten Gebieten Polens wurden Hunderttausende nach Sibirien deportiert. Polen zählte zwar formal zu den Gewinnern des Zweiten Weltkriegs, verlor aber ein Fünftel seines Vorkriegsterritoriums an die Sowjetunion und wurde dafür mit einer territorialen Kompensation zu Lasten Deutschlands abgefunden, die Polens Staatsgebiet von 389.720 km² auf 312.679 km² verringerte.

Das Land wurde territorial nach Westen verschoben, politisch dagegen weit nach Osten, denn es wurde außen- und sicherheitspolitisch vollständig der Sowjetunion unter-

---

432 So nannten 2009 auf die Frage nach positiven Veränderungen in den letzten 20 Jahren 75 Prozent die Position Polens in der Welt und 72 Prozent die Sicherheit Polens auf internationaler Ebene. An dritter Stelle folgten mit 70 Prozent die Veränderungen in der Wirtschaft des Landes, vgl. CBOS 2009: Od końca lat osiemdziesiątych do dziś – oceny w różnych wymiarach życia społecznego i politycznego w Polsce, BS/28/2009, Warschau, Februar 2009: 2.

geordnet und in seinen innen- und wirtschaftspolitischen Strukturen nach sowjetsozialistischem Muster umgestaltet. Dabei fühlte sich die polnische Gesellschaft historisch, politisch und kulturell entschieden dem Westen verbunden, was exilpolnische Stimmen, darunter die trotz Einfuhrverbots unter polnischen Intellektuellen einflussreiche Pariser Monatszeitschrift *Kultura*, klar zum Ausdruck brachten. Mehrere schwere Systemkrisen in Polen (vor allem 1956, 1970/71 und 1980/81) machten deutlich, dass die polnische Gesellschaft das ihr aufoktroyierte sowjetsozialistische System ablehnte. Spätestens die Formulierung der Breschnew-Doktrin von der beschränkten Souveränität sozialistischer Länder 1968 machte auch Polen die Grenzen der innen- wie außenpolitischen Handlungsspielräume deutlich.

Mit der Anerkennung der polnischen Nachkriegs-Westgrenze durch die Bundesrepublik Deutschland (1970/72) erreichte die politische Führung der Volksrepublik zwar eines ihrer wichtigsten Ziele. Doch konnte die Bundesrepublik diese Grenze aus verfassungsrechtlichen Gründen nur für die Bundesrepublik, nicht für aber für einen (1970 mehr als hypothetisch erscheinenden) künftigen gesamtdeutschen Souverän aussprechen, so dass Polen auch nach der Ratifizierung der Ostverträge zwar eine weitest gehende, aber keine 100prozentige Garantie seiner Westgrenze erhielt. Ferner hatte die kommunistische Führung zuvor immer wieder versucht, die in der Gesellschaft verbreitete Angst vor einem deutschen Grenzrevisionismus zu instrumentalisieren, um ihre eigene Legitimität zu erhöhen. Mit der Ratifizierung der Ostverträge 1972 wurde dieses Instrument immer unglaubwürdiger.

Mit dem Beitritt der Bundesrepublik und der DDR zu entgegen gesetzten Bündnissystemen 1955 erhob Volkspolen die deutsche Zweistaatlichkeit zur Staatsdoktrin. Die polnische Sicherheitsgrenze wurde von Oder und Neiße an Elbe und Werra vorgeschoben.[433] Die DDR wurde zum Sperrriegel gegen westdeutsche Ansprüche auf eine Revision der Nachkriegsgrenzen. Diese Sicht der polnischen Staatsräson wurde erstmals in dem 1977 im Westen veröffentlichten Memorandum einer personell zunächst nicht bekannten Gruppe polnischer Oppositioneller in Frage gestellt. Wenn Polen Teil des Westens werden wolle, zu dem es gehöre, sei die DDR nicht eine Sicherheitsbarriere, sondern ein Bremsklotz, der die Zugehörigkeit Polens zum Westen behindere. Im polnischen Interesse liege daher – ganz im Gegensatz zur Staatsräson der Volksrepublik – eine Wiedervereinigung Deutschlands, allerdings unter zwei Prämissen: Dieses Deutschland müsse sich ohne Wenn und Aber zur gegenwärtigen polnischen Westgrenze bekennen. Ferner müsse es in den politischen Strukturen des Westens, also vor allem der Nato und den Europäischen Gemeinschaften (der heutigen EU), verankert sein.[434] Dieses im Westen kaum beachtete Dokument der sich Polnische Unabhängigkeitsverständigung (PPN) nennenden Gruppe wurde im Laufe der 1980er Jahre zum wichtigsten deutschlandpolitischen Bezugspunkt der polnischen Op-

---

433 In publizistischer Form brachte dies Mieczysław Rakowski, damals Chefredakteur der parteinahen, aber liberalen Wochenzeitung Polityka, und Ende der 1980er Jahre letzter Ministerpräsident der Volksrepublik, so zum Ausdruck: „Die Entstehung der DDR halte ich für *das* Geschenk, das wir vom Herrgott seit der Schlacht von Tannenberg [1410] erhalten haben. Leider waren unsere Vorgänger nicht in der Lage, die siegreiche Schlacht politisch auszunutzen. Was uns betrifft – wir verspielen dieses Geschenk nicht – wir werden es nutzen", in: Rakowski, Mieczysław 1977: Spełnione i niespełnione. Wybór publicystyki z lat 1957–1976, Warszawa, 244.

434 Zespół problemowy Polskiego Porozumienia Narodowego: Polska a Niemcy, in: Kultura (Paris) 7/8 (370/371), 1978, 123-129. Deutsche Übersetzung des Textes vom Mai 1978 in: Polen und Deutschland, in: Osteuropa 29 (2), 1979, A 101-105. Autor des ursprünglichen, nach internen Diskussionen noch modifizierten Textes war der Literaturhistoriker Zdzisław Najder, in den 1980er Jahren Leiter der polnischen Abteilung von Radio Freies Europa in München.

position im Untergrund. Es gab nach der Bildung der ersten nichtkommunistischen Regierung Polens unter Ministerpräsident Tadeusz Mazowiecki 1989 auch eine außenpolitische Grundrichtung des freien Polen vor.

Der sowjetische Parteichef Michail Gorbatschow hatte zwar 1988 zu verstehen gegeben, dass die Breschnew-Doktrin nicht mehr gelte. Dennoch bewegte sich die Regierung Mazowiecki außenpolitisch in einem extrem schwierigen Umfeld. Polen war weiterhin Mitglied des Rates für gegenseitige Wirtschaftshilfe und der Warschauer Vertragsorganisation und umgeben von der Sowjetunion, der von kommunistischen Hardlinern geführten ČSSR und der DDR unter Honecker. Die Forderung des rumänischen KP-Chefs Ceaușescu vom August 1989, mit einer militärischen Intervention in Polen der Bildung einer von einem Nichtkommunisten geführten Regierung zuvorzukommen, zeigte, mit welcher Nervosität regierende kommunistische Parteiführungen die Veränderungen in Polen verfolgten.

13.1 Der Beginn eines außenpolitischen Paradigmenwechsels

In seiner Regierungserklärung vom 12. September 1989 erklärte Premierminister Mazowiecki, die Polen wollten in einem souveränen, demokratischen Rechtsstaat leben. Die Beziehungen mit der Sowjetunion sollten auf der Grundlage von Respekt für die Souveränität Polens aufgebaut sein, wobei Polen freie Hand haben müsse, seine innere Ordnung völlig selbstständig zu gestalten. Die neue Regierung werde die Bündnisverpflichtungen respektieren. Militärbündnisse beträfen jedoch nur die äußere Sicherheit der Teilnehmerstaaten, nicht aber ihre innere politische und wirtschaftliche Ordnung.[435]

Polen selbst trug durch das Tempo und die Reichweite seiner innenpolitischen Veränderungen maßgeblich zum Zusammenbruch der kommunistischen Systeme in Mitteleuropa im Herbst 1989 bei, einschließlich der DDR. Diese außenpolitischen Veränderungen befreiten Polen vom unmittelbaren Druck der orthodoxen kommunistischen Regime in der DDR und der ČSSR. Schlüsselfragen in den ersten Monaten einer selbstbestimmten polnischen Außenpolitik waren die höchst komplizierte und für Polen mit dem existentiellen Problem der Westgrenze verbundene Frage der Vereinigung der DDR mit der Bundesrepublik Deutschland sowie die Stationierung bzw. der Abzug der sowjetischen Truppen aus Polen, deren Anwesenheit nach dem Vertrag von 1956 vor allem mit der Sicherung der Verbindung zu den in der DDR stationierten Truppen der Roten Armee begründet worden war. Mit dem sich zunehmend abzeichnenden Zerfall der Sowjetunion stellte sich der polnischen Führung auch die Frage, welche Politik sie angesichts der dramatischen Veränderungen in der UdSSR gegenüber Polens unmittelbaren östlichen Nachbarn führen sollte.

Zugleich waren sich die neuen politischen Eliten bewusst, dass der Staat durch die von den kommunistischen Regierungen ererbte exorbitante Auslandsverschuldung extrem geschwächt war. Gleichwohl herrschte unter ihnen, einschließlich der großen Mehrheit der Postkommunisten, Einigkeit darüber, dass für Polen eine größtmögliche Annäherung an den Westen anzustreben sei.

---

435 Vgl. die Regierungserklärung des polnischen Ministerpräsidenten Tadeusz Mazowiecki vom 12. September 1989, in: Blätter für deutsche und internationale Politik 34 (1989), 1388-1400.

13.1.1 Die Neuordnung des Verhältnisses mit Deutschland

Die Festlegung der neuen polnischen Westgrenze sollte nach den Vereinbarungen von Potsdam 1945 in einem Friedensvertrag erfolgen, dessen Zustandekommen jedoch von Jahrzehnt zu Jahrzehnt immer weniger wahrscheinlich wurde. Zwar erkannte die DDR im Görlitzer Vertrag von 1950 im Namen von ganz Deutschland die neue deutsch-polnische Grenze[436] an. Doch wurde dies fünf Jahre nach Ende des Zweiten Weltkriegs von allen politischen Kräften der Bundesrepublik mit Ausnahme der KPD aufs Heftigste bestritten.

Eine Änderung im Verhältnis beider Gesellschaften zum deutsch-polnischen Verhältnis leiteten mittel- und langfristig der Brief der katholischen Bischöfe Polens an ihre deutschen Amtsbrüder am Ende des II. Vatikanischen Konzils Ende 1965 sowie auf deutscher Seite wenige Wochen zuvor die Ostdenkschrift der Evangelischen Kirche ein. Die dadurch ausgelösten Diskussionen und Bewusstseinsveränderungen in der westdeutschen Gesellschaft trugen wesentlich zur gesellschaftlichen Akzeptanz der Ostverträge bei.[437] Trotz des Ausbaus der Wirtschaftsbeziehungen und der Unterzeichung einer Vereinbarung zwischen Bundeskanzler Helmut Schmidt und dem polnischen Parteichef Edward Gierek am Rande der KSZE-Konferenz in Helsinki 1975 über 1,3 Milliarden DM zur Regelung von Rentenansprüchen Deutscher aus der polnischen Rentenversicherung sowie eines zinsgünstigen Kredits über eine Milliarde DM einerseits und die Ausreise von 125.000 Deutschstämmigen aus Polen andererseits blieben die Beziehungen insgesamt weit unter ihren Möglichkeiten.[438]

Bereits in seiner Regierungserklärung vom 12. September 1989 kündigte Tadeusz Mazowiecki an, die Beziehungen zur Bundesrepublik verbessern zu wollen und nannte als Vorbild die Beziehungen zwischen Deutschland und Frankreich. Vom 9. bis 14. November 1989 fand die lange vorbereitete Polenreise von Bundeskanzler Helmut Kohl statt, die Kohl bereits am Abend des ersten Besuchstages wegen des Falls der Berliner Mauer unterbrach. Nach der Rückkehr wurde ein umfangreiches Programm zur Kooperation in Wirtschaft, Kultur, Wissenschaft und anderen Bereichen unterzeichnet. Die gemeinsame Messe mit Premierminister Mazowiecki in Kreisau am 13.11.1989 mit dem Austausch des Friedensgrußes symbolisierte eine weitere Etappe der deutsch-polnischen Aussöhnung.

So sehr die polnische Gesellschaft spontan den Fall der Berliner Mauer begrüßte, so sehr waren ihre Gefühle angesichts des deutschen Vereinigungsprozesses gespalten, da Bundeskanzler Kohl die Anerkennung der Oder-Neiße-Grenze aus innenpolitischen Gründen so lange wie möglich hinausschob. CDU und CSU verloren zu dieser Zeit bei Landtagswahlen Stimmen an die rechtsextremen Republikaner, und Kohl wollte die Anerkennung der Oder-Neiße-Grenze in der deutschen Öffentlichkeit als den hohen Preis darstellen, ohne den die deutsche Vereinigung nicht zu erhalten gewesen wäre. Die Beurteilung dieser Frage führte kurzfristig zu innerpolnischen Auseinandersetzungen selbst im *Solidarność*-Lager, da Ministerpräsident Mazowiecki angesichts von Kohls zögerlicher Haltung miss-

---

436 Diese Grenze wurde ausdrücklich als Grenze zwischen Deutschland und Polen bezeichnet. Nach 1970 von der DDR erhobene Forderungen, in einem neuen Vertrag die gemeinsame Grenze als Grenze zwischen Polen und der DDR zu bezeichnen, wurden von polnischer Seite kategorisch abgelehnt.
437 Zu diesen bahnbrechenden kirchlichen Versöhnungsinitiativen siehe jetzt Boll, Friedhelm/ Wysocki, Wiesław/ Ziemer, Klaus (Hrsg.) 2009: Versöhnung und Politik. Polnisch-deutsche Versöhnungsinitiativen der 1960er-Jahre und die Entspannungspolitik, Bonn.
438 Zu den bundesdeutsch-polnischen Beziehungen bis 1990 siehe u.a. Bingen 1998.

13.1 Der Beginn eines außenpolitischen Paradigmenwechsels

trauisch war[439] und zunächst die sowjetischen Truppen als Garanten für die Oder-Neiße-Grenze im Lande behalten wollte, während Lech Wałęsa, inzwischen Mazowieckis Konkurrent um das Amt des Staatspräsidenten, den sofortigen Abzug der Roten Armee aus Polen befürwortete.

Als zur Regelung der Modalitäten für die deutsche Einheit im Februar 1990 eine Konferenz der vier alliierten Siegermächte des Zweiten Weltkriegs mit den beiden deutschen Staaten (Konferenz Zwei-plus-Vier) einberufen wurde, meldete Premierminister Mazowiecki umgehend die Ansprüche Polens auf Teilnahme an denjenigen Teilen der Konferenz an, die die deutsche Ostgrenze berühren würden (entsprechend dem Jahrhunderte alten polnischen Grundsatz: „Nichts über uns ohne uns"). Im Juli 1990 nahmen polnische Vertreter in Paris an der für die polnische Westgrenze/ deutsche Ostgrenze entscheidenden Sitzung der Zwei-plus-Vier-Verhandlungen in Paris teil und konnten die polnischen Forderungen weitestgehend durchsetzen. Ebenso wie Deutschland (wegen möglicher Reparationsforderungen) war auch Polen nicht daran interessiert, dass es zu einer in Potsdam eigentlich vorgesehenen Friedenskonferenz kam, da die polnische Ostgrenze durch bilaterale Verträge mit der Sowjetunion bereits festgeschrieben gewesen war, während die polnische Westgrenze zumindest theoretisch noch zur Disposition stand und die Sowjetunion auf einer solchen Konferenz aus polnischer Sicht noch einmal in die Rolle einer Siegermacht und damit zu einer ihr zu diesem Zeitpunkt längst nicht mehr zustehenden Position gekommen wäre (vgl. Hajnicz 2006: 158).

Wie im Zwei-plus-Vier-Vertrag festgelegt, unterzeichnete die Regierung des vereinten Deutschland bereits am 14. November 1990, nur gut einen Monat nach der Vereinigung, den Vertrag zur völkerrechtlichen Anerkennung der Oder-Neiße-Grenze, womit das wichtigste aus dem Zweiten Weltkrieg noch zu regelnde bilaterale deutsch-polnische Problem gelöst war. In die Zukunft wies der am 17. Juni 1991 in Bonn unterschriebene Vertrag über gutnachbarschaftliche Beziehungen und freundschaftliche Zusammenarbeit zwischen der Republik Polen und der Bundesrepublik Deutschland. Sein wichtigster Punkt von unmittelbarer Bedeutung betraf die Regelung der Rechte der deutschen Minderheit in Polen. Ihre jahrzehntelange Diskriminierung in der Volksrepublik hatte über viele Jahre den wichtigsten Punkt bundesdeutscher Kritik an den bilateralen Verhältnissen dargestellt. Den in Deutschland lebenden Polen wurden analoge Rechte zugesichert, ohne dass allerdings dieser Personenkreis als „polnische Minderheit" bezeichnet worden wäre.[440] Mit der Verwirk-

---

439 Noch 2004 rechtfertigte Mazowiecki seine Haltung auf dem Deutschen Historikertag in Kiel mit dem Argument, die deutsche Seite habe argumentiert, dass eine endgültige Grenzregelung erst in einem Friedensvertrag getroffen werden könne, obwohl sie sich im Klaren darüber gewesen sei, dass es einen Friedensvertrag nicht mehr geben werde. Daher habe es eine Lücke gegeben, welche die Möglichkeit geschaffen habe, die polnische Westgrenze infrage zu stellen. Dies habe in Polen Beunruhigung ausgelöst; vgl. Tadeusz Mazowiecki, Das Unmögliche – möglich machen. Der Umbruch 1989 und seine Konsequenzen, in: Kommunikation und Raum. 45. Deutscher Historikertag in Kiel vom 14. bis 17. September 2004. Berichtsband. Hrsg. ... von Arnd Reitemeier et al., Neumünster 2005, 333-342, hier 337 f.

440 Zum einen handelt es sich bei der deutschen „Polonia" um eine sehr heterogene Gruppe, die nicht wie in der Zwischenkriegszeit in historisch angestammten Siedlungsgebieten lebt (die Siedlungsgebiete der polnischen Minderheit der Vorkriegszeit liegen seit Ende des Zweiten Weltkriegs in Polen). Vielmehr wanderte sie seit Ende des 19. Jahrhunderts in verschiedenen Phasen nach Deutschland ein. Nach dem Zweiten Weltkrieg verblieben hier *displaced persons*, hinzu kamen verschiedene Wellen der antikommunistischen Immigration bis 1989 und schließlich nach 1990 die Erwerbsimmigranten nach Deutschland. Eine große zu diesem Personenkreis zählende Gruppe bilden die Spätaussiedler der 1970er und 1980er Jahre, die in Deutschland aufgenommen wurden, weil sie sich als Deutsche im Sinne des Grundgesetzes ausweisen konnten. Viele von ihnen hatten jedoch eine polnische Sozialisation erfahren und fühlen sich in unterschiedlichem Ausmaß der

lichung dieses Vertrags verschwand das Problem der deutschen Minderheit in Polen recht rasch von der prioritären Agenda der deutsch-polnischen Regierungsbeziehungen.

Der sehr umfangreiche Vertrag stellte zugleich die Grundlage für einen breiten Ausbau der Beziehungen zwischen beiden Gesellschaften in den folgenden Jahren dar. Ein deutsch-polnisches Jugendwerk wurde nach dem Muster des deutsch-französischen Jugendwerks gegründet, das Begegnungen einer schrittweise wachsenden Zahl deutscher und polnischer Jugendlicher organisiert, die bis 2010 die Zwei-Millionen-Grenze überschritt. Inzwischen bestehen rund 1000 Partnerschaften zwischen deutschen und polnischen Gemeinden und Kreisen sowie Bundesländern und Wojewodschaften. Auf der Ebene von Wissenschaft und Kultur hat sich der Austausch beträchtlich ausgeweitet. Von der Ostsee bis zur Grenze mit der Tschechischen Republik ist die deutsch-polnische Grenze lückenlos gesäumt von Euroregionen.

In einem Begleitschreiben der beiden Außenminister wurde festgestellt, dass durch den Nachbarschaftsvertrag zwei Probleme nicht geregelt wurden, „Vermögensfragen" sowie Fragen der Staatsangehörigkeit. Der zweite Problemkreis betrifft vor allem Personen (und ihre Nachkommen), die bis 1945 die deutsche Staatsangehörigkeit besessen hatten und danach die polnische erhielten. Die Zahl der Personen, die in einer rechtlichen „Grauzone" die doppelte Staatsangehörigkeit besitzen, dürfte weit im sechsstelligen Bereich liegen. Mit der zunehmenden Integration Polens in die Europäische Union stellte dieses Faktum für die zwischenstaatlichen Beziehungen jedoch kaum mehr eine ernsthafte Belastung dar. Dagegen wurden die ungeklärten Vermögensfragen mit dem Auftauchen der so genannten „Preußischen Treuhand" ab 2000 politisch virulent und schadeten über Jahre den deutsch-polnischen Beziehungen (siehe Kapitel 13.4).

13.1.2 Erste Annäherungen an Westeuropa

Europapolitisch war von beachtlicher Bedeutung, dass die Bundesrepublik Deutschland sich im Nachbarschaftsvertrag verpflichtete, die Heranführung Polens an die Europäische Gemeinschaft „im Rahmen ihrer Möglichkeiten nach Kräften [zu fördern]". Ferner stehe die Bundesrepublik „positiv zur Perspektive eines Beitritts der Republik Polen zur Europäischen Gemeinschaft, sobald die Voraussetzungen dafür gegeben sind".[441] Eine so klare Unterstützung der polnischen Aspirationen auf einen Beitritt zur Kernorganisation der europäischen Integration war zu diesem Zeitpunkt von keinem anderen Land zu hören. Sie kontrastierte besonders mit dem französischen Plan, für die Staaten Ostmitteleuropas zunächst die Möglichkeit einer lockeren europäischen Konföderation vorzusehen, da nach den Plänen des französischen Staatspräsidenten François Mitterrand die EG statt einer Osterweiterung zunächst eine Vertiefung ihrer Strukturen vornehmen sollte, während ihre Erweiterung um früher kommunistische Staaten Europas lange Jahre, wenn nicht Jahrzehnte in Anspruch nehmen würde. Für Polen war dies nicht die einzige Enttäuschung über den einsti-

---

polnischen Kultur verbunden. Der zweite Grund, weshalb die deutsche Seite nicht gerne von einer „polnischen Minderheit" in Deutschland spricht, ist die Befürchtung, dass damit ein Präzedenzfall geschaffen werden könnte, den vor allem die in Deutschland lebenden Türken nutzen könnten, analoge Rechte einzufordern.

441 Art. 8, Abs. 2 und 3 des Vertrags zwischen der Bundesrepublik Deutschland und der Republik Polen über gute Nachbarschaft und freundschaftliche Zusammenarbeit vom 17. Juni 1991, zugänglich u.a. über http://www2.dpg-bundesverband.de/uploads/nachbarschaftsvertrag.pdf (29.07.2012).

gen „klassischen" Verbündeten in Westeuropa. Immerhin konnte auf Initiative von Bundesaußenminister Hans-Dietrich Genscher im August 1991 das „Weimarer Dreieck" gegründet werden, eine deutsch-polnisch-französische Initiative, die die französische Politik stärker in die Unterstützung der Transformationsprozesse in der östlichen Hälfte Europas einbinden sollte. Dieses Vorhaben versandete jedoch nach relativ kurzer Zeit trotz mehrfacher Wiederbelebungsversuche in diplomatischen Routinebekundungen, da die französische Außenpolitik stärker nach Süden (Mittelmeer und Naher Osten) orientiert ist und nicht in Richtung des östlichen Europa.

Eine gewisse Analogie zu Mitterrands schnell verworfenen Plänen für die Staaten Ostmitteleuropas bildete Wałęsas gleichfalls recht rasch wieder aufgegebener Vorschlag, eine „Nato bis" (Nato II) in Ostmitteleuropa zu bilden, deren Partner zunächst Kräfte sammeln sollten, um dann aus einer stärkeren Position heraus über einen Beitritt zu Nato und EU zu verhandeln. Auch aus dem nationalkonservativen Lager stammende Vorschläge, die in Richtung der klassischen polnischen Konzeption eines „Intermarium" (*międzymorze*) zwischen Ostsee und Schwarzem Meer unter polnischer Führung gingen, fanden in Polen selbst kaum Resonanz.

Einen Albtraum für die politische Elite des neuen Polen bildete die Vorstellung, dass Polen nach dem Ausscheiden aus der von der Sowjetunion dominierten Sicherheitszone wie in der Zwischenkriegszeit Teil einer sicherheitspolitischen Grauzone in Europa werden könnte, Teil eines „Zwischeneuropas", das zum Spielball der mächtigeren Nachbarn Russland und Deutschland werden könnte. Daher versuchte Polen im Rahmen des zum jeweiligen Zeitpunkt Möglichen einen Anschluss an die Strukturen der Organisationen (west-) europäischer Sicherheit und Zusammenarbeit zu erreichen.

Ein erster Schritt in Richtung Integration mit der Europäischen Gemeinschaft gelang Polen mit dem Abschluss des „Europa-Vertrags" mit der EG im Dezember 1991. Innerhalb von zehn Jahren sollte eine Freihandelszone zwischen Polen und der Gemeinschaft geschaffen werden. Danach sollte die Perspektive einer Mitgliedschaft Polens in der EG geprüft werden. Wichtige Zwischenstufen auf dem Wege zu einer vollständigen Integration in die westlichen Kooperationsstrukturen bildeten in der Phase des Zerfalls der UdSSR verstärkte Aktivitäten Polens auf mehreren Ebenen. Mit dem Beitritt zum Europarat im November 1991 (einen Monat nach den ersten völlig freien Parlamentswahlen, die Voraussetzung für eine Aufnahme waren) wurde die demokratische Umgestaltung des Landes auch von dieser für die Standards für Demokratie und Menschenrechte maßgebenden Instanz anerkannt. Die Bemühungen Polens um eine Stärkung der Konferenz für Sicherheit und Zusammenarbeit in Europa wurden mit der Eröffnung des KSZE-Büros für Demokratische Institutionen und Menschenrechte in Warschau belohnt. Die Zusammenarbeit der polnischen Regierung mit den Regierungen der Tschechoslowakei und Ungarns erbrachte als wichtigstes politisches Resultat, dass die Sowjetunion bis Ende 1991 sowohl der Auflösung des Warschauer Pakts als auch des Rats für gegenseitige Wirtschaftshilfe zustimmte. Als Reaktion auf Polens Forderung nach Einführung von Marktprinzipien in den polnisch-sowjetischen Wirtschaftsbeziehungen kündigte die UdSSR im Sommer 1990 einseitig an, ab dem 1. Januar 1991 den Handel mit Polen auf Hartwährung umzustellen. Administrative Einfuhrbeschränkungen Moskaus ließen die polnischen Exporte in die UdSSR auf die Hälfte schrumpfen und trugen zur weiteren Entflechtung der Wirtschaft Polens von der der Sowjetunion bei (Kuźniar 2009: 85).

Als besonders schwierig erwiesen sich die Verhandlungen über den Abzug der sowjetischen Truppen aus Polen. Von Herbst 1990 an forderte die polnische Regierung deren Abzug bis Ende 1991, eine Entschädigung für die ökologischen Schäden, die die Rote Armee in Polen hinterließ, sowie Stationierungskosten für die Zeit ab 1989. Zusätzlich erschwert wurden diese Verhandlungen durch den gleichzeitig zwischen Deutschland und der Sowjetunion ausgehandelten Abzug der Roten Armee aus Deutschland, der weitgehend über polnische Eisenbahnlinien durchgeführt werden sollte, was das polnische Transportnetz extrem belastete. Dass die deutsche und die sowjetische Seite „vergaßen", die polnischen Stellen über den geplanten Truppenabzug auf dem Landweg durch Polen auch nur zu informieren, erleichterte den Abzug nicht gerade.[442] Ebenso erschwerte der Zerfall der Sowjetunion die Aushandlung von Einzelheiten, doch verließ der letzte – inzwischen russische – Soldat Polen am 16. September 1993, einen Tag vor dem Jahrestag der sowjetischen Invasion in Polen 1939.

Frei von den bisherigen Bündnisverpflichtungen und der Besetzung durch die Rote Armee, eröffneten sich für Polen neue Optionen internationaler Zusammenarbeit. Vielversprechend schien zunächst das im Februar 1991 in der Nähe von Budapest gegründete „Visegráder Dreieck", das Polen, die Tschechoslowakei und Ungarn nutzen wollten, ihre Anstrengungen um eine Aufnahme in die EU zu bündeln und so eine stärkere Position in den Aufnahmeverhandlungen zu gewinnen. Tatsächlich jedoch lieferten sich die drei – und nach dem Zerfall der Tschechoslowakei vier – Partner eher einen Wettlauf gegeneinander darum, wer als Erster in die EU aufgenommen würde.

In der Phase zwischen dem Ausscheiden aus dem Hegemonialbereich der Sowjetunion und der Aufnahme in die westlichen Bündnisstrukturen stärkte Polen seine internationale Position, indem es sich erfolgreich in einer Reihe von multilateralen Initiativen engagierte, so in dem Ende 1992 in Krakau gegründeten Central European Free Trade Agreement (CEFTA), im ebenfalls 1992 gegründeten Rat der Ostseestaaten und in der aus der ursprünglichen Quadragonale, später Pentagonale hervorgegangenen Mitteleuropäischen Initiative.

13.1.3 Die Anfänge der neuen polnischen Ostpolitik

Ein weiterer Schwerpunkt der polnischen Politik in der Zeit unmittelbar nach der Wiedergewinnung der außenpolitischen Souveränität betraf das Verhältnis zu den direkten östlichen Nachbarn. Im Rahmen der „Westverschiebung" nach 1945 musste Polen zugunsten der Sowjetunion auf Gebiete verzichten, die zum Teil seit Jahrhunderten zur polnisch-litauischen Adelsrepublik gehört und einen integralen Bestandteil der polnischen Geschichte und Identität gebildet hatten. Die bekanntesten Beispiele hierfür sind Lemberg (polnisch: Lwów, ukrainisch: Lviv) und Wilna (polnisch: Wilno, litauisch: Vilnius), Schlüsselorte der polnischen politischen und Geistesgeschichte. Die polnischen Kommunisten akzeptierten die Grenzveränderungen unter dem Druck Stalins. Weite Teile der Gesellschaft und insbesondere des polnischen Exils lehnten den Verzicht auf diese Gebiete ab. Für eine andere Haltung in dieser Frage stand die seit 1947 in Paris herausgegebene exilpolnische Monatszeitschrift *Kultura* unter Jerzy Giedroyć und Juliusz Mieroszewski. Sie propagierten seit Ende der 1940er Jahre den Verzicht auf die früheren polnischen Ostgebiete, freilich unter

---

442 Zu Einzelheiten siehe Hajnicz 2006: 170ff.

der Voraussetzung, dass die aktuellen Sowjetrepubliken Litauen, Belarus und Ukraine („BUL-Staaten") unabhängige Staaten würden, zu denen Polen ein partnerschaftliches Verhältnis würde entwickeln können (Gerhardt 2007).

Diesen Grundsatz versuchte Außenminister Krzysztof Skubiszewski in die Praxis umzusetzen, sobald dafür reale Möglichkeiten gegeben waren. In der Zerfallsphase der Sowjetunion führte Polen gegenüber den unmittelbaren östlichen Nachbarn eine „zweigleisige" Politik. Hauptansprechpartner blieb die Sowjetunion, doch begann Polen auch in den zum Teil neu eröffneten Konsulaten in Wilna, Minsk und Kiew eine aktive Ostpolitik zu führen. Außenminister Skubiszewski besuchte im Oktober 1990 zunächst Moskau als Hauptstadt der Russländischen Sozialistischen Föderativen Sowjetrepublik, mit der er nach deren kurz zuvor erfolgter Souveränitätserklärung deren ersten internationalen Vertrag (über Freundschaft und gutnachbarliche Zusammenarbeit) abschloss, dann Kiew und Minsk und danach noch einmal Moskau als Hauptstadt der Sowjetunion (Kuźniar 2009: 86).

Sehr rasch wurden allerdings im Verhältnis gerade zu den benachbarten Sowjetrepubliken Hinterlassenschaften aus der Zwischenkriegszeit und dem Zweiten Weltkrieg sichtbar, die unter den politischen Bedingungen nach 1945 nicht hatten aufgearbeitet werden können. Dies betraf selbst territoriale Fragen. So wurde der Ribbentrop-Molotow-Pakt vom 23. August 1939 von Polen wie von Litauen abgelehnt, doch niemand stellte die Zugehörigkeit des Gebiets um Wilna zu Litauen in Frage, das seit der fiktiven „Rebellion" von General Lucjan Żeligowski und dem Einmarsch seiner Truppen in Wilna 1920 Polen angeschlossen worden war und bis 1939 Teil Polens gewesen war. Gleichwohl verlangten die Litauer in den Verhandlungen mit Polen über einen Vertrag über freundschaftliche Beziehungen und gutnachbarliche Zusammenarbeit 1993/94 zur Überraschung der polnischen Seite zunächst eine Verurteilung der Aktion General Żeligowskis und der „Besetzung litauischen Territoriums" durch Polen in der Zwischenkriegszeit. Dieser Punkt konnte schließlich in einer für beide Seiten tragbaren Formulierung in die Präambel des Vertrages aufgenommen werden, den Polen mit Litauen 1994 als letztem der drei BUL-Staaten abschloss. Als aktuelles und selbst nach dem Beitritt beider Staaten zur EU strittiges Thema erwiesen sich Fragen der um die litauische Hauptstadt konzentrierten polnischen Minderheit, insbesondere im Bereich des Schulwesens und der Schreibweise polnischer Namen.[443]

Eine ähnliche Überraschung in territorialen Fragen erlebte die polnische Regierung in Verhandlungen mit der weißrussischen Seite, als diese den Status des Gebiets um Białystok im Nordosten Polens in Frage stellte, in dem die weißrussische Minderheit Polens konzentriert ist. Dennoch wurde im Juni 1992 ein Nachbarschaftsvertrag mit Belarus unterzeichnet, und zwar mit dem proeuropäischen Vorsitzenden des Obersten Sowjets von Belarus, Stanislau Schuschkewitsch. Nach der überraschenden Wahl von Alexander Lukaschenka zum Präsidenten von Belarus 1994 und dessen autoritärem Verhalten sowohl in innerstaatlichen Angelegenheiten als auch in teilweise brüskem Verhalten gegenüber dem Ausland litten auch die polnisch-weißrussischen Beziehungen empfindlich. Hauptstreitpunkt ist die von Lukaschenka in regelmäßigen Abständen angegriffene Vertretung der polnischen Minderheit in Belarus. So sehr Polen langfristig eine Mitgliedschaft des Landes in der EU anstrebt, so wenig realistisch ist eine derartige Perspektive gegenwärtig. Versuche von polnischer Seite, Demokratisierungsprozesse in Belarus zu fördern, konzentrieren sich auf zivil-

---

443 Zur Problematik der Wilnaer Polonia vgl. u.a. Buchhofer, Ekkehard 2001: Die Wilnaer Polonia und die neue polnische Ostpolitik, in: Ziemer, Klaus (Hrsg.): Schwierige Nachbarschaften. Die Ostpolitik der Ostmitteleuropäer, Marburg, 57-76.

gesellschaftliche Initiativen, etwa die Gründung der seit Ende 2007 von Polen aus in weißrussischer Sprache über Satellit sendenden Fernsehstation Belsat.

Nach der Unabhängigkeitserklärung der Ukraine am 2. Dezember 1991 erkannte Polen das Land als erster Staat an, was für die bilateralen Beziehungen eine hohe Bedeutung besitzt.[444] Die Unabhängigkeit der Ukraine zu sichern bedeutet für Polen, endgültig mögliche russische Versuche zu durchkreuzen, erneut ein „Imperium" aufzubauen. Insofern besitzt die Unabhängigkeit der Ukraine für Polen eine Schlüsselbedeutung, die der Sicherheitsberater von US-Präsident Jimmy Carter, Zbigniew Brzezinski, mit der Westbindung des vereinten Deutschlands verglich. Wechselnde polnische Regierungen bemühten sich, die Bedeutung der Ukraine für Europa ihren Partnern in der EU nahe zu bringen. Während der „Orangefarbenen Revolution" 2004 schaltete sich nicht nur Polens Präsident Aleksander Kwaśniewski erfolgreich als Vermittler ein. Auch breite Kreise der polnischen Gesellschaft zeigten eine starke Verbundenheit mit der oppositionellen Seite in der Ukraine. Polens Bemühungen um eine Integration der Ukraine in die EU scheiterten bisher allerdings vor allem am ambivalenten europapolitischen Verhalten der ukrainischen politischen Eliten.

13.1.4 Das Verhältnis zu den Auslandspolen („Polonia")

Polen war spätestens seit dem 19. Jahrhundert ein Emigrationsland. Zum einen gab es nach den gescheiterten Aufständen mehrere Wellen politischer Emigration vor allem nach Frankreich (und Deportationen nach Sibirien). Vor allem aber wanderte überschüssige Landbevölkerung aus, für die es keine oder nur geringe Erwerbsmöglichkeiten gab. Zielland waren in erster Linie die USA, wo heute über zehn Millionen US-Bürger polnischer Herkunft leben. Scherzhaft heißt es, nach Warschau sei Chicago die zweitgrößte polnische Stadt. Der Kontakt zu dieser „Polonia" wurde von der polnischen Regierung selbst zu kommunistischer Zeit aufrecht erhalten. Für die Beziehungen zu den Auslandspolen sind institutionell die Parlamentskommissionen des Sejm und des Senats für „Fragen der Emigration und der Polen im Ausland" zuständig.[445] Sie befassen sich mit den Auslandspolen weltweit, vor allem aber mit den Polen in den unmittelbaren östlichen Nachbarländern, wo eine nach Hunderttausenden zählende polnische Minderheit lebt, die in der Zwischenkriegszeit zu den Staatsbürgern der „Zweiten Republik" gehörte, sowie mit der Polonia in postsowjetischen Staaten wie Russland und Kasachstan. Dorthin wurden vor allem während der Besetzung Ostpolens durch die Sowjetunion zwischen 1939 und 1941 Hunderttausende von Polen deportiert. Neben den USA leben im Westen aus wirtschaftlichen und politischen Gründen emigrierte Polen bzw. deren Nachfahren vor allem in Brasilien, Kanada, Frankreich, Großbritannien und Deutschland. Viele Auslandspolen sind in Organisationen zusammengeschlossen, die enge Kontakte mit dem Mutterland unterhalten.

2007 wurde vom Parlament ein Gesetz verabschiedet, das Personen polnischer Herkunft, die im Ausland leben, die Möglichkeit einräumt, ein Dokument zu erhalten („Polen-Karte"), das ihnen bei Aufenthalten in Polen besondere Vergünstigungen einräumt. Dies

---

444 Ebenso bildete die Tatsache, dass Polen Ende August 1991 erst der 17. Staat war, der die Unabhängigkeit Litauens anerkannte, eine gewisse Belastung für die polnisch-litauischen Beziehungen. Ferner nahmen polnische Abgeordnete im litauischen Parlament nicht an der Abstimmung über die Unabhängigkeitserklärung teil; siehe Kuźniar 2009: 92.
445 Zu den Spannungen zwischen der betreffenden Senatskommission und dem polnischen Außenministerium über den Zugriff auf die Mittel für die Polonia 2012 siehe Kapitel 2.1.2.

13.1 Der Beginn eines außenpolitischen Paradigmenwechsels

betrifft ein kostenloses langfristiges Visum, die Möglichkeit der Arbeitsaufnahme oder auch die Aufnahme selbstständiger wirtschaftlicher Tätigkeit in Polen, gleichberechtigt wie polnische Staatsbürger, kostenlose Nutzung der Bildungs- und in dringenden Fällen auch der Gesundheitseinrichtungen, u.a.[446] Dieses Dokument verleiht nicht die polnische Staatsangehörigkeit und hat praktische Auswirkungen vor allem für in den Nachfolgestaaten der Sowjetunion lebende Personen polnischer Herkunft (einschließlich der baltischen Staaten, vor allem Litauen).

Im Vorfeld des 20. Jahrestages der Unterzeichnung des „Vertrags über gutnachbarliche Beziehungen und freundschaftliche Zusammenarbeit" mit Deutschland vom 17. Juni 1991 rückte die Polonia in Deutschland in den Blickpunkt.[447] Von polnischer staatlicher Seite wurde bemängelt, dass den Polnischstämmigen in Deutschland zwar im Vertrag dieselben Rechte wie der deutschen Minderheit in Polen eingeräumt worden waren, dass die finanzielle Unterstützung des deutschen Staates für die Polonia aber deutlich unter den Ausgaben der staatlichen Stellen Polens für die deutsche Minderheit lägen. Die organisatorisch lange Zeit wenig geeinte und unter ihren Funktionären teilweise heftig zerstrittene deutsche Polonia hat es mit 16 Landesregierungen zu tun, die nach deutschem Recht für Ausländer zuständig sind. In Gesprächen am Runden Tisch, deren Ergebnisse in das von beiden Regierungen zum 20. Jahrestag vereinbarte umfangreiche „Programm der Zusammenarbeit" aufgenommen wurden, wurde im Frühjahr 2011 u.a. vereinbart, dass für die Polonia mit deutschen Mitteln in Berlin eine Geschäftsstelle eingerichtet wird, die die Interessen aller polnischen Organisationen in Deutschland vertreten und in der ein Internetportal für alle polnischen Organisationen in Deutschland geschaffen werden soll. Die Bundesregierung will sich dafür einsetzen, dass auf Bundes- und Länderebene Beauftragte für die Zusammenarbeit mit den Polen und polnischstämmigen Bürgern in Deutschland ernannt werden. Die polnische Seite sagte u.a. zu, die „undemokratischen Praktiken der Volksrepublik Polen" gegenüber polnischen Staatsbürgern und Staatenlosen deutscher Herkunft wissenschaftlich prüfen zu lassen und die Ergebnisse zu veröffentlichen.[448] Bereits am 10. Juni 2011 hatte der Bundestag in einer Resolution festgestellt, dass in der Zeit des Nationalsozialismus Angehörige der damaligen polnischen Minderheit in Deutschland in Konzentrationslagern umgebracht wurden, ihre Organisationen verboten und enteignet worden seien. Der Bundestag wolle diese Opfer ehren und rehabilitieren.[449]

---

446 Ustawa z dnia 7 września 2007 r. o Karcie Polaka, Dz. U. 2007 Nr. 180, Pos. 1280 mit den nachfolgenden Änderungen und Ausführungsbestimmungen.
447 Zur komplizierten Struktur dieser Polonia siehe Fn. 440.
448 Vgl. den Katalog der vereinbarten Maßnahmen und Zielsetzungen unter Punkt 5.5 des von beiden Regierungen am 21.06.2011 in Warschau unterzeichneten „Programms der Zusammenarbeit", http://www.bundesregierung.de/Content/DE/_Anlagen/2011/06/2011-06-21-programm-deutsch-polnische-nachbarschaft.pdf?__blob=publicationFile&v=2 (29.07.2012).
449 Vgl. Drucksache 17/6145 des Bundestags vom 09.06.2011, http://dipbt.bundestag.de/dip21/btd/17/061/1706145.pdf (29.07.2012).

13.2 Polen „auf dem Weg in den Westen"

Aufgrund der historischen Erfahrungen der letzten drei Jahrhunderte, vor allem aber des 20. Jahrhunderts, stand die Sicherung der nationalen Souveränität, genauer: das Streben nach militärischer Sicherheit im Sinne eines Schutzes vor ausländischer Intervention, in der Prioritätenliste der polnischen Außen- und Sicherheitspolitik an erster Stelle. Im Kontext der 1990er Jahre konnte das nur heißen: Sicherheit vor einem (in der Praxis freilich kaum wahrscheinlichen) Angriff Russlands auf Polen. In der polnischen Wahrnehmung konnten eine solche Sicherheit nur die USA gewährleisten. Die USA galten als der Sieger im Kalten Krieg, sie hatten die Sowjetunion bezwungen. Die Europäische Union erwies sich im Jugoslawien-Konflikt als unfähig zu handeln. Erst das Eingreifen der USA setzte den Bestrebungen Serbiens nach Expansion und „ethnischen Säuberungen" ein Ende. Umso mehr war die polnische politische Elite überzeugt, dass nur die USA die „harte" militärische Sicherheit des Landes garantieren könnten.

Der Beitritt zu einem neuen Bündnissystem, kaum dass Polen die Warschauer Vertragsorganisation und den RGW verlassen hatte, besaß für Teile der Gesellschaft und der politischen Elite durchaus ambivalente Aspekte, da Polen auf diese Weise zumindest auf Teile seiner gerade erst wieder gewonnenen Souveränität verzichten musste. Dennoch wurde in die Verfassung von 1997 bewusst ein Artikel aufgenommen, der es Polen ermöglicht, aufgrund eines völkerrechtlichen Vertrags „einer internationalen Organisation oder einem internationalen Organ die Kompetenz von Organen der staatlichen Gewalt in bestimmten Angelegenheiten [zu] übertragen" (Art. 90 Abs. 1 NV). Allerdings bedarf ein solcher Vertrag der Zustimmung sowohl des Sejm als auch des Senats mit Zweidrittelmehrheit bei Anwesenheit von mindestens der Hälfte der gesetzlichen Mitglieder. Der Sejm kann mit absoluter Mehrheit auch ein Referendum über die Ratifizierung eines solchen völkerrechtlichen Vertrags ansetzen. Während der in der Gesellschaft weitgehend unstrittige Nato-Beitritt durch Parlamentsbeschluss ratifiziert wurde, wurde über die etwas kontroversere Mitgliedschaft in der EU per Referendum abgestimmt. Mit Hinblick auf den damit verbundenen Souveränitätsverlust argumentierten EU-Gegner, man wolle nicht die gerade erst überwundene Vormundschaft Moskaus gegen die von Brüssel eintauschen.

Bereits im Oktober 1992 erklärte Premierministerin Hanna Suchocka in einer Rede an der Katholischen Universität Lublin, sie hoffe auf eine baldige Integration Polens in die Nato.[450] Der Polen durchaus wohlwollend eingestellte russische Präsident Jelzin akzeptierte bei seinem Besuch in Warschau 1993 nach langen Gesprächen mit Präsident Wałęsa diesen Wunsch, doch reagierte der Westen darauf zunächst nicht. Den neuen, allen Staaten des früheren kommunistischen Machtbereichs offen stehenden Einrichtungen wie dem Nordatlantischen Kooperationsrat (NACC) oder der Partnerschaft für den Frieden (PfP) trat Polen zwar bei, aber immer mit dem Blick auf das eigentliche Ziel der Vollmitgliedschaft. Nach einem nicht einfachen Beitrittsprozess, in dem Polen zum Teil nur unter großen innenpolitischen Spannungen Anforderungen des Westens wie den Primat der Politik über das Militär durchsetzte, wurde das Land über mehrere Zwischenstufen schließlich 1999 zusammen mit

---

450 Als vom polnischen Außenministerium in das betreffende Gremium delegierter Teilnehmer berichtet Kuźniar 2009: 111, Fn. 103, dass schon im Herbst 1991 in der Präsidialkanzlei eine neue Sicherheitsstrategie für Polen ausgearbeitet wurde. Die Teilnehmer seien aus verschiedenen Parteien und Institutionen gekommen. Alle seien sich einig gewesen, dass den Kernpunkt des auszuarbeitenden Dokuments Polens künftige Mitgliedschaft in der Nato bilden sollte.

der Tschechischen Republik und Ungarn in die Nato aufgenommen, was für die meisten Polen nach dem Systemwechsel wohl das wichtigste Ereignis der 1990er Jahre darstellte, da das Land endlich im „richtigen" Bündnis angekommen war und über die Nato nun die Vereinigten Staaten für die Sicherheit Polens garantierten. Als buchstäblich nur wenige Tage nach Polens Aufnahme in die Nato der Jugoslawien-Konflikt eskalierte, entsandte Polen sofort ein Bataillon auf den Balkan, um seine Bereitschaft zu signalisieren, zur Stelle zu sein, wenn die Nato rufe – freilich mit der gleichzeitigen Erwartung, dass wenn Polen einmal in Bedrängnis sei, auch die Nato entsprechend Polen beistehen werde.

Weit komplizierter verlief der Beitrittsprozess zur Europäischen Union. In der polnischen Gesellschaft überwog zunächst sehr deutlich die Zustimmung zu einem Beitritt (im Mai 1996 rund 80 Prozent, vgl. auch Tabelle 51), da sich die Meisten davon eine Erhöhung des polnischen Wohlstands versprachen. Je konkreter jedoch die Beitrittsverhandlungen wurden und deutlich wurde, dass zumindest bestimmte Teile der Gesellschaft teilweise beträchtliche Anpassungskosten würden erbringen müssen, desto mehr wuchs eine gewisse Zurückhaltung gegenüber dem Beitritt (im März 2001 nur noch rund 55 Prozent Zustimmung). Die renommierte Soziologin und langjährige Leiterin des Think Tanks Institut für Öffentliche Angelegenheiten, Prof. Lena Kolarska-Bobińska, resümierte 2001 empirische Untersuchungen zu den Motiven der Polen für einen EU-Beitritt dahingehend, dass an erster Stelle die Zugehörigkeit Polens zur in der EU zusammengeschlossenen Staatengruppe aus historischen und kulturellen Gründen stehe, erst danach kämen wirtschaftliche Überlegungen. Sie folgerte daraus, dass das Hauptmotiv des Beitritts für Polen eine „zivilisatorische Option" sei, alle anderen Gründe seien nachgeordnet.[451] Tatsächlich symbolisierte für viele Polen kein anderes Projekt so sehr die viel beschworene „Rückkehr nach Europa" wie der Beitritt zur Europäischen Union.

Bei den EU-Gegnern überwog jedoch lange die Furcht vor einem Verlust der nationalen Identität in einer von libertären Grundsätzen geprägten Europäischen Union. Ähnliche Befürchtungen innerhalb des katholischen Klerus wurden erst nach der erwähnten Reise einer Vertretung des polnischen Episkopats im Dezember 1997 nach Brüssel zerstreut. Der unbeirrt EU-skeptischen Stimme von Radio Maryja setzte Papst Johannes Paul II sein nachdrückliches Plädoyer für den Beitritt Polens in seiner Rede vor beiden Häusern des polnischen Parlaments bei seinem Besuch in Warschau im Juni 1999 entgegen. Wenige Tage vor dem Beitrittsreferendum von 2003 propagierte er die einprägsame Parole „Von der Lubliner Union[452] zur Europäischen Union", was den Beitritt zur Europäischen Union als den Kulminationspunkt der polnischen Geschichte erscheinen ließ.

Die eigentlichen Beitrittsverhandlungen wurden auf polnischer Seite zunächst dadurch erschwert, dass nur ein vergleichsweise kleiner Kreis von Spezialisten mit der komplizierten Materie vertraut war, in der polnischen Öffentlichkeit kaum eine inhaltliche Debatte über die europapolitischen Zielsetzungen Polens geführt wurde und die internen polnischen Institutionen zur Verhandlungsführung mit der EU nicht optimal konzipiert waren.[453] Mehrfach bemängelten die jährlichen „Fortschrittsberichte" der EU die nur schleppende Umset-

---

451 Kolarska-Bobińska, Lena 2001: Polacy wobec wielkiej zmiany, in: Dies. (Red.): Polacy wobec wielkiej zmiany. Integracja z Unią Europejską, Warszawa (Instytut Spraw Publicznych), 5-11.
452 Die Lubliner Union hatte 1569 die bis dahin über den Herrscher vermittelte Personalunion zwischen Polen und Litauen in eine Realunion verwandelt, in der beide Teile der Föderation gemeinsame Institutionen besaßen.
453 Vgl. hierzu Veronica Ziemer 2009: 75 ff.

zung des *acquis communautaire* in Polen. Mit dem Regierungswechsel 2001 wurde die Verhandlungsführung im Außenministerium, das Włodzimierz Cimoszewicz übernahm, konzentriert. Seine Stellvertretung bei den meisten Verhandlungen mit der EU übernahm die hoch kompetente Wirtschaftsprofessorin Danuta Hübner.[454] Bei den Verhandlungen mit der EU ging es zum einen um die inhaltlichen Kapitel, die Punkt für Punkt abgearbeitet werden mussten. Dabei weckten die heftigsten Emotionen die polnische Forderung, dass nach dem Beitritt des Landes zur EU der Verkauf von Grund und Boden an Ausländer erst nach einer mehrjährigen Frist ohne die Genehmigung von staatlicher Seite möglich sein sollte, da befürchtet wurde, dass wohlhabendere Ausländer (im Klartext: Deutsche) vor allem in attraktiven Feriengebieten Immobilienpreise zahlen würden, mit denen Polen nicht würden konkurrieren können. Ferner verlangte Polen die Freizügigkeit für polnische Staatsbürger auf dem europäischen Arbeitsmarkt unmittelbar mit dem EU-Beitritt des Landes, was vor allem in Deutschland und Österreich abgelehnt wurde. In beiden Fragen wurde schließlich ein Kompromiss dahin gehend erzielt, dass die jeweiligen Fristen verkürzt wurden.[455] Sorgen bestanden in Polen auch hinsichtlich der Konkurrenzfähigkeit von Teilen der Landwirtschaft insbesondere in den früher habsburgischen Gebieten im Südosten des Landes, in denen zahlreiche Zwergwirtschaften auch ohne den durch den EU-Beitritt zu erwartenden Konkurrenzdruck vor dem Aus standen, ohne dass Arbeitsplätze in anderen Bereichen der Wirtschaft zur Verfügung gestanden hätten.

Zum anderen verhehlte die polnische Seite nicht ihre Vorbehalte gegenüber der kurz nach dem polnischen Nato-Beitritt 1999 vom EU-Gipfel in Köln beschlossenen Europäischen Sicherheits- und Verteidigungspolitik (ESVP). Die ESVP wurde in Warschau wie in Washington eher als Schwächung der Nato gesehen, die nach fester Überzeugung der polnischen politischen Eliten das Rückgrat der polnischen Sicherheit bildete. Da die Beitrittskandidaten jedoch den *acquis* in vollem Umfang übernehmen mussten, akzeptierte die polnische Regierung die ESVP ohne echte innere Überzeugung (Ziemer 2009: 78 ff.). Künftige Konflikte waren absehbar.

Zwar lag in Umfragen das Verhältnis zwischen Befürwortern und Gegnern der polnischen EU-Mitgliedschaft relativ konstant bei etwa 2 zu 1. Doch war angesichts der bekannt niedrigen Beteiligung an Wahlen und Abstimmungen in Polen zweifelhaft, ob das Quorum von 50 Prozent Abstimmungsbeteiligung, das für die Gültigkeit eines Referendums erforderlich war, erreicht werden würde. Alle nationalen Referenden nach 1989 hatten eine deutlich unter 50 Prozent liegende Abstimmungsbeteiligung aufgewiesen (vgl. Tabelle 23). Nachdem Umfragen ergaben, dass bei einer Ausdehnung der Abstimmung auf zwei Tage (Samstag und Sonntag) eine höhere Beteiligung zu erwarten wäre, wurde für dieses Referendum die Abstimmung auf den 7. und 8. Juni 2003 festgelegt. Mit einer Abstimmungsbeteiligung von 58,9 Prozent und 77,5 Prozent der gültigen Stimmen für den Beitritt gab die polnische Gesellschaft ein klares Bekenntnis zur Mitgliedschaft in der EU ab. Dabei gab es freilich ein regional differenziertes Bild, das an die Wahlgeografie bei Wahlen zum Sejm erinnerte: Die höchste Abstimmungsbeteiligung und Zustimmung war im Nord-

---

454 Danuta Hübner war 2001-2003 Staatssekretärin im Außenministerium, 2003-04 Europa-Ministerin. 2004 wurde sie EU-Kommissarin für Regionalpolitik. 2009 wurde sie als PO-Abgeordnete in das Europaparlament gewählt.

455 Die ursprüngliche polnische Forderung nach 18 Jahren Übergangszeit für den freien Kauf von Immobilien wurde schließlich auf zwölf Jahre herabgesetzt. Deutschland und Österreich setzten für sich gegenüber allen neuen EU-Mitgliedern (außer Malta und Zypern) eine Übergangszeit von sieben Jahren für den unbegrenzten Zugang zum Arbeitsmarkt durch.

westen, Westen und Südwesten zu beobachten, die niedrigste im Osten und Südosten, also an der so genannten „Ostwand", die am weitesten von der Grenze mit der EU entfernt ist. Dort waren zum einen die Befürchtungen bezüglich der Folgen des Beitritts für die Landwirtschaft am größten. Zum andern fehlte dort weitgehend die Erfahrung mit der EU, die in den näher an der Grenze zu Deutschland gelegenen Regionen bereits seit Anfang der 1990er Jahre hatte gesammelt werden können. Am 1. Mai 2004 trat Polen offiziell der EU bei.

13.3 Polen auf der Suche nach seinem Platz in Europa

Mit dem Beitritt zu Nato und EU hatte Polen seine beiden wichtigsten strategischen Ziele nach 1989 erreicht. Doch spätestens 2003 zeigten sich gravierende Spannungen zwischen Polen und seinen wichtigsten europäischen Verbündeten, und dies auf mehreren Ebenen. Im Kern ließen sich die wachsenden Konflikte aus dem Bemühen der polnischen politischen Eliten ableiten, einerseits möglichst viel an nationaler Souveränität zu bewahren und andererseits den unterstellten Erwartungen der US-Regierung zu entsprechen. Einen wichtigen Grund für die Spannungen bildete aber auch die unzureichende Kenntnis der europäischen Partner über polnische Befindlichkeiten. Auf der Ebene der EU bevorzugte die polnische politische Führung intergouvernementale Entscheidungsprinzipien und nicht eine Entscheidungskompetenz der EU-Kommission, die die Gemeinschaft gestärkt hätte.[456] Auch wenn eine klare polnische Position bezüglich der künftigen Gestalt der EU und von Polens Rolle in ihr noch nicht ausgearbeitet war, waren sich die politischen Eliten einig darin, dass jegliche Initiativen, die auf verstärkte Kooperation nur bestimmter Partner hinausliefen („Europa unterschiedlicher Geschwindigkeiten"), abzulehnen seien, da Polen sich dann vermutlich nicht unter diesen Staaten und damit wieder in einem „Europa B" befinden würde. Diese Grundposition ist bis heute parteiübergreifend unter den polnischen politischen Eliten verbreitet.

Nach dem EU-Gipfel von Kopenhagen im Dezember 2002 konnten die künftigen Mitgliedsstaaten bereits an EU-Gipfeln teilnehmen, um mit in die künftig auch sie betreffenden Entscheidungen eingebunden zu sein. Polen machte davon im Dezember 2003 in einer seine Partner teilweise irritierenden Weise Gebrauch, indem es sein Veto gegen den ausgearbeiteten Verfassungsvertrag der EU ausdrückte. Der Hauptgrund lag darin, dass das auf dem Gipfel in Nizza 2000 eingeführte, für Polen sehr günstige System der Stimmengewichtung im Europäischen Rat verändert werden sollte (Einführung der „doppelten Mehrheit"). Dieses nicht von einer nationalkonservativen, sondern von einer linken Regierung ausgesprochene Veto war auf einen breiten Konsens der politischen Eliten gestützt.[457] Neben der Stimmengewichtung im Rat spielte dabei auch eine Rolle, dass Polen die vorgesehene Institution eines Präsidenten des Europäischen Rats ablehnte und auf dem Prinzip „ein Staat, ein Kommissar" beharrte. Ferner forderte es ein Mitentscheidungsrecht für alle EU-Mitglieder über die Weiterentwicklung der ESVP, nicht nur für diejenigen, die die Sicherheitskooperation in der EU aktiv betreiben. Schließlich war Polen für die Bezugnahme auf das christ-

---

456 Nur wenige Wissenschaftler befürworteten eine Stärkung der Gemeinschaft. Unter den Politikern bildete Bronisław Geremek die wichtigste Ausnahme; vgl. Kuźniar 2009: 227.
457 Die griffige, vom damaligen führenden Oppositionspolitiker Jan Rokita (PO) lancierte Parole, die in ganz Polen geläufig war und die die SLD-Regierung nicht zu kritisieren wagte, lautete: „Nizza oder der Tod".

liche Erbe Europas in der Präambel des Verfassungsvertrags (vgl. Normann 2005; Kuźniar 2009: 228 f.). Polen gab mit dem Brüsseler Veto von Beginn an zu verstehen, dass es seinen Platz in der EU sehr aktiv im Sinne der Wahrnehmung seiner Interessen wahrzunehmen gedenke. Es folgten, was in der EU ungewöhnlich ist, Androhungen, vom Vetorecht auch weiter Gebrauch zu machen, und nach dem russischen Importstop für polnisches Fleisch 2006 legte Polen tatsächlich ein weiteres Veto gegen ein Mandat zur Aufnahme von Verhandlungen der EU mit Russland über ein neues Partnerschafts- und Kooperationsabkommen ein. Das Land wurde in der EU daher gleich zu Beginn als schwieriger Partner, wenn nicht gar als Störenfried wahrgenommen. Dieser Eindruck wurde verstärkt, als 2005 die PiS die Regierung stellte (und insbesondere Jarosław Kacyzński 2006 Premierminister wurde) und sein Zwillingsbruder Lech Staatspräsident wurde. Dabei bestand eines der Paradoxa dieser Zeit darin, dass eine der EU-freundlichsten Gesellschaften in Europa eine der EU-kritischsten Regierungen besaß. Anders als in den meisten anderen neuen Mitgliedsstaaten nahm die Zustimmung zur EU nicht ab, sondern zu (vgl. Tabelle 51).

Die Verhandlungen in Lissabon über den neuen EU-Vertrag, während derer der in Lissabon anwesende Präsident Lech Kacyzński in den entscheidenden Phasen seinen in Warschau verbliebenen Bruder und Ministerpräsidenten anrief und alle anderen Gipfelteilnehmer warteten, blieben in Aller Erinnerung. Nachdem er lange das negative Referendum in Irland zum Vorwand nahm, den vom polnischen Parlament gebilligten Vertrag nicht zu unterzeichnen, nahm er den positiven Ausgang des zweiten irischen Referendums vom 3. Oktober 2009 in dieser Frage zum Anlass, genau eine Woche später in Anwesenheit hoher EU-Vertreter mit Kommissionspräsident Barroso an der Spitze den Vertrag zu unterzeichnen, was nach der Unterschrift des tschechischen Präsidenten Vaclàv Klaus das Inkrafttreten des Lissabon-Vertrags zum 1. Dezember 2009 ermöglichte.

Der Irakkrieg 2003 brachte Polen in die große Verlegenheit, sich zwischen seinen wichtigsten Verbündeten entscheiden zu müssen, den USA (und Großbritannien) auf der einen Seite und Deutschland und Frankreich auf der anderen. Angesichts der sicherheitspolitischen Grundoptionen Polens war klar, dass sich das Land (das heißt, die politischen Eliten) auf Seiten der USA engagieren würde(n), auch wenn sich eine absolute Mehrheit der polnischen Gesellschaft, die ab 2005 zu einer Dreiviertelmehrheit anwuchs,[458] gegen ein militärisches Engagement ihres Landes im Irak aussprach. Die Art und Weise, wie die polnische Entscheidung Deutschland und Frankreich mitgeteilt wurde („Brief der Acht"), rief nicht nur auf deutscher Seite Unverständnis hervor. Bei dieser Gelegenheit wurde zugleich deutlich, dass die Kommunikation zwischen deutschen und polnischen Eliten bei der Abstimmung in bilateralen wie europäischen und euroatlantischen Fragen alles andere als optimal war.

Zwar konnte Polen mit der Übernahme einer eigenen Besatzungszone im Irak seine internationale Stellung aufwerten, doch wuchs im Laufe der Zeit die Enttäuschung im Lande über das Ausbleiben der erwarteten Wirtschaftsaufträge aus dem Irak und (im Gegensatz z.B. zu tschechischen Staatsbürgern) das Aufrechterhalten des Visumszwangs für Polen bei Reisen in die USA. Während in der Gesellschaft, die traditionell die höchste Verbundenheit mit den USA auf dem europäischen Kontinent aufwies, unter der Bush-Administration die

---

458 Vgl. CBOS 2007: Opinia publiczna o udziale polskich żołnierzy w misjach poza granicami kraju oraz o ostatnich wydarzeniach w Iraku, BS/19/2007, Warschau, Februar 2007.

Sympathie zu den Amerikanern drastisch fiel,[459] unterstrichen wechselnde Regierungen ihre Bündnistreue gegenüber den USA, so dass sich der in der Publizistik verbreitete Begriff von Polen als einem „trojanischen Pferd der USA in der Nato" verfestigte. Die außenpolitische Bindung an die USA wurde unter den Brüdern Kaczyński noch stärker akzentuiert. Allerdings schwenkte Polen im Bereich der ESVP bald auf eine pragmatischere Linie ein und unterstützte eine ganze Reihe von Maßnahmen zum Aufbau einer eigenen EU-Sicherheitsstruktur. Es wurde gewissermaßen vom „‚instinktiven' Atlantiker zum ‚europäisierten' Atlantiker" (Frank 2008: 118). Präsident Kaczyński machte 2006 sogar den Vorschlag, eine eigene europäische Armee aufzubauen (Lang 2009: 593), doch blieb der Vorschlag folgenlos. Immerhin beteiligte sich das polnische Militär an mehreren EU-Militärmissionen und arbeitet auch eng mit der Bundeswehr zusammen. Auch der neue Staatspräsident Komorowski sprach sich bei seinem Antrittsbesuch in Brüssel Anfang September 2010 und auch danach für eine Stärkung der Verteidigungsfähigkeit der EU aus, was aber nicht auf Kosten der Beziehungen zu den USA gehen dürfe.[460]

Beim Aufnahmeprozess in die Nato und die EU wurde Polen von keinem anderen Staat so stark unterstützt wie von Deutschland, das die Westintegration des Landes auch im wohlverstandenen eigenen Interesse förderte. Der Regierungswechsel in Bonn[461] 1998 änderte nichts an dieser grundsätzlichen Ausrichtung der deutschen Politik. Die rot-grüne Koalition regelte im Jahre 2000 mehr als ein halbes Jahrhundert nach Kriegsende endlich die Frage der Entschädigung von Zwangs- und Sklavenarbeitern aus dem Zweiten Weltkrieg. Dabei wurden von den rund fünf Milliarden Euro, die je zur Hälfte vom Bund und von Unternehmen in eine Stiftung eingezahlt wurden, rund 930 Millionen Euro an ehemalige polnische Zwangsarbeiter ausgezahlt.[462] Auch beim für das Ergebnis der Beitrittsverhandlungen Polens zur EU entscheidenden Gipfel im Dezember 2002 in Kopenhagen unterstützte Bundeskanzler Schröder polnische Wünsche nachdrücklich.

Dennoch kam es gerade zu dieser Zeit zu Eintrübungen im deutsch-polnischen Verhältnis durch Entwicklungen im Vorfeldbereich der Politik. Mit großer Aufmerksamkeit und wachsender Beunruhigung wurde in den polnischen Medien wahrgenommen, dass nach der Publikation der Novelle von Günter Grass „Im Krebsgang" (2001) eine ganze Welle von Veröffentlichungen in deutschen elektronischen und Printmedien einsetzte, in denen Deutsche gegen Ende des Zweiten Weltkriegs als dessen Opfer dargestellt wurden,

---

459 1997 lagen die Amerikaner mit 64 Prozent wie fast üblich an der Spitze der Nationen, denen die Polen Sympathie entgegen brachten. Bis 2007 sank dieser Wert auf 44 Prozent; vgl. CBOS 2007: Sympatia i niechęć do innych narodów, BS/144/2007, Warschau, September 2007: 4. 2008 erklärten sich nur 35 Prozent der Befragten für eine Führungsrolle der USA, 65 Prozent dagegen – wie im EU-Durchschnitt – für eine Führungsrolle der EU; vgl. Jacek Kucharczyk 2010: Polacy pięć lat po wejściu do UE – zadowolenie i oczekiwania, in: Komisja Europejska. Przedstawicielstwo w Polsce (Red.): Pytania o Europę. Opinie ekspertów, Warszawa, 23-27, hier 25. Zugänglich auch über http://ec.europa.eu/polska/news/documents/100322_publikacjawww.pdf (31.07.2012).
460 Vgl. u.a. Wroński, Paweł 2010: Prezydent Komorowski w Brukseli, in: Gazeta Wyborcza 02.09.2010.
461 Der Umzug der meisten Bundesministerien nach Berlin fand erst ab 1999 statt.
462 Als Gründe für die späte Entschädigung der Opfer nennt die mit der Auszahlung beauftragte Stiftung „Erinnerung – Verantwortung – Zukunft" auf ihrer Internetseite die Bestimmung des Londoner Schuldenabkommens von 1953, dass die Regelung individueller Entschädigungsansprüche ausländischer Staatsbürger an den Abschluss eines Friedensvertrags gekoppelt wurde; dass die meisten Opfer im sowjetischen Machtbereich wohnten und in der UdSSR lange Zeit sogar als Kollaborateure galten; aber auch: „Nach dem Krieg gab es zudem in Deutschland – in der Bevölkerung, innerhalb der Bundesregierung und bei den Unternehmen – für Zwangsarbeit im Nationalsozialismus noch kein Unrechtsbewusstsein." http://www.stiftung-evz.de/ns-zwangsarbeit/auszahlungsprogramme/ (26.07.2012).

von denen immer neue Gruppen entdeckt wurden (Flüchtlinge und Vertriebene, zivile Opfer des Bombenkrieges, vergewaltigte Frauen, etc.). Als 2000 aus dem Umfeld des Bundes der Vertriebenen (BdV) die Stiftung „Zentrum gegen Vertreibungen" unter der BdV-Vorsitzenden und CDU-Bundestagsabgeordneten Erika Steinbach mit dem Ziel gegründet wurde, ein gleichnamiges Zentrum in Berlin zu errichten, um an das Schicksal der deutschen Vertriebenen (aber nach wachsender Kritik dann auch an andere Vertreibungen in Europa im 20. Jahrhundert) zu erinnern, wurde dies in Teilen der polnischen Öffentlichkeit als Tendenz in Deutschland wahrgenommen, die Geschichte des Zweiten Weltkriegs umzuschreiben: Aus Tätern würden allmählich Opfer.

Die polnische Gesellschaft war in dieser Frage umso mehr sensibilisiert, als der im Jahre 2000 veröffentlichte kleine Band „Nachbarn" des polnisch-amerikanischen Soziologen Jan Tomasz Gross[463] einer breiteren Öffentlichkeit erstmals die Ermordung fast aller Juden des nordostpolnischen Ortes Jedwabne im Juli 1941 durch polnische Mitbürger zu Bewusstsein brachte. Dass die nach dem Abzug der Roten Armee gerade eingerückte deutsche Besatzungsmacht das Massaker zumindest wohlwollend geduldet und möglicherweise sogar angestiftet hat, spielte für die meisten Polen keine Rolle. Seit Generationen war im Großteil der Gesellschaft fest kodiert, dass Polen seit dem Ende des 18. Jahrhunderts immer Opfer der Geschichte gewesen war und Polen sich dennoch im 19. und 20. Jahrhundert auch an Freiheitsbewegungen in mehreren europäischen Ländern beteiligt hatten („Für eure und unsere Freiheit"). Zuletzt hatte in dieser Sichtweise die Solidarność Europa vom Kommunismus befreit. Auch wenn das Verbrechen von Jedwabne das Werk nur einiger Individuen war und mit den in Ausführung staatlicher Politik verübten deutschen Gräueltaten im Zweiten Weltkrieg in keiner Weise gleichgesetzt werden kann, bedeutete die Infragestellung des Opfer-Stereotyps für viele Polen einen Schock und eine Verunsicherung.

Gerade aus diesem Grunde verursachten die vermeintlichen Signale aus Deutschland, dass dort die Geschichte des Zweiten Weltkriegs neu geschrieben würde, in Polen so große Nervosität. Als schließlich die 2000 aus dem Umfeld von BdV-Funktionären gegründete, marginale „Preußische Treuhand" erklärte, die Grenzveränderungen nach 1945 hätten die privatrechtlichen Eigentumsverhältnisse in den früher deutschen Gebieten nicht geändert, und die Rückgabe früheren deutschen Eigentums forderte, löste sie in Polen eine Welle der Empörung aus. Lech Kaczyński (PiS) ließ als Stadtpräsident von Warschau die Kriegsschäden der Stadt erneut berechnen, um für den Fall deutscher Forderungen eine entsprechende Gegenrechnung vorzulegen. Seinem Beispiel folgten andere Städte. Zwar erklärte Bundeskanzler Schröder anlässlich der Feiern zum 60. Jahrestag des Warschauer Aufstands am 1. August 2004, keine Bundesregierung werde derartige Forderungen vor Gerichten unterstützen. Ähnlich äußerte sich die Opposition und selbst Frau Steinbach. Nach einer repräsentativen Umfrage vom Sommer 2004 hielten es jedoch 61 Prozent der erwachsenen Polen für „sehr wahrscheinlich" oder „wahrscheinlich", dass entgegen den Erklärungen von Regierung wie Opposition in Deutschland eine deutsche Regierung in der Zukunft doch deutsche Gebiete und frühere Besitztümer in Polen zurückfordern oder Entschädigungsforderungen an Polen stellen werde.[464] Am 10. September verabschiedete der Sejm fast einstimmig eine Entschließung, in der die polnische Regierung aufgefordert wurde, mit der deutschen Regierung Reparationsverhandlungen aufzunehmen, was die polnische Regie-

---

463 Gross, Jan Tomasz 2000: Sąsiedzi, Sejny; deutsch: Nachbarn, München 2001.
464 Vgl. Petersen, Thomas 2005: Flucht und Vertreibung aus Sicht der deutschen, polnischen und tschechischen Bevölkerung, Bonn (Stiftung Haus der Geschichte der Bundesrepublik Deutschland), 91.

rung ablehnte.[465] In Deutschland wurde der Sejmbeschluss mit Kopfschütteln zur Kenntnis genommen, jedoch als primär nach innen gerichtet betrachtet und nicht offiziell kommentiert. Die Emotionen stiegen in Polen noch einmal an, als die „Preußische Treuhand" im Dezember 2006 vor dem Europäischen Gerichtshof für Menschenrechte in Straßburg die Klage auf Rückgabe von Eigentum in 22 ausgewählten Fällen einreichte. Erst als diese Klage im Oktober 2008 als unbegründet abgewiesen wurde, hörte dieses Thema auf, die deutsch-polnischen Beziehungen zu belasten. Es war jedoch bezeichnend für die Asymmetrie der Wahrnehmung von Streitfragen mit historischem Hintergrund in beiden Gesellschaften, dass das Urteil aus Straßburg am 7. Oktober 2008 *die* Topnachricht in allen polnischen Medien bildete, während sie in Deutschland weitgehend unbeachtet blieb.

Während in den deutsch-polnischen Beziehungen unter Ministerpräsident Jarosław Kaczyński die jüngere Geschichte zum Teil bewusst politisch instrumentalisiert wurde – Teile der polnischen Presse kritisierten: „wie zuletzt in der Volksrepublik"[466] –, entspannte sich das deutsch-polnische Verhältnis nach dem Regierungswechsel in Polen im Herbst 2007 deutlich. Zwar blieben aktuelle Konfliktpunkte wie das geplante „Zentrum gegen Vertreibungen"[467] oder das Projekt einer deutsch-russischen Erdgas-Pipeline durch die Ostsee (an Polen und den baltischen Staaten vorbei) bestehen, doch werden kontroverse Punkte nun auf Regierungsebene in einer wesentlich entspannteren Atmosphäre behandelt.

Auf der Ebene der beiden Gesellschaften intensivieren sich die Kontakte zumal nach Polens Beitritt zur EU 2004 und insbesondere zum Schengen-Abkommen im Dezember 2007.[468] Im Verhältnis zu Deutschland bilden nicht zuletzt die Wirtschaftsbeziehungen eine solide materielle Basis. Deutschland wurde sofort nach der Vereinigung Polens wichtigster Wirtschaftspartner, der ein Viertel bis ein Drittel der polnischen Exporte aufnimmt und rund ein Viertel der polnischen Importe liefert (vgl. Tabelle 1). In absoluten Zahlen haben sich diese Handelsbeziehungen mit der Ausnahme des ersten spürbaren Jahres der Weltwirtschaftskrise 2009 ständig erweitert. In Prozentzahlen des polnischen Außenhandels sind sie in den letzten Jahren allerdings leicht zurückgegangen. Darin äußert sich vor allem Polens stärkere Integration in die Weltwirtschaft. Mit der weitgehenden Veränderung der polnischen Exportstruktur seit 1990 – weg von der Ausfuhr von Rohstoffen zugunsten von

---

465 Polen hatte auf Druck der Sowjetunion 1953 auf weitere Reparationsleistungen aus der DDR verzichtet, was als Verzicht auf Leistungen aus ganz Deutschland galt. Die Bundesregierung ließ sich die Geltung dieses Verzichts für ganz Deutschland bei den Verhandlungen zum Warschauer Vertrag von 1970 noch einmal bestätigen. Der Sejm erklärte dagegen in seiner Entschließung vom 10. September 2004 u.a., dass Polen bisher keine angemessene Entschädigung und Kriegsreparationen „für die riesigen Zerstörungen und materiellen wie immateriellen Verluste erhalten hat, die es durch die deutsche Aggression, Besetzung, Völkermord und den Verlust der Unabhängigkeit" erlitten habe, und forderte die polnische Regierung auf, entsprechend bei der deutschen Regierung vorstellig zu werden; vgl. Uchwała Sejmu Rzeczypospolitej Polskiej z dnia 10 września 2004 r. w sprawie praw Polski do niemieckich reparacji wojennych oraz w sprawie bezprawnych roszczeń wobec Polski i obywateli polskich wysuwanych w Niemczech, MP 2004 Nr. 39, Pos. 678.
466 Vgl. u.a. Kurski, Jarosław: Polacy i Niemcy jak w PRL, in: Gazeta Wyborcza 10.09.2006.
467 Im Bundestagswahlkampf 2005 befürwortete die Union ein solches Zentrum, die SPD lehnte es ab. Aus dem in der Regierungserklärung der Großen Koalition 2005 als Formelkompromiss vorgesehenen „sichtbaren Zeichen" in Berlin ging schließlich Ende 2008 die Stiftung „Flucht – Vertreibung – Versöhnung" hervor. Die personelle Besetzung ihrer Gremien, die auch in Deutschland sehr kontrovers diskutiert wurde, wurde in Polen sehr genau beobachtet, aber unter Ministerpräsident Tusk zu einer inneren Angelegenheit Deutschlands erklärt, was die Belastungen für das bilaterale Verhältnis verminderte. Gleichwohl verfolgen die polnischen Medien die Entwicklung der Stiftung akribisch.
468 Zu den negativen Auswirkungen des Schengen-Beitritts auf den Reiseverkehr mit den östlichen Nachbarn siehe Kapitel 12.3.

Produkten mit einem wachsenden High-Tech-Anteil – werden die Volkswirtschaften Polens und Deutschlands zunehmend komplementär. Der deutsch-polnische Handelsaustausch besitzt für die Zukunft noch ein hohes Entwicklungspotential.

Welch hohe Dichte die deutsch-polnischen Beziehungen inzwischen erreicht haben, machte der 20. Jahrestag der Unterzeichnung des Nachbarschaftsvertrages von 1991 deutlich. Aus Anlass des Jubiläums kam ein großer Teil des Bundeskabinetts mit der Kanzlerin an der Spitze zu einer gemeinsamen deutsch-polnischen Kabinettssitzung nach Warschau. Dabei wurde nicht nur in einer gemeinsamen Erklärung die grundlegende Veränderung des deutsch-polnischen Verhältnisses in den letzten zwei Jahrzehnten hervorgehoben. Ein 92 Punkte umfassendes Aktionsprogramm für die nächsten Jahre unterstrich, wie eng die deutsch-polnische Zusammenarbeit sowohl bilateral als auch auf europäischer Ebene ist und wie breit gefächert die gemeinsam bearbeiteten Politikfelder sind.[469] Zur besseren Koordination der gemeinsamen Politik, aber auch zur Berücksichtigung der Perspektiven des Partnerlandes bei der eigenen Entscheidungsfällung arbeitet seit 2010 ein polnischer Spitzenbeamter im Auswärtigen Amt und analog ein deutscher Diplomat im polnischen Außenministerium. Im 92-Punkte-Programm wurde vereinbart, den Beamtenaustausch auch auf das Bundeskanzleramt und die Kanzlei des Ministerpräsidenten sowie weitere Fachministerien auszudehnen.

Die vor dem Hintergrund der deutsch-polnischen Geschichte des 20. Jahrhunderts fast unglaubliche Veränderung der deutsch-polnischen Beziehungen und die neue Wahrnehmung Deutschlands durch die polnische Regierung wurde in der „Berliner Rede" von Außenminister Radosław Sikorski Ende November 2011 deutlich, in der er Deutschland aufforderte, angesichts der Wirtschafts- und Finanzkrise in Europa mehr Führungsfunktionen zu übernehmen. „Ich fürchte mich weniger vor Deutschlands Macht, sondern beginne mich mehr vor Deutschlands Untätigkeit zu fürchten. Sie sind Europas unverzichtbare Nation geworden. Sie dürfen bei der Führung nicht versagen."[470] In einem ähnlichen Sinne äußerte sich Sikorski auch Ende August 2012 vor der Jahreskonferenz der deutschen Botschafter in Berlin.

Wohl noch stärker als gegenüber Deutschland besitzt die Geschichte eine Bedeutung in den polnisch-russischen Beziehungen. Dies betrifft die Erinnerung an Russlands Anteil an den Teilungen Polens im 18. Jahrhundert, die Russifizierungspolitik im 19. Jahrhundert, vor allem aber die Mitwirkung der Sowjetunion an der vierten Teilung Polens 1939, die sowjetische Besatzungspolitik 1939-41 mit der Deportation Hunderttausender Polen nach Sibirien, die passive Rolle der Roten Armee während des Warschauer Aufstands 1944 und die Umstände, unter denen Polen nach dem Zweiten Weltkrieg ein sowjetsozialistisches System aufoktroyiert wurde. *Das* Symbol nicht nur für eine leidvolle Vergangenheit, sondern auch für den unaufrichtigen Umgang mit ihr von sowjetischer bzw. russischer Seite ist

---

469 Vgl. den Text des Programms zur Zusammenarbeit auf der Internetseite des Auswärtigen Amtes, http:// www.auswaertiges-amt.de/cae/servlet/contentblob/581488/publicationFile/155452/110621-D-POL-Projektliste.pdf;jsessionid=D6B1F999B5D6338CCA9FE9702FF7F1E8 (31.08.2012). Zu der breiten Palette der in den vergangenen zwei Jahrzehnten teils abgearbeiteten, teils noch bestehenden Probleme siehe die Beiträge in dem umfangreichen Band von Góralski 2011.

470 Vgl. den Text der Rede Sikorskis, wiedergegeben u.a. von welt-online vom 29.11.2011, http://www.welt.de/ debatte/kommentare/article13741449/Am-Rande-des-Abgrunds-muss-Deutschland-fuehren.html (31.08.2012). Oppositionsführer Jarosław Kaczyński wollte Sikorski in einer ersten Reaktion vor den Staatsgerichtshof bringen, da er bereit sei, die Souveränität Polens aufzugeben und Deutschland die Hegemonie in Europa einzuräumen. Er beließ es jedoch bei dieser Ankündigung.

"Katyń". Der Wald von Katyń bei Smolensk steht für die mehr als 22.000 kriegsgefangenen polnischen Offiziere, die im Frühjahr 1940 auf Anweisung Stalins mit Billigung des Politbüros der KPdSU in mehreren Orten in Westrussland und der Ukraine ermordet und in geheimen Massengräbern begraben wurden. Jahrzehntelang wurde das Verbrechen von kommunistischer Seite auch in Polen den Deutschen angelastet, obwohl die elementaren Tatsachen allgemein bekannt waren. Durch die Leugnung des Verbrechens wurde die Erinnerung daran umso wacher gehalten, während die von Deutschen an Polen begangenen Verbrechen durch deren Aufarbeitung in Deutschland im polnischen Bewusstsein allmählich in den Hintergrund traten.

Nach einer kurzen Phase der Annäherung 1991-93 unter Boris Jelzin, der die Schuld der Sowjetunion für die Ermordung der polnischen Offiziere einräumte, Polen um Verzeihung bat und der polnischen Seite bisher nicht bekannte Dokumente zu Katyń übergab, setzte eine neue Eiszeit in den polnisch-russischen Beziehungen ein. Sie erreichte ihren Tiefpunkt, als Polens Präsident Kwaśniewski Ende 2004 zum Ärger von Präsident Putin im Konflikt in der Ukraine vermittelte und Putin Kwaśniewski und Polen am 9. Mai 2005 bei den Feierlichkeiten in Moskau zum 60. Jahrestag des Sieges über Deutschland öffentlich demütigte.[471] Unter Präsident Lech Kaczyński reagierte Polen auf russische Nadelstiche wie das Importverbot für Fleisch aus Polen mit dem erwähnten Veto 2006 gegen ein Mandat zur Aufnahme von Verhandlungen der EU mit Russland über ein neues Partnerschafts- und Kooperationsabkommen. Im Georgienkonflikt 2008 bezog Präsident Kaczyński international mit die härteste Position gegenüber Russland, allerdings zum erkennbaren Unwillen der neuen Regierung unter Donald Tusk, die sich um eine Auflockerung der polnisch-russischen Beziehungen bemühte.

Putin nahm 2009 überraschend eine Einladung an die Westerplatte zu den Feierlichkeiten zum 70. Jahrestag des Beginns des Zweiten Weltkriegs an,[472] obwohl es nach bisheriger russischer Lesart keinen Zweiten Weltkrieg gab, sondern nur den Großen Vaterländischen Krieg 1941-45, der mit dem Überfall von Hitler-Deutschland auf die Sowjetunion begann. Putins Einladung an Premierminister Tusk, gemeinsam den 70. Jahrestag der Ereignisse in Katyń am 7. April 2010 zu begehen, signalisierte ein weiteres Mal das russische Interesse an einer Annäherung. Auch wenn der Diskurs bei den Ansprachen beider Regierungschefs in Katyń noch deutliche Unterschiede aufwies, war eine Annäherung nicht zu übersehen. Die Entscheidung in Moskau, die Beziehungen zu Polen zu verbessern, war erkennbar schon vor dem Aussprechen dieser Einladung gefallen. Hatten zuvor russische Politiker nach 1989 den Eindruck erweckt, Ostmitteleuropa – und damit auch Polen – sei seit 300 Jahren „natürliches" russisches Einflussgebiet, in dem Russland gegenwärtig nur nicht so agieren könne, wie ihm eigentlich zustehe, wurde nun die Zugehörigkeit Polens zum Westen offenbar akzeptiert. Dahinter stand angeblich eine Analyse der russischen Botschaft in Warschau, dass Polen weitgehend das Bild der EU von Russland beeinflusse. Der kri-

---

471 Der polnische Präsident wurde auf der Ehrentribüne in der dritten Reihe zwischen sowjetischen Veteranen versteckt, während in der ersten Reihe Vertreter der einstigen Kriegsgegner Deutschland, Italien und Japan saßen. Beim Dank Putins an die Alliierten, die die Rote Armee beim Sieg über die deutschen Truppen unterstützt hätten, wurde Polen ostentativ nicht erwähnt.
472 Bundeskanzlerin Angela Merkel bekannte sich bei dieser Gelegenheit in einer kurzen, aber eindringlichen Ansprache ausdrücklich zu Deutschlands Schuld am und im Krieg und betonte die daraus erwachsende besondere Verantwortung Deutschlands in Europa. Mit diesen klaren Worten entzog sie bei der denkbar passendsten Gelegenheit allen Unterstellungen den Boden, Deutschland strebe eine Revision der Sicht des Zweiten Weltkriegs an.

tischste Punkt des polnischen Verhältnisses zu Russland betreffe „Katyń". Daher solle man dieses Problem schnellstmöglich lösen. Putin habe sich aus diesem Grunde entschlossen, die Politik gegenüber Polen um 180° zu ändern.[473] Als drei Tage nach der Begegnung der Regierungschefs in Katyń das Flugzeug mit Präsident Kaczyński und weiteren 95 großenteils hochrangigen polnischen Vertretern von Staat und Gesellschaft an Bord auf dem Wege nach Katyń beim Anflug auf Smolensk verunglückte und alle Insassen ums Leben kamen, nutzte die russische Führung zunächst durch gezielte Gesten die Gelegenheit, um zumindest auf der emotionalen Ebene die Beziehungen weiter zu entspannen.[474] Auf Einladung der polnischen Seite nahm Anfang September 2010 der russische Außenminister Lawrow erstmals an der Konferenz aller polnischen Botschafter in Warschau teil.

Danach freilich wurde „Smolensk" zu einem neuen Streitpunkt in den polnisch-russischen Beziehungen. Während die russische Seite für ihre Verhältnisse eine vergleichsweise „offene" Untersuchung durchführte, war die polnische Öffentlichkeit empört darüber, dass auf russischer Seite offensichtlich kritische Punkte wie die Landetauglichkeit des Flughafens von Smolensk am Unglückstag aus diesen Untersuchungen ausgespart wurden. Hinzu kam, dass „Smolensk" von Jarosław Kaczyński innenpolitisch zum zentralen und teilweise fast einzigen Thema gemacht wurde, mit dem er die Regierung Tusk angriff. Er unterstellte ein Attentat. Dass auf russischer Seite die Untersuchungen mehr als schleppend verliefen und die Kooperation nicht internationalen Standards entsprach, weckte auch über die Anhänger Kaczyńskis hinaus in der polnischen Öffentlichkeit Unverständnis und Misstrauen gegenüber Russland.

Gleichwohl arbeitet seit 2008 eine polnisch-russische „Kommission für schwierige Angelegenheiten", die auf polnischer Seite vom früheren Außenminister Adam Daniel Rotfeld und auf russischer Seite von dem Diplomaten und Professor für internationale Beziehungen Anatolij Torkunow geleitet wird. Hauptaufgabe der Kommission ist die Klärung strittiger Fragen der bilateralen Beziehungen des 20. Jahrhunderts und ihre Entpolitisierung. Im Jahre 2010 konnte sie eine umfangreiche gemeinsame Dokumentation kontroverser historischer Fragen vorlegen.[475] Ein Jahr später nahmen in beiden Hauptstädten Zentren ihre Tätigkeit auf, die vor allem durch Veranstaltungen, die den bilateralen Beziehungen und der wechselseitigen Wahrnehmung gewidmet sind, den Dialog zwischen den beiden Zivilgesellschaften fördern sollen.

Der Hauptvektor der polnischen Außenpolitik ist auf die Europäische Union gerichtet. Präsident Komorowski brachte das symbolisch zum Ausdruck, indem er Anfang September

---

473 So die russische Ausgabe von Newsweek, zitiert u.a. von Wprost: Ambasador Rosji kończy misję w Polsce, 08.06.2010, http://www.wprost.pl/ar/198029/Ambasador-Rosji-konczy-misje-w-Polsce/ (26.07.2012). Etwas vorsichtiger äußerte sich der polnische Botschafter in Russland, Jerzy Bahr, in einem Zeitungsinterview. Russland habe schon vor Smolensk eine Neueinschätzung Polens vorgenommen, die vor allem auf Polens wirtschaftlichem Erfolg beruhe; vgl. Gazeta Wyborcza 07.05.2010.

474 Nachdem der Katyń-Film von Andrzej Wajda, der 2008 für den Oscar nominiert worden war, bereits am Karfreitag 2010 erstmals in einem Spartenkanal des russischen Fernsehens gezeigt worden war, wurde er einen Tag nach dem Unglück, einem Sonntag, zur besten Sendezeit im Hauptkanal des russischen Fernsehens gezeigt. Millionen Russen erfuhren auf diese Weise zum ersten Male, was sich in „Katyń" tatsächlich zugetragen hat. Premierminister Putin reiste unmittelbar nach Bekanntwerden des Unglücks nach Smolensk und traf dort Donald Tusk. Der russische Präsident Medwedew kam zur Beisetzung von Präsident Kaczyński und dessen Frau nach Krakau. Viele einfache Russen brachten in einer die polnische Gesellschaft bewegenden Weise ihre Anteilnahme an dem Unglück zum Ausdruck.

475 Rotfeld, Adam D./ Torkunow, Anatolij W. (Red.) 2010: Białe plamy – Czarne plamy. Sprawy trudne w relacjach polsko-rosyjskich (1918-2008), Warszawa, 907 S.

2010 als Ziel seiner ersten Auslandsreise Brüssel wählte, auf derselben Reise aber auch Paris und Berlin besuchte. Auch die jährlichen Exposés des Außenministers bringen das zum Ausdruck, in denen aber zunehmend auch die besondere Rolle Deutschlands für Polen hervorgehoben wird.[476] Die Schwerpunkte der polnischen EU-Politik liegen auf der Beibehaltung der hohen Nettozuweisungen aus Brüssel (im Haushaltsplan 2007-2013: 67 Milliarden Euro) auch für die kommende Haushaltsperiode, auf der „Ostpolitik" der EU, die in der Europäischen Nachbarschaftspolitik ihren Ausdruck gefunden hat und insbesondere auf die EU-Integration der Ukraine zielt, sowie auf der Ausarbeitung einer gemeinsamen EU-Energiepolitik. Gerade die Energieversorgung wird in Polen nicht als rein wirtschaftliches, sondern vor allem auch politisch-strategisches Problem gesehen, da befürchtet wird, dass die hohe Abhängigkeit von der Erdöl- und Gaszufuhr aus Russland auch zu politischer Erpressbarkeit führen könnte. Heftig umstritten ist, wie weit die in Polen vorhandenen Schiefergasvorkommen die Energieversorgung des Landes für die Zukunft sichern können. Prognosen zu den Vorräten schwanken gewaltig. Nach große Hoffnungen weckenden Schätzungen aus dem Jahre 2010 wurden diese im Frühjahr 2012 drastisch reduziert. Auf der einen Seite wird die mögliche Gewinnung von Schiefergas nicht nur als Möglichkeit gesehen, energiepolitisch in hohem Maße autark zu werden, sondern auch bei einer zukunftsweisenden Energieressource möglicherweise weltweit führend bei der Entwicklung der entsprechenden Technologie zu werden. Andere Stimmen warnen, die Schiefergasgewinnung sei angesichts der unsicheren Schätzungen der polnischen Vorräte höchst problematisch und Polen könne gegebenenfalls Milliarden in Fehlinvestitionen stecken.[477]

Gegenüber der EU verfolgt die seit 2007 amtierende polnische Regierung sehr wohl polnische Interessen, tut dies aber nicht mit der Engstirnigkeit ihrer Vorgängerregierung, sondern mit größerer Geschmeidigkeit. Sie versucht das schon zuvor propagierte Schlagwort „ein starkes Polen in einer starken Union" umzusetzen und stärker als bisher polnische und EU-Interessen miteinander zu verbinden. Bei der Vorbereitung des EU-Gipfels zur Umweltschutzpolitik Ende 2008 war Warschau erfolgreich bei seinem Bestreben, in einer klugen Vorabstimmung mit den übrigen neuen Mitgliedern eine gemeinsame Linie zu erarbeiten, die dann während des Gipfels erfolgreich durchgehalten werden konnte. Hier waren Ansätze zu einer informellen Politik Polens zu erkennen, unter Nutzung der in den EU-Mechanismen implizierten Logiken eine Art Sprecherrolle unter den neuen Mitgliedern einzunehmen, eine Rolle, die Polen aufgrund seiner Bevölkerungszahl und seiner Wirtschaftsleistung eigentlich „natürlich" zufällt. Sie setzt aber eine geschickte Abstimmung der Interessen unter den neuen Mitgliedsstaaten und Fingerspitzengefühl für deren „Befindlichkeiten" voraus. Damit könnte diese Gruppe eine gewisse informelle Struktur erhalten. Allerdings sind auch Vorbehalte einiger Partner in dieser Staatengruppe gegenüber einer Führungsrolle Polens nicht zu übersehen.

---

476 Vgl. das Exposé für 2012 von Außenminister Sikorski (englische Fassung), http://www.msz.gov.pl/ Ministers,Annual,Address,2012,50775.html (31.08.2012).
477 Vgl. Gadomski, Witold 2012: Szukanie łupka w worku, in: Gazeta Wyborcza 21./22.07.2012.

13.4 Literatur

Bachmann, Klaus 2007: Polnische Europakonzeptionen nach 1989, in: Kraft, Claudia/ Steffen, Katrin (Hrsg.): Europas Platz in Polen. Polnische Europa-Konzeptionen vom Mittelalter bis zum EU-Beitritt, Osnabrück, 225-238.
Barcz, Jan 2010: Poland in the Institutional System of the New European Union: Attempt at Identifying Problems, in: The Polish Quarterly of International Affairs 2, 37-55.
Bingen, Dieter 1998: Die Polenpolitik der Bonner Republik von Adenauer bis Kohl 1949 – 1991, Baden-Baden.
Bingen, Dieter 2008: Polnische Europapolitik, polnische Nachbarschaftspolitik, in: Die Genese einer Union der 27: Die Europäische Union nach der Osterweiterung, Wiesbaden, 381-396.
Dowgielewicz, Mikołaj 2010: Poland's Position in the European Union Following the Treaty of Lisbon's Entry into Force, in: The Polish Quarterly of International Affairs 2, 5-8.
Frank, Cornelia 2008: Zivilmacht trifft „instinktiven" Atlantiker: Deutschlands und Polens Interessen in der ESVP, in: Jäger/ Dylla, 101-122.
Gerhardt, Sebastian 2007: Polska Polityka Wschodnia. Die Außenpolitik der polnischen Regierung von 1989 bis 2004 gegenüber den östlichen Nachbarstaaten Polens (Russland, Litauen, Weißrussland, Ukraine), Marburg.
Góralski, Witold (Hrsg.) 2011: Historischer Umbruch und Herausforderung für die Zukunft. Der deutsch-polnische Vertrag über gute Nachbarschaft und freundschaftliche Zusammenarbeit vom 17. Juni 1991. Ein Rückblick nach zwei Jahrzehnten, Warschau (Institut für Internationale Beziehungen der Universität Warschau).
Góralski, Witold (Ed.) 2006: Polish-German Relations and the Effects of the Second World War, Warsaw (Polish Institute of International Affairs).
Jäger, Thomas/ Dylla, Daria (Hrsg.) 2008: Deutschland und Polen. Die europäische und internationale Politik, Wiesbaden.
Hajnicz, Artur 2006: Meandry polskiej polityki zagranicznej 1939-1991/ Irrungen und Wirrungen der polnischen Außenpolitik 1939-1991, Warszawa (Deutsches Historisches Institut).
Kreczmańska, Aleksandra 2010: Poland's Position on the EU Institutional Crisis, in : The Polish Quarterly of International Affairs 1, 13-38.
Kuźniar, Roman 2009: Poland's Foreign Policy after 1989, Warsaw.
Lang, Kai-Olaf 2009: Vom Störenfried zur Gestaltungsmacht – Polen in der Europäischen Union, in: Bingen, Dieter/ Ruchniewicz, Krzysztof (Hrsg.): Länderbericht Polen, Bonn, 589-608.
Longhurst, Kerry/ Wojna, Beata 2011: Beyond the Warsaw Summit: Prospects for the Eastern Partnership, in: The Polish Quarterly of International Affairs 2, 5-20.
Normann, Christine 2005: Polens Rolle in der EU-Verfassungsdebatte, Münster.
Terry, Sarah Meiklejohn 2000: Poland's foreign policy since 1989: the challenges of independence, in: Communist and Post-Communist Studies 33, 7-48.
Tokarski, Paweł/ Toporowski, Patryk 2012: Negotiations on the New EU Financial Framework for 2014-2020. Theory, Realpolitik and the Polish Perspective, in: The Polish Quarterly of International Affairs 2, 46-64.
Weber, Pierre-Frédéric 2012: Vom Osten aus die Mitte wahren? Polnische Diplomatie im Kalten Krieg, in: Inter Finitimos 9 (2011), 119-136.
Zaborowski, Marcin/ Longhurst, Kerry 2007: The New Atlanticist: Poland's Foreign and Security Priorities, Oxford u.a.
Zeniewski, Peter 2011: Poland's Energy Security and the Origins of the Yamal Contract with Russia, in: The Polish Quarterly of International Affairs 2, 38-62.
Ziemer, Veronica 2009: Zwischen Europa und Amerika. Polens Außen- und Sicherheitspolitik nach 1989, Wiesbaden.

Internetadressen

www.msz.gov.pl	Internetseite des polnischen Außenministeriums
www.pism.pl	Internetseite des Polnischen Instituts für Internationale Angelegenheiten
http://csm.org.pl	Internetseite des Zentrums für Internationale Angelegenheiten (Think Tank)
www.osw.waw.pl	Internetseite des Zentrums für Oststudien (Think Tank)

14 Polens Dritte Republik – gelungene Transformation mit Schönheitsfehlern

Wer Ende der 1980er Jahre gewagt hätte vorherzusagen, dass Polen sich in den kommenden zwei Jahrzehnten zu einem wirtschaftlichen „Tiger" entwickeln würde, dass das Land seinen östlichen Nachbarn als Vorbild für eine gelungene Systemtransformation gelten und seitens des Westens als Stabilitätsanker in der Region betrachtet werden würde, wäre für hoffnungslos realitätsfern gehalten worden. Die Volksrepublik Polen war wirtschaftlich bankrott und politisch höchst instabil. In den gut zwei Jahrzehnten nach deren Ende hat das Land jedoch im Innern wie in seinen Außenbeziehungen höchst bemerkenswerte Veränderungen erreicht. Die am „Runden Tisch" ausgehandelten Vereinbarungen zwischen den kompromissbereiten Eliten des *ancien régime* und den ebenso kompromissbereiten Gegeneliten der Opposition waren angelegt, einen schrittweisen System*wandel* herbeizuführen, der vor allem eine grundlegende Sanierung der Wirtschaft des Landes und eine allmähliche Demokratisierung ermöglichen sollte. Die durch die Ergebnisse der „halbfreien" Wahlen vom Juni 1989 ausgelöste Dynamik führte in einem atemberaubenden Tempo zu einem politischen und sozioökonomischen System*wechsel*, der seinerseits als Katalysator für die friedlichen Revolutionen in Ostmitteleuropa wirkte.

Was das politische Institutionensystem angeht, kann Polen nach einer Phase institutionellen Lernens in der ersten Hälfte der 1990er Jahre heute als weitgehend konsolidierte Demokratie gelten. Die Verfassung von 1997 wurde bei ihrem Inkrafttreten zum Teil heftig kritisiert, einerseits wegen des in der Präambel zum Ausdruck kommenden Gottesbezugs (bzw. dessen „Öffnung", die die Anerkennung der zugrunde gelegten Werte auch Nichtgläubigen ermöglichen sollte), andererseits wegen axiomatischer Inkonsistenzen und redaktioneller Unzulänglichkeiten. Eineinhalb Jahrzehnte Verfassungspraxis haben gezeigt, dass die in der Verfassung von 1997 vorgesehenen Institutionen funktionieren, das politische Leben normieren und dessen routinemäßigen Ablauf gewährleisten. Den besten Beleg für die Wirksamkeit der staatlichen Institutionen lieferte in einer Schocksituation für das Land der Ablauf des Szenarios nach dem Flugzeugabsturz bei Smolensk am 10. April 2010, bei dem der Staatspräsident und zahlreiche Angehörige der politischen und anderer Eliten Polens ums Leben kamen. Auf der einen Seite herrschten Entsetzen und Trauer, auf der anderen gab die Verfassung die von Niemandem in Frage gestellten Prozeduren vor, nach denen in dieser Situation zu verfahren war, und die staatlichen Institutionen funktionierten problemlos.

Die während der Ausarbeitung der Verfassung teilweise heftigen Auseinandersetzungen um die Kompetenzverteilung zwischen Parlament, Regierung und Präsident sind weitgehend Vergangenheit. Dass die Verfassung in 15 Jahren nur zweimal geändert wurde, und das in Fragen von eher untergeordneter Bedeutung,[477] zeigt, dass sie ein tragfähiges Fundament für die Regulierung des politischen Prozesses in Polen bildet. Angepasst wird die Verfassung mittelfristig vermutlich an die Bedürfnisse der polnischen EU-Politik nach den Veränderungen, die das Inkrafttreten des Lissabon-Vertrags nach sich gezogen hat, sowie an die Erfordernisse der möglichen Einführung des Euro.[478] Hier dürfte zum gegebenen Zeitpunkt auf die Vorschläge von Präsident Komorowski zurückgegriffen werden, deren Behandlung in einer außerordentlichen Sejmkommission im Sommer 2011 schon relativ weit gediehen war, durch das Ende der Wahlperiode des Parlaments aber nicht zum Abschluss gebracht werden konnte.[479]

Als Konstruktionsschwäche im Institutionensystem hat sich die unklare Kompetenzabgrenzung im Bereich der Außenpolitik erwiesen, die dann zum Tragen kommen kann, wenn Regierungschef, Außenminister und Staatspräsident nicht zu einer engen Zusammenarbeit im Interesse des Staates bereit sind, sondern als politische Rivalen ihre Auseinandersetzungen zu Lasten des Gemeininteresses austragen. Eine solche Situation war 2007 bis 2010 gegeben, während die vorherige „Kohabitation" 1997 bis 2001 unter Präsident Kwaśniewski und Premierminister Buzek aufgrund der Kooperationsbereitschaft beider Partner keine erkennbaren größeren Probleme schuf. Durch das Urteil des Verfassungsgerichtshofs von 2010, das dem Staatspräsidenten die mit seiner verfassungsmäßigen Aufgabe, die Souveränität des Staates zu garantieren, verbundenen Kompetenzen im Bereich der Sicherheitspolitik zuerkannte, sind die außenpolitischen Aufgaben innerhalb der Exekutive zwar klarer verteilt. Im Falle „kritischer" Konstellationen zwischen Präsident und Regierung sind aber Konflikte auch weiterhin nicht ausgeschlossen, so dass zumindest in der Literatur in diesem Punkt nach wie vor eine Präzisierung der Verfassung vorgeschlagen wird.

Als Schwachpunkt ist zu betrachten, dass zwar fast alle Regierungen der Dritten Republik erklärten, sie wollten eine effiziente und von parteipolitischen Konstellationen unabhängige Verwaltung aufbauen, dass die Umsetzung dieser Absicht bisher jedoch nur unzureichend gelungen ist. Dies ist einer der Hauptgründe, weshalb Polen in internationalen Rankings zwar einen Spitzenplatz bei der politischen Transformation einnimmt, in den Management-Leistungen aber etwas schlechter eingeschätzt wird (vgl. Kapitel 3.5).

Korruption ist in Polen wie in den meisten nicht nur Transformationsstaaten präsent. Um ihr entgegenzuwirken, wurde 2006 unter den PiS-geführten Regierungen das Zentrale Antikorruptionsbüro (CBA) geschaffen, das seine Tätigkeit anfangs allerdings nicht nur auf die Aufdeckung von Korruptionsfällen beschränkte. Mitarbeiter der Behörde stellten offenbar auch tatsächlichen oder vermeintlichen politischen Gegnern der PiS Fallen, 2007 etwa dem Vizepremier Andrzej Lepper (*Samoobrona*) und der PO-Sejmabgeordneten Beata Sawicka. Lepper wurde von Premierminister Jarosław Kaczyński daraufhin entlassen, die offensichtliche Instrumentalisierung des Falls der Abgeordneten Sawicka, deren vier Wochen zuvor *in flagranti* erfolgte Verhaftung erst wenige Tage vor den Parlamentswahlen auf

---

477 Gesetz vom 8.09.2006 zur Änderung der Verfassung, Dz. U. 2006 Nr. 200, Pos. 1471 (unter bestimmten Voraussetzungen Möglichkeit der Auslieferung polnischer Staatsbürger auf Ersuchen anderer Staaten oder internationaler Gerichte) sowie Gesetz vom 7.05.2009 zur Änderung der Verfassung, Dz. U. 2009 Nr. 114, Pos. 246 (Verlust des passiven Wahlrechts bei rechtskräftiger Verurteilung wegen eines Offizialdelikts).
478 Die Verfassung schreibt den Złoty als polnische Währung vor. Bei der Einführung des Euro müsste auch die Rolle der Polnischen Nationalbank und anderer Geldeinrichtungen neu bestimmt werden.
479 Siehe Kapitel 2.7.

dem Höhepunkt des Wahlkampfs 2007 im Fernsehen gezeigt wurde, trug mit zu der Wahlniederlage der PiS 2007 bei.[480]

Vetternwirtschaft und Korruption stellen weiterhin ein Problem dar, das sich je nach Bereich unterschiedlich darstellt, aber insgesamt nicht allzu gravierend ist.[481] Einen spektakulären Fall bildete im Sommer 2012 die Enthüllung von offenbar strukturell angelegtem Klientelismus im Landwirtschaftsministerium, das traditionell der Bauernpartei PSL zusteht. Der Landwirtschaftsminister musste gehen, und zu den ersten Besuchern seines Nachfolgers zählten Beamte des Zentralen Antikorruptionsbüros, die das Ministerium sowie die in dem Skandal am meisten belastete (dem Landwirtschaftsministerium unterstehende) parastaatliche Einrichtung durchsuchten.

Was die „repräsentative Konsolidierung" betrifft, also insbesondere die Festigung des Parteiensystems sowie der Gewerkschaften und der Arbeitgeberverbände, so ist der bisherige Stand der Konsolidierung offenkundig niedrig. Nach der extremen parteipolitischen Zersplitterung des Sejm nach den ersten freien Wahlen 1991 schien zwar erst die Einführung der Fünfprozentklausel 1993 und dann die Schaffung der Sammelbewegung AWS die Weichen dafür zu stellen, dass nach den Wahlen von 1997 ein bipolares Parteiensystem mit zwei kleineren zentristischen Parteien (UW und PSL) entstand. Der Zerfall der AWS innerhalb einer Wahlperiode (trotz Übernahme der Regierungsverantwortung, die eigentlich Anreize zu Pragmatismus setzt) führte jedoch zu einer völligen Umgestaltung des Parteiensystems. 2001 kehrten von den bisherigen Parteien nur die beiden „gewendeten" früheren „Bündnisparteien" SLD und PSL in den Sejm zurück, während vier Parteien, darunter drei gerade erst gegründete, erstmals ins Parlament einzogen. Ein Blick auf die personelle Zusammensetzung des Sejm zeigt allerdings, dass hinter den dramatischen Veränderungen der Parteien nach den Wahlen von 2001 beachtliche personelle Kontinuitäten zu beobachten waren. Nachdem bei den Wahlen von 2007 die Zahl der Parlamentsfraktionen auf vier gesunken war, schien eine Stabilisierung des Parteiensystems erreicht. Umfragen machten jedoch die geringe Bindung der Wähler an die Parteien deutlich und stellten die scheinbare Konsolidierung des Parteiensystems in Frage. Mehr oder weniger erfolgreiche Abspaltungen bei den beiden größten Parteien, PO und PiS, vor und nach den Parlamentswahlen von 2011 bestätigten die sozialwissenschaftlichen Befunde. Auf der Linken des politischen Spektrums hat sich die SLD – 2001 gemeinsam mit der UP mit 41 Prozent der Stimmen auf dem Zenit ihrer Macht – bis heute nicht von der verheerenden Wahlniederlage 2005 erholt und sieht sich, was die Betonung des säkularen Charakters des Staates angeht, seit 2011 der in diesem Punkt deutlich fordernderen Konkurrenz durch die Palikot-Bewegung ausgesetzt. Der größte Trumpf der wichtigsten Regierungspartei PO ist die Schwäche der Opposition.

Das Parteiensystem kann bisher kaum als konsolidiert gelten. Andererseits ist auch in Deutschland, selbst in den westlichen Bundesländern, eine immer schwächere Parteienidentifikation zu beobachten. Analogien bei der Schwierigkeit sowohl der Demoskopen, angesichts der zunehmend lockereren Bindung der Wähler an Parteien Wahlergebnisse richtig vorherzusagen, als auch der Parteien, die Erwartungen der Wähler zu antizipieren, sind in

---

480 Die nach Bekanntwerden der Vorwürfe 2007 sofort aus der PO ausgeschlossene Abgeordnete wurde im Mai 2012 wegen der 2007 so spektakulär bekannt gemachten Fakten in erster Instanz zu drei Jahren Gefängnis verurteilt.
481 Vgl. die von dem Think Tank Institut für Öffentliche Angelegenheiten veröffentlichte Studie: Kobylińska, Aleksandra/ Makowski, Grzegorz/ Solon-Lipiński, Marek (Red.) 2012: Mechanizmy przeciwdziałania korupcji w Polsce. Raport z monitoringu, Warszawa. Am besten wurde in der Untersuchung die Tätigkeit der Obersten Kontrollkammer (NIK) bewertet, am schlechtesten die der Exekutive.

beiden Gesellschaften nicht zu übersehen. Da Polen in dieser Hinsicht eher typisch für die Entwicklung in Ostmitteleuropa ist, ist die in einem neueren Buchtitel zum Ausdruck gebrachte Frage nicht unberechtigt, ob die östlichen Nachbarn den Westeuropäern nicht zeigen, in welche Richtung auch bei ihnen die Entwicklung verlaufen kann.[482] Zu diskutieren wäre freilich, welche Konsequenzen sich aus diesen Tendenzen für die Beurteilungskriterien der Konsolidierung neuer Demokratien ergeben, zumindest, was die Stabilität des Parteiensystems betrifft.

Die Gewerkschaften mussten im Verlauf des Transformationsprozesses mehrfach ihre Rolle ändern. Mit der Einführung der Marktwirtschaft bestand ihre Aufgabe zwar weiterhin im Schutz von Arbeitnehmerinteressen. Die Rolle insbesondere der *Solidarność* verschob sich nun jedoch auch dahin, dass sie die Einführung des neuen Wirtschaftssystems mit abstützen musste, was angesichts der hohen sozialen Folgekosten der neuen Wirtschaftsordnung (drastischer Anstieg der Arbeitslosigkeit, bis Mitte der 1990er Jahre sinkende Reallöhne) keine leichte Aufgabe war. Als Belastungen kamen hinzu die aus dem Realsozialismus ererbte starke politisch-ideologische Polarisierung zwischen *Solidarność* und OPZZ, die eine Zusammenarbeit zwischen den beiden wichtigsten Zentralen erheblich erschwerte, sowie eine extreme Zersplitterung der gewerkschaftlichen Organisationen auf Betriebsebene. Eine Folge der starken Politisierung der beiden großen Gewerkschaften war die Gründung des sich bewusst nicht parteipolitisch engagierenden Gewerkschaftsverbandes Forum 2002.

Mit der Stabilisierung der neuen Wirtschaftsordnung gestaltet sich das Verhältnis von *Solidarność* und OPZZ offensichtlich pragmatischer. Die Zusammenarbeit wird allerdings erschwert durch eine latente Rivalität beider Organisationen um Mitglieder. Denn alle Gewerkschaften haben mit Mitgliederschwund und einer eher negativen Beurteilung durch die Mehrheit der Gesellschaft zu kämpfen. Die Arbeitgeberorganisationen, die erst mit dem sich anbahnenden Systemwechsel entstehen konnten, haben sich dagegen gekräftigt, umfassen aber noch immer nur ein Zehntel der polnischen Arbeitgeber.[483]

Fundamentalkritik an der Dritten Republik, die in dieser Schärfe zuvor nicht vernehmbar war, übt seit Beginn der 2000er Jahre ein Teil der politischen Elite, der in Wahlen bis zu einem Drittel der abgegebenen Stimmen mobilisieren kann. Dies gilt zum einen für das politische Institutionensystem. Der von der Partei Recht und Gerechtigkeit (PiS) 2005 vorgelegte Verfassungsentwurf, der allerdings keine Chancen auf eine politische Umsetzung besitzt, sieht die Einführung eines Präsidialsystems vor, das zugleich Ausdruck einer angestrebten generellen Rezentralisierung des Staates ist. Diese Absicht bringt ihrerseits das Misstrauen der Autoren dieses Verfassungsentwurfs gegenüber der Zivilgesellschaft zum Ausdruck. Noch grundsätzlicher ist ihre Kritik an der Legitimationsgrundlage der Dritten Republik überhaupt. Die Vereinbarungen des Runden Tisches von 1989 werden unter Verkennung sowohl der damaligen innenpolitischen Verhältnisse als auch der externen Rahmenbedingungen in krasser Überzeichnung als Übereinkunft der kommunistischen Machtelite mit dem zur Kooperation bereiten Teil der bisherigen Opposition bezeichnet (der „Verrat" unterstellt wird). Dies habe es ermöglicht, die Volksrepublik fortzusetzen. Die Dritte Republik sei somit in wichtigen Teilen sowohl strukturell wie personell eine Weiter-

---

482 Bos, Ellen/ Segert, Dieter (Hrsg.) 2008: Osteuropäische Demokratien als Trendsetter? Parteien und Parteiensysteme nach dem Ende des Übergangsjahrzehnts, Leverkusen-Opladen/ Richbrook.
483 Trappmann, Vera 2011: Die Gewerkschaften in Polen. Aktuelle Situation, Organisation, Herausforderungen, in: FES Internationaler Dialog, Dezember 2011: 11; http://library.fes.de/pdf-files/id/08817.pdf (31.07.2012).

führung der Volksrepublik und müsse durch eine „Vierte Republik" ersetzt werden. Das PiS-Programm spricht davon, dass die Verfassung von 1997 einen Kompromiss zwischen der damals starken Linken und der UW dargestellt habe, die – wenn auch aus unterschiedlichen Gründen – daran interessiert gewesen seien, a) den postkommunistischen Status quo festzuschreiben und b) Versuche zu blockieren, ihn zu ändern, unabhängig von künftigen Wahlergebnissen.[484] In diesem Zusammenhang wird auch die Rolle des Verfassungsgerichtshofs kritisiert, dem vorgeworfen wird, unter dem Vorwand, die Grundsätze der verfassungsmäßigen Ordnung zu bewahren, grundlegende Strukturveränderungen zu verhindern.

Der Kern dieser Argumentation liegt darin begründet, dass Angehörige der alten Nomenklatura sich Ende der 1980er Jahre im Rahmen einer Insider-Privatisierung bisher staatliches Eigentum privat aneignen konnten und in den neuen politischen und sozioökonomischen Verhältnissen materiell oft besser situiert sind als zu realsozialistischer Zeit. Das auch in anderen postsozialistischen Ländern (auch in der Bundesrepublik Deutschland) zu beobachtende Muster, dass Aktivisten gegen die Herrschaft der Kommunistischen Partei sich heute wie damals schlechter stellen als etliche einstige Funktionsträger, gilt auch für Polen und macht verständlich, dass trotz beachtlicher makroökonomischer Erfolge der Dritten Republik ein soziopolitisches Substrat der Unzufriedenheit mit den heutigen wirtschaftlichen und gesellschaftlichen Verhältnissen vorhanden ist. Hinzu kommen die Verlierer des wirtschaftlichen Systemwechsels wie die Arbeiter der privatisierten, in der Volksrepublik personell stark übersetzten landwirtschaftlichen Staatsbetriebe. Solche Betriebe gab es vor allem im nördlichen Teil der früher deutschen Gebiete. Die Entlassung ihrer meist wenig qualifizierten Arbeiter führte in diesen Regionen zu einer verbreiteten strukturellen Arbeitslosigkeit.

Die Erfolge der Transformation auf der makroökonomischen Ebene sind zu einem großen Teil auf ordnungspolitische Grundsatzentscheidungen unmittelbar nach 1989 wie die Unabhängigkeit der Nationalbank von der Regierung sowie die erfolgreiche Politik der Nationalbank zur Sicherung der Geldwertstabilität zurückzuführen. Erst die Weltwirtschaftskrise ab 2008, die Polen als einziges EU-Land 2009 ohne Rezession meisterte, machte auch dem Ausland bewusst, dass die Wirtschaftsverfassung Polens auf einem sehr soliden Fundament beruht. Polen hatte zum Beispiel keinen Anlass, nach dem Beispiel anderer Länder eine Schuldenbremse einzuführen. Viele Westeuropäer nahmen erst jetzt mit Erstaunen wahr, dass die polnische Verfassung von 1997 in Art. 216 Abs. 5 eine solche Schuldenbremse bereits eingeführt hatte.[485] Entsprechend waren die polnischen Regierungen an verfassungsmäßige Obergrenzen bei der Aufnahme neuer Kredite gehalten. Allerdings ist die Verschuldungsquote, bezogen auf das Bruttoinlandsprodukt, zwischen 2007 und 2011 von 47,1 auf 56,3 Prozent gestiegen (zum Vergleich: in Deutschland im gleichen Zeitraum von 66,7 auf 81,2 Prozent, 2010 sogar 83,0 Prozent).[486] Läge Polen damit noch innerhalb der

---

484 Vgl. das Programm von PiS in der Fassung von 2011: Nowoczesna, solidarna, bezpieczna Polska. Program Prawa i Sprawiedliwości, Warszawa 2011: 79. Zugänglich auch unter http://www.pis.org.pl/dokumenty.php?s=partia&iddoc=157 (04.05.2012).
485 Art. 216 Abs. 5 NV: „Es ist nicht gestattet, Darlehen aufzunehmen oder Garantien oder Finanzbürgschaften zu gewähren, infolge derer die öffentliche Schuld des Staates drei Fünftel des Wertes des jährlichen Bruttoinlandsprodukts übersteigt. Die Weise, in der der Wert des jährlichen Bruttoinlandsproduktes sowie die öffentliche Schuld berechnet werden, regelt das Gesetz."
486 Zahlen nach Eurostat: http://epp.eurostat.ec.europa.eu/cache/ITY_PUBLIC/2-23042012-AP/DE/2-23042012-AP-DE.PDF (31.07.2012).

Maastricht-Kriterien für den Beitritt zur Euro-Zone, so betrug das Haushaltsdefizit 2011 mit 25,1 Milliarden PLN (rund 6,3 Milliarden Euro) zwar 15,1 Milliarden weniger als geplant, aber immer noch 5,6 Prozent des BIP und damit deutlich mehr als die nach den Maastricht-Kriterien vorgesehenen maximal 3,0 Prozent.[487] Heftige Kritik an der Wirtschafts- und Finanzpolitik der Regierung Tusk äußerte 2011 der Vater der Wirtschaftsreformen von 1989/90, Leszek Balcerowicz, der das hohe Haushaltsdefizit und die ihm zugrunde liegenden strukturellen Ursachen wie zu hohe Zahlen der Staatsbediensteten, zu hohe Gehälter für bestimmte Berufsgruppen wie die Bergleute u.a. anprangerte.[488]

Die polnische EU-Präsidentschaft in der zweiten Jahreshälfte 2011 machte das Dilemma deutlich, in dem sich das Land hinsichtlich der Einführung des Euro befindet. Wirtschaftlich profitierte Polen davon, dass es nicht der Euro-Zone angehörte. Dem ökonomischen Vorteil stand jedoch der gravierende politische Nachteil gegenüber, dass Polen als Nichtmitglied der Euro-Zone nicht zum inneren Zirkel derjenigen EU-Staaten zählte, in dem die wichtigsten wirtschaftspolitischen Entscheidungen getroffen wurden. Auch wenn die polnische Regierung und Diplomatie diese Situation sehr gut meisterten, war es für sie doch schmerzlich, dass dieses Dilemma gerade zu dem Zeitpunkt besonders deutlich wurde, zu dem Polen die Präsidentschaft innerhalb der EU innehatte und damit eigentlich zu besonderer Führungsarbeit aufgerufen war. Die Grundentscheidung: kurz- und mittelfristige wirtschaftliche Vorteile aus dem Fernbleiben von der Euro-Zone oder ökonomische Mitverantwortung, aber damit auch die Möglichkeit politischer Mitgestaltung nicht nur der künftigen Euro-Zone, sondern der politischen Struktur der EU und ihrer Aufgabenstellung insgesamt bleibt für die polnische Politik ein zentrales Problem der nächsten Jahre.

Zu den Schwachpunkten der sozioökonomischen Entwicklung zählt die Verbreiterung der Kluft zwischen Arm und Reich, was die individuellen Einkommen angeht, zwischen Stadt und Land bezüglich der Lebensqualität sowie regional zwischen armen und reichen Wojewodschaften, wobei die Diskrepanz zwischen der boomenden Hauptstadt und den ärmeren Provinzen weiter wächst.[489] Die Zentren der Großstädte sind von denen in Westeuropa immer weniger zu unterscheiden. Je mehr man sich jedoch in die Außenbezirke begibt, desto mehr fällt in der Regel die sinkende Qualität der Wohnhäuser auf.[490] Untersuchungen zur Armut in Polen zeigen, dass im Jahre 2011 6,7 Prozent der Bevölkerung an der Grenze des absoluten Existenzminimums oder darunter lebten (2005 waren es noch 12,3, 2010 5,7 Prozent). Dabei verhielt sich der Anteil der in absoluter Armut lebenden Bevölkerung proportional zur Größe des Wohnorts (1,1 Prozent in Städten über 500.000 Einwohnern, 10,9 Prozent auf dem Lande). Regional sind von der Armut am stärksten die

---

487 Vgl. http://wyborcza.biz/biznes/1,100969,11212012,Raport_MF__deficyt_budzetu_w_2011_r__wyniosl_25_1.html (04.05.2012).
488 Vgl. die Berichterstattung über die Fernsehdebatte vom 21.03.2011 zwischen Leszek Balcerowicz und Finanzminister Jacek Rostowski: Rostowski – Balcerowicz: kto wygrał debatę ?, http://tvp.info/informacje/polska/balcerowiczrostowski-starcie-w-sprawie-ofe/4183179 (31.07.2012).
489 Einen Indikator stellen dabei die auseinander driftenden Einkommen dar. 2005 betrug das durchschnittliche Familieneinkommen in der Wojewodschaft Karpatenvorland noch 65 Prozent desjenigen in der Wojewodschaft Masowien (in deren Hauptstadt Warschau noch deutlich höhere Einkommen erzielt werden). 2010 waren die Einkommen im Karpatenvorland auf 56 Prozent im Vergleich zu Masowien zurückgefallen. Dort waren sie in diesen fünf Jahren um 70 Prozent gestiegen, im Karpatenvorland nur um 46 Prozent; vgl. Cieślak-Wróblewska, Anna 2011: Rosną różnice w dochodach, in: Rzeczpospolita 03.06.2011, http://www.rp.pl/artykul/668074.html (20.07.2012).
490 Ausnahmen bilden nach 1989 entstandene Stadtteile an der Peripherie mit teilweise – im Vergleich zum Umland – luxuriösen Wohnanlagen, die großenteils durch Schranken und Wachen abgeschottet sind.

nordöstlichen und östlichen Wojewodschaften Ermland-Masuren, Podlachien, Lublin und Heiligkreuz mit zwischen 10 und 11,2 Prozent der Bevölkerung betroffen. Unter den Alterskohorten sind Kinder und Jugendliche bis 18 Jahre deutlich überrepräsentiert. Sie machten 2011 rund 31 Prozent der von extremer Armut betroffenen Bevölkerungsgruppen aus, während sie an der Gesamtbevölkerung einen Anteil von weniger als 20 Prozent aufwiesen.[491] In den polnischen Medien finden sich immer wieder Berichte über Schulkinder, die hungrig zum Unterricht kommen.

Auch die Arbeitsemigration von mehr als einer Million Menschen vor allem nach Westeuropa zählt zu den negativen Folgeerscheinungen der Wirtschaftsentwicklung seit Beginn der Systemtransformation.[492] Dem steht trotz der relativ hohen Arbeitslosigkeit im eigenen Land eine wachsende Zahl legaler und illegaler Arbeitsimmigranten vor allem aus der Ukraine, Weißrussland, Russland, Georgien und der Moldau gegenüber. Alleine 2011 boten polnische Arbeitgeber bei den Arbeitsämtern 270.000 Arbeitsplätze für Ausländer an, vor allem in der Landwirtschaft.[493] Die Zahl illegal vor allem in der Bauwirtschaft und in Haushalten beschäftigter Ausländerinnen und Ausländer dürfte weit höher liegen. Ihre auch in der Öffentlichkeit vielfach sichtbare Präsenz verdeutlicht den Polen, dass sie selbst bei den absoluten Einkommen zwar noch deutlich von den alten EU-Mitgliedern entfernt sind, dass sie aber andererseits etliches erreicht haben und über einen deutlich höheren Lebensstandard als ihre östlichen Nachbarn verfügen. Dem entspricht auch eine seit Mitte der 1990er Jahre fast kontinuierlich ansteigende allgemeine Zufriedenheit der Polinnen und Polen, von 53 Prozent im April 1994 auf 70 Prozent im Dezember 2010. Zwar war die größte Zufriedenheit im Bereich von Familie und Freunden zu verzeichnen, aber auch bei den materiellen Lebensverhältnissen war im gleichen Zeitraum ein Anstieg der Zufriedenheit von 24 auf 52 Prozent zu beobachten.[494]

Eine Legitimierung durch wirtschaftliche Ergebnisse erhielt die neue Ordnung in den Augen vieler Polinnen und Polen indes erst durch die umfangreichen Nettozahlungen aus Brüssel ab 2004.[495] Die Gelder fließen in zahlreiche Infrastrukturprojekte im ganzen Land und verleihen dem seit 1989 zu beobachtenden rasanten Modernisierungsprozess zusätzliche Schubkraft. Polen nutzt die Gelder aus Brüssel gut, weist aber sektoral immer noch aus dem Sozialismus ererbte Defizite auf, vor allem im Bereich der Kommunikation (Straßen-, insbesondere Autobahnbau, Schienenwege und Luftverbindungen sowie bei den neuen Medien beim Aufbau flächendeckender Breitbandnetze). Die gelungene Organisation einer Großveranstaltung, die eine entsprechende Infrastruktur voraussetzt, wie die im Juni 2012 zusammen mit der Ukraine durchgeführte Europameisterschaft im Fußball trägt weiter zu dem Bewusstsein bei, in den vergangenen zwei Jahrzehnten Beachtliches geleistet zu haben und auf einem guten Wege zu sein.

---

491 Alle Zahlen zur Armut sind entnommen dem Bericht des Statistischen Hauptamtes zur Armut in Polen 2011: Główny Urząd Statystyczny: Ubóstwo w Polsce w 2011 r. (na podstawie badań budżetów gospodarstw domowych). Materiał na konferencję prasową w dniu 31 maja 2012 r.; http://www.stat.gov.pl/cps/rde/xbcr/gus/WZ_ubostwo_w_polsce_2011.pdf (22.07.2012).
492 Eine durch die niedrigen Löhne und die schlechte Versorgungslage im eigenen Lande bedingte zumindest temporäre Arbeitsemigration hatte es freilich bereits in den letzten Jahren der Volksrepublik gegeben.
493 Vgl. Zatrudniamy coraz więcej cudzoziemców, in: Money.pl vom 14.06.2011, http://msp.money.pl/wiadomosci/kadry/artykul/zatrudniamy;coraz;wiecej;cudzoziemcow,20,0,850452.html (22.07.2012).
494 Gleichzeitig ging die Unzufriedenheit von 40 auf 15 Prozent zurück; vgl. CBOS 2011: Polacy o swoim szczęściu i pechu oraz zadowoleniu z życia, BS/6/2011, Warschau, Januar 2011.
495 Vgl. dazu die Umfrageergebnisse in Tabelle 52, die zeigen, dass erst ab diesem Zeitpunkt eine deutliche Mehrheit der Meinung ist, dass der Systemwechsel mehr Vor- als Nachteile gebracht hat.

Bekannt ist das Diktum Ralf Dahrendorfs zu Beginn des Systemwechsels in Ostmitteleuropa, ein Institutionensystem könne man in sechs Monaten ändern und ein Wirtschaftssystem innerhalb von sechs Jahren. Zur Veränderung der dem demokratischen System entsprechenden Einstellungen der Gesellschaft benötige man jedoch 60 Jahre.[496] Die in Kapitel 12.4 vorgestellten Erhebungen scheinen eine solche Einschätzung für Polen zu bestätigen. Man sollte jedoch bei der Beurteilung der Akzeptanz demokratischer Werte nicht nur in Polen, sondern auch in anderen postkommunistischen Staaten nicht vergessen, dass in der 1963 erschienenen „klassischen" Studie von Almond und Verba zur politischen Kultur[497] auch die 1959, also zehn Jahre nach Inkrafttreten des Grundgesetzes, in der Bundesrepublik Deutschland erhobenen Einstellungen zur Demokratie noch starke autoritäre Neigungen erkennen ließen. Autoritäre Grundeinstellungen sind in Polen zwar weiterhin recht stark, doch ist davon auszugehen, dass die Verankerung demokratischer Grundwerte in der Gesellschaft weiter zunehmen wird. Die junge Generation ist zunehmend gut ausgebildet und ganz auf den Westen und dessen Maßstäbe ausgerichtet. Zwar ist nicht zu übersehen, dass auch im ostmitteleuropäischen Vergleich ein relativ großer Teil der Gesellschaft politisch vergleichsweise passiv ist. Doch kräftigt sich die Zivilgesellschaft kontinuierlich, und bei aller Kritik an Einzelbereichen ist ein diffuses Vertrauen, ja sogar etwas Stolz in das seit 1989 etablierte politische Ordnungssystem gewachsen, das durch die wirtschaftlichen Leistungen und Polens zunehmende Bedeutung in Europa zusätzlich legitimiert wird.

Die polnische Gesellschaft hat heute eine Reihe schwieriger Probleme zu lösen, vor denen auch die Gesellschaften Westeuropas stehen: Strukturreformen im Gesundheitswesen, die demografischen Veränderungsprozesse und die sich aus ihnen ergebenden Herausforderungen für die Systeme sozialer Sicherung, etc. Das seit 1989 aufgebaute politische Institutionensystem und die Verbindungsmechanismen zwischen Staat und Gesellschaft funktionieren trotz einzelner Schwächen insgesamt jedoch gut, so dass diese Probleme erfolgversprechend angegangen werden können. Die umfassende Westintegration Polens sichert die politischen und ökonomischen Veränderungen ab und gibt der Gesellschaft das Gefühl auch außen- und verteidigungspolitischer Sicherheit, wie sie sie seit vielen Generationen nicht gekannt hat. Die Leistungen Polens im Bereich von Wirtschaft und Währung, die nicht zuletzt auf funktionierenden Institutionen mit entsprechenden Kontrollmechanismen beruhen, haben dazu geführt, dass das Land bei der Finanzkrise in Europa nicht dem krisengeschüttelten „Süden", sondern dem stabilen „Norden" zugerechnet wird.[498]

---

496 Dahrendorf, Ralf 1990: Betrachtungen über die Revolution in Europa in einem Brief, der an einen Herrn in Warschau gerichtet ist, Stuttgart.
497 Almond, Gabriel A./ Verba, Sydney 1963: The civic culture. Political attitudes and democracy in five nations, Princeton.
498 Der polnische Außenminister Radosław Sikorski erklärte 2011 einmal scherzhaft, er habe sich lange Jahre geärgert, dass sein Land „Osteuropa" zugerechnet worden sei. Jetzt, da es endlich in Mitteleuropa angekommen sei, werde es plötzlich „Nordeuropa" zugeordnet.

The manufacturer's authorised representative in the EU is Springer Nature Customer Service Centre GmbH, Europaplatz 3, 69115 Heidelberg, Germany. If you have any concerns regarding our products, please contact ProductSafety@springernature.com

Printed and bound by CPI Group (UK) Ltd, Croydon, CR0 4YY

25/03/2026

02078197-0017